Otium

Studien zur Theorie und Kulturgeschichte
der Muße

Herausgegeben von

Elisabeth Cheauré, Gregor Dobler,
Monika Fludernik, Hans W. Hubert
und Peter Philipp Riedl

Beirat

Barbara Beßlich, Christine Engel, Udo Friedrich,
Ina Habermann, Richard Hunter, Irmela von der Lühe,
Ulrich Pfisterer, Gérard Raulet, Gerd Spittler,
Sabine Volk-Birke

19

Urbane Muße

Materialitäten, Praktiken,
Repräsentationen

Herausgegeben von

Peter Philipp Riedl, Tim Freytag
und Hans W. Hubert

Mohr Siebeck

Peter Philipp Riedl, geboren 1965; Studium der Germanistik und Geschichte; 1995 Promotion; 2002 Habilitation; Visiting Fellow am Trinity College, Cambridge, UK; seit 2012 apl. Professor für Neuere deutsche Literaturgeschichte an der Albert-Ludwigs-Universität Freiburg. Von 2017 bis 2020 leitete er im SFB 1015 das Teilprojekt R2: „Urbane Muße um 1800. Flanerie in der deutschen Literatur".

Tim Freytag, geboren 1969; Studium der Geographie, Geschichte und Romanistik; 2003 Promotion; 2009 Habilitation, Studien- und Forschungsaufenthalte in Frankreich, Spanien, Schweiz und USA; Professor für Humangeographie an der Albert-Ludwigs-Universität Freiburg. Von 2017 bis 2020 leitete er im SFB 1015 das Teilprojekt P1: „Erlebte Orte und Momente der Muße im europäischen Städtetourismus der Gegenwart".

Hans W. Hubert, geboren 1960; Studium der Kunstgeschichte, Klassischen Archäologie, Philosophie und Bibliothekswissenschaften; 1990 Promotion; 2000 Habilitation, Studien- und Forschungsaufenthalte in Italien, Großbritannien, Frankreich und USA; Professor für Kunstgeschichte an der Albert-Ludwigs-Universität Freiburg. Von 2017 bis 2020 leitete er im SFB 1015 das Teilprojekt R4: „Architektonische Mußeräume der Moderne in Theorie, Praxis und Empirie".

Gefördert durch die Deutsche Forschungsgemeinschaft (DFG) – Projektnummer 197396619 – SFB 1015.

ISBN 978-3-16-159754-1 / eISBN 978-3-16-159755-8
DOI 10.1628/978-3-16-159755-8

ISSN 2367-2072 / eISSN 2568-7298 (Otium)

Die Deutsche Nationalbibliothek verzeichnet diese Publikation in der Deutschen Nationalbibliographie; detaillierte bibliographische Daten sind über *http://dnb.dnb.de* abrufbar.

© 2021 Mohr Siebeck Tübingen. www.mohrsiebeck.com

Das Werk einschließlich aller seiner Teile ist urheberrechtlich geschützt. Jede Verwertung außerhalb der engen Grenzen des Urheberrechtsgesetzes ist ohne Zustimmung des Verlags unzulässig und strafbar. Das gilt insbesondere für die Verbreitung, Vervielfältigung, Übersetzung und die Einspeicherung und Verarbeitung in elektronischen Systemen.

Das Buch wurde von Martin Fischer aus der Minion gesetzt, von Druckerei Hubert & Co. in Göttingen auf alterungsbeständiges Werkdruckpapier gedruckt und gebunden.

Der Umschlag wurde von Uli Gleis gesetzt. Umschlagabbildung: A Balcony, Boulevard Haussmann, 1880 (Öl auf Leinwand) von Caillebotte, Gustave (1848–94); 69 × 62 cm; private Sammlung; ©Bridgeman Images.

Printed in Germany.

Inhaltsverzeichnis

Peter Philipp Riedl, Tim Freytag und Hans W. Hubert
Einleitung 1

Peter Philipp Riedl
Urbane Muße – Muße in der Stadt. Perspektiven eines Forschungsfelds .. 17

Von der vor- und protoindustriellen Stadt zur industrialisierten Stadt

René Waßmer
Urbane Muße jenseits der Stadt. Literarische Idyllen aus *London und Paris* (1798–1815) 55

Johannes Litschel
„Die Ruhe, die dem Weisen lacht, im Schooße der Natur gefunden".
Stadtnahe Wälder als Räume für Muße? Voraussetzungen,
Kontexte, Fallbeispiele 83

Ricarda Schmidt
Urbane Muße und kreative Einbildungskraft bei E. T. A. Hoffmann 111

Salvatore Pisani
Urbane Muße und Mobilier urbain im Paris des 19. Jahrhunderts.
Eine objektorientierte Betrachtung 127

Marcel Krings
Grab, Bett, Käfig. Muße und Verweigerung bei Melville, Tolstoi und Kafka 145

Judith Müller
Metropole der Muße? David Fogel in und über Wien 161

Helen Ahner
„Kein Wind und Wetter stört unsere Muße …". Über das Planetarium
als Ort urbaner Naturerfahrung und das Wundern als mußevolle Emotion 179

Berit Hummel
Spirits of Listlessness. Kinematographische Verarbeitung metropolitaner
Zeiterfahrung in Ken Jacobs' *Little Stabs at Happiness* 195

Sabine Arend
Die Aneignung des urbanen Raums nach Georges Perec als Mußepraktik . . 225

Auf dem Weg zur postindustriellen und digitalisierten Stadt

Manuel Förderer
Look up and retune – *Urban Birding* als städtische Mußepraktik 265

Andrea Meixner
Prekäre Ruhepunkte in der Großstadt. Raumaneignung
als (Über)lebensstrategie in Terézia Moras Roman *Alle Tage* 283

Clara Sofie Kramer und Tim Freytag
Erlebte Orte und Momente der Muße im europäischen Städtetourismus
der Gegenwart 295

Melina Munz
Leisurely Being in the City as a Critique of the Functionalist Modern City
Space in Amit Chaudhuri's *A Strange and Sublime Address*
and Navtej Sarna's *We Weren't Lovers Like That* 315

Marit Rosol
Gut essen in Gemeinschaft. Städtische Ernährungsinitiativen
für Begegnung, Gerechtigkeit und Muße 335

Birgit Szepanski
Urbane Muße in der zeitgenössischen Kunst – Über die Walks
von Janet Cardiff... 353

Einleitung

Peter Philipp Riedl, Tim Freytag und Hans W. Hubert

Urbane Muße – der Obertitel des Bandes kombiniert zwei Begriffe, die zumindest auf den ersten Blick in einem beträchtlichen Spannungsverhältnis zueinanderstehen. Mit Muße verbindet man allgemein eher Rückzugsräume auf dem Land und in der Natur, jedenfalls nicht das hektische und geschäftige Leben in der Stadt. Es muss daher auch nicht verwundern, dass in der geistes- und sozialwissenschaftlichen Forschung die Kategorie ‚urbane Muße' fächerübergreifend bislang keine nennenswerte Rolle spielte. Die einzige Form urbaner Muße, die bisher größere Beachtung gefunden hat, ist die Flanerie, das Spazierengehen im urbanen Raum. Das genauere Verhältnis von Muße und Flanieren wurde freilich auch nicht näher bestimmt oder gar auf analytisch anspruchsvolle Weise geklärt, zumal das Gros einschlägiger Forschungsarbeiten Flanieren als Müßiggang klassifiziert, diesen Begriff aber in aller Regel auch nicht eingehender und vor allem nicht differenziert erläutert.

Mit Formen urbaner Muße beschäftigte sich der Sonderforschungsbereich (SFB) *Muße*, der 2013 von der Deutschen Forschungsgemeinschaft (DFG) eingerichtet wurde, verstärkt in seiner zweiten Förderphase (2017–2020), zum einen in zwei Teilprojekten, einem historisch ausgerichteten literaturwissenschaftlichen (R2: *Urbane Muße um 1800. Flanerie in der deutschen Literatur*) und einem gegenwartsbezogenen humangeographischen (P1: *Erlebte Orte und Momente der Muße im europäischen Städtetourismus der Gegenwart*), zum anderen in der teilprojektübergreifenden, interdisziplinären Arbeitsgruppe *Urbanität und Muße*. Aus den Diskussionen dieser Arbeitsgruppe gingen Konzeption, Planung und Organisation jener Tagung hervor, deren wissenschaftlichen Ertrag dieser Band dokumentiert. Die Tagung *Urbane Muße. Materialitäten, Praktiken, Repräsentationen* fand vom 2.–4. Mai 2019 am Freiburg Institute for Advanced Studies (FRIAS) statt. Tagung und Band stellten sich der Aufgabe, ein wissenschaftliches Thema in ganz unterschiedlichen Disziplinen überhaupt erst einmal zu erschließen und auszuloten, welche Fragestellungen und Sachverhalte fruchtbar sind, mit welchen theoretischen Konzepten und methodischen Ansätzen man sich den jeweiligen Gegenständen widmen soll und kann und welche weiteren Forschungsperspektiven sich aus diesen Überlegungen und den gemeinsamen fächerübergreifenden Diskussionen ergeben. Geleistet werden musste und muss auch weiterhin Grundlagenforschung, und das in erheblichem Maß. Mit der übergeordneten Frage nach urbaner Muße betraten die beteiligten Fächer fast ausnahmslos wissenschaftliches Neuland.

Ausgangs- und gedanklicher Fluchtpunkt dieser Überlegungen ist zunächst einmal das Verständnis von Muße. Der SFB hat sich von Anfang an entschieden, Muße nicht in einem festlegenden Sinn inhaltlich zu definieren, sondern formal zu bestimmen.[1] Muße begreifen wir als Freiheit von zeitlichen Zwängen und unmittelbaren Leistungserwartungen, die insbesondere die Möglichkeiten, über die eigene Zeit zu verfügen, entscheidend einschränken. Muße liegt jenseits utilitaristischer, zweckrationaler Anforderungen. Positiv gewendet: Muße eröffnet Freiräume für ein freies Verweilen in der Zeit. Mit der spezifischen Raum-Zeit-Struktur von Muße hat sich der SFB auch von Anfang an in besonderem Maß auseinandergesetzt.[2] Man kann Muße auch als ein Innehalten bezeichnen. Dieses Innehalten jeweils kulturspezifisch und historisch differenziert zu beschreiben, verrät über den konkreten Befund hinaus viel über die entsprechenden Gesellschaften, ihre Normen und Werte, ihre stratifikatorische Struktur und ihr kulturelles Selbstverständnis, ihr Privilegiensystem und ihre Kontrollmechanismen. Indem wir Muße in dieser Weise als eine Analysekategorie ausweisen und profilieren, lassen sich verschiedene kulturelle und gesellschaftliche Vorstellungen und Phänomene genauer in den Blick nehmen, Freiheitskonzepte ebenso wie Diskursivierungen von Arbeit oder Bestimmungen zum Verhältnis von Individualität und Kollektivität.

Das analytische Konzept von Muße kann mit paradoxalen Wendungen wie bestimmte Unbestimmtheit, tätige Untätigkeit, produktive Unproduktivität näher charakterisiert werden. Das Bestimmte der Muße ist, wie gesagt, ihre Freiheit von unmittelbaren, zeitbeschränkenden Leistungserwartungen. Unbestimmt ist zunächst einmal, wie die frei verfügbare Zeit ausgefüllt wird. Dass die freie Zeit, in welcher Form auch immer, wertvoll ausgestaltet wird, ist eine notwendige Einschränkung, um Muße von Freizeit ebenso zu unterscheiden wie von Depression, um hier nur zwei Beispiele zu nennen. Untätigkeit und Unproduktivität bedeuten nicht, dass Muße grundsätzlich mit Nichtstun gleichzusetzen wäre. Gerade in der Freiheit von einer unmittelbar funktionalen Produktivitätslogik kann Muße produktiv werden, wenn man beispielsweise beim Flanieren einen kreativen Einfall hat, gerade weil man diesen nicht erzwingen will, sondern in einer Haltung offener Gelassenheit bekommt. Kreativität *kann* sich in Freiräumen der Muße entfalten, *muss* es aber nicht. Alles kann geschehen, weil nichts geschehen muss. An diesem Beispiel kann auch ein weiterer Grundzug von Muße veranschaulicht werden: das transgressive

---

[1] Etwas ausführlicher beschreibt das Muße-Konzept des SFB Peter Philipp Riedl in dem folgenden Aufsatz, der Perspektiven künftiger Forschungsfelder zum Thema der urbanen Muße aufzeigt. Hier finden sich auch einschlägige Literaturhinweise.
[2] Vgl. v. a. Günter Figal/Hans W. Hubert/Thomas Klinkert (Hg.), *Die Raumzeitlichkeit der Muße* (Otium. Studien zur Theorie und Kulturgeschichte der Muße, Bd. 2), Tübingen 2016.

Verhältnis von Passivität und Aktivität. Das passive Zulassen kann etwas Aktives auslösen und damit produktiv werden.

Indem wir keine essentialistische Zuschreibung vornehmen, privilegieren wir auch nicht einen exklusiven inhaltlichen Traditionsstrang, z. B. das aristotelische Verständnis von Muße. Die fraglos ungemein bedeutenden und wirkmächtigen Vorstellungen der abendländischen Geistesgeschichte werden im SFB keineswegs marginalisiert. Sie werden aber konsequent historisiert. Das gilt auch für ihre Normativität, die gar nicht zu leugnen ist, aber dennoch stets auf ihre jeweilige kulturelle und geschichtliche Reichweite befragt werden muss. Die Normativität von Muße wird selbst zum Gegenstand kritischer Analyse und Reflexion. Mit diesem zweifachen Ansatz einer formalen Bestimmung, mit der ganz unterschiedliche Disziplinen methodisch und theoretisch einschlägige Sachverhalte erschließen können, und einer Historisierung konkreter Ausprägungen sowie ihrer normativen Implikationen lassen sich zwei problematische Einschränkungen unserer Untersuchungsfelder von vornherein vermeiden:

1. Muße ist keine exklusive Kategorie der europäischen Kultur- und Geistesgeschichte. Muße ist vielmehr ein kulturübergreifendes, globales Phänomen, jedenfalls dann, wenn man einschlägige Gegenstände und Sachverhalte mit dem skizzierten analytischen Konzept von Muße betrachtet. Neben einer ausgeprägten Fokussierung auf den europäischen Raum finden sich in diesem Band auch Beiträge über Indien (Melina Munz), Kanada (Marit Rosol), die USA (Berit Hummel) und Australien (Birgit Szepanski). Darüber hinaus werden im engeren Sinn interkulturelle Aspekte näher beleuchtet (Clara Sofie Kramer und Tim Freytag, Andrea Meixner, René Waßmer). Damit leistet der Band einen Beitrag zur Öffnung und Herauslösung von Muße aus dem Kontext der europäischen Kultur- und Geistesgeschichte. Freilich handelt es sich bei diesem Aufbrechen nur um einen ersten kleinen Schritt. Es bleibt künftigen Veröffentlichungen vorbehalten, Räume wie vor allem auch Autorinnen und Autoren des globalen Südens noch stärker und systematischer in die Mußeforschung zu integrieren.
2. Der Begriff ‚Muße' und damit auch sein Verständnis sind alles andere als ‚historisch erledigt'. Der SFB unternimmt mitnichten den Versuch, einen etwas verstaubt anmutenden Begriff aus dem Wortschatz des Bildungsbürgertums nostalgisch wiederzubeleben, um der vielbeschworenen ‚Schnelllebigkeit' unserer Zeit ein mehr oder weniger vordergründiges mahnendes Muße-Memento entgegenzusetzen. Vielmehr verdeutlicht das analytische Konzept mit all seinen Implikationen bereits für sich das kritische Potential, das unser Verständnis von Muße in sich birgt. Mit Muße kann das normative Wertegefüge einer Gesellschaft beleuchtet werden und damit beispielsweise, etwas konkreter gefasst, die sozioökonomische Verfasstheit ihrer Arbeitswelt sowie – als die andere Seite dieser Medaille – der Komplex der Freizeit, beide in ihren unterschiedlichen Ausprägungen. Muße vermag Alltagsroutinen nicht nur

temporär zu durchbrechen, sondern Muße kann als ein, im Sinne Kants, Vernunftbegriff diese Routinen in ihrer Struktur beschreiben, Alternativen entwerfen und sie damit, zumindest potentiell, auch verändern.[3] Kritische Reflexion eröffnet fraglos auch Handlungsoptionen. In dieser Perspektive wird Muße auch zu einer – im weiteren Sinn verstanden – politischen Kategorie, betrifft sie doch die gesellschaftliche Verfasstheit menschlichen Lebens und seiner Ordnungsmuster. Allein die Fächervielfalt sowohl im SFB als auch bei den Aufsätzen dieses Bandes signalisiert zudem eine Bandbreite, die Muße als eine Vorstellung und ein Phänomen ausweist, das weder kulturell noch geographisch verengt werden kann. Das Fächerspektrum des vorliegenden Bandes umfasst die Anglistik, Germanistik, Jüdische und Hebräische Literatur, Geschichtswissenschaft, Kunstgeschichte, Empirische Kulturwissenschaft, Humangeographie, Forstwissenschaft und die Bildenden Künste.

Die Fokussierung auf urbane Muße verdeutlicht, wie eng und vielfältig Muße und Urbanität miteinander verbunden sind. Dabei möchten wir Urbanität nicht einfach als Synonym für die Stadt oder den städtischen Raum verwenden. Eher verstehen wir sie als eine charakteristische Lebensweise, die vorwiegend in städtischen Räumen geprägt wird und ihrerseits auch städtische Räume prägt.[4] Urbanität lässt sich also verstehen als unmittelbar an Menschen und deren Alltagshandeln gebunden, das seinerseits eingebettet ist – sowohl in die von Menschen geschaffene materielle Umgebung als auch in Vorstellungen über dieses Alltagshandeln und dessen Umgebung. Folglich lässt sich der urbane Raum auch nicht einfach von einem ländlichen Raum abgrenzen, denn Urbanität ist eine Qualität, die einer räumlichen Umgebung auch jenseits der Grenzen einer Stadt verliehen werden kann. Dies zeigt sich besonders deutlich, wenn urbane Lebensweisen und Praktiken in einer ländlichen Umgebung wirksam werden oder wenn diese ländliche Umgebung aus einer urban geprägten Perspektive wahrgenommen und beschrieben wird – wie dies etwa in den im Beitrag von René Waßmer untersuchten Landpartien von Adligen vor den Toren von Paris im beginnenden 19. Jahrhundert zum Ausdruck kommt.

Ebenso wie Urbanität unterliegt auch die Stadt einem zeitlichen Wandel und artikuliert sich in verschiedenen Räumen auf unterschiedliche Weise. Städte der Antike und des Mittelalters unterscheiden sich in Gestalt und Funktion von den Städten anderer Epochen. In der historischen Stadtentwicklung waren die Industrialisierung und das Zeitalter der Moderne mit besonders grundlegenden Veränderungen verbunden. Aber auch in der Gegenwart des beginnenden

---

[3] Als einen Vernunftbegriff versteht Muße Jochen Gimmel, „Grenzuntersuchung in konstellativer Begriffsbildung", in: Jochen Gimmel/Thomas Jürgasch/Andreas Kirchner, *Grenzen, Konstellationen, Transgressionen. Sechs Essays über Muße*, Tübingen [im Erscheinen].

[4] Damit orientieren wir uns an einem vielbeachteten Aufsatz von Louis Wirth, „Urbanism as a Way of Life", in: *The American Journal of Sociology* 44/1 (1938), 1–24.

21. Jahrhunderts wandelt sich das Städtische. Postmoderne Stadtentwicklung ist geprägt durch eine zunehmende Fragmentierung. Technologische, gesellschaftliche, wirtschaftliche und politische Veränderungen lassen die Stadt zu etwas Neuem werden. Im globalen Kontext entstehen mit Global Cities, Megastädten und Metropolregionen vielfältige Ausprägungen des Städtischen, die mit der Stadt in einer europäischen Tradition nur noch wenige Gemeinsamkeiten haben. Die Gestaltung oder Produktion von Stadt lässt sich somit fassen als ein interaktiver Prozess, an dem zahlreiche Akteure mehr oder weniger direkt mitwirken.[5] In der alltäglichen Praxis wird fortlaufend ausgehandelt und geplant, wie Städte in Zukunft aussehen und gelebt werden und nicht zuletzt auch, ob oder wo es in diesen Städten Platz für Muße geben wird.

Fragen urbaner Muße gewinnen allein aus dem Grund zunehmendes Gewicht, weil weltweit immer mehr Menschen, bei steigender Tendenz, in Städten leben. Angesichts dieser Entwicklung liegt der Gedanke nahe, ob nicht grundsätzlich von einer Urbanisierung der Muße gesprochen werden müsste. Hinzu kommt der auffallende Befund, dass Vorstellungen von Muße und Konzepte der Muße oftmals im urbanen Kontext entwickelt worden sind. Hier zeigt sich offenkundig eine strukturelle Analogie zur Tradition der Idyllendichtung, in der Muße in besonderem Maß als dominante Lebensform literarisch inszeniert wurde. Auch der idyllische *locus amoenus* ist, wie Muße, in erster Linie ein urbanes Konstrukt. Der eigentliche Erfinder der abendländischen bukolischen Poesie, Theokrit (um 270 v. Chr.), lebte in der Großstadt Alexandria. Der imaginierte Rückzug in die Natur entspringt, zugespitzt formuliert, der Sehnsucht eines Städters nach ländlicher Einfachheit, die nicht zuletzt die Komplexität urbaner Lebensweisen kritisch spiegelt. Bei den Imaginationen des Innehaltens, die man mit dem Wort ‚Muße' auf den Begriff bringen kann, verhält es sich ganz ähnlich.

Die SFB-Arbeitsgruppe *Urbanität und Muße* hat diese Zusammenhänge genauer in den Blick genommen. Dabei ging es nicht allein um die Frage, inwiefern heterotopische Rückzugsräume wie stadtnahe Wälder, Parks, Alleen und andere gärtnerische Anlagen Mußeerfahrungen begünstigen oder gar bedingen können. Entsprechende Konzeptionen kultivierter bzw. reglementierter Natur waren und sind darüber hinaus urban erdacht und konstruiert. Sie können daher auch nur im jeweiligen urbanen Kontext und mit Blick auf ihre offenen, aber auch verdeckten Verbindungen zu Urbanität genauer betrachtet werden. Auch die spezifischen Wahrnehmungen, Inszenierungen und Praktiken von Muße in der Natur können zumeist nur dann mit der notwendigen Profilschärfe beschrieben werden, wenn der jeweilige urbane Bezug konkret berücksichtigt wird. In diesem Band widmen sich vier Aufsätze den Kontrastierungen und Interdependenzen von Stadt und Natur bzw. Landschaft mit Blick auf Vorstellungen und Formen von

---

[5] Ludger Basten/Ulrike Gerhard, „Stadt und Urbanität", in: Tim Freytag u. a. (Hg.), *Humangeographie kompakt*, Heidelberg 2016, 115–139.

Muße. Helen Ahner untersucht das transgressive Potential von Mußeerfahrungen in großstädtischen Planetarien, die in den 1920er und 30er Jahren eingerichtet wurden. Manuel Förderer beschreibt das *Urban Birding* als eine Mußepraktik. Johannes Litschel analysiert Einrichtungen stadtnaher Wälder im Spannungsfeld von Mußeerleben und touristischer Nutzung. René Waßmer interpretiert Landpartien, die in Friedrich Justin Bertuchs Zeitschrift *London und Paris* in Form literarischer Idyllen geschildert werden, als urbane Imaginationen ruraler Muße.

Einen weiteren Schwerpunkt des Bandes bildeten konkrete oder inszenierte urbane Räume, so im Paris des 19. Jahrhunderts (Salvatore Pisani), im New York des 20. Jahrhunderts (Berit Hummel), im indischen Gegenwartsroman (Melina Munz), im europäischen Städtetourismus (Clara Sofie Kramer und Tim Freytag), in denen Muße erfahren bzw. Mußeerfahrungen inszeniert werden. Aber auch abseits topischer urbaner Rückzugsräume sind Mußeerfahrungen möglich, so etwa an urbanen Hotspots, sei es in literarischen Inszenierungen, die als Formen der Flanerie bezeichnet werden können (Ricarda Schmidt, Judith Müller, Sabine Arend, Manuel Förderer, Andrea Meixner), sei es im Medium der Kunst, so etwa in Form audiovisueller Spaziergänge (Birgit Szepanski). Daran schließen sich Fragen an, die in den einzelnen Aufsätzen je unterschiedlich beantwortet werden: Inwiefern stimulieren urbane Räume künstlerische und andere kreative Praktiken? In welchem Maß und in welchen Formen kann der Stadtraum selbst als kreatives Potenzial dienen? Wo und in welchen Formen wird urbane Muße gesellschaftlich reguliert und als exklusives Privileg ausgewiesen? Insbesondere die Frage nach dem Zusammenhang von Muße und Kreativität verweist auf mögliche Freiräume urbaner Produktivität jenseits einer funktional determinierten Produktivitätslogik. Dabei bilden sich auch ganz eigene Formen von Flanerie aus, die zu einer Differenzierung wesentlich beitragen, sei es der *flâneur immobile*, den Sabine Arend bei Georges Perec ausmacht, sei es das *Baudelairean Cinema*, dem sich Berit Hummel bei ihren Überlegungen zum New Yorker Underground-Kino der frühen 1960er Jahre widmet. Freiräume der Muße können auch als gedankliches Konstrukt bzw. als gedankliches Korrektiv für Vorstellungen der Stadtplanung und Stadtarchitektur dienen. Hier lässt sich zudem sinnfällig vor Augen führen, dass mit der Urbanisierung von Muße auch deren Politisierung einhergeht.

Der vorliegende Band trägt in seinem Untertitel ebenso wie die vorausgegangene Tagung über *Urbane Muße* die folgenden drei Begriffe: *Materialitäten, Praktiken, Repräsentationen*. Dies unterstreicht den Anspruch, dass wir Muße gleichermaßen in ihren materiellen Zusammenhängen, als eine praktizierte Form und als ein in textlichen, bildlichen und anderen Medien als Vorstellung gebundenes und reflektiertes Phänomen behandeln möchten. Als Materialitäten fassen wir die physisch-materiellen Rahmenbedingungen, die für das Erleben von Muße relevant sein können, indem sie eine förderliche oder hinderliche Wirkung entfalten. Dies kann etwa im Städtetourismus der Fall sein, wenn wir an einen

Spaziergang durch einen Stadtgarten oder entlang einer stark befahrenen Straße denken. Im Begriff der Praktiken wird deutlich, dass ein Erleben von Muße an Handlungen und Gewohnheiten gebunden sein kann. Etwas zu betrachten oder umherzuschlendern kann ebenso in Muße geschehen, wie etwas zu essen oder zu trinken. Der Begriff der Repräsentationen schließlich verweist auf vorhandene Erfahrungen und Vorstellungen von Muße, die in der eigenen Erinnerung oder in verschiedenen Medien existieren und von Menschen weitergegeben oder ausgetauscht werden können. Hier zeigt sich, dass etwa ein in der Literatur der Antike geprägtes Verständnis von Muße auch in späteren Epochen und in bestimmten gesellschaftlichen Kreisen bis in die Gegenwart nachwirkt. Mit der Akzentuierung von Materialitäten, Praktiken und Repräsentationen eröffnen sich vielfältige Untersuchungsfelder für geistes-, sozial- und kulturwissenschaftliche Disziplinen, deren Arbeit sich auf unterschiedliche Quellen und Methoden stützt. Diese disziplinäre und methodische Offenheit erachten wir als besonders wichtig, damit es gelingt, in einen Austausch zu treten und das Erleben und die Erfahrung von Muße in ihren vielfältigen Facetten und Zusammenhängen greifbar zu machen und zu reflektieren.

Die drei Leitbegriffe eignen sich gleichwohl nicht, die Aufsätze des Bandes angemessen zu gliedern. Die meisten Aufsätze lassen sich nicht trennscharf einer der drei Rubriken zuordnen. Dennoch bilden Materialitäten, Praktiken und Repräsentationen Kategorien, die grundlegende Überlegungen der Beiträge abstrahierend zueinander in Verbindung setzen können. Für die Struktur des Bandes bietet sich gleichwohl nicht dieser systematisierende Ansatz an, sondern ein diachroner Zugriff. Die Themen der Aufsätze behandeln Aspekte urbaner Muße in unterschiedlichen Stadien der Stadtgeschichte. Mit der vor- bzw. protoindustriellen Stadt beschäftigen sich die Beiträge von René Waßmer und Ricarda Schmidt. Die beiden Beispiele, die Johannes Litschel näher betrachtet, gehören unterschiedlichen Phasen der Stadtentwicklung an: Die erste Fallstudie bezieht sich auf die vor- bzw. protoindustrielle Stadt, die zweite behandelt einen Gegenstand aus der Zeit der bereits industrialisierten Stadt. Letzterer widmen sich die Überlegungen von Salvatore Pisani, Marcel Krings, Judith Müller, Helen Ahner, Berit Hummel und Sabine Arend. Die Aufsätze mit Gegenwartsthemen untersuchen in unterschiedlichen Akzentuierungen und Ausprägungen den Übergang von der industriellen zur postindustriellen und zunehmend digitalisierten Stadt des 21. Jahrhunderts. Entsprechende Beispiele stellen Manuel Förderer, Andrea Meixner, Clara Sofie Kramer und Tim Freytag, Melina Munz, Marit Rosol sowie Birgit Szepanski vor.

Der erste Beitrag unseres Bandes steht außerhalb dieser diachronischen Abfolge, da er grundsätzlichen Charakter hat. Hier unternimmt *Peter Philipp Riedl* (Freiburg) eine Standortbestimmung von Muße zwischen Stadt und Land und führt die Leserinnen und Leser dabei im Modus eines essayistischen Spaziergangs durch die europäische Literatur- und Geistesgeschichte. Galt nicht mit

Theokrit, Horaz und vielen anderen Autoren schon seit der Antike das sorgenfreie und idyllische Landleben als arkadischer Entspannungs- und Mußeort des gestressten Städters schlechthin? Wieso also „Muße in der Stadt", wieso „urbane Muße"? Riedls problemorientierter Blick lotet mit der Frage nach Muße und ihrer ästhetischen Erfahrung Idyllen-Ideale, Stadt-Utopien und -Dystopien sowie Smart City-Visionen neu aus. Er schweift zwischen Antike, Früher Neuzeit, Aufklärung und Moderne hin und her und zeigt, wie mit Muße als heuristischem Begriff ein ganzes Forschungsfeld erschlossen werden kann. Dabei werden Vorstellungen, Formen, Herausforderungen, aber auch Grenzen urbaner Muße konturiert sowie die *longue durée* mancher struktureller und topischer Bezüge ausgewiesen. So verweist er auf Alfred Döblin, der die moderne Metropole geradezu als ein Schreckensbild zeichnet, in der die Schnelligkeit von Bewegungen und Bildern zu einer überfordernden Wahrnehmungskrise führt und in der die Isolation in einem Gefängnis geradezu als Ruhepol erscheinen kann. Doch ist dieses Negativbild von Stadt keineswegs neu, sondern bereits seit dem 18. Jahrhundert ausgebildet (Lichtenberg, Mercier, Moritz). Allerdings wird erst seit der Nachkriegszeit intensiv über die politisch-ökonomischen Bedingungen der modernen Metropolen nachgedacht (*Situationistische Internationale*). Deutlich wird auch, dass das Lob des Landlebens sich als ein genuin urbanes Konstrukt entpuppt, hergestellt von Stadtbewohnern, die sich damit eine vermeintlich bessere Welt erträumen (Rousseau). Allerdings entfaltet sich im urbanen Raum in der Praxis des Flanierens ebenso eine geradezu paradigmatische Form von Muße mit einer ganz spezifischen Ausprägung. So erblickt etwa der Kunsttheoretiker, Designer und Architekt August Endell in der großen Stadt vor allem Schönheit und damit ein Objekt des sehenden Genießens, das als eine Form urbaner Muße ausgewiesen werden kann.

Den ersten von zwei historischen Teilen des Bandes eröffnet ein Fallbeispiel aus der vorindustriellen Stadt, genauer gesagt: Metropole. *René Waßmer* (Freiburg) erweitert die Reichweite urbaner Muße, indem er sie in der Literatur um 1800 auch jenseits der Stadtmauern, bei Landpartien in die nähere Umgebung von Städten, identifiziert. Ausgehend von aktuellen wissenschaftlichen Erkenntnissen zum komplexen Verhältnis von Urbanität und Ruralität, von städtischen und ländlichen Lebensweisen, untersucht er einschlägige Berichte der deutschen Schriftstellerin Helmina von Chézy in Friedrich Justin Bertuchs Zeitschrift *London und Paris* über Ausflüge rund um die französische Hauptstadt. Die Darstellung dieser Landpartien wird durch topische Motive der Stadtkritik grundiert. Die Schilderungen ländlicher Idyllen, die vielfältige intertextuelle Bezüge zu einschlägigen literarischen bukolisch-arkadischen Mustern aufweisen, interpretiert Waßmer als urbane Projektion. Als ein topischer Mußeraum kompensiert die Idylle die Defizite der lauten und hektischen Metropole Paris. Neben Salomon Geßner bilden Jean-Jacques Rousseau und Claude Lorrain zentrale Bezugsgrößen für Chézys Beschreibungen urban-ruraler Muße. Die Autorin gibt so literarisch und – in der *ut pictura poesis*-Tradition – malerisch vorgeformte Bilder von Landschaften wieder. Die Landschaftsschilderungen bewegen sich innerhalb einschlägig verbürgter literarischer und bildlicher Muster, die im urbanen Raum produziert wurden und deren Urbanität den imaginierten ländlichen Idyllen implizit eingeschrieben sind. Imaginationen ruraler Muße in idyllischen Landschaften entspringen einem urbanen Wissenskanon.

Urbanität und Muße verbinden sich auf besonders anschauliche Weise in stadtnahen Wäldern. Denn die Nutzung und Wahrnehmung entsprechender Grünzonen und weitläufiger Parkanlagen ist in starkem Maße an eine städtische Perspektive gebunden. Wie *Johannes Litschel* (Freiburg) in seinem Beitrag herausstellt, kann der Wald als ein dem Urbanen gegenüberstehender Naturraum gefasst werden. Vor allem während der Epoche der Romantik wurde die verbreitete Vorstellung geprägt, dass ein Wanderer im Wald die Natur erfährt und dabei Zurückgezogenheit und Muße empfindet. Am Beispiel des Waldparks im Hamburger Stadtteil Wandsbek verdeutlicht Litschel, dass die im ausgehenden 18. Jahrhundert am Stadtrand gelegene Fläche konzipiert wurde, um es städtischen Besuchern und Ausflüglern zu ermöglichen, dort Natur und Erholung zu erfahren. Ein auf dem weitläufigen Areal eigens angelegter Rundweg sollte zu Kontemplation und innerer Ruhe einladen. Zeitgenössische Quellen belegen jedoch, dass ein Erleben von Muße im Wandsbeker Waldpark nicht selbstverständlich war – zumindest nicht an bestimmten Tagen, an denen das beliebte Ausflugsziel einem großen Besucheransturm ausgesetzt war. Die Unvereinbarkeit des Erlebens von Muße mit Menschenmassen wird noch deutlicher beim Berliner Grunewald um 1880, dem zweiten Beispiel, das Litschel in seinem Beitrag behandelt. Im ausgehenden 19. Jahrhundert strömten zahlreiche Stadtbewohner in den Grunewald – insbesondere an Sonn- und Festtagen wie auch zum alljährlichen Großereignis der Hubertusjagd. In touristischen Reiseführern ist dokumentiert, dass das vor den Toren der Großstadt Berlin gelegene Naherholungsgebiet schon damals über eine gute verkehrstechnische Anbindung, verschiedene Wanderwege sowie Unterhaltungsmöglichkeiten und ein reichhaltiges gastronomisches Angebot verfügte.

Die Formen urbaner Muße, die *Ricarda Schmidt* (Exeter) bei Künstlerfiguren E. T. A. Hoffmanns analysiert, sind dagegen in erster Linie nach innen gerichtet. Introspektion, Imagination, Traum – der romantische Berliner Vorgänger des Pariser Flaneurs wird dadurch zum Künstler, dass er Freiräume der Muße kreativ zu füllen vermag. Im Zentrum der Untersuchung steht die Erzählung *Des Vetters Eckfenster*, die Walter Benjamin zur Vorgeschichte der Flanerie zählte. Im Unterschied zu Benjamin bewertet Schmidt die krankheitsbedingte erzwungene Muße des älteren Vetters, verglichen mit der Darstellung der großstädtischen Masse bei Edgar Allan Poe und Charles Baudelaire, jedoch nicht als biedermeierlich-rückständig, sondern als eine politisch konnotierte Schule des Sehens. Bei seinem sehenden, geistigen Flanieren nimmt der ältere Vetter das Treiben der Menge auf dem Wochenmarkt in einer Weise wahr, die von politischer Liberalität zeugt. Intensität und Iteration des verweilenden Blicks enthüllen Werte, die sich sowohl gegen den restaurativen Dirigismus der Politik des preußischen Königs Friedrich Wilhelm III. richten als auch gegen die nationalistische Volkstümelei des Turnvaters Jahn. Der politische Wirklichkeitsbezug urbaner Muße in Hoffmanns Erzählung ist dahingehend liberal, dass das einlässliche Beobachten der Volksmenge den Betrachter vor extremen Positionen immunisiert. Hoffmanns geistiger Flaneur ist liberal. Das Muße-Kriterium des Zulassens impliziert ein politisches Geltenlassen. Muße gewinnt in Hoffmanns Erzählung ganz konkret eine eminent politische Dimension.

Bei den Überlegungen zur urbanen Muße von *Salvatore Pisani* (Mainz) stehen Objekte im Zentrum, nämlich die „bedeutsamen Belanglosigkeiten" (Vittorio Magnago Lampugnani), mit denen im 19. Jahrhundert die damals modernste europäische Großstadt, Paris, ausgestattet wurde und ihr visuelles Erscheinungsbild völlig neu gestaltete: Urinoirs, Litfaßsäulen, Sitzbänke, Straßenlaternen, Kioske, Baumeinfassungen, Mülleimer, Parkeinzäunungen und ähnliches sorgten dafür, dass der öffentliche Raum – einer Wohnung vergleichbar – Zug um Zug ‚eingerichtet' und ‚wohnbar' wurde. Dieses Mobilier urbain lässt sich mit neueren Ansätzen der Akteurstheorie als ein Element der gedanklichen wie psycho-physischen Steuerung und Choreographie des urbanen Raumes verstehen, in welchem sich einerseits die Hektik des betriebsamen Alltags der neuen, nun egalisierten Gesellschaft entfaltet, in dem sich aber andererseits auch Spiel- und Handlungsräume der Flaneure, der Müßiggänger und Mußevollen auftun. Die Akteure des Stadtraums erfahren entlang des Trottoirs oder auf den sich etablierenden „Promeniermeilen" durch diese Möblierung eine „Infrastruktur der Langsamkeit", die Pisanis Beitrag anhand von einigen signifikanten bildkünstlerischen Zeugnissen (Photographien und Gemälde) erläutert und analysiert. An ihnen wird deutlich, wie die raumzeitliche Struktur des Stadtraums neu organisiert und choreographiert wird und wie diese Objekte mit ihrer sogenannten *agency* als Präskript in die funktionale, rechtliche, soziale, ja selbst gedankliche Vorstellung des urbanen Raumes hineinwirken und dort in der zunehmend hektischer werdenden Welt mit ihrer schweren, gusseisernen, ‚trägen' Dinglichkeit Zwischenzonen der Muße etablieren.

Objekte, freilich literarisch inszenierte, spielen auch im literaturwissenschaftlichen Beitrag von *Marcel Krings* (Heidelberg) eine gewisse Rolle. Am Beispiel von Herman Melvilles *Bartleby, der Lohnschreiber* (1853), Leo Tolstois *Der Tod des Iwan Iljitsch* (1886) und Franz Kafkas *Hungerkünstler* (1922) markiert Krings die Grenzen der Muße in der Moderne. Grab, Bett und Käfig sind keine Rückzugsräume erfüllender und erfüllter Muße, sondern Orte, an denen die *vita activa* der prometheischen Welt mit ihrer Steigerungs- und Effizienzlogik sowie ihrer ubiquitären Verfügbarkeitsdoktrin auf je eigene Weise heterotopisch stillgestellt wird. Die unterschiedlichen Verweigerungshaltungen der Protagonisten im urbanen Raum, dem Zentrum von Geschäftigkeit und Produktivität, von Leistungs- und Fortschrittsideologie, münden nicht in eine Form selbstzweckhafter Muße, sondern in den Tod. Die Freiheit von allen Leistungserwartungen gewinnt der Mensch nur durch die Auslöschung der eigenen Existenz und damit erst – womöglich – im Jenseits.

Die Frage nach urbanen Räumen der Muße stellt sich für *Judith Müller* (Basel/Beer Sheva) in ihren Überlegungen zu dem Schriftsteller David Fogel in zweifacher Weise. Zu einen geht es um urbane Räume, die Fogel in seinen fiktionalen Romanen erschafft; zum anderen um jene, die er in seinem Tagebuch dokumentiert. In beiden Fällen handelt es sich um Wien: dasjenige, das er, bereits in Paris lebend, literarisch erschafft, und dasjenige, das er als Autor nach seiner Ankunft in der österreichischen Hauptstadt gegen Ende des Jahres 1912 vorfindet. Insbesondere das Kaffeehaus gestaltet sich als ein Ort produktiver Unproduktivität, entfaltet sich hier doch beim individuellen Verweilen potentiell jenes transgressive Potential von Muße, das dem Übergang von (passivem) Müßiggang zu (aktivem) literarischen Tätigsein innewohnt. Der Protagonist in Fogels postum, 2012, erschienenem Roman *Wiener Romanze* wird im Kaffeehaus zum passiven Flaneur, der Passanten beobachtet und sich seinen Betrachtungen hingibt. Die Tagebuchaufzeichnungen Fogels verdeutlichen, dass er sich eine Muße-Existenz, die sich vom Müßiggang seiner literarischen Figur durchaus abhebt, selbst ersehnt hat. Bedrängt durch finanzielle Nöte sowie durch soziale und religiöse Anforderungen bleiben Freiräume urbaner Muße für Fogel indes auf die fiktive Welt seiner Romane beschränkt: eine Utopie, entworfen im Medium der Literatur.

Wien ist auch im Aufsatz von *Helen Ahner* (Tübingen) ein zentraler Schauplatz. Hier ist es das Planetarium, das als ein Ort für das Erleben urbaner Muße gefasst werden kann. Ahners Beitrag handelt von Planetarien, die während der 1920er und Anfang der 1930er Jahre in Wien, Hamburg und entsprechend auch in anderen Großstädten errichtet wurden. Gestützt auf verschiedene zeitgenössische Quellen arbeitet Ahner heraus, wie sich beim Planetariumsbesuch die Faszination für die moderne Wissenschaft und Technik verbindet mit dem Staunen angesichts der unermesslichen Weite des Sternenhimmels. In eben diesem Spannungsfeld – ergriffen von Kultur und Natur – betrachten die Planetariumsbesucher die bewegten Bilder, die in einer durch Dunkelheit und Stille geprägten Atmosphäre auf das Innere der Kuppel über ihren Köpfen projiziert werden. Wie Ahner erläutert, wurde der Planetariumsbesuch in der damaligen Zeit als ein Erlebnis von Immersion und Muße erfahren und beschrieben. Während der Vorführung fühlte man sich für eine Weile regelrecht herausgelöst aus den alltäglichen Strukturen des Hier und Jetzt. Dabei ist der spezifisch urbane Charakter des Planetariums als Ort der Muße gleichermaßen an die Stadt bzw. Großstadt als Standort gebunden wie auch an die Herkunft der Besucherinnen und Besucher aus einem überwiegend städtisch geprägten Umfeld.

Vom Schauen als einer urbanen Mußepraktik handelt auch der Aufsatz von *Berit Hummel* (Berlin), allerdings bei einem ganz anderen Medium. Hummel widmet sich der kinematographischen Verarbeitung metropolitaner Zeiterfahrung am Beispiel von Ken Jacobs' *Little Stabs at Happiness*. Das New Yorker Underground-Kino der frühen 1960er Jahre wurde zu einem Reflexionsraum, den Hummel auch als einen Mußeraum versteht, in dem die lineare Zeitlichkeit der metropolitanen Umgebung im Medium des Experimental- und Avantgarde-Films temporär suspendiert wurde. Die besondere Filmästhetik des so bezeichneten *Baudelairean Cinema* kann dabei in ihrer raumzeitlichen Ordnungsstruktur zur Wahrnehmungsform des Flaneurs fruchtbar in Beziehung gesetzt und somit als Form urbaner Muße beschrieben werden. Analog zur Erfahrungsstruktur von Muße können die produktionsästhetisch kreierten Gegenräume, Heterotopien, dieser Filme das Wirkliche in seinem Möglichkeitscharakter darstellen und rezeptionsästhetisch eine Selbstreflexion der Zuschauenden befördern. So vollzieht sich im Underground-Kino das, was auch als zentrale Struktureigenschaft von Mußeerfahrung ausgewiesen werden kann: eine Verräumlichung der Zeit.

Das filmästhetische Flanieren im *Baudelairean Cinema* ergänzt *Sabine Arend* (Heidelberg) um eine weitere Figur, die das Spektrum urbaner Muße erhellend erweitert: den *flâneur immobile*. Im Café sitzend, beobachtete Georges Perec im Oktober 1974 das Geschehen auf der Place Saint-Sulpice in Paris und notierte seine Eindrücke, die ihm das alltägliche Treiben in der pulsierenden Metropole bot. Es ging ihm erklärtermaßen nicht um das Besondere, Bedeutende und Außergewöhnliche, sondern gerade um das, was zumeist unbemerkt bleibt und nur jemand registriert, der sich zeitlich wie räumlich auf das Unspektakuläre einlässt. Diese Alltäglichkeiten hat Perec auf den Begriff des *infra-ordinaire* gebracht. Seine literarisch gestalteten Aufzeichnungen dokumentieren eine Kunst des genauen Beobachtens, die selbst wiederum stilbildend wurde, wie Arend am Beispiel der deutschen Hörspielregisseurin Nicole Paulsen verdeutlicht. Paulsen wiederholte 2014 an den gleichen Tagen und am selben Ort das Beobachtungsexperiment, das Georges Perec vier Jahrzehnte früher durchgeführt hatte. Wie bei Perec fließen auch bei ihr Momente des *infra-* und des *extra-ordinaire* ineinander. Das ,Unter'- wie das Außergewöhnliche werden dann registriert, wenn das beobachtende Ich es zufällig wahrnimmt. Mit dieser Haltung eines offenen Beobachtens konterkarieren Perec und die Post-Perecs die Beschleunigung der urbanen Lebensweise sowie, damit einhergehend, vorherrschende gesellschaftliche Erwartungen wie Nützlichkeit und Zweckrationalität. Das offene Verweilen in Zeit und Raum wird so zu einer Widerstandspraxis und akzentuiert das Freiheitsmoment der Notate des Alltäglichen. Im Akt einer nicht-zielgerichteten Wahrnehmung eignet sich das Ich den urbanen Raum als öffentlichen Raum an und weist diese Praxis als zutiefst demokratisch aus. Damit gewinnt diese Form urbaner Muße eine beträchtliche politische Dimension.

Der zweite Teil des Bandes behandelt aus unterschiedlichen Perspektiven Transformationsprozesse des Urbanen in der Gegenwart. Weitreichende Veränderungen des urbanen Raums rufen teilweise auch neue Verhaltensmuster hervor. Mit dem Beobachten von Vögeln im städtischen Raum greift *Manuel Förderer* (Münster) eine alltägliche Praxis auf, die seit einigen Jahren zunehmende Verbreitung findet. Tatsächlich beschränkt sich das Revier von Ornithologen und Vogelfreunden keineswegs auf Wälder und offene Landschaften. Wie Förderer anhand eines Handbuchs und weiterer Texte herausarbeitet, ist mit *Urban Birding* im städtischen Raum ein Perspektivenwechsel verbunden. Wenn *Urban Birders* ihren Blick nach oben richten und auf einen Vogel fokussieren, lösen sie sich vorübergehend aus den in ihrem Alltag sonst vorherrschenden Raum- und Zeitstrukturen heraus. So rückt die Praxis des Vogelbeobachtens nicht nur das Verhältnis von Stadt und Natur in ein neues Licht, sondern sie offenbart auch Anknüpfungspunkte zu Konzepten der Achtsamkeit und des Flanierens, die es nahelegen, *Urban Birding* als eine spezifische Form des Erfahrens von Muße zu verstehen.

Grenzbereiche der Muße im urbanen Raum lotet *Andrea Meixner* (Stockholm) in ihrer Analyse von Terézia Moras Roman *Alle Tage* (2004) aus. Zwar streben die Figuren des Romans nach einem absichtslosen Sein im Jetzt, scheitern dabei aber immer wieder. Wenn der Protagonist, der vor einem Krieg in seinem Heimatland geflüchtete Abel Nema, sich ziellos durch die Großstadt B. treiben lässt, dann handelt es sich nicht um ein absichtsloses Flanieren, sondern um ein unabsichtliches Herumirren. Anders als Flaneure, die sich für das ziellose Spazierengehen im urbanen Raum bewusst entscheiden, ist es ihm schlicht nicht möglich, sich zu orientieren. Die Ziellosigkeit dieses Herumirrens entspringt jener Rastlosigkeit, die in der Flanerie gerade überwunden wird. Mechanismen der sozial exklusiven Institutionalisierung (urbaner) Muße werden durch den beschränkten Zugang zu öffentlichen Räumen sichtbar. Die eng begrenzten Möglichkeiten des Antiflaneurs Abel Nema verweisen eindringlich auf die gesellschaftliche Verfasstheit der Muße, die soziale Distinktion, die in ihr zum Vorschein kommt, und ihren genuinen Privilegiencharakter. Ein Verweilen im Jetzt setzt ein Hiersein-Dürfen voraus. Meixners Aufsatz beleuchtet so die gesellschaftlichen, politischen und ökonomischen Bedingungen urbaner Muße, die keineswegs voraussetzungslos verfügbar ist.

Mit einem anderen Grenzbereich urbaner Muße setzen sich *Clara Sofie Kramer* und *Tim Freytag* (Freiburg) auseinander. Städtetourismus in seiner aktuellen Form wird eher mit Gedränge, überfüllten Cafés und Restaurants sowie langen Warteschlangen vor Kirchen und Museen in Verbindung gebracht als mit Freiräumen der Muße. Der Aufsatz von Kramer und Freytag kann dahingehend als erster wissenschaftlicher Versuch gelten, mit der analytischen Kategorie ‚Muße' spezifische Formen und Aspekte des *New Urban Tourism* in ihrer Komplexität und Ambivalenz zu reflektieren. Dabei werten sie einschlägige

Reiseführer und Blog-Einträge aus und stützen sich darüber hinaus auf eigene Beobachtungen und Interviews, die sie in Barcelona, Florenz und Paris gemacht bzw. geführt haben. Dieser zweifache qualitative Analyseansatz ermöglicht eine differenzierte Betrachtung von sprachlich-symbolisch konstruierten Mußeräumen einerseits sowie konkreter Praktiken touristisch-urbaner Muße andererseits. Mit den positiven Bestimmungsgrößen ‚Gelassenheit‘, ‚Rekreation‘, ‚Genuss' und ‚Freiheit‘ sowie ihren negativen Gegenbegriffen ‚Kontrolle‘, ‚Stress‘, ‚Ungenuss' und ‚Unfreiheit‘ diskutieren Kramer und Freytag den Widerstreit mußeaffiner und mußefeindlicher Merkmale, wobei sie insbesondere relevante Kombinationen in den Blick nehmen und damit vielschichtige Spannungsverhältnisse von Raumstrukturen und Praktiken genau beschreiben. Daraus ergibt sich ein differenziertes kategoriales Raster, mit dem unterschiedliche Formen urbaner Muße ebenso herausgearbeitet werden können wie die jeweiligen Intensitätsgrade von Mußeerfahrungen in bestimmten Räumen.

Gilt das Augenmerk von Kramer und Freytag dem Außeralltäglichen touristischer Erfahrung, so untersucht *Melina Munz* (Freiburg) am Beispiel zweier Romane der indischen Gegenwartsliteratur die Bedeutung von Muße im Alltag einer Megastadt. Mit ihrem Beitrag verdeutlicht sie, wie sich Muße auch außerhalb einer vorwiegend europäisch-westlich geprägten Umgebung greifbar und als analytische Kategorie nutzbar machen lässt. In *A Strange and Sublime Address* (1991) schildert Amit Chaudhuri, wie der kleine Junge Sandeep einen Familienbesuch mit seiner Mutter bei Verwandten in Kalkutta erlebt. Während des Besuchs bewegt sich das Kind ähnlich wie ein Flaneur – entweder im privaten Zuhause seiner Verwandten oder unterwegs in der Metropole – und erlebt dabei immer wieder einmal Momente der Muße. Auf ganz andere Weise artikuliert sich Muße in *We Weren't Lovers Like That* (2003) von Navtej Sarna. Dieser Roman ist geprägt durch einen nostalgisch gefärbten Blick auf Delhi. Der Erzähler Aftab trauert den längst vergangenen Tagen seiner Kindheit nach. Was er im damaligen Delhi noch als unbeschwerten und mußevollen Alltag erleben konnte, findet zur Zeit der Spätmoderne keinen Platz mehr im hektischen und kapitalistisch geprägten urbanen Raum der Metropole. In ihrer Untersuchung der beiden Romane arbeitet Munz anschaulich heraus, wie das Erleben von Muße im Zusammenhang mit den urbanen Transformationsprozessen auf dem Weg zur Megastadt zurückgedrängt wird. Auch wenn die Schilderungen von Kalkutta und Delhi sehr unterschiedlich sind, so kommt doch der Perspektive von Kindern und Heranwachsenden in beiden Fällen eine wichtige Rolle zu. Weiterhin verbindet die beiden Romane, dass dem Alltagsleben in der Metropole jeweils auch Passagen über einen ländlich geprägten Raum gegenübergestellt werden.

Ein Zusammenhang von Essen und Ernährung mit dem Erleben von Muße besteht in mehrfacher Hinsicht. Dies betrifft sowohl die Zeit, die man sich nehmen kann, um eine Mahlzeit zuzubereiten und einzunehmen, als auch den Genuss beim Betrachten einer ästhetisch ansprechend angerichteten Speise und bei ihrem

Verzehr sowie das gesellschaftliche Beisammensein und Gespräch während des Essens und Trinkens. Wie *Marit Rosol* (Calgary) in ihrem Beitrag ausführt, bestehen enge Verflechtungen zwischen Stadt und Ernährung, die sich nicht auf Zulieferung und Konsum von Nahrungsmitteln beschränken, sondern auch Aspekte der Produktion, Verarbeitung, Verteilung und Politik umfassen. Anhand zweier Fallbeispiele – Slow Food Youth in Berlin und Resto Plateau in Montréal – arbeitet Rosol mittels einer Analyse von Interviews und ergänzenden Quellen heraus, wie Muße mit Ernährung und politischem Engagement verknüpft werden kann. Während es im Fall der Berliner Initiative vor allem darum geht, für einen bewussten Umgang mit Lebensmitteln und eine Umgestaltung des Ernährungssystems im Sinne einer Ernährungswende einzutreten, verfolgt die Initiative in Montréal das Ziel, in einem Restaurant gutes Essen zu sehr günstigen Preisen anzubieten, damit auch Menschen aus ärmeren Schichten daran teilhaben können.

Birgit Szepanski (Berlin) schließlich setzt sich mit der performativen Geh-Kunst von Janet Cardiff am Beispiel ihrer Walks im Hafenviertel von Sidney, im Central Park von New York oder bei der *dOCUMENTA 13* in Kassel auseinander. Die Walking Art ist eine jüngere Kunstform, die in der spezifischen künstlerischen Ausgestaltung und audiovisuellen Unterstützung von Cardiff eine Form des modernen Stadtspaziergangs darstellt. Über Smartphones wird eine akustische, visuelle und performative Choreographie angeboten, die die Teilnehmenden spazierend nachvollziehend erleben. Dabei überlagern sich realräumliche und realzeitliche Erfahrungen mit audiovisuellen Angeboten, Handlungsaufforderungen und Erzählungen zu vielschichtigen, verschobenen und verschachtelten Wahrnehmungen von urbanem Raum und seiner Geschichte. So wird die Zeitwahrnehmung nicht nur durch Bilder desselben Ortes zu einer anderen Zeit vervielfacht; an bestimmten Orten wird die Wahrnehmung zudem um historische Dimensionen erweitert (z. B. Holocaust). Abweichungen, Lücken und Verdoppelungen entstehen und bieten ein intensiviertes Mußeangebot zwischen realer und fiktionaler Wirklichkeit, welches auch Gerüche, Sehen, Geräusche, Haptik und Fühlen einschließt und die Teilnehmenden leiblich mit sich selbst in Kontakt bringt und Zugänge zu vergessenen Wünschen, Träumen und Erinnerungen eröffnet.

Mit kräftigen Worten des Dankes beschließen wir die Einleitung unseres Bandes. Bei der Konzeption, Planung und Organisation der Tagung haben sich Clara Sofie Kramer, Johannes Litschel, Melina Munz, Lorenz Orendi, Sibylle Roth und René Waßmer mit Ideenreichtum und großem Einsatz engagiert. Für einen reibungslosen Ablauf der Tagung hat in bewährter Weise die Geschäftsstelle des SFB *Muße* gesorgt. Namentlich und stellvertretend sei dem Projektmanager des SFB, Tilman Kasten, ganz herzlich gedankt. Größte Anerkennung für Einrichtung und redaktionelle Betreuung des Manuskripts gebührt Isabella Borsutzky, deren Gründlichkeit und Genauigkeit ihresgleichen suchen.

Urbane Muße – Muße in der Stadt

Perspektiven eines Forschungsfelds

Peter Philipp Riedl

Der Obertitel dieses Tagungsbandes mag auf den ersten Blick, vielleicht auch noch auf den zweiten, irritieren. Gewiss muss man bei der Wendung *Urbane Muße* nicht gleich die Stilfigur des Oxymorons ins Feld führen, um auf die fraglos schwierige Verbindung von städtischem Leben einerseits und Formen des Rückzugs von Hektik, Rastlosigkeit und Beschleunigung andererseits hinzuweisen. Urbanität und Muße – das scheint *prima vista* nicht so recht zueinander zu passen. Wenn im Folgenden einige Gedanken zu dieser Thematik vorgetragen werden, dann nicht mit dem Anspruch, dieses Forschungsfeld streng systematisch abzustecken. Die paradigmatischen Sachverhalte und Zusammenhänge, die zur Sprache gebracht werden, sind freilich so ausgewählt, dass sie über die jeweiligen Befunde hinausweisende Perspektiven auf Vorstellungen, Formen, Herausforderungen, aber auch Grenzen urbaner Muße werfen und damit potentielle Forschungsfelder erschließen. In gewisser Weise orientiere ich mich strukturell an *der* paradigmatischen Form urbaner Muße, dem Flanieren, dessen literarisches Äquivalent der Essay ist. Das betont Essayistische der folgenden Ausführungen (zumindest in formaler Hinsicht), das geistige Flanieren, soll aber das stringente Erkunden von Sachverhalten nicht von vornherein ausschließen.

Schreckbild Stadt – Faszination Stadt

Der gedankliche Erkundungsgang soll in Berlin beginnen, genauer gesagt: im Berlin der zwanziger Jahre des 20. Jahrhunderts, also der vielbeschworenen *Roaring Twenties*. Zu Beginn von Alfred Döblins Roman *Berlin Alexanderplatz* (1929) wird der Protagonist, der ehemalige Zement- und Transportarbeiter Franz Biberkopf, nach vierjähriger Haft gerade aus der Strafanstalt Tegel entlassen. Mit der wiedergewonnenen Freiheit beginnt für ihn aber paradoxerweise erst die „Strafe", wie der Erzähler ausdrücklich betont.[1] Hinter den Gefängnismauern

---

[1] Alfred Döblin, *Berlin Alexanderplatz. Die Geschichte vom Franz Biberkopf*, hg. v. Werner Stauffacher (Ausgewählte Werke in Einzelbänden, hg. v. Anthony W. Riley), Zürich/Düsseldorf 1996, 15.

hat Franz Biberkopf abgeschirmt von der Hektik, Betriebsamkeit und Schnelllebigkeit der rasant wachsenden und sich in atemberaubender Geschwindigkeit verändernden Metropole gelebt.[2] Nun sieht er sich ihr schutzlos ausgeliefert und fühlt sich ihr nicht gewachsen. Seine erste Fahrt mit der Straßenbahn, weg von der Haftanstalt, verdeutlicht, wie sehr ihn Tempo und Verdichtungsphänomene der Großstadt kognitiv überfordern:

> Das war zuerst, als wenn man beim Zahnarzt sitzt, der eine Wurzel mit der Zange gepackt hat und zieht, der Schmerz wächst, der Kopf will platzen. Er drehte den Kopf zurück nach der roten Mauer, aber die Elektrische sauste mit ihm auf den Schienen weg, dann stand nur noch sein Kopf in der Richtung des Gefängnisses. Der Wagen machte eine Biegung, Bäume, Häuser traten dazwischen. Lebhafte Straßen tauchten auf, die Seestraße, Leute stiegen ein und aus. In ihm schrie es entsetzt: Achtung, Achtung, es geht los. Seine Nasenspitze vereiste, über seine Backe schwirrte es. „Zwölf Uhr Mittagszeitung", „B. Z.", „Die neue Illustrirte", „Die Funkstunde neu", „Noch jemand zugestiegen?" Die Schupos haben jetzt blaue Uniformen. Er stieg unbeachtet wieder aus dem Wagen, war unter Menschen. Was war denn? Nichts. Haltung, ausgehungertes Schwein, reiß dich zusammen, kriegst meine Faust zu riechen. Gewimmel, welch Gewimmel. Wie sich das bewegte. Mein Brägen hat wohl kein Schmalz mehr, der ist wohl ganz ausgetrocknet. Was war das alles. Schuhgeschäfte, Hutgeschäfte, Glühlampen, Destillen.[3]

Das Verb ‚sausen' sowie die atemlos, in Form einer literarischen Montage aneinandergereihten visuellen und akustischen Fetzen, die in rasender Geschwindigkeit und zusammenhanglos seine Sinne überwältigen, beschreiben die Wahrnehmungskrise des Protagonisten, dem im Tumult der Großstadt keine Verschnaufpause vergönnt ist. Das betrifft nicht nur die Straßenbahnfahrt.

---

[2] „Berlin war einmal auf dem Weg zu einer Global City. Bis in die 30-er Jahre hinein konzentrierten sich dort bis zu 70 % der industriellen Entscheidungen in Deutschland, vor allem in der Elektro- und Textilindustrie sowie bei Druckerzeugnissen. Berlin beherbergte in den 1920er-Jahren eine der größten Börsen der Welt, die weltgrößte Filmindustrie und die weltgrößte Fluggesellschaft", erläutert Harald A. Mieg, „Metropolen. Begriff und Wandel", in: Jörg Oberste (Hg.), *Metropolität in der Vormoderne. Konstruktionen urbaner Zentralität im Wandel* (Forum Mittelalter – Studien, Bd. 7), Regensburg 2012, 11–33, 20. Als wesentliche Kriterien für Metropolen benennt Mieg ihre besondere Größe mit einem ausgeprägten endogenen Wachstum, ihre Funktion als Hauptstädte bzw. zentrale Orte sowie ihre relationale Bedeutung als „Referenzorte" (12). Demgegenüber bezieht sich ‚metropolitan' in „der anglo-amerikanischen Planungstradition [...] auf urbane Verdichtungsräume, oftmals im Kontrast zur Stadt selbst" (18). Die Entwicklung Berlins in den ersten Jahrzehnten des 20. Jahrhunderts skizziert Sabina Becker, *Urbanität und Moderne. Studien zur Großstadtwahrnehmung in der deutschen Literatur 1900–1933*, St. Ingbert 1993, 24–72. Vgl. auch Matthias Bauer, „‚Berlin ist eine ausführliche Stadt'. Einleitende Bemerkungen zur Berliner Stadt-, Kultur- und Mediengeschichte", in: Bauer (Hg.), *Berlin. Medien- und Kulturgeschichte einer Hauptstadt im 20. Jahrhundert*, Tübingen/Basel 2007, 13–72. Zu literarischen Formen urbaner Muße in der Metropole Berlin der zwanziger Jahre des 20. Jahrhunderts vgl. Peter Philipp Riedl, „Die Muße des Flaneurs. Raum und Zeit in Franz Hessels *Spazieren in Berlin* (1929)", in: Tobias Keiling/Robert Krause/Heidi Liedke (Hg.), *Muße und Moderne* (Otium. Studien zur Theorie und Kulturgeschichte der Muße, Bd. 10), Tübingen 2018, 99–119.

[3] Döblin, *Berlin Alexanderplatz*, 15.

Auch nachdem der Protagonist die Bahn verlassen hat, findet er keinen Ruhepunkt in der Stadt. Der Beschleunigung der urbanen Welt vermag er nicht zu entkommen – inmitten des großstädtischen Betriebs: nirgends. Der fließende, übergangslose Wechsel zwischen der Perspektive eines auktorialen, heterodiegetischen Erzählers, erlebter Rede und innerem Monolog übersetzt das Tempo der Großstadt in eine Sprache, die jene Ruhelosigkeit ausdrückt, die der Protagonist, der dem allem vier Jahre lang nicht ausgesetzt war, empfindet. Im mobilen Getriebe dieser „Anti-Illusionsstadt"[4] kommt Vieles vor, und zwar Vieles auf einmal, nur eines nicht: Muße. In seinem Essay *Der Geist des naturalistischen Zeitalters*, der zuerst 1924 in der *Neuen Rundschau* erschienen ist, stellt Döblin vielmehr einen direkten Zusammenhang zwischen der maschinell geprägten technischen Großstadt und der Art, wie Menschen sich in ihr energetisch bewegen, her. Der spezifische Charakter der modernen Großstadt führe zu einer gleichförmigen Geschwindigkeit im urbanen Raum:

> Die Großstädte sind ein merkwürdiger und kraftvoller Apparat. In ihren Straßen ist fast körperlich zu fühlen der Wirbel von Antrieben und Spannungen, den diese Menschen tragen, den sie ausströmen und der sich ihrer bemächtigt. Nach Beobachtungen an Vögeln sollen diese Tiere gemeinsames Fliegen darum bevorzugen, weil das gleichsinnige Bewegen der Flügel die Nachbarvögel untereinander stützt und ihnen das Fliegen erleichtert. Man hat aus dieser Beobachtung ein bestimmtes Maschinenprinzip gewonnen. Diese Beobachtung gibt die Erklärung für anderes: sie weist an der Nachahmung einen ökonomischen Zweck, die Kraftersparnis; sie erklärt die menschliche Neigung nachzuahmen und die Neigung von Massen sich gleichsinnig zu bewegen. Auf diese Weise werden die Menschen in der Großstadt nun veranlaßt, gleichmäßig das großstädtische Tempo anzunehmen.[5]

In den gleichförmigen Rhythmus der Masse kann sich Franz Biberkopf nach seiner Haft noch nicht einfinden, viel zu ungewohnt ist für ihn die Schnelligkeit von Bewegungen und Bildern, denen er sich ausgesetzt sieht. In dieser Perspektive erscheint die Haftstrafe beinahe wie eine erzwungene Muße, die das Subjekt vor einer urbanen Lebensgeschwindigkeit bewahrt hat, der man sich anpassen muss, um in ihr nicht unterzugehen.

---

[4] Klaus R. Scherpe, „Nonstop nach Nowhere City? Wandlungen der Symbolisierung, Wahrnehmung und Semiotik der Stadt in der Literatur der Moderne", in: Scherpe (Hg.), *Die Unwirklichkeit der Städte. Großstadtdarstellungen zwischen Moderne und Postmoderne*, Reinbek bei Hamburg 1988, 129–152, 137.

[5] Alfred Döblin, „Der Geist des naturalistischen Zeitalters", in: Döblin, *Schriften zu Ästhetik, Poetik und Literatur*, hg. v. Erich Kleinschmidt (Ausgewählte Werke in Einzelbänden, hg. v. Anthony W. Riley), Olten/Freiburg i. Br. 1989, 168–190, 188 f. Zu Döblins Essay vgl. auch die Ausführungen von Heinz Brüggemann, *Architekturen des Augenblicks. Raum-Bilder und Bild-Räume einer urbanen Moderne in Literatur, Kunst und Architektur des 20. Jahrhunderts* (Kultur und Gesellschaft, Bd. 4), Hannover 2002, 59–65, 64: „Sich-Selbst-Verlieren bis zur völligen Verwandlung an den Eindruck, im Wirbel, geht einher mit der Mimesis an natürliche Bewegung, beides wird überführt in einen soziobiologischen, energetischen und ökonomischen Diskurs, am Ende steht die einförmige, maschinenhafte Bewegung in der technischen Stadt."

Nach Ansicht vieler Zeitgenossen hat die Großstadt freilich nicht nur jene überfordert, die, wie Döblins Franz Biberkopf, zuvor geraume Zeit nicht in ihr tägliches Treiben involviert waren. In seinem Aufsatz *Die Großstädte und das Geistesleben* (1903) hat der Soziologe Georg Simmel den Menschen als ein „Unterschiedswesen" bezeichnet, dessen „Bewußtsein [...] durch den Unterschied des augenblicklichen Eindrucks gegen den vorhergehenden angeregt" werde.[6] Die rasche Abfolge, ja sogar Simultaneität heterogener Eindrücke in der Großstadt stellt das menschliche Bewusstsein vor eine enorme Herausforderung, die, so Simmel, in eine *„Steigerung des Nervenlebens"*[7] mündet. Diese Steigerung kann, wie das literarische Beispiel Franz Biberkopfs plastisch vor Augen führt, den Menschen auch schlicht überfordern. Zu den Abstraktionserfahrungen einer durchrationalisierten Welt, die in Großstädten kulminieren, zählen darüber hinaus Phänomene wie Anonymisierung, Indifferenz und Versachlichung, die Simmel in *Die Großstädte und das Geistesleben* beschreibt und daraus eine „Reizschutztheorie" entwickelt.[8] Die Großstädte verursachen jedenfalls sozialen Stress, insbesondere in Zeiten stetig wachsender Metropolen mit ihrer geradezu toxischen Mischung aus Enge, Lärm, kaum noch bezahlbaren Mieten und Beschleunigung[9], wie der Psychiater und Stressforscher Mazda Adli mit Blick auf unsere Gegenwart diagnostiziert: „Sozialer Stress entsteht aus dem Zusammenleben von vielen Menschen auf begrenztem Raum. Und zwar speziell die Gleichzeitigkeit von sozialer Dichte und sozialer Isolation, wozu auch Einsamkeit gehört."[10]

---

[6] Georg Simmel, *Gesamtausgabe*, hg. v. Otthein Rammstedt, Bd. 7: *Aufsätze und Abhandlungen 1901–1908*, Bd. 1, hg. v. Rüdiger Kramme, Angela Rammstedt u. Otthein Rammstedt, Frankfurt a. M. 1995, 116 f.

[7] Simmel, *Gesamtausgabe*, 7/1, 116.

[8] So Lothar Müller, „Die Großstadt als Ort der Moderne. Über Georg Simmel", in: Klaus R. Scherpe (Hg.), *Die Unwirklichkeit der Städte. Großstadtdarstellungen zwischen Moderne und Postmoderne*, Reinbek bei Hamburg 1988, 14–36, 16.

[9] Vgl. dazu die Studien von Hartmut Rosa, der die Beschleunigung allerdings etwas zu einseitig als *das* zentrale Signum der modernen Welt beschreibt und analysiert: Hartmut Rosa, *Beschleunigung. Die Veränderung der Zeitstrukturen in der Moderne*, Frankfurt a. M. 2005; ders., *Weltbeziehungen im Zeitalter der Beschleunigung. Umrisse einer neuen Gesellschaftskritik*, Berlin 2012. Mit dem Beschleunigungsparadigma lassen sich aber nicht alle Aspekte der Zeitverdichtung erfassen. Das in diesem Zusammenhang oftmals angeführte *Multitasking* impliziert auch Formen unfreiwilliger Entschleunigung, ohne die Erfahrung von Stress, Gedrängtsein, Überforderung u. ä. zu mindern, im Gegenteil. Allein die bildliche Vorstellung von Zeitverdichtung verweist auf den Umstand, dass ein ganz bestimmtes begrenztes Volumen mit wachsenden Anforderungen gefüllt wird. Dabei entsteht Druck, auch Überdruck – im physikalisch-konkreten wie im übertragenen Sinn. Diesem Druck fühlt man sich dann nicht gewachsen, wenn die Synchronie heterogener Prozesse nicht diachron kanalisiert werden kann. Die Gleichzeitigkeit von Anforderungen wird als Zeitzwang und Zeitdruck empfunden, hat aber mit dem unbestreitbar relevanten Phänomen der Beschleunigung nicht notwendigerweise etwas zu tun.

[10] Melanie Mühl im Gespräch mit Mazda Adli, „,Das Leben in der Stadt kann toxisch sein'", in: *Frankfurter Allgemeine Zeitung*, Nr. 114, 17. Mai 2019, 11. Adli verweist zudem auf eine Studie, die zutage gefördert habe, dass im „globalen Durchschnitt [...] die durchschnittliche Gehgeschwindigkeit in den vergangenen zwanzig Jahren um zehn Prozent zugelegt" habe. Das

Neben ihrer architektonischen Signatur, ihren Straßen, Plätzen und Gebäuden, die selbst Räumlichkeit herstellen[11], gewinnt die Stadt als „ein Ort gesellschaftlicher Praxis und ihrer symbolischen Formen"[12] ihr besonderes Gepräge. Die Gestalt der Stadt ist eine „Ausdrucksform der gesellschaftlichen Aneignung des Raumes und der Raumbezogenheit menschlichen Handelns".[13] Raum wiederum kann „als ein Komplex von Relationen zwischen möglichen Gegenstands- und Ereignisklassen" verstanden werden.[14] Als „institutionalisiertes Gefüge" legt der Raum Praxis fest, wird aber „auch durch Praxis verändert".[15] Die räumliche Dimension der Urbanität, die eine „spezifische räumliche Vergesellschaftungsform"[16] bildet, bezieht sich daher nicht nur auf den geographischen Raum und seine räumlich strukturierten Materialitäten, sondern ist darüber hinaus auch „als Erfahrungs-, Aktions-, Identifikations-, Kommunikations- und Sozialisationsraum von Menschen in ihrer jeweiligen Zeit zu verstehen".[17] Kurz gesagt: Die Stadt als physischer Raum wird durch die Kategorie der Urbanität „als Lebensraum einer Gesellschaft" ausgewiesen, wie Konstanze Noack und Heike Oevermann herausstellen:

Die Lebens- und Organisationsweise einer Gesellschaft in ihrem Alltag und ihrem repräsentativen Selbstverständnis produziert einen charakteristisch gestalteten Raum. Der ‚urbane Raum' ist somit die Schnittstelle zwischen Stadtgestalt und Gesellschaft, als physisch materieller, abstrakt gesellschaftlicher, konkret sozialer und subjektiv erlebter Raum.[18]

Die Fülle unterschiedlichster Erscheinungsformen verhindert zwar eine zeit- und kulturübergreifend gültige Definition von Stadt.[19] Versteht man Städte indes nicht

---

verändert auch die Rahmenbedingungen für das Flanieren. In dem Interview betont Adli aber auch regionale Unterschiede. Epidemiologische Studien hätten gezeigt, dass „mit der Größe der Stadt das Schizophrenie-Risiko steigt", allerdings nur in Großstädten „unserer Breitengrade", nicht unbedingt in den Megacities Asiens oder Südamerikas. Adli sieht einen möglichen Grund für diesen auffälligen Befund in einem erhöhten Risiko sozialer Isolation im Westen.

[11] Dazu grundsätzlich Martina Löw, *Raumsoziologie*, Frankfurt a. M. 2001.
[12] Karlheinz Stierle, *Der Mythos von Paris. Zeichen und Bewußtsein der Stadt*, München/Wien 1993, 14.
[13] Karlheinz Borchert/Dirk Schubert, „Gesellschaftssystem und Stadtstruktur", in: Dirk Schubert (Hg.), *Krise der Stadt. Fallstudien zur Verschlechterung von Lebensbedingungen in Hamburg, Frankfurt, München* (VAS, Bd. 9), Berlin (West) 1981, 3–54, 6.
[14] Martina Löw, *Vom Raum aus die Stadt denken. Grundlagen einer raumtheoretischen Stadtsoziologie* (Materialitäten, Bd. 24), Bielefeld 2018, 72.
[15] Löw, *Vom Raum aus die Stadt denken*, 72.
[16] Helmuth Berking, „‚Städte lassen sich an ihrem Gang erkennen wie Menschen' – Skizzen zur Erforschung der Stadt und der Städte", in: Helmuth Berking/Martina Löw (Hg.), *Die Eigenlogik der Städte. Neue Wege für die Stadtforschung* (Interdisziplinäre Stadtforschung, Bd. 1), Frankfurt a. M./New York 2008, 15–31, 18.
[17] Jürgen Reulecke, *Geschichte der Urbanisierung in Deutschland*, Frankfurt a. M. 1985, 12.
[18] Konstanze Noack/Heike Oevermann, „Urbaner Raum: Platz – Stadt – Agglomeration", in: Stephan Günzel (Hg.), *Raum. Ein interdisziplinäres Handbuch*, Stuttgart/Weimar 2010, 266–279, 266.
[19] So Löw, *Vom Raum aus die Stadt denken*, 14. Vgl. auch Ludger Basten/Ulrike Gerhard,

als rein verwaltungstechnisches Konzept, sondern soziologisch, dann können sie verallgemeinernd als „raumstrukturelle Formen der Organisation von Größe, Dichte und Heterogenität"[20] bezeichnet werden. Aufgegriffen werden hier Kriterien, die Louis Wirth 1938 geltend gemacht hat: „For sociological purposes a city may be defined as a relatively large, dense, and permanent settlement of socially heterogeneous individuals."[21] Diese Kriterien betreffen freilich nicht nur die Städte seit der Industrialisierung. Die Wahrnehmung und Erfahrung von Beschleunigung ist relativ. Schon bei der Einführung der Eisenbahn meldeten sich besorgte Stimmen zu Wort, die davor warnten, dass der Mensch dieser Geschwindigkeit weder physisch noch psychisch gewachsen sei.[22] Die Rede ist von ca. 30 Stundenkilometern.

Der Reihenstil, mit dem Döblin in *Berlin Alexanderplatz* die Wirkung von Geschwindigkeit, Simultaneität und Heterogenität metropolitanen Lebens auf die überstrapazierten Sinne Franz Biberkopfs erzählerisch übersetzt, ist denn auch kein Novum der Moderne. Georg Christoph Lichtenberg schrieb am 10. Januar 1775 Ernst Gottfried Baldinger einen Brief, in dem er seinem Freund über einen Abend in London berichtete. Die Schilderung der Metropole beinhaltet Beobachtungen und Erfahrungen, die das Erleben der Großstadt geradezu topisch fixieren:

> Dem ungewöhnten Auge scheint dieses alles ein Zauber; desto mehr Vorsicht ist nöthig, Alles gehörig zu betrachten; denn kaum stehen Sie still, Bums! läuft ein Packträger wider Sie an und rufft by Your leave wenn Sie schon auf der Erde liegen. In der Mitte der Strase rollt Chaise hinter Chaise, Wagen hinter Wagen und Karrn hinter Karrn. Durch dieses Getöße, und das Sumsen und Geräusch von tausenden von Zungen und Füßen, hören Sie das Geläute von Kirchthürmen, die Glocken der Postbedienten, die Orgeln, Geigen, Leyern und Tambourinen englischer Savoyarden, und das Heulen derer, die an den Ecken der Gasse unter freyem Himmel kaltes und warmes feil haben.[23]

Vorgeführt wird hier eine sinnliche, eine physische Überwältigung, der sich der Beobachter nicht entziehen kann. Der Versuch, alles „gehörig", also mit

---

„Stadt und Urbanität", in: Tim Freytag u. a. (Hg.), *Humangeographie kompakt*, Berlin/Heidelberg 2016, 115–139, 116.

[20] So Helmuth Berking/Jochen Schwenk, *Hafenstädte. Bremerhaven und Rostock im Wandel* (Interdisziplinäre Stadtforschung, Bd. 4), Frankfurt a. M./New York 2011, 11; vgl. auch Berking, „‚Städte lassen sich an ihrem Gang erkennen wie Menschen' – Skizzen zur Erforschung der Stadt und der Städte", 20. Dichte bezieht sich dabei „nicht nur auf die Bevölkerung, sondern auch auf die Bebauung, den Verkehr oder Funktionen", betonen Friedrich von Borries/Benjamin Kasten, *Stadt der Zukunft. Wege in die Globalopolis* (Entwürfe für eine Welt der Zukunft), Frankfurt a. M. 2019, 74.

[21] Louis Wirth, „Urbanism as a Way of Life", in: *The American Journal of Sociology* 44/1 (1938), 1–24, 8.

[22] Vgl. dazu Wolfgang Schivelbusch, *Geschichte der Eisenbahnreise. Zur Industrialisierung von Raum und Zeit im 19. Jahrhundert*, München 1977, 35: „Vernichtung von Raum und Zeit, so lautet der Topos, mit dem das frühe 19. Jahrhundert die Wirkung der Eisenbahn beschreibt."

[23] Georg Christoph Lichtenberg, *Briefwechsel*, hg. v. Ulrich Joost u. Albrecht Schöne, Bd. I: *1765–1779*, München 1983, 489.

distanzierter Ruhe, in ruhiger Distanz, „zu betrachten" (vielleicht sogar in Muße), scheitert an optischer Reizüberflutung und einer diffusen Geräuschkulisse mit beträchtlichem Lärmpegel einerseits und an der dicht gedrängten Menschenmenge, in der ständige Körperkontakte unvermeidlich sind, andererseits. In dieser Menge gibt es weder ein körperliches noch ein geistiges Entrinnen.[24] Lichtenberg reiste erstmals 1770 nach London, eine zweite Reise unternahm er 1774. Man muss sich die Dimensionen genauer vor Augen führen. Lichtenberg lebte in Göttingen, das zu dieser Zeit etwa 8.000 Einwohner zählte, und erlebte dann eine Metropole mit ca. 800.000 Einwohnern. Auf die Größenunterschiede weist er auch immer wieder ausdrücklich hin:

> In Göttingen geht man hin und sieht wenigstens von 40 Schritten her an, was es gibt; hier ist man (:hauptsächlich des Nachts und in diesem Theil der Stadt (the City):) froh, wenn man mit heiler Haut in einem Neben Gäßgen den Sturm auswarten kan. Wo es breiter wird, da läuft alles, niemand sieht aus, als wenn er spatzieren gienge oder observirte, sondern alles scheint zu einem sterbenden gerufen. Das ist Cheapside und Fleetstreet an einem December Abend.[25]

Der Beobachter sieht keine Flaneure, sondern nur eilig gehende, ja laufende Menschen. Hektik und Dynamik der Metropole gibt Lichtenberg in den entsprechenden Passagen seines langen Briefs im Ton gedrängter Atemlosigkeit wieder. Der beschleunigte Rhythmus der Stadt findet in einer stakkatohaften Syntax seinen sprachlich angemessenen Ausdruck. Die Überfülle simultaner Eindrücke erzwingt teilweise auch ein Verfahren reiner *enumeratio*. Lichtenberg zählt dann nur noch auf, was er von seinem Standpunkt aus in der Metropole wahrnimmt: eine verdichtete Heterogenität, die in Form einer zusammenhanglosen Aneinanderreihung unabhängiger Einzelphänomene wiedergegeben wird: ein ‚expressionistischer' Reihenstil im Zeitalter der Aufklärung.[26]

---

[24] Der geschilderte „Distanzverlust in der Stadt" ist durchaus typisch für die Erfahrungen von Reisenden in größeren Städten im 18. Jahrhundert. Am Beispiel Wiens, der zu dieser Zeit viertgrößten europäischen Stadt nach London, Paris und Neapel, verdeutlicht das Thorsten Sadowsky, „Gehen Sta(d)t Fahren. Anmerkungen zur urbanen Praxis des Fußgängers in der Reiseliteratur um 1800", in: Wolfgang Albrecht/Hans-Joachim Kerscher (Hg.), *Wanderzwang – Wanderlust. Formen der Raum- und Sozialerfahrung zwischen Aufklärung und Frühindustrialisierung* (Hallesche Beiträge zur Europäischen Aufklärung, Bd. 11), Tübingen 1999, 61–90, 73: „Es läßt sich kaum noch ein fester Beobachterstandpunkt einnehmen, der die Szenerie überblickt, denn der Beobachter droht, vom Verkehr überrollt zu werden, wenn er eine distanzierte Wahrnehmungsposition einnehmen will. Die Reisenden schildern detailliert den Rausch der Stadt, die Dominanz der Sinne über den Verstand und die Gefahren, denen selbst der professionelle Fußgänger ausgesetzt ist [...]".
[25] Lichtenberg, *Briefwechsel*, I, 489.
[26] „Lichtenberg inszeniert seine Schilderung der Großstadt zunächst mit dem Gestus eines naturwissenschaftlichen Experiments", schlussfolgert Heinz Brüggemann, *„Aber schickt keinen Poeten nach London!" Großstadt und literarische Wahrnehmung im 18. und 19. Jahrhundert. Text und Interpretationen*, Reinbek bei Hamburg 1985, 24.

Eines führen die beiden einleitenden Beispiele plastisch vor Augen: Die Metropole droht das beobachtende Subjekt zu verschlingen. Sie vergönnt ihm jedenfalls keine Atempause. Die Sinne des Beobachters werden aufs Äußerste strapaziert. Gleichzeitig kann die Metropole auf den Beobachter große Faszinationskraft ausüben, zumal wenn er aus einer sehr viel kleineren Stadt stammt. Auch das vermittelt Lichtenbergs Brief unverkennbar. Spuren urbaner Muße sucht man freilich vergebens, sowohl in Döblins *Berlin Alexanderplatz* als auch in der zitierten Darstellung Lichtenbergs. Ein Gegenbild zu Chaos, Lärm und Hektik zeichnet im 18. Jahrhundert in erster Linie eine literarische Utopie: Louis-Sébastien Merciers Roman *L'An 2440, rêve s'il en fut jamais* (1771) stellt die Metropole Paris in einem – buchstäblich und im übertragenen Sinn verstanden – erträumten Zustand im 25. Jahrhundert vor, bei dem all jene hygienischen, sittlichen und ästhetischen Missstände beseitigt sind, die derselbe Autor in seinem zwölfbändigen *Tableau de Paris* (1782–1788) so plastisch beschreibt.[27] Die Gattungsdifferenz zwischen Utopie und Tableau verdeutlicht die grundlegende Diskrepanz zwischen Ideal und Wirklichkeit mit besonderem Nachdruck.

Muße jenseits der Stadt – Urbanisierung von Muße

Beleuchtet man das Phänomen *Muße*, das griechische *scholé* und das lateinische *otium*, aus der Tradition kanonisierter Klassiker der Literatur-, Philosophie- und Geistesgeschichte, erscheint die Wendung ‚urbane Muße' zunächst einmal ohnehin wie eine *contradictio in adiecto*. Das topisch gewordene Lob des Landlebens, das Horaz anstimmt („Beatus ille qui procul negotiis [...]"[28]),

---

[27] Das relationale und daher dynamische Raummodell des Romans analysiert Cerstin Bauer-Funke, „Zum utopischen Potential der Bewegung im Raum in Louis-Sébastien Merciers Uchronie *L'an 2440*", in: Kurt Hahn/Matthias Hausmann (Hg.), *Visionen des Urbanen. (Anti-)Utopische Stadtentwürfe in der französischen Wort- und Bildkunst* (Studia Romanica, Bd. 172), Heidelberg 2012, 33–45, 36: „Bewegung, Dynamik, Fortschreiten, Fortschritt – diese Begriffe verweisen auf den aufklärerischen Fortschrittsglauben, dem der Ich-Erzähler im Rückblick auf das 18. Jahrhundert nun Stillstand und das Verharren auf alten Traditionen und starren gesellschaftlichen Ordnungen diametral entgegensetzt." Zu Merciers utopischem Roman vgl. auch die Ausführungen von Richard Saage, *Utopische Profile*, Bd. II: *Aufklärung und Absolutismus* (Politica et Ars. Interdisziplinäre Studien zur politischen Ideen- und Kulturgeschichte, Bd. 2), Münster 2002, 177–197; zu Merciers *Tableau de Paris* vgl. etwa Eva Kimminich, „Louis-Sébastien Merciers *Tableau de Paris*: Chaos und Struktur – Schritt und Blick", in: *Cahiers d'Histoire des Littératures Romanes/Romanistische Zeitschrift für Literaturgeschichte* 18 (1994), 263–282; Angelika Corbineau-Hoffmann, *Brennpunkt der Welt. Großstadterfahrung und Wissensdiskurs in der pragmatischen Parisliteratur 1780–1830* (Studienreihe Romania, Bd. 6), Bielefeld 1991, 56–129; dies., *Kleine Literaturgeschichte der Großstadt*, Darmstadt 2003, 43–51.

[28] Es handelt sich hier um den ersten Vers aus dem zweiten Gedicht der *Epoden*. – Quintus Horatius Flaccus, *Sämtliche Werke*. Lateinisch und Deutsch, hg. v. Hans Färber (Sammlung Tusculum), München 1982, 226. Zum weiteren Kontext der *otium*-Vorstellung des Horaz vgl. Franziska C. Eickhoff, „Inszenierungen von Muße durch die Gattung Brief in den *Epistulae* des

impliziert eine Vorstellung, die wirkungsgeschichtlich den Charakter einer festen Zuschreibung gewann: Die *urbs* ist der Ort für das *negotium*, das *rus* jener für *otium*. Besonders einschlägig und einflussreich war Francesco Petrarcas Traktat *De vita solitaria*, dessen erste Version 1346 entstand. Wer ein der Muße gewidmetes Leben führen wolle, dürfe sich nicht der von Hektik geprägten Stadt aussetzen, sondern sollte sich in die Abgeschiedenheit eines ländlichen Naturraums zurückziehen.[29] Petrarca selbst fand sein idyllisches Refugium in der Nähe von Avignon, im Dorf Fontaine-de-Vaucluse an der Quelle der Sorgue, wo er, jenseits der Stadt, sich seinen Freiraum der Muße schaffen konnte – so jedenfalls stellt er es in Briefen und Schriften dar. Michel de Montaigne zog sich auf seinen Landsitz bei Bordeaux zurück, um dort, im Mußeraum seiner Bibliothek[30], seine *Essais* zu schreiben. Und wenn der Ich-Erzähler in Jean-Jacques Rousseaus *Rêveries du promeneur solitaire* (1776–1778), einem für die Kultur- und Literaturgeschichte der Muße besonders einschlägigen Werk, auf seinen einsamen Spaziergängen Muße erfahren will, verlässt er die Stadt und findet sie in der Natur.[31] Sein Refugium (der Muße) ist nicht Paris, sondern die Île de Saint-Pierre des Bielersees.[32] Demgegenüber schienen auch in vorindustriellen Zeiten die Hektik und Betriebsamkeit der Städte, ihre literarisch oft postulierte ‚Unnatur' mit entsprechend sittlich fragwürdigen Ausprägungen sowie dem unübersehbaren Ausmaß von Armut, Elend, Dreck und Seuchen, eher all das zu verhindern als zu begünstigen, was mit Muße mehr oder weniger fest assoziiert wird: Ruhe, Kontemplation, Gelassenheit. Der Englandreisende Karl Philipp Moritz zeigt

Horaz", in: Eickhoff (Hg.), *Muße und Rekursivität in der antiken Briefliteratur. Mit einem Ausblick in andere Gattungen* (Otium. Studien zur Theorie und Kulturgeschichte der Muße, Bd. 1), Tübingen 2016, 75–94.

[29] Francesco Petrarca, *De vita solitaria*, Buch I. Kritische Textausgabe und ideengeschichtlicher Kommentar von Karl A. E. Enenkel (Leidse romanistische reeks van de Rijksuniversiteit te Leiden, Bd. 24), Leiden u. a. 1990, 64 f. (2,1 f.).

[30] Den Zusammenhang von Muße und Autorschaft bei Montaigne beleuchten aus je unterschiedlichen Perspektiven Angelika Corbineau-Hoffmann, „Die Frucht der Muße oder Montaigne im Turm. Zur Genese der *Essais* als Auto(r)entwurf", in: Günter Figal/Hans W. Hubert/Thomas Klinkert (Hg.), *Die Raumzeitlichkeit der Muße* (Otium. Studien zur Theorie und Kulturgeschichte der Muße, Bd. 2), Tübingen 2016, 177–206; Thomas Klinkert, *Muße und Erzählen: ein poetologischer Zusammenhang. Vom ‚Roman de la Rose' bis zu Jorge Semprún* (Otium. Studien zur Theorie und Kulturgeschichte der Muße, Bd. 3), Tübingen 2016, 69–81; Anna Karina Sennefelder, *Rückzugsorte des Erzählens. Muße als Modus autobiographischer Selbstreflexion* (Otium. Studien zur Theorie und Kulturgeschichte der Muße, Bd. 7), Tübingen 2018, 53–63.

[31] Zu den stadtfernen Mußeräumen in Rousseaus *La Nouvelle Héloïse* und *Les Rêveries du promeneur solitaire* vgl. Klinkert, *Muße und Erzählen*, 99–113. In Rousseaus *Cinquième Promenade* ermöglichen räumliche Abgeschiedenheit und Zurückgezogenheit das Erleben und Reflektieren von Muße – mit wirkungsgeschichtlich weitreichenden Folgen, so Sennefelder, *Rückzugsorte des Erzählens*, 63–90. Insbesondere „die Vorstellung, Muße könne besonders leicht an idyllischen, einsamen und naturschönen Plätzen erfahrbar werden" (83), habe auch einschlägige literarische Texte des 19. Jahrhunderts geprägt.

[32] Zur Verbindung von Muße und Ort im 18. und 19. Jahrhundert vgl. Sennefelder, *Rückzugsorte des Erzählens*, 117–127.

sich 1782 erleichtert, als er endlich „jenen großen Kerker" London verlässt und sich aufs Land und damit ins „Paradies" begibt[33] und so das „Schreckbild Stadt" durch das „Wunschbild Land"[34] ersetzen kann. Obwohl die deutsche Literatur des 18. Jahrhunderts oft ein Bild der ‚ungeliebten Stadt' zeichnet und die urbane Lebenswelt als „Hülle eines entfremdeten Daseins, das den Zusammenhang mit der Natur verloren hat"[35], begreift, können sich gerade deutsche Besucher, die aus einem territorial zersplitterten Land ohne zentrale Hauptstadt kommen, der Faszination großer Städte oder gar Metropolen nicht ganz entziehen. Conrad Wiedemann sieht „in der Urbanitätsfrage" zu Recht „ein widersprüchliches Bewußtsein [...], eine nach innen gerichtete Stadtverachtung oder zumindest Stadtindifferenz und eine nach außen gerichtete Metropolenneugier, ja -faszination".[36]

Trotz der topischen Tradition des Städtelobs[37] und vereinzelter Würdigungen des urbanen Raums als idealen Orts humanistischer Existenz in der Frühen Neuzeit[38] blieb die literarische Stadtkritik ausgesprochen wirkmächtig.[39]

---

[33] Karl Philipp Moritz, *Sämtliche Werke. Kritische und kommentierte Ausgabe*, hg. v. Anneliese Klingenberg, Albert Meier, Conrad Wiedemann u. Christof Wingertszahn, Bd. 5/1: *Reisebeschreibungen*, Teil 1: *Reisen eines Deutschen in England im Jahr 1782*, hg. v. Jürgen Jahnke u. Christof Wingertszahn, Berlin/München/Boston 2015, 68.

[34] Friedrich Sengle, „Wunschbild Land und Schreckbild Stadt. Zu einem zentralen Thema der neuen deutschen Literatur", in: *Studium Generale* 16,10 (1963), 619–631.

[35] Erich Kleinschmidt, „Die ungeliebte Stadt. Umrisse einer Verweigerung in der deutschen Literatur des 18. Jahrhunderts", in: *Zeitschrift für Literaturwissenschaft und Linguistik* 12,48 (1982), 29–49, 47.

[36] Conrad Wiedemann, „‚Supplement seines Daseins'? Zu den kultur- und identitätsgeschichtlichen Voraussetzungen deutscher Schriftstellerreisen nach Rom – Paris – London seit Winckelmann", in: Wiedemann (Hg.), *Rom – Paris – London. Erfahrung und Selbsterfahrung deutscher Schriftsteller und Künstler in den fremden Metropolen* (Germanistische Symposien-Berichtsbände 8), Stuttgart 1988, 1–20, 7.

[37] Carl Joachim Classen, *Die Stadt im Spiegel der Descriptiones und Laudes urbium in der antiken und mittelalterlichen Literatur bis zum Ende des zwölften Jahrhunderts* (Beiträge zur Altertumswissenschaft, Bd. 2), Hildesheim/Zürich/New York 1986; Hartmut Kugler, *Die Vorstellung der Stadt in der Literatur des deutschen Mittelalters* (Münchener Texte und Untersuchungen zur deutschen Literatur des Mittelalters, Bd. 88), München/Zürich 1986.

[38] Linus Möllenbrink, „‚inter negocia literas et cum literis negocia in usu habere'. Die Verbindung von *vita activa* und *vita contemplativa* im Pirckheimer-Brief Ulrichs von Hutten (1518)", in: Gregor Dobler/Peter Philipp Riedl (Hg.), *Muße und Gesellschaft* (Otium. Studien zur Theorie und Kulturgeschichte der Muße, Bd. 5), Tübingen 2017, 101–139.

[39] Vgl. Kleinschmidt, „Die ungeliebte Stadt". Zur Stadtkritik in der romantischen Literatur vgl. Uwe Hentschel, „Die Romantik und der städtische Utilitarismus", in: Claudia Lillge/Thorsten Unger/Björn Weyand (Hg.), *Arbeit und Müßiggang in der Romantik* (vita activa), Paderborn 2017, 315–328. Hentschel weist insbesondere auch auf den Einfluss der Zivilisationskritik Rousseaus auf die Generation der romantischen Dichter hin: „Der Prosa des geschäftigen Alltags begegneten die Romantiker, indem sie nach naturbelassenen, refugialen Räumen Ausschau hielten; diese wurden in der Vergangenheit (im Urchristentum oder in einem griechischen Arkadien) oder in der Gegenwart, weit entfernt von den Zentren urbanen Wirtschaftens (in den Schweizer Alpen oder in der Südsee), gefunden" (318). Dass entsprechende Vorbehalte bis ins 20. Jahrhundert reichten, betont z. B. Carsten Rohde, „Konkrete Totalität. Formen der

In literaturgeschichtlicher Perspektive ging die enge Korrelation von Muße und Idylle seit der Antike bis weit in die Neuzeit zumindest tendenziell mit imaginierter Stadtflucht einher. Bereits den bukolischen Dichtungen Theokrits ist das Gegenbild der mußefernen Stadt eingeschrieben. In dieser Tradition sucht und findet das Idyllenpersonal Muße in abgegrenzten Naturräumen, in denen es sich auch kreativ entfalten kann. Das gilt freilich keineswegs nur für die Idyllendichtung. Trotz oder gerade wegen der massiven Urbanisierungsprozesse der Moderne wird fiktionale und nicht-fiktionale Stadtflucht- und Landlust-Literatur ungebrochen geschrieben und gelesen.[40] Dass dabei, markiert oder unausgesprochen, auch arkadische Topoi sowie Traditionen abendländischer Idyllendichtung mitschwingen, steht ebenso außer Frage wie ihr mehr oder weniger ausgeprägter Projektionscharakter. In anspruchsvoller, kritischer Literatur wird die Verklärung dörflichen Lebens entsprechend dekonstruiert. Gleichwohl ist die Flucht aus der Stadt aufs Land ein Thema von nicht nachlassender Aktualität geblieben.[41]

Die intensiven systematischen und historischen Untersuchungen des Sonderforschungsbereichs (SFB) *Muße* haben bisher u. a. eines gezeigt: Das Lob des Landlebens muss als urbanes Konstrukt begriffen werden.[42] Das mag zunächst wenig überraschen, ist doch z. B. bei der Idyllendichtung der implizite kritische

---

Rekonstruktion und Repräsentation urbaner Kultur- und Sozialräume in der neueren Kulturgeschichtsschreibung", in: Iwan D'Aprile/Martin Disselkamp/Claudia Sedlarz (Hg.), *Tableau de Berlin. Beiträge zur „Berliner Klassik" (1786–1815)* (Berliner Klassik. Eine Großstadtkultur um 1800, Bd. 10), Hannover-Laatzen 2005, 71–88, 72: „[...] große Teile der Kulturkritik und des Kulturestablishments [blieben] bis weit ins 20. Jahrhundert hinein stadtfeindlich" und hätten „in der Großstadt geradezu eine Brutstätte für die Übel der modernen Zivilisation" gesehen. Dass diese negative Wahrnehmung der Großstadt auch in wissenschaftlichen Arbeiten unkritisch aufgegriffen wurde, verdeutlicht Clemens Zimmermann/Jürgen Reulecke, „Einleitung", in: Zimmermann/Reulecke (Hg.), *Die Stadt als Moloch? Das Land als Kraftquell? Wahrnehmungen und Wirkungen der Großstädte um 1900* (Stadtforschung aktuell, Bd. 76), Basel/Boston/Berlin 1999, 7–20, 12: „Oft genug in der wissenschaftlichen Literatur, und bis in die Gegenwart hinein, erweist sich die Wahrnehmung der Großstadt von einer fundamentalen und ideologisierten Großstadtkritik dominiert, ohne daß dieser Einfluß genügend reflektiert wird." Die Aufsätze des Bandes belegen, dass die in seinem Titel zum Ausdruck gebrachte wertende Binarität von Stadt und Land „kein spezifisch deutsches Phänomen war" (13): „Insgesamt zeigt sich, daß Stadtkritik ein internationales Phänomen ist, ihre jeweilige Heftigkeit hängt nicht zuletzt von den zeitlichen Verschiebungen des Urbanisierungsprozesses in den einzelnen Kulturnationen ab" (14).

[40] Vgl. Henri Seel, „‚Verloren geglaubte solidarische Räume'. Spuren des Neoliberalismus-Diskurses in der Stadtflucht-Literatur der Gegenwart", in: Sigrun Langner/Maria Frölich-Kulik (Hg.), *Rurbane Landschaften. Perspektiven des Ruralen in einer urbanisierten Welt* (Rurale Topografien, Bd. 7), Bielefeld 2018, 65–82.

[41] Zahlreiche Werke der Gegenwartsliteratur exponieren „eine Semantik des Ländlichen, in der der rurale Raum als Gegen-Ort zu Beschleunigung, Individualisierung und Präsentationsanforderungen des Neoliberalismus und eben auch des urbanen Raums produziert wird", so Seel, „‚Verloren geglaubte solidarische Räume'. Spuren des Neoliberalismus-Diskurses in der Stadtflucht-Literatur der Gegenwart", 67.

[42] Vgl. dazu insbesondere den Aufsatz von René Waßmer in diesem Band.

Bezug zu Höfen und Städten augenfällig. Auch gegenwärtig wird oftmals das „Rurale als wirkmächtiger Imaginationsraum in einer urbanisierten Welt"[43] entworfen. Bereits um 1800 beschreibt der Londonkorrespondent von Friedrich Justin Bertuchs Zeitschrift *London und Paris*, Johann Christian Hüttner, die von Bäumen gesäumten Squares der englischen Metropole als „ein *rus in urbe*".[44] Mit dieser Wendung meint er nicht nur die räumliche Qualität, sondern das spezifische Zusammenwirken von Ort, Praktik und Wahrnehmung. Der Spaziergang auf den Squares eröffnet wunderbare Aussichten, die zum genießenden Betrachten einladen. Im Gegenzug entspringen Imaginationen ruraler Muße in idyllischen Landschaften einem urbanen Wissenskanon. Gegenwärtige kulturwissenschaftliche, soziologische und geographische Überlegungen zu ‚rurbanen' Landschaften stehen selbst wieder in Traditionsbezügen, die entsprechenden Vorstellungen zumeist unausgesprochen mit eingeschrieben sind. Ob und in welchem Maß Topiken des (idealisierten) Landlebens eine Rolle spielen, kann nur in konkreten Einzelstudien differenziert ermittelt werden. Jede systematische Betrachtung wäre freilich ohne eine Reflexion von Historizität mehr als nur lückenhaft. Die Konsequenzen dieses Umstands für Vorstellungen von Muße im Spannungsfeld von Anthropologie und Historizität blieben gleichwohl bisher unterbelichtet. Aus der Perspektive dieses kritischen Referenzverhältnisses erscheint, zugespitzt formuliert, die Wendung ‚urbane Muße' nicht länger als Oxymoron, wie intuitiv vermutet werden könnte, sondern eher schon als Tautologie.

Urbane Utopien – utopische Urbanität

Die enorme Wirkungsmacht des postulierten und insbesondere konstruierten Gegensatzes von Stadt und Land spielt auch in literarischen Stadtutopien seit der Renaissance eine beträchtliche Rolle. Die hier vorherrschende streng geometrische Ordnungsstruktur geht zumeist mit umfassenden Reglementierungen und Regulierungen einher, die wiederum die Möglichkeiten individueller Freiräume – auch Freiräume der Muße – massiv einschränken oder gar nicht erst zulassen. Im 20. Jahrhundert wird die Tradition der Idealstadt, für die es seit der Antike eine Fülle einschlägiger literarischer, aber auch architektonischer Entwürfe gibt, oftmals in dystopischen Ausformungen vergegenwärtigt.[45] Der

---

[43] Sigrun Langner/Maria Frölich-Kulik, „Rurbane Landschaften. Perspektiven des Ruralen in einer urbanisierten Welt", in: Langner/Frölich-Kulik (Hg.), *Rurbane Landschaften*, 9–28, 17.

[44] Friedrich Justin Bertuch (Hg.), *London und Paris*, Bd. III, Halle/Rudolstadt/Weimar 1799, 10. Zu Bertuchs Zeitschrift vgl. jetzt auch die im Rahmen des SFB entstandene Dissertation von René Waßmer, *Muße in der Metropole. Flanerie in der deutschen Publizistik und Reiseliteratur um 1800*.

[45] Zu Geschichte, Gegenwart und Zukunft von Idealstadtentwürfen vgl. Gerd de Bruyn, *Die Diktatur der Philanthropen. Entwicklung der Stadtplanung aus dem utopischen Denken*, Braunschweig/Wiesbaden 1996; Ruth Eaton, *Die ideale Stadt. Von der Antike bis zur Gegenwart*,

Moloch Stadt saugt das Subjekt in sich auf oder aber er kollektiviert es. Damit versiegt auch das, was in den Augen des Soziologen Armin Nassehi urbanes Leben entscheidend ausmacht: die Ressource der Fremdheit und Indifferenz. Sozialutopien ersetzen oftmals Innenregulierung durch Außenregulierung und verhindern so, dass man, wie Nassehi ausführt, in den Städten leben kann, „als sei der Andere nicht da – gerade weil er da ist."[46] Im Gegenzug wurden aber auch alternative Stadtutopien entworfen. Diese utopischen Vorstellungen beziehen sich oft und durchaus bis heute[47] auf Charles Fourier (1772–1837) und seine Vorstellungen einer idealen Gemeinschaft namens Phalange. Die Größe dieser autonomen, genossenschaftlichen Gemeinschaften variiert – je nach Angabe – zwischen 600 und 1000, zwischen 200 und 300 und zwischen 1600 und 1800 Personen.[48] Auch die exakte Bewohnerzahl von 1620 findet sich bei Fourier. Der „arkadische Charme"[49] der Phalange besteht insbesondere in den großzügigen Grünanlagen und Gärten, die Fourier vorsah. In jedem Fall heben die Phalanges den Gegensatz von Stadt und Land dahingehend auf, dass das Konzept einer im eigentlichen Sinn Stadt-Landschaft an die Stelle der Großstadt tritt.[50] Das Zentrum einer Phalange bildet das Phalanstère, das, palastartig aufgebaut, selbst wie „eine kleine Stadt"[51] angelegt ist. Die Gartenstadtbewegung seit dem

---

Berlin 2001; Günther Feuerstein, *Urban Fiction. Strolling through Ideal Cities from Antiquity to the Present Day*, Stuttgart u. a. 2008; Walter Kluge, „Die Stadt in der Utopie. Architektur als Modell der Gesellschaft", in: Andreas Mahler (Hg.), *Stadt-Bilder. Allegorie, Mimesis, Imagination* (Beiträge zur neueren Literaturgeschichte, Bd. 170), Heidelberg 1999, 67–85; Hanno-Walter Kruft, *Städte in Utopia. Die Idealstadt vom 15. bis zum 18. Jahrhundert zwischen Staatsutopie und Wirklichkeit*, München 1989; Helen Rosenau, *The Ideal City, its Architectural Evolution in Europe*, New York 1983; Ulrike Schuster, *Stadtutopien und Idealstadtkonzepte des 18. und 19. Jahrhunderts am Beispiel der Großstadt Paris*, Weimar 2003; Barbara Ventarola (Hg.), *Literarische Stadtutopien zwischen totalitärer Gewalt und Ästhetisierung*, München 2011; Virgilio Vercelloni, *Europäische Stadtutopien. Ein historischer Atlas. Aus dem Italienischen v. Heli Tortora*, München 1994.

[46] Armin Nassehi, *Mit dem Taxi durch die Gesellschaft. Soziologische Storys*, Hamburg 2010, 56.

[47] Vgl. z. B. von Borries/Kasten, *Stadt der Zukunft*, 114.

[48] Schuster, *Stadtutopien und Idealstadtkonzepte*, 174.

[49] Vittorio Magnago Lampugnani, *Die Stadt von der Neuzeit bis zum 19. Jahrhundert*, Berlin 2017, 237.

[50] Julian Petrin, *Utopia reloaded? Das utopische Moment und seine Motive in der Geschichte des Städtebaus*, https://www.urbanista.de/bettercities/utopia_reloaded.pdf, abgerufen am 24.06. 2019, 6.

[51] So Lampugnani, *Die Stadt von der Neuzeit bis zum 19. Jahrhundert*, 239. „Das Phalanstère ist in seiner vollkommensten Form ein Palast in ländlich-idyllischer Umgebung, mit einer doppelten Reihe von weiten, ausladenden Flügeln", betont Schuster, *Stadtutopien und Idealstadtkonzepte*, 175, und weist auf das Vorbild Versailles hin, „obwohl Fourier diesen Vergleich abgelehnt hat." Eine „Ähnlichkeit des Phalanstère mit dem Pariser Palais Royal, aber auch mit einer barocken Schlossanlage" konstatiert Lampugnani, *Die Stadt von der Neuzeit bis zum 19. Jahrhundert*, 239. Zu Fourier vgl. auch de Bruyn, *Die Diktatur der Philanthropen*, 103–130; Richard Saage, *Utopische Profile*, Bd. III: *Industrielle Revolution und Technischer Staat im 19. Jahrhundert* (Politica et Ars. Interdisziplinäre Studien zur politischen Ideen- und Kulturgeschichte, Bd. 3), Münster 2002, 61–85.

ausgehenden 19. Jahrhundert griff Vorstellungen dieser Art auf und propagierte eine Verbindung, ja Vereinigung von Stadt und Land.[52] Der Garten wiederum ist ein topischer Ort der Muße. Innerhalb der Stadt können Gärten, für die Fourier große Flächen vorsah[53], daher, durch eine entsprechende Planungsstruktur befördert, potentiell als (Rückzugs-)Räume urbaner Muße dienen und so in das städtische Leben integriert werden. Das kann freilich auch wieder dazu führen, dass öffentliche Gartenanlagen in einer Weise frequentiert werden, die sie zu neuen Hotspots werden lassen. Je nach Nutzung und auch Nutzungsordnung kann der Garten eine kontemplationsorientierte Form der Muße befördern oder aber eine erlebnisorientierte, die eine transgressive Struktur aufweist. Die hier getroffene Unterscheidung zwischen einer kontemplations- und einer erlebnisorientierten Muße ist zunächst einmal heuristisch gemeint. Die aus der antiken (aristotelischen) *theōria*-Tradition herrührende kontemplationsorientierte Muße findet ihren idealtypischen Ort in städtischen Rückzugsräumen wie Parks, Gärten, Museen, Sammlungen, also eher fern des Großstadttrubels. Demgegenüber kann eine erlebnisorientierte Muße gerade dort erfahren werden, wo die Umstände für Ruhe und innere Versenkung *prima vista* eher widrig sind: beim Eintauchen in eine Menschenmenge. Aus dem Erlebnis heterogener Sinneseindrücke kann dann wieder, transgressiv, die reflektierte Erfahrung von Muße erwachsen.

Historische und gegenwärtige Überlegungen, Grenzen zwischen Stadt und Land zumindest durchlässiger zu machen, wurden und werden durch die Herausforderung ergänzt, das Verhältnis von Kultur und Natur im urbanen Raum stets neu auszuloten. Heutige Stadtentwürfe bzw. Visionen für eine Stadt der Zukunft sind sich jedenfalls dahingehend einig, dass der urbane Raum ‚grüner' werden müsse.[54]

---

[52] Den Weg für die Bewegung bereitete Ebenezer Howards wirkungsvolle Schrift *Tomorrow. A Peaceful Path to Real Reform* (1898; 2. Auflage: *Garden Cities of To-Morrow*, 1902). Vgl. Ebenezer Howard, *Gartenstädte von morgen. Das Buch und seine Geschichte*, hg. v. Julius Posener (Bauwelt Fundamente, Bd. 21), Berlin/Frankfurt a. M./Wien 1986; Kristiana Hartmann, *Deutsche Gartenstadtbewegung. Kulturpolitik und Gesellschaftsreform*, München 1976. Die Gartenstadt, wie Howard sie sich vorstellte, „ist groß genug, um wirtschaftlich selbständig zu sein und ein gewisses Maß an Urbanität zu erzeugen, zugleich aber ausreichend klein, um nicht zum metropolitanen Moloch auszuarten", urteilt Vittorio Magnago Lampugnani, *Die Stadt im 20. Jahrhundert. Visionen, Entwürfe, Gebautes*, Bd. I, Berlin 2010, 24.

[53] Fouriers kreisförmig aufgebaute Idealstadt besteht aus drei konzentrischen Bereichen: der Innenstadt, einem Vorortring, in dem die Fabriken angesiedelt sind, sowie einem Vorstadtring mit Avenuen. Großzügige Grünanlagen sind überall vorgesehen, auch im Zentrum der Phalange, so Lampugnani, *Die Stadt von der Neuzeit bis zum 19. Jahrhundert*, 235: „In der Innenstadt besitzt jedes Gebäude einen Garten, der mindestens so groß ist wie die überbaute Fläche."

[54] Vgl. z. B. von Borries/Kasten, *Stadt der Zukunft*, 88: „Für eine lebenswerte Stadt der Zukunft dürfen wir Natur und Stadt nicht mehr als etwas Getrenntes wahrnehmen, sondern als etwas miteinander Verbundenes." In der Konsequenz bedeutet das für den Architekten und den Stadtplaner: „Es geht um nicht weniger als ein neues urbanes Ökosystem" (91).

Sehendes Genießen als tätige Untätigkeit

Kritische Hinweise auf Hektik, Lärm, Armut, Dreck und Epidemien bilden freilich nur eine Seite der Auseinandersetzung mit Großstädten. Neben diesen negativen Seiten entging den ästhetischen Blicken entsprechend disponierter Beobachterinnen und Beobachter auch nicht die Schönheit der großen Stadt. *Die Schönheit der großen Stadt* – so lautet der Titel einer Schrift, die der Kunsttheoretiker, Designer und Architekt August Endell 1908 veröffentlichte. Endell, ein Verfechter des Jugendstils, kritisierte eine historistisch intonierte Verklärung der Vergangenheit sowie jene Gegenwartsverächter, die „unsere Zeit degeneriert nervös überhastet" schelten würden.[55] Den Apologeten einer Stadtflucht hält er entgegen, dass der vermeintliche Idealraum der Natur auch nur „von Menschenhand" geformt sei.[56] Die postulierte „Rückkehr zur Natur" sei daher nichts anderes als eine „Flucht in eine künstliche, leere Phantasiewelt, die von Schwäche und Angst erfunden, weder Wahrheit noch Gesundheit, noch Erlösung zu geben vermag."[57] Demgegenüber plädiert Endell für eine im eigentlichen Sinne moderne Stadt, die sich von romantisierender Vergangenheitsverklärung befreit und eine neue Formschönheit entfaltet, die ein flanierender Betrachter mit den Augen eines Künstlers wahrnimmt. Endell spricht in diesem Zusammenhang von dem Akt eines „sehenden Genießens".[58] Entsprechend beschreibt er seine optischen und akustischen Impressionen von der Großstadt als ein sinnliches Erlebnis, das Kontemplation und Genuss im Modus der Gelassenheit zusammenführt: „Es gibt kaum etwas Hübscheres, als schweigend in der Trambahn zu sitzen und die fremden Menschen nicht belauschend zu belauern, sondern betrachtend fühlend zu erleben, zu genießen."[59] Betrachtend fühlend zu erleben, zu genießen – Endell konkretisiert hier das, was wir als eine Form urbaner Muße auf den Begriff bringen können.

In unserem Sonderforschungsbereich nähern wir uns der Vorstellung von Muße sowie dem Phänomen selbst durch eine formale Bestimmung an und nicht durch eine feste, essentialistische Zuschreibung, die einen exklusiven inhaltlichen Traditionsstrang (das aristotelische Verständnis von Muße beispielsweise) privilegieren würde. Wir argumentieren dabei mit einem zweifachen Freiheitsbegriff von Muße. Die negative Freiheit von Muße meint: Freiheit *von* etwas – von temporalen Zwängen, unmittelbaren Zielen, Zwecken und Leistungserwartungen. Das positive Freiheitsmoment der Muße liegt darin, dass offen ist, wie die frei verfügbare Zeit ausgestaltet wird. Mit dieser auf Isaiah Berlin rekurrierenden Unterscheidung von negativer und positiver Freiheit beschreiben wir

---

[55] August Endell, *Die Schönheit der großen Stadt*. Mit drei Tafeln, Stuttgart 1908, 5.
[56] Endell, *Die Schönheit der großen Stadt*, 9.
[57] Endell, *Die Schönheit der großen Stadt*, 10.
[58] Endell, *Die Schönheit der großen Stadt*, 88.
[59] Endell, *Die Schönheit der großen Stadt*, 67.

formal den Zusammenhang von Muße und Freiheit.[60] Bei Endells Schilderung geht die Möglichkeit des freien Verweilens in der Stadt mit der kontingenten Aufnahme optischer und akustischer Eindrücke einher, die nur in der subjektiven Wahrnehmung des entsprechend gestimmten Flaneurs sich zum ästhetischen Genuss ausbilden. Der positive Freiheitscharakter der Muße zielt auf nicht näher bestimmte Möglichkeitsräume, die im *Deutschen Wörterbuch* von Jacob und Wilhelm Grimm zu „Spielräumen" der Muße erklärt werden.[61] Die Vorstellung von Frei- und Spielräumen der Muße schließt zudem an die etymologischen Wurzeln des Wortes ‚Muße' an. Die Herkunft vom Althochdeutschen ‚muoza' sowie vom Mittelhochdeutschen ‚muoze' stellt eine *prima vista* erstaunliche Verbindung von ‚Muße' und ‚müssen' her. Die alte Bedeutung von ‚müssen' ist freilich ‚können', so dass mit ‚muoza' und ‚muoze' nicht ein ‚Müssen' im heutigen Sinn gemeint ist, sondern ‚Gelegenheit', ‚Möglichkeit'.[62] Auch wenn man diese Herleitungen interpretatorisch gewiss nicht überstrapazieren sollte, üben sie doch einen gewissen Reiz aus. Das ‚Müssen' „hatte einmal die sinnliche Bedeutung von Raum-haben, Platz-finden".[63] Der Möglichkeitsraum in Endells Schilderung wird nun dadurch gefüllt, dass der Beobachter seine Sitznachbarn in der Trambahn weder belauert noch aktiv belauscht, sondern sich ganz bewusst den zufälligen akustischen und optischen Impressionen aussetzt. Mit dieser Offenheit seiner Sinne kann er all das „betrachtend fühlend [...] erleben" und „genießen", was er gerade in der Passivität seiner Haltung besonders intensiv wahrnimmt.

Diese komplexen Zusammenhänge fassen wir auch in paradoxale Wendungen, die Muße als Analysekategorie ausweisen: ‚bestimmte Unbestimmtheit', ‚tätige Untätigkeit', ‚produktive Unproduktivität'.[64] Die Unbestimmtheit meint die

---

[60] Isaiah Berlin, *Liberty. Incorporating four essays on liberty*, hg. v. Henry Hardy u. Ian Harris, Oxford 2002, 166–217. Ausgehend von Berlin diskutieren den Zusammenhang von Muße und Freiheit Jochen Gimmel/Tobias Keiling, *Konzepte der Muße*, unter Mitarbeit von Joachim Bauer, Günter Figal, Sarah Gouda u. a., Tübingen 2016, 61–66.

[61] Jacob und Wilhelm Grimm, *Deutsches Wörterbuch*, Bd. 6, Leipzig 1885, Nachdruck München 1984, 2771.

[62] Friedrich Kluge, *Etymologisches Wörterbuch der deutschen Sprache*, bearb. v. Elmar Seebold, 25., durchges. u. erw. Aufl., Berlin/Boston 2011, 642. Vgl. dazu insbesondere die Online-Präsentation des Teilprojekts C1 (*Paradoxien der Muße im Mittelalter. Paradigmen tätiger Untätigkeit in höfischer und mystischer Literatur*) der ersten Förderphase des SFB *Muße*: „Muße/ muoze digital – mittelalterliche Varianten der Muße" (https://www.musse-digital.uni-freiburg. de/c1/index.php/Muoze, abgerufen am 15.03.2020).

[63] So Hans Brühweiler, *Musse (scholé). Ein Beitrag zur Klärung eines ursprünglich pädagogischen Begriffs*, Zürich 1971, 5.

[64] Die Grundzüge des gemeinsam erarbeiteten Forschungsprogramms sind, unterschiedlich akzentuiert, zusammengefasst in: Burkhard Hasebrink/Peter Philipp Riedl, „Einleitung", in: Hasebrink/Riedl (Hg.), *Muße im kulturellen Wandel. Semantisierungen, Ähnlichkeiten, Umbesetzungen* (linguae & litterae, Bd. 35), Berlin/Boston 2014, 1–11; Gregor Dobler/Peter Philipp Riedl, „Einleitung", in: Dobler/Riedl (Hg.), *Muße und Gesellschaft*, 1–17. Den Charakter von Muße als „tätige[r] Untätigkeit" konstatieren Christoph Wulf/Jörg Zirfas, „Die Muße. Vergessene Zusammenhänge einer idealen Lebensform", in: Wulf/Zirfas (Hg.), *Muße* (Paragrana. Internationale Zeitschrift für Historische Anthropologie, Bd. 16, H. 1), Berlin 2007, 9–11, 9.

spezifische Ausfüllung der freien Zeit, die aber nicht rein wertneutral aufzufassen ist. Die Unabhängigkeit der Muße vom Diktat der Zeit, also die Bestimmtheit der Muße, geht mit der Erwartung einer qualitativ wertvollen Ausgestaltung – welcher konkreten Art auch immer – der freien Zeit einher (die Unbestimmtheit der Muße). Im Falle von Endell handelt es sich um einen ästhetischen Genuss, der sich nur in der offenen Form kontemplativer Erfahrungen, frei von temporalen Zwängen, einstellen kann. Die qualitative Einschränkung, die wir hier vornehmen, ist notwendig, um Muße von Freizeit[65] sowie von prekären Zuständen wie Trägheit[66], Langeweile[67] oder Burnout[68] abzugrenzen. Das an sich Untätige der Muße, z. B. das ziellose Durchstreifen einer Stadt, kann dahingehend auch eine Form selbstbestimmter Tätigkeit hervorbringen: tätige Untätigkeit. Die Negation einer funktionalistischen, utilitaristischen und zweckrationalen Produktivitätslogik kann in den Freiräumen, die eine Abwesenheit von unmittelbaren Leistungserwartungen ermöglicht, überaus produktiv werden. Bei Endells Schilderung ist das Tätige und Produktive seiner Mußeerfahrung ein dezidiert künstlerischer Blick, der die Formschönheit der Stadt nicht nur erkennt, sondern in den Beschreibungen überhaupt erst gestaltet. Dementsprechend äußert Endell abschließend die Hoffnung, „daß auf diesem sicheren Fundament des sehenden Genießens die Kraft umfassenden Gestaltens erwachsen wird."[69] Aus dem passiven sehenden Genießen kann ein aktives Gestalten hervorgehen: tätige Untätigkeit, produktive Unproduktivität.

Urbane Muße: Formen, Herausforderungen, Grenzen

Angesichts der wachsenden Bedeutung der Städte – etwa seit 2007 lebt mehr als die Hälfte der Weltbevölkerung in Städten, Tendenz steigend[70] – liegt es

---

[65] Um Freizeit geht es in erster Linie in den weltweit verbreiteten *Leisure Studies*. Der englische Begriff ‚leisure' kann sowohl Freizeit (die dominante Verwendung) als auch Muße bedeuten. Einen Überblick über Traditionen und Forschungsschwerpunkte der *Leisure Studies* bietet Gilles Pronovost, *The Sociology of Leisure: Trend Report*, London/Thousand Oaks/New Delhi 1998.
[66] Vgl. z. B. Michael Theunissen, *Vorentwürfe von Moderne. Antike Melancholie und die Acedia des Mittelalters*, Berlin/New York 1996.
[67] Zur Kulturgeschichte der Langeweile vgl. die gründliche Studie von Martina Kessel, *Langeweile. Zum Umgang mit Zeit und Gefühlen in Deutschland vom späten 18. bis zum frühen 20. Jahrhundert*, Göttingen 2001. Zum Verhältnis von Arbeit, Muße und Müßiggang vgl. insbes. 26–29.
[68] Vgl. Ulrich Bröckling, „Der Mensch als Akku, die Welt als Hamsterrad: Konturen einer Zeitkrankheit", in: Sighard Neckel/Greta Wagner (Hg.), *Leistung und Erschöpfung. Burnout in der Wettbewerbsgesellschaft*, Berlin 2013, 179–200; Joachim Bauer, *Arbeit. Warum sie uns glücklich oder krank macht*, München 2015 (zuerst 2013), 83–112.
[69] Endell, *Die Schönheit der großen Stadt*, 88.
[70] Die Vereinten Nationen rechnen damit, dass bis 2050 „zwei Drittel der Menschheit in Städten leben" werden, so Langner/Frölich-Kulik, „Rurbane Landschaften. Perspektiven des

nahe, nicht nur den Gegensatz von Muße und Stadt aufzulösen, sondern im Gegenzug geradezu von einer Urbanisierung der Muße zu sprechen. Wenn „die Welt zur Stadt wird"[71], kann Muße gar nicht anders als urban gedacht werden. Dieser Befund steht wiederum in einem scharfen, gesellschaftspolitisch aber auch überaus produktiven Kontrast zu der unübersehbaren Entwicklung, dass die zunehmende Urbanisierung Räume verdichtet und im Gegenzug Freiräume der Muße – vorsichtig formuliert – nicht gerade begünstigt. Der amerikanische Historiker Mike Davis beschreibt die Verfasstheit der neuen Metropolen und Megacities – mit einem Zug ins Apokalyptische – als Urbanisierung ohne Urbanität.[72] Menschen leben zwar auf engstem Raum zusammen, aber, so Davis, ohne qualitativen Gewinn, im Gegenteil. Die städtische Architektur befördere keine kommunikative Öffentlichkeit. Es fehlten öffentliche Räume, in denen sich Urbanität ausprägen könnte. Vielmehr degenerierten die Städte zur Ware. Darüber hinaus nehmen in den Städten weltweit Slums rasant zu. Beide Tendenzen, der Warencharakter der Städte sowie das Wachstum von Slums, betrachtet Davis als zwei Seiten ein und derselben Medaille. Im Gegenzug könnten öffentliche Räume, begünstigt durch eine entsprechende Architektur, Kommunikationsformen und soziale Praktiken beleben, die dem von Richard

---

Ruralen in einer urbanisierten Welt", 9. Soweit die Prognose. Angesichts zunehmender Fluchtbewegungen, die im Zusammenhang mit Kriegen, schlechten sozialen Verhältnissen, dem Klimawandel und weiteren Ursachen stehen, stellt sich gleichwohl die Frage, ob dem Verstädterungsprozess nicht auch Grenzen gesetzt sind. Darüber hinaus werden in Zeiten einer Pandemie Argumente für ein Leben in weniger dicht besiedelten Gebieten auch nicht gerade gegenstandslos. Womöglich wird in absehbarer Zeit die verstärkte Besiedelung ländlicher Räume in Angriff genommen werden müssen. In jedem Fall wird die weltweite Migration gerade auch urbane Lebensformen vor enorme Herausforderungen stellen. So jedenfalls vermutet es Paul Virilio, *Der Futurismus des Augenblicks*, hg. v. Peter Engelmann, Wien 2010 (französisches Original: Paris 2009), 11: „Eine so beispiellose Migrationskrise, die unvergleichbar gravierender ist als die Einwanderungswelle im Industriezeitalter – und die einige die *Migrationsoffensive* des dritten Jahrtausends nennen –, wirft das Problem der zeitgenössischen Urbanisierung unter Bedingungen auf, welche die klassische Unterscheidung von *Sesshaftigkeit* und *Nomadismus* in Frage stellen."

[71] Langner/Frölich-Kulik, „Rurbane Landschaften. Perspektiven des Ruralen in einer urbanisierten Welt", 9. „Die urbane Transformation ist zu einem Treiber des neuen Zeitalters des Anthropozäns geworden", konstatiert der Architekt und Stadtplaner Thomas Sieverts, „Rurbane Landschaften. Vom Aufheben des Ländlichen in der Stadt auf dem Wege in das Anthropozän", in: Langner/Frölich-Kulik (Hg.), *Rurbane Landschaften*, 31–37, 35. Sieverts spricht von der „größten Urbanisierung der Menschheitsgeschichte" (35). Die Gestaltung der Städte wird so zu einer der wichtigsten ökologischen und sozialen Aufgaben der Zukunft, betonen der Architekt Friedrich von Borries und der Stadtplaner Benjamin Kasten in ihrer gemeinsam verfassten Studie *Stadt der Zukunft. Wege in die Globalopolis*, 45: „Die Herausforderung besteht dabei nicht in der Frage, *warum* die Welt verstädtert, sondern *wie* sie verstädtert. Die Frage nach dem *Wie* ist eine der zentralen Stellschrauben für die Zukunftsgestaltung."

[72] Mike Davis, *Planet of Slums. Urban Involution and the Informal Working Class*, London/New York 2006; deutsche Ausgabe: *Planet der Slums*, Berlin 2007. Die Thesen von Mike Davis kritisiert scharfsinnig der Geograph Christof Parnreiter, in: H-Soz-Kult, 01.08.2007, www.hsozkult.de/publicationreview/id/rezbuecher-9371, abgerufen am 17.06.2019.

Sennett bereits 1977 diagnostizierten *Verfall und Ende des öffentlichen Lebens* eine Vorstellung von Urbanität entgegensetzten, die insbesondere die Qualität städtischen Zusammenlebens im Blick hätte.[73] Diese Qualität sieht Paul Virilio in der beschleunigten Welt, die einen Verlust des individuellen Zeitgefühls mit sich bringt, massiv bedroht. Durch die „posturbane Revolution", die Virilio für das 21. Jahrhundert prognostiziert[74], würden *outre-villes*, transitorische Unorte wie „Seehäfen, Flughäfen, Bahnhöfe[n]"[75], frühere Stadtzentren verdrängen, ja die Stadt in ihrer bisherigen Form zum Verschwinden bringen. Urbanes Leben und Handeln fänden dann ihre Knotenpunkte auf „logistischen Plattformen": „Sie sind *multimodale Plattformen* untereinander verbundener Netzwerke, die die Stadt zerstören werden, die Altstadt und ihr historisches Zentrum – gründlicher, als die Stadtautobahn es im letzten Jahrhundert vermochte."[76] Für ein urbanes kommunikatives Handeln oder gar für Lebensformen urbaner Muße fehlten dann buchstäblich Raum und Zeit.

Aus ganz anderen Gründen wurde noch Mitte der neunziger Jahre des 20. Jahrhunderts von einem „Zerfall der Städte" gesprochen und im Gegenzug eine wachsende Bedeutung des Landes diagnostiziert.[77] Schon seit geraumer Zeit kann von einer Abwanderung aus den Städten nicht mehr die Rede sein, im Gegenteil. Alle Prognosen, in denen eine Verödung der Städte und ein Aufschwung des ländlichen Raums vorhergesagt wurden, haben sich als haltlos erwiesen. Die meisten Städte platzen mittlerweile aus allen Nähten, wohingegen viele Landstriche infrastrukturell vernachlässigt werden. Am weiteren Zuzug in die Städte ändert auch die offenkundig nach wie vor ausgeprägte Sehnsucht nach einem Leben auf dem Land, ablesbar z.B. an dem sagenhaften Erfolg der Zeitschrift *Landlust*[78], nichts. Solange Arztpraxen, Schulen und Kindergärten schließen, für Alltagsbesorgungen größere Wege in Kauf genommen werden müssen, öffentliche Verkehrsmittel wie Bus und Bahn die Mobilitätsbedürfnisse der ländlichen Bevölkerung nur unzureichend erfüllen und ein ‚schnelleres

---

[73] Richard Sennett, *The Fall of Public Man*, Cambridge 1977; jüngste deutsche Ausgabe: *Verfall und Ende des öffentlichen Lebens. Die Tyrannei der Intimität*, Berlin 2008.

[74] Virilio, *Der Futurismus des Augenblicks*, 16.

[75] Virilio, *Der Futurismus des Augenblicks*, 60.

[76] Virilio, *Der Futurismus des Augenblicks*, 60f.

[77] So Gotthard Fuchs/Bernhard Moltmann, „Mythen der Stadt", in: Gotthard Fuchs/Bernhard Moltmann/Walter Prigge (Hg.), *Mythos Metropole*, Frankfurt a.M. 1995, 9–19, 9: „Die Stadt ist tot. Sie taugt nicht mehr als Focus menschlicher Sehnsüchte und Hoffnungen. Ihre Attraktivität ist verbraucht. Ekel und Überdruß stellen sich ein, wenn Politik und Wirtschaft, Gesellschaft und Kultur mit den aktuellen Problemen der Städte konfrontiert werden. Fluchtbewegungen setzen ein. Menschen, die materiell in der Lage sind, suchen andere Lebensmöglichkeiten jenseits der urbanen Ballungsräume. Das Leben auf dem Lande gewinnt an Anziehungskraft."

[78] Zwischen 2012 und 2015 wies die *Landlust* eine verkaufte Auflage von über einer Million aus. Im zweiten Quartal des Jahres 2019 erreichte sie eine Auflagenstärke von rund 797.700 Exemplaren. Die Zahlen finden sich unter https://de.statista.com/statistik/daten/studie/373843/umfrage/verkaufte-auflage-der-landlust, abgerufen am 26.08.2019.

Internet' auf sich warten lässt, werden auch großstadtmüde Berufstätige kaum in Dörfer und Gemeinden ziehen. Gleichzeitig harren jene drängenden Probleme, die bereits benannt wurden, als man noch von zerfallenden Städten überzeugt war, nach wie vor einer Lösung. Herausforderungen wie Verkehr, Wohnen, Wohlstandsgefälle sowie die zunehmende Verdichtung mit all ihren sozialen Folgen haben jedenfalls nichts von ihrer Brisanz verloren; ihre Dringlichkeit hat angesichts des unvermindert wachsenden Zustroms in die Städte vielmehr weiter zugenommen. Die paradoxe Tendenz, dass Städte an sich entlastet werden müssten, zugleich aber das Land infrastrukturell immer weiter abgehängt wird, verschärft die beschriebene Problematik und lässt die Suche nach Freiräumen der Muße wenn nicht gar als Luxusproblem, so doch als nachrangige Frage erscheinen – dies allerdings zu Unrecht, wenn man das nicht nur von Mike Davis in den Fokus gerückte Kriterium der Qualität städtischen Zusammenlebens wirklich ernst nimmt und in seiner Vielschichtigkeit Rechnung trägt.

Mit diesen hier nur angedeuteten und entsprechend grob skizzierten Entwicklungen einher geht jenes Phänomen, das Städte in besonderer Weise prägt: eine „Pluralität von Lebensformen"[79], die wiederum die ‚Eigenlogik' von Städten in erheblichem Maße ausmachen.[80] Um die ‚Eigenlogik' einer Stadt verstehen zu können, müsse, so Martina Löw, „nach der Spezifik des Gewebes einer Stadt" gefragt werden, „nicht nur als Strukturdifferenz, sondern auch als alltägliche Deutungsdifferenz."[81] In den Blick geraten so insbesondere die unterschiedlichen „städtischen Praxisformen."[82] Zu den städtischen Praxisformen zählt auch das Flanieren, das Spazierengehen im urbanen Raum, das Lichtenberg bei seinen Beobachtungen so schmerzlich vermisste. Das Flanieren ist eine geradezu idealtypische Form von Muße und fraglos die signifikanteste Form urbaner Muße. Dass das so ist, verdeutlichen auch einschlägige Definitionen der Forschung. Die jeweiligen Attribute von Flanieren und Muße sind nahezu identisch. So beschreibt Harald Neumeyer das Flanieren als „ein vom Zufall bestimmtes Gehen, ein Gehen, das, was das Erreichen eines bestimmten Ortes oder das Durchschreiten eines festgelegten Raumes angeht, als richtungs- und ziellos zu verstehen ist, ein Gehen, das dabei zugleich frei über die Zeit verfügt, Zeit mithin keiner Zweckrationalität unterwirft."[83] Macht des Zufalls, Ziellosigkeit, frei verfügbare Zeit, Unabhängigkeit von Zweckrationalität – all diese Eigenschaften zählen auch zu den elementaren Attributen des vorgestellten analytischen Konzepts von Muße.

---

[79] Löw, *Vom Raum aus die Stadt denken*, 66.
[80] Dazu grundsätzlich Berking/Löw (Hg.), *Die Eigenlogik der Städte*.
[81] Löw, *Vom Raum aus die Stadt denken*, 139.
[82] Löw, *Vom Raum aus die Stadt denken*, 139.
[83] Harald Neumeyer, *Der Flaneur. Konzeptionen der Moderne* (Epistemata, Bd. 252), Würzburg 1999, 11.

In seinem Brief an Baldinger schildert Lichtenberg kein Erlebnis urbaner Muße. Zahllose Eindrücke stürzen vielmehr über den Beobachter herein, der ihrer nicht Herr zu werden vermag. Das gilt erst recht für Franz Biberkopf in *Berlin Alexanderplatz*. Gleichwohl kann sich Muße gerade auch inmitten des Großstadttrubels, beim Eintauchen in eine Menschenmenge, einstellen. Wir sprechen im Sonderforschungsbereich in Fällen dieser Art vom Transgressionscharakter von Muße. Erfahrungen von Muße ereignen sich oftmals in Grenzbereichen und gewinnen so einen transgressiven Charakter, d. h. sie überschreiten eine zunächst einmal situativ, funktional oder auch ortsspezifisch gesetzte Rahmung.[84] Rahmen organisieren, mit Erving Goffman gesprochen, Alltagserfahrungen.[85] Die Rahmung der Muße ist zunächst gegenalltäglich[86], kann aber selbst wiederum die eigene Rahmung überschreiten. Im zweiten Band seines Werks *Ueber Gesellschaft und Einsamkeit* (1800) reflektiert der Philosoph Christian Garve das transgressive Verhältnis von Zerstreuung und Konzentration bei Spaziergängen im urbanen Raum. Als Beispiel wählt er den Markusplatz in Venedig, der, so Garve, „die Stelle eines großen und prächtigen Kaffeehauses" vertrete.[87] Abgesehen davon, dass Garve hier das Flanieren in der Stadt bereits in jene Innenraumperspektive stellt, die in der Forschungsliteratur zur Flanerie in aller Regel und fälschlicherweise erstmals Walter Benjamin zugeschrieben wird[88], gewinnt die Vorstellung des öffentlichen Kaffeehauses hier

---

[84] Merkmale von Transgressionen sowie die „ihnen inhärenten Strukturen und Topologien" benennen Gerhard Neumann und Rainer Warning, „Transgressionen. Literatur als Ethnographie", in: Neumann/Warning (Hg.), *Transgressionen. Literatur als Ethnographie* (Rombach Wissenschaften – Reihe Litterae, Bd. 98), Freiburg i. Br. 2003, 7–16, 11: „[...] zum einen die Wechseldisponierung von Grenze und Überschreitung im Sinne eines Raum-Musters; sodann ein gleichgestimmtes Spiel von Gestaltung und Entstaltung; des weiteren das Aufbrechen von Emergenzen im Spannungsfeld zwischen Disposition und Determination – es war Goethe, der dieses Begriffspaar gebrauchte – als metamorphisch-temporales Geschehen; zuletzt die Überschreitungsvorgänge, wie sie sich bei Rahmen und Rahmenüberquerung, bei Einschließung und Ausschließung, bei Kern- und Randständigkeit einstellen. Größte Aufmerksamkeit verdient dabei die Transfundierung dieses naturwissenschaftlichen in ein kulturwissenschaftliches Szenario, im Sinne eines Wahrnehmungs-, Beschreibungs- und Verstehensmusters."
[85] Erving Goffman, *Rahmen-Analyse. Ein Versuch über die Organisation von Alltagserfahrungen*, Frankfurt a. M. 1977 (zuerst 1974).
[86] Zu Recht betont Hans-Georg Soeffner, „Muße – Absichtsvolle Absichtslosigkeit", in: Hasebrink/Riedl (Hg.), *Muße im kulturellen Wandel*, 34–53, 44, „die räumlich und zeitlich gegenalltägliche Rahmung des Mußearrangements [erzeugt] jenen Gegensatz zur Standard- und Alltagsrealität, von dem die Muße lebt."
[87] Christian Garve, *Gesammelte Werke*, hg. v. Kurt Wölfel, 1. Abt., Bd. II: *Versuche über verschiedene Gegenstände aus der Moral, der Literatur und dem gesellschaftlichen Leben*, Teil 3 u. 4: *Über Gesellschaft und Einsamkeit*, Nachdruck der Ausgaben Breslau 1797 u. 1800, Hildesheim/Zürich/New York 1985, Teil 4, 89.
[88] Bezug genommen wird dabei auf entsprechende, wirkmächtig gewordene Vorstellungen Benjamins, die er im Abschnitt *Der Flaneur* seiner Studie *Das Paris des Second Empire bei Baudelaire*, dem ersten Teil des Komplexes *Charles Baudelaire. Ein Lyriker im Zeitalter des Hochkapitalismus*, formuliert hat: „Die Passagen sind ein Mittelding zwischen Straße und Interieur. Will man von einem Kunstgriff der Physiologien reden, so ist es der bewährte des

noch eine andere Wertigkeit, verweist sie doch auf die Möglichkeit, gerade auf öffentlichen Hotspots jene Sammlung und innere Einkehr zu finden, die man hier kaum oder gar nicht vermuten würde. Das Kaffeehaus im Freien verwandelt sich in der Darstellung Garves zu einem Marktplatz der Ideen, die gerade unter den Bedingungen von Trubel und Zerstreuung[89], beim ziellosen körperlichen und geistigen Spazierengehen, besonders gut gedeihen können:

> Doch gewöhnt sich der Mensch nach und nach, auch unter Zerstreuungen zusammenhängend zu denken, und dieß ist selbst eine Uebung des Geistes. Ja es ist unläugbar, daß unter freyem Himmel, auf Spaziergängen, und selbst an Oertern, wo viele Zerstreuungen sind, uns unsere besten und originellsten Ideen einkommen.[90]

Dieser Übergang von Zerstreuung zur Konzentration akzentuiert den transgressiven Charakter erlebnisorientierter Muße, die, in entsprechenden literarischen Umschriften, die Wahrnehmungsformen des Flanierens disponiert. Aus dem Erlebnis heterogener Sinneseindrücke kann auch die Erfahrung von Muße erwachsen. Das Individuum kann sich auf unterschiedliche Weise in einer Stadt verlieren: als Objekt, das, wie Franz Biberkopf, von der Großstadt aufgesogen wird; als Subjekt, wie Endells Flaneur, der mit ‚absichtsvoller Absichtslosigkeit' (Hans-Georg Soeffner) und geschärften Sinnen den urbanen Raum durchstreift. Das Sich-Verlieren des Flaneurs ist Ausdruck von Freiheit, die der auch sozial deklassierte Franz Biberkopf beim Eintauchen in die Großstadt gerade nicht gewinnt.

Nicht jede denkbare und auch empirisch verifizierbare Form urbaner Muße lässt sich freilich mit dem Begriff der Flanerie angemessen erfassen. Wir unterscheiden daher – der Titel dieses Aufsatzes macht das ja auch deutlich – zwischen urbaner Muße und Muße in der Stadt. Fraglos ist die Flanerie die wichtigste und wohl auch wirkmächtigste Form urbaner Muße. Daneben können wir aber auch Mußeformen in der Stadt identifizieren, die sich nur dann unter dem Oberbegriff ‚Flanerie' subsumieren ließen, wenn man ihn seines analytischen Profils mehr oder weniger beraubte. Bei einer kontemplativen Kunstbetrachtung beispielsweise kann man den ästhetischen Vorgang selbst gewiss nicht als urban bezeichnen. Bedeutende Museen, in denen sich die Betrachterin oder der Betrachter in ein Kunstwerk versenkt, zum Beispiel der Louvre, der Prado, die Uffizien, das Metropolitan Museum oder die Eremitage, befinden

---

Feuilletons: nämlich den Boulevard zum Interieur zu machen. Die Straße wird zur Wohnung für den Flaneur, der zwischen Häuserfronten so wie der Bürger in seinen vier Wänden zuhause ist." – Walter Benjamin, *Gesammelte Schriften*, I/2, hg. v. Rolf Tiedemann u. Hermann Schweppenhäuser, Frankfurt a. M. 1974, 537–569, 539.

[89] „Temporale Zerstreuung ist die Dekonzentration der Zeit auf mannigfache oder mannigfaltige Gegenstände", erläutert Dirk Westerkamp, *Ästhetisches Verweilen* (Philosophische Untersuchungen, Bd. 48), Tübingen 2019, 12.

[90] Garve, *Gesammelte Werke*, I/II, Teil 4, 92. Verbindungen und Übergänge von Zerstreuung zu Offenheit und Kreativität diskutiert Marina van Zuylen, *The Plenitude of Distraction*, New York 2017.

sich freilich in größeren Städten und Metropolen. Der Besuch entsprechender Einrichtungen in Paris, Madrid, Florenz, New York, St. Petersburg situiert so die potentielle Mußeerfahrung in einen urbanen Kontext, der das Erlebnis nicht nur rahmt, sondern mitprägt, ohne dass dabei aber von Flanerie gesprochen werden kann.

Zurück in die Zukunft: Perspektiven urbaner Muße, historisch betrachtet

In den bisherigen Ausführungen wurden zugegebenermaßen in erster Linie Zusammenhänge von urbaner Muße und ästhetischer Erfahrung beleuchtet. Das mag aus der Feder eines Literaturwissenschaftlers auch nicht weiter überraschen. Die Frage nach Interferenzen von Urbanität und ästhetischen Erfahrungen ist freilich auch von brennender Aktualität. So hat etwa der Architekt und Architekturhistoriker Jörn Köppler in der *Frankfurter Allgemeinen Zeitung* am Beispiel der Hamburger Hafencity eine Stadtarchitektur kritisiert, die den Menschen auf sein Konsumverhalten reduziere und dadurch die Möglichkeiten ästhetischer Erfahrungen massiv einschränke.[91] Es soll hier nun nicht erörtert werden, wie triftig die konkrete Kritik Köpplers ist. Betrachtet werden soll vielmehr die Grundsatzfrage, die sich nun wieder auf erhellende Weise historisieren lässt. Die von Köppler kritisierte Reduktion des urbanen Menschen zum reinen Konsumenten, die durch eine entsprechende Stadtarchitektur allzu oft befördert werde, hat bereits die sogenannte *Situationistische Internationale* moniert und auf den Begriff des Spektakels gebracht. Gegen dieses Spektakel gerichtet, entwarfen die Situationisten das Ideal oder auch die Utopie eines unitären Urbanismus (*urbanisme unitaire*).[92]

Die Avantgardegruppe der *Situationistischen Internationalen* war zwischen 1957 und 1972 aktiv. Sie verstand sich als urbane Bewegung, die im urbanen Raum Kritik an dessen Verfasstheit artikulierte, genauer gesagt: an der Allmacht kapitalistischer Verhältnisse. Die Leitbegriffe der Situationisten signalisieren zunächst einmal eine Verwandtschaft zu Formen urbaner Muße, insbesondere zur Flanerie. Zentraler Baustein ihres Konzepts ist *dérive*, also das Umherschweifen, das Sich-Treiben-Lassen.[93] Hinzu kommt *détournement*, d. h. das Herauslösen vorhandener Elemente aus ihrem Zusammenhang. Diese Elemente werden anschließend mit anderen Elementen in einen neuen Kontext gebracht, so dass

---

[91] Jörn Köppler, „Wo bleibt denn hier das Schöne?", in: *Frankfurter Allgemeine Zeitung*, Nr. 13, 16. Januar 2019, 12.
[92] Vgl. dazu die grundlegende Studie von Max Jakob Orlich, *Situationistische Internationale. Eintritt, Austritt, Ausschluss. Zur Dialektik interpersoneller Beziehungen und Theorieproduktion einer ästhetisch-politischen Avantgarde (1957–1972)*, Bielefeld 2011.
[93] Zu den Begriffen und ihren Definitionen vgl. Orlich, *Situationistische Internationale*, 19–24.

sich auch ihre Bedeutung ändert. Für diesen Vorgang wählte die Bewegung den Begriff *détour*. Auch in diesem Wort verbirgt sich die Vorstellung, dass man, wie beim Flanieren, von einem vorgegebenen Weg abweicht, Umwege sucht: *dé-tour*. Diese Auffassungen, das Sich-Treiben-Lassen sowie die Akzentuierung des Umwegs, erinnern an das Flanieren, zumal die Situationisten in ihrer Frühphase auch die Relevanz des Zufalls im Konzept ihres *urbanisme unitaire* konstatierten.[94] Aber genau hier lag auch das Problem. Die von marxistischem Denken geprägte Gruppe wollte die Macht des aus ihrer Sicht konservativen Zufalls begrenzen und verstand im Gegenzug *dérive* und *détournement* als Mittel zur Konstruktion von Situationen. Mit anderen Worten: Der aktionistische Grundzug opponierte gegen Haltungen, die wiederum mit Konzepten der Muße in enger Verbindung stehen: eine gewisse Passivität und Gelassenheit, die auch das Zulassen-Können ins Zentrum rücken. Demgegenüber zielte die *Situationistische Internationale* in Theorie und Praxis auf eine revolutionäre Veränderung der Welt. Dass gleichwohl auch Karl Marx, auf den sich die Gruppe u. a. berief, bei allem ‚Bilderverbot', das er über eine mögliche Gestalt des kommunistischen ‚Endzustands' verhängte, ein harmonisches Verhältnis von nichtentfremdeter Arbeit und Muße in einer befreiten, klassenlosen Gesellschaft prognostizierte[95], spielte in ihren Überlegungen aber offenkundig keine Rolle.

Aber auch das Umherschweifen (*dérive*) stellten sich die Situationisten nicht als eine Form entschleunigter Fortbewegung vor, im Gegenteil: Der Vordenker und Spiritus rector der Situationisten, Guy Debord, definierte 1958 *dérive* als eine „Tätigkeit des ‚eiligen Durchgangs durch abwechslungsreiche Umgebungen'".[96] Die Flanerie erfährt so „eine sozialgeographische Wendung".[97] Das ist durchaus

---

[94] Orlich, *Situationistische Internationale*, 21.

[95] Dazu Näheres bei Jochen Gimmel, „Mußevolle Arbeit oder ruheloser Müßiggang", in: Dobler/Riedl (Hg.), *Muße und Gesellschaft*, 47–59; Peter Philipp Riedl, „Entschleunigte Moderne. Muße und Kunsthandwerk in der Literatur um 1900", in: Hasebrink/Riedl (Hg.), *Muße im kulturellen Wandel*, 180–216, 193–216; ders., „Arbeit und Muße. Literarische Inszenierungen eines komplexen Verhältnisses", in: Hermann Fechtrup/William Hoye/Thomas Sternberg (Hg.), *Arbeit – Freizeit – Muße. Über eine labil gewordene Balance*. Symposium der Josef Pieper Stiftung, Münster Mai 2014 (Dokumentationen der Josef Pieper Stiftung, Bd. 8), Berlin 2015, 65–99. Vgl. auch Birger P. Priddat, „Die ‚wirkliche Ökonomie' bei Marx. Über den Kommunismus als Reich der Freiheit freier Zeit", in: Rainer Lucas/Reinhard Pfriem/Claus Thomasberger (Hg.), *Auf der Suche nach dem Ökonomischen – Karl Marx zum 200. Geburtstag*, Marburg 2018, 469–486 sowie ders., *Arbeit und Muße. Luther, Schiller, Marx, Weber, Lafargue, Keynes, Russell, Marcuse, Precht. Über eine europäische Hoffnung der Verwandlung von Arbeit in höhere Tätigkeit*, Marburg 2019, 53–69.

[96] So bei Orlich, *Situationistische Internationale*, 137.

[97] Doris Pany, „Urbane Wahrnehmungspoetiken und die Entwicklung des utopischen Denkens. Charles Baudelaire, der Surrealismus und die Situationistische Internationale", in: Ventarola (Hg.), *Literarische Stadtutopien zwischen totalitärer Gewalt und Ästhetisierung*, 221–241, 237. Die Bezüge der audiovisuellen Spaziergänge Janet Cardiffs zu der Erschließung des sozial- und psychogeographischen Raums durch die *Situationistische Internationale* beleuchtet der Aufsatz von Birgit Szepanski in diesem Band. Guy Debord kartierte seine Erfahrungen in

als bewusste Abgrenzung von der Figur des Flaneurs in der Tradition von Charles Baudelaire und Walter Benjamin zu verstehen. Das Konzept des unitären Urbanismus sah eine bewusste Konstruktion von Situationen vor und richtete sich dabei u. a. auch gegen die stadtarchitektonische Trennung von Wohnen und Arbeiten. Der niederländische Künstler und Bildhauer Constant Anton Nieuwenhuys (1920–2005), der sich nur Constant nannte, berief sich bei seinem utopischen Projekt einer Idealstadt, die er *New Babylon* bezeichnete und die er, zeitweise im Kontext der *Situationistischen Internationalen*[98], zwischen 1956 und 1974 entwarf, u. a. auf Johan Huizingas *Homo ludens* (1938) und auch auf Charles Fourier.[99] Voraussetzung für die vorgesehene Transformation der Stadt in labyrinthartige Spielräume, in denen sich der neue Homo ludens bewegen kann, ist die Trennung von Verkehrs- und Lebensräumen.[100] In einem Vortrag, den Constant 1963 am Institute of Contemporary Arts in London gehalten hat, benennt er zwei Kernprobleme und -aufgaben der Gegenwart und der Zukunft. Zum einen führe das Bevölkerungswachstum zu einer zunehmenden Urbanisierung, die auf Kosten von Landschaft und Natur gehe; zum anderen schränke das wachsende Verkehrsaufkommen die Lebensbereiche der Menschen bedrohlich ein. Die Lösung liege in einer konsequenten Trennung der Sphären: „the strict separation of fast traffic and social living space, on the one hand, and on the other the strict separation of constructed, artificial living space and free, untouched nature."[101] Naturparks, Ackerland und Gärten bilden in seinem Konzept, das er ausdrücklich nicht als städteplanerisches Projekt, sondern als radikalen Denkansatz verstanden wissen will[102], offene Räume jenseits der urbanen Bereiche, die er Sektoren nennt.

---

psychogeographischen Plänen von Paris, dem *Guide Psychogéographique de Paris* (1957) und *Naked City* (1958). Vgl. dazu auch Eaton, *Die ideale Stadt*, 226.

[98] Constant war zwischen 1958 und 1960 aktives Mitglied der *Situationistischen Internationalen*. Vgl. *Constant – New Babylon. To us, liberty*, Ostfildern/Den Haag 2016, 233.

[99] Zu Constants Idealstadtentwurf vgl. den ebenso materialreichen wie instruktiven Ausstellungskatalog *Constant – New Babylon. To us, liberty*. Vgl. auch Simon Sadler, *The Situationist City*, Cambridge, MA, 1998; Mark Wigley, *Constant's New Babylon. The Hyper-Architecture of Desire*, Rotterdam 1998.

[100] „New Babylon would be a radically different culture that would require a radically different architecture. [...] New Babylon would be society as *Gesamtkunstwerk* [...]", betont Laura Stamps, „Constant's New Babylon. Pushing the Zeitgeist to Its Limits", in: *Constant – New Babylon. To us, liberty*, 12–27, 13. Stamps situiert Constants Projekt erhellend in seinem kunstgeschichtlichen Kontext und beschreibt die wichtigsten Einflüsse für dessen Entwurf einer Idealstadt. Als „architecture of hospitality" charakterisiert New Babylon Mark Wigley, „Extreme Hospitality", in: *Constant – New Babylon. To us, liberty*, 38–49, 39: „The project extended the gesture of hospitality to our whole species. Constant imagined a genuinely popular architecture for a world in which no one would be considered either ordinary or strange. An architecture for the people. Nothing less."

[101] Constant, „Lecture at the Institute of Contemporary Arts, London, 1963", in: *Constant – New Babylon. To us, liberty*, 210–215, 213.

[102] Constant, „Lecture at the Institute of Contemporary Arts, London, 1963", 210: „[...] New Babylon is not a town-planning project, but rather a way of thinking, of imagining, of looking

Der gesellschaftliche Anspruch, der in *New Babylon* verwirklicht werden soll, zielt, kurz gesagt, auf eine umfassende, eine totale Befreiung der Menschen von allen Fremdbestimmungen und Entfremdungserfahrungen, denen er ausgesetzt ist. Voraussetzung dafür ist Constants feste Erwartung, dass im Maschinenzeitalter die harte, körperliche Arbeit verschwinden werde. Unterirdische Maschinen verrichten die Arbeit, von der die Menschen befreit sind, so dass sich ihre Kreativität kollektiv entfalten kann: „The only activity that will remain beyond automation is the unique act of imagination, by which a human being is distinguished. The only field of activity inaccessible to the computer is the unforeseeable creativity that makes man change the world and reshape it according to his capricious needs."[103] Wird aber nun der von Ausbeutung und Arbeit befreite Mensch als „master of time and space" sein Leben tatsächlich kreativ gestalten und es nicht mit Müßiggang und in Langeweile („idleness and boredom") verschwenden?[104] Seinen vorsichtigen anthropologischen Optimismus, der sich fraglos aus der marxistischen Überzeugung speist, dass die befreite Gesellschaft eine emanzipierte sein und zu einem nichtentfremdeten Dasein in einem ‚Reich der Freiheit' (Marx) finden sowie höhere Tätigkeiten ausüben werde, versieht Constant in seinem Vortrag zumindest mit einem Fragezeichen. Der ‚Gretchenfrage' nach einem angemessenen Umgang mit freier Zeit – bei den Diskussionen um ein Bedingungsloses Grundeinkommen stellt diese sich mit neuer Brisanz[105] – geht Constant freilich nicht weiter nach. Die implizite Antwort sieht er vielmehr in der von Offenheit und Beweglichkeit geprägten Stadtstruktur von *New Babylon*: „New Babylon represents the environment in which the *homo ludens* is supposed to live. [...] The spaces in which *homo ludens* will live cannot be determined, and neither can the use that will be made of them."[106] In der Tradition von Muße-Vorstellungen und -Diskursen seit der Antike spielt die erzieherische Komponente eine beträchtliche Rolle. Die Erziehung zur Muße ist ein Leitgedanke seit der Antike.[107] In Constants Überlegungen kommt ein vergleichbarer Aspekt nicht vor. Sein Freiheitsbegriff ist so emphatisch, dass er letztlich seine Erfüllung in sich selbst findet.

---

at things and at life [...]." Trotz dieser expliziten Distanzierung von einer konkreten Stadtplanung kann man doch starke Bezüge von Constants Vorstellungen zur Charta von Athen (1933) erkennen. Den wertvollen Hinweis auf die Charta von Athen in diesem Zusammenhang verdanke ich Tim Freytag.

[103] Constant, „Lecture at the Institute of Contemporary Arts, London, 1963", 211.
[104] Constant, „Lecture at the Institute of Contemporary Arts, London, 1963", 212.
[105] Die Geschichte dieser Idee dokumentiert der Sammelband von Philip Kovce/Birger P. Priddat (Hg.), *Bedingungsloses Grundeinkommen. Grundlagentexte*, Berlin 2019. Zu einer skeptischen Einschätzung gelangt Priddat, *Arbeit und Muße*, 122–136, 133: „Das BGE sieht aus wie eine soziale Idee, ist am Ende aber eine materialistische Utopie."
[106] Constant, „Lecture at the Institute of Contemporary Arts, London, 1963", 213.
[107] Vgl. Dobler/Riedl, „Einleitung", 4 f.

Die Bewohner von *New Babylon* sind nicht nur von allen Lasten und Abhängigkeiten befreit, sie sind auch ausgesprochen mobil. Sie sind ständig unterwegs, reisen viel und verfügen über Zeit, Raum und Möglichkeiten, das eigene schöpferische Potential in unterschiedlichen Zusammenhängen immer wieder neu zu entdecken.[108] Voraussetzung dafür ist, dass sich die ‚neue' Stadt von ihren traditionellen Formen und Strukturen löst und als ein globales und amorphes Netzwerk von Sektoren aufgebaut wird. Dieser Ansatz richtet sich gegen feste stadtplanerische Entwürfe, wie sie beispielsweise Baron Haussmann im Paris des 19. Jahrhunderts verwirklicht hat. Constants Sektoren sind demgegenüber öffentliche Orte, die von den Bewohnern gemeinsam ständig neu gestaltet werden können.[109] *New Babylon* verwirklicht sich so in einem unablässigen Prozess kollektiver Kreativität. In diesem urbanen Spielraum einer egalitären Gesellschaft[110] ist die marxistische Vorstellung von Muße als Lebensform eines nichtentfremdeten Daseins jedenfalls denkbar – wenigstens als Utopie und in deutlichem Kontrast etwa zur heutigen Wirklichkeit einer Kreativitätsindustrie, die mittlerweile zu einem relevanten Wirtschaftsfaktor geworden ist und die Kulturalisierung der Stadt zur ‚Creative City' befördert.[111] Demgegenüber propagierte Constant die Vorstellung einer ubiquitären, ja entfesselten Kreativität, die auf absolute Freiheit angewiesen ist – auf politische und gesellschaftliche Freiheit ebenso wie auf Freiheit von ökonomischen Zwängen: „Any restriction of the freedom of movement, any limitation with regard to the creation of mood and atmosphere, has to be avoided. Everything has to remain possible, all is to happen, the environment has to be created by the activity of life,

---

[108] Constant, „Lecture at the Institute of Contemporary Arts, London, 1963", 214: „People are constantly moving around and travelling, and there is no need for them to come back to the same place, which would soon have been changed anyhow."

[109] Constant, „Lecture at the Institute of Contemporary Arts, London, 1963", 213: „[...] everything has to be mobile and flexible in order to make possible whatever kind of use that could be made of it." Vgl. auch *Constant – New Babylon. To us, liberty*, 120: „The setting for such an existence would not be a city as we know it, but a global network of sectors supported by pillars, above and below which all kinds of modes of transport circulated. The sectors would be open public spaces in which New Babylonians would continually build new environments and routes using movable architectural components like walls, floors, staircases, bridges, and ladders. Color, light, texture, temperature, and air quality could also be adjusted to the mood of the moment."

[110] „With the exploitation of labor ended, all social hierarchies have gone. Boundless creativity is now the central resource, with everyone becoming a nomadic artist continually rebuilding their world in collaboration with those they encounter", erläutert Wigley, „Extreme Hospitality", 39.

[111] Dazu erhellend Andreas Reckwitz, *Die Erfindung der Kreativität. Zum Prozess gesellschaftlicher Ästhetisierung*, Berlin 2012; zu ‚Creative Cities' vgl. 269–312 sowie Andreas Reckwitz, „Die Selbstkulturalisierung der Stadt. Zur Transformation moderner Urbanität in der ‚creative city'", in: Reckwitz, *Kreativität und soziale Praxis. Studien zur Sozial- und Gesellschaftstheorie*, Bielefeld 2016, 155–184. Die zentralen Faktoren in den Städten der postindustriellen Dienstleistungsgesellschaft werden „Wissen und Kreativität" sein, so von Borries/Kasten, *Stadt der Zukunft*, 102.

and not vice versa."[112] *New Babylon* ist dahingehend ein Gedankenexperiment, das einen Möglichkeitsraum für ein urbanes Leben in permanentem Wandel ideell und ästhetisch entwirft. Architektur ist an sich eine Form des Sich-Festlegen-Müssens. Gebäude kann man nicht wie Bilder abhängen. Nun war Constant kein Architekt, sondern ein bildender Künstler, dessen Idee einer Stadt er nicht architektonisch zu realisieren hatte. Seine Idee einer Idealstadt gestaltet sich als gesellschaftspolitisches Manifest und zugleich als ästhetisches Modell, beseelt von den Grundsätzen der Freiheit, Offenheit und Beweglichkeit: „[...] everything is constantly changing."[113]

Constants Idealstadtprojekt wurde 2002 auf der von Okwui Enwezor kuratierten *documenta 11* gezeigt. Aufgrund seines utopischen Charakters[114] sucht man ideelle und gesellschaftspolitische Bezüge zu heutigen Debatten freilich vergebens. Als eine ästhetische Inspirationsquelle für eine Stadtarchitektur, die den urbanen Raum neu zu erschließen versucht, verfügt New Babylon dagegen über eine gewisse Strahlkraft[115], die sich angesichts heutiger Herausforderungen durchaus wieder intensivieren könnte. Wie aber wird nun die Stadt der Zukunft aussehen, wie die Zukunft der Stadt? Vielleicht wie ein nicht mehr von

---

[112] Constant, „Lecture at the Institute of Contemporary Arts, London, 1963", 213.

[113] Constant, „Lecture at the Institute of Contemporary Arts, London, 1963", 215.

[114] Constant selbst bestritt, dass es sich bei *New Babylon* um eine Utopie gehandelt habe, und argumentierte dabei unausgesprochen in der Tradition von Karl Marx und Friedrich Engels, die die Wissenschaftlichkeit ihres Fortschrittsmodells postulierten, ‚Utopisten' verspotteten und jede Klassifizierung des Kommunismus als Utopie vehement zurückwiesen. Vgl. dazu Constants Vortrag „New Babylon – Ten Years On", den er 1980 auf Einladung der Faculty of Architecture der University of Technology, Delft, gehalten hat, in: *Constant – New Babylon. To us, liberty*, 216–225, 222; 224.

[115] Vgl. dazu z.B. „The Topsy-Turvy as Utopian Architecture. Rem Koolhaas and Pascal Gielen Discuss Constant", in: *Constant – New Babylon. To us, liberty*, 64–67. Koolhaas hebt insbesondere die Bedeutung des Ästhetischen hervor: Constants „aesthetic is a particularly well-executed hybrid of informality and formality, and that is a big issue in architecture" (64). Demgegenüber spielten Constants politische und gesellschaftliche Ideen für ihn keine Rolle: „So the aesthetic was relevant to me, but the underlying ideas were in fact totally irrelevant" (64). Dass Constants Projekt auch der gegenwärtigen und künftigen Stadtplanung und Architektur wichtige Anregungen geben könne, betonen von Borries/Kasten, *Stadt der Zukunft*, 183: „Auch wenn der Entwurf Constants bewusst vage blieb, gibt es viele Elemente, die für Stadtplanung und Architektur bis heute relevant sind. So etwa die von ihm entwickelten Organisationsformen, bei denen die Aktivität der Stadtbewohner die Umwelt gestalten sollte, und nicht umgekehrt. Umwelt dient in dieser Utopie dazu, spielerisch alle Möglichkeiten offenzuhalten." Ihre eigenen Vorstellungen einer „Globalopolis" beziehen sie jedenfalls auf Constants Konzeption einer sich ständig transformierenden Stadt: „Globalopolis könnte auch eine solche sich permanent verändernde Stadt sein, eine Stadt, in der wir ganz anders leben, als wir es heute tun. Arbeit wird nicht mehr das Wichtigste sein. [...] Statt an einem Mangel an Zeit zu leiden, werden die Bewohner frei sein, zu tun – und vor allem zu lassen –, was sie wollen" (108). Vgl. auch die ebenfalls am Gedanken des Unabgeschlossenen und Experimentellen ausgerichteten Überlegungen zur Ästhetik: von Borries/Kasten, *Stadt der Zukunft*, 126–130. Ihr resümierendes Postulat entspricht Constants Auffassung von der gesellschaftspolitischen Bedeutung der Ästhetik: „Architektonische und städtebauliche Experimente, die neue Erfahrungen ermöglichen, können den Nährboden für einen grundlegenden gesellschaftlichen Wandel schaffen" (128 f.).

Staatschefs, sondern von Bürgermeisterinnen und Bürgermeistern organisiertes „System von urbanen Netzwerken", das der Architekt Friedrich von Borries und der Stadtplaner Benjamin Kasten „Globalopolis" nennen?[116] Bereits zu Beginn des 20. Jahrhunderts hat Georg Simmel den Gegensatz von Stadt und Land dahingehend relativiert, dass sein Bild der Moderne ganz durch die Großstadt geprägt ist: Jeder Ort ist „relational zur Großstadt bestimmt".[117] In dieser Vorstellung ist die „Moderne insgesamt [...] Großstadt, auch dort, wo sie Land ist".[118]

Die durchaus brisante Frage nach der Art und Weise, wie künftig Menschen in Städten unter den Bedingungen von Digitalisierung und Automatisierung zusammenleben werden, gilt als eine der entscheidenden politischen, gesellschaftlichen, ökonomischen und auch ökologischen Herausforderungen unserer Zeit. Hinzu kommen umfassende Transformationsprozesse, die das urbane Leben der Zukunft signifikant prägen und im Vergleich zu heute massiv verändern werden. Dabei drängen sich Fragen auf, die auch Aspekte urbaner Muße betreffen: Verwandelt etwa die ‚Smart City' unsere Städte in ein digitales Arkadien[119], in dem Lebensformen der Muße aufblühen, oder droht doch eher das dystopische Szenario einer von Algorithmen gesteuerten Überwachung und Kontrolle, die zwar die Beschwerlichkeiten des Alltags reduzieren, aber dies womöglich auf Kosten der ‚freien' Selbstbestimmung des Menschen?[120] Womöglich eignet sich die analytische Kategorie ‚Muße' in besonderem Maße, um unterschiedliche,

---

[116] von Borries/Kasten, *Stadt der Zukunft*, 61. „Globalopolis" werde, so die Vision, „die bisherige nationalstaatliche Ordnung" (61) ablösen: „Wir stellen uns die Stadt der Zukunft als Globalopolis vor, als eine weltumspannende, vernetzte und hochverdichtete, in sich aber vielfältige, also pluriversale Siedlungsstruktur" (55).

[117] So Müller, „Die Großstadt als Ort der Moderne. Über Georg Simmel", 19.

[118] Müller, „Die Großstadt als Ort der Moderne. Über Georg Simmel", 19. Müllers Schlussfolgerung lautet: „Es gibt in Simmels Vorstellung der Moderne kein ‚Jenseits' der Großstadt, keinen Ort, der ihr als das ganz Andere gegenüberzustellen wäre" (19).

[119] Julian Petrin, *Utopia reloaded? Das utopische Moment und seine Motive in der Geschichte des Städtebaus*, 3. Konkret bedeutet diese Zukunftsvision: „Die Idee der Smart City beruht auf dem Versprechen, in Großstädten einen effizienteren Ressourceneinsatz, optimierte Infrastrukturen, höhere Lebensqualität und soziale Integration in Einklang zu bringen", so Sybille Bauriedl, „Smart-City-Experimente. Normierungseffekte in Reallaboren", in: Sybille Bauriedl/ Anke Strüver (Hg.), *Smart City – Kritische Perspektiven auf die Digitalisierung in Städten*, Bielefeld 2018, 75–85, 75. Bisher vorliegende konkrete Pläne zur Gestaltung einer Smart City stehen freilich mit Vorstellungen und Versprechen dieser Art keineswegs in Einklang, wie Bauriedl in ihrer Analyse zeigt und entsprechend resümiert: „Die Vision der Smart City ist in ihrer aktuellen Ausprägung strukturkonservativ ausgerichtet und auf eine technologische Modernisierung beschränkt, die von einer funktionalistischen Idee von Stadt geprägt ist" (81).

[120] „Mit dem Begriff ‚Smart City' assoziieren die einen eine erstrebenswerte Utopie von hoher Lebensqualität im Alltag, die anderen eine Dystopie der fremdgesteuerten Überwachung und Kontrolle von Praktiken sowohl in öffentlichen wie privaten Räumen", betonen Sybille Bauriedl und Anke Strüver, „Raumproduktionen in der digitalisierten Stadt", in: Bauriedl/Strüver (Hg.), *Smart City*, 11–30, 12. Darüber hinaus droht die „smarte Stadt [...] ein fortlaufendes Geschäftsmodell" für „global agierende Konzerne" zu werden, warnen von Borris/Kasten, *Stadt der Zukunft*, 119.

einander auch widerstrebende Freiheitskonzepte künftiger Urbanität kritisch zu diskutieren. Mehr oder weniger offene Fragen wie diese verdeutlichen zunächst einmal eines: Urbane Muße ist ein hochaktuelles, ein gesellschaftspolitisch relevantes und auch brisantes Thema.

Literatur

Basten, Ludger/Gerhard, Ulrike, „Stadt und Urbanität", in: Tim Freytag u. a. (Hg.), *Humangeographie kompakt*, Berlin/Heidelberg 2016, 115–139.
Bauer, Joachim, *Arbeit. Warum sie uns glücklich oder krank macht*, München 2015 (zuerst 2013).
Bauer, Matthias, „‚Berlin ist eine ausführliche Stadt'. Einleitende Bemerkungen zur Berliner Stadt-, Kultur- und Mediengeschichte", in: Bauer (Hg.), *Berlin. Medien- und Kulturgeschichte einer Hauptstadt im 20. Jahrhundert*, Tübingen/Basel 2007, 13–72.
Bauer-Funke, Cerstin, „Zum utopischen Potential der Bewegung im Raum in Louis-Sébastien Merciers Uchronie *L'an 2440*", in: Kurt Hahn/Matthias Hausmann (Hg.), *Visionen des Urbanen. (Anti-)Utopische Stadtentwürfe in der französischen Wort- und Bildkunst* (Studia Romanica, Bd. 172), Heidelberg 2012, 33–45.
Bauriedl, Sybille, „Smart-City-Experimente. Normierungseffekte in Reallaboren", in: Sybille Bauriedl/Anke Strüver (Hg.), *Smart City – Kritische Perspektiven auf die Digitalisierung in Städten*, Bielefeld 2018, 75–85.
Bauriedl, Sybille/Strüver, Anke, „Raumproduktionen in der digitalisierten Stadt", in: Bauriedl/Strüver (Hg.), *Smart City – Kritische Perspektiven auf die Digitalisierung in Städten*, Bielefeld 2018, 11–30.
Becker, Sabina, *Urbanität und Moderne. Studien zur Großstadtwahrnehmung in der deutschen Literatur 1900–1933*, St. Ingbert 1993.
Benjamin, Walter, *Gesammelte Schriften*. Unter Mitwirkung von Theodor W. Adorno und Gershom Scholem hg. v. Rolf Tiedemann u. Hermann Schweppenhäuser, Bd. I/2, hg. v. Rolf Tiedemann u. Hermann Schweppenhäuser, Frankfurt a. M. 1974.
Berking, Helmuth, „‚Städte lassen sich an ihrem Gang erkennen wie Menschen' – Skizzen zur Erforschung der Stadt und der Städte", in: Helmuth Berking/Martina Löw (Hg.), *Die Eigenlogik der Städte. Neue Wege für die Stadtforschung* (Interdisziplinäre Stadtforschung, Bd. 1), Frankfurt a. M./New York 2008, 15–31.
Berking, Helmuth/Löw, Martina (Hg.), *Die Eigenlogik der Städte. Neue Wege für die Stadtforschung* (Interdisziplinäre Stadtforschung, Bd. 1), Frankfurt a. M./New York 2008.
Berking, Helmuth/Schwenk, Jochen, *Hafenstädte. Bremerhaven und Rostock im Wandel* (Interdisziplinäre Stadtforschung, Bd. 4), Frankfurt a. M./New York 2011.
Berlin, Isaiah, *Liberty. Incorporating four essays on liberty*, hg. v. Henry Hardy u. Ian Harris, Oxford 2002.
Bertuch, Friedrich Justin (Hg.), *London und Paris*, Bd. III, Halle/Rudolstadt/Weimar 1799.
Borchert, Karlheinz/Schubert, Dirk, „Gesellschaftssystem und Stadtstruktur", in: Dirk Schubert (Hg.), *Krise der Stadt. Fallstudien zur Verschlechterung von Lebensbedingungen in Hamburg, Frankfurt, München* (VAS, Bd. 9), Berlin (West) 1981, 3–54.
Borries, Friedrich von/Kasten, Benjamin, *Stadt der Zukunft. Wege in die Globalopolis* (Entwürfe für eine Welt der Zukunft), Frankfurt a. M. 2019.

Bröckling, Ulrich, „Der Mensch als Akku, die Welt als Hamsterrad: Konturen einer Zeitkrankheit", in: Sighard Neckel/Greta Wagner (Hg.), *Leistung und Erschöpfung. Burnout in der Wettbewerbsgesellschaft*, Berlin 2013, 179–200.

Brüggemann, Heinz, *„Aber schickt keinen Poeten nach London!" Großstadt und literarische Wahrnehmung im 18. und 19. Jahrhundert. Text und Interpretationen*, Reinbek bei Hamburg 1985.

Brüggemann, Heinz, *Architekturen des Augenblicks. Raum-Bilder und Bild-Räume einer urbanen Moderne in Literatur, Kunst und Architektur des 20. Jahrhunderts* (Kultur und Gesellschaft, Bd. 4), Hannover 2002.

Brühweiler, Hans, *Musse (scholé). Ein Beitrag zur Klärung eines ursprünglich pädagogischen Begriffs*, Zürich 1971.

Bruyn, Gerd de, *Die Diktatur der Philanthropen. Entwicklung der Stadtplanung aus dem utopischen Denken*, Braunschweig/Wiesbaden 1996.

Classen, Carl Joachim, *Die Stadt im Spiegel der Descriptiones und Laudes urbium in der antiken und mittelalterlichen Literatur bis zum Ende des zwölften Jahrhunderts* (Beiträge zur Altertumswissenschaft, Bd. 2), Hildesheim/Zürich/New York 1986.

Constant, „Lecture at the Institute of Contemporary Arts, London, 1963", in: *Constant – New Babylon. To us, liberty*, Ostfildern/Den Haag 2016, 210–215.

Constant, „New Babylon – Ten Years On", in: *Constant – New Babylon. To us, liberty*, Ostfildern/Den Haag 2016, 216–225.

Constant – New Babylon. To us, liberty, Ostfildern/Den Haag 2016.

Corbineau-Hoffmann, Angelika, *Brennpunkt der Welt. Großstadterfahrung und Wissensdiskurs in der pragmatischen Parisliteratur 1780–1830* (Studienreihe Romania, Bd. 6), Bielefeld 1991.

Corbineau-Hoffmann, Angelika, *Kleine Literaturgeschichte der Großstadt*, Darmstadt 2003.

Corbineau-Hoffmann, Angelika, „Die Frucht der Muße oder Montaigne im Turm. Zur Genese der *Essais* als Auto(r)entwurf", in: Günter Figal/Hans W. Hubert/Thomas Klinkert (Hg.), *Die Raumzeitlichkeit der Muße* (Otium. Studien zur Theorie und Kulturgeschichte der Muße, Bd. 2), Tübingen 2016, 177–206.

Davis, Mike, *Planet of Slums. Urban Involution and the Informal Working Class*, London/New York 2006.

Davis, Mike, *Planet der Slums*, Berlin 2007.

Dobler, Gregor/Riedl, Peter Philipp, „Einleitung", in: Dobler/Riedl (Hg.), *Muße und Gesellschaft* (Otium. Studien zur Theorie und Kulturgeschichte der Muße, Bd. 5), Tübingen 2017, 1–17.

Döblin, Alfred, „Der Geist des naturalistischen Zeitalters", in: Döblin, *Schriften zu Ästhetik, Poetik und Literatur*, hg. v. Erich Kleinschmidt (Ausgewählte Werke in Einzelbänden, hg. v. Anthony W. Riley), Olten/Freiburg i. Br. 1989, 168–190.

Döblin, Alfred, *Berlin Alexanderplatz. Die Geschichte vom Franz Biberkopf*, hg. v. Werner Stauffacher (Ausgewählte Werke in Einzelbänden, hg. v. Anthony W. Riley), Zürich/Düsseldorf 1996.

Eaton, Ruth, *Die ideale Stadt. Von der Antike bis zur Gegenwart*, Berlin 2001.

Eickhoff, Franziska C., „Inszenierungen von Muße durch die Gattung Brief in den *Epistulae* des Horaz", in: Eickhoff (Hg.), *Muße und Rekursivität in der antiken Briefliteratur. Mit einem Ausblick in andere Gattungen* (Otium. Studien zur Theorie und Kulturgeschichte der Muße, Bd. 1), Tübingen 2016, 75–94.

Endell, August, *Die Schönheit der großen Stadt. Mit drei Tafeln*, Stuttgart 1908.

Feuerstein, Günther, *Urban Fiction. Strolling through Ideal Cities from Antiquity to the Present Day*, Stuttgart u. a. 2008.

Fuchs, Gotthard/Moltmann, Bernhard, „Mythen der Stadt", in: Gotthard Fuchs/Bernhard Moltmann/Walter Prigge (Hg.), *Mythos Metropole*, Frankfurt a. M. 1995, 9–19.

Garve, Christian, *Gesammelte Werke*, hg. v. Kurt Wölfel, 1. Abt., Bd. II: *Versuche über verschiedene Gegenstände aus der Moral, der Literatur und dem gesellschaftlichen Leben*, Teil 3 u. 4: *Über Gesellschaft und Einsamkeit*, Nachdruck der Ausgaben Breslau 1797 u. 1800, Hildesheim/Zürich/New York 1985.

Gimmel, Jochen, „Mußevolle Arbeit oder ruheloser Müßiggang", in: Gregor Dobler/Peter Philipp Riedl (Hg.), *Muße und Gesellschaft* (Otium. Studien zur Theorie und Kulturgeschichte der Muße, Bd. 5), Tübingen 2017, 47–59.

Gimmel, Jochen/Keiling, Tobias, *Konzepte der Muße*, unter Mitarbeit von Joachim Bauer, Günter Figal, Sarah Gouda u. a., Tübingen 2016.

Goffman, Erving, *Rahmen-Analyse. Ein Versuch über die Organisation von Alltagserfahrungen*, Frankfurt a. M. 1977 (Originalausgabe 1974).

Grimm, Jacob und Wilhelm, *Deutsches Wörterbuch*, Bd. 6, Leipzig 1885, Nachdruck München 1984.

Hartmann, Kristiana, *Deutsche Gartenstadtbewegung. Kulturpolitik und Gesellschaftsreform*, München 1976.

Hasebrink, Burkhard/Riedl, Peter Philipp, „Einleitung", in: Hasebrink/Riedl (Hg.), *Muße im kulturellen Wandel. Semantisierungen, Ähnlichkeiten, Umbesetzungen* (linguae & litterae, Bd. 35), Berlin/Boston 2014, 1–11.

Hentschel, Uwe, „Die Romantik und der städtische Utilitarismus", in: Claudia Lillge/Thorsten Unger/Björn Weyand (Hg.), *Arbeit und Müßiggang in der Romantik* (vita activa), Paderborn 2017, 315–328.

Horatius Flaccus, Quintus, *Sämtliche Werke*. Lateinisch und Deutsch, hg. v. Hans Färber (Sammlung Tusculum), München 1982.

Howard, Ebenezer, *Gartenstädte von morgen. Das Buch und seine Geschichte*, hg. v. Julius Posener (Bauwelt Fundamente, Bd. 21), Berlin/Frankfurt a. M./Wien 1986.

Kessel, Martina, *Langeweile. Zum Umgang mit Zeit und Gefühlen in Deutschland vom späten 18. bis zum frühen 20. Jahrhundert*, Göttingen 2001.

Kimminich, Eva, „Louis-Sébastien Merciers *Tableau de Paris*: Chaos und Struktur – Schritt und Blick", in: *Cahiers d'Histoire des Littératures Romanes/Romanistische Zeitschrift für Literaturgeschichte* 18 (1994), 263–282.

Kleinschmidt, Erich, „Die ungeliebte Stadt. Umrisse einer Verweigerung in der deutschen Literatur des 18. Jahrhunderts", in: *Zeitschrift für Literaturwissenschaft und Linguistik* 12,48 (1982), 29–49.

Klinkert, Thomas, *Muße und Erzählen: ein poetologischer Zusammenhang. Vom ‚Roman de la Rose' bis zu Jorge Semprún* (Otium. Studien zur Theorie und Kulturgeschichte der Muße, Bd. 3), Tübingen 2016.

Kluge, Walter, „Die Stadt in der Utopie. Architektur als Modell der Gesellschaft", in: Andreas Mahler (Hg.), *Stadt-Bilder. Allegorie, Mimesis, Imagination* (Beiträge zur neueren Literaturgeschichte, Bd. 170), Heidelberg 1999, 67–85.

Köppler, Jörn, „Wo bleibt denn hier das Schöne?", in: *Frankfurter Allgemeine Zeitung*, Nr. 13, 16. Januar 2019, 12.

Kovce, Philip/Priddat, Birger P. (Hg.), *Bedingungsloses Grundeinkommen. Grundlagentexte*, Berlin 2019.

Kruft, Hanno-Walter, *Städte in Utopia. Die Idealstadt vom 15. bis zum 18. Jahrhundert zwischen Staatsutopie und Wirklichkeit*, München 1989.

Kugler, Hartmut, *Die Vorstellung der Stadt in der Literatur des deutschen Mittelalters* (Münchener Texte und Untersuchungen zur deutschen Literatur des Mittelalters, Bd. 88), München/Zürich 1986.

Lampugnani, Vittorio Magnago, *Die Stadt im 20. Jahrhundert. Visionen, Entwürfe, Gebautes*, 2 Bde., Berlin 2010.

Lampugnani, Vittorio Magnago, *Die Stadt von der Neuzeit bis zum 19. Jahrhundert*, Berlin 2017.

Langner, Sigrun/Frölich-Kulik, Maria, „Rurbane Landschaften. Perspektiven des Ruralen in einer urbanisierten Welt", in: Langner/Frölich-Kulik (Hg.), *Rurbane Landschaften. Perspektiven des Ruralen in einer urbanisierten Welt* (Rurale Topografien, Bd. 7), Bielefeld 2018, 9–28.

Lichtenberg, Georg Christoph, *Briefwechsel*, hg. v. Ulrich Joost u. Albrecht Schöne, Bd. I: *1765–1779*, München 1983.

Löw, Martina, *Raumsoziologie*, Frankfurt a. M. 2001.

Löw, Martina, *Vom Raum aus die Stadt denken. Grundlagen einer raumtheoretischen Stadtsoziologie* (Materialitäten, Bd. 24), Bielefeld 2018.

Mieg, Harald A., „Metropolen. Begriff und Wandel", in: Jörg Oberste (Hg.), *Metropolität in der Vormoderne. Konstruktionen urbaner Zentralität im Wandel* (Forum Mittelalter – Studien, Bd. 7), Regensburg 2012, 11–33.

Möllenbrink, Linus, „‚inter negocia literas et cum literis negocia in usu habere'. Die Verbindung von *vita activa* und *vita contemplativa* im Pirckheimer-Brief Ulrichs von Hutten (1518)", in: Gregor Dobler/Peter Philipp Riedl (Hg.), *Muße und Gesellschaft* (Otium. Studien zur Theorie und Kulturgeschichte der Muße, Bd. 5), Tübingen 2017, 101–139.

Moritz, Karl Philipp, *Sämtliche Werke. Kritische und kommentierte Ausgabe*, hg. v. Anneliese Klingenberg, Albert Meier, Conrad Wiedemann u. Christof Wingertszahn, Bd. 5/1: *Reisebeschreibungen*, Teil 1: *Reisen eines Deutschen in England im Jahr 1782*, hg. v. Jürgen Jahnke u. Christof Wingertszahn, Berlin/München/Boston 2015.

Mühl, Melanie im Gespräch mit Mazda Adli, „Das Leben in der Stadt kann toxisch sein'", in: *Frankfurter Allgemeine Zeitung*, Nr. 114, 17. Mai 2019, 11.

Müller, Lothar, „Die Großstadt als Ort der Moderne. Über Georg Simmel", in: Klaus R. Scherpe (Hg.), *Die Unwirklichkeit der Städte. Großstadtdarstellungen zwischen Moderne und Postmoderne*, Reinbek bei Hamburg 1988, 14–36.

Nassehi, Armin, *Mit dem Taxi durch die Gesellschaft. Soziologische Storys*, Hamburg 2010.

Neumann, Gerhard/Warning, Rainer, „Transgressionen. Literatur als Ethnographie", in: Neumann/Warning (Hg.), *Transgressionen. Literatur als Ethnographie* (Rombach Wissenschaften – Reihe Litterae, Bd. 98), Freiburg i. Br. 2003, 7–16.

Neumeyer, Harald, *Der Flaneur. Konzeptionen der Moderne* (Epistemata, Bd. 252), Würzburg 1999.

Noack, Konstanze/Oevermann, Heike, „Urbaner Raum: Platz – Stadt – Agglomeration", in: Stephan Günzel (Hg.), *Raum. Ein interdisziplinäres Handbuch*, Stuttgart/Weimar 2010, 266–279.

Orlich, Max Jakob, *Situationistische Internationale. Eintritt, Austritt, Ausschluss. Zur Dialektik interpersoneller Beziehungen und Theorieproduktion einer ästhetisch-politischen Avantgarde (1957–1972)*, Bielefeld 2011.

Pany, Doris, „Urbane Wahrnehmungspoetiken und die Entwicklung des utopischen Denkens. Charles Baudelaire, der Surrealismus und die Situationistische Internationale", in: Barbara Ventarola (Hg.), *Literarische Stadtutopien zwischen totalitärer Gewalt und Ästhetisierung*, München 2011, 221–241.

Petrarca, Francesco, *De vita solitaria*, Buch I. Kritische Textausgabe und ideengeschichtlicher Kommentar von Karl A. E. Enenkel (Leidse romanistische reeks van de Rijksuniversiteit te Leiden, Bd. 24), Leiden u. a. 1990.

Priddat, Birger P., „Die ,wirkliche Ökonomie' bei Marx. Über den Kommunismus als Reich der Freiheit freier Zeit", in: Rainer Lucas/Reinhard Pfriem/Claus Thomasberger (Hg.), *Auf der Suche nach dem Ökonomischen – Karl Marx zum 200. Geburtstag*, Marburg 2018, 469–486.

Priddat, Birger P., *Arbeit und Muße. Luther, Schiller, Marx, Weber, Lafargue, Keynes, Russell, Marcuse, Precht. Über eine europäische Hoffnung der Verwandlung von Arbeit in höhere Tätigkeit*, Marburg 2019.

Pronovost, Gilles, *The Sociology of Leisure: Trend Report*, London/Thousand Oaks/New Delhi 1998.

Reckwitz, Andreas, *Die Erfindung der Kreativität. Zum Prozess gesellschaftlicher Ästhetisierung*, Berlin 2012.

Reckwitz, Andreas, „Die Selbstkulturalisierung der Stadt. Zur Transformation moderner Urbanität in der ,creative city'", in: Reckwitz, *Kreativität und soziale Praxis. Studien zur Sozial- und Gesellschaftstheorie*, Bielefeld 2016, 155–184.

Reulecke, Jürgen, *Geschichte der Urbanisierung in Deutschland*, Frankfurt a. M. 1985.

Riedl, Peter Philipp, „Entschleunigte Moderne. Muße und Kunsthandwerk in der Literatur um 1900", in: Burkhard Hasebrink/Peter Philipp Riedl (Hg.), *Muße im kulturellen Wandel. Semantisierungen, Ähnlichkeiten, Umbesetzungen* (linguae & litterae, Bd. 35), Berlin/Boston 2014, 180–216.

Riedl, Peter Philipp, „Arbeit und Muße. Literarische Inszenierungen eines komplexen Verhältnisses", in: Hermann Fechtrup/William Hoye/Thomas Sternberg (Hg.), *Arbeit – Freizeit – Muße. Über eine labil gewordene Balance*. Symposium der Josef Pieper Stiftung, Münster Mai 2014 (Dokumentationen der Josef Pieper Stiftung, Bd. 8), Berlin 2015, 65–99.

Riedl, Peter Philipp, „Die Muße des Flaneurs. Raum und Zeit in Franz Hessels Spazieren in Berlin (1929)", in: Tobias Keiling/Robert Krause/Heidi Liedke (Hg.), *Muße und Moderne* (Otium. Studien zur Theorie und Kulturgeschichte der Muße, Bd. 10), Tübingen 2018, 99–119.

Rohde, Carsten, „Konkrete Totalität. Formen der Rekonstruktion und Repräsentation urbaner Kultur- und Sozialräume in der neueren Kulturgeschichtsschreibung", in: Iwan D'Aprile/Martin Disselkamp/Claudia Sedlarz (Hg.), *Tableau de Berlin. Beiträge zur „Berliner Klassik" (1786–1815)* (Berliner Klassik. Eine Großstadtkultur um 1800, Bd. 10), Hannover-Laatzen 2005, 71–88.

Rosa, Hartmut, *Beschleunigung. Die Veränderung der Zeitstrukturen in der Moderne*, Frankfurt a. M. 2005.

Rosa, Hartmut, *Weltbeziehungen im Zeitalter der Beschleunigung. Umrisse einer neuen Gesellschaftskritik*, Berlin 2012.

Rosenau, Helen, *The Ideal City, its Architectural Evolution in Europe*, New York 1983.

Saage, Richard, *Utopische Profile*, Bd. II: *Aufklärung und Absolutismus* (Politica et Ars. Interdisziplinäre Studien zur politischen Ideen- und Kulturgeschichte, Bd. 2), Münster 2002.

Saage, Richard, *Utopische Profile*, Bd. III: *Industrielle Revolution und Technischer Staat im 19. Jahrhundert* (Politica et Ars. Interdisziplinäre Studien zur politischen Ideen- und Kulturgeschichte, Bd. 3), Münster 2002.

Sadler, Simon, *The Situationist City*, Cambridge, MA, 1998.

Sadowsky, Thorsten, „Gehen Sta(d)t Fahren. Anmerkungen zur urbanen Praxis des Fußgängers in der Reiseliteratur um 1800", in: Wolfgang Albrecht/Hans-Joachim Kerscher (Hg.), *Wanderzwang – Wanderlust. Formen der Raum- und Sozialerfahrung zwischen Aufklärung und Frühindustrialisierung* (Hallesche Beiträge zur Europäischen Aufklärung, Bd. 11), Tübingen 1999, 61–90.

Scherpe, Klaus R., „Nonstop nach Nowhere City? Wandlungen der Symbolisierung, Wahrnehmung und Semiotik der Stadt in der Literatur der Moderne", in: Scherpe (Hg.), *Die Unwirklichkeit der Städte. Großstadtdarstellungen zwischen Moderne und Postmoderne*, Reinbek bei Hamburg 1988, 129–152.

Schivelbusch, Wolfgang, *Geschichte der Eisenbahnreise. Zur Industrialisierung von Raum und Zeit im 19. Jahrhundert*, München 1977.

Schuster, Ulrike, *Stadtutopien und Idealstadtkonzepte des 18. und 19. Jahrhunderts am Beispiel der Großstadt Paris*, Weimar 2003.

Seel, Henri, „‚Verloren geglaubte solidarische Räume'. Spuren des Neoliberalismus-Diskurses in der Stadtflucht-Literatur der Gegenwart", in: Sigrun Langner/Maria Frölich-Kulik (Hg.), *Rurbane Landschaften. Perspektiven des Ruralen in einer urbanisierten Welt* (Rurale Topografien, Bd. 7), Bielefeld 2018, 65–82.

Sengle, Friedrich, „Wunschbild Land und Schreckbild Stadt. Zu einem zentralen Thema der neuen deutschen Literatur", in: *Studium Generale* 16,10 (1963), 619–63.

Sennefelder, Anna Karina, *Rückzugsorte des Erzählens. Muße als Modus autobiographischer Selbstreflexion* (Otium. Studien zur Theorie und Kulturgeschichte der Muße, Bd. 7), Tübingen 2018.

Sennett, Richard, *The Fall of Public Man*, Cambridge 1977; deutsche Ausgabe: *Verfall und Ende des öffentlichen Lebens. Die Tyrannei der Intimität*, Berlin 2008.

Sieverts, Thomas, „Rurbane Landschaften. Vom Aufheben des Ländlichen in der Stadt auf dem Wege in das Anthropozän", in: Sigrun Langner/Maria Frölich-Kulik (Hg.), *Rurbane Landschaften. Perspektiven des Ruralen in einer urbanisierten Welt* (Rurale Topografien, Bd. 7), Bielefeld 2018, 31–37.

Simmel, Georg, *Gesamtausgabe*, hg. v. Otthein Rammstedt, Bd. 7: *Aufsätze und Abhandlungen 1901–1908*, Bd. 1, hg. v. Rüdiger Kramme, Angela Rammstedt u. Otthein Rammstedt, Frankfurt a. M. 1995.

Soeffner, Hans-Georg, „Muße – Absichtsvolle Absichtslosigkeit", in: Burkhard Hasebrink/Peter Philipp Riedl (Hg.), *Muße im kulturellen Wandel. Semantisierungen, Ähnlichkeiten, Umbesetzungen* (linguae & litterae, Bd. 35), Berlin/Boston 2014, 34–53.

Stamps, Laura, „Constant's New Babylon. Pushing the Zeitgeist to Its Limits", in: *Constant – New Babylon. To us, liberty*, Ostfildern/Den Haag 2016, 12–27.

Stierle, Karlheinz, *Der Mythos von Paris. Zeichen und Bewußtsein der Stadt*, München/Wien 1993.

Theunissen, Michael, *Vorentwürfe von Moderne. Antike Melancholie und die Acedia des Mittelalters*, Berlin/New York 1996.

Ventarola, Barbara (Hg.), *Literarische Stadtutopien zwischen totalitärer Gewalt und Ästhetisierung*, München 2011.

Vercelloni, Virgilio, *Europäische Stadtutopien. Ein historischer Atlas*. Aus dem Italienischen v. Heli Tortora, München 1994.

Virilio, Paul, *Le Futurisme de l'instant. Stop-Eject*, Paris 2009; deutsche Ausgabe: *Der Futurismus des Augenblicks*. Aus dem Französischen von Paul Maercker, hg. v. Peter Engelmann, Wien 2010.

Westerkamp, Dirk, *Ästhetisches Verweilen* (Philosophische Untersuchungen, Bd. 48), Tübingen 2019.

Wiedemann, Conrad, „,Supplement seines Daseins'? Zu den kultur- und identitätsgeschichtlichen Voraussetzungen deutscher Schriftstellerreisen nach Rom – Paris – London seit Winckelmann", in: Wiedemann (Hg.), *Rom – Paris – London. Erfahrung und Selbsterfahrung deutscher Schriftsteller und Künstler in den fremden Metropolen* (Germanistische Symposien-Berichtsbände 8), Stuttgart 1988, 1–20.

Wigley, Mark, *Constant's New Babylon. The Hyper-Architecture of Desire*, Rotterdam 1998.

Wigley, Mark, „Extreme Hospitality", in: *Constant – New Babylon. To us, liberty*, Ostfildern/Den Haag 2016, 38–49.

Wirth, Louis, „Urbanism as a Way of Life", in: *The American Journal of Sociology* 44/1 (1938), 1–24.

Wulf, Christoph/Zirfas, Jörg, „Die Muße. Vergessene Zusammenhänge einer idealen Lebensform", in: Wulf/Zirfas (Hg.), *Muße* (Paragrana. Internationale Zeitschrift für Historische Anthropologie, Bd. 16, H. 1), Berlin 2007, 9–11.

Zimmermann, Clemens/Reulecke, Jürgen (Hg.), *Die Stadt als Moloch? Das Land als Kraftquell? Wahrnehmungen und Wirkungen der Großstädte um 1900* (Stadtforschung aktuell, Bd. 76), Basel/Boston/Berlin 1999.

Zuylen, Marina van, *The Plenitude of Distraction*, New York 2017.

Internetquellen:

Muße/*muoze* digital – mittelalterliche Varianten der Muße, https://www.musse-digital.uni-freiburg.de/c1/index.php/Muoze, abgerufen am 15.03.2020.

Parnreiter, Christof, Rez. Mike Davis, *Planet of Slums. Urban Involution and the Informal Working Class*, London/New York 2006; deutsche Ausgabe: *Planet der Slums*, Berlin 2007, in: H-Soz-Kult, 01.08.2007, www.hsozkult.de/publicationreview/id/rezbuecher-9371, abgerufen am 17.06.2019.

Petrin, Julian, *Utopia reloaded? Das utopische Moment und seine Motive in der Geschichte des Städtebaus*, https://www.urbanista.de/bettercities/utopia_reloaded.pdf, abgerufen am 24.06.2019.

Verkaufte Auflage der *Landlust* vom 4. Quartal 2011 bis zum 4. Quartal 2019, https://de.statista.com/statistik/daten/studie/373843/umfrage/verkaufte-auflage-der-landlust, abgerufen am 26.08.2019.

Von der vor- und protoindustriellen Stadt
zur industrialisierten Stadt

Urbane Muße jenseits der Stadt

Literarische Idyllen aus *London und Paris* (1798–1815)

René Waßmer

1. Stadt und Landschaft – Gegensatz oder gegenseitige Bedingung?

Solange wir Urbanität mit dem physisch-realen Wesen der Stadt identifizieren, sie als räumlich streng begrenzt betrachten und vorgehen, als hörten urbane Eigenschaften jenseits einer willkürlichen Grenzlinie abrupt auf, feststellbar zu sein, werden wir kaum zu einer adäquaten Vorstellung von der Urbanität als einer Lebensform kommen [...]. Zwar findet sich Urbanität bezeichnenderweise meist an Orten, welche die Bedingungen erfüllen, die wir in unserer Definition der Stadt aufstellen, doch beschränkt sie sich nicht auf solche Gebiete, sondern tritt in unterschiedlichem Ausmaß überall dort zum Vorschein, wo die Einflüsse der Stadt hinreichen.[1]

In seinem bedeutenden Aufsatz *Urbanität als Lebensform* (orig. *Urbanism as a Way of Life*) aus dem Jahr 1938 stellte der frühe Stadtsoziologe (Chicagoer Schule) Louis Wirth (1897–1952) eine für die Urbanitätsforschung entscheidende These auf. Er behauptete, wer sich mit Urbanität als einer menschlichen Lebens- und Gesellschaftsform auseinandersetzen wolle, könne sich nicht allein auf die räumlich-juristisch umgrenzte Stadt beschränken, sondern müsse den Blick darüber hinaus richten. Er argumentierte des Weiteren zugespitzt: Nur wer sich auch den urbanen Manifestationen jenseits der Stadtmauern widme, gelange zu einem *eigentlichen* Verständnis von Urbanität. Wirths Postulat hatte und hat freilich keinen allgemeingültigen Anspruch; der Soziologe befasste sich vorrangig mit dem modernen Chicago und seine zentralen Fragestellungen orientierten sich maßgeblich an Aspekten der Siedlungsstruktur und dazugehöriger sozialer Ausgestaltung. Nichtsdestotrotz lässt sich aus seinen Ausführungen eine abstrahierte und für viele Gegenstandsbereiche der Urbanitätsforschung tragende Frage ableiten: Unter welchen Umständen kann etwas als ‚urban' bezeichnet werden? Handelt es sich bei dieser begrifflichen Zuschreibung um eine primär räumliche oder geht es vielmehr darum,

---

[1] Louis Wirth, „Urbanität als Lebensform", in: Ulfert Herlyn (Hg.), *Stadt- und Sozialstruktur. Arbeiten zur sozialen Segregation, Ghettobildung und Stadtplanung* (Nymphenburger Texte zur Wissenschaft, Bd. 19), München 1974, 42–66, 47–49.

Ausprägungen „besonderer Wirtschafts-, Umgangs- und Lebensformen" zu erfassen, „die insgesamt oft mit dem Begriff Urbanität umschrieben werden"[2] können? Zudem ist gerade in der jüngsten wissenschaftlichen Auseinandersetzung der Zusammenhang von Stadt und Land neu hinterfragt worden. Zusehends wurde betont, die beiden vermeintlich dichotomen Pole seien vielmehr als „wechselseitige Durchdringung [...] städtisch und ländlicher gedachter Lebensweisen"[3] aufzufassen.

Es versteht sich, dass das komplexe Verhältnis von Urbanität und Ruralität zunächst einmal unter historisierender Perspektive zu beleuchten ist. Das jeweilige Verständnis der einzelnen Lebensformen und Praktiken divergiert je nach Zeit und Ort, ist folglich in spezifische historische und kulturelle Kontexte eingebettet.[4] Das zeigt sich auch am nachfolgend untersuchten Beispiel, an der deutschen Wahrnehmung und Darstellung von Paris um 1800. Zu dieser Zeit war die französische Hauptstadt noch nicht von einer industrialisierten Wirtschaft beeinflusst und vor allem lag die zentrale Umgestaltung des Stadtbilds – gemeint sind die architektonischen Veränderungen unter Baron Haussmann (1809–1891) – noch in weiter Ferne. Gleichzeitig war gerade innerhalb der privilegierten Gesellschaftsschichten die Spannung von urbanen und ruralen Lebensformen bereits ein Gegenstand permanenter Aushandlung. Schon die Verlagerung der königlichen Residenz aus dem städtischen Louvre in das ländliche Versailles im Jahr 1682 mag als ein recht frühes Beispiel dafür gelten. Gerade den wohlhabenden sozialen Gruppen war es möglich, städtisches und ländliches Leben in ihren Praktiken zu verknüpfen. Das ist als ein weiteres Anzeichen zu werten, dass die Beziehung zwischen auf den ersten Blick vermeintlich eindeutig ‚urbanen' und ‚ruralen' Lebensformen komplexer ist als bisweilen angenommen. Nicht nur für industrialisierte und in diesem Sinne ‚moderne' Städte lassen sich daher die eingangs aufgerufenen Problemstellungen analysieren, sondern letztlich in ganz verschiedenen historisch und kulturell variablen Ausprägungen.

Von diesen grundlegenden Überlegungen aus ergibt sich gleichzeitig der Brückenschlag zu Fragestellungen von ‚Muße'. Oder um es zu konkretisieren: Sind Formen *urbaner* Muße – solche, die unabdingbar an ihre städtische Provenienz und Praxis gebunden sind[5] –, lediglich im Stadtraum selbst zu suchen oder lassen sie sich auch jenseits von diesem identifizieren? Sind unter ‚urbaner Muße' folglich nur Praktiken wie beispielsweise die gelassene und entschleunigte Wahrnehmungsform der Flanerie oder der Aufenthalt in Stadtgärten

---

[2] Ludger Basten/Ulrike Gerhard, „Stadt und Urbanität", in: Tim Freytag u. a. (Hg.), *Humangeographie kompakt*, Heidelberg 2016, 115–139, 116.
[3] Ilse Helbrecht, „Urbanität und Ruralität", in: Julia Lossau/Tim Freytag/Roland Lippuner (Hg.), *Schlüsselbegriffe der Kultur- und Sozialgeographie*, Stuttgart 2014, 167–181, 173.
[4] Basten/Gerhard, „Stadt und Urbanität", 116.
[5] Vgl. dazu die grundsätzlichen Überlegungen von Peter Philipp Riedl in diesem Band.

und Parks erfassbar? Oder wäre es auch denkbar, Landpartien, Ausflüge in die nähere Umgebung von Städten und andere Aufenthalte jenseits der Stadtmauern hier einzuordnen? Unter welchen Voraussetzungen wäre eine solche Zuschreibung schlüssig und konsequent?

Im Folgenden geht es darum, sich den genannten Fragestellungen über das Beispiel einer spezifischen literarischen Tradition zu nähern, die den beschriebenen Problemkomplex genuin in sich birgt: die Idylle. Das ruft eine Richtung auf, die in engster thematischer und kulturhistorischer Beziehung zur Muße steht. Bei idyllischen Schilderungen, in denen „Einheit mit der Natur, [...] Erinnerung an den verlorenen Stand der Unschuld, [...] Frieden und Liebe"[6] dominieren und die in einer „paradiesischen Gegenwelt"[7] gipfeln, liegt das Stichwort der Muße nicht fern. Hier lassen sich „abgegrenzte Perioden einer Freiheit von temporalen Zwängen, die mit der Abwesenheit einer unmittelbaren, die Zeit beschränkenden Leistungserwartung verbunden sind"[8], in geradezu topischer Weise identifizieren. In der Idylle wird die „Zeit [...] gleichsam ausgeblendet", und der „Traum vom verlorenen Paradies des ursprünglichen, des einfachen Lebens"[9] dominiert. Das löst zunächst einmal die historisch weitreichende Zuordnung ein, das Landleben liege der Muße deutlich näher als das städtische.[10] Obwohl es daher auf den ersten Blick paradox erscheint, mit der Idylle explizit ,urbane' Formen der Muße fassen zu wollen, handelt es sich um einen in der wissenschaftlichen Auseinandersetzung in weiten Teilen vorentwickelten Ansatz. Wirft man einen Blick in die einschlägige Forschung zu dem seit antiken Autoren wie Theokrit (um 270 v. Chr., *Eidyllia*) und Vergil (70–19 v. Chr., *Bucolica*) immer wieder populären und transformierten Themenkreis, ergibt sich rasch ein enger Bezug zu den bereits aufgeworfenen Fragen.

---

[6] Petra Maisak, „Nachwort", in: Petra Maisak/Corinna Fiedler (Hg.), *Arkadien. Landschaft vergänglichen Glücks*, Frankfurt a. M./Leipzig 1992, 157–180, 157.

[7] Petra Maisak, *Arkadien. Genese und Typologie einer idyllischen Wunschwelt* (Europäische Hochschulschriften. Reihe Kunstgeschichte, Bd. 17), Bern 1981, 13.

[8] Gregor Dobler/Peter Philipp Riedl, „Einleitung", in: Dobler/Riedl (Hg.), *Muße und Gesellschaft* (Otium. Studien zur Theorie und Kulturgeschichte der Muße, Bd. 5), Tübingen 2017, 1–17, 1.

[9] Rolf Wedewer, „Einleitung", in: Rolf Wedewer/Jens Christian Jensen (Hg.), *Die Idylle. Eine Bildform im Wandel zwischen Hoffnung und Wirklichkeit. 1750–1930*, Köln 1986, 21–32, 21.

[10] Vgl. u. a. die Studien Thomas Klinkert, *Muße und Erzählen: ein poetologischer Zusammenhang. Vom ‚Roman de la Rose' bis zu Jorge Semprún* (Otium. Studien zur Theorie und Kulturgeschichte der Muße, Bd. 3), Tübingen 2016; Peter Philipp Riedl, „Die Kunst der Muße. Über ein Ideal in der Literatur um 1800", in: *Publications of the English Goethe Society* 80 (2011), 19–37; Peter Philipp Riedl, „Arbeit und Muße. Literarische Inszenierungen eines komplexen Verhältnisses", in: Hermann Fechtrup/William Hoye/Thomas Sternberg (Hg.), *Arbeit – Freizeit – Muße. Über eine labil gewordene Balance*. Symposium der Josef Pieper Stiftung, Münster Mai 2014 (Dokumentationen der Josef Pieper Stiftung, Bd. 8), Berlin 2015, 65–99, 76–87; Anna Karina Sennefelder, *Rückzugsorte des Erzählens. Muße als Modus autobiographischer Selbstreflexion* (Otium. Studien zur Theorie und Kulturgeschichte der Muße, Bd. 7), Tübingen 2018.

Wiederholt lässt sich in den Studien lesen, Idyllen seien im Grunde urbane Projektionen.[11] Nicht nur, dass es ein städtisches Publikum gewesen sei, das die Texte primär produziert und rezipiert habe. Es lasse sich überdies erkennen, dass sie im Rahmen urbaner Imaginationen ganz bestimmte Funktionen erfüllten. Als Kompensation für das als defizitär empfundene städtische Leben hätten sie eine geradezu heilsame künstlerische Wirkung auf das Publikum entfaltet und letztlich sei in ihnen nicht selten der Trost für ein tristes urbanes Leben gesucht und gefunden worden. Vor allem im spezifischen Fall arkadischer Literatur – wie sie für das im Folgenden analysierte Beispiel eine mitunter tragende Rolle spielt – betont die Forschung diesen Zusammenhang. So sei „in der altbekannten Gegenüberstellung von Stadt und Land [...] der Hirte als Antagonist des in gesellschaftliche Zwänge eingebundenen, dekadenten Städters und als Vertreter einer ursprünglichen Lebensform"[12] letztlich eine Kompensationsfigur. Der Protagonist der Idylle fühle sich demgemäß „am glücklichsten, wenn er die Stadt, den Raum der Zivilisation, hinter sich lassen und in einsame Gegenden entweichen darf, um die Natur zu genießen".[13] Es zeigt sich: Die Idylle als spezifische Form der Landschafts- und Naturimagination lässt sich zunächst einmal klassisch in eine dezidierte Gegenüberstellung von Stadt und Land einordnen. In einem Spannungsfeld, das „auf der einen Seite die fortschrittliche und fortschreitende Stadt, auf der anderen Seite das vormoderne, zurückgebliebene und auch weiterhin zurückbleibende Land"[14] konturiert, übernimmt die Idylle vorrangig die Rolle, verschiedene Sehnsüchte zu stillen. Sie bezieht ihre Relevanz folglich primär aus einem ideellen Gegensatz von Stadt und Land(schaft). Auf der anderen Seite deutet das Verhältnis bereits an, dass die ländliche Idylle ohne den städtischen Gegenpol funktional entleert wäre. Erst die räumliche Antinomie, die sich in den meisten Fällen zugleich mit einer sozialen verbindet, ermöglicht überhaupt die spezifische kompensatorische Qualität der idyllischen Imaginationen.

---

[11] Siehe vor allem Klaus Garber, *Arkadien. Ein Wunschbild der europäischen Literatur*, München 2009, 39; Simon Schama, *Der Traum von der Wildnis. Natur als Imagination*, München 1996, 562. Darüber in allgemeinerer Dimension des ‚Ländlichen' u. a. Sigrun Langner/ Maria Frölich-Kulik, „Rurbane Landschaften. Perspektiven des Ruralen in einer urbanisierten Welt", in: Langner/Frölich-Kulik (Hg.), *Rurbane Landschaften. Perspektiven des Ruralen in einer urbanisierten Welt* (Rurale Topografien, Bd. 7), Bielefeld 2018, 9–28; Franck Hofmann, „Landschaftliches Denken: Versuch über Verlaufsformen schöner Erkenntnis", in: Peter Wagner/ Kirsten Dickhaut/Ottmar Ette (Hg.), *Der Garten im Fokus kultureller Diskurse im 18. Jahrhundert* (LAPASEC, Bd. 4), Trier 2015, 49–64, 55; Magdalena Marszałek/Werner Nell/Marc Weiland, „Über Land – lesen, erzählen, verhandeln", in: Marszałek/Nell/Weiland (Hg.), *Über Land. Aktuelle literatur- und kulturwissenschaftliche Perspektiven auf Dorf und Ländlichkeit* (Rurale Topografien, Bd. 3), Bielefeld 2018, 9–26, 19.
[12] Maisak, „Nachwort", 159.
[13] Garber, *Arkadien*, 84.
[14] Langner/Frölich-Kulik, „Rurbane Landschaften", 19.

Gerade im 18. Jahrhundert erlebte die Gattung von Idylle und Arkadien literaturhistorisch zudem einen neuen Aufschwung, der sicherlich auch mit einer verstärkten Urbanisierung Europas zu erklären ist. Vor allem Salomon Geßner (1730–1788) mit seinen *Idyllen* (1756) – bis zu Goethes *Werther* das meistverkaufte Werk der deutschsprachigen Literatur – verhalf der dazugehörigen Literatur zu neuer und gesteigerter Popularität. Sie war nicht allein „alte literarische Wunschlandschaft"[15], sondern hatte zeitgenössisch spezifische Wirkung. Allerdings ergab sich gegenüber früheren Beispielen wie den antiken Autoren oder der barocken Schäferdichtung eine entscheidende Transformation. Idyllische und arkadische Literatur bezog sich nicht mehr allein auf das pastorale Leben, sondern entfaltete sich zusehends zu einer allgemeineren Imagination eines erlösenden ländlichen Lebens.[16] Während bei Geßner noch das „goldne[] Weltalter"[17] und die Hirtengesellschaft inhaltlich dominieren und seine *Idyllen* in mythischer Vorzeit spielen, erweitert sich die Gattung im Verlaufe des späten 18. Jahrhunderts „auf einen allgemein ländlich orientierten Darstellungsbereich".[18]

Fasst man die Idylle davon ausgehend allgemeiner als Unterkategorie der (imaginierten) Landschaftsdarstellung, so lassen sich die Bezüge – sowohl historisch als auch systematisch – auf einer weiteren Ebene lesen. Die jüngere und jüngste Forschung zur Landschaftswahrnehmung und -imagination in der europäischen Geistes- und Kulturgeschichte hebt beständig darauf ab, Natur und Landschaft seien in vielen oder gar den meisten Fällen letztlich urban geprägte Vorstellungen. Die seit einigen Jahren im Transcript-Verlag erscheinende Reihe *Rurale Topografien* steht stellvertretend hierfür. So argumentieren beispielsweise Sigrun Langner und Maria Frölich-Kulik in einem von ihnen herausgegebenen interdisziplinären Sammelband: „Das Rurale ist [...] nicht allein als ein räumliches Territorium außerhalb der Agglomerationen und Metropolräume zu verstehen, vielmehr ist es als Handlungs- und Imaginationsraum immer auch Bestandteil einer urbanen Realität".[19] Exemplarisch zeigt sich, dass Stadt und Land(schaft) verstärkt nicht mehr als voneinander abgegrenzter Gegensatz

---

[15] Garber, *Arkadien*, 12.
[16] Vgl. Maisak, *Arkadien*, 194; Ludwig Trepl, *Die Idee der Landschaft. Eine Kulturgeschichte von der Aufklärung bis zur Ökologiebewegung* (Edition Kulturwissenschaft, Bd. 16), Bielefeld 2012, 98; Wedewer, „Einleitung", 26. Darüber hinaus vor allem Helmut J. Schneider, „Antike und Aufklärung. Zu den europäischen Voraussetzungen der deutschen Idyllentheorie", in: Schneider (Hg.), *Deutsche Idyllentheorien im 18. Jahrhundert* (Deutsche TextBibliothek, Bd. 1), Tübingen 1988, 7–74. Er widmet sich jedoch verstärkt der deutschen Idyllen*theorie* des 18. Jahrhunderts.
[17] Salomon Geßner, *Idyllen*, hg. v. E. Theodor Voss, 3., durchges. u. erw. Aufl., Stuttgart 1988, 15.
[18] Vgl. Jan Gerstner, „Idyllische Arbeit und tätige Muße. Transformationen um 1800", in: Tobias Keiling/Robert Krause/Heidi Liedke (Hg.), *Muße und Moderne* (Otium. Studien zur Theorie und Kulturgeschichte der Muße, Bd. 10), Tübingen 2018, 7–18, 12.
[19] Langner/Frölich-Kulik, „Rurbane Landschaften", 13.

verstanden werden, sondern als ineinander verschränktes Zusammenspiel. Ohne das städtische Kontrastbild und den dazugehörigen Vorstellungshorizont sei die ‚Landschaft' im Grunde nicht denkbar. Das korreliert eng mit über das Verhältnis von Stadt und Land hinausgehenden Überlegungen zur landschaftlichen Imagination und Darstellung. Als entscheidend kann die Studie *Der Traum von der Wildnis. Natur als Imagination* (orig. *Landscape and Memory*) des britischen Historikers Simon Schama gelten.[20] Er argumentiert, in jedweder Form wahrgenommene und dargestellte Landschaften seien „Werk des Geistes" und „selbst die Landschaften, von denen wir meinen, sie seien in höchstem Maße frei von unserer Kultur, können sich bei näherem Hinsehen als deren Produkte erweisen".[21] Insbesondere nimmt er in einem seiner Kapitel Arkadien als „Landschaft[ ] der städtischen Imagination"[22] in den Blick und verweist ebenfalls auf den bereits skizzierten Zusammenhang. Auch Ruth und Dieter Groh machen diesen Aspekt in ihrer *Kulturgeschichte der Natur* stark. Landschaft als „sinnliche, [...] ästhetische Wahrnehmung von Natur" sei nur durch „vorgängige Lektüre von Texten oder vorgängige Aneignung von Sichtweisen, die durch Bilder vermittelt werden"[23], möglich. Damit aber nicht genug: Wer diesen Thesen ernsthaft folgt, kann ‚Landschaft' letztlich nicht mehr als Natur verstehen, sondern als eminenten Ausdruck von Kultur. Solche (literarischen) Imaginationen haben folglich nichts mit dem eigentlichen Landleben zu tun, sondern erweisen sich oftmals als Wunschvorstellung urbaner Produzentinnen und Produzenten.[24] In diesem Sinne lässt sich Landschaft als Ort verstehen, an dem „Sehnsüchte wiedererkannt, Idealvorstellungen vom guten Leben und einer heilen Welt"[25] aufgefunden werden.

Unabhängig davon, ob es um die konkret-materielle Gestaltung der Räume oder um deren künstlerische Darstellung (vorzugsweise in Literatur und Malerei) geht: Folgt man den Ansichten der neueren und neusten Forschungen, sind Stadt und Landschaft aufs Engste miteinander verwoben und stehen letztlich gar in einem hierarchischen, durch die Stadt dominierten Verhältnis zueinander.[26] Bei einer Auseinandersetzung mit der literarischen Idylle lässt sich daher ein doppelter Erkenntnisgewinn erzeugen. Zum einen geht es um die präzise Analyse einer topischen Mußegattung samt ihrer kulturhistorischen Transformationen.

---

[20] Schama, *Der Traum von der Wildnis*.
[21] Schama, *Der Traum von der Wildnis*, 16, 18.
[22] Schama, *Der Traum von der Wildnis*, 562.
[23] Ruth Groh/Dieter Groh, *Weltbild und Naturaneignung. Zur Kulturgeschichte der Natur*, Frankfurt a. M. 1991, 95.
[24] Schneider, „Antike und Aufklärung", 16.
[25] Eckhard Lobsien, *Landschaft in Texten. Zu Geschichte und Phänomenologie der literarischen Beschreibung* (Studien zur Allgemeinen und Vergleichenden Literaturwissenschaft, Bd. 23), Stuttgart 1981, 2.
[26] Vgl. noch einmal Helbrecht, „Urbanität und Ruralität", 168.

Zum anderen ergibt sich ein geschärfter Blick auf das Verhältnis von Stadt und Landschaft, das ganz dezidert nicht dichotom, sondern relational auftritt.

2. Stadt, Natur und Landschaft in London und Paris (1798–1815)

Die Beispiele, anhand derer das Verhältnis von Stadt und Landschaft, von urbaner Projektion und vermeintlicher ‚Natur'wahrnehmung, nachfolgend verhandelt wird, stammen aus der Zeitschrift London und Paris[27] (1798–1815) des Weimarer Verlegers und Unternehmers Friedrich Justin Bertuch (1747–1822). Über fast zwanzig Jahre hinweg berichteten Korrespondentinnen und Korrespondenten in seinem Journal über die neusten Vorkommnisse und Veränderungen in den damals bestimmenden europäischen Metropolen. In insgesamt 30 Bänden informierten sie das deutsche Lesepublikum, das zumeist die beiden Metropolen noch nie besucht hatte und solche urbanen Größenverhältnisse aus der eigenen Heimat nicht kannte, über die urbanen Lebensformen in den beiden Hauptstädten.[28] Studiert man die Berichterstattung aus den beiden Metropolen in Gänze und beachtet vor allem die Vielzahl der Korrespondentinnen und Korrespondenten, so fällt eines bald auf: Das von Bertuch herausgegebene Journal steht wie vielleicht kein zweites deutschsprachiges Medium um 1800 für eine breite Meinungs- und Gegenstandsvielfalt bezüglich der damals dominierenden Hauptstädte. Die Zeitschrift drückt demnach nicht nur ein generell verstärktes Interesse an großstädtischen Themen in der zeitgenössischen deutschen Literatur aus, sondern sie verweist gleichzeitig auf die Komplexität und Heterogenität des dazugehörigen Diskurses.[29] Vor diesem Hintergrund ergibt sich

---

[27] Friedrich Justin Bertuch u. a. (Hg.), London und Paris, 30 Bde., Halle/Rudolstadt/Weimar 1798–1815.
[28] Zur vertieften Einführung in die Zeitschrift seien empfohlen Gerhard R. Kaiser, „‚Volksgeist' und Karikatur in Bertuchs Zeitschrift ‚London und Paris'", in: Ruth Florack (Hg.), Nation als Stereotyp. Fremdwahrnehmung und Identität in deutscher und französischer Literatur (Studien und Texte zur Sozialgeschichte der Literatur, Bd. 76), Tübingen 2000, 259–288; Gerhard R. Kaiser, „‚Jede große Stadt ist eine Moral in Beispielen'. Bertuchs Zeitschrift ‚London und Paris'", in: Gerhard R. Kaiser/Siegfried Seifert (Hg.), Friedrich Justin Bertuch (1747–1822). Verleger, Schriftsteller und Unternehmer im klassischen Weimar, Tübingen 2000, 547–576; Iris Lauterbach, „‚London und Paris' in Weimar. Eine Zeitschrift und ihre Karikaturen als kunst- und kulturgeschichtliche Quelle der Zeit um 1800", in: Christoph Andreas/Maraike Bückling/Roland Dorn (Hg.), Festschrift für Hartmut Biermann, Weinheim 1990, 203–218. Mit der Zeitschrift befasst sich auch intensiv die Dissertation des Verfassers, Muße in der Metropole. Flanerie in der deutschen Publizistik und Reiseliteratur um 1800.
[29] Siehe zum breiten literarischen Bewertungsspektrum in der (deutschen) Großstadtliteratur um 1800 besonders Angelika Corbineau-Hoffmann, Brennpunkt der Welt. Großstadterfahrung und Wissensdiskurs in der pragmatischen Parisliteratur 1780–1830 (Studienreihe Romania, Bd. 6), Bielefeld 1991; Iris Denneler, „Großstadtverunsicherungen. Paris als Topographie und Topos. Eine Passage vom 18. ins 20. Jahrhundert", in: Denneler, Ungesicherte Lektüren. Abhandlungen zu Bachmann, Pavese, Nossack, Haushofer und Schiller, zur Stadt Paris

einerseits ein vielseitiges Meinungsspektrum, in dem die besuchten Metropolen letztlich eine graduelle und je individuelle moralische Bewertung erfahren. Vom „Schreckbild Stadt"[30] bis hin zu einer ausdrücklichen Begeisterung für die neuartigen urbanen Phänomene lässt sich so gut wie jede Nuance des Meinungsbildes finden. Die „zwischen Tristesse und Sensation gespannte Erfahrung der Großstadt"[31] findet in *London und Paris* eines ihrer wohl umfangreichsten und komplexesten Abbilder in der deutschen Literatur um 1800. Wer innerhalb des heterogenen Themen- und Meinungskatalogs nach Formen von (urbaner) Muße sucht, wird folglich konsequenterweise in ganz verschiedenen Bereichen fündig. Während auf der einen Seite immer wieder Formen der Flanerie auftreten[32], in denen insbesondere die Affirmation zum zeitgenössischen urbanen Leben dominiert, lassen sich andererseits genauso Formen des expliziten Rückzugs erkennen.

In den meisten Fällen äußert sich die Flucht aus dem städtischen Gedränge und der oftmals schier unendlichen Betriebsamkeit als Aufenthalt in Naturräumen oder zumindest in (oberflächlich) als solchen gestalteten. Vor allem drei Bereiche stechen hervor, von denen der dritte und letztgenannte für die Untersuchung urbaner Idyllen von herausragender Bedeutung ist. Zum einen begeben sich die Korrespondentinnen und Korrespondenten in die topischen innerstädtischen Grün- und Parkanlagen wie beispielsweise Vauxhall in London oder den Tuileriengarten in Paris.[33] An diesen Orten, die jedoch nicht selten durch riesige anwesende Menschenmassen geradezu ‚reurbanisiert' wirken, versuchen sie vorübergehend, dem innerstädtischen Trubel zu entkommen und die mehr oder minder mögliche Abgeschiedenheit zu genießen. Hinzu kommen wiederholt geschilderte Ausflüge in die Vorstädte von London und Paris, in denen sich vorzugsweise der bauliche Übergang zwischen Stadt und Landschaft einschlägig

---

und zum Lesen in der Schule, München 2002, 120–185; Karlheinz Stierle, *Der Mythos von Paris. Zeichen und Bewußtsein der Stadt*, Wien 1993. Zur Entwicklung der deutschen Großstadtliteratur um 1800 allgemein siehe Conrad Wiedemann (Hg.), *Rom – Paris – London. Erfahrung und Selbsterfahrung deutscher Schriftsteller und Künstler in den fremden Metropolen* (Germanistische Symposien-Berichtsbände, Bd. 8), Stuttgart 1988.

[30] Vgl. den lange die Forschung bestimmenden Beitrag von Friedrich Sengle, „Wunschbild Land und Schreckbild Stadt. Zu einem zentralen Thema der neuen deutschen Literatur", in: *Studium Generale* 16,10 (1963), 619–631.

[31] Denneler, „Großstadtverunsicherungen", 130.

[32] Vgl. dazu die Dissertation des Verfassers, *Muße in der Metropole. Flanerie in der deutschen Publizistik und Reiseliteratur um 1800*.

[33] Vgl. zu Parkanlagen und ähnlichen Einrichtungen als Rückzugsort paradigmatisch Marianne Kesting, „‚Arkadien in der Hirnkammer' oder Die Enklave des Parks als Sonderfall artifizieller Landschaft", in: Manfred Smuda (Hg.), *Landschaft*, Frankfurt a. M. 1986, 203–214; Lothar Reinermann, „Königliche Schöpfung, bürgerliche Nutzung und das Erholungsbedürfnis der städtischen Unterschichten", in: Angela Schwarz (Hg.), *Der Park in der Metropole. Urbanes Wachstum und städtische Parks im 19. Jahrhundert*, Bielefeld 2005, 19–105.

ausdrückt.³⁴ Paradigmatisch hierfür stehen besonders Berichte aus London, in denen die Korrespondentinnen und Korrespondenten kleinere Vororte an der Themse besuchen.³⁵ Schließlich lässt sich noch eine dritte Kategorie erkennen: der vollständige räumliche Rückzug aus der Stadt und damit verbundene Landpartien. Gerade bei denjenigen Berichterstatterinnen und Berichterstattern, die den metropolitanen Lebensverhältnissen skeptisch bis vollends ablehnend gegenüberstehen, ist vermehrt zu lesen, per Ausflug in die umliegende Landschaft sei man den bedrückenden Zuständen an Themse oder Seine entflohen und habe in der Natur die Freiheit von Hektik, Stress und Lärm gesucht.

Beispielhaft und zugleich paradigmatisch für letztgenannte Möglichkeit stehen einige Artikel der deutschen Schriftstellerin Helmina von Chézy (1783–1856), die während ihrer Pariser Zeit (1801–1810) unter anderem als Korrespondentin für Bertuchs Zeitschrift tätig war.³⁶ Die noch junge, dem Kleinadel entstammende Schriftstellerin – Enkelin der berühmten preußischen Dichterin Anna Louisa Karsch (1722–1791) – war nach dem Tod ihrer Mutter 1801 nach Paris gereist und lernte dort nicht nur Friedrich Schlegel und dessen Frau Dorothea kennen, sondern vor allem auch ihren zweiten Ehemann, den Orientalisten Antoine-Léonard de Chézy (1773–1832). Während ihrer Zeit in der französischen Hauptstadt wirkte sie als Korrespondentin für verschiedene deutsche Zeitungen bzw. Zeitschriften und veröffentlichte mit den *Französischen Miszellen* (1803–1807)³⁷ gar ein eigenes Journal. Hinzu kam ihr zweibändiges Werk *Leben und Kunst in Paris seit Napoleon I.* (1805/07)³⁸, in dem sie ebenfalls einige ihrer Landpartien schildert. Das Buch erschien in Bertuchs *Landes-Industrie-Comptoir* und legte den Grundstein für die weitere Zusammenarbeit.³⁹ Vor allem in ihren letzten Pariser Jahren, die von der zusehends unglücklich verlaufenden Ehe mit dem französischen Wissenschaftler geprägt waren, publizierte sie dann für dessen Zeitschrift *London und Paris*. Schon ihr Buch *Leben und Kunst* zeichnete sich allerdings dadurch aus, dass sie selbst wenig Begeisterung für die Metropole

---

³⁴ Vgl. zum metropolitanen Wachstum um und ab 1800 Peter Schöller, „Die Großstadt des 19. Jahrhunderts. Ein Umbruch der Stadtgeschichte", in: Heinz Stoob (Hg.), *Die Stadt. Gestalt und Wandel bis zum industriellen Zeitalter* (Städtewesen, Bd. 1), Köln/Wien 1985, 275–313.
³⁵ Vgl. dazu beispielsweise den Artikel zu einem „Sonntagsspaziergang aus London nach Greenwich" aus dem vierten Band (1799) des Journals. Bei der Beschreibung der Greenwicher Themse- und Hafenanlagen macht der Korrespondent Johann Christian Hüttner (1766–1847) deutlich, wie sehr die Metropole zusehends in die sie umgebende Landschaft expandiert.
³⁶ Vgl. zu Chézy als Korrespondentin für *London und Paris* auch Christiane Banerji/Diana Donald, *Gillray observed: the earliest account of his caricatures in London und Paris*, Cambridge 1999, 20.
³⁷ Vgl. Karin Baumgartner, „Constructing Paris: Flânerie, Female Spectatorship, and the Discourses of Fashion in ‚Französische Miscellen' (1803)", in: *Monatshefte* 100,3 (2008), 351–368.
³⁸ Vor rund zehn Jahren erschien eine neue Ausgabe des Werks: Helmina von Chézy, *Leben und Kunst in Paris seit Napoleon I.*, hg. v. Bénédicte Savoy, Berlin 2009.
³⁹ Vgl. Bénédicte Savoy, „Vorwort", in: Chézy, *Leben und Kunst in Paris seit Napoleon I.*, IX–XXIII, X. Bemerkenswerterweise erwähnt Savoy in dieser Einführung die Korrespondentinnentätigkeit nicht, obwohl sie die Beziehung zu Bertuch ansonsten ausführlich beschreibt.

entwickeln konnte und sich lieber den Ländereien rund um Paris widmete: „Kein städtischer Raum, keine Wiedergabe urbaner Dreidimensionalität" steht bei ihr im Vordergrund, „denn offensichtlich ist es nicht das Urbane, was Chézy in Paris zu erfassen sucht, sondern [...] das Ländliche".[40] Und auch in den Artikeln für *London und Paris*, die oftmals publizierten Briefen in die deutsche Heimat entsprechen, lässt sie keinen Zweifel daran, was sie vom urbanen und metropolitanen Leben an der Seine hält. In einem „Brief einer teutschen Dame in Paris an eine Freundin in Teutschland", der später von einer „Wanderung nach dem Schlosse *Malmaison* und nach *St. Germain*" berichtet, konstatiert sie einleitend:

Wer nicht in Paris zu leben verdammt ist, liebes Kind, der weiß von seinem Glücke nichts; das kannst Du mir glauben. [...] Ich aber, seit acht Jahren an diesen Kaukasus geschmiedet und vom Geyer des Heimweh ärger genagt, als der arme Prometheus von Jupiters Rachebothen, seufze und sehne mich nach dem Rheinufer hinüber, das ich beim Ueberfahren mit Wehmuth verließ, ohne indeß zu ahnen, was das neubegierige junge Herz um das Vaterland eintauschte. Wenn Andre meinen Haß dagegen nicht begreifen werden, kann ich die Liebe zu Paris nicht begreifen. Ist es ein Feenland, für den, der fort kann und zu Hause sagen kann, er sey *da gewesen*, so ist es die Hölle für den, der bleiben muß. Dieser Dunst, der über den ganzen großen Steinklumpen wie eine Schreckenswolke verbreitet liegt und den man von Montmartre's Höhe, sowohl am reinsten Frühlingsmorgen, als am kalten hellen Wintermorgen erblickt, ist ein Beweis der verpesteten Luft; dann die unaussprechliche Unreinlichkeit des Volkes, das tobende Getümmel auf den Straßen, der Schmutz, der im Sommer und Winter gleich ist, die drei Fuß breiten, und hundert Fuß hohen Gassen, in welche nie ein Strahl der Sonne dringt, wo Tausende ein elenderes Leben fortathmen, als der Verbrecher im Kerker, in Armuth, Laster und dumpfer Betäubung. Glanz und Elend, dessen greller Gegensatz überall sich dem Blicke aufdrängt.[41]

Chézys Charakterisierung der Pariser Lebenszustände ist nicht nur von den persönlichen Lebensschwierigkeiten durchtränkt – die Selbststilisierung als gefesselter Prometheus lässt sich wohl auf ihre inzwischen unglückliche Ehe beziehen –, sondern weist durchgehend topische Muster und Motive der Stadtkritik (um 1800) auf.[42] Die Verdichtung des urbanen Lebens und das damit einhergehende „Getümmel" führt sie ebenso als negativen Aspekt an wie die im Stadtraum vollends zurückgedrängte Natur. „Steinklumpen" dominieren das öffentliche Bild, „Dunst" ist das vorrangige Material, das die Beobachterin erblicken kann. Das wohltuende Sonnenlicht indes ist aus Paris vollends ausgesperrt – ein Umstand, den die Korrespondentin durchaus zweideutig auf das armutsvolle Leben großer Teile der Großstadtbevölkerung bezieht. Kurzum: Sucht man einen Beweis dafür, dass es um 1800 den Diskursstrang eines ‚Schreckbilds

---

[40] Savoy, „Vorwort", XVII f.
[41] *London und Paris*, Bd. 23 (1810), 241 f.
[42] Vgl. zu topischen Elementen der Stadtkritik um 1800 Siegfried Jüttner, „Großstadtmythen. Paris-Bilder des 18. Jahrhunderts. Eine Skizze", in: *Deutsche Vierteljahrsschrift für Literaturwissenschaft und Geistesgeschichte* 55,2 (1981), 173–203, 175–179.

Stadt' in der deutschsprachigen Literatur gab, können Chézys Ausführungen als Paradebeispiel gelten. Paris ist für die Korrespondentin „Ort der Versuchung, der menschlichen Degradierung, ja des Untergangs".[43] Das Leben in der Metropole erweist sich nicht nur als bedrückend und trist, bisweilen als chaotisch und elend, sondern es bietet vor allem für eines keinen Platz: urbane Muße. „Hast, [...] Konsumhunger, [...] zunehmende[] Mechanisierung der Lebensvorgänge"[44] stehen einem freien Verweilen in der Zeit augenscheinlich diametral entgegen. In Paris, wo „Tausende ein elenderes Leben fortathmen, als der Verbrecher im Kerker", wo „Armuth, Laster und dumpfe[] Betäubung" regieren, wirkt es kaum möglich, den angeführten Zwängen zu entkommen und stattdessen freiheitliche und tendenziell zeitvergessene Momente zu entwickeln.

All das ist gerade für Chézy in einen anderen Raum verlagert, in die Landschaft rund um die französische Hauptstadt. Kurz nach ihrer Tirade zu den Pariser Lebensbedingungen weist sie nämlich darauf hin, dass sie selbst gerne der Stadt entfliehe und sich eine Auszeit von der urbanen Bedrückung gönne. An ihre Briefpartnerin adressiert, hält sie fest:

Dein Brief verspricht mir *Malmaison, St. Germain?* höre ich Dich fragen, und Du sprichst mir von verpesteter Luft, von Schmutz und Elend? Ja Liebe, denn eben wie ich nach einem langen trüben Winter am 14ten Februar aus der dumpfen Atmosphäre der Stadt in die reine süße Natur mich flüchten konnte, will ich Dich nun auch herausführen. – Es war ein sanfter milder Morgen, er athmete Frühlingsdüfte. Je weiter ich mich von den Barrieren entfernte, je inniger fühlte ich den liebkosenden Hauch der reinen Landluft. Seegen quoll aus den Furchen, hie und da grünte die Saat und ein mildes Zwitschern der Vögel belebte die Luft. – Wer nie in Paris gelebt, kann die Empfindungen einer solchen Veränderung sich nur so vorstellen, wie wenn nach einer schweren Krankheit der Genesende das Marterlager verläßt und an die frische Luft kommt.[45]

Die Skizze der umliegenden Natur sowie des konkreten Frühlingsmorgens verhält sich antithetisch zu der vorherigen Beschreibung der Pariser Innenstadt. Dies äußert sich zum einen in der dichotomen Gegenüberstellung von Stadt und Land, manifestiert sich zugleich aber auch bis in die erzählerischen Details. War zuvor noch von einer „verpesteten Luft" die Rede, so atmet die Korrespondentin jetzt „Frühlingsdüfte" ein. War die Atmosphäre in Paris vom „Dunst" der „Steinklumpen" dominiert, erblickt sie nun die grünende Saat und hört ein „mildes Zwitschern der Vögel". Alles scheint Erlösung von den negativen städtischen Bedingungen zu bieten und liefert Chézy jene Freiheitserfahrungen, die sie in Paris selbst schmerzlich vermissen muss. Ein Umstand, der sich nicht

---

[43] Conrad Wiedemann, „‚Supplement seines Daseins'? Zu den kultur- und identitätsgeschichtlichen Voraussetzungen deutscher Schriftstellerreisen nach Rom, Paris, London seit Winckelmann", in: Wiedemann (Hg.), *Rom – Paris – London*, 1–20, 4.
[44] Uwe Hentschel, „Die Romantik und der städtische Utilitarismus", in: Claudia Lillge/ Thorsten Unger/Björn Weyand (Hg.), *Arbeit und Müßiggang in der Romantik* (vita activa), Paderborn 2017, 315–328, 317.
[45] *London und Paris*, Bd. 23 (1810), 243.

zuletzt im sprachlich stark präsenten Fluchtmotiv niederschlägt. Die Berichterstatterin greift aber nicht nur idyllische Topoi wie die ästhetische Landschaft, die reine Luft oder den Vogelgesang auf, sondern stellt sie gleichzeitig in einen bewusst städtischen Zusammenhang. Gleich zwei Mal verdeutlicht sie auf engem narrativen Raum, dass sich die Landschafts- und Naturerfahrung letztlich nur dann vollends und in ihrer ganzen Pracht entfalte, wenn andererseits das Kontrastbild der betrüblichen Stadt existiere. Dass sie eingangs ausführlichst über die negativen urbanen Attribute gesprochen hat, bereitet überhaupt erst das Terrain für ihre idyllischen Schilderungen – zumindest aber nimmt sie dadurch eine enorm verschärfende Kontrastierung vor. Chézy reiht sich exakt in jenen Diskursstrang ein, der einleitend thematisiert wurde: Die Landschaft jenseits von Paris, die Idylle, wirkt als topischer Mußeraum, den die Stadt nicht bieten kann – sie gleicht deren Defizite aus.[46] Und auch gegen Ende ihrer Ausführungen verstärkt sie den Punkt noch einmal: Nur wer die Stadt Paris mit all ihren Unannehmlichkeiten im wahrsten Sinne am eigenen Leib erfahren habe, könne eigentlich erst recht die komplementäre Landschaftserfahrung genießen. Damit ist ein erster Aspekt offenkundig, inwiefern in Chézys idyllischen Schilderungen urbane Denk- und Lebensformen letztlich untrennbar mit der (zumeist mußevollen) Natur- bzw. Landschaftserfahrung verbunden sind: Ohne das Kontrastbild der defizitären Stadt scheint die Mußeerfahrung der Idylle nicht möglich. Für die literarische Tradition handelt es sich um kein neuartiges Phänomen. Chézy schließt vielmehr an ein Argumentationsmuster an, das beispielsweise Salomon Geßner in seinen *Idyllen* stark gemacht hatte. In seiner Vorrede „An den Leser" vermerkt er:

Oft reiß ich mich aus der Stadt los, und fliehe in einsame Gegenden, dann entreißt die Schönheit der Natur mein Gemüth allem dem Ekel und allen den wiedrigen Eindrüken, die mich aus der Stadt verfolgt haben; ganz entzükt, ganz Empfindung über ihre Schönheit, bin ich dann glücklich wie ein Hirt im goldnen Weltalter und reicher als ein König.[47]

Geßners rahmende Anmerkung liest sich fast als konzeptionelle Vorlage für die Flucht der Korrespondentin aus der Metropole Paris und den Rückzug in das heilsversprechende Landleben. Im Gegensatz zu seinen Erzählungen spielt Chézys Aufenthalt zwar im Hier und Jetzt und nicht in der Vorzeit einer antikisierten Hirtenwelt – die strukturell-argumentative Ähnlichkeit ist jedoch nicht zu verkennen. Wie der nähere Blick in Chézys Beiträge zeigen wird, ist dies aber keineswegs der einzige Gesichtspunkt, unter dem Urbanes und Landschaftliches in ihren Ausführungen korrelieren.

---

[46] Vgl. zur Kompensationsfunktion vertiefend Hofmann, „Landschaftliches Denken", 56.
[47] Geßner, *Idyllen*, 15.

3. Auf den Spuren Rousseaus – Ausflug nach Montmorency

In einem weiteren in *London und Paris* erschienenen „Briefe einer Dame" berichtet Chézy von einer „Lustfahrt nach dem alten Schlosse im Walde von Montmorency und St. Leu".[48] Wie im Folgenden genauer zu sehen ist, beschreibt sie in diesem Artikel eine prototypische Idylle vor den Toren von Paris, die nicht allein den Zusammenhang von Stadt und Landschaft aktualisiert, sondern darüber hinaus als Ausdruck eines urbanen Wissens- und Wahrnehmungskanons zu lesen ist. Bereits der besuchte Ort, das Schloss von Montmorency, gibt darauf einen Hinweis. In dem kleinen Dorf unweit von Paris hatte in den Jahren 1756 bis 1762 eine der wichtigsten kulturellen Größen ihrer Zeit geweilt: Jean-Jacques Rousseau (1712–1778). Über die Jahre wurde Montmorency, wie so viele andere seiner Wirkungsstätten, dadurch gar zu einer Art ‚Wallfahrtsort', den die Anhängerinnen und Anhänger des Philosophen gerne und geflissentlich besuchten.[49] Oder wie Chézy es pointiert: „Besonders seit *Rousseau* es bewohnte, ist Montmorency das Loretto der Dichter, Künstler, Liebespaare, Philosophen, und alle Fremden von Stande wollen es gesehen haben".[50] Wer etwas auf seine Bildung hielt und Paris besuchte, hatte demnach in dem kleinen Dorf mit seinem berühmten früheren Bewohner einen Abstecher zu machen. Kein Wunder: Rousseau hatte hier nicht nur sechs Jahre seines Lebens verbracht, sondern gleichzeitig drei seiner bekanntesten und einflussreichsten Werke verfasst. In Montmorency entstand *Du contrat social* (1762) ebenso wie seine beiden Romane *Julie ou la Nouvelle Héloïse* (1761) und *Émile, ou De l'éducation* (1762). Mit dem kleinen Ort verband sich für die Besucherinnen und Besucher folglich neben der Ausfahrt in die ländliche Idylle stets auch ein Bildungserlebnis. Wenig überraschend spielen exakt diese beiden Aspekte in Chézys Beschreibungen die tragende Rolle. Doch ihr Besuch in Montmorency liest sich zugleich vor persönlichem Hintergrund. Nicht nur, dass die Schriftstellerin selbst nach den wesentlich im *Émile* formulierten Maßgaben Rousseaus erzogen worden war und ihre eigenen Kinder ebenfalls ihnen gemäß aufwachsen ließ. Mehr noch: Ihr Bericht für *London und Paris* beschreibt keineswegs den ersten Besuch im „Loretto der Dichter". Bereits in ihrem Buch *Leben und Kunst in Paris seit Napoleon I.* hatte sie „Sommerabende auf dem Lande" zu Papier gebracht und darin unter anderem eine Widmung „An Rousseau" verfasst, in der sie das

---

[48] *London und Paris*, Bd. 21 (1808), 199.
[49] Vgl. Uwe Hentschel, „... da wallfahrte ich hin, oft mit der neuen Héloïse in der Tasche... Zur deutschen Rousseau-Rezeption im 18. und beginnenden 19. Jahrhundert", in: *Euphorion* 96 (2002), 47–74; Herbert Jaumann, „Rousseau in Deutschland. Forschungsgeschichte und Perspektiven", in: Jaumann (Hg.), *Rousseau in Deutschland. Neue Beiträge zur Erforschung seiner Rezeption*, Berlin 1995, 1–22, 9.
[50] *London und Paris*, Bd. 21 (1808), 199.

landschaftliche Idyll der Pariser Umgebung und ihre Verehrung des Philosophen miteinander verwob:

> Winkst Du mir zu von den Hügeln? Seliger Geist, *Rousseau*, Du Liebling der Natur und der Empfindung; Dichter hoher Leidenschaft, lebendige Flamme der Liebe! Dort wandelst Du auf den Höhen, unter den uralten Schatten. Die blaue Ferne, die frischen Wiesen, die hellen Gewässer tragen noch den liebevollen Gruß Deines Blickes. Seliges Loos der höhern Menschen! Ihre Gegenwart macht ihren Wohnplatz auf Erden zum heiligen Denkmal. Das Herz wird ergriffen vom süßen Schauer, der wie ein Geist ihr Andenken umschwebt.[51]

Mit ihrem hymnischen Gestus verweist die Widmung bereits formal auf die Wertung, die Chézy letztlich mit ihren Ausflügen nach Montmorency verbindet. Sie preist nicht nur den verehrten Philosophen, sondern hebt ebenso auf die ländliche Idylle ab, die durch das bisweilen sakrale semantische Feld („seliger Geist", „heiligen Denkmal") eine eindeutige und herausgehobene Ausrichtung erhält. Die Widmung weist damit auf den zentralen Zusammenhang voraus, der in Chézys Landpartien von höchster Bedeutung ist. Die idyllische Darstellung des Pariser Umlandes verbindet sich – angesichts des prominenten lokalen Vertreters Rousseau genuin naheliegend – auf Engste mit einem kulturell verfestigten Wissenskanon. Eine Ausfahrt nach Montmorency ging demnach nicht nur in allgemeiner Hinsicht mit einer Art Rousseau-Wallfahrt einher, sondern war offensichtlich insbesondere für die Schriftstellerin Chézy ein einschneidendes und erfahrungsreiches Erlebnis. Ihr zweiter literarischer Aufenthalt dort, den sie in *London und Paris* wiedergab, dürfte maßgeblich durch die ersten Erfahrungen geprägt gewesen sein, die sie einige Jahre zuvor gemacht hatte. Dies wird umso deutlicher, wenn man zusätzlich einen zweiten Textabschnitt aus *Leben und Kunst* heranzieht. Ein weiteres Kapitel der „Sommerabende auf dem Lande" trägt den Titel „Juniusmorgen. Im Thal Montmorency 1805" und ist in lyrischer Form verfasst. Paradigmatisch für Form, Stil und Inhalt des dreistrophigen Gedichts steht die erste Strophe:

> Geliebtes Thal, das meine Blicke grüßen,
> Das sehnsuchtsvoll ich oft im Geist gesehn,
> Wie schön bist Du, am Quelle wo die süßen,
> Die duftgewürzten Morgenlüfte wehn!
> Wo sich verschränkt die Blütenzweige küssen,
> Die Thränenweide senkt mit Liebesflehen
> Die schlanken Arme hin in dunkle Fluthen
> und Rosen kühlen ihres Busens Gluthen.[52]

Das in Stanzen gehaltene Gedicht deutet auf das voraus, was in Chézys Bericht für *London und Paris* wesentlich ist. Bereits mit der gewählten Form weist die

---
[51] Chézy, *Leben und Kunst in Paris seit Napoleon I.*, 45.
[52] Chézy, *Leben und Kunst in Paris seit Napoleon I.*, 49 f.

Autorin auf die Erfahrungen hin, die sie mit dem Örtchen jenseits der Pariser Stadtgrenzen verbindet. Die Strophe der heroischen italienischen Dichtung, die unter anderem Boccaccio (1313–1375) für seine Epen wie *Il Filostrato* (1335) oder *Teseida* (1341) wählte, rekurriert auch formal auf die Attribute, die Chézy mit ihren Landpartien verbindet: Montmorency verkörpert das vollkommene Idyll, das sich durch topische Attribute wie die „Quelle", „duftgewürzte Morgenlüfte" oder sich küssende „Blütenzweige" auszeichnet. Oder anders formuliert: Montmorency steht für alles, das sich in Paris dem sehenden und erfahrenden Subjekt verweigert. Dass sich im 18. Jahrhundert in Montmorency gar eine ‚Aphrodite-Gesellschaft' angesiedelt hatte, mag als weiterer verstärkender Hinweis gelten.[53]

Es überrascht daher nicht, dass auch der Artikel in Bertuchs Journal mit einer entsprechenden Idyllisierung und Bezugnahme auf den Gewährsmann Rousseau beginnt. Nachdem sich Chézy mit ihrer Reisegruppe – für eine Frau wäre eine solche Landpartie im Alleingang so gut wie undenkbar gewesen – für einen längeren Ausritt per Esel gerüstet hat, beschreibt sie:

> Wir wählten den längsten Weg über *Andillys* Höhen durch die Waldung, als den reizendsten. Ihr traulichen Schlangengänge, so eng und duftend, so schattig und kühl durch die sanft aufsteigenden Höhen, wie lockt ihr so anmuthig in euer dunkles Labyrinth hinein, wo sich die Seele mit verliert, und allein in euren Reizen lebt! Hie und da, wo die höhere Spitze des Hügels über die ernsten Gipfel der Waldung wegragt, erscheinen Minuten lang die bekränzten Hügel, die Dorfschaften im Schoos der Nebengefilde und Triften, und der silberne See zwischen den Gebirgen, auf den *Rousseaus* Blicke oft mit Entzücken schwebten? Rings umher reiht sich am fernen Horizont der ernste Kranz dunkelblauer Gebirge – einige Schritte weiter, und der lachende Schauplatz versinkt in den Schoos der Wipfel, alles wird dunkler umher, Eichen und Kastanien, Birken und Ulmen in freundlicher Verschränkung der Schattenzweige flüstern heimlich und schüchtern zum Vögelgesang.[54]

Für Chézy und ihre Reisegruppe ist die Wanderung durch die Anhöhen von Andilly (einem Nachbarort von Montmorency) der Höhepunkt idyllischer Empfindungen. Das zeigt sich bereits daran, dass sie nicht etwa den kürzesten und praktikabelsten Weg wählen, sondern mit Absicht den längsten und damit jedoch den „reizendsten". Offenkundig ist insbesondere die Erzählerin an einer idealisierten Landschaftserfahrung interessiert, die sich beim Eintritt in die Umgebung von Montmorency geradezu von selbst ergibt. Zeitliche und andere Zwänge, wie sie in Chézys Charakterisierung von Paris prägend sind, spielen keine Rolle mehr. Ganz im Gegenteil: Die Zeit dehnt sich zum großen Gefallen der Berichterstatterin aus und mit maßgeblicher Freude konstatiert sie, die entschleunigende Wirkung der labyrinthartigen Wege verleihe der ästhetischen Erfahrung besondere Ausdruckskraft. Dabei kommt eine bisweilen

---

[53] Vgl. Maisak, *Arkadien*, 196.
[54] *London und Paris*, Bd. 21 (1808), 203 f.

selbstzweckhafte Note zum Tragen: Laut Chézy kann sich im landschaftlichen Genuss die Seele ganz verlieren und die innerliche Erfüllung vermittelt sich allein in den „Reizen" der umgebenden Natur. Hervorstechend ist außerdem, dass die Korrespondentin gleich zwei Ebenen der idyllischen Wahrnehmung skizziert, die zu einem räumlichen Gesamtbild verschmelzen. Während direkt vor dem Auge der Betrachterin die herrliche „Waldung" ihre beruhigende und erlösende Wirkung entfaltet, entwickelt sich im panoramatischen Hintergrund eine prototypische idyllische Landschaft. Berge, kleine ruhende Dörfer und der „silberne See" sind die Bestandteile einer idealisierenden Wahrnehmung, die sich nicht für einzelne Details der Szenerie interessiert, sondern lediglich für die gesamtheitliche Wirkung. Deutlich ist hier und an den weiteren Landschaftsbeschreibungen ablesbar, inwiefern Selektionsprozesse stattfinden.[55] In der räumlichen Komposition deutet sich bereits an, was im Bericht später noch erheblich an (expliziter) Bedeutung gewinnt. Mit ihren Ausführungen orientiert Chézy sich am Ideal des *ut pictura poesis*, genauer in Form der Landschaftsmalerei. Klassischen Mustern der Zeit verpflichtet, auf die noch zurückzukommen sein wird, gestaltet sie mit ihrer Landschaftsbeschreibung jeweils Vorder- und Hintergrund, die über die Wahrnehmung des Individuums verbunden werden. Dabei geht es freilich nicht um eine realistische, sondern um eine idealisierte Charakterisierung der beobachteten – besser: der imaginierten Landschaft.

Ihre Beschreibung bleibt andererseits nicht gänzlich auf die Umgebung beschränkt, sondern besteht überdies noch aus einem ausdrücklichen Hinweis auf den eingangs erwähnten Gewährsmann Rousseau. In bemerkenswerter Weise lässt Chézy ihre eigene und die Wahrnehmung des Philosophen miteinander verschmelzen. Es wirkt fast unklar, ob es sich überhaupt noch um die Beschreibung einer selbst wahrgenommenen Landschaft handelt oder ob sie nicht vielmehr kulturell tradierte und kanonisierte Muster erfüllt. Mit Rousseau ist gleichzeitig wieder die spezifische Funktionalität der Landschaft als imaginierter Natur aufgerufen. Mit seinen Romanen, insbesondere mit der *Nouvelle Héloïse*, hatte er aus Sicht der Zeitgenossinnen und Zeitgenossen die Differenz zwischen der „zivilisatorischen Moderne" und „einem unentfremdeten, naturnahen Dasein"[56] formuliert. Davon zeugt umfassend die durchaus florierende Praxis um 1800, der Stadt zu entfliehen und Schauplätze der Rousseauschen Romane samt seiner „Landschaftsbeschreibungen als Inzitamente"[57] aufzusuchen. Zwischen literarischer Funktion und Autor differenzierten die Besucherinnen und Besucher

---

[55] Vgl. dazu aus wahrnehmungshistorischer Perspektive Trepl, *Die Idee der Landschaft*, 32–34.

[56] Hentschel, „Zur deutschen Rousseau-Rezeption im 18. und beginnenden 19. Jahrhundert", 61, 70.

[57] Hentschel, „Zur deutschen Rousseau-Rezeption im 18. und beginnenden 19. Jahrhundert", 73.

immer häufiger nicht mehr, vielmehr entwickelte sich erstere „bei vielen Lesern zur realen Begebenheit".[58] Auch bei Chézy ist die beobachtete und erfahrene Gegend nicht unvermitteltes und plötzliches Erleben, sondern erweist sich vielmehr als explizit diskursiv vorgeprägt. In ihr setzen sich gesellschaftlich angeeignete Muster um, die „durch Weltbilder oder Rezeption von Kunstwerken aus Dichtung oder Malerei präformiert oder vermittelt"[59] auftreten.

Nicht ausgeschlossen, dass die Rousseau-Kennerin[60] zudem von den autobiografischen *Confessions* (1782–1789) des französischen Philosophen beeinflusst war. Zwar widmet er seine retrospektiven Ausführungen zu Montmorency dort vorrangig dem literarischen Schaffen und zwischenmenschlichen Begebenheiten, doch phasenweise tritt auch die landschaftliche Beschreibung zutage. An einer Stelle skizziert er immerhin andeutungsweise die Anhöhen von Andilly, die er im Anschluss an ein romantisches Beisammensein mit der von ihm verehrten Gräfin d'Houdetot (1730–1813) u. a. als „côteaux [...] charmants"[61] charakterisiert. Die Gegend rund um Montmorency beschreibt Rousseau bei seiner Ankunft rückblickend als „ces bienheureux loisirs champêtres auxquels en ce moment je me flattois de toucher".[62] Dabei kommt er überdies auf seine zahlreichen Spaziergänge zu sprechen, die von seinen wallfahrtenden Verehrerinnen und Verehrern später nicht weniger intensiv unternommen wurden. Er vermerkt, „je commençai par m'arranger pour mes promenades, et il n'y eut pas un sentier, pas un taillis, pas un bosquet, pas un réduit autour de ma demeure que je n'eusse parcouru dès le lendemain".[63] *In nuce* – es tritt später noch markanter hervor – deutet sich an: Die Landschaftswahrnehmung und die damit verbundene Idyllisierung bei Chézy folgen maßgeblich einem kulturell eingeübten und verfestigten Wissens- und Imaginationskanon. So ist zugleich eine weitere Ebene des Stadt-Landschafts-Verhältnisses angesprochen: Versteht man die Stadt als Ort des genannten kulturellen Wissens bzw. Kanons – zumindest aber als Ort, in dem er am leichtesten zugänglich und am weitesten verbreitet ist –, dann wird deutlich, dass es sich nicht zuletzt um eine urbane Projektion und Imagination handelt. Auf diesen Umstand ist vor allem gegen Ende der Textstelle erneut einzugehen, wenn im Rahmen landschaftsmalerischer Imaginationen der Aspekt noch stärker einfließt.

Zunächst setzt sich der Weg der Reisegruppe in idyllischer Art und Weise fort. Auch ein „starker Platzregen" – der quasi die Kehrseite der naturalen Idylle verkörpert – lässt keine Betrübnis zu. Man kommt kurzerhand bei einer

---

[58] Hentschel, „Zur deutschen Rousseau-Rezeption im 18. und beginnenden 19. Jahrhundert", 52.
[59] Groh/Groh, *Weltbild und Naturaneignung*, 96.
[60] Vgl. dazu noch einmal den reichhaltigen Kommentar in der Ausgabe zu *Leben und Kunst* von Bénédicte Savoy (hier bes. 452).
[61] Jean-Jacques Rousseau, „Les Confessions", in: *Œuvres complètes*, Bd. 1 (Bibliothèque de la Pléiade, Bd. 11), hg. v. Bernard Gagnebin u. Marcel Raymond, Paris 1969, 3–656, 445.
[62] Rousseau, „Les Confessions", 401.
[63] Rousseau, „Les Confessions", 403.

Wassermühle unter, die „höchst reizend am äußern Ende des Dorfs, am Fuße des Waldes, ganz umgeben von Wiesen und Gehölz" liegt. Auch hier „verstrich [...] ganz behaglich die Zeit", bis schließlich ein „höchst angenehmer"[64] Weg weiter in Richtung Schloss führt. Das reizende und ästhetische Bild der Landschaft rund um Montmorency bleibt für die Berichterstatterin ungebrochen und erfüllt all jene kompensatorischen Wünsche, die sie in ihrem späteren Beitrag (s. o.) noch genauer ausformulieren sollte. Seinen Höhepunkt findet dies schließlich im Schloss selbst, das man endlich erreicht und das sogleich einen topischen *locus amoenus* für die Reisegruppe bereithält:

> Am Schlosse liegt ein großes Gewässer, ganz mit Schilf bewachsen. Dies ist der Platz der süßen Wehmuth und romantischen Träumerei. – Hier breitet eine uralte Eiche, wie Liebesarme weit die blätterreichen Aeste über den Sammet des grünen Rasens; unter ihr ist ein ganz alter, schon halb zertrümmerter Tisch, und an ihrem Fuße führen ungleiche moosbewachsene Stufen in das Gewässer. [...] Rund umher die freundlichste Mischung von Baumgruppen und Gebüsch, ein Platz, dessen wunderbare Reize nicht zu beschreiben sind. Wie kann solch ein Zauber in Gras und Bäumen liegen? Aber hier waltet ja ganz die süße Natur in ungestörter Freiheit; hier ist keine Spur von der künstelnden Menschenhand sichtbar, nie wurde der freie üppige Wuchs der herrlichen Bäume in seinem Aufstreben gehindert, kein Acker, kein bebautes Land erinnert an die Bedürfnisse des Lebens, alles still und wild, einsam und duftend. –
>
> Wie wunderbar wurde uns hier zu Muthe! Wir fühlten uns mit einmal wie abgeschieden von allen Verhältnissen und Erinnerungen. Ein banges ahnungsvolles Sehnen stieg in uns auf, das uns tiefer in die grüne Wildniß lockte. Dies ist eine Heimath für wunde Seelen.[65]

Am Schloss angekommen, setzt sich die Idyllisierung nahtlos fort. Der Platz am See bietet der Berichterstatterin sowie ihrer ganzen Begleitgruppe all das, was man sich von der Landpartie in Montmorency erhofft hatte. Die aufgelisteten räumlichen Eigenschaften entsprechen dem klassischen *locus amoenus* – „ein topischer Ort der Muße, der die Menschen dazu einlädt, sich der Kontemplation und der Reflexion über Kunst und Literatur hinzugeben"[66]: Ein sanftes Gewässer ist ebenso vorhanden wie eine entsprechende Pflanzenwelt und dass die „uralte Eiche" ihre Äste wie „Liebesarme" über den Anwesenden ausbreitet, verweist sogar sprachlich explizit darauf. Auffällig ist insbesondere, in welchem Maße die Korrespondentin den vorgefundenen Naturraum binär vom Stadtraum und damit der kulturellen Dimension abgrenzt. Man befinde sich fern der „künstelnden Menschenhand", erblicke kein „bebautes Land", vielmehr sei alles „still und wild, einsam und duftend". Die Urwüchsigkeit des alten Baumes und die scheinbar zeitlose Räumlichkeit stehen konträr zur modernen Metropole, die sich durch stetigen Wandel auszeichnet. Der idyllische See verheißt, was die Stadt der Berichterstatterin verwehrt. Dies gipfelt gar in einer Art psychotherapeutischer

---

[64] *London und Paris*, Bd. 21 (1808), 205.
[65] *London und Paris*, Bd. 21 (1808), 206 f.
[66] Klinkert, *Muße und Erzählen*, 22.

Wirkung, der Ort sei eine „Heimath für wunde Seelen" – eine Anspielung, die sich wohl erneut auf Chézys unglückliche private Situation bezieht. Die Gruppe scheint stattdessen in Arkadien angekommen: Dort ist keine Spur mehr von mühevoller Arbeit oder sonstigen Lasten, stattdessen regiert eine „ungestörte Freiheit", die letztlich wieder eine entsprechende seelische Wirkung mit sich bringt. „Des Alltags Last und Mühe, Not und Häßlichkeit der Welt" lassen sich vergessen und die Menschen sind durch „die Natur in ihrer unendlichen Güte [...] mütterlich umsorgt".[67]

Bei genauerem Hinsehen ist es aber eigentlich ein unzutreffendes Bild. Der menschliche Eingriff prägt den Raum sehr wohl, sind durch ihn nicht nur aller Wahrscheinlichkeit nach ein „halb zertrümmerter Tisch" und „moosbewachsene Stufen" entstanden, sondern vor allem das die ganze Szenerie rahmende Schloss. Das blendet die Berichterstatterin indes vollends aus und die Wahrnehmung konzentriert sich dagegen auf alles, was die idyllische und reizende Kulisse auszeichnet. Erneut ist eine idealisierende Beobachtung prägend, die vor einem ideellen Hintergrund selektiv wahrnimmt. Das hängt wiederum aufs Engste mit den beschriebenen Wirkungen zusammen. Die Korrespondentin beschreibt eindrücklich, in welchem Maße die umgebende Natur die Beobachterinstanz vereinnahmt. Einmal am See niedergelassen und verweilend, fühle man sich „wie abgeschieden von allen Verhältnissen und Erinnerungen". Stattdessen werde man dann immer „tiefer in die grüne Wildniß" gelockt und auf diese Weise zusehends von allen anderen äußeren Einflüssen befreit. Die idyllische Wirkung gewinnt totalen Charakter und blendet alles andere gänzlich aus. Dass man selbst nur vorübergehend verweilen kann und dass die vermeintlich naturwüchsige Umgebung zugleich durch kulturelle Eingriffe bestimmt ist – erinnert sei nur an die Einbettung in die Schlossanlage –, spielt überhaupt keine Rolle mehr. Ähnlich wie bei der Wanderung über die Höhen von Andilly ist weniger die konkrete, realistische Wahrnehmung eines äußeren Raumes entscheidend, sondern vielmehr ein enges Zusammenspiel kulturell tradierter räumlicher Muster mit dazugehörigen Projektionen und Imaginationen. Wie sehr diese Vorstellungen wiederholt durch einen spezifischen Wissenskanon geprägt sind, zeigt sich noch einmal im weiteren Verlauf der idyllischen Erzählung.

4. Literarisierte Landschaftsmalerei – Idylle und Metropole

Nachdem die Korrespondentin sich ausführlich der Lebensweise in Montmorency sowie der umfangreichen Rousseau-Verehrung gewidmet hat, kommt sie gegen Ende ihres Berichts erneut vertiefend auf die idyllische Landschaftswahr-

---

[67] Brigitte Wormbs, *Über den Umgang mit Natur. Landschaft zwischen Illusion und Ideal*, 2., verb. Aufl., Frankfurt a. M. 1978, 11.

nehmung zu sprechen. Wie im Folgenden ersichtlich wird, spielt das Verhältnis zwischen ländlicher Idylle und metropolitaner Bedingung wieder jene starke Rolle, die es zu Beginn eingenommen hatte. Hinzu kommt verstärkt die Dimension des kulturell eingeübten Wissens- und Wahrnehmungskanons, genauer in Form einer spezifischen kunsthistorischen Kenntnis. Explizit zeigt sich dies, wenn Chézy samt ihrer Ausflugsgruppe die „*Champs hauts*"[68] besteigt, um von dort aus ein Feuerwerk zu Ehren Napoleons zu bestaunen:

> Es war ein schöner Sonnenuntergang, in dessen Purpurgluth sich die herrliche Landschaft tauchte. Silbern schimmerte der Glanzstaub durch den Purpur und die goldgeaderte Mischung der farbigen Massen des Sandgebirgs. Gegen den tieffsten Purpur zu der grüne Kranz der Bäume und des veilchenfarbenen Haidekrautes. – Wie gern hätt' ich diesen köstlichen Moment mit *Claude Lorrain's* Pinsel verewigt, da zumal auf der Höhe des Gebirgs das unendliche Thal sich unsern Blicken aufthat, mit den Silberarmen der Seine, durch die grünen Auen und Wälder mit seinen fruchtbaren Hügeln und lachenden Ebenen, das stolze Paris in der Ferne mit seinen hohen Kuppeln, und noch weit über Paris hinweg Städtchen und Dörfer, Gebirge und Waldung, bis in der tieffsten Ferne die Erde, wie die Zukunft in der Hoffnung, sich mit dem Himmel verschmilzt und vereint.
> Lange weilten wir hier mit Entzücken unter dem Glühen der Abendröthe, welche, wie ein wärmerer Kuß beim Scheiden die Erde mit dem letzten Blicke höher und schöner färbte.[69]

Die Landschaftsbeschreibung Chézys lässt sich literarisch erneut unter der Leitlinie des *ut pictura poesis* erfassen: Insbesondere die enorme Häufung von Farbwörtern, die zudem stark emphatisch geprägt sind, sowie die Differenzierung von Vorder-, Mittel- und Hintergrund sind eindrückliche Hinweise. Am deutlichsten sticht außerdem der Wunsch heraus, die Landschaft mit dem Pinsel verewigen zu wollen. Durch die verschiedenen Elemente der Landschaftsbeschreibung kreiert die Korrespondentin wiederholt das Bild einer weitgehenden Idylle. Kein Zweifel: Das Panorama auf den „*Champs hauts*" stilisiert Chézy zu einer topischen Mußesituation, in der die Beobachterinnen und Beobachter aufgrund der idyllischen Umgebung gerne „lange [...] mit Entzücken" verweilen und die Herrschaft der Zeit vollends zurückgedrängt wird. Im Gegensatz zu der eingangs gelieferten Beschreibung bleibt es jedoch nicht allein bei einer narrativen Technik, sondern sie verbindet sich mit einem expliziten kunsthistorischen Hinweis. Mit Claude Lorrain (1600–1682), einem der bekanntesten französischen Maler des 17. Jahrhunderts, ruft Chézy aber nicht irgendeine Bezugsgröße auf. Er galt nicht nur als einer der damals bedeutendsten Landschaftsmaler, sondern war besonders für seine idyllisch-arkadischen Malereien berühmt. Unter anderem mit seinem Gemälde *Hirtenlandschaft bei untergehender Sonne* (1670) verewigte er entsprechende Szenerien und schrieb sich in den Bild- und Bildungskanon der gebildeten Gesellschaftsschichten ein. Claude wurde bereits um 1700 als

---

[68] *London und Paris*, Bd. 21 (1808), 225.
[69] *London und Paris*, Bd. 21 (1808), 225f.

„Raffael der Landschaft" gefeiert, und seine „Bilder haben den Blick [...] auf Landschaft überhaupt, auf eine heute kaum mehr vorstellbare Weise geprägt".[70] Wie sehr sich das auf die Wahrnehmung späterer Generationen auswirkte, lässt sich paradigmatisch an einer wahrnehmungshistorischen Anekdote ablesen. Im 18. Jahrhundert konnte man sogenannte Claude-Gläser bzw. -Spiegel erwerben, die einen besonderen Landschaftsgenuss versprachen. Wie durch einen Bilderrahmen konnte man dank ihnen die Umgebung betrachten und ideell auf den Wahrnehmungsspuren des bekannten Malers wandeln. Diese Prägung subjektiver Wahrnehmung lässt sich letztlich auch in literarischer Form bei Chézy erkennen. Die Korrespondentin nimmt im eigentlichen Sinne keine Landschaft, sondern das Bild einer Landschaft wahr.[71] Nicht etwa mit einem *eigenen* Pinsel würde sie den idyllischen Anblick gerne verewigen, sondern ganz im Stile Claudes.

Ähnlich wie für die eingangs präsentierte Rousseau-Verehrung lässt sich festhalten: Nicht die unmittelbare und subjektive Landschaftswahrnehmung spielt in Chézys Text die tragende Rolle, sondern ein abgerufener Bildungskanon, dessen Kenntnis überhaupt erst dazu befähigt, die Umgebung angemessen zu erfassen. Bei diesem Standard handelt es sich – nicht nur aufgrund der Herkunft der Korrespondentin – um einen urbanen. Die Städte als Orte, an denen eine solche Bildung organisiert und verfügbar gemacht wurde, spielten für entsprechende Muster folglich eine tragende Rolle. Die Kenntnisse über Rousseau und Claude bringt Chézy aus der Metropole Paris mit und wendet auf diese Weise letztlich urbane Wahrnehmungsformen an. Das ambivalente Verhältnis zwischen Urbanität und Flucht aus derselben ist damit nicht auf die bereits skizzierte räumliche und materielle Ebene beschränkt – es schlägt sich vielmehr auch in den rahmenden Wahrnehmungsbedingungen nieder.

So sehr die zitierte Passage von idyllisierenden und landschaftsmalerisch stilisierenden Elementen geprägt ist, lässt sich andererseits das ineinander verschlungene räumliche Verhältnis von Metropole und Landschaft nicht verkennen. Das „stolze Paris" bildet den Hintergrund, vor dem das vordergründige Geschehen erst stattfinden kann. Die idyllische Muße der Landpartie bleibt unweigerlich an ihre urbane Herkunft respektive Kulisse gebunden. Noch deutlicher zeigt sich dies ganz am Ende des Berichts, wenn das angekündigte Feuerwerk seinen Höhepunkt erreicht und als Sinnbild der kulturellen Naturbeherrschung die Dimensionen von Natur und Kultur endgültig verschwimmen lässt:

> Um neun stiegen Raketen dicht neben dem majestätischen Dom des Marstempels auf; und im selben Moment loderten rings umher aus Dörfern und Lustschlössern eine Menge

---

[70] Günther Bergmann, *Claude Lorrain. Das Leuchten der Landschaft*, München/London/New York 1999, 7, 74. Bergmann führt unter anderem Goethes berühmtes Zitat an, „Im Claude Lorrain erklärt sich die Natur für ewig".
[71] Vgl. dazu noch einmal die weiter oben zitierten Thesen von Groh/Groh, *Weltbild und Naturaneignung*; Schama, *Der Traum von der Wildnis*.

Feuerwerke hervor, die wir von unserm hohen Standpunct aus alle auf einmal erblickten. Wunderbar war die Wirkung, all die zarten leichten Flammen, so licht und silbern, ohne Geräusch dem dunkeln Schoos der Nacht entsteigen zu sehen.

Hie und da erkannten wir die Form der Ehrenbogen, der rollenden Sonnen und rauschenden Kaskaden des großen Feuerwerkers in Paris. Auf einmal erhob sich das sogenannte Bouquet, hier aus weiter Ferne ein wahrer Blumenstrauß von Licht und Glanz, hoch in die Lüfte. Lieblich stieg es empor in zarter Schönheit und ließ seine vollen Sternblüten schimmernd in lichten Bogen wieder niederflattern.

Unnennbar schön war dies Schauspiel hier in der stillen Majestät der Natur auf dem freien Gipfel der Berge, wo ein frischer Wind die würzigsten Düfte aus der Waldung hervorwehte.[72]

Obwohl sich die Stadt in weiter Ferne von der Beobachtungsposition befindet, rückt sie plötzlich über das verbindende Element des Feuerwerks untrennbar mit der Landschaft zusammen. Wie in Claudes malerischen Meisterwerken zeichnet sich die Szenerie durch „unmerklich fließende Übergänge vom Vordergrund bis zum fernen Horizont"[73] aus. Die Illumination des Nachthimmels macht Paris für die Korrespondentin und ihre Begleitungen sichtbar und die Stadt befindet sich in scheinbar greifbarer Nähe. Die metropolitane Kultur und die idyllische Landschaft verschmelzen zu einem Gesamtbild, in dem die beiden Dimensionen nicht mehr voneinander unterscheidbar sind. Das zeigt sich nicht zuletzt sprachlich: Das Feuerwerk wird als „Blumenstrauß" tituliert und die Leuchteffekte am Pariser Nachthimmel erscheinen der Beobachterin gleichsam wie „Sternblüten". Und schließlich, so die explizite Auskunft Chézys, könne sich das urbane Spektakel optisch erst in der natürlichen Kulisse vollends entfalten.

5. „Auch ich war in Arkadien!" – Urbane Muße jenseits der Stadt

Für Chézy und ihre Gruppe handelt es sich freilich um eine endliche Erfahrung. Just in der Abgeschlossenheit zeigt sich abschließend noch einmal die enge Verbindung von urbanen Denkmustern und landschaftlichem Erlebnis. Mit melancholischem Ton beendet sie ihren Bericht:

Laß mich hier Abschied von Dir nehmen, Liebe, und sieh nachsichtig die blassen Abbilder des schönen Landstrichs vor Dir vorüberziehen. Bald wird mein Landaufenthalt vorüber seyn. – Nach der Weinlese zieh ich heim, dann werde ich die Winterbilder von Paris vor Dir vorüber ziehen lassen; bunter vielleicht, aber meinem Gemüth fremder als diese. Seufzend werd ich dann hinüber blicken in die Gegend des reizenden Thals und sagen: Auch ich war in Arkadien![74]

---

[72] *London und Paris*, Bd. 21 (1808), 228.
[73] Bergmann, *Claude Lorrain*, 75.
[74] *London und Paris*, Bd. 21 (1808), 228 f.

Kein Zweifel: So sehr der „Landaufenthalt" für die Korrespondentin das Höchste der Gefühle bedeutet, bedrückt sie die Rückkehr in die Metropole. Zum wiederholten Male stellt sie die beiden Lebensformen einander gegenüber und betont deren gegenseitige Bedingtheit. Jetzt aber sind die Verhältnisse verkehrt: Sie konzipiert die prospektive urbane Erfahrung ausgehend von ihrer Landpartie. Markant ist schließlich vor allem der letzte Ausruf. Mit dem Hinweis auf die kulturell verfestigte Idyllenlandschaft „Arkadien" formuliert sie nicht allein ein Fazit für ihre gesamte Erzählung – der emphatische Ausklang besitzt vielmehr eine dezidierte Mehrdeutigkeit. Vordergründig verweist er auf die topischen Beschreibungen der Korrespondentin und ordnet sie einem kunstvoll imaginierten Landschaftstypus zu, der in klassischem Sinne als Mußeraum gelten kann.[75] In Arkadien sind die zeitlichen und andere Zwänge des Lebens aufgehoben. Seine Bewohnerinnen und Bewohner – seien es Hirten oder andere Personengruppen – leben im vollendeten Glück, können sich an einer ästhetischen Landschaft erfreuen und sind von all den Lasten des Lebens befreit, die beispielsweise Chézy an anderer Stelle beschrieben hatte.

Darüber hinaus besitzt der arkadische Topos jedoch noch zwei weitere Lesarten: Auf der einen Seite verstärkt sich mit ihrem Hinweis noch einmal die enge Beziehung zwischen urbaner Imagination und landschaftlicher Erfahrung. Wie einschlägige Forschungen zum Arkadien-Topos mehrfach aufgezeigt haben, lassen sich, wie einleitend ausgeführt, das ursprüngliche Schäferidyll sowie seine späteren Transformationen als urbane Projektion lesen. Eine Vorstellung, die aber gerade im späten 18. Jahrhundert eine dezidierte Wendung erfährt: Für die Zeit nicht untypisch, stehen in Chézys Arkadien nicht mehr die herkömmlichen Hirten auf den Feldern, sondern die ideale Landschaft wird zu einer allgemeineren Kompensationsmöglichkeit verschiedenster (urbaner) Defizite. Und schließlich besitzt der Ausruf noch eine dritte entscheidende Komponente. *Et in arcadia ego* – das verweist nicht allein auf ein Leben in idyllischer Freude, sondern bezieht sich überdies auf spezifische Konzeptionen der Vergänglichkeit, der *vanitas* und des *memento mori*. Die bekannten und für den Ausspruch bestimmenden arkadischen Gemälde *Et in Arcadia ego* (1616–1620) Il Guercinos (1591–1666) sowie die beiden Fassungen der *Arkadischen Hirten* (1630; 1638–1640) Nicolas Poussins (1594–1665) sprechen eine ähnliche Sprache. In ihren Kunstwerken integrieren sie je das Motto *Et in arcadia ego* und verweisen damit – so die gängige kunstgeschichtliche Interpretation – auf verschiedene Stränge der arkadischen Vergänglichkeit.[76] Unabhängig davon, ob

---

[75] Vgl. beispielsweise Thomas Klinkert, „Der arkadische Chronotopos als Manifestationsform von Muße und die Selbstreflexivität der Dichtung bei Iacopo Sannazaro", in: Günter Figal/Hans W. Hubert/Thomas Klinkert (Hg.), *Die Raumzeitlichkeit der Muße* (Otium. Studien zur Theorie und Kulturgeschichte der Muße, Bd. 2), Tübingen 2016, 83–108.
[76] Als wichtigste Studie zu diesem Themenkomplex gilt Erwin Panofsky, *Et in Arcadia ego. Poussin und die Tradition des Elegischen*, hg. v. Volker Breidecker, Berlin 2002.

sich die Formel kulturgeschichtlich auf die Anwesenheit des Todes *auch* in Arkadien (Il Guercino) oder auf die Aussage des sich dort befindlichen sterblichen Subjekts (Poussin) bezieht: Für Chézy ist die erfüllende Mußeerfahrung der Idylle von Montmorency ebenfalls eine endliche. Es hat gar den Anschein, als würden sich bei ihr beide Interpretationen des *Et in Arcadia ego* miteinander verbinden, verweist sie doch sowohl auf die Vergänglichkeit der Erfahrung an sich als auch auf die persönlichen Konsequenzen. Letztlich bleibt das Arkadien von Montmorency „Formel der schwermütigen Erinnerung an ein kaum noch faßbares vergangenes Glück".[77]

Das wiederum korreliert aufs Engste mit dem komplexen Verhältnis von urbanen und landschaftlichen Erfahrungen. Erst in ihrer Herausgehobenheit – gleichbedeutend mit ihrer zeitlichen Begrenztheit – aus dem als abstoßend empfundenen urbanen Leben entwickelt sich die spezifische Qualität der kontrastiven Idylle. Es zeigt sich einmal mehr: Ohne ihre äußere Rahmung, die Flucht aus der Metropole Paris und die damit verbundene Negation aller dortigen Lebens- und Gesellschaftsformen, wirkt die Idylle von Montmorency im konkreten Beispiel nicht denkbar. Kurz gesagt: Es handelt sich um eine Form *urbaner* Muße, die sich insbesondere durch ihre zeitliche Beschränktheit und Vergänglichkeit auszeichnet. Dies ist, wie gesehen, jedoch gleich auf zwei Ebenen zu lesen. Einerseits steht das räumliche Verhältnis im Mittelpunkt, sind Metropole und Idylle vor allem in den abschließenden Bildern der Korrespondentin stark miteinander verwoben. Viel stärker aber noch treten im Verlauf der Erzählung verschiedene kulturelle Imaginationen in den Vordergrund. Die Vorstellungen von ‚der' Landschaft und ihre daraus resultierenden Beschreibungen beziehen sich auf verschiedene literarische und bildliche Traditionen: Rousseaus Aufenthalt in Montmorency wird dabei ebenso zur Leitlinie wie die Landschaftsmalerei Claude Lorrains oder der arkadische Topos. *Ut pictura poesis* – dabei handelt es sich in Chézys Brief nicht nur um ein Beschreibungsprinzip, sondern um ein tatsächliches enges Ineinandergreifen von literarischen und kunsthistorischen Traditionslinien. Es geht folglich bei all dem nicht um eine Skizze persönlicher und subjektiver Impressionen, sondern in erster Linie um den Abruf eines kulturellen Kanons – eines nicht zuletzt urbanen Wissens.

Zusammengefasst: Urbane Denkmuster und idyllische Beschreibung lassen sich in Chézys Bericht nicht voneinander trennen. Obwohl sie die beiden Pole binär einander gegenübergestellt und die Landpartie eindeutig als Remedium urbaner Bedrückung dient, bleibt eine gegenseitige Bindung konstitutiv. Ohne das Gegenbild der tristen und wenig glücksverheißenden Metropole würde die idyllische Erfahrung ihre Qualität verlieren, ist sie doch erst vor diesem Hintergrund konzipiert und erfahren – sie ist eine Form urbaner Muße. Und sie weist auf eine Herausforderung hin, die sich für viele andere Gegenstände ebenfalls

---

[77] Maisak, *Arkadien*, 240.

annehmen ließe: das Verhältnis zwischen Urbanität und Landschaft(serfahrung) auszuloten und die Reichweite der These zu prüfen.

Literatur

Banerji, Christiane/Donald, Diana, *Gillray observed: the earliest account of his caricatures in London und Paris*, Cambridge 1999.
Basten, Ludger/Gerhard, Ulrike, „Stadt und Urbanität", in: Tim Freytag u. a. (Hg.), *Humangeographie kompakt*, Heidelberg 2016, 115–139.
Baumgartner, Karin, „Constructing Paris: Flânerie, Female Spectatorship, and the Discourses of Fashion in ‚Französische Miscellen' (1803)", in: *Monatshefte* 100,3 (2008), 351–368.
Bergmann, Günther, *Claude Lorrain. Das Leuchten der Landschaft*, München/London/New York 1999.
Bertuch, Friedrich Justin u. a. (Hg.), *London und Paris*, 30 Bde., Halle/Rudolstadt/Weimar 1798–1815.
Chézy, Helmina von, *Leben und Kunst in Paris seit Napoleon I.*, hg. v. Bénédicte Savoy, Berlin 2009.
Corbineau-Hoffmann, Angelika, *Brennpunkt der Welt. Großstadterfahrung und Wissensdiskurs in der pragmatischen Parisliteratur 1780–1830* (Studienreihe Romania, Bd. 6), Bielefeld 1991.
Denneler, Iris, „Großstadtverunsicherungen. Paris als Topographie und Topos. Eine Passage vom 18. ins 20. Jahrhundert", in: Denneler, *Ungesicherte Lektüren. Abhandlungen zu Bachmann, Pavese, Nossack, Haushofer und Schiller, zur Stadt Paris und zum Lesen in der Schule*, München 2002, 120–185.
Dobler, Gregor/Riedl, Peter Philipp, „Einleitung", in: Dobler/Riedl (Hg.), *Muße und Gesellschaft* (Otium. Studien zur Theorie und Kulturgeschichte der Muße, Bd. 5), Tübingen 2017, 1–17.
Garber, Klaus, *Arkadien. Ein Wunschbild der europäischen Literatur*, München 2009.
Gerstner, Jan, „Idyllische Arbeit und tätige Muße. Transformationen um 1800", in: Tobias Keiling/Robert Krause/Heidi Liedke (Hg.), *Muße und Moderne* (Otium. Studien zur Theorie und Kulturgeschichte der Muße, Bd. 10), Tübingen 2018, 7–18.
Geßner, Salomon, *Idyllen*, hg. v. E. Theodor Voss, 3., durchges. u. erw. Aufl., Stuttgart 1988.
Groh, Ruth/Groh, Dieter, *Weltbild und Naturaneignung. Zur Kulturgeschichte der Natur*, Frankfurt a. M. 1991.
Helbrecht, Ilse, „Urbanität und Ruralität", in: Julia Lossau/Tim Freytag/Roland Lippuner (Hg.), *Schlüsselbegriffe der Kultur- und Sozialgeographie*, Stuttgart 2014, 167–181.
Hentschel, Uwe, „... da wallfahrte ich hin, oft mit der neuen Héloïse in der Tasche ... Zur deutschen Rousseau-Rezeption im 18. und beginnenden 19. Jahrhundert", in: *Euphorion* 96 (2002), 47–74.
Hentschel, Uwe, „Die Romantik und der städtische Utilitarismus", in: Claudia Lillge/Thorsten Unger/Björn Weyand (Hg.), *Arbeit und Müßiggang in der Romantik* (vita activa), Paderborn 2017, 315–328.
Hofmann, Franck, „Landschaftliches Denken: Versuch über Verlaufsformen schöner Erkenntnis", in: Peter Wagner/Kirsten Dickhaut/Ottmar Ette (Hg.), *Der Garten im Fokus kultureller Diskurse im 18. Jahrhundert* (LAPASEC, Bd. 4), Trier 2015, 49–64.

Jaumann, Herbert, „Rousseau in Deutschland. Forschungsgeschichte und Perspektiven", in: Jaumann (Hg.), *Rousseau in Deutschland. Neue Beiträge zur Erforschung seiner Rezeption*, Berlin 1995, 1–22.

Jüttner, Siegfried, „Großstadtmythen. Paris-Bilder des 18. Jahrhunderts. Eine Skizze", in: *Deutsche Vierteljahrsschrift für Literaturwissenschaft und Geistesgeschichte* 55,2 (1981), 173–203.

Kaiser, Gerhard R., „‚Jede große Stadt ist eine Moral in Beispielen'. Bertuchs Zeitschrift ‚London und Paris'", in: Gerhard R. Kaiser/Siegfried Seifert (Hg.), *Friedrich Justin Bertuch (1747–1822). Verleger, Schriftsteller und Unternehmer im klassischen Weimar*, Tübingen 2000, 547–576.

Kaiser, Gerhard R., „‚Volksgeist' und Karikatur in Bertuchs Zeitschrift ‚London und Paris'", in: Ruth Florack (Hg.), *Nation als Stereotyp. Fremdwahrnehmung und Identität in deutscher und französischer Literatur* (Studien und Texte zur Sozialgeschichte der Literatur, Bd. 76), Tübingen 2000, 259–288.

Kesting, Marianne, „‚Arkadien in der Hirnkammer' oder Die Enklave des Parks als Sonderfall artifizieller Landschaft", in: Manfred Smuda (Hg.), *Landschaft*, Frankfurt a. M. 1986, 203–214.

Klinkert, Thomas, „Der arkadische Chronotopos als Manifestationsform von Muße und die Selbstreflexivität der Dichtung bei Iacopo Sannazaro", in: Günter Figal/Hans W. Hubert/Thomas Klinkert (Hg.), *Die Raumzeitlichkeit der Muße* (Otium. Studien zur Theorie und Kulturgeschichte der Muße, Bd. 2), Tübingen 2016, 83–108.

Klinkert, Thomas, *Muße und Erzählen: ein poetologischer Zusammenhang. Vom ‚Roman de la Rose' bis zu Jorge Semprún* (Otium. Studien zur Theorie und Kulturgeschichte der Muße, Bd. 3), Tübingen 2016.

Langner, Sigrun/Frölich-Kulik, Maria, „Rurbane Landschaften. Perspektiven des Ruralen in einer urbanisierten Welt", in: Langner/Frölich-Kulik (Hg.), *Rurbane Landschaften. Perspektiven des Ruralen in einer urbanisierten Welt* (Rurale Topografien, Bd. 7), Bielefeld 2018, 9–28.

Lauterbach, Iris, „‚London und Paris' in Weimar. Eine Zeitschrift und ihre Karikaturen als kunst- und kulturgeschichtliche Quelle der Zeit um 1800", in: Christoph Andreas/Maraike Bückling/Roland Dorn (Hg.), *Festschrift für Hartmut Biermann*, Weinheim 1990, 203–218.

Lobsien, Eckhard, *Landschaft in Texten. Zu Geschichte und Phänomenologie der literarischen Beschreibung* (Studien zur Allgemeinen und Vergleichenden Literaturwissenschaft, Bd. 23), Stuttgart 1981.

Maisak, Petra, *Arkadien. Genese und Typologie einer idyllischen Wunschwelt* (Europäische Hochschulschriften. Reihe Kunstgeschichte, Bd. 17), Bern 1981.

Maisak, Petra, „Nachwort", in: Petra Maisak/Corinna Fiedler (Hg.), *Arkadien. Landschaft vergänglichen Glücks*, Frankfurt a. M./Leipzig 1992, 157–180.

Marszałek, Magdalena/Nell, Werner/Weiland, Marc, „Über Land – lesen, erzählen, verhandeln", in: Marszałek/Nell/Weiland (Hg.), *Über Land. Aktuelle literatur- und kulturwissenschaftliche Perspektiven auf Dorf und Ländlichkeit* (Rurale Topografien, Bd. 3), Bielefeld 2018, 9–26.

Panofsky, Erwin, *Et in Arcadia ego. Poussin und die Tradition des Elegischen*, hg. v. Volker Breidecker, Berlin 2002.

Reinermann, Lothar, „Königliche Schöpfung, bürgerliche Nutzung und das Erholungsbedürfnis der städtischen Unterschichten", in: Angela Schwarz (Hg.), *Der Park in der*

Metropole. Urbanes Wachstum und städtische Parks im 19. Jahrhundert, Bielefeld 2005, 19–105.

Riedl, Peter Philipp, „Die Kunst der Muße. Über ein Ideal in der Literatur um 1800", in: *Publications of the English Goethe Society* 80,1 (2011), 19–37.

Riedl, Peter Philipp, „Arbeit und Muße. Literarische Inszenierungen eines komplexen Verhältnisses", in: Hermann Fechtrup/William Hoye/Thomas Sternberg. (Hg.), *Arbeit – Freizeit – Muße. Über eine labil gewordene Balance*. Symposium der Josef Pieper Stiftung, Münster Mai 2014 (Dokumentationen der Josef Pieper Stiftung, Bd. 8), Berlin 2015, 65–99.

Rousseau, Jean-Jacques, „Les Confessions", in: *Œuvres complètes*, Bd. 1 (Bibliothèque de la Pléiade, Bd. 11), hg. v. Bernard Gagnebin u. Marcel Raymond, Paris 1969, 3–656.

Savoy, Bénédicte, „Vorwort", in: Helmina von Chézy, *Leben und Kunst in Paris seit Napoleon I.*, hg. v. Bénédicte Savoy, Berlin 2009, IX–XXIII.

Schneider, Helmut J., „Antike und Aufklärung. Zu den europäischen Voraussetzungen der deutschen Idyllentheorie", in: Schneider (Hg.), *Deutsche Idyllentheorien im 18. Jahrhundert* (Deutsche TextBibliothek, Bd. 1), Tübingen 1988, 7–74.

Schöller, Peter, „Die Großstadt des 19. Jahrhunderts. Ein Umbruch der Stadtgeschichte", in: Heinz Stoob (Hg.), *Die Stadt. Gestalt und Wandel bis zum industriellen Zeitalter* (Städtewesen, Bd. 1), Köln/Wien 1985, 275–313.

Sengle, Friedrich, „Wunschbild Land und Schreckbild Stadt. Zu einem zentralen Thema der neuen deutschen Literatur", in: *Studium Generale* 16,10 (1963), 619–631.

Sennefelder, Anna Karina, *Rückzugsorte des Erzählens. Muße als Modus autobiographischer Selbstreflexion* (Otium. Studien zur Theorie und Kulturgeschichte der Muße, Bd. 7), Tübingen 2018.

Stierle, Karlheinz, *Der Mythos von Paris. Zeichen und Bewußtsein der Stadt*, Wien 1993.

Trepl, Ludwig, *Die Idee der Landschaft. Eine Kulturgeschichte von der Aufklärung bis zur Ökologiebewegung* (Edition Kulturwissenschaft, Bd. 16), Bielefeld 2012.

Wedewer, Rolf, „Einleitung", in: Rolf Wedewer/Jens Christian Jensen (Hg.), *Die Idylle. Eine Bildform im Wandel zwischen Hoffnung und Wirklichkeit. 1750–1930*, Köln 1986, 21–32.

Wiedemann, Conrad (Hg.), *Rom – Paris – London. Erfahrung und Selbsterfahrung deutscher Schriftsteller und Künstler in den fremden Metropolen* (Germanistische Symposien-Berichtsbände, Bd. 8), Stuttgart 1988.

Wiedemann, Conrad, „Das Eigene und das Fremde. Zur hermeneutischen und geschichtlichen Problematik des Gegenstands. Einführendes Referat", in: Wiedemann (Hg.), *Rom – Paris – London. Erfahrung und Selbsterfahrung deutscher Schriftsteller und Künstler in den fremden Metropolen* (Germanistische Symposien-Berichtsbände, Bd. 8), Stuttgart 1988, 21–29.

Wiedemann, Conrad, „,Supplement seines Daseins'? Zu den kultur- und identitätsgeschichtlichen Voraussetzungen deutscher Schriftstellerreisen nach Rom, Paris, London seit Winckelmann", in: Wiedemann (Hg.), *Rom – Paris – London. Erfahrung und Selbsterfahrung deutscher Schriftsteller und Künstler in den fremden Metropolen* (Germanistische Symposien-Berichtsbände, Bd. 8), Stuttgart 1988, 1–20.

Wirth, Louis, „Urbanität als Lebensform", in: Ulfert Herlyn (Hg.), *Stadt- und Sozialstruktur. Arbeiten zur sozialen Segregation, Ghettobildung und Stadtplanung* (Nymphenburger Texte zur Wissenschaft, Bd. 19), München 1974, 42–66.

Wormbs, Brigitte, *Über den Umgang mit Natur. Landschaft zwischen Illusion und Ideal*, 2., verb. Aufl., Frankfurt a. M. 1978.

„Die Ruhe, die dem Weisen lacht,
im Schooße der Natur gefunden"

Stadtnahe Wälder als Räume für Muße?
Voraussetzungen, Kontexte, Fallbeispiele

Johannes Litschel

I. Einleitung

Wald und Stadt stehen seit jeher in einem engen Verhältnis zueinander. Sind die gesellschaftlichen Ansprüche an den Wald heutzutage komplex[1], waren bis ins 18. Jahrhundert hinein stadtnahe und stadteigene Wälder vor allem Ressourcen für Brenn- und Bauholz sowie forstliches Beiwerk, sogenannte Nichtholzprodukte.[2] Die Erholungsfunktion des Waldes spielt dabei kaum eine Rolle.[3] Die Beziehung zwischen der Bevölkerung und stadtnahen Wäldern entwickelte sich von Stadt zu Stadt zeitlich und qualitativ verschieden, Prozesse, Kontexte und Bedingungen sind in Einzelfallstudien untersucht.[4] Auf einer allgemeinen Ebene

---

[1] Vgl. Roland Burger/Jerg Hilt, „Kommunaler Körperschaftswald. Bürgerwald und Wirtschaftsbetrieb", in: Otto Depenheuer/Bernhard Möhring (Hg.), *Waldeigentum. Dimensionen und Perspektiven* (Bibliothek des Eigentums, Bd. 8), Heidelberg 2010, 349–369.

[2] Dazu zählen bspw. Pilze, Beeren, pflanzliche Produkte aber auch Wildfleisch. Für einen allgemeinen Überblick über die Geschichte von Stadtwäldern s. Karl Hasel/Ekkehard Schwartz, *Forstgeschichte. Ein Grundriß für Studium und Praxis*, 3., erw. u. verb. Aufl., Remagen-Oberwinter 2006, 110–123.

[3] Im Sinne einer anerkannten und gesellschaftlich verbreiteten Nutzung des Waldes zu Erholungszwecken. Fälle, in denen Einzelpersonen den Wald des Rückzugs wegen aufsuchen, sind freilich schon wesentlich früher überliefert, bleiben aber lange Zeit Einzelfälle und Ausnahmen. Kurt Mantel, *Wald und Forst in der Geschichte. Ein Lehr- und Handbuch*, unter Mitarbeit von Dorothea Hauf, Alfeld/Hannover 1990, 112. Des Weiteren meine ich, wenn ich im Folgenden von ‚Wald' spreche, Wälder im eigentlichen Sinne und jenseits der Stadttore. Kleine Waldflächen innerhalb von Städten oder Stadtparks sind dabei ausgeklammert, da sie anderen Voraussetzungen unterliegen (s. hierzu Dieter Hennebo, *Geschichte des Stadtgrüns von der Antike bis in die Zeit des Absolutismus* [Geschichte des Stadtgrüns, Bd. 1], 2., bearb. u. erw. Aufl., Hannover/Berlin 1979).

[4] Zur Erholungsfunktion einzelner Stadtwälder liegen dennoch wenige Studien vor, bspw. für Weißenburg Günter Heinritz, „Der Stadtwald als Naherholungsraum – Beispiel Weißenburg", in: Hanns-Hubert Hofmann (Hg.), *Städtisches Grün in Geschichte und Gegenwart* (Veröffentlichungen der Akademie für Raumforschung und Landesplanung. Forschungs- und Sitzungsberichte, Bd. 101), Hannover 1975, 125–132, oder ausführlich für Hamburg Hans Walden, *Stadt – Wald. Untersuchungen zur Grüngeschichte Hamburgs* (Beiträge zur hamburgischen Geschichte,

ist für die Entwicklung des Waldes zum Erholungsort neben einer sentimentalen Aufladung des Waldes im Kontext eines romantischen Naturverständnisses von Bedeutung, dass etwa ab Mitte des 18. Jahrhunderts mit der Entstehung der Forstwissenschaften als Kind der Aufklärung der Wald nicht nur systematisch-rational durchdrungen und bewirtschaftet wird, sondern gleichzeitig auch eine gewisse Entmystifizierung erfährt. Auch wenn tradierte Waldmythen im 19. Jahrhundert fortwirken, verliert der Wald realiter aufgrund flächiger Bewirtschaftung, zunehmender Erschließung und forstpolizeilicher Maßnahmen sukzessive seinen in fiktiven Darstellungen und realen Erfahrungen begründeten Charakter des dunklen, wilden und unsicheren Ortes.[5] Der Weg zum Erholungswald wird dadurch frei, und Wälder entwickeln sich insbesondere in der Nähe von Städten schnell zu einem beliebten Ausflugsziel. Der vorliegende Aufsatz greift aus dem vielschichtigen Mensch-Wald-Verhältnis einen Aspekt heraus und setzt sich mit der Konstruktion des Waldes zum Mußeraum in historischer Perspektive auseinander. Der Fokus liegt dabei auf stadtnahen Wäldern, da hier eine besonders kondensierte Form dieses Verhältnisses vermutet wird.

II. Die Fußreise als Praktik mußevoller Landschaftsaneignung

Aspekte, die für die Mußeforschung von Interesse sind, werden in den angesprochenen einzelfallweisen Untersuchungen kaum oder höchstens indirekt bearbeitet, da forstgeschichtliche Studien generell vor allem sozial- und ressourcengeschichtlich am Untersuchungsobjekt ansetzen und, wenn überhaupt, nur die Erholung als Waldfunktion untersuchen. Es bedarf daher eines Umweges, um die positive Assoziation von Muße und Walderholung in historischer Perspektive nachzuzeichnen. Vor allem aus kulturhistorischen Analysen der Landschaftserschließung lassen sich strukturgebende Erkenntnisse zur gesellschaftlichen Wahrnehmung des Waldes als Mußeraum ableiten. Gerade die Entwicklung von der zweckorientierten Fußreise hin zur Wanderung im Sinne der Erholung, die sich seit dem ausgehenden 18. Jahrhundert vollzieht, belegt sich wandelnde Annäherungspraktiken an Landschaften, die ich zunächst allgemein als dem Urbanen gegenüberstehenden Naturraum, als das ‚Draußen' verstehe. Dabei interessiert weniger eine praxistheoretische Auseinandersetzung mit dem Wandern, sondern vor allem das Phänomen der Landschaftserschließung an sich,

---

Bd. 1) Hamburg 2002. Zur Relevanz der Wälder für die Prosperität einzelner Städte s. bspw. für Freiburg Uwe E. Schmidt, „Die Stadt und ihr Wald in der Geschichte", in: *Freiburger Universitätsblätter* 196 (2012), 33–44; für Göttingen und Hannover Bettina Borgemeister, *Die Stadt und ihr Wald. Eine Untersuchung zur Waldgeschichte der Städte Göttingen und Hannover vom 13. bis zum 18. Jahrhundert* (Veröffentlichungen der Historischen Kommission für Niedersachsen und Bremen, Bd. 228), Hannover 2005.

[5] Mantel, *Wald und Forst*, 112.

denn es zeigt, wie und warum Landschaften aufgesucht wurden und welche Bezüge zur Mußeforschung sich daraus ergeben.⁶

Ich verstehe Muße als einen geistigen Zustand, der durch das Zusammenwirken von negativer und positiver Freiheit entstehen kann.⁷ An diesem Koinzidenzpunkt, an dem Freiheit von etwas und die Freiheit, etwas zu tun, zusammenfinden, kann ein Potentialraum für mentale Gelassenheit entstehen, die wiederum eine geistige Offenheit zur Folge haben kann. Dadurch ist ein selbstbezogenes Denken und Handeln möglich.⁸ Der Selbstbezug drückt sich dadurch aus, dass Denken und Handeln aufgrund negativer Freiheit aus sich selbst heraus entstehen, frei von externen Zwängen und dadurch selbstzweckhaft sind. Eine Anbindung an bestimmte Praktiken ist dadurch möglich, jedoch bedingt das Charakteristikum der mentalen Offenheit neben der Selbstzweckhaftigkeit der Tätigkeit auch keine Eingrenzung auf bestimmte Tätigkeiten oder Praktiken. Möglich wird dann eine selbstzweckhafte, also produktive Unproduktivität – ein Merkmal der Muße, wenngleich auch keine obligatorische Bedingung, um einen mußevollen Zustand als solchen zu bestimmen.⁹ Ohne externe Vorgaben und Zwänge oder zumindest durch die Überwindung derer können herkömmliche, technisch-sukzessionale Zeitstrukturen in den Hintergrund treten.¹⁰ Zeit kann selbstbestimmt erlebt und ausgefüllt werden, wodurch ein Zustand in Muße eine temporäre Abkopplung von alltäglichen Zeit- und Organisationsstrukturen ermöglicht. Die so entstehende Ausweisung eigentlicher Zeitstrukturen als kontingent stellt einen Zusammenhang zwischen einem mußevollen

---

⁶ Die Jagd lasse ich in meiner Analyse bewusst außen vor. Obwohl Jagen aufgrund langer Ruhe- und Wartezeiten gerade von Hobbyjägern als Mußepraktik bezeichnet werden könnte, war und ist es seit jeher mit einem hohen institutionell (Adel) und ökonomisch (Kosten) implizierten Ausschluss verbunden und besitzt für eine gesamtgesellschaftliche Betrachtung daher untergeordnete Bedeutung. Zum Naturbewusstsein von Jägern s. Klaus Schriewer, *Natur und Bewusstsein. Ein Beitrag zur Kulturgeschichte des Waldes in Deutschland*, Münster/New York 2015, 124–157. Zum sozialen Ausschluss s. Wolfram G. Theilemann, *Adel im grünen Rock. Adliges Jägertum, Großprivatwaldbesitz und die preußische Forstbeamtenschaft 1866–1914* (Elitenwandel in der Moderne, Bd. 5), Berlin 2009, Kap. 3.

⁷ Es handelt sich dabei um eine von dem Philosophen Isaiah Berlin begründete Binarität, die negative Freiheit als Freiheit *von* etwas definiert und positive Freiheit als die Freiheit, etwas aus eigenem Willen *zu* tun. So kann negative Freiheit die Freiheit von Arbeitspflichten, externen Zwängen und Konflikten oder Rollenerwartungen sein und positive Freiheit die Freiheit zu selbstzweckhaftem oder zweckfreiem Handeln. Jochen Gimmel/Tobias Keiling, *Konzepte der Muße*, unter Mitarbeit von Joachim Bauer, Günter Figal, Sarah Gouda u.a., Tübingen 2016, 61–62, 64; Hans-Georg Soeffner, „Muße – Absichtsvolle Absichtslosigkeit", in: Burkhard Hasebrink/Peter Philipp Riedl (Hg.), *Muße im kulturellen Wandel. Semantisierungen, Ähnlichkeiten, Umbesetzungen* (linguae & litterae, Bd. 35), Berlin/Boston 2014, 34–53, 43.

⁸ Gimmel/Keiling, *Konzepte der Muße*, 65.

⁹ So *kann* in einem Zustand der Muße durchaus etwas Produktives entstehen, jedoch nicht aufgrund von Produktivitätsstreben oder Zielorientiertheit, sondern über einen Zweck in sich selbst. Soeffner, „Muße – Absichtsvolle Absichtslosigkeit", 44 f.

¹⁰ Günter Figal, „Die Räumlichkeit der Muße", in: Hasebrink/Riedl (Hg.), *Muße im kulturellen Wandel*, 26–33, 28.

Zustand und dem alltäglichen Leben her, wodurch sich Muße auch auf diejenige Zeit, die nicht in Muße verbracht wird, auswirken kann. Ein Zustand in Muße, so meine Ausgangsannahme, wird vom Subjekt daher als positiv und entlastend wahrgenommen.

Nur durch das Enthobensein von Pflichten, Aufgaben und Zwängen, seien sie alltäglich-operationaler oder normativer Natur, kann sich positive Freiheit und damit Muße einstellen. Die Befreiung von normativen Zwängen impliziert meiner Ansicht nach auch ein Zurücktreten von sozialem Handeln und sozialer Interaktion: Muße kann nicht nur im solitären Zustand erfahren werden, allerdings ist das Enthobensein von Rollenerwartungen vermutlich größer, wenn die normative Komponente der sozialen Interaktion oder Vergesellschaftung an Bedeutung verliert. Negative Freiheit wird also zur *conditio sine qua non* für Muße. Es wird zu prüfen sein, welche Rolle dem Wald als Raum in diesem Zusammenhang zukommt. Von zentraler Bedeutung ist dabei, dass Muße, wenn sie im Kontext des Waldes untersucht werden soll, immer unmittelbar mit dessen Raumqualitäten in Verbindung stehen muss, da nur in diesem Fall die Verbindungen zwischen Raum und Muße exploriert werden können, ohne Gefahr zu laufen, beliebig oder trivial zu werden.[11] Des Weiteren erfolgt über diese Definition eine Operationalisierung des Konzeptes Muße. Obwohl historiografisch arbeitend, verwende ich Muße also nicht als historischen Begriff, sondern versuche quasi *ex post*, das Konzept der Muße als Heuristik über historische Quellen zu legen, um damit gesellschaftliche Bedeutungszuschreibungen an den Wald herauslesen zu können.

Wie steht dieses Mußeverständnis nun in Korrelation mit den angesprochenen Formen der Landschaftserschließung? War bis in die zweite Hälfte des 18. Jahrhunderts die Fußreise nahezu ausschließlich eine Form der handwerklichen Arbeitssuche, des Pilgerns oder der Wissenschaft[12], entsteht zur Jahrhundertwende eine neuartige Motivation, Natur zu Fuß zu erleben. Vom aufklärerischen Geist der Rousseau'schen Naturphilosophie beeinflusst, soll vor allem in bildungsbürgerlichen Schichten über die Naturwahrnehmung in der Landschaft eine Rückbesinnung auf die eigene, menschliche Natur möglich werden.[13] Darin

---

[11] Günter Figal/Tobias Keiling, „Das raumtheoretische Dreieck. Zu Differenzierungen eines phänomenologischen Raumbegriffs", in: Günter Figal/Hans W. Hubert/Thomas Klinkert (Hg.), *Die Raumzeitlichkeit der Muße* (Otium. Studien zur Theorie und Kulturgeschichte der Muße, Bd. 2), Tübingen 2016, 9–28, 19; Thomas Klinkert, „Der arkadische Chronotopos als Manifestationsform von Muße und die Selbstreflexivität der Dichtung bei Iacopo Sannazaro", in: Figal/Hubert/Klinkert (Hg.), *Die Raumzeitlichkeit der Muße*, 83–108, 83.

[12] Joachim Althaus, „Bürgerliche Wanderlust. Anmerkungen zur Entstehung eines Kultur- und Bewegungsmusters", in: Wolfgang Albrecht (Hg.), *Wanderzwang – Wanderlust. Formen der Raum- und Sozialerfahrung zwischen Aufklärung und Frühindustrialisierung* (Hallesche Beiträge zur Europäischen Aufklärung, Bd. 11), Tübingen 1999, 25–43, 29.

[13] Wolfgang Kaschuba, „Die Fußreise. Von der Arbeitswanderung zur bürgerlichen Bildungsbewegung", in: Hermann Bausinger/Klaus Beyrer/Gottfried Korff (Hg.), *Reisekultur. Von der Pilgerfahrt zum modernen Tourismus*, 2. Aufl., München 1999 (zuerst 1991), 165–173, 168.

offenbaren sich neben Bildungs- und Emanzipationsansprüchen[14] auch Bedürfnisse nach Befreiung von bürgerlichen Pflichten und Etikette der städtischen Alltagswelt. Das Naturerlebnis kontrastiert temporär das urbane Setting und gleichzeitig wird das solitäre und entschleunigte Fußreisen aufgrund der damit verbundenen organisatorischen und materiellen Autonomie geschätzt.[15] Über die sinnlich-ästhetische Landschaftserfahrung werden nun „melancholische Seelenschau" und Selbstreflexion gesucht, denen im anti-urbanen Setting durch Abkoppelung vom städtischen *negotium* beinahe kathartische Wirkung zugeschrieben wird.[16] Diese Freiheitserfahrung in der Natur als Ergebnis einer Abkehr vom Urbanen lässt sich in der weiteren zeitlichen Entwicklung der Praktik stets beobachten, auch wenn nach 1800 auch andere Gründe, vor allem patriotische, eine Rolle spielen. Zunächst in der gesellschaftlichen Breite nicht angekommen, wird die Fußreise in der Hoch- und Spätromantik bis 1830 weiter popularisiert. Der Genuss des Naturschönen entwickelt sich nun mehr und mehr zum obersten Ziel von Landschaftsaufenthalten. Gleichzeitig konnten junge Menschen, die überwiegend dem Bildungsbürgertum entstammten, durch das einsame Sich-Abwenden von gängigen Formen urbaner Vergesellschaftung auch eine non-konformistische Haltung demonstrativ zur Schau stellen. Durchaus in der Traditionslinie der Fußreise stehend, war die Bewegung in der Landschaft zu dieser Zeit allerdings ziel- und planlos umherschweifend und ohne gerichteten Zweck – von der reinen, sinnlichen Naturerfahrung abgesehen.[17]

Um 1830, vermutlich forciert durch den Erfolg von Heinrich Heines *Die Harzreise* (1826), lässt der politische und Bildungsanspruch an die Fußreise nach. Das Wandern wird zur Freizeitbeschäftigung in der ‚schönen Natur' und verliert laut Albrecht in dieser Zeit auch seinen Charakter als Distinktionsmerkmal, sondern vereint alle mittelständischen Gesellschaftsschichten im Wunsch nach Naturerfahrung. Die Motive jedoch ähneln sich: Auch wenn das romantisch-eskapistische Moment in den Hintergrund tritt, wird der Naturaufenthalt

---

[14] Vor allem von dem nach wie vor in Kutschen oder ‚hoch zu Ross' reisenden Adelsstand.
[15] Kaschuba, „Fußreise", 169 f.
[16] Althaus, „Wanderlust", 36. Der Soziologe Wolf Lepenies beschreibt die Melancholie als zentrales Selbstkonzept des Bürgertums im frühen 19. Jahrhundert. Darin spiegele sich eine Abgrenzung vom Adel wider, dem aus bürgerlicher Sicht Langeweile als Produkt des Wohlstands attestiert werden würde. Als den bürgerlichen Ort, um Melancholie zu leben, nennt Lepenies die Natur als Gegensatz zur verdorbenen Stadt im Rousseau'schen Sinne: „Tout est bien sortant des mains de l'Auteur des choses, tout dégénère entre les mains de l'homme" („Alles ist gut, wenn es aus den Händen des Schöpfers hervorgeht, alles entartet unter den Händen des Menschen"). Jean-Jacques Rousseau, „Émile ou De l'éducation", in: *Œuvres complètes*, Bd. 4, hg. v. Bernard Gagnebin u. Marcel Raymond, Paris 1969 (zuerst 1762), 240–960, 245. Wolf Lepenies, *Melancholie und Gesellschaft. Mit einer neuen Einleitung: Das Ende der Utopie und die Wiederkehr der Melancholie*, 3. Aufl., Frankfurt a. M. 2006 (zuerst 1969), 115–121, 134.
[17] Wolfgang Albrecht, „Durchs ‚malerische und romantische' Deutschland. Wanderliteratur der Biedermeier- und Vormärzepoche", in: Albrecht (Hg.), *Wanderzwang – Wanderlust*, 215–238, 217.

weiterhin als Raum für Selbstentfaltung und Persönlichkeitserfahrung in Zusammenhang mit einer Freiheit von alltäglichen Pflichten verstanden. Möglich wird dann ein Auf-sich-gestellt-Sein und somit ein Selbsterfahrungspotential, das eng an die Natur als Erfahrungsraum geknüpft ist.[18] Die Differenz zum Urbanen wird analog zur Industrialisierung nun noch deutlicher herausgestrichen und die Stadt-Land-Dichotomie präzisiert, indem die Natur als freiheitsbesetzte Antithese zu den ‚qualmenden Städten' formuliert wird.[19] Bevor sich in der zweiten Hälfte des 19. Jahrhunderts der moderne Tourismus zu entwickeln beginnt, das Wandern zur Lustreise wird und sich in Wandervereinen institutionalisiert, die sich ab 1864 deutschlandweit gründen, kommt es daher zu einem ‚demografischen Paradoxon', bei dem die ehemaligen Handwerker und Bauern arbeitssuchend in die Städte ziehen, während gleichzeitig der urbane Mittelstand die Stadt – vor Hektik und Alltag fliehend – in Richtung Land verlässt.[20]

Drei Dinge sind nun festzuhalten: Etwa um 1800, spätestens aber ab 1830, etablierte sich die Erschließung der Landschaft zu Fuß in bürgerlich-mittelständischen Schichten. Damit ist ein Zeitrahmen zur historiografischen Untersuchung der Erholungsfunktion von Wäldern abgesteckt. Kulturgeschichtliche Analysen ergeben zweitens, dass das Wandern in der Landschaft, vor allem das solitäre, immer auch mit der bewussten Befreiung von alltäglichen Pflichten zugunsten einer geistigen Öffnung ausgeübt wurde. Das erlaubt es uns, eine Assoziation von Muße im oben skizzierten Verständnis mit der Landschaftserschließung dieser Zeit vorzunehmen und deutet gleichzeitig ein Bedürfnis nach Muße vor allem im urbanen Raum an. Die Stadt als Ursprungsraum eines Bedürfnisses und die Landschaft als dessen Befriedigungsraum stehen dabei in Interdependenz. Das führt zur dritten Feststellung, nämlich dass bei mußevollem Landschaftserleben eine negative Korrelation zur Stadt stets eine Rolle spielte. Analog zur rasanten Urbanisierung und Industrialisierung im 19. Jahrhundert wird die Natur zunehmend zum anti-urbanen Sehnsuchts-, Flucht- und Gegenraum.

III. Der Wald als topischer Mußeraum: Zweckfreiheit als Voraussetzung

Wie in der Einleitung kurz skizziert sind Wälder bereits um 1800 zweckgerichtet bewirtschaftete Öko- und Ressourcensysteme. Gleichwohl erzeugen physische Struktur und Topologie von Wäldern eine inhärente Raumqualität, die sinnlich-ästhetisch als positiv und beruhigend rezipiert werden kann. Hans Leibundgut

---

[18] Albrecht, „Wanderliteratur", 235 f.
[19] Albrecht, „Wanderliteratur", 224.
[20] Kaschuba, „Fußreise", 173.

nennt hier vor allem Lärmreduktion zugunsten einer ausgeglichenen Geräuschkulisse, ein Schonklima im Hinblick auf Lufttemperatur, -feuchtigkeit und -qualität sowie visuell-stimulierende Aspekte.[21] Walden betrachtet diese Qualitäten unter dem Fokus einer Stadt-Wald-Dichotomie und spricht von einer „kompensatorischen Aufenthaltsqualität des Waldes".[22] Es wäre ein Kurzschluss, dies nun als Universalerklärung heranzuziehen und die Bedeutung des Waldes als Mußeraum allein darauf zurückzuführen. Dennoch sind es diese Raumqualitäten, die die positive Korrelation von Muße und Wald sinnfällig und intuitiv richtig erscheinen lassen, weshalb sie als physische Grundausstattung bei der Untersuchung stets mitgedacht werden müssen. Ich folge der Annahme, dass es sich bei dem Wald als Mußeraum um ein Konstrukt handelt.[23] Der Mußeraum Wald ist nicht einfach ‚da', vielmehr kann der Wald unter Umständen als solcher konstruiert, also wahrgenommen werden. Dabei ist Folgendes zentral: Das Phänomen von ‚Muße im Wald' erscheint auf den ersten Blick naheliegend, ist auf den zweiten jedoch unpräzise und allgemein, da es nichts Anderes aussagt, als dass in einem bestimmten Raum – einem Zugabteil, einer Bibliothek oder eben dem Wald – Muße als individuell-menschliches Phänomen möglich ist. Es liegt auf der Hand, dass eine historiografische Untersuchung dieses Sachverhalts entweder trivial oder unmöglich wird. Viel entscheidender ist hingegen die Frage, was die Bedingungen sind, wenn der Wald *primär,* also unmittelbar und vor allem Anderen als Mußeraum wahrgenommen wird. Der Wald ist für das Subjekt in diesem Fall dann nicht Raum für Arbeit, Naturschutz oder Körperertüchtigung, wo in Folge dann sicherlich auch Muße erlebt werden kann, sondern zu allererst ein topischer Raum der Ruhe und inneren Einkehr. Von Interesse sind dann die Voraussetzungen im jeweiligen zeitlichen Kontext, die es ermöglichen, den Wald mit dem primären Wert ‚Mußeraum' zu besetzen. Es geht also weniger um Muße *im* Wald, als vielmehr um Muße *wegen* des Waldes. Hier erfüllt sich das oben skizzierte Postulat, dass die mußeförderliche Qualität eines Raumes nur dann untersucht werden kann, wenn die Beziehung zwischen Muße und dem Raum aufgezeigt wird. Ich unterscheide also zwischen dem Wald als Erholungsraum, der ‚nur' einen Milieuwechsel und die genannten

---

[21] Hans Leibundgut, *Wirkungen des Waldes auf die Umwelt des Menschen* (Wir und die Umwelt), Erlenbach-Zürich 1975, 119–123; Ulrich Ammer/Ulrike Pröbstl, *Freizeit und Natur. Probleme und Lösungsmöglichkeiten einer ökologisch verträglichen Freizeitnutzung* (Pareys Studientexte, Bd. 72), Hamburg/Berlin 1991, 34 f.; Kerstin Ensinger/Matthias Wurster/Andy Selter u. a., „‚Eintauchen in eine andere Welt'. Untersuchung über Erholungskonzepte und Erholungsprozesse im Wald", in: *Allgemeine Forst- und Jagdzeitung* 184 (2013), 69–82, 70.
[22] Walden, *Stadt – Wald*, 374.
[23] Eine ausführliche Auseinandersetzung mit der Konstruktion von Wäldern findet sich bei Corinna Jenal, *„Das ist kein Wald, Ihr Pappnasen!". Zur sozialen Konstruktion von Wald* (Raum-Fragen: Stadt – Region – Landschaft), Wiesbaden 2019. Auch Lucius Burckhardt geht bei der Promenadologie von der Konstruktion von Landschaften aus. Lucius Burckhardt, *Warum ist Landschaft schön? Die Spaziergangswissenschaft*, hg. v. Markus Ritter u. Martin Schmitz, 4. Aufl., Berlin 2015 (zuerst 2004), 19–114, 19.

wohltuenden Raumqualitäten bereitstellt, und dem Wald als Mußeraum, der mit den skizzierten Charakteristika der Muße in enger Verbindung steht und eine bestimmte Konstruktionsleistung voraussetzt. Funktional wird Muße dann zu einer besonderen, qualitativ hochwertigen Form der Walderholung.

Was sind nun – neben den physischen Gegebenheiten – die Bedingungen, unter denen der Wald, der anders als bspw. Gärten oder Andachtsräume nicht als Mußeraum konzipiert wurde, zu einem solchen werden kann? Günter Figal formuliert die Annahme, dass Muße nicht erzwungen, wohl aber durch bestimmte Räume begünstigt werden könne.[24] Bezogen auf Landschaftsräume und Wälder als besondere Variation der Landschaft braucht es eine Präzisierung dieser zunächst allgemein gehaltenen These: Der Überblick über die Fußreise deutet an, dass das, was ich als mußevolle Landschaftserfahrung bezeichne, von einer räumlichen und emotionalen Distanz zur Stadt gerahmt ist. Neben dem grundsätzlich wohltuenden Charakter des Raumes scheint also der Kontrast zwischen alltäglichem, in diesem Falle urbanen Milieu und der Raumqualität des Waldes dessen Mußepotential zu verstärken. Theoretisch wird diese Sichtweise von Joachim Ritter in seiner vielzitierten Abhandlung zur Landschaftsästhetik argumentativ ausgearbeitet.[25] Dabei unterscheidet er ‚Landschaft' von ‚Natur', indem er Landschaft als auf der Wahrnehmungsebene synthetisierte Natur oder – kurz und technisch formuliert – als Funktion der Natur begreift. Die Quintessenz seiner Arbeit ist, dass es einer zweckfreien Annäherung an die Natur bedarf, um diese sinnlich-ästhetisch statt zweckrational rezipieren zu können. Voraussetzung dafür sei, dass der Mensch die Natur beherrsche.[26] Der Psychologe Willy Hellpach, der sich in den 1920er Jahren auch als liberaler Politiker und Reichspräsidentschaftskandidat einen Namen machen konnte, kam bereits vor Ritter in seiner Arbeit zur Geopsyche zu einer ähnlichen These, indem er Landschaft als ästhetisierte Natur ohne „Nutzzweck" betrachtet[27], und auch der Philosoph Rainer Piepmeier geht davon aus, dass ästhetisch erfahrbare ‚Landschaft' das von Arbeit und Wissenschaft entlastete Gegenstück zur damit belasteten ‚Natur' sei.[28] Der Ethnologe Orvar Löfgren argumentiert am Beispiel Schweden, indem er Naturwahrnehmung mit der Form der Naturnutzung verbindet. So ermögliche freizeitliche Naturnutzung eher die Rezeption einer ästhetischen Landschaft, wohingegen eine rationale Nutzung, bspw. in

---

[24] Figal, „Die Räumlichkeit der Muße", 26.
[25] Joachim Ritter, *Landschaft. Zur Funktion des Ästhetischen in der modernen Gesellschaft. Rede bei der feierlichen Übernahme des Rektoramtes am 16. November 1962* (Schriften der Gesellschaft zur Förderung der Westfälischen Wilhelms-Universität zu Münster, Bd. 54), Münster 1963.
[26] Ritter, *Landschaft*, 18.
[27] Willy Hellpach, *Geopsyche. Die Menschenseele unter dem Einfluß von Wetter und Klima, Boden und Landschaft*, 6., verb. Aufl., Stuttgart 1950 (zuerst 1911), 168.
[28] Rainer Piepmeier, „Das Ende der ästhetischen Kategorie ‚Landschaft'", in: *Westfälische Forschungen* (30) (1980), 8–46, 16.

Agrargesellschaften, einen unsentimentalen Zugang forciere. Als im Zuge der Industrialisierung die Bedeutung der Landschaft als Arbeitsstätte sukzessive weniger wurde und sich auf eine kleiner werdende, in agrarischen Strukturen lebende Bevölkerungsgruppe konzentrierte, hätte vor allem in urban-bürgerlichen Gesellschaftsgruppen die rationale Beziehung zu ländlichen Räumen abgenommen. Die Annäherung an diese Räume hätte dann zunehmend freizeitlich und verbunden mit einer sinnlich-ästhetischen Wahrnehmung der Landschaft erfolgen können.[29] Der Ethnologe Klaus Schriewer schließt sich grundsätzlich den Überlegungen der genannten Autoren zu Stadt-Land-Dichotomien in Zusammenhang mit zweckfreier Landschaftserfahrung an, kritisiert die Sichtweise allerdings im Hinblick auf ihren verallgemeinernden Charakter, indem er anmerkt, sie würde bspw. im Wald Arbeitenden die Fähigkeit zur qualitativen Rezeption ihres Arbeitsraumes absprechen.[30] Dieser Kritikpunkt verfängt zunächst, ist für die Untersuchung des Waldes als topischer Mußeraum jedoch zweitrangig. Denn wie oben gezeigt, geht es nicht um die triviale Feststellung, dass Muße im Wald grundsätzlich bei jedermann, also auch Waldarbeitern, Naturschützern oder Jägern, möglich ist und in der Folge auch nicht um individuelle oder gruppenbezogene, aisthetische Voraussetzungen für die Raumwahrnehmung, sondern es geht um grundsätzliche Vorbedingungen, wenn dem Wald das Etikett ‚Mußeraum' im Zuge einer menschlichen Konstruktionsleistung zugewiesen wird. Muße, so meine oben getätigte Annahme, entsteht durch das Zusammenwirken von negativer und positiver Freiheit, wobei insbesondere der negativen Freiheit die Funktion einer Ausgangsbedingung zukommt. Wird der Wald mit seinen skizzierten Qualitäten zum Mußeraum, so kann dies also nur über das zweckfreie Betrachten dieser Landschaft gelingen. Es entsteht dann eine Verbindungslinie zwischen der Landschaftswahrnehmung und der Konfiguration von Muße, wodurch der Wald funktionslos offen betrachtet und mit „Möglichkeit und Unbestimmtheit" erfahren werden kann, was auch für Figal und Keiling ein entscheidendes Charakteristikum von Räumen für Muße darstellt.[31]

Dies führt zu folgendem Zwischenfazit: Die von Autoren verschiedener Disziplinen implizit und explizit umkreiste Aussage zur zweckfreien Annäherung an die Landschaft als Voraussetzung für sinnlich-ästhetischen Genuss von Landschaftsqualitäten übertrage ich auf die Untersuchung des Zusammenhangs von Muße und Wald, indem ich davon ausgehe, dass ein zweckfreier Zugang zum

---

[29] Orvar Löfgren, „Natur, Tiere und Moral. Zur Entwicklung der bürgerlichen Naturauffassung", in: Utz Jeggle/Hermann Bausinger (Hg.), *Volkskultur in der Moderne – Probleme und Perspektiven empirischer Kulturforschung*, Reinbek bei Hamburg 1986, 122–144, 124.

[30] Klaus Schriewer, „Die Gesichter des Waldes. Zur volkskundlichen Erforschung der Kultur von Waldnutzern", in: *Zeitschrift für Volkskunde* 94/1 (1998), 71–90, 76.

[31] Figal/Keiling, „Das raumtheoretische Dreieck", 18–20. Auch Leibundgut spricht von einer „Befreiung von der ständigen Aufmerksamkeit" der technisierten Umwelt als einer der wichtigsten Voraussetzungen zur seelischen Erholung im Wald (Leibundgut, *Wirkungen*, 123).

Wald die Voraussetzung ist, um negative Freiheit und somit ein Mußepotential zu evozieren. Des Weiteren nehme ich an, dass bei Menschen, deren Alltag sich im urbanen Milieu abspielt, ein zweckfreier Zugang zur Landschaftswahrnehmung eher gegeben ist. Die Ursprünge des Topos ‚Mußeraum Wald' vermute ich daher im urbanen Milieu.[32] Analog zur kulturellen Entwicklung der Fußreise entstehen hier im 19. Jahrhundert zur Zeit der Industrialisierung besondere Dynamiken. Stadtnahe Wälder als etwaige Mußeräume bilden dann einen interessanten Sonderfall, da Ursprungs- und konstruierter Raum eng beieinanderliegen.[33] Ob und wie sich ein urbanes Mußebedürfnis in stadtnahen Wäldern artikuliert und befriedigen lässt, möchte ich an zwei historischen Fallbeispielen exemplarisch untersuchen. Dazu wähle ich zunächst den Fall des Wandsbeker Waldparks aus der Zeit der Vorindustrialisierung vor 1800, da sich daran viel über das besagte urbane Mußebedürfnis im Zusammenhang mit dem Wald ablesen lässt, und dann den Berliner Grunewald zur Zeit der Wander- und Tourismusbewegung Ende des 19. Jahrhunderts. Die beiden Quellen sind dabei an unterschiedliche Perspektiven gebunden: Während die Untersuchung des Wandsbeker Waldparks auf den Gedanken Cay Lorenz Hirschfelds beruht, der den Park plante, ziehen die Ausführungen zum Berliner Grunewald einen Wanderführer sowie einen Erlebnisbericht heran. Hirschfelds Planungswerk und dem Berliner Wanderführer ist allerdings gemein, dass beide Texte einen gewissermaßen idealen Spaziergang durch das jeweilige Waldgebiet formulieren, dabei aber unterschiedliche Zielgrößen im Blick haben, nämlich die Erfahrung silvaner Ruhe einerseits und eine freizeitliche Waldnutzung andererseits. Der Vergleich der beiden Quellen erfolgt also nicht über eine direkte Gegenüberstellung, z. B. im Hinblick auf räumliche oder zeitliche Unterschiede. Vielmehr verfolge ich den Ansatz, zwei historisch wie gegenwärtig typische Formen der Waldaneignung zu explorieren, nämlich die zweckfreie Annäherung an die Landschaft, in die ein hohes Mußepotential eingeschrieben ist, sowie die freizeitliche Nutzung, die dem Zwecke der Erholung untergeordnet ist. Mit dieser dichotomen Herangehensweise lässt sich der Konstruktionsprozess, der Stadtwälder als Mußeraum ausweist, sowohl positiv als auch *ex negativo* paradigmatisch aufzeigen.

---

[32] Ulf Härdter zeigt in seiner bemerkenswerten Studie zur Motivation von Privatwaldbesitzern, dass eine freizeitlich-zweckfreie Herangehensweise an den Wald nicht zwingend mit dem Wohnort, wohl aber mit dem Urbanisierungsgrad des Lebensstils positiv korreliert ist. Ulf Härdter, *Waldbesitzer in Deutschland zwischen Tradition und Moderne. Eine Untersuchung der neuen Eigentümerstruktur im Kontext gesellschaftlicher Entwicklungstrends* (Freiburger Schriften zur Forst- und Umweltpolitik, Bd. 6), Remagen-Oberwinter 2004, 183–187.
[33] Zur Unterscheidung verschiedener Erholungswaldtypen: Leibundgut, *Wirkungen*, 125 f.

IV. Fallbeispiel 1:
Der Wandsbeker Waldpark um 1790

1. Planungs- und sozialhistorischer Kontext

Der Waldpark im Hamburger Stadtteil Wandsbek blickt auf eine kurze aber bewegte Geschichte zurück. 1762 erwarb der Hamburger Kaufmann Heinrich Carl von Schimmelmann das Gut Wandsbek im gleichnamigen Hamburger Vorort, heute Stadtteil, und ließ 1766 einen 11 ha großen Schlossgarten im barocken Stil errichten. Ab 1780, vermutlich von einer kritisch-ironischen Rezeption des in Wandsbek lebenden Naturliebhabers Matthias Claudius provoziert, erweiterte Schimmelmann das Anwesen durch Zukäufe auf insgesamt 75 ha und beauftragte den Kieler Professor Cay Lorenz Hirschfeld, das Anwesen im Stile eines englischen Landschaftsgartens zu gestalten. 38 ha der Fläche waren dicht bewaldet und damit mehr als nur ‚Wäldchen' oder Waldpark, wie der Name irreführender Weise impliziert. Diese Fläche teilte sich auf in drei große, langgestreckte Waldstücke, die das Gelände umrahmten. Schimmelmann ließ sein Grundstück auf private Rechnung gestalten, verfolgte aber das Ziel, das Areal der gesamten Hamburger Bevölkerung kostenfrei als Erholungsfläche zur Verfügung zu stellen. Inwieweit sämtliche von Hirschfeld geplanten Elemente nach dem Tod von Schimmelmann im Jahre 1782 umgesetzt wurden, kann nicht lückenlos belegt werden. 1857 wurde die gesamte Anlage an Grundstücksspekulanten verkauft, die Schloss und Teile des Parks schleifen ließen. Heute sind vom Wandsbeker Waldpark nur noch kleine Parzellen erhalten, Straßennamen wie ‚Schloßgarten' erinnern an das damalige Anwesen.[34]

Um 1780, als Hirschfeld die Anlage plante, hatte Hamburg als unabhängiger Stadtstaat etwa 100.000 Einwohner mit steigender Tendenz. Das Schimmelmann'sche Anwesen lag etwa sechs Kilometer nordöstlich des Hamburger Stadtkerns und war somit zumindest aus den östlichen Stadtteilen problemlos zu Fuß zu erreichen.

2. Der ideale Mußewald aus der Sicht des Planers Cay Lorenz Hirschfeld[35]

Im vierten Band seines Hauptwerks, der *Theorie der Gartenkunst*, referiert Hirschfeld ausführlich über die Gestaltung des Wandsbeker Parks und ermög-

---

[34] Hans Waldens akribisch recherchierte Studie zur Entwicklung der Hamburger Stadtwälder diente dieser Fallstudie als Inspirationsquelle und wichtiger Quellenfundus: Walden, *Stadt – Wald*, 443–459, 498–505; Hans Walden, „Der Weg zum Erholungswald – das Beispiel Hamburg", in: Albrecht Lehmann/Klaus Schriewer (Hg.), *Der Wald – ein deutscher Mythos? Perspektiven eines Kulturthemas* (Lebensformen, Bd. 16), Berlin/Hamburg 2000, 99–115, 109–112.

[35] Der Planer der Wandsbeker Anlage Cay Lorenz Hirschfeld war ein von der Aufklärung beeinflusster Vordenker der englischen Gartenkunst in Deutschland. Der Kulturwandel in

licht dadurch Einblicke in sein planerisches Vorhaben.[36] Er beschreibt in diesem Text einen idealen Spaziergang durch das Schimmelmann'sche Anwesen, allerdings *bevor* die Gestaltung des Geländes tatsächlich umgesetzt wurde. Es handelt sich in den Beschreibungen also um die potentielle Wirkung des Zielzustands nach Umsetzung der Planung, die ganz im Sinne der englischen Gartenbaukunst „die Scenen nach der Natur leitet" und „ohne Eigensinn und ohne gewaltthätige Zerstörung"[37] von statten gehen soll. Wie zu zeigen sein wird, arbeitet Hirschfeld im Hinblick auf die Wirkung der Landschaft beinahe dramaturgisch, indem er eine Route vom offenen Park über die Wald-Offenlandgrenze bis ins Waldesinnere vorschlägt. Dabei verquickt er die Nähe zur Stadt mit der mußeförderlichen Wirkung der Waldungen, indem er den Stadt-Wald-Kontrast gezielt in das Erholungskonzept einbindet, gleichzeitig die Raumqualitäten eines Waldes auszunutzen weiß und dies stets auf ein urbanes Bedürfnis rückbezieht.

Hirschfeld lobt die drei Wälder des Anwesens als „ein reizendes Revier"[38], das durch sein Wechselspiel von Waldbestand und Lichtungen „dem Auge ein anmuthiges Schauspiel"[39] anbiete. Interessanter Weise ist für ihn die Nähe zur Stadt zunächst sogar erholungsförderlich, da er davon ausgeht, dass sie die beruhigende Wirkung des Waldes verstärkt: Die idyllische Lage eines Pavillons am Waldrand wird mit der „freyen herrlichen Aussicht auf die Städte Hamburg und Altona" zusätzlich aufgewertet.[40] Für Hirschfeld ist diese Koppelung gar von derart großer Bedeutung, dass er sie bewusst und zielgerichtet in sein planerisches Konzept einbindet. Dabei will er nicht nur qualitativ hochwertige Aussichten schaffen, sondern vor allem den Stadt-Wald-Kontrast herausarbeiten und konturieren: Im ersten Waldstück der Route sollen sich Dichtstand und freie Sicht abwechseln und damit der Blick sowohl auf Landschaftsobjekte in der Nähe, vor allem aber auf die entfernter liegende Stadt freigelegt werden: „[O]der auf die stolzen Thürme von Hamburg [...], die hier einzeln, dort in einer Gruppe von sechs bis sieben erscheinen, die sich alle durch eine schmale Oeffnung der Bäume drängen, und dem Spatziergänger nach zwey bis drey Schritten wieder verschwunden sind."[41] Dem Betrachter soll vergegenwärtigt werden, an welchem Ort er sich befindet, an welchem nicht und welche Vorzüge damit einhergehen: „Allein man fühlt zugleich lebhafter die glücklichen Vorzüge des Landes, die

---

Deutschland vom französischen Barockgarten hin zum Landschaftsgarten nach englischem Vorbild ist eng mit seinem Namen verbunden; neben dem Transfer der Ideen trug Hirschfeld über Publikationen auch stark zu deren Verbreitung bei. Vgl. Wolfgang Kehn, *Christian Cay Lorenz Hirschfeld 1742–1792. Eine Biographie* (Grüne Reihe, Bd. 15), Worms 1992, 15.

[36] Christian Cay Lorenz Hirschfeld, *Theorie der Gartenkunst*, Gesamtausgabe, Bd. 4, Leipzig 1782, 212–223.
[37] Hirschfeld, *Theorie der Gartenkunst* 4, 222.
[38] Hirschfeld, *Theorie der Gartenkunst* 4, 214.
[39] Hirschfeld, *Theorie der Gartenkunst* 4, 218 f.
[40] Hirschfeld, *Theorie der Gartenkunst* 4, 215.
[41] Hirschfeld, *Theorie der Gartenkunst* 4, 215.

reinere Luft, die Freyheit, die Ruhe, bey der Wiedererkennung des Dampfs und des ermüdenden Getümmels, die man in der volkreichen Stadt verlies."[42]

Ein zweites Mal betont Hirschfeld dies, wenn er über das dritte und letzte Waldstück des Spazierrundganges spricht, von dem aus der Besucher nun das gesamte Gelände überblicken kann:

Das Ganze macht einen reizenden waldigen Kranz; und in einer schmalen Öffnung des ersten Waldes steigen drey Hamburger Thürme dicht nebeneinander empor [...] und erneuern mitten unter diesen ländlichen Scenen die Erinnerung an das entfernte Gedränge der Stadt, wovon man sich indessen an diesem Ort der Ruhe befreyt fühlt.[43]

Während Überfüllung und negative Begleiterscheinungen von Gewerbe zum Signum des urbanen Raumes werden, wird dem ländlichen Raum, hier dem Wald, wohltuende Wirkung durch bessere Luft, vor allem aber durch Ruhe und Freiheit von der Stadt attestiert. Hirschfeld inszeniert das Wechselspiel von Stadtprospekt und geschlossenem Waldbestand gewollt zugunsten eines Spannungsverhältnisses, die Dichotomie von Stadt und Land wird in der Planung expliziert. Die mußeförderliche Wirkung des Raumes, nicht zuletzt angezeigt durch wiederholt verwendete Freiheitssemantiken, soll durch das Erkennen urbaner Charakteristika aus der Distanz noch stärker zutage treten.

In diesem Waldstück ist gleichzeitig ein Pavillon als Aussichtspunkt geplant. Dieser soll die folgende Inschrift tragen, bei der es sich um die erste Strophe eines Gedichtes des Rokokodichters Johann Peter Uz handelt:

O! Wald! o! Schatten grüner Gänge!
Geliebte Flur voll Frühlingspracht!
Mich hat vom städtischen Gepränge
Mein günstig Glück zu Euch gebracht;
Wo ich, nach unruhvollen Stunden,
Die Ruhe, die dem Weisen lacht,
Im Schooße der Natur gefunden.[44]

Betont wird also die Ruhe in der Natur, wobei durch die metaphorische Verwendung des „Schooßes" die silvane Abgeschiedenheit positiv gewendet und ihr Geborgenheit attestiert wird. Diese Ruhe beglückt jedoch nur den „Weisen" – und damit ist nicht der gebildete, sondern vielmehr der vernünftige Mensch gemeint, also derjenige, der den einfachen, nämlich beruhigenden Wert der Natur zu verstehen und zu schätzen weiß.[45] Die Naturerfahrung wird zudem

---

[42] Hirschfeld, *Theorie der Gartenkunst* 4, 215.
[43] Hirschfeld, *Theorie der Gartenkunst* 4, 220.
[44] Hirschfeld, *Theorie der Gartenkunst* 4, 220.
[45] Dies bestätigt sich im weiteren Fortgang des insgesamt zehnstrophigen Gedichts mit dem Titel *Der Weise auf dem Lande*. Uz formuliert darin in deutlichen, durchaus pointierten Worten seine Abneigung gegenüber der Stadt. Neben Pflichten und Überfüllung gilt sein Abscheu vor allem der Dekadenz und Verlogenheit des Bürgertums. Als „Sclavenseelen" in „Knechtschaft" beschreibt er die dortigen Geschäftemacher. Ohne Weisheit seien diejenigen, die dieses Spiel

weder als selbstverständlich noch als alltäglich angesehen. Vielmehr werden glückliche Umstände ins Feld geführt, die die erquickende Naturerfahrung durch die Befreiung von städtischen Belastungen ermöglichen, wieder wird das Urbane mit Überfüllung, Überforderung und Hektik konnotiert. Die Ruhe durch die Natur wird implizit zum Bedürfnis des gestressten Städters, wenn formuliert wird, dass die Stunden nach dem anstrengenden Leben in der Stadt mit glücklicher Fügung „gefunden" werden müssen.

Erneut rekurriert Hirschfeld auf dieses urbane Bedürfnis an einer späteren Stelle. Auf der Spaziergangsroute dem zuletzt genannten Pavillon als nächste Station angeschlossen, soll sich „unvermuthet" ein Haus im Wald befinden, welches „der Einsamkeit gewidmet" sei.[46] Anders als auf den Wegstrecken zuvor liegt dieses Haus allerdings nun im Waldesinneren. Aussichten und Öffnungen des Waldrandes unterbleiben hier. Wieder soll mit einer Inschrift gearbeitet werden, die diesmal die Bedürfnisse klar auf den Punkt bringt:

Die Inschrift an einer Tafel über dem Eingange [des Hauses, J. L.]
‚O! Einsamkeit! dürft ich mich dir ergeben!
Hier herrschest du im stillen Hayn.'
ist ein Ausbruch der Sehnsucht des gerührten Städters, der hier das süße Glück der Einsamkeit zu genießen wünscht, und sich ungern erinnert, daß ihn Geschäffte in die Unruhen der Welt zurückrufen.[47]

Das Alleinsein wird als gewollter und erstrebenswerter Glückszustand beschrieben, der in der städtischen Welt des Alltags und des *negotium* nicht zu finden ist, wohl aber im Wald, den Hirschfeld hier mit dem antiken Hain engführt und damit auf die Ideallandschaft des *locus amoenus* zurückgreift.[48] Der Städter, ob dieser Erfahrung der Rührung nahe, kann die ihm von Hirschfeld attestierten Bedürfnisse im Schimmelmann'schen Wald befriedigen. Anders als auf den vorangehenden Wegstücken soll nun aber vermieden werden, aus dem idealerweise erreichten Zustand der kontemplativen Einsamkeit herausgerissen zu werden. Das temporäre Enthobensein von alltäglichen Pflichten und von städtischer Hektik soll nun nicht mehr durch Erinnerungen an das eigentliche Milieu durchbrochen werden, wenngleich, dies ist von großer Bedeutung, die potentiell mußeförderlichen Charakteristika des Waldes nach wie vor mit dem Urbanen in Beziehung gesetzt werden. Wie der folgende, letzte Auszug aus dem Werk zum Wandsbeker Waldpark zeigt, ist es Hirschfeld in der Tat ernst

---

mitspielten: „Damit, wann ihr in Gold und Seide / Euch unter klugen Armen bläht / Der dumme Pöbel euch beneide." Er hingegen: „Mir gnüget ein zufriednes Herze / Und was ich hab und haben muß" (Johann Peter Uz, *Lyrische Gedichte*, Berlin 1749, 49–51).

[46] Hirschfeld, *Theorie der Gartenkunst* 4, 221.

[47] Hirschfeld, *Theorie der Gartenkunst* 4, 221.

[48] Zum *locus amoenus* als Ideallandschaft in der europäischen Literatur s. Ernst Robert Curtius, *Europäische Literatur und lateinisches Mittelalter*, 11. Aufl., Tübingen 1993 (zuerst 1948), 192–206.

mit der dann beinahe therapeutischen Wirkung des Waldes. Am Ende des klimaxartig aufgebauten Spaziergangs folgt für den erholungssuchenden Städter nun der Höhepunkt:

Indessen läßt noch ein längerer Fortlauf des Waldes das sanfte Gefühl der Einsamkeit unterhalten. Die Spatziergänge winden sich immer unter dem Schatten der Ellern [Erlen; J. L.] fort, und man fängt allmälig an, das Bedürfnis der Ruhe zu empfinden. Das Auge wird von dem Scheine einer weißen Brücke gereizt, und bey der Annäherung erblickt es an ihr diese Inschrift: Gang des Müden. Die Worte erquicken, indem sie die Erwartung erregen. An einem andern Orte befindet sich eine andere Brücke, die zum Ausgang dient, und mit dieser Inschrift bezeichnet ist: Gang des Erquickten.[49]

Auffallend ist zunächst, dass Hirschfeld ausdrücklich hervorhebt, erst hier im Waldesinneren werde „das Bedürfnis der Ruhe" umfassend spürbar. Erst nach und nach und vermutlich auch als Ergebnis der Spaziergangskonzeption beginnt der Besucher, so der Planer, sein Erholungsdefizit zu realisieren. In der Stadt, so Hirschfelds implizite Aussage, wird dieses Bedürfnis von Hektik, Dampf und Gepränge überdeckt. Während zuvor durch das skizzierte Wechselspiel der Sichtachsen die Grundlagen für die Raumwahrnehmung geschaffen wurden, kann sich die beruhigende Wirkung des Waldes erst jetzt, wo die Stadt nicht mehr sichtbar ist, in Gänze entfalten. Mit der Vermutung Hirschfelds, dass dann schon allein die Brückenbezeichnung ‚Gang des Müden' den Besucher erfreut, wird deutlich: Hirschfeld geht davon aus, dass diejenigen, die seinen Waldpark aufsuchen vor allem erschöpfte Städter sind, die dem Wald erfrischende und seelenheilende Wirkung zusprechen. Die Worte erquicken nicht nur, indem sie Erwartungen wecken, sondern auch und vor allem, weil sich die Besuchsperson angesprochen fühlt. Wer sich hier in den Waldpark zurückzieht, der ist auch wirklich der Ruhe bedürftig. Die Brücke ist dann nicht nur Infrastruktur, sondern gleichsam auch metaphorisch-funktionaler Übergang in eine ‚andere Welt'. Während der Dichtstand des Waldes zunimmt, macht gleichzeitig die ruhige Abgeschiedenheit eine innere Einkehr möglich, und jenseits der Brücke erwartet den Besucher dann ein Mußeort *par excellence*:

Die Brücke führt in ein ganz einsames, tief verschlossenes Revier, das in dem äußersten Winkel dieses Parks liegt. Es ist von Wasser umgeben, und von dem Gedränge der Gebüsche so sehr versperret, daß das Auge nirgends durch die Laubvorhänge eine Durchsicht findet. Schatten, Kühlung und Ruhe scheinen hier ihre Heimat zu haben. Das stille Wasser ist ganz von den dunkeln Ellern überschattet, und hilft, das Gefühl einer ruhigen Abgezogenheit und eine sanfte Versinkung der Seele in sich selbst zu befördern. Alles ist Stille und ladet zur Stille ein.[50]

Hier formuliert Hirschfeld implizit, aber deutlich sein Planungsziel: Die nun kaum noch zu steigernde Abgeschiedenheit soll Introspektion und Bei-sich-Sein

---

[49] Hirschfeld, *Theorie der Gartenkunst* 4, 221.
[50] Hirschfeld, *Theorie der Gartenkunst* 4, 221.

evozieren. Wieder zeigen sich Verbindungslinien zum idyllischen *locus amoenus*. Zwar fehlen, um von einem ‚lieblichen Ort' in Reinform sprechen zu können, Merkmale wie Vogelgezwitscher, Sonneneinfall oder blühende Blumen, jedoch sind die Beschattung, die Ruhe und vor allem die Abgeschiedenheit und Abgegrenztheit des Ortes wichtige Charakteristika des antiken Idyllentopos. Diese Abgegrenztheit, hier durch die „Laubvorhänge" gewährleistet, ist kein Selbstzweck, sondern verfolgt – in der literarischen Idylle wie im hier vorliegenden realen Ort – das Ziel, eine Abkopplung von der alltäglichen Welt und deren Dynamiken zu ermöglichen.[51] Keine Ablenkung stört mehr den kontemplativen, beinahe meditativen Zustand des Besuchers, die Stille des Waldes lädt zur Seelenruhe ein. Um diesen Ort zu einem der inneren Einkehr werden zu lassen, bietet Hirschfeld dem Waldgänger adäquate Ruhemöglichkeiten an, die den Charakter des Ortes als Mußeraum unterstreichen. Es soll dort einen kleinen „Tempel der Ruhe" geben, den Hirschfeld zwar „anmuthig", aber bewusst schlicht hält, um Ablenkungen von der Naturszenerie zu vermeiden.[52] Ein darin platziertes Abbild, vermutlich eine Statue, soll die „Göttinn des Vergnügens" zeigen. Ob im Zustand der Muße, vermögen wir an dieser Stelle nicht sicher zu sagen, Hirschfeld legt allerdings Wert darauf, die Gottheit nicht in erhabener, sondern vielmehr in entspannter Haltung darzustellen, den Kopf in die Hand gestützt, den Blumenkranz „nachlässig dahin sinken[d]". Dass in diesem Tempel „die Seele zu dem sanften Genuß der Ruhe" – und nach dem bisher Aufgezeigten dürfen wir ergänzen: zur Muße – eingeladen werden soll, unterstreicht eine dritte und letzte Inschrift, die aufgrund ihrer Aussagekraft den Abschluss dieser Fallstudie bildet.

> Die grüne Nacht belaubter Bäume
> Führt uns in anmuthsvolle Träume
> Worinn der Geist sich selber wiegt
> Er zieht die schweifenden Gedanken
> In angenehm verengte Schranken,
> und lebt mit sich allein vergnügt.[53]

Nahezu sämtliche Charakteristika der Muße in Zusammenhang mit dem Wald als Raum lassen sich hier ablesen: Der Zusammenhang zwischen der Raumqualität des Waldes und Muße wird erneut ganz deutlich. Der Besucher, so will es zumindest die Planung, ist nicht nur am Endpunkt des Spazierganges angelangt, sondern wird im Waldesinneren auch zu sich selbst geführt. Hektik und Reizüberflutung bleiben aus zugunsten der vom Wald eröffneten Möglichkeit, endlich klare Gedanken zu fassen. Dies aber selbstzweckhaft, mit dem Blick nach innen gerichtet im Sinne einer durch negative Freiheit ermöglichten ‚produktiven Unproduktivität'.

---

[51] Renate Böschenstein-Schäfer, *Idylle*, 2., durchges. und erg. Aufl. (Realien zur Literatur: Poetik, Bd. 63), Stuttgart 1977, 8 f.
[52] Hirschfeld, *Theorie der Gartenkunst* 4, 221.
[53] Hirschfeld, *Theorie der Gartenkunst* 4, 221.

3. Berichte zur tatsächlichen Nutzung

Das Hirschfeld'sche Vorhaben arbeitet mit den mußeförderlichen Raumqualitäten des Waldes und zeigt die Möglichkeiten, diese über die Landschaftsplanung gezielt einzusetzen. Offen ist noch die Frage nach der Rezeption. Die Größe der Anlage liefert einen ersten Anhaltspunkt: Ausgehend von den genannten 38 ha Waldfläche stünden bei 500 Besuchern, eine gleichmäßige Verteilung angenommen, jeder Person immer noch eine Fläche von 800 m² zur Verfügung. Hirschfeld sieht darin angemessen große Rückzugsräume, denn er schreibt, dass die Fläche so groß sei, „daß einige hundert Menschen hier umher wandeln können, ohne einander beschwerlich zu werden."[54] Dass das Ziel des Eigentümers Schimmelmann aufgeht, den Waldpark als Naherholungsgebiet der Hamburger Stadtbevölkerung zur Verfügung zu stellen, gilt als belegt. Hans Walden führt auf, dass sich Wandsbek nach der Umgestaltung rasch zu einem der beliebtesten Ausflugsziele in Hamburg entwickelte.[55] 1827 berichtet Friedrich Karl Julius Schütz in seiner Beschreibung der Stadt, dass sich der Wandsbeker Park zum „Lieblings-Lustort aller Hamburger"[56] entwickelt hatte, und bereits 1804 galt Wandsbek als attraktiver Ort für Lustwandler.[57] Wandsbek scheint also nicht nur ein beliebtes Ausflugsziel, sondern sicherlich auch aufgrund mangelnder Alternativen im ausgehenden 18. Jahrhundert bisweilen überfrequentiert gewesen zu sein. Der Almanach von Friedrich Theodor Nevermann zu den Grünflächen Hamburgs aus dem Jahr 1792 bestätigt die Annahme. Zwar lobt Nevermann den Wandsbeker Waldpark, da dort Menschen „aus allen Klassen wandeln" würden und dabei „unsittliches Betragen" nicht festzustellen sei, bemerkt aber auch: „Wandsbek ist eigentlich der Ort, wo Hamburgs Einwohner an Sonn- und Festtagen sich zu Tausenden, groß und klein, versammeln, um in dem Gehölze oder den dortigen Wirthshäusern, sich einige Stunden zu erholen und zu vergnügen."[58] Nicht nur, dass die von Hirschfeld angenommenen „einige hundert Menschen" nun zumindest in der Wahrnehmung des Beobachters um eine Zehnerpotenz übertroffen werden, gleichzeitig scheint Wandsbek im späten 18. Jahrhundert zumindest an arbeitsfreien Tagen mehr als geselliger Tummelplatz denn als Ort für Introspektion und innere Einkehr fungiert zu haben. Hirschfelds Vorhaben, den Städtern ihren Bedürfnissen entsprechende Räume anzubieten, ging in der Praxis somit nur in Teilen auf, die Nähe zur Stadt ist Bedingung und Problem gleichermaßen.

---

[54] Hirschfeld, *Theorie der Gartenkunst* 4, 214.
[55] Walden, „Erholungswald", 109.
[56] Zit. nach Walden, *Stadt – Wald*, 498.
[57] Walden, *Stadt – Wald*, 498.
[58] Friedrich Theodor Nevermann, *Almanach aller um Hamburg liegenden Gärten. In 2 Abschnitte: zuförderst ihrer Lage aus jedem Thor; und dann ein Namensverzeichnis derer resp. Bewohner*, Hamburg 1792, 62.

Es ließe sich nun einwenden, dass es sich bei dem skizzierten Fall nur um einen Sonderfall handle, der mehr über die ‚Architektur' eines Mußeraumes aussagt als über das tatsächliche Spannungsverhältnis von Stadt und Stadtwald. Ein zweites Fallbeispiel fokussiert daher einen Forst, in dem sich die Erholungsfunktion als Beiwerk der forstlichen Bewirtschaftung aus der Bevölkerung heraus entwickelte.

V. Fallbeispiel 2:
Der Berliner Grunewald um 1880

1. Forst- und sozialhistorischer Kontext

Der knapp 3000 ha große Grunewald befindet sich im Westen Berlins zwischen dem gleichnamigen Stadtteil und der Havel. Seit dem 16. Jahrhundert zur kurfürstlichen Jagd genutzt, ist er bis zur ersten forstlichen Bewirtschaftungsordnung im Jahr 1720 ein Ort planloser, oft raubbauartiger Holznahme und des Waldgewerbes, wie Zeidlerei, Waldweide oder Teerbrennerei. Berlin überschritt um 1750 die 100.000-Einwohner-Marke und wuchs bis 1900 auf knapp zwei Mio. an. Analog zum Wachstum der Stadt schrumpft die Waldfläche ab 1800 und der urbane Raum rückt näher an die Waldgebiete heran. Es ist dem königlichen Jagdinteresse zu verdanken, dass der Berliner Trend zur Rodung stadtnaher Wälder im ausgehenden 18. Jahrhundert im Grunewald nicht umgesetzt wird und dieser so als zusammenhängendes, wohl aber dicht und systematisch erschlossenes Waldgebiet erhalten bleibt. Ab 1849 sind weite Teile des Forstes zwischen Wannsee und Pichelsberg gar mit einem Wildgatter umzäunt. In der ersten Hälfte des 19. Jahrhunderts wird der Grunewald dann auch für die Bevölkerung ein interessantes Ziel: Ab 1860 schließen verschiedene Stadt-, Fernbahnen und Chausseen das Berliner Umland und damit auch den Grunewald an das Stadtgebiet an, was schnell zu einer Zunahme der Besucher in den Waldungen führt. Der Grunewald wird als Naherholungsgebiet nun zunehmend beliebter.[59] Eine besondere Rolle spielt dabei die alljährlich stattfindende Hubertusjagd, bei der königliche Staatsgäste am 3. Oktober zu einer großen Parforcejagd antraten, während die Bevölkerung das Großereignis als gesellschaftliches Spektakel nutzte und zum Zuschauen, zum geselligen Verweilen, aber auch zum Spotten über die Obrigkeit in den Wald strömt. Der große Konflikt um eine etwaige Rodung und Bebauung des Waldgebiets zwischen 1904 und 1915, an dessen Ende die preußische Regierung der am Erhalt interessierten Kommune Berlin aufgrund des vehementen Drucks zivilgesellschaftlicher Organisationen den Wald zu

---
[59] Hans Wolfgang Behm, *Zehntausend Jahre Grunewald. Die Natur- und Entwicklungsgeschichte eines großstadtnahen Forstes*, Berlin 1957, 81–106.

Niedrigstpreisen verkaufte, belegt den gestiegenen Wert für die Städter im Zuge der großen Bevölkerungszunahme während der Industrialisierung.[60]

2. Zwischen Erholung und Überfüllung

Entsprechend der Beliebtheit des Grunewaldes finden sich in historischen Quellen auch Aussagen, die den ästhetischen Wert und die Wirkung des Waldes beschreiben. Hans Behm führt einen ausländischen Besucher an, der in seinen Reiseberichten zwar auch die Stadt lobt, vor allem aber von deren räumlicher Nähe zum Wald beeindruckt ist: „[d]ie Erinnerung aber an den Grunewald wird niemals verblassen. Ein Forst, so weltstadtnahe und doch so zauberhaft das Gemüt ansprechend, stellt eine rühmliche Ausnahme dar." Viele seiner Landsleute, so schließt der Reisende wissend, seien der gleichen Meinung.[61] Der Grunewald bietet den Besucherinnen und Besuchern offenbar also genau jene Qualitäten an, die für die vorliegende Studie von Interesse sind, nämlich die Nähe zum Urbanen bei gleichzeitiger Möglichkeit, dem Urbanen zu entfliehen.

Umfassend vorgestellt wird der Grunewald in einem 1894 vom ‚Touristen-Club für die Mark Brandenburg' herausgegebenen *Führer durch die Umgegend Berlin's*.[62] Gleich im Vorwort findet sich dort eine Aussage, die das im Folgenden zu explizierende Spannungsverhältnis deutlich macht: „Vermöge seiner Ausdehnung, seiner schönen Seen und herrlichen Waldungen, vornehmlich aber wegen seiner günstigen Lage vor den Thoren Berlins, ist der Grunewald ganz besonders geeignet, den Bewohnern Berlins Erfrischung und Erholung zu gewähren."[63] Entsprechend liest sich auch das Selbstverständnis des Touristenvereins, der „die touristischen Bestrebungen im Allgemeinen, und den touristischen Verkehr in der Mark Brandenburg im Besonderen" fördern möchte, um zu ermöglichen, „die Landschaft, die Geschichte, sowie die Naturkunde [...] kennen zu lernen."[64] Es wird einerseits also den Bedürfnissen der Bevölkerung, sich in Wald und Landschaft aufzuhalten, Rechnung getragen, gleichzeitig artikuliert sich darüber aber auch ein zweckhaftes Moment der Landschaftsaneignung. Die Bereitstellung eines Raumes, um im Kontrast zu städtischem Alltag Seelenruhe und innere Gelassenheit zu finden, tritt deutlich in den Hintergrund. Dass dieses Vorhaben aufgeht, expliziert der Wanderführer ebenso: „Tausende Ausflügler"[65] kämen in den Wald, offensichtlich vor allem

---

[60] Jeffrey K. Wilson, „‚Waldverwüster' und Waldverliebte. Der Konflikt um den Berliner Grunewald (1860–1920)", in: Ursula Breymayer/Bernd Ulrich (Hg.), *Unter Bäumen. Die Deutschen und der Wald* (Deutsches Historisches Museum), Dresden/Berlin, 216–221.
[61] Behm, *Grunewald*, 5.
[62] Touristen-Club für die Mark Brandenburg, *Fontane's Führer durch die Umgegend von Berlin, Teil IV Grunewald*, Berlin 1894.
[63] Touristen-Club, *Fontane's Führer*, II.
[64] Touristen-Club, *Fontane's Führer*, 80.
[65] Touristen-Club, *Fontane's Führer*, 71.

am Wochenende, wenn von „Sonntagsausflüglern"[66] die Rede ist. Aufschlussreich ist nun die sprachliche Repräsentation des Grunewalds, da sie im Hinblick auf die Art der Waldwahrnehmung Strukturen der Aneignung offenbart. Ganz anders als die poetische Sprache Hirschfelds, dessen Text zunächst auch nichts weiter darstellt als die Anleitung eines Waldbegangs zur aus seiner Sicht idealen Rezeption des Raumes, setzt der Grunewaldführer auf eine technisch-funktionale Beschreibung seiner Wanderrouten, was sich auch an der Orientierung an der vorhandenen Infrastruktur in Form von „Chausseen", „Straßen" und „Gestellen" zeigt. Wenngleich wiederkehrend die Schönheit der Landschaft gelobt wird, spielen Raumbeschreibungen, die auf Einsamkeit und Ruhe abzielen, keine Rolle. Vielmehr scheint es so, als sei Abgeschiedenheit inmitten des erschlossenen und zersiedelten Waldes keine wünschenswerte Raumqualität, sondern zumindest eine ambivalent rezipierte, wie eine Beschreibung des weiherartigen, im Westen des Waldes gelegenen Pechsees zeigt: „Der See mit seiner immergrünen Umgebung, seiner geheimnisvollen Ruhe und pechdunklen Färbung hat etwas magisch Anziehendes und doch wiederum Abstoßendes an sich. Die widerstreitenden Gefühle bewegen bei einem ungestörten Anblick unsere Brust."[67] Anders verhält es sich bei dem Blick „auf den von dunklen Kiefern umrahmten Grunewaldsee" im Osten, der als einer der schönsten Ausblicke im gesamten Waldgebiet gelobt wird – allerdings vom Garten eines stark frequentierten Restaurants mit „Bierausschank".[68] Die wenigen Beschreibungen, die den beruhigenden Charakter des Waldes stark machen, sind schnell zusammengefasst: Eine den Wald diagonal durchquerende Wanderroute wird vor allem aufgrund ihrer Abgeschiedenheit von den ansonsten gut besuchten Orten empfohlen und dabei handelt es sich tatsächlich um die einzige Beschreibung dieser Art:

Müssen wir zwar auf dieser Parthie den Anblick der Seen entbehren, so entgehen wir doch hier dem Trubel der lauten Vergnügungs- und Erholungsstätten. Wir wandern eine volle Stunde, ohne etwas anderes als den schweigenden und für den aufmerksamen Beobachter doch so beredten Wald um uns zu haben. Auf der ganzen Strecke haben wir einen prächtigen Waldbestand mit moosigem Untergrunde.[69]

Zunächst wird also auf die Ruhe, die den Wanderer auf dieser Strecke umgibt, hingewiesen. Dies geschieht, indem die Distanz zu den ansonsten doch im positiven Stil rezipierten Restaurants und Tummelplätzen unterstrichen wird. Gleichzeitig wird diese Ruhe nicht zum Selbstzweck oder gar zur Voraussetzung für einen Zustand innerer Einkehr. Vielmehr deutet der Hinweis auf den „beredten Wald", der sich dem „aufmerksamen", also geistig fokussierten Wanderer zeigt,

---

[66] Touristen-Club, *Fontane's Führer*, 54.
[67] Touristen-Club, *Fontane's Führer*, 34.
[68] Touristen-Club, *Fontane's Führer*, 42.
[69] Touristen-Club, *Fontane's Führer*, 50.

darauf hin, dass der Wald als Lehrobjekt studiert werden kann und in faunistischer wie floristischer Hinsicht dem Interessierten einiges angeboten würde. Das abgelegene Waldstück schafft also weniger eine Insel erholsamer Ruhe als vielmehr einen ruhigen Ort für naturkundliche Studien. Beschrieben wird dann eine Wanderroute, die maßgeblich entlang verschiedener Straßen, Chausseen, Bahnlinien und Forsthäuser verläuft, weshalb fraglich bleibt, wie es um die Waldesruhe in dem engmaschig erschlossenen Forst tatsächlich bestellt war.

Die folgende Textstelle bringt das eingangs erwähnte Spannungsfeld zwischen dem Wald als ruhigem Rückzugs- und bevölkertem Erholungsort ungewollt auf den Punkt. Beschrieben wird darin „eine der schönsten" Wegstrecken des Grunewaldes und zwar im nordöstlichen Bereich.[70] Zunächst wird die Schönheit der Landschaft betont, die sich aus abwechslungsreichen Tal- und Hügelformationen zusammensetzt. Man könne dadurch „ganz und gar vergessen, daß wir uns in der ‚ebenen' Mark Brandenburg" befänden, und gleichzeitig „hat der Wald einen dem Auge wohltuenden frischen, moosigen Untergrund".[71] Die aufgrund der hohen Dichte große Wahrscheinlichkeit einer Wildbeobachtung rundet die positive Landschaftsbeschreibung ab. Der nun folgende Anschluss zeigt die hohen freizeitlichen Nutzungsansprüche an den Forst auf, die durch den Wanderverband in Form von Besucherlenkung ebenso forciert wie manifestiert werden: „Trotz der mannigfachen Vorzüge [...] ist sie [die genannte Strecke, J.L.] doch bisher nur von wenigen gekannt worden. Eine Erklärung hierfür liegt in dem Umstande, daß der Weg verhältnismäßig unbekannt war. Diesem Uebelstande ist nun durch die Wegbeschreibung geholfen worden."[72] Semantiken, die auf ein etwaiges Mußepotential des Waldes für die Bevölkerung Berlins schließen lassen, finden sich in der untersuchten Quelle nicht. Stattdessen überwiegen neben einer für einen Wanderführer zunächst nicht verwunderlichen technisch-rationalen Beschreibung des Grunewaldes vor allem Hinweise auf Orte geselligen Zusammenkommens und Wanderrouten entlang vorhandener Infrastruktur. Aussagen deuten an, dass die hohe Erschließung und starke Frequentierung der Beliebtheit des Forstes bei der Bevölkerung keinen Abbruch tut. Eine letzte Quelle belegt dieses Ansehen und die Bedeutung des Grunewalds bei Berlinern und im weiteren Umland.

Dabei handelt es sich um eine Beschreibung der Hubertusjagd in der besonders in bürgerlichen Gesellschaftsschichten höchst populären Zeitschrift *Die Gartenlaube – Illustrirtes Familienblatt*.[73] Das genaue Jahr der Jagd wird im Bericht nicht genannt, allerdings lässt das Erscheinungsdatum in Kalenderwoche

---

[70] Touristen-Club, *Fontane's Führer*, 61.
[71] Touristen-Club, *Fontane's Führer*, 61.
[72] Touristen-Club, *Fontane's Führer*, 62.
[73] Dieter Barth, *Zeitschrift für Alle. Das Familienblatt im 19. Jahrhundert. Ein sozialhistorischer Beitrag zur Massenpresse in Deutschland*, Münster 1974, 280–285; s. a. Claudia Stockinger, *An den Ursprüngen populärer Serialität. Das Familienblatt Die Gartenlaube*, Göttingen 2018, 35–40.

acht des Jahres 1874 darauf schließen, dass es sich um eine Beschreibung der Jagd in den frühen 1870er Jahren handelt. Ausführlich äußert sich der namentlich nicht genannte Autor darin über waidmännische Riten, Uniformen, Waffen und das Gebaren der Jagenden. Gleichzeitig beschreibt er den Wald und bemerkt die einladende und angenehme Ruhe des Ortes rund um das Jagdschloss:

[E]s sind doch recht respectable Bäume, die da ihre grünen Nadeläste niederbeugen, und die saftgrünen, behaglichen und schattigen Plätzchen, welche sie den Ankömmlingen bereitet haben, sind deutscher Boden. Durch die grauen Stämme hindurch blinkt das dunkelblaue Wasser eines Sees; ein Kranz von Kiefern und Fichten schlingt sich um denselben, und in dem klaren Spiegel des Wassers zeigen sich die Fronten und Giebel eines ansehnlichen Hauses aus der Renaissancezeit, dem man die Bezeichnung eines Schlosses beigelegt hat, [...] sonst ist es ernst und still im grünen Tann – nur manchmal fliegt aus dem dichten Schilfe ein Wasservogel auf –

um dann, gewollt oder ungewollt, die Beschreibung im direkten Anschluss pointiert zu brechen:

bis der Berliner kommt mit seiner Amusirlust. Dann geht das Singen und Jauchzen durch den ganzen sonnenlichten Tag – und am andern Morgen kann der Wald aus fetten Papieren, zerstreuten Wursthäuten und geknickten Kümmelflaschen von dem Sommervergnügen der Berliner erzählen. Das geht so bis Ende September.[74]

In direkter Zuspitzung wird hier eine enge Wechselwirkung beschrieben, zwischen der eigentlich qualitativ als hochwertig rezipierten Ausstattung des Waldstückes und deren Abwertung durch Überfüllung. Auch dieser Autor führt die Nähe zur Stadt als Grund dafür auf: „In anderthalb bis zwei Stunden ist der grüne Hag erreicht."[75] Welche Bedeutung der Wald für die Städter hat, wird an einer weiteren Stelle formuliert. Nicht frei von Ironie skizziert der Beobachter einerseits das Publikum, das im Grunewald anzutreffen ist, andererseits auch dessen Motivation, nämlich Überdruss an der Stadt:

Was der Wald von Fontainebleau für Paris, das ist „der Grunewald" für Berlin. [...] Wie von Paris im Sommer Alles, was ein paar Franken in der Tasche, einen leidlichen Sommeranzug auf dem Leibe und ein verstaubtes und nach Grün und reiner Luft sehnsüchtiges Herz besitzt, nach dem Forêt von Fontainebleau auswandert, so ist für das Berliner Publicum der Grunewald das Lustrevier, wo es seine Sommerfeste feiert.[76]

Ähnlich dem Wandsbeker Waldpark scheinen sich auch im Grunewald die Besucherinnen und Besucher am Milieuwechsel zu erfreuen, jedoch weniger ein Bedürfnis nach Ruhe und Erholung von städtischer Hektik zu befriedigen.

---

[74] N.N., „Die Jagden des Kaisers", in: *Die Gartenlaube – Illustrirtes Familienblatt* 8 (1874), 130–134, 130, in: *Wikisource*, https://de.wikisource.org/wiki/Die_Jagden_des_Kaisers, abgerufen am 24.10.2019.
[75] N.N., „Jagden", 130.
[76] N.N., „Jagden", 130.

Besonders deutlich wird dies bei der Beschreibung der Hubertusjagd, der jedoch als gesellschaftliches Großereignis eine Sonderstellung zukommt:

> Am dritten November wird's im Grunewalde noch einmal lebendig. Zu Tausenden strömt das Publicum herbei, aus Berlin, Charlottenburg, Potsdam und Spandau. Für alle diese Städte ist der Wald gleich günstig gelegen. Sie kommen zu Fuße und zu Wagen; sie kommen im Arbeitskittel mit dem Pfeifenstummel im Munde und der platten „Kümmelpulle" in der Seitentasche; sie kommen in prächtigen Kaleschen [einfache Kutsche, J. L.], mit duftenden Havannas, mit feinen Damen und gefüllten Speisekörben, und stellen sich am Wege beim Ausgange aus dem Schloßhofe auf.[77]

Die Lage des Waldes wird herausgestrichen: Nicht nur Berlin, sondern auch Anrainerstädte können den Wald zu Erholungszwecken gut erreichen. Gleichzeitig wird aufgezeigt, dass der Grunewald zu dieser Zeit bereits kein rein exklusiv adliges Jagdrevier mehr ist, sondern von sämtlichen Bevölkerungsschichten als Aufenthaltsort und Ort geselliger und gesellschaftlicher Zusammenkunft gewählt wird. Ob der etwas abfällige Tonfall des Autors darin begründet liegt, dass eben genau diese Überfüllung sein eigenes Bedürfnis nach Muße im Wald ärgerlicherweise torpediert, bleibt Spekulation. Die gesamtgesellschaftliche Nutzung des Waldes nennt auch Behm, wenn er schreibt, dass der Grunewald nicht zum „Volksprater" werde, sondern seinen Waldcharakter erhalte und gleichzeitig „alle Kreise des Volkes anzieht" bzw. sogar darüber hinaus gemeinschaftsstiftende Wirkung habe: „Sie alle stören sich gegenseitig nicht. Sie haben das Empfinden, daß der Wald tatsächlich Allgemeingut ist. Diese allseits geteilte Gefühlsverbundenheit [für die Natur; J. L.] wird zugleich mitbestimmend für ihre Erhaltung."[78] Der oben angesprochene Konflikt, bei dem Bürgerproteste die Rodung des Waldes um 1900 verhindern, erscheint dann als logische Konsequenz.

VI. Fazit

Die skizzierten Beispiele zeigen, dass stadtnahe Wälder gleichermaßen ein Erholungs- und ein ‚Mußepotential' anbieten. Besonders in Hirschfelds Gedanken zu einem Idealrundgang durch den Wandsbeker Waldpark aus dem Jahr 1782 wird deutlich, wie sich das mußeförderliche Potential eines (Stadt)Waldes gestaltet und welche Voraussetzungen dafür gegeben sein müssen: Eine zweckfreie Annäherung, eine vorhandene Interdependenz zwischen urbanem und Waldmilieu und die Möglichkeit der ästhetischen Rezeption silvaner Raumqualitäten. Es wird zudem deutlich, dass Muße, wenn sie mit den Raumqualitäten des Waldes in Verbindung gebracht wird, neben einer zweckfreien Annäherung und

---

[77] N. N., „Jagden", 130.
[78] Behm, *Grunewald*, 104.

der Abkopplung von urbanen Belastungen auch eines hohen Maßes an positiv erfahrener Einsamkeit bedarf. Erst dann kann Freiheit von normativen Zwängen, Rollenerwartungen und sozialen Interaktionsmechanismen endgültig in positiv erfahrene Freiheit und ein Bei-sich-Sein umschlagen. Den Unterschied dazu belegt das Fallbeispiel des Berliner Grunewalds aus dem späten 19. Jahrhundert. Die zweckhafte Annäherung an die Landschaft mit dem Ziele der Bewegung, der Geselligkeit und der naturkundlichen Bildung, die vor allem die Epoche der Wanderbewegung nach 1880 prägt, lässt einen Genuss silvaner Raumqualitäten zwar zu, scheint dem mußeaffinen Charakter des Waldes jedoch abträglich zu sein. Das Mußepotential von Stadtwäldern, so eine Schlussfolgerung, zeigt sich also weniger im Wald an sich, sondern ist kulturell und bildungsbürgerlich gerahmt. Entsprechend sollten weitere Analysen zum Raumverständnis im Kontext des Waldes auf kulturhistorischer Seite ansetzen, da die Regeln der Raumkonstruktion dort zu verorten sind. Die idyllischen Topiken, die Hirschfeld vor allem bei Rückgriffen auf den *locus amoenus* in seine Parkplanung einschreibt, deuten an, dass dem Konstrukt ‚Mußeraum Stadtwald' idyllische Konzeptionen zugrunde liegen.

Gleichzeitig mündet die Nähe des Konstruktes ‚Mußeraum Wald' zur Stadt in ein Paradoxon: Während die räumliche Verbindung von Stadt und Wald urbane Bedürfnisse ‚vor der Haustüre' befriedigen kann, kann sie gleichzeitig die Ursache dafür sein, dass diese Bedürfnisse aufgrund von Überfüllung nicht befriedigt werden, und zwar vermutlich gerade dann, wenn das Mußebedürfnis der Bevölkerung, bspw. durch Urbanisierungsprozesse, steigt. Aufgrund des Wechselspiels von Abhängigkeit und Abkopplung vom Urbanen werden Stadtwälder, wenn sie als Mußeraum wahrgenommen werden, zu heterotopen Räumen, in denen sich die Ansprüche der Bevölkerung nach Rückzug zeigen und gleichzeitig auf deren Ursprung, also die überfüllten, industrialisierten und von alltäglichen Pflichten geprägten Städte zurückverweisen. Auch hier liefert die Untersuchung des primär freizeitlich genutzten Grunewalds Erkenntnisse. Zwar ist eine Erholungsfunktion des Waldes intendiert, abgesehen von einer räumlichen Veränderung kann ein temporärer individueller Rückzug aufgrund der Frequentierung und der demografischen Durchmischung jedoch nur schwer stattfinden. Wenn eine Abkehr von „städtischem Gepränge" nicht oder nur teilweise möglich ist, verringert sich das spannungsreiche Verhältnis zwischen Stadt und Wald und damit abschließend auch das mußeförderliche Potential des Waldes.

Literatur

Albrecht, Wolfgang, „Durchs ‚malerische und romantische' Deutschland. Wanderliteratur der Biedermeier- und Vormärzepoche", in: Albrecht (Hg.), *Wanderzwang – Wanderlust. Formen der Raum- und Sozialerfahrung zwischen Aufklärung und Frühindustrialisierung* (Hallesche Beiträge zur Europäischen Aufklärung, Bd. 11), Tübingen 1999, 215–238.

Althaus, Joachim, „Bürgerliche Wanderlust. Anmerkungen zur Entstehung eines Kultur- und Bewegungsmusters", in: Wolfgang Albrecht (Hg.), *Wanderzwang – Wanderlust. Formen der Raum- und Sozialerfahrung zwischen Aufklärung und Frühindustrialisierung* (Hallesche Beiträge zur Europäischen Aufklärung, Bd. 11), Tübingen 1999, 25–43.

Ammer, Ulrich/Pröbstl, Ulrike, *Freizeit und Natur. Probleme und Lösungsmöglichkeiten einer ökologisch verträglichen Freizeitnutzung* (Pareys Studientexte, Bd. 72), Hamburg/Berlin 1991.

Barth, Dieter, *Zeitschrift für Alle. Das Familienblatt im 19. Jahrhundert. Ein sozialhistorischer Beitrag zur Massenpresse in Deutschland,* Münster 1974.

Behm, Hans Wolfgang, *Zehntausend Jahre Grunewald. Die Natur- und Entwicklungsgeschichte eines großstadtnahen Forstes,* Berlin 1957.

Böschenstein-Schäfer, Renate, *Idylle,* 2., durchges. und erg. Aufl. (Realien zur Literatur: Poetik, Bd. 63), Stuttgart 1977.

Borgemeister, Bettina, *Die Stadt und ihr Wald. Eine Untersuchung zur Waldgeschichte der Städte Göttingen und Hannover vom 13. bis zum 18. Jahrhundert* (Veröffentlichungen der Historischen Kommission für Niedersachsen und Bremen, Bd. 228), Hannover 2005.

Burckhardt, Lucius, *Warum ist Landschaft schön? Die Spaziergangswissenschaft,* hg. v. Markus Ritter u. Martin Schmitz, 4. Aufl., Berlin 2015 (zuerst 2004).

Burger, Roland/Hilt, Jerg, „Kommunaler Körperschaftswald. Bürgerwald und Wirtschaftsbetrieb", in: Otto Depenheuer/Bernhard Möhring (Hg.), *Waldeigentum. Dimensionen und Perspektiven* (Bibliothek des Eigentums, Bd. 8), Heidelberg 2010, 349–369.

Curtius, Ernst Robert, *Europäische Literatur und lateinisches Mittelalter,* 11. Aufl., Tübingen 1993 (zuerst 1948).

Ensinger, Kerstin/Wurster, Matthias/Selter, Andy u. a., „‚Eintauchen in eine andere Welt'. Untersuchung über Erholungskonzepte und Erholungsprozesse im Wald", in: *Allgemeine Forst- und Jagdzeitung* 184 (2013), 69–82.

Figal, Günter, „Die Räumlichkeit der Muße", in: Burkhard Hasebrink/Peter Philipp Riedl (Hg.), *Muße im kulturellen Wandel. Semantisierungen, Ähnlichkeiten, Umbesetzungen* (linguae & litterae, Bd. 35), Berlin/Boston 2014, 26–33.

Figal, Günter/Keiling, Tobias, „Das raumtheoretische Dreieck. Zu Differenzierungen eines phänomenologischen Raumbegriffs", in: Günter Figal/Hans W. Hubert/Thomas Klinkert (Hg.), *Die Raumzeitlichkeit der Muße* (Otium. Studien zur Theorie und Kulturgeschichte der Muße, Bd. 2), Tübingen 2016, 9–28.

Gimmel, Jochen/Keiling, Tobias, *Konzepte der Muße,* unter Mitarbeit von Joachim Bauer, Günter Figal, Sarah Gouda u. a., Tübingen 2016.

Härdter, Ulf, *Waldbesitzer in Deutschland zwischen Tradition und Moderne. Eine Untersuchung der neuen Eigentümerstruktur im Kontext gesellschaftlicher Entwicklungstrends* (Freiburger Schriften zur Forst- und Umweltpolitik, Bd. 6), Remagen-Oberwinter 2004.

Hasel, Karl/Schwartz, Ekkehard, *Forstgeschichte. Ein Grundriß für Studium und Praxis*, 3., erw. u. verb. Aufl., Remagen-Oberwinter 2006.

Heinritz, Günter, „Der Stadtwald als Naherholungsraum – Beispiel Weißenburg", in: Hanns-Hubert Hofmann (Hg.), *Städtisches Grün in Geschichte und Gegenwart* (Veröffentlichungen der Akademie für Raumforschung und Landesplanung. Forschungs- und Sitzungsberichte, Bd. 101), Hannover 1975, 125–132.

Hellpach, Willy, *Geopsyche. Die Menschenseele unter dem Einfluß von Wetter und Klima, Boden und Landschaft*, 6., verb. Aufl., Stuttgart 1950 (zuerst 1911).

Hennebo, Dieter, *Geschichte des Stadtgrüns von der Antike bis in die Zeit des Absolutismus* (Geschichte des Stadtgrüns, Bd. 1), 2., bearb. u. erw. Aufl., Hannover/Berlin 1979.

Hirschfeld, Christian Cay Lorenz, *Theorie der Gartenkunst*, Gesamtausgabe, Bd. 4, Leipzig 1782.

Jenal, Corinna, *„Das ist kein Wald, Ihr Pappnasen!". Zur sozialen Konstruktion von Wald* (RaumFragen: Stadt – Region – Landschaft), Wiesbaden 2019.

Kaschuba, Wolfgang, „Die Fußreise. Von der Arbeitswanderung zur bürgerlichen Bildungsbewegung", in: Hermann Bausinger/Klaus Beyrer/Gottfried Korff (Hg.), *Reisekultur. Von der Pilgerfahrt zum modernen Tourismus*, 2. Aufl., München 1999 (zuerst 1991), 165–173.

Kehn, Wolfgang, *Christian Cay Lorenz Hirschfeld 1742–1792. Eine Biographie* (Grüne Reihe, Bd. 15), Worms 1992.

Klinkert, Thomas, „Der arkadische Chronotopos als Manifestationsform von Muße und die Selbstreflexivität der Dichtung bei Iacopo Sannazaro", in: Günter Figal/Hans W. Hubert/Thomas Klinkert (Hg.), *Die Raumzeitlichkeit der Muße* (Otium. Studien zur Theorie und Kulturgeschichte der Muße, Bd. 2), Tübingen 2016, 83–108.

Leibundgut, Hans, *Wirkungen des Waldes auf die Umwelt des Menschen* (Wir und die Umwelt), Erlenbach-Zürich 1975.

Lepenies, Wolf, *Melancholie und Gesellschaft. Mit einer neuen Einleitung: Das Ende der Utopie und die Wiederkehr der Melancholie*, 3. Aufl., Frankfurt a. M. 2006 (zuerst 1969).

Löfgren, Orvar, „Natur, Tiere und Moral. Zur Entwicklung der bürgerlichen Naturauffassung", in: Utz Jeggle/Hermann Bausinger (Hg.), *Volkskultur in der Moderne – Probleme und Perspektiven empirischer Kulturforschung*, Reinbek bei Hamburg 1986, 122–144.

Mantel, Kurt, *Wald und Forst in der Geschichte. Ein Lehr- und Handbuch*, unter Mitarbeit von Dorothea Hauf, Alfeld/Hannover 1990.

N.N., „Die Jagden des Kaisers", in: *Die Gartenlaube – Illustrirtes Familienblatt* 8 (1874), 130–134, in: *Wikisource*, https://de.wikisource.org/wiki/Die_Jagden_des_Kaisers, abgerufen am 24.10.2019.

Nevermann, Friedrich Theodor, *Almanach aller um Hamburg liegenden Gärten. In 2 Abschnitte: zuförderst ihrer Lage aus jedem Thor; und dann ein Namensverzeichnis derer resp. Bewohner*, Hamburg 1792.

Piepmeier, Rainer, „Das Ende der ästhetischen Kategorie ‚Landschaft'", in: *Westfälische Forschungen* 30 (1980), 8–46.

Ritter, Joachim, *Landschaft. Zur Funktion des Ästhetischen in der modernen Gesellschaft. Rede bei der feierlichen Übernahme des Rektoramtes am 16. November 1962* (Schriften der Gesellschaft zur Förderung der Westfälischen Wilhelms-Universität zu Münster, Bd. 54), Münster 1963.

Rousseau, Jean-Jacques, „Émile ou De l'éducation", in: Œuvres complètes, Bd. 4, hg. v. Bernard Gagnebin u. Marcel Raymond, Paris 1969 (zuerst 1762), 240–960.

Schmidt, Uwe E., „Die Stadt und ihr Wald in der Geschichte", in: *Freiburger Universitätsblätter* 196 (2012), 33–44.

Schriewer, Klaus, „Die Gesichter des Waldes. Zur volkskundlichen Erforschung der Kultur von Waldnutzern", in: *Zeitschrift für Volkskunde* 94/1 (1998), 71–90.

Schriewer, Klaus, *Natur und Bewusstsein. Ein Beitrag zur Kulturgeschichte des Waldes in Deutschland,* Münster/New York 2015.

Soeffner, Hans-Georg, „Muße – Absichtsvolle Absichtslosigkeit", in: Burkhard Hasebrink/ Peter Philipp Riedl (Hg.), *Muße im kulturellen Wandel. Semantisierungen, Ähnlichkeiten, Umbesetzungen* (linguae & litterae, Bd. 35), Berlin/Boston 2014, 34–53.

Stockinger, Claudia, *An den Ursprüngen populärer Serialität. Das Familienblatt Die Gartenlaube*, Göttingen 2018.

Theilemann, Wolfram G., *Adel im grünen Rock. Adliges Jägertum, Großprivatwaldbesitz und die preußische Forstbeamtenschaft 1866–1914* (Elitenwandel in der Moderne, Bd. 5), Berlin 2009.

Touristen-Club für die Mark Brandenburg, *Fontane's Führer durch die Umgegend von Berlin. Teil IV Grunewald*, Berlin 1894.

Uz, Johann Peter, *Lyrische Gedichte*, Berlin 1749.

Walden, Hans, „Der Weg zum Erholungswald – das Beispiel Hamburg", in: Albrecht Lehmann/Klaus Schriewer (Hg.), *Der Wald – ein deutscher Mythos? Perspektiven eines Kulturthemas* (Lebensformen, Bd. 16), Berlin/Hamburg 2000, 99–115.

Walden, Hans, *Stadt – Wald. Untersuchungen zur Grüngeschichte Hamburgs* (Beiträge zur hamburgischen Geschichte, Bd. 1) Hamburg 2002.

Wilson, Jeffrey K., „,Waldverwüster' und Waldverliebte. Der Konflikt um den Berliner Grunewald (1860–1920)", in: Ursula Breymayer/Bernd Ulrich (Hg.), *Unter Bäumen. Die Deutschen und der Wald* (Deutsches Historisches Museum), Dresden/Berlin, 216–221.

Urbane Muße und kreative Einbildungskraft bei E. T. A. Hoffmann

Ricarda Schmidt

In E. T. A. Hoffmanns Kreislerianum Nr. 3 mit dem Titel *Gedanken über den hohen Wert der Musik*, zuerst 1812 in der Leipziger *Allgemeinen Musikalischen Zeitung* (=AMZ) erschienen (dann 1814 in der Erzählsammlung *Fantasiestücke in Callot's Manier*), findet sich die folgende Bestimmung über die Aufgabe der Kunst, vorgebracht von Hoffmanns Alter ego Johannes Kreisler:

> Der Zweck der Kunst überhaupt ist doch kein anderer, als, dem Menschen eine angenehme Unterhaltung zu verschaffen, und ihn so von den ernstern, oder vielmehr den einzigen ihm anständigen Geschäften, nämlich solchen, die ihm Brod und Ehre im Staat erwerben, auf eine angenehme Art zu zerstreuen, so daß er nachher mit gedoppelter Aufmerksamkeit und Anstrengung zu dem eigentlichen Zweck seines Daseins zurückkehren, d. h. ein tüchtiges Kammrad in der Walkmühle des Staats sein, und (ich bleibe in der Metapher) haspeln und sich trillen lassen kann.[1]

Kreisler spricht hier natürlich nicht mit eigener Stimme, sondern im Medium der Satire denunziert er das angeblich banausische utilitaristische Kunstverständnis der Bourgeoisie. Kunst diene dem Bürgertum nur als Mittel zur Regeneration, um danach umso besser als Rädchen im mechanischen Getriebe des Staates fungieren zu können, der als Walkmühle alle Fasern (der Leser mag sich hier Menschen als Untertanen vorstellen) zu einem festen einförmigen Stoff verarbeite, in dem individuelle Fäden nicht mehr zu identifizieren seien. In diesem Verständnis ist Kunst gerade *nicht* mit kreativer Muße assoziiert, laut Peter Philipp Riedls Definition „ein freies Verweilen in der Zeit jenseits von Zweckrationalismus und Utilitarismus"[2], das neue Perspektiven eröffnet, sondern vielmehr mit gedankenloser Unterhaltung, die die Stabilität des Status quo garantiert. Das, was die Erzählung dagegen positiv als Aufgabe der Kunst

---

[1] E. T. A. Hoffmann, „Gedanken über den hohen Wert der Musik", in: Hoffmann, *Fantasiestücke in Callot's Manier. Werke 1814*, Sämtliche Werke in sechs Bänden, Bd. 2/1, hg. v. Hartmut Steinecke u. a., Frankfurt a. M. 1993, 45–52, 45 f. Sämtliche Nachweise zu Hoffmanns Texten beziehen sich auf diese Werkedition; sie werden mit der Sigle H, gefolgt von der Bandnummer und der Seitenzahl gegeben.

[2] Peter Philipp Riedl, „Rastlosigkeit und Reflexion. Zum Verhältnis von *vita activa* und *vita contemplativa* in Goethes Festspiel *Pandora* (1808)", in: Gregor Dobler/Peter Philipp Riedl (Hg.), *Muße und Gesellschaft* (Otium. Studien zur Theorie und Kulturgeschichte der Muße, Bd. 5), Tübingen 2017, 243–265, 245.

vermitteln will, wird in diesem Fantasiestück ironischerweise „unglücklichen Schwärmern" und „Wahnsinnigen" (H 2/1, 49) in den Mund gelegt: „Sie meinen nämlich, die Kunst ließe dem Menschen sein höheres Prinzip ahnen und führe ihn aus dem törigten Tun und Treiben des gemeinen Lebens in den Isistempel, wo die Natur in heiligen, nie gehörten und doch verständlichen Lauten mit ihm spräche." (H 2/1, 49)

Mit Hannah Arendt könnte man die hier formulierte Aufgabe der Kunst als die Umkehr der Entwicklungstendenz modernen Lebens bezeichnen, nämlich als das Ermöglichen eines temporären Austretens aus der in der Moderne dominierenden *vita activa* in die *vita contemplativa*.³ Die evozierten Signifikanten des Sakralen, des Kontrastes zwischen Hohem und Gemeinem, des Naturzusammenhangs und Rätselhaften machen ihre Teilhabe an der romantischen Kunstreligion kenntlich, die spirituelle Sinngebung in einem über das Mechanische und Individuelle hinausgehenden kosmischen Naturzusammenhang stiften wollte und eine spirituelle Umkehrung gesellschaftlicher Werte und Normen anstrebte. An diesem gesellschaftsverändernden Anspruch der romantischen Kunstreligion wird also das von Ralf Konersmann angesprochene dialektische Umschlagen der Kontemplation von Ruhe zu Unruhe deutlich.⁴ Während aber viele romantische Künstler versuchten, in ihren Werken eine Entwicklung zum vollendeten Künstler zu zeichnen (man denke an Novalis' *Heinrich von Ofterdingen* oder an Tiecks *Franz Sternbald*), ist es für Hoffmanns Werk charakteristisch, dass er Künstlerfiguren in allen Schattierungen zwischen dem vom Bürgertum erwünschten Zerstreuungskünstler einerseits und dem esoterischen Genie des Isistempels andererseits gestaltet. Vor allem stellt Hoffmann seine Protagonisten immer wieder vor verschiedene Probleme, an denen sie als Künstler entweder wachsen oder scheitern, und er verlagert die Textaussage in die oft Rätsel aufgebende Struktur seiner Erzählungen, statt sie dem Leser durch eine realistische Zentralgestalt oder einen auktorialen Erzähler zur Identifikation anzubieten. Aus dem prismatischen Spektrum von Hoffmanns Künstlergestalten werde ich mich hier auf einige Beispiele konzentrieren, bei denen verschiedene Formen urbaner Muße eine entscheidende Rolle in der Entwicklung des Künstlers bzw. der Konzeption von Kunst spielen. Dabei werde

---

³ Vgl. Hannah Arendt, *The Human Condition*, Chicago 1958.
⁴ Vgl. Ralf Konersmann, *Die Unruhe der Welt*, Frankfurt a. M. 2015, 30: „Die Kontemplation ist ein Ideal, das sich, sobald ihm entsprochen wird, selbst untergräbt. [...] Denken, so die sokratisch-platonische Einsicht, ist Handeln, ist ein Vorstoß, der das allgemein Geglaubte rücksichtslos in Frage stellt und ihm allein dadurch, und *vor* der Entscheidung über Recht und Unrecht, die Grundlage entzieht." Das Ideal der Kontemplation werde über sich selbst hinausgedrängt: „Die Eigenlogik des theoretischen Weltbezugs bewirkt, dass die etymologisch auf das *Schauen* verpflichtete Theorie nun selbst zum Herd der Unruhe wird. Indem sie den Erkenntnistugenden zunächst des Staunens, dann der Neugierde und schließlich der Kritik nachgab, verstrickte sie sich immer weiter in die Phänomenwelt der Unruhe und fand sie zuletzt an sich selbst bestätigt" (31).

ich fragen, unter welchen Bedingungen Muße eine positive oder negative Rolle spielt, inwiefern der Ort die Art der dargestellten Muße prägt und welche Erkenntnisse durch Muße gewonnen werden.

Hoffmanns erste Erzählung *Ritter Gluck*, deren Untertitel „Eine Erinnerung aus dem Jahre 1809" auf ihre Entstehungszeit verweist (der Text erschien zuerst am 15.2.1809 in der *AMZ*), spielt überwiegend im Tiergarten in Berlin, zu dem, von Unter den Linden her, „eine lange Reihe, buntgemischt – Elegants, Bürger mit der Hausfrau und den lieben Kleinen in Sonntagskleidern, Geistliche, Jüdinnen, Referendare, Freudenmädchen, Professoren, Putzmacherinnen, Tänzer, Offiziere u.s.w. [...] ziehen" (H2/1, 19). Diese Einleitung lässt, lange vor der in der Forschung üblichen Verwendung des Flaneurbegriffs für die Zeit seit dem zweiten Drittel des 19. Jahrhunderts, besonders bezogen auf Paris, einen Flaneur erwarten, sofern man darunter jemanden versteht, der die für eine Großstadt so typischen unterschiedlichen Klassen von Menschen beobachtet und aus deren Nebeneinander am gleichen Ort vielleicht soziologisch relevante Schlüsse zieht. Doch wird bald deutlich, dass der Ich-Erzähler zwar ein scharfer Beobachter ist, dass aber seine Interessen mehr nach innen als nach außen, mehr auf Kunst als auf gesellschaftliche Fragestellungen gerichtet sind. Insofern könnte man vielleicht hier von einem romantischen Berliner Vorgänger des Pariser Flaneurs sprechen.

Im gut besuchten Gartencafé Klaus und Weber sucht er sich gezielt einen Tisch im Randbereich des Cafés nahe der Heerstraße aus, von dem aus er die Tiergartenbesucher beobachten kann, ohne sich von dem „kakophonischen Getöse" (H2/1, 19) des Caféhausorchesters allzu sehr gestört zu fühlen. Statt jedoch seine Aufmerksamkeit den „Kommenden und Gehenden" (H2/1, 19) zu widmen, dienen sie ihm nur als Kulisse, vor der er sich

dem leichten Spiel meiner Fantasie [überlassen kann], die mir befreundete Gestalten zuführt, mit denen ich über Wissenschaft, über Kunst, über alles, was dem Menschen am teuersten sein soll, spreche. Immer bunter und bunter wogt die Masse der Spaziergänger bei mir vorüber, aber nichts stört mich, nichts kann meine fantastische Gesellschaft verscheuchen. Nur das verwünschte Trio eines höchst niederträchtigen Walzers reißt mich aus der Traumwelt. (H2/1, 19 f.)

Der Ich-Erzähler nutzt also die Muße am Caféhaustisch nicht zur Konfrontation mit der unmittelbaren Gegenwart, sondern zu Introspektion, Imagination, Traum. Inmitten eines belebten Cafés ist er von einer imaginären Gesellschaft umgeben, in die er so versunken ist, dass „von mir unbemerkt, an demselben Tisch ein Mann Platz genommen hat, der seinen Blick starr auf mich richtet, und von dem nun mein Auge nicht wieder los kommen kann" (H2/1, 20). Durch die explizite Evokation der Traumwelt des Erzählers wird natürlich für den Leser fraglich, ob das angeblich unmittelbar auf das Erwachen folgende Wahrnehmen des Unbekannten an seinem Tisch tatsächlich in der Wirklichkeit geschieht oder vielleicht doch auch noch zum Traum gehört. Gerade die Großstadtsituation eines belebten Cafés, an dem viele unbekannte Passanten vorbeiziehen, erlaubt es, ein Schwanken zwischen wirklichen und fantasierten Menschen zu insinuieren. Vor allem in einer großen Stadt ist auch ein Caféhausorchester vorstellbar, dessen schlechte Musik den Erzähler unsanft aus seinen Fantasien weckt und zum Anlass eines Gespräches mit dem Unbekannten wird. In diesem Dialog fungiert der Unbekannte als musikalischer Experte, der dem zwar musikalisch interessierten, aber eher in Konventionen verhafteten Ich-Erzähler neue Perspektiven eröffnet. Dem musikalisch nur mittelmäßig begabten Ich-Erzähler gedeiht durch seine Gespräche mit dem geheimnisvollen Musikkenner eine Musikerziehung an, die Schwächen in den zeitgenössischen musikalischen Diskursen bloßlegt, besonders was die Aufführung und Beurteilung der Werke Glucks betrifft.

Neben dem Café sowie den Straßen Berlins als Orten der Muße, an denen Begegnungen stattfinden oder imaginiert werden, durch die künstlerische Reevaluierung vermittelt werden kann, ist für den Erfolg der kreativen Einbildungskraft noch etwas anderes entscheidend: die über einen langen Zeitraum hinweg erworbene Kennerschaft in einem bestimmten Bereich.[5] Der geheimnisvolle Fremde erweist sich als intimer Kenner von Glucks Werk, von seinen Kritikern, seiner Aufführungspraxis und von Kompositionstheorie überhaupt. Zwischen dem Gespräch im Tiergartencafé und der letzten Begegnung vor dem Theater im Zentrum liegen Monate, in denen der Ich-Erzähler die Kritik des Unbekannten reflektiert. Die Legitimität dieser Kritik wird am Ende der Erzählung auf fantastische Weise beglaubigt und zugleich in Frage gestellt: Nach einem atemberaubend schönen Spiel von Glucks *Armida* auf dem Flügel stellt sich der Unbekannte im letzten Satz der Erzählung als Ritter Gluck vor – ein Musiker, der zur Zeit der Erzählung schon über 20 Jahre tot war. Diese Selbstidentifizierung entspricht zwar dem musikalischen Genie des Unbekannten und wertet seine Kritik am Berliner Musikbetrieb auf, aber sein Realitätsstatus wird

---

[5] Die Zeitdimension der Muße spielt auch eine zentrale Rolle bei einem anderen von Hoffmanns Flaneuren, nämlich dem Ich-Erzähler Theodor in *Das öde Haus*, dessen Hauptbeschäftigung in einem ganzen in Berlin verbrachten Sommer darin bestand, die Straßen zu durchstreifen und sich von Kunst, Gebäuden und Menschen inspirieren zu lassen: „Nie war ich heitrer, und meiner alten Neigung, oft allein durch die Straßen zu wandeln, und mich an jedem ausgehängten Kupferstich, an jedem Anschlagzettel zu ergötzen, oder die mir begegnenden Gestalten zu betrachten, ja wohl manchem in Gedanken das Horoskop zu stellen, hing ich hier mit Leidenschaft nach, da nicht allein der Reichtum der ausgestellten Werke der Kunst und des Luxus, sondern der Anblick der vielen herrlichen Prachtgebäude unwiderstehlich mich dazu antrieb." (H3, 165). Theodors Faszination gilt besonders den Merkwürdigkeiten des öden Hauses Unter den Linden. Sie zieht sich von Beobachtung über Erkundungen bis zum schließlichen Aufschluss über die seltsame Bewandtnis mit diesem Haus über mehrere Monate hin und demonstriert, wie zentral die Zeitdimension und das Erwerben von Kennerschaft für die Qualität der kreativen Muße ist.

fraglich und hat zu unzähligen verschiedenen Interpretationen geführt.⁶ Ein gewitzter Leser der *AMZ* kann zu der Erkenntnis kommen, dass der Autor Hoffmann sich in dieser Erzählung in zwei Figuren aufgespalten hat, von denen er keine ganz selber ist, die aber in ihrem Zusammenspiel zwischen Genie und begabtem Novizen Hoffmanns ernst gemeinte Kritik am Berliner Musikbetrieb auf spielerische und fantastische Weise zum Ausdruck bringen: der etwas naive Ich-Erzähler steht sozusagen in der Mitte zwischen dem musikbegeisterten Autor und den im musikalischen Sinne als Laien konzipierten Leser*innen. Gleichzeitig müssen Leser*innen die Autorität des Lehrenden als fiktional, d. h. als imaginär und dennoch berechtigt, anerkennen, um aus den geschilderten Begegnungen zwischen dem Ich-Erzähler und dem Unbekannten, die eine Großstadt an den institutionalisierten Orten der Muße wie Café und Theater (vgl. H2/1, 28) bietet, Schlüsse zu ziehen, die ihre eigene Wahrnehmung und Wertung musikalischer Praxis verändern.

Als Beispiel eines gescheiterten Künstlers sei auf die wohl berühmteste Erzählung Hoffmanns verwiesen, den *Sandmann*. Der Student und angehende Dichter Nathanael befindet sich nicht in der Situation eines Flaneurs, sondern eines Voyeurs. Im Haus genau gegenüber von Professor Spalanzani untergebracht, blickt er „aus seinem Fenster gerade hinein in das Zimmer [...], wo oft Olimpia einsam saß, so, daß er ihre Figur deutlich erkennen konnte, wiewohl die Züge des Gesichts undeutlich und verworren blieben" (H3, 34). Mit Hilfe eines vom Wetterglashändler Coppola erworbenen Perspektivs kann er endlich die Schönheit von Spalanzanis Tochter Olimpia sehen, die ihn in ihren Bann schlägt: „Nathanael lag wie festgezaubert im Fenster, immer fort und fort die himmlisch-schöne Olimpia betrachtend" (H3, 36), „und konnte nicht los von Olimpia's verführerischem Anblick" (H3, 37). Hier ist also das der Muße inhärente Moment der Freiheit in Zwang pervertiert. Darüber hinaus wird das von Nathanael für besonders wertvoll Gehaltene als bloßer Schein entlarvt, denn die durch Namen und Adjektiv mit dem Göttlichen assoziierte Olimpia entpuppt sich als Automat, auf dessen leere spiegelblanke Oberfläche Nathanael seine Sehnsüchte projiziert. Neben Nathanaels frühkindlicher Prägung durch den unheimlichen Sandmann Coppelius sowie möglichen feindlichen Einflüssen von außen trägt zu dieser Projektion mit katastrophalen Folgen vor allem Nathanaels Weigerung bei, sich mit anderen Meinungen über Olimpia auseinanderzusetzen, d. h. seinen Enthusiasmus mit Besonnenheit zu modifizieren.

Komplementär zu Nathanael, der sich dem Dialog mit seiner Verlobten Clara und seinem Freund Siegmund verweigert, hat Hoffmann einen anderen Künstler geschaffen, der sozusagen als geheilter Nathanael seine Obsession erfolgreich in

---

⁶ Vgl. meine detaillierte Auseinandersetzung mit den verschiedenen Leseweisen dieser Erzählung in Ricarda Schmidt, *Wenn mehrere Künste im Spiel sind. Intermedialität bei E. T. A. Hoffmann*, Göttingen 2006, 21–55.

den Griff bekommt. Theodor in *Das öde Haus,* anfangs ein Flaneur in Berlin, dem unter den Prachtgebäuden in Unter den Linden ein verwahrlostes Haus auffällt, dessen Geschichte er zu ergründen sucht, wird dabei zum Voyeur. Mit Hilfe eines Spiegels beobachtet er in diesem Haus eine schöne Frauengestalt. Im Gegensatz zu Nathanael jedoch erkennt Theodor mit Rekurs auf wissenschaftliche Literatur sein Verhalten als Obsession und bekämpft diese mit Hilfe ärztlichen Beistandes durch Geselligkeit. Während *Der Sandmann* die Ursachen des tödlichen Endes in der Schwebe lässt und die Leser*innen vor die Aufgabe stellt, sie aus der Struktur der Erzählung mit wechselnder Fokalisierung zu erschließen, wird im *Öden Haus* didaktisch direkter, aber literarisch weniger interessant, sowohl ein Weg zur Heilung positiv vorgeführt als auch die übersinnliche Wahrnehmungsfähigkeit des Protagonisten beglaubigt.[7]

Im Hauptteil meines Aufsatzes möchte ich Hoffmanns letzte Erzählung *Des Vetters Eckfenster* im Hinblick auf eine weitere Permutation in der Darstellung von urbaner Muße diskutieren. Auch diese 1822 in der Zeitschrift *Der Zuschauer* veröffentlichte Erzählung spielt in Berlin und handelt, wie *Ritter Gluck,* von zwei Figuren im Kunstgespräch, deren Ich-Erzähler wiederum die jüngere unbedarftere Figur ist, die von einem älteren und erfahreneren Künstler, hier einem Schriftsteller, lernt.[8] In beiden Erzählungen ist also der Ich-Erzähler weit von dem Wissen und den Erfahrungen des Autors Hoffmann entfernt, wenn auch *Des Vetters Eckfenster* in der Erstveröffentlichung durch die Unterschrift „Mitgetheilt v. E.T.A. Hoffmann" (vgl. H6, 1413) eine Identifikation von Hoffmann und Ich-Erzähler zu suggerieren scheint. Doch sind tatsächlich beide Vettern als Refraktionen des Autors zu lesen. Im Gegensatz zum Schillern der Figur des Unbekannten in *Ritter Gluck,* die das Fantastische evoziert, ist in *Des Vetters Eckfenster* der ältere Vetter durch Wohnlage, Krankheit, schriftstellerische Tätigkeit und Selbstironie sehr eng mit dem Autor verbunden[9] und als Vetter des Ich-Erzählers scheinbar sogar genealogisch in der Wirklichkeit verankert. Der Ort des Gesprächs ist vom Rand ins Zentrum Berlins gerückt und von der Öffentlichkeit eines Cafés und der Straße in die Privatheit der Wohnung des Vetters: „meines Vetters Logis [liegt] in dem schönsten Teile der Hauptstadt, nämlich auf dem

---

[7] Vgl. Ricarda Schmidt, „Der Dichter als Fledermaus bei der Schau des Wunderbaren. Die Poetologie des rechten dichterischen Sehens in Hoffmanns *Der Sandmann* und *Das öde Haus*", in: Richard J. Kavanagh (Hg.), *Mutual Exchanges. Sheffield-Münster Colloquium I,* Frankfurt a.M. 1999, 180–192.

[8] Vgl. dagegen die meiner Leseweise entgegengesetzte Interpretation des *jüngeren* Vetters als „sehr literarisch gebildet" und der artistischen Erzeugnisse des *älteren* Vetters als mittelmäßig bei Robert McFarland, „Ein Auge welches (Un)wirklich(es) schaut. *Des Vetters Eckfenster* und E.T.A. Hoffmanns Ansichten von Berlin", in: *E.T.A. Hoffmann-Jahrbuch* 13 (2005), 98–116, 106. Nicht der ältere, sondern der jüngere Vetter ist laut McFarland die Leitfigur der Erzählung, die „einen Einblick in ein modernes urbanes Schauen" (111) biete.

[9] Vgl. Wulf Segebrecht, *Heterogenität und Integration. Studien zu Leben, Werk und Wirkung E.T.A. Hoffmanns,* Frankfurt a.M. 1996, 126–130.

großen Markte, der von Prachtgebäuden umschlossen ist, [...] und aus dem Fenster eines kleinen Kabinets übersieht er mit einem Blick das ganze Panorama des grandiosen Platzes." (H6, 469)

Der grandiose Platz ist auf Grund der beschriebenen Kirchen und des Theatergebäudes als der Gendarmenmarkt zu entziffern. Was die beiden Vettern beobachten, sind die Besucher des unter dem Fenster gelegenen Marktes. Weil der schriftstellernde ältere Vetter gelähmt ist (wie Hoffmann selbst zur Zeit der Arbeit an der Erzählung), können die Vettern sich nicht in den Sog des Betriebes begeben, wie es die Protagonisten in Hoffmanns sonstigen Erzählungen immer tun. Für den einen von ihnen ist also das Beobachten des Marktgeschehens ein Akt erzwungener urbaner Muße. Der Ich-Erzähler hat sich in der Vergangenheit an der Unterhaltung des Vetters erfreut, bis dieser durch seine Krankheit in Melancholie verfällt: Seine Kreativität versiegt, und er verweigert jeglichen Kontakt. Die Erzählung setzt ein, als der ältere Vetter diese Melancholie überwunden hat, und zwar eben durch den Blick aus seinem Fenster. Dies ist sein „Trost, hier ist mir das bunte Leben auf's Neue aufgegangen, und ich fühle mich befreundet mit seinem niemals rastenden Treiben" (H6, 471). An dieser durch den Blick aus dem Fenster erwachsenen neuen Lebensfreude will der ältere den jüngeren Vetter teilhaben lassen. Doch der jüngere Vetter gewinnt beim Blick auf den Markt nur „den Eindruck eines großen, vom Winde bewegten, hin und her wogenden Tulpenbeets" (H6, 471), das ihn ermüdet und schwindlig macht. Während manche moderne Leser*innen in dieser Wahrnehmung (trotz der negativen physischen Reaktion des jüngeren Vetters auf sie) vielleicht eine impressionistische Kunstpraxis positiv antizipiert sehen, bewertet der ältere Vetter sie als Mangel an „Schriftstellertalent" (H6, 471). Unter Schriftstellertalent versteht der ältere Vetter vor allem die Fähigkeit, hinter die Oberfläche des Sichtbaren zu schauen und Motive, Bezüge, Verborgenes, also Sinn zu konstituieren. Das lässt sich aus seiner Absicht entnehmen, des jüngeren Vetters Wahrnehmung „eines scheckigten, Sinn verwirrenden Gewühls des in bedeutungsloser Tätigkeit bewegten Volks" (H6, 471) korrigieren zu wollen. Für den älteren Vetter steht also das Volk als Objekt der Wahrnehmung im Zentrum, nicht das Wahrnehmen von Farben (obwohl sie die Konzentration auf einzelne Gestalten in der Menge unterstützen). Der gelähmte Vetter gewinnt dem Markt durch kreatives Schauen Sinn ab als „mannigfachste Szenerie des bürgerlichen Lebens" (H6, 471). Die künstlerischen Mängel des jüngeren Vetters und Ich-Erzählers (die sich auch daran erweisen, dass er über das schriftstellerische Werk seines älteren Vetters nicht zu urteilen weiß: „ich verstehe mich nicht darauf" [H6, 468]), ermöglichen dem kranken älteren Vetter, ihm gegenüber eine Autoritätsposition einzunehmen. Bei dem Versuch, dem Ich-Erzähler „wenigstens die Primitien der Kunst zu schauen" (H6, 471) beizubringen, nimmt der gelähmte Vetter ein „Glas" – ein Teleskop oder Fernglas – zu Hilfe, um einzelne Menschen genauer anzuschauen. Während aber im *Sandmann* und im *Öden Haus* optische

Instrumente eine fantastische Verzerrung des Blicks bewirken, dient das Glas hier nur der Isolierung und Vergrößerung einzelner Szenen aus dem Gesamtzusammenhang, die wegen der Krankheit des älteren Vetters sonst nicht genauer untersucht werden könnten. Über das, was der gelähmte Vetter in diesem Text durch die Art seines Schauens dem jüngeren Vetter ästhetisch vermittelt und was uns in Form der Ich-Erzählung des jüngeren Vetters als Vermächtnis des älteren Vetters vorliegt, sind die Meinungen geteilt und reichen von der Abwertung als Biedermeier[10], der Auseinandersetzung mit der im 18. Jahrhundert entwickelten Physiognomik[11], über Antizipation des Realismus[12], Vorausweisung auf die Montagetechnik[13], bis zur Beanspruchung als Urszene der Moderne[14].

---

[10] Vgl. Walter Benjamin, „Über einige Motive bei Baudelaire", in: Benjamin, *Gesammelte Schriften*, Bd. I.2, hg. v. Rolf Tiedemann/Hermann Schweppenhäuser, Frankfurt a. M. 1974, 605–653.

[11] Vgl. Walter Benjamin, „Das dämonische Berlin", in: *Mitteilungen der E.T.A. Hoffmann-Gesellschaft* 31 (1985), 1–5. In diesem einer Folge von Rundfunksendungen für Jugendliche in den Jahren 1929–1932 entstammenden Text stellt Benjamin Hoffmann positiver dar als in „Über einige Motive bei Baudelaire". Er reiht ihn in die Tradition der Physiognomiker ein: „Wie ihr vielleicht gehört habt, nennt man Leute, die anderen Menschen am Gesicht, oder am Gang, oder an den Händen, oder an der Kopfform ihren Charakter oder ihren Beruf oder sogar ihr Schicksal ansehen, Physiognomiker. So war Hoffmann weniger ein Seher als ein Anseher. Das ist nämlich die gute deutsche Übersetzung von Physiognomiker. Und ein Hauptgegenstand seines Ansehens war Berlin, die Stadt und die Menschen, die in ihr wohnten" (3). Vgl. auch Günter Oesterle, „E.T.A. Hoffmann: Des Vetters Eckfenster. Zur Historisierung ästhetischer Wahrnehmung oder Der kalkulierte romantische Rückgriff auf Sehmuster der Aufklärung", in: *Der Deutschunterricht* 39.1 (1987), 84–110; Jörn Steigerwald, *Die fantastische Bildlichkeit der Stadt. Zur Begründung der literarischen Fantastik im Werk E.T.A. Hoffmanns*, Würzburg 2001, 252–318; Stephan Pabst, „Ein ‚märchenhaftes Kängeruh'. Physiognomik und Poetologie in E.T.A. Hoffmann *Des Vetters Eckfenster*", in: *Athenäum. Jahrbuch für Romantik* 14 (2004), 109–128; McFarland, „Ein Auge welches (Un)wirklich(es) schaut. *Des Vetters Eckfenster* und E.T.A. Hoffmanns Ansichten von Berlin", 98–116.

[12] Vgl. Hans Mayer, „Die Wirklichkeit E.T.A. Hoffmanns. Ein Versuch", in: Mayer, *Von Lessing bis Thomas Mann. Wandlungen der bürgerlichen Literatur in Deutschland*, Pfullingen 1959, 198–246; Karl Riha, „E.T.A. Hoffmann, Des Vetters Eckfenster", in: Steven Scher (Hg.), *Zu E.T.A. Hoffmann*, Stuttgart 1981, 172–181.

[13] Vgl. Ulrich Stadler, „Die Aussicht als Einsicht. Zu E.T.A. Hoffmanns später Erzählung *Des Vetters Eckfenster*", in: *Zeitschrift für deutsche Philologie* 105 (1986), 498–515.

[14] Vgl. Gerhard Neumann, „Ausblicke. E.T.A. Hoffmanns letzte Erzählung *Des Vetters Eckfenster*", in: Neumann (Hg.), *„Hoffmanneske Geschichte". Zu einer Literaturwissenschaft als Kulturwissenschaft*, Würzburg 2005, 223–242, 237: „Die Konstellation von Sehen und Erzählen setzt das Drama des Repräsentationsparadoxes in Szene; ja sie *ist* dieses Paradox und damit die Urszene jener Mimesis des Unähnlichen, die die Moderne mehr und mehr zu prägen beginnt." Neumann situiert Hoffmanns Geschichte „an jenem brisanten Punkt der Geschichte der Wirklichkeitsdarstellung [...], wo eine Mimesis des Unähnlichen in den Blick kommt, die sich in zwei entgegengesetzte Richtungen des Imaginären entwickelt: die Phantastik und die Abstraktion; zwei Modi, die man inzwischen gern einer Poetik der Virtualität und ihrer Vermittlung der Wahrnehmung durch technische Medien zuschlägt. Sie bilden die modernste Variante des Repräsentationsparadoxes, auf das Hoffmanns Erzählung *Des Vetters Eckfenster* vielleicht zum ersten Male aufmerksam gemacht hat." (242)

Walter Benjamin hat das, was der ältere Vetter beschreibt, als „Biedermeier" und „[e]rbauliche Sprüche"¹⁵ abgetan. Er misst Hoffmann an der modernen Massendarstellung eines Baudelaire oder Edgar Allan Poe und attestiert ihm, literarisch keineswegs auf der Höhe seiner Zeit gewesen zu sein. Er führt das primär politisch und soziologisch auf die rückständige deutsche Lage zurück:

> Man kann den Text als einen Versuch ansehen, dessen Veranstaltung fällig zu werden begann. Es ist aber klar, daß er in Berlin unter Bedingungen unternommen wurde, die sein volles Gelingen vereitelten. Hätte Hoffmann Paris oder London je betreten, wäre er auf die Darstellung einer Masse als solcher aus gewesen, so hätte er sich nicht an einen Markt gehalten; er hätte nicht die Frauen beherrschend ins Bild gestellt; er hätte vielleicht die Motive aufgegriffen, die Poe der im Gaslicht bewegten Menge abgewinnt.¹⁶

Dass Benjamins progressiv intendierte Perspektive auf Hoffmann gleichzeitig patriarchalischen Werten verhaftet ist und von der Literatur eine Widerspiegelung der Realität erwartet, wie sich in seiner Kritik an der dominanten Darstellung von Frauen in *Des Vetters Eckfenster* zeigt, ist ein Symptom für die widersprüchliche Komplexität jeglicher Positionalität, die oft erst aus der Distanz deutlich wird.

Günter Oesterle dagegen sieht in der Erzählung eine Beobachtungsschulung, die an die Physiognomik des 18. Jahrhunderts anschließe, die Manieren Callots, Hogarth' und Chodowieckis mische, dadurch vielfältige Hypothesen zu einer einzigen Person erlaube und „implizit gegen die sich polizeistaatlicher Maßnahmen bedienende Restauration und für die Fortsetzung der preußischen Reformpolitik Steins und Hardenbergs"¹⁷ plädiere:

> *Des Vetters Eckfenster* erhält seine Sonderstellung *nicht* als frühealistisches Einzelstück im Gegensatz zur Phantastik des übrigen Werkes Hoffmanns, sondern nur insofern, als es die Hierarchie der im Gesamtwerk in Spannung stehenden Richtungen verlagert. Statt der produktiven Einbildungskraft, vor der Aufklärer als überhitzter Einbildungskraft warnen, ist nun, autobiographisch, ästhetisch und politisch motiviert, dominant eine kombinatorisch spekulierende, die sich dem Gespräch, der Mitteilung öffnet. Die subjektive, monologische, auf Schrift fixierte Imagination des einsamen Romantikers tritt zurück gegenüber der geselligen Kommunikation, dem kombinatorischen Spiel, die Erscheinungen des sogenannten „bunten Lebens" auf ihren sozialen Gehalt hin zu durchschauen.¹⁸

Wie ich an Hoffmanns erster Erzählung zu zeigen versucht habe, ist aber auch Hoffmanns Frühwerk nicht das Ergebnis überhitzter Einbildungskraft, sondern bringt gezielt Imagination und Ratio in ein anderes Gleichgewicht als gemeinhin

---

¹⁵ Benjamin, „Über einige Motive bei Baudelaire", 629.
¹⁶ Benjamin, „Über einige Motive bei Baudelaire", 629.
¹⁷ Oesterle, „E.T.A. Hoffmann: Des Vetters Eckfenster. Zur Historisierung ästhetischer Wahrnehmung oder Der kalkulierte romantische Rückgriff auf Sehmuster der Aufklärung", 104.
¹⁸ Oesterle, „E.T.A. Hoffmann: Des Vetters Eckfenster. Zur Historisierung ästhetischer Wahrnehmung oder Der kalkulierte romantische Rückgriff auf Sehmuster der Aufklärung", 110.

üblich. Hoffmanns Frühwerk ist auch nicht monologisch, sondern bereits dialogisch und kommunikativ. Allerdings geht es in seinem Frühwerk eher um die Kommunikation über den Stellenwert, die Funktion und Leistungsfähigkeit der Kunst als um soziale Fragen. In seiner letzten Erzählung dagegen widmet sich Hoffmann der Frage, wie die Literatur auf die Wirklichkeit reagieren kann und sollte. Es geht auch um die Frage, was die Literatur hinter der Oberfläche des Wahrgenommenen zeigen kann. Dabei verwendet die Erzählung die für Hoffmanns gesamtes Werk charakteristische intermediale und imaginative Vorgehensweise. Doch das für Hoffmann so charakteristische Fantastische, Unheimliche, Ambivalente, die Grenzen zwischen Innen und Außen in Frage Stellende fehlt in *Des Vetters Eckfenster*. Klaus Kanzog hat kürzlich die von Günter Oesterle bereits erkannte politische Stoßrichtung der Erzählung gegen die Restauration unter Friedrich Wilhelm III. und für politischen Liberalismus überzeugend präzisiert und in einen nicht nur autobiographischen, sondern auch juristischen und politischen Kontext gestellt durch den Bezug des in der Erzählung auffälligen Volksbegriffs auf den von Hoffmanns Jugendfreund Theodor Gottlieb von Hippel verfassten Aufruf „An mein Volk". Hippel hatte diesen Aufruf im März 1813 dem preußischen König vorgeschlagen und für ihn verfasst.[19] Der Aufruf konzipiert ein Bündnis zwischen König und Volk gegen Napoleon. Die Opferbereitschaft und der Ehrbegriff des Volkes, an die der Aufruf appellierte, wurden allerdings nach dem Sieg über Napoleon von Friedrich Wilhelm III. nicht belohnt. Vielmehr verfolgte der preußische König freiheitliche Bestrebungen als demagogische Umtriebe. Hoffmann widersetzte sich als Jurist den Versuchen der Rechtsbeugung, wurde aber marginalisiert. Seine literarische Satire auf das rechtswidrige Vorgehen des preußischen Polizeichefs Karl Albert von Kamptz in *Meister Floh* führte zur Zensur der anstößigen Teile dieses Märchens und zur Einleitung eines Disziplinarverfahrens gegen Hoffmann. Seine Vernehmung, die wegen seiner Lähmung zu Hause stattfinden musste, die Abfassung seiner Verteidigungsschrift sowie der von Hoffmann als traumatisch empfundene Abschied seines Jugendfreundes Hippel aus Berlin fielen alle in die Zeit unmittelbar vor oder während Hoffmanns Arbeit an seiner letzten Erzählung. In ihrem Zusammenwirken resultieren diese Faktoren in einer Erzählung, die sich auf das politische Zeitgeschehen sowie vor allem eine Analyse des Volksbegriffs konzentriert.

Der Volksbegriff rahmt Anfang (H6, 471) und Ende (H6, 496) des Dialogs mit dem älteren Vetter ein. Aus der Art, wie der gelähmte Vetter die Aufmerksamkeit des Ich-Erzählers auf verschiedene Aspekte des Volkes unter dem Fenster lenkt, wird deutlich, dass er das Marktgeschehen bereits über einen längeren Zeitraum beobachtet und reflektiert hat. Seine Krankheit hat ihm offenbar Muße

---

[19] Vgl. Klaus Kanzog, „*narratio – probatio – argumentatio*. Zur Rhetorik in E.T.A. Hoffmanns *Des Vetters Eckfenster*," in: *E.T.A. Hoffmann-Jahrbuch* 26 (2018), 31–41, hier bes. 36–41. Vgl. König Friedrich Wilhelm III., „An mein Volk!", in: http://www.documentArchiv.de/nzjh/preussen/1813/an-mein-volk_friedrich-wilhelmIII-aufruf.html, abgerufen am 04.06.2019.

ermöglicht, die sich durch den offenen Zeithorizont der Wahrnehmung, die Verbindung von Intensität und Iteration beim Beobachten, das Verweilenkönnen gerade aufgrund der Krankheit, die den Beobachter geradezu zum sehenden, geistigen Flanieren zwingt, auszeichnet. So kennt er die Frau mit den „spitzen Ellenbogen" (H6, 472) und verallgemeinert sie zum Typus „die rabiate Hausfrau" (H6, 473), die sozial unter ihrem Stande geheiratet hat und nun ihrem Mann mit ihrer hausfraulichen Tüchtigkeit das Leben schwermacht. Er weiß, welche Händlerinnen bis dahin stets feindselig neben einander gesessen haben (H6, 474) und vermutet, dass jetzt Hohn und Verleumdung dritter sie einander näherbringen. Er hat über vier Wochen hinweg beobachtet, wie sich das Geschäft einer „besonnen[n] Handelsfrau" (H6, 475) vergrößert hat, ohne dass sie sich „zu Stolz und Übermut" (H6, 475) habe verleiten lassen. An einem blinden Kriegsinvaliden demonstriert der gelähmte Vetter sowohl mangelnde staatliche Unterstützung als auch die Großzügigkeit gerade der ärmsten Berliner sowie die Knauserigkeit der Wohlhabenderen (H6, 487–490). D. h. lange, genaue und unsentimentale Beobachtung ermöglicht dem gelähmten Vetter, sowohl Schwächen als auch Stärken aus kleinen, unscheinbaren Details zu deduzieren. Dennoch wird neben dem rational zu Deduzierenden auch das Imaginäre betont, wenn der gelähmte Vetter über die gleiche Gestalt auf dem Markt erst die Hypothese aufstellt, er sei ein geiziger, zynischer deutscher Zeichenmeister, dann ein geselliger, gemütlicher französischer Pastetenbäcker (H6, 484–486). Vergangene Marktbeobachtungen werden ebenfalls evoziert (die den Vetter in seiner Autoreneitelkeit ironisierende Geschichte vom Blumenmädchen und die der gerade nicht anwesenden Köhlerfamilie, vgl. H6, 479–482 und 491–493). An die Beobachtung, wie die Händlerinnen auf dem Markt einen gewaltsamen Streit unterbinden, schließt der gelähmte Vetter die dezidiert politische Aussage an, dass ihn seine

Beobachtungen des Marktes in der Meinung bestärkt [haben], daß mit dem berliner Volk, seit jener Unglücksperiode, als ein frecher, übermütiger Feind das Land überschwemmte, und sich vergebens mühte, *den* Geist zu unterdrücken, der bald wie eine gewaltsam zusammengedrückte Spiralfeder mit erneuter Kraft emporsprang, eine merkwürdige Veränderung vorgegangen ist. Mit Einem Wort: das Volk hat an äußerer Sittlichkeit gewonnen (H6, 494).

Durch seine Arbeit in der Berliner Immediat-Untersuchungs-Kommission gegen demagogische Umtriebe, die nach den Karlsbader Beschlüssen von Friedrich Wilhelm III. eingesetzt worden war, um politische Forderungen nach Demokratie zu kriminalisieren und gerichtlich zu unterdrücken, war Hoffmann besonders mit den Methoden des Polizeichefs Karl Albert von Kamptz bekannt geworden. Aus unscheinbaren Sätzen in Briefen und Tagebüchern der Verdächtigen konstruierte Kamptz „Beweise" für geplante verbrecherische Aktivitäten. Hoffmanns satirische Darstellung des Albert von Kamptz als Knarrpanti in *Meister Floh* war, wie erwähnt, der preußischen Zensur zum Opfer gefallen und erst 1906 wieder entdeckt worden.[20] In dieser Dialogerzählung nutzt der Autor die durch seine Krankheit erzwungene Muße, um in seinen scheinbar harmlosen Beobachtungen des Wochenmarktes vor seinem Fenster etwas von seinen zensierten politischen Ansichten an die Öffentlichkeit zu schmuggeln: die von Friedrich Wilhelm III. angeordnete und von Kamptz ausgeführte exzessive Überwachung des Volkes ist nicht nötig, weil das Volk gar keinen gewaltsamen Umsturz plant und etwaige drohende Gewalttaten selbst unterbindet.

Doch der in Muße gewonnene Volksbegriff des gelähmten Vetters richtet sich nicht nur gegen das volksfeindliche Verhalten des Königs nach den Karlsbader Beschlüssen und evoziert den positiven Volksbegriff, den Hoffmanns Freund Hippel in dem für Friedrich Wilhelm III. verfassten „Aufruf an mein Volk" entwickelt hatte, sondern er richtet sich auch gegen den vom König verfolgten Turnvater Jahn. Hoffmann hat ihn zwar entsprechend den Rechtsprinzipien verteidigt, dass nur Taten, aber keine Gesinnungen strafbar sein können. Doch stimmte Hoffmann mit Jahns Gesinnungen durchaus nicht überein.[21] Jahns Vorstellung von deutschem Volkstum besteht in einer auf die Vergangenheit projizierten Idealisierung: „Immer mehr verschwindet durch eigene Sündenschuld unsere Volksthümlichkeit, oder die Deutschheit: So müssen wir wenigstens in einer Benennung die Rückerinnerung an das verlorne Ebenbild bewahren."[22] Jahn beruft sich in seiner Definition deutschen Volkstums auf Redewendungen und Stereotypen:

Der Name Deutsch war bis zu den neuesten Unglücksfällen, ein Beehrungswort. „Ein Deutscher Mann", „das war Deutsch gesprochen", „ein Deutsches Wort", „ein Deutscher Händedruck", „Deutsche Treue", „Deutscher Fleiß", – alle diese Ausdrücke zielen auf unser festgegründetes, wenn freilich nicht mit prunkendem Außenschein hervorstechendes Volksthum. Vollkraft, Biederkeit, Gradheit, Abscheu der Winkelzüge, Rechtlichkeit, und

---

[20] Vgl. zur satirischen Behandlung von Kamptz in *Meister Floh*: Ricarda Schmidt, „Literarische Rechtsfälle und politische Legitimität: Zur Bedeutung der Diskrepanz zwischen dem Gesetz und seiner Anwendung bei Heinrich von Kleist und E. T. A. Hoffmann für die Konstituierung von nationaler Identität", in: *Heilbronner Kleist-Blätter* 28 (2016), 158–178.

[21] In *Kater Murr* (in zwei Bänden 1819 und 1821 erschienen) persifliert Hoffmann bereits die von Turnvater Jahn inspirierten Burschenschaften in den aggressiven Trinkgelagen der Katzenburschenschaften. Jahns rückwärtsgewandte Idealisierung deutschen Volkstums, wie sie sich etwa in der Formulierung ausdrückt, „nicht fremde Arznei, unsere eigenen Hausmittel genügen" (Friedrich Ludwig Jahn, *Deutsches Volksthum*, Lübeck 1810, 14, in: https://archive.org/details/DeutschesVolkstum/page/n1, abgerufen am 12.06.2019), verspottet Hoffmann in der Verwendung von Urin als Hausmittel in der Wundbehandlung eines im Duell verletzten Katers: „Der Bunte sank wie ohnmächtig nieder indem das Blut reichlich aus der tiefen Wunde hervorquoll. Die hellgraue Katze eilte sogleich auf ihn zu und bediente sich um vor dem Verbande das Blut einigermaßen zu stillen, eines Hausmittels, das wie Muzius versicherte, ihr stets zu Gebote stand, da sie es immer bei sich führte. Sie goß nehmlich sofort eine Flüssigkeit in die Wunde und besprengte überhaupt den Ohnmächtigen ganz und gar damit, die ich ihres scharfen beizenden Geruchs halber für stark und drastisch wirkend halten mußte. Thedenische Arquebusade war es nicht, auch nicht Eau de Cologne." (H5, 296)

[22] Jahn, *Deutsches Volksthum*, 9.

das ernste Gutmeinen, waren seit einem Paar Jahrtausenden die Kleinode unsers Volksthums, und wir werden sie auch gewiß durch alle Weltstürme bis auf die späteste Nachwelt vererben.[23]

Einerseits besteht Jahn, scheinbar liberal, auf der Multiplizität von Volkstümlichkeit:

> Ein allgemeingültiges Musterbild für alles und jedes Volk hat es nicht gegeben, und kann es nicht, und soll es auch nicht geben. Darum ist jedes verlöschende Volksthum ein Unglücksfall für die Menschheit, ein Verlust für die Geschichte, und eine unausfüllige Lücke. In Einem Volke kann sich der Adel der Menschheit nicht einzig aussprechen, sondern in Allen mit Allen.[24]

Andererseits sieht er die sogenannte „Ursprünglichkeit"[25] je spezifischer Volkstümlichkeit als einen Wert, der gegen historischen Wandel und vor allem gegen jede Vermischung mit anderen Völkern reingehalten werden muss. Rassistisches Denken und eine Naturalisierung sozialer und linguistischer Gegebenheiten dienen ihm als Argumentationsmuster für ein „reines" Volkstum: „Das Spanische Sprichwort: ‚Traue keinem Maulesel und keinem Mulatten' ist sehr treffend, und das Deutsche ‚nicht Fisch, nicht Fleisch' ist ein warnender Ausdruck. Je reiner ein Volk, je besser; je vermischter, je bandenmäßiger."[26] Verworren in seinem Denken, behauptet Jahn – in einer Vermischung von Metaphern aus den Bereichen von Religion, Kriegswesen, Geographie, Linguistik, Spiritualität, Naturwissenschaften und Anthropologie – eine in der Natur verankerte Ewigkeit von Volkstümlichkeit:

> Volksthum ist eines Schutzgeists Weihungsgabe, ein unerschütterliches Bollwerk, die einzige natürliche Gränze. Die Natur hat diese Völkerscheide selbst aus natürlichen Beschaffenheiten erbaut, fortwürkend durch die Zeit wieder gebildet, durch die Sprache benannt, mit der Schrift befestigt, und in den Herzen und Geistern verewigt.[27]

Gleichzeitig jedoch beklagt Jahn eine Veränderung des deutschen Volkscharakters und macht es sich zur Aufgabe, Vorschläge zu unterbreiten, um Deutschtum gegen „Ausländerei"[28] zu bewahren, u. a. durch Vermeiden von Fremdwörtern[29], durch das Eliminieren von Mode und Ziersucht zugunsten einer von allen zu tragenden (doch nach Alter, Familienstand, Geschlecht differenzierten) Volkstracht[30], durch das Verbot anderssprachiger Erzieherinnen in der Mädchen-

---

[23] Jahn, *Deutsches Volksthum*, 10.
[24] Jahn, *Deutsches Volksthum*, 29.
[25] Jahn, *Deutsches Volksthum*, 29.
[26] Jahn, *Deutsches Volksthum*, 26.
[27] Jahn, *Deutsches Volksthum*, 31.
[28] Jahn, *Deutsches Volksthum*, 325.
[29] Jahn, *Deutsches Volksthum*, 374.
[30] Jahn, *Deutsches Volksthum*, 327–332.

ausbildung[31]. Er bedient sich hortikultureller Metaphorik, um eine nationale Auffassung von (Volks)Erziehung zu propagieren:

> Der Baum wächst von unten hinauf, der Staat vom sogenannten Volk oder großen Haufen in die Höhe. Veredelte Stämme pflanzen sich nicht wieder veredelt fort, man muß bei ihren Abkömmlingen eben so gut wieder in der Baumschule anfangen. Im Volk, oder gemeinen Mann, artet die Urkraft des Volks nach; so hat jedes Feuer immer unterwärts seinen Heerd. Politur ist nicht Cultur, und Überbildung ein Sodomsapfel von lieblicher äußerlicher Gestalt, und innerer Asche, so in die Augen fliegt.[32]

Auf diese reaktionäre und illiberale Deutschtümelei bezieht sich der scharfe Einspruch des alten Vetters:

> Sieh, lieber Vetter, wie jetzt dagegen der Markt das anmutige Bild der Wohlbehaglichkeit und des sittlichen Friedens darbietet. Ich weiß, enthusiastische Rigoristen, hyperpatriotische Aszetiker eifern grimmig gegen diesen vermehrten äußern Anstand des Volks, indem sie meinen, daß mit dieser Abgeschliffenheit der Sitte auch das Volkstümliche abgeschliffen werde und verloren gehe. Ich meines Teils bin der festen, innigsten Überzeugung, daß ein Volk, das sowohl den Einheimischen, als den Fremden nicht mit Grobheit oder höhnischer Verachtung, sondern mit höflicher Sitte behandelt, dadurch unmöglich seinen Karakter einbüßen kann. (H6, 496)

So biedermeierlich die positiv konnotierten Begriffe wie Wohlbehaglichkeit, sittlicher Frieden, Anstand, höfliche Sitte heute auch scheinen mögen, so waren sie doch im Diskursgeflecht der Zeit sowohl gegen die Angst von Friedrich Wilhelm III. vor gewaltsamen Veränderungen gerichtet, die zu Rechtsbeugungen gegen politisch aktive Menschen führte, als auch gegen die wirren, reaktionären, sich in dirigistischen Vorschriften verlierenden, doch die Studentenschaft inspirierenden Vorschläge Friedrich Ludwig Jahns. Mit seinem gegen beide Extreme argumentierenden Vetter hat Hoffmann nicht nur dem historischen Aufruf seines Freundes Hippel ein Denkmal gesetzt, sondern aus der erzwungenen Muße im Blick auf den Marktplatz auch einen Volksbegriff entwickelt, der Komplexität, Widersprüchlichkeit und Selbstregulierung beinhaltet – also zukunftsträchtige Elemente.

Aus den hier diskutierten Erzählungen Hoffmanns lässt sich die Schlussfolgerung ziehen, dass Muße dann erfolgreich neue Perspektiven eröffnet, wenn die subjektive Versenkung, die Zeitvergessenheit, in genauer Kenntnis des Gegenstands resultiert, auf den sich das freie Verweilen in der Zeit richtet. Verkennung der Wirklichkeit und das Beharren auf Projektionen dagegen führen zum Scheitern des Protagonisten. Die vom Status quo abweichende Position muss sich im Gespräch, in Auseinandersetzung mit anderen Meinungen, in der Dialogizität, beweisen. Die Großstadt bietet mit ihren Orten des öffentlichen Lebens (Straßen, Cafés, Theater, Marktplätzen, Kunstausstellungen) ein

---

[31] Jahn, *Deutsches Volksthum*, 257.
[32] Jahn, *Deutsches Volksthum*, 69.

besonders vielfältiges Feld sowohl zur Beobachtung bunten Lebens, d.h. Diversität, als auch zur Diskussion der in Muße gefundenen neuen Perspektiven. Imagination als auch Ratio müssen in höchster Potenz vorhanden sein und in einem spannungsvollen Gleichgewicht stehen. Kein Wunder, dass die Handlung in Hoffmanns Texten so oft in Städten spielt. Hoffmanns Perspektive richtet sich aber immer auf den Einzelnen, der in Beziehung zu seiner Umgebung gesetzt wird, nicht auf die Masse als solche.

Literatur

Arendt, Hannah, *The Human Condition*, Chicago 1958.
Benjamin, Walter, „Über einige Motive bei Baudelaire", in: Benjamin, *Gesammelte Schriften*, Bd. I.2, hg. v. Rolf Tiedemann/Hermann Schweppenhäuser, Frankfurt a. M. 1974.
Benjamin, Walter, „Das dämonische Berlin", in: *Mitteilungen der E. T. A. Hoffmann-Gesellschaft* 31 (1985), 1–5.
Friedrich Wilhelm III., „An mein Volk!", in: http://www.documentArchiv.de/nzjh/preussen/1813/an-mein-volk_friedrich-wilhelmIII-aufruf.html , abgerufen am 04.06.2019.
Hoffmann, E. T. A., *Sämtliche Werke in sechs Bänden*, hg. v. Hartmut Steinecke/Wulf Segebrecht u. a., Frankfurt a. M. 1985–2004.
Jahn, Friedrich Ludwig, *Deutsches Volksthum*, Lübeck 1810, in: https://archive.org/details/DeutschesVolkstum/page/n1, abgerufen am 12.06.2019.
Kanzog, Klaus, „*narratio – probatio – argumentatio*. Zur Rhetorik in E. T. A. Hoffmanns Des Vetters Eckfenster," in: *E. T. A. Hoffmann-Jahrbuch* 26 (2018), 31–41.
Konersmann, Ralf, *Die Unruhe der Welt*, Frankfurt a. M. 2015.
Mayer, Hans, „Die Wirklichkeit E. T. A. Hoffmanns. Ein Versuch", in: Mayer, *Von Lessing bis Thomas Mann. Wandlungen der bürgerlichen Literatur in Deutschland*, Pfullingen 1959, 198–246.
McFarland, Robert, „Ein Auge welches (Un)wirklich(es) schaut. Des Vetters Eckfenster und E. T. A. Hoffmanns Ansichten von Berlin", in: *E. T. A. Hoffmann-Jahrbuch* 13 (2005), 98–116.
Neumann, Gerhard, „Ausblicke. E. T. A. Hoffmanns letzte Erzählung Des Vetters Eckfenster", in: Neumann (Hg.), *„Hoffmanneske Geschichte". Zu einer Literaturwissenschaft als Kulturwissenschaft*, Würzburg 2005, 223–242.
Oesterle, Günter, „E. T. A. Hoffmann: Des Vetters Eckfenster. Zur Historisierung ästhetischer Wahrnehmung oder Der kalkulierte romantische Rückgriff auf Sehmuster der Aufklärung", in: *Der Deutschunterricht* 39.1 (1987), 84–110.
Pabst, Stephan, „Ein ‚märchenhaftes Kängeruh'. Physiognomik und Poetologie in E. T. A. Hoffmann Des Vetters Eckfenster", in: *Athenäum. Jahrbuch für Romantik* 14 (2004), 109–128.
Riedl, Peter Philipp, „Rastlosigkeit und Reflexion. Zum Verhältnis von *vita activa* und *vita contemplativa* in Goethes Festspiel Pandora (1808)", in: Gregor Dobler/Peter Philipp Riedl (Hg.), *Muße und Gesellschaft* (Otium. Studien zur Theorie und Kulturgeschichte der Muße, Bd. 5), Tübingen 2017, 243–265.

Riha, Karl, „E.T.A. Hoffmann, *Des Vetters Eckfenster*", in: Steven Scher (Hg.), *Zu E.T.A. Hoffmann*, Stuttgart 1981, 172–181.

Schmidt, Ricarda, „Der Dichter als Fledermaus bei der Schau des Wunderbaren. Die Poetologie des rechten dichterischen Sehens in Hoffmanns *Der Sandmann* und *Das öde Haus*", in: Richard J. Kavanagh (Hg.), *Mutual Exchanges. Sheffield-Münster Colloquium I*, Frankfurt a.M. 1999, 180–192.

Schmidt, Ricarda, *Wenn mehrere Künste im Spiel sind. Intermedialität bei E.T.A. Hoffmann*, Göttingen 2006.

Schmidt, Ricarda, „Literarische Rechtsfälle und politische Legitimität: Zur Bedeutung der Diskrepanz zwischen dem Gesetz und seiner Anwendung bei Heinrich von Kleist und E.T.A. Hoffmann für die Konstituierung von nationaler Identität", in: *Heilbronner Kleist-Blätter* 28 (2016), 158–178.

Segebrecht, Wulf, *Heterogenität und Integration. Studien zu Leben, Werk und Wirkung E.T.A. Hoffmanns*, Frankfurt a.M. 1996.

Stadler, Ulrich, „Die Aussicht als Einsicht. Zu E.T.A. Hoffmanns später Erzählung *Des Vetters Eckfenster*", in: *Zeitschrift für deutsche Philologie* 105 (1986), 498–515.

Steigerwald, Jörn, *Die fantastische Bildlichkeit der Stadt. Zur Begründung der literarischen Fantastik im Werk E.T.A. Hoffmanns*, Würzburg 2001.

Urbane Muße und Mobilier urbain im Paris des 19. Jahrhunderts

Eine objektorientierte Betrachtung

Salvatore Pisani

Die ‚Wiederkehr der Dinge'

Mit einem Augenzwinkern könnte man die durchgreifende Neuregulierung und -gestaltung des öffentlichen Raumes in Paris – in deren Geschichte wir die Genese der urbanen Muße stellen – ins Jahr 1843 datieren. Als nämlich die kommunale Administration unter dem Präfekten Claude-Philibert Barthelot de Rambuteau 468 Urinoirs aufstellen ließ und damit das Urinieren an Hauswände, Haustüren, Zeitungskioske, Bäume usw. zum Delikt erhob.[1] Seitdem sollte das unschickliche (männliche) Geschäft im öffentlichen Raum, das bis heute kaum der Sympathien verdächtig ist, hinter den Sichtblenden der gusseisernen Urinoirs vollzogen und sein ‚Produkt' auf dafür vorgesehenem Weg direkt in den Untergrund geleitet werden.[2] Aus der administrativen Maßnahme lässt sich ableiten, dass die neuartigen Artefakte, zu denen neben Urinoirs auch Sitzbänke, Litfaßsäulen, Straßenlaternen, Kioske, Parkeinzäunungen u.a.m. gehörten, ein zivilisiertes Verhalten einforderten und dabei den urbanen Raum als Rechts- wie auch Muße-Raum (mit)definierten.[3]

Die Auseinandersetzung mit Objektkultur, die in den Sozial- und Kulturwissenschaften seit den 2000er Jahren eine immense Konjunktur feiert, zeigt eine Reihe von Besonderheiten, die sie für die Analyse des Sozialen tauglich macht. Neue Brisanz verlieh den Dingen die Vorstellung, dass sie besonders ‚tatkräftig' an der Hervorbringung des Sozialen selbst mitwirkten, also nicht mehr allein ‚Dekor' des Sozialen waren und ausschließlich dem System der

---

[1] Zu den sogenannten „Colonnes de Rambuteau" vgl. Claude Maillard, *Les vespasiennes de Paris ou les précieux édicules*, Paris 1967, 24–31.

[2] Die Urinoirs selbst sind wiederum Teil der im 19. Jahrhundert ‚erfundenen' Stadthygiene; vgl. S[ydney] G[eorge] Checkland, „Die Lebensbedingungen in den Städten", in: Rudolf Braun u.a. (Hg.), *Gesellschaft in der industriellen Revolution* (Neue wissenschaftliche Bibliothek, Bd. 56), Köln 1973, 259–266 und speziell zu Paris: Johannes Willms, *Paris. Hauptstadt Europas 1789–1914*, München 1988, 30–37 und 275–299.

[3] Vgl. Angelika Siehr, *Das Recht am öffentlichen Raum. Theorie des öffentlichen Raums und die räumliche Dimension von Freiheit*, Tübingen 2016.

Bedeutungen und Zeichen angehören.⁴ Dieser Denkansatz sollte den Dingen ihren in den älteren Akteurstheorien unterschlagenen Eigensinn restituieren, ihre sogenannte *agency*.⁵ Behauptet wird seither, dass Dinge nicht nur einfach da sind und sich neutral verhalten. Vielmehr wird ihnen die Rolle eines Apriori eingeräumt. Das Dingliche kommt uns sozusagen stets zuvor und interveniert in die soziale, ja selbst die gedankliche Welt. Für Letzteres ist Nietzsches Aussage gegenüber seinem Freund und Sekretär Heinrich Köselitz paradigmatisch: „Sie haben recht – Unser Schreibzeug arbeitet mit an unseren Gedanken".⁶ Die Mittel des Schreibens selbst, im Falle des ‚Meisterdenkers' Nietzsche Schreibfeder und Schreibmaschine, modellieren das Denken in der Weise, dass sie zu dinglichen Mitkonstituenten des Gedankens erklärt werden.⁷ Wir gehen in Analogie dazu davon aus, dass es im urbanen Raum u. a. der Mobilier urbain ist, der die Abläufe und Aktionen, bevor wir überhaupt handeln, steuert und choreographiert. Objekte vermögen dies zu leisten, weil ihnen ein Präskript eingetragen ist. Diese Vor-Schrift ist dabei grundsätzlich nicht verhandelbar.⁸ Das sich als Angebot kaschierende Gebot lässt sich besonders an Handlungsfiguren greifen, die sich dem Präskript widersetzen. Zur Illustration sei eine bekannte Fotografie von Brassaï herangezogen, die einen im nächtlichen Paris auf das Straßenpflaster urinierenden Mann zeigt, obgleich hinter ihm ein Urinoir steht.⁹ Der durch den Fotografen *in flagranti* ertappte ‚Delinquent' ist die Mise en scène einer Zuwiderhandlung und als solche ironischer Kommentar im Hinblick auf die Autorität der öffentlichen Hand, deren – um in der Metaphorik zu bleiben – verlängerter Arm

---

⁴ Wortführer des Diskurses ist Bruno Latour, der den Dingen als Mitspieler eines sozialen Geschehens eine nachhaltige Aufmerksamkeit verliehen hat. Vgl. Bruno Latour, *Der Berliner Schlüssel. Erkundungen eines Liebhabers der Wissenschaften*, Berlin 1996 und ders., „From Realpolitik to Dingpolitik or How to Make Things Public", in: Bruno Latour/Peter Weibel (Hg.), *Making Things Public. Atmospheres of Democracy*, Karlsruhe/Cambridge, Mass. 2005, 14–41.
⁵ Zur aktuellen Debatte um den sogenannten spekulativen Realismus in Philosophie und Kunst vgl. Magdalena Marszałek/Dieter Mersch, „Seien wir realistisch. Einleitung", in: Marszałek/Mersch (Hg.), *Seien wir realistisch. Neue Realismen und Dokumentarismen in Philosophie und Kunst*, Zürich 2016, 7–37.
⁶ Vgl. Christof Windgätter, „„Und dabei kann immer noch was verloren gehen! –'. Eine Typologie feder- und maschinenschriftlicher Störungen bei Friedrich Nietzsche", in: Davide Giuriato/Martin Stingelin/Sandro Zanetti (Hg.), *„Schreibkugel ist ein Ding gleich mir: von Eisen". Schreibszenen im Zeitalter der Typoskripte*, München 2005, 49–74, 71.
⁷ So wird Nietzsches Lakonik mitunter auf seine Schreibutensilien zurückgeführt, eben die kratzende Stahlfeder und die behäbige Tastatur der Schreibmaschine, vgl. Windgätter, „„Und dabei kann immer noch was verloren gehen! –'". Zur Abhängigkeit von Schreiben und bedingter Mechanik ergänzend: Catherine Viollet, „Mechanisches Schreiben, Tippräume. Einige Vorbedingungen für eine Semiologie des Typoskripts", in: Giuriato/Stingelin/Zanetti (Hg.), *„Schreibkugel ist ein Ding gleich mir: von Eisen"*, 21–47.
⁸ Zu diesem Gedankenmodell vgl. Martina Heßler, *Kulturgeschichte der Technik*, Frankfurt a. M. 2012, 80 f.
⁹ Vgl. Brassaï, Vespasienne, um 1930. Paris, Centre Pompidou, Inv.-Nr. AM1997-168. https://www.photo.rmn.fr/C.aspx?VP3=SearchResult&IID=2C6NU0RVVOOO

das Urinoir ist. Entscheidend für unseren Zusammenhang ist die dem Artefakt eigene Nicht-Verhandelbarkeit, jene Form struktureller Gewalt, die sich, statt durch Akteure zu exponieren, in dinglichen Anordnungen (diskret) formatiert.[10]

Objekte sind aber mehr als Verbotsschilder, die allein die Zurichtung und Normierung von Praxis regulieren, sie eröffnen gerade auch neue Handlungs- und Spielräume. Dem Stadtmobiliar wohnt diese Duplizität inne, die ein Dazwischen von Unruhe und Ruhe, Aktivität und Passivität produziert. So verwandelt das Heer von Straßenlaternen die Seine-Metropole in einen vibrierenden, nachtaktiven Stadtraum und zugleich bildet es nicht zuletzt im Verbund mit Sitzbänken, Kiosken und Alleebäumen auch Haltemarken und Nischen aus, welche den Strom der Passanten zerteilen, drosseln und bändigen.[11] Indem der Mobilier urbain im Paris des 19. Jahrhunderts vor allem entlang der Bordsteinkanten aufgereiht wurde, wo die Enfilade der Objekte einen Raum eigenen Rechts ausbildete, den sogenannten Alignement, implementierte sich in den Fließraum des Trottoirs eine eigene Infrastruktur der Langsamkeit. Diesen Raum hat der Beschleunigungskritiker Paul Virilio im Sinn, wenn er für die beginnende Spätmoderne die zunehmende „Verknappung von Zwischenräumen im Gewebe der Stadt" diagnostizierte.[12]

Im Zuge der sogenannten ‚Wiederkehr der Dinge' haben sich die Analysen gehäuft, die sich der stofflichen Beschaffenheit des öffentlichen Raumes widmen und die visuellen, haptischen, atmosphärischen und sozialen Qualitäten und Eigenschaften von Architektur thematisieren.[13] Der neuen Blickachse ist eigen, dass sie das Urbane nicht mehr allein von seiner Signifikanz, dem System der Bedeutungen, her zu entziffern unternimmt, sondern eine verstärkte Engführung an das ‚Reale' sucht. Anders formuliert: Es geht nicht so sehr um die (kognitive) Lesbarkeit, respektive Unlesbarkeit der Städte, als um ihre (leibliche) Erfahrbarkeit. Dementsprechend erheben wir die Frage nach urbaner Muße zu einer Frage des unmittelbaren In-Kontakt-Tretens mit dem Nahraum der Stadt.[14] Den Tactus, den Tastsinn, hervorhebend, der im Wort Kontakt steckt, richten wir

---

[10] Vgl. Johan Galtung, *Strukturelle Gewalt. Beiträge zur Friedens- und Konfliktforschung*, Reinbek bei Hamburg 1975, 11–17.
[11] Zu dem bislang nur randständig erforschten Verhältnis von Stadtmobilier und Muße allgemein: Bernard Landau/Vincent Sainte-Marie Gauthier, „Les prémices d'un espace public", in: Bernard Landau/Claire Monod/Evelyne Lohr (Hg.), *Les Grands Boulevards. Un parcours d'innovation et de modernité*, Paris 2000, 91–97.
[12] Paul Virilio, *Fahren, fahren, fahren ...*, Berlin 1978, 37.
[13] Vgl. die neueren kunsthistorischen Arbeiten von Monika Wagner, *Marmor und Asphalt. Soziale Oberflächen im Berlin des 20. Jahrhunderts*, Berlin 2018 und Lil Helle Thomas, *Stimmung in der Architektur der Wiener Moderne. Josef Hoffmann und Adolf Loos*, Wien/Köln 2017.
[14] Zur Ausbildung des Bürgersteigs etwa als eines spezifisch städtischen Nahraums vgl. Françoise Choay/Vincent Sainte-Marie Gauthier, „I marciapiedi di Parigi. Genesi di una scala di prossimità nel XIX secolo", in: Paolo Caputo (Hg.), *Le architetture dello spazio pubblico. Forme del passato, forme del presente*, Ausstellungskat. Mailand 1997, 216–221.

die Aufmerksamkeit auf die materiellen Eigenschaften dieses Nahraums. Dem Ansatz ist *ex negativo* die Erfahrung der Gegenwart eingeschrieben. Denn in dem Maße, wie die Spätmoderne ihre öffentlichen Räume vorderhand zu Kommunikations- und Transiträumen ausgestaltet und verwandelt hat, hat sie die Kontakt- und Reibungsflächen verringert und geglättet.[15] Wenn diese abgedichteten Räume auf Beschleunigung zielen, setzen solche der Muße umgekehrt, so unser Ausgangsgedanke, ein sensorisch wie auch immer gestaltetes Environment voraus.

Dieser Problemkomplex wird im Folgenden anhand von kunsthistorischem Bildmaterial erörtert, das die entsprechenden Objekte in ihren Settings und Relationen vergegenwärtigt und das Situative urbaner Szenen nicht unberücksichtigt lässt. Es sei ausdrücklich hinzugefügt, dass es allenfalls darum gehen kann, den Bildern markante Facetten urbaner Muße zu entringen, nicht darum, sie erschöpfend zu analysieren.

Von der elitären zur egalitären Muße

Die Forderung nach *égalité* zog in postrevolutionärer Zeit bekanntlich die weitläufige Öffnung ehemals dem Hof und Adel vorbehaltener Bereiche und Bauten nach sich. Parks, Bibliotheken und Theater wurden für die Allgemeinheit geöffnet und mithin zu öffentlichen Räumen.[16] Im Zuge dieser Entwicklung verwandelten sich zahlreiche Königsplätze in Bürgerforen. Die Place Louis XVI, zunächst ausgestattet mit einem Reiterdenkmal Ludwigs XVI., dann einer Statue der Liberté und schließlich der Guillotine, wurde zur Place de la Concorde transformiert, deren neuer Name seit 1830 die Eintracht der *nation* beschwor und die politischen Wirren der Terreur und der Julirevolution vergessen machen sollte.[17] Mit einem ägyptischen Obelisken, zwei prächtigen Schalenbrunnen und einem Heer von Straßenlaternen politisch unverfänglich möbliert wurde der Platzraum der Concorde zum Vorhof des Freizeit- und Vergnügungsparks der sich hangaufwärts ziehenden Champs-Élysées – wo sich die verschiedenen Stände

---

[15] Virilio konstatiert für die Spätmoderne, dass die Beschleunigung nicht nur „die Beseitigung von Hindernissen, sondern auch die Beseitigung von Materie erforderlich machte". Der ideale moderne Verkehrsraum sei deshalb der Tunnel. Vgl. Paul Virilio, *Der negative Horizont. Bewegung – Geschwindigkeit – Horizont*, München/Wien 1989, 83.

[16] Zum Wechsel von der repräsentativen Öffentlichkeit der Höfe zu den Institutionen des bürgerlichen Jahrhunderts vgl. Jürgen Habermas, *Strukturwandel der Öffentlichkeit. Untersuchungen zu einer Kategorie der bürgerlichen Gesellschaft*, Frankfurt a.M. 1990 (zuerst 1962) und Richard Sennett, *Verfall und Ende des öffentlichen Lebens. Die Tyrannei der Intimität*, Berlin 2008 (Originalausgabe 1977).

[17] Vgl. Salvatore Pisani, „Monument wird Mobiliar. Zur Transformationsgeschichte der Place de la Concorde in der Julimonarchie", in: Alessandro Nova/Stephanie Hanke (Hg.), *Skulptur und Platz: Raumbesetzung, Raumüberwindung, Interaktion*. Kongressakten Florenz 2010, Berlin/München 2014, 315–332.

Urbane Muße und Mobilier urbain im Paris des 19. Jahrhunderts

Abb. 1: Nicolas-Jean-Baptiste Raguenet, *Der Pont Neuf,* 1777. © Musée Carnavalet, Paris.

(friedlich) ergehen und vermischen sollten.[18] Für unseren Zusammenhang ist der Umstand relevant, dass die für die gesellschaftliche Elite reservierten oder durch Königsdenkmäler nobilitierten Stadträume nicht zuletzt die Qualität von Muße-Räumen annehmen konnten. Hier, wo sich vormals die Wenigen entweder zu Fuß oder in der Karosse dem Promenieren hingegeben hatten, zog nun das Lustwandeln der Vielen ein.[19] Das heißt, die alten Räume der Exklusivität verschwanden nicht, änderten aber ihren Charakter.

Zu den im Wortsinne herausragenden Promenaden von Paris gehörte im Ancien Règime der 1607 errichtete Pont Neuf, der gegenüber den Uferseiten erhöht über die Ostspitze der Île de la Cité verläuft und Rive gauche und Rive droite verbindet (Abb. 1).[20] Mit dem Reiterdenkmal für Heinrich IV. und der sich gegenüber öffnenden Place Dauphine weist sich die Promenade des Pont

---
[18] Thomas von Joest, „Hittorff et les embellissements des Champs-Élysées", in: *Hittorff. Un architecte du XIXème,* Ausstellungskat. Paris 1986/87, 153–161.
[19] Zum Promenieren als Teil des höfisch-aristokratischen Luxuskonsums vgl. Laurent Turcot, *Le promeneur à Paris au XVIIIe siècle,* Paris 2007. Ferner Pierre Pinon, „La formation des espaces publics parisiens. Des origines à la fin du XVIIe siècle", in: Simon Texier (Hg.), *Voies publiques. Histoires & pratiques de l'espace publique à Paris,* Ausstellungskat. Paris, Pavillon de l'Arsenal, 2006, 36–44.
[20] Vgl. *Pont-Neuf 1578–1978,* Ausstellungskat. Musée Carnavalet, Paris 1978 und Jocelyne van Deputte, *Ponts de Paris,* Paris 1994, 114–137.

Neuf als Bestandteil einer hochwertigen Raumstruktur aus. Von der unbebauten Brücke mit ihren halbrunden Aussichtspunkten konnte der Blick über die Fluss- und Stadtlandschaft von Paris gleiten.[21] Hier zeigte sich die Stadt, hier präsentierte sie sich den Promenierenden unverborgen und exklusiv. Der Pont Neuf war also Ort der Öffentlichkeit schlechthin im Sinne der Unverborgenheit. Gegenüber der Fahrstraße baulich erhöht erhielt das Promenieren zumal seine eigene Bühne der Sichtbarkeit.

Das hier abgebildete Gemälde von Raguenet zeigt in eindringlicher Weise, dass Öffentlichkeit sich auch über ein spezifisch architektonisch arrangiertes Environment konstituierte. Sockel und Treppenstufen, welche die Bewegungsebenen ausdifferenzieren, sowie Steingeländer und Ausblickpunkte laden zum gemächlichen Gehen, Stehen und Schauen ein.[22]

Der Pont Neuf sollte nach 1800 und den Veränderungen der sozialen und politischen Großwetterlage seinen exklusiven Status als ‚Promeniermeile' von Hof und Adel verlieren. Seine Integration in die neuen Verhältnisse des modernen Paris zog markante Veränderungen nach sich, die eine Fotografie von André Kertész aus dem Jahre 1931 einprägsam veranschaulicht.[23] An Kertész' Aufnahme sticht in paradoxer Weise das ins Auge, was sie nicht zeigt.[24] Nämlich das Herzstück des Pont Neuf, das Königsdenkmal Heinrichs IV. In die Bildmitte rückt stattdessen ein Urinoir. Die Verschiebung des Blicks vom Höhenkamm der Repräsentationskunst zum profanen Stadtmobiliar impliziert den Bedeutungswandel, den der Pont Neuf vom Ancien Régime in die frühe Moderne vollzogen hatte. Gezeigt wird ein Straßenabschnitt, wie man ihn nach einem Regenguss mehr oder weniger überall in Paris von oben zu sehen bekam – Zufallsmoment und Quodlibet, die für die Street Photography leitmotivisch sind.[25] Urinoirs und Straßenlaternen besiedelten seit den 1830er Jahren zunehmend den Straßenraum und wurden vollends ubiquitäre Objekte mit der Haussmannisierung von Paris ab 1853.[26] Gestalterisches Kernelement dieses monumentalen Um- und Neubaus

---

[21] Das Alleinstellungsmerkmal des Panoramablicks, den der Pont Neuf gewährte, bezeugen die Beschreibungen des 18. Jahrhunderts; vgl. Daniel Vaillaucourt, *Les urbanités parisiennes aux XVIIe siècle. Le livre du trottoir*, Paris 2013, 227–236.

[22] Zu der damit in engem Zusammenhang stehenden Kategorie der Raumzeitlichkeit vgl. Günter Figal/Hans W. Hubert/Thomas Klinkert, „Einleitung", in: Figal/Hubert/Klinkert (Hg.), *Die Raumzeitlichkeit der Muße* (Otium. Studien zur Theorie und Kulturgeschichte der Muße, Bd. 2), Tübingen 2016, 1–8, bes. 1f.

[23] Vgl. André Kertész, Le Pont Neuf, un matin de pluie, 1931. Charenton-le-Pont, Médiathèque de l'Architecture et du Patrimoine, Inv.-Nr. 72L001212d. https://www.photo.rmn.fr/CS.aspx?VP3=SearchResult&VBID=2CMFCIIA99887&SMLS=1&RW=1436&RH=806

[24] Eine Analyse des Fotos bei Évelyne Rogniat, *André Kertész. Le photographe à l'œuvre*, Lyon 1997, 55 f.

[25] Zu Kertész als frühem Vertreter dieser Gattung vgl. Clive Scott, *Street Photography from Atget to Cartier-Bresson*, London 2007, 9–12.

[26] Zu dem größten Bauprojekt der französischen Geschichte, das die planvolle Niederlegung des *vieux Paris* und den systematischen Wiederaufbau des *nouveau Paris* bedeutete, vgl. David Jordan, *Die Neuerschaffung von Paris. Baron Haussmann und seine Stadt*, Frankfurt a. M. 1996

von Paris war der schnurgerade Boulevard, dem man mit einem weitgehend einheitlichen Ausstattungsset bestehend aus Straßenlaternen, Sitzbänken, Litfaßsäulen und Baumreihen eine eigene Ordnung und Syntax verlieh. Dieser öffentliche Raum im Paris des 19. Jahrhunderts sprach deshalb eine moderne Sprache (Flanerie, High life, Urbanität, Konsum), weil er eine moderne Grammatik erhielt, in der bei aller modernespezifischen Unruhe der Muße gleichwohl ein eigener Platz eingeräumt wurde. Mit anderen Worten: Die ehemals exklusive Promenade hatte sich im Paris des Zweiten Kaiserreichs endgültig entgrenzt und zwar auf einen egalitären wie ordinären Straßenraum, der statt Absonderung die Gemengelage privilegierte.

Kertész' Fotoaufnahme hält neben dem sozialgeschichtlichen Wandel besonders den neuen Zeitrhythmus der Moderne fest. Die Figuren im Bild schlendern nicht mehr, sie eilen. Rechts am Bildrand erwischt das Kameraobjektiv noch die Frau mit Kind, die im nächsten Schritt aus dem Framing zu entfliehen droht. Es bezeichnet einen eigenen Witz der Street Photography, im Standbild die Eile selbst zu arretieren. So wenn der Zeitungsleser seine Lektüre im flotten Schritttempo erledigt. Dass Laufen zugleich Auf-dem-Laufenden-Halten ist, ist Metapher der neuen Zeitrhythmen, die im Paris des 19. Jahrhunderts eingezogen sind. Gleichwohl kommen bei Kertész auch die neuen Ruhezonen und Haltemarken des Mobilier urbain ins Bild, bleiben jedoch inaktiv.

Gehen, Stehgehen, Sitzen. Muße und ihre dingliche Dimension

Straßenlaternen, Litfaßsäulen, Sitzbänke, Zeitungskioske, Urinoirs und vieles andere mehr sind auf den ersten Blick wenig spektakuläre Gegenstände des Stadtraums, die allenfalls *en passant* wahrgenommen werden. Anders als Geschäftsvitrinen, Brunnenanlagen oder Denkmäler wecken sie wenig Schaulust und scheinen der Muße kaum verdächtig.[27] In einem allgemeinen Verständnis gehört das Stadtmobiliar einem System von Zeichen und Funktionen an, welches die Operativität der Straße reguliert und sichert.[28] Es ist gewiss nicht vorderhand sein Schauwert, der zum Verweilen einlädt. Vielmehr greifen Straßenlaternen, Litfaßsäulen und Sitzbänke auf ihre Weise, nämlich objektiv, in die Raumzeitlichkeit der Straße ein, organisieren, verdichten und choreographieren sie. Dem unablässigen Fließstrom der Straße implementieren sie mögliche Unterbrechungen

---

und Pierre Pinon, *Atlas du Paris haussmannien. La ville en heritage du Second Empire à nos jours*, Paris 2016.

[27] Zum Verhältnis von Schaulust und Muße vgl. Hans W. Hubert, „Grot(t)eske Thesen. Gedanken über den Zusammenhang von Muße und frühneuzeitlicher Kunstbetrachtung", in: Figal/Hubert/Klinkert (Hg.), *Die Raumzeitlichkeit der Muße*, 137–175.

[28] Vgl. Marie de Thézy, *Histoire du mobilier urbain parisien du second Empire à nos jours*, Paris 1976.

Abb. 2: André Gill, *Der Boulevard Montmartre*, um 1880. Das sog. Alignement entlang der Bordsteinkante setzt sich hier zusammen aus Laubbäumen, Litfaßsäulen (sog. Colonnes Morris) und Colonne-Urinoirs, die Litfaßsäule und Bedürfnisanstalt zu einem Möbel kombinieren. © Musée Carnavalet, Paris.

und eröffnen kurzfristige Aufenthaltsmöglichkeiten und Spielräume eigenen Rechts. Stadtmöbel beteiligen sich einerseits an der Beschleunigung des Transits, ihre serielle Anordnung kanalisiert den Straßenraum, andererseits bewirkt ihr Alignement auch eine Entschleunigung, lässt sich in seinem Zwischenraum doch bei Bedarf aus dem Fließraum ausscheren.[29] Dem schnellfüßigen Zirkulationsraum korrespondiert also ein Gegenraum der Trägheit, den die gusseisernen Artefakte der ersten industriellen Revolution beschweren. Auf dem Boulevard treffen sich und interagieren sozusagen die beschleunigte und die schwere Moderne des 19. Jahrhunderts als annähernd gleichrangige Partner. Auf die Eigenheiten dieses Zwischenraums zwischen Mobilität, Verdichtung und Verlangsamung sowie auf sein Relationennetz gilt es näher einzugehen. Da es sich bei der Beschreibung dieses Zusammenhangs mitunter um Beobachtungen von Latenz handelt, werden zur Sichtbarmachung ausgewählte Bildbeispiele herangezogen. Sie dienen der Beobachtung zweiter Ordnung.

André Gills Gemälde von 1877 stellt den Boulevard Montmartre in der Nähe der Passage des Panoramas in Paris vor Augen (Abb. 2).[30] Inmitten des Gewimmels steht eine für unsere Belange zentrale Nebenfigur. Es geht um

---

[29] Zum ungleich besser erforschten Phänomen der Mobilisierung in westlichen Moderne-Metropolen vgl. *Circuler. Quand nos mouvements façonnent la ville*, Ausstellungskat. Paris 2012.
[30] Zu dem Gemälde vgl. den Eintrag in *Les Grands Boulevards*, Ausstellungskat. Musée Carnavalet Paris 1985, 37.

jene schwarz gekleidete Gestalt, offenkundig ein Dandy, der mit verschränkten Armen rücklings an einer Litfaßsäule lehnt, gleichsam dem Strom der Vielen einen individuellen Kontrapunkt der Gelassenheit entgegensetzt. Mehr noch hintergeht sie regelrecht die Mobilität des Boulevards, indem sie das Stadtmöbel als Halt und mithin dysfunktional benutzt. Denn die Aufmerksamkeit gilt nicht der Werbefläche und ihren Anzeigen. Der Dandy betrachtet indes jene Zirkulation des Boulevards, die er selbst negiert. Die Totenmaske, die er trägt, löst ihn zudem allegorisch aus dem Fließstrom des Großstadtlebens heraus. Indem Gill den Dandy zur Figur der Vanitas stilisiert, dem Sinnbild der Endlichkeit von Materie und (Lebens)Bewegung, gerinnt er zur pathetischen Geste, in der Ruhe und Unruhe in eine starre Polarität gesetzt werden. Dagegen hat der SFB 1015 *Muße* eine Frageachse entwickelt, die urbane Unruhe und Müßiggang nicht in einem konträren, sondern komplementären Verhältnis betrachtet und analysiert und sich damit für die komplexe Gemengelage der Realverhältnisse öffnet: „Wenn im rastlosen Treiben der Großstadt ein Umschlag in einen Zustand von Muße beschrieben wird, kann diese Grenzüberschreitung inhaltlich sehr unterschiedlich ausgestaltet werden, sei es als Eintauchen in die Menge, in der man sich selbst treiben lässt, sei es als essayistische Assoziationen eines flanierenden Beobachters."[31]

Unser Ansatz verfolgt unter dieser Prämisse die Annahme, dass der Akteur nicht der alleinige Autor seiner Handlungen ist. So etwa in Ruhehandlungen, welche vom Stadtmobiliar wenn nicht veranlasst, so doch befördert und materiell eingefasst werden. Passanten geraten auf dem Boulevard in Konstellationen und Arrangements, in denen Dinge die Effekte und Aktionen zumindest (mit)performieren. So sehr den Einzelobjekten auch Handlungsmuster eingeschrieben sind, sie also Handlungsangebote machen, müssen diese nicht präzise befolgt werden, vielmehr schließen sie *in actu* kontingente Praktiken auf. Anders gewendet: Was Stadtmöbel freizusetzen in der Lage sind, ist eine Offenheit der Handlung, die noch nicht sagt, was sie ist oder sein wird.

Es gibt ein kleinformatiges Ölgemälde von Gustave Caillebotte, das diesem schwer greifbaren Zusammenhang von agenzieller Dinglichkeit, Handlungsoffenheit und Performativität im Hinblick auf Muße eine eigene Aufmerksamkeit widmet (Abb. 3). Caillebottes gleichsam zufälliger Blick von oben auf einige Herren in Schwarz fängt ein streunendes Geschehen auf dem Pariser Trottoir ein, das sich zwischen einem Laubbaum mit seinem kreisförmigen, gusseisernen Schutzgitter, einer Sitzbank und der Bordsteinkante abspielt, wo eine Kalesche

---

[31] So das Statement im Teilprojekt R2 „Urbane Muße um 1800. Flanerie in der deutschen Literatur", geleitet von Peter Philipp Riedl. Zitat in Elisabeth Cheauré/Gregor Dobler (Hg.), *Muße. Grenzen. Raumzeitlichkeit. Praktiken. Der Freiburger Sonderforschungsbereich 1015 im Überblick. Zweite Förderphase (2017–2020)*, Freiburg i. Br. 2019, 28.

Abb. 3: Gustave Caillebotte, *Menschen auf dem Boulevard von oben gesehen*, um 1880. Privatsammlung. © Bridgeman Images.

steht.[32] Mit erheblichem Gespür für Nuancen hält der Maler den fließenden Übergang vom Gehen ins Stehgehen und umgekehrt fest, deren Dynamik mit dem Zeitregister des Sitzens auf der Bank korreliert.[33] Obgleich das Gegenständ-

---

[32] Vgl. zu dem Gemälde Andrea Frey, *Der Stadtraum in der französischen Malerei 1860–1900*, Berlin 1999, 185–188.

[33] Zum Stehgehen als eine im Wortsinne Muße-Haltung vgl. Martin Roth/Klaus Vogel,

liche benennbar ist, lässt sich doch kaum sagen, was das Gemälde eigentlich zeigt. Am ehesten wohl eine Raum-Zeit-Konstellation, eine situative Momentaufnahme, in der sich bewegungsenergetische Abläufe sowohl konfigurieren wie auch zugleich auflösen.[34] Der Zwischenraum zwischen Sitzbank, Bordstein, Alleebaum und Gehweg des Trottoirs scheint einem Bedürfnis des Großstädters „nach oberflächlichen Beziehungen" zu entsprechen, wie es Marc Augé für das Pariser Bistro konstatiert hat: „Sie alle [die Pariser] haben das Bedürfnis, zwischen An- und Abwesenheit zu changieren, sich wie zu Hause und zugleich auswärts zu fühlen". Am Ende geht es darum, „sich an seinem Ort seine Zeit zu nehmen".[35] Augé spricht Caillebotte gewissermaßen das Wort, als Letzterer gleichfalls davon ausgeht, dass Begegnung mehr ist als Kommunikation und sich dann ereignet, wenn man sich Zeit nimmt.

Sitzen und Stehgehen entsprechen einem Zeitregister, das jenem der Muße formal entspricht. Auf dem Trottoir, das eine eigene Bahn für das rasche, zielstrebige Schreiten freilässt, spart das Dingensemble des Mobiliars gleichzeitig jene Räume der Geruhsamkeit und des Strömenlassens von Zeit aus, in denen man der Präsenz des Anderen gewahr werden kann.[36] Das Trottoir kann dort zu einem Muße-Ort werden – und hierin erscheint es gleichsam als Verlängerung des Bistros –, wo sich unverbindliche Begegnungen, Relationen und Beziehungen ereignen. In Caillebottes Bildwelten bauen sich immer wieder Interferenzen zwischen untereinander fremden Passanten sowie dem Stadtraum auf. Vom Entfremdungsprozess der Metropolen, das heißt dem Moderneschock mit seiner Vermassung, dem Verlust an Bindung und Bezug, dem Stoß des Vorbeieilenden, dem blicklosen Blick der Passanten usw., von dem nicht zuletzt die Literatur ausgiebig erzählt, bleibt Caillebottes Malerei frei.[37] An Stelle

---

„Das Museum. Gedanken über Bildung im Stehgehen", in: Hajo Eickhoff (Hg.), *Sitzen. Eine Betrachtung der bestuhlten Gesellschaft*, Frankfurt a. M. 1997, 9–11. Zu einer Soziologie der Körperhaltungen allgemein vgl. Hajo Eickhoff, *Himmelsthron und Schaukelstuhl. Die Geschichte des Sitzens*, München/Wien 1993, 168–176 sowie Steffen Schenk, *Sitzen im öffentlichen Raum. Die soziologische Aneignung einer Haltung*, Magisterarbeit Freiburg i. Br. 2011 [Online-Ressource].

[34] Zum hier nicht näher verhandelbaren Problem der Zeitlichkeit in der Malerei der Moderne vgl. Sigrid Schade, „Inszenierte Präsenz. Der Riß im Zeitkontinuum (Monet, Cézanne, Newman)", in: Georg Christoph Tholen/Michael O. Scholl (Hg.), *Zeit-Zeichen. Aufschübe und Interferenzen zwischen Endzeit und Echtzeit*, Weinheim 1990, 211–229.

[35] Marc Augé, *Das Pariser Bistro. Eine Liebeserklärung*, Berlin 2016, 46, 55, 95.

[36] Zu dem der Muße nahestehenden Bewusstseinsmoment des Gewahrseins und der Achtsamkeit, der von Gedanken und Assoziationen absehend zu ‚reiner' Beobachtung tendiert, Jochen Gimmel/Tobias Keiling, *Konzepte der Muße*, unter Mitarbeit von Joachim Bauer, Günter Figal, Sarah Gouda u. a., Tübingen 2016, 32f.

[37] Zum Schockerlebnis der modernen Großstadt im Spiegel von Literatur, Kunst und Wissenschaft vgl. Christof Asendorf, *Entgrenzung und Allgegenwart. Die Moderne und das Problem der Distanz*, München 2005, 34–53 und Stéphane Füzesséry/Philippe Simay, „Une théorie sensitive de la modernité", in: Füzesséry/Simay (Hg.), *Le choc des métropoles. Simmel, Kracauer, Benjamin*, Paris/Tel Aviv 2008, 13–54. Zu einer Geschichte und Diagnose der damit zusammenhängenden Chronopathologie vgl. Wolfgang Martynkewicz, *Das Zeitalter der Erschöpfung. Die*

der sozialen Malaise finden sich bei Caillebotte das Momenthafte einer Empfindung, einer Begegnung oder einer Wahrnehmung – was man vielleicht unter dem unbestimmten Titel des Flairs fassen kann. Jedenfalls eröffnen Caillebottes urbane Räume gegen die Topik der Spurlosigkeit des Einzelnen im Fließraum der Menge die Möglichkeit von Nähe.

Der urbane Nahraum der Muße

Caillebotte ist der Apologet der urbanen Muße *par excellence*, seine Malerei zugleich Reflex des eigenen bürgerlichen Milieus. Als Sohn einer begüterten Unternehmerfamilie, welche die künstlerischen Ambitionen von Gustave uneingeschränkt unterstützte, war es ihm nach einer *jeunesse dorée* in Paris vergönnt, ein für Künstlerkarrieren eher unübliches Leben in ökonomischer Sorgenlosigkeit zu führen. Caillebottes persönlicher Muße-Ort war der Familiensitz in Yerres südlich von Paris, der mit Billardsalon, feinsinnig ausgestatteten Lese- und Musikzimmern sowie weitläufigem englischen Landschaftsgarten, der sich entlang der ruhig dahinfließenden Yerres hinzieht, zahlreichen mußevollen Aktivitäten nachzugehen erlaubte. Sedimentiert hat sich diese Welt bürgerlichen Daseins in den gemalten häuslichen und gesellschaftlichen Szenen, sei es in Yerres, sei es in seinem Pariser Stadthaus in der Rue Meromesnil.[38] Seinen milieugeprägten Blick hat Caillebotte schließlich auf das *nouveau Paris* als Ganzes ausgeweitet. Unabweisbar ist Muße in dieser Bilderwelt Element sozialer Repräsentation und Selbstdarstellung.[39] Aber der Sozialcharakter ist nur das eine, das andere betrifft die stoffliche Beschaffenheit dieser Welt der Muße. Caillebottes Interesse ist auf die Stofflichkeit der Dinge gerichtet: Wie sie sich anfühlen, welche taktilen Qualitäten und welche Anmutungen sie haben. Seine Aufmerksamkeit hierfür demonstriert er nicht zuletzt in einem seiner bekanntesten Werke, das die Place de Dublin im gerade fertiggestellten 8. Arrondissement bei Regenwetter zeigt (Abb. 4).[40] Im Vordergrund links erhält die nasse Straßendecke mit geschliffenem Kopfsteinpflaster malerisch genauso viel Zuwendung wie das auf dem Trottoir rechts Arm in Arm unter einem Regenschirm prominent spazierende Paar. Die Hymne auf das Haussmann'sche Paris ist

---

Überforderung des Menschen durch die Moderne, Berlin 2013 und Thomas Fuchs/Lukas Iwer/Stefano Micali (Hg.), *Das überforderte Subjekt. Zeitdiagnosen einer beschleunigten Gesellschaft*, Berlin 2018.

[38] Vgl. Karin Sagner, *Gustave Caillebotte. Neue Perspektiven des Impressionismus*, München 2009 und *Caillebotte à Yerres, au temps de l'impressionisme*, Ausstellungskat. Yerres, Paris 2014.

[39] Zu Muße als Distinktionsmittel in modernen Zeiten vgl. Monika Fludernik, „Muße als soziale Distinktion", in: Gregor Dobler/Peter Philipp Riedl (Hg.), *Muße und Gesellschaft* (Otium. Studien zur Theorie und Kulturgeschichte der Muße, Bd. 5), Tübingen 2017, 163–177.

[40] Zu dem Gemälde vgl. Julia Sagraves, „Paris Street, Rainy Day and Related Studies", in: *Gustave Caillebotte. Urban Impressionist*, Ausstellungskat. Chicago 1995, 116–122.

Abb. 4: Gustave Caillebotte, *Straße bei Regen in Paris*, 1877. © Art Institute, Chicago.

evident. Watete man bei Regen ehedem durch Morast, versiegelt das Pflasternetz nun den Boden und bildet eine saubere Trittfläche.[41] Zum Neuen am neuen Paris gehörte nicht zuletzt, dass man es neu mit den Füßen erfühlte. Unter Caillebottes Pinsel gerinnt der Straßenbelag zu einem dominanten Objektkörper der Stadt. Das, was die schlanke Straßenlaterne in der Vertikalen ist, ist das Pflaster in der Horizontalen. So diskret sich beide Elemente geben, bilden sie zusammen maßgebliche Raumachsen und Raumkoordinaten des Gemäldes und mehr noch: Sie stehen für den taktilen Nahraum im Exterieur der Stadt.

Den Tastsinn gilt es durchaus in Parallele zur Entwicklung des Interieurs im 19. Jahrhundert zu stellen. Denn in dem Maße, wie die Wohnung zum individuellen Wohlfühlkokon aufstieg, gedieh die Straße zum Kollektivkokon.[42]

---

[41] Der Befestigung der Straßendecken widmete Haussmann in seinen Memoiren, die seine Zeit als Präfekt von Paris dokumentieren, ein eigenes Kapitel; vgl. Georges-Eugène Haussmann, *Mémoires*, hg. von Françoise Choay, Paris 2000, 872–879.

[42] Vgl. den in der Interieur-Forschung gebräuchlichen Begriff des Cocooning zur Umschreibung eines Raums als haptisch ansprechender Hülle: Markus Brüderlin, „Einführung Interieur-Exterieur. Die moderne Seele und ihre Suche nach der idealen Behausung", in: Markus Brüderlin/Annelie Lütgens (Hg.), *Interieur-Exterieur. Vom Interieurbild der Romantik zum Wohndesign der Zukunft*, Ausstellungskat. Wolfsburg 2008/2009, Stuttgart 2008, 13–33.

Gewiss sind Stadtmöbel keine persönlichen, sondern kollektive Gegenstände und nicht aus warmen, sondern kalten Materialien gemacht. Gleichwohl gilt, dass der Tactus ein Nahsinn ist, worin Aktivität und Passivität, Selbst- und Fremdwahrnehmung immer zugleich stattfinden.[43] In Caillebottes Gemälde verdichtet sich eine für Haussmanns Paris eigene Qualität: Eine ‚achtsame' Wechselseitigkeit zwischen Environment und Passanten. Entgegen der spätmodernen Verkürzung der städtischen Lebensverhältnisse, im Besonderen von Kommunikation und Kollektivität (Gemeinschaft), auf (technische) Konnektivität und Operativität, zeigt Caillebotte einen Raum des Sozialen, dessen feste Fügung sich aus seiner materiellen Substanz ergibt.[44] In Caillebottes Gemälde verwebt sich die Straßendecke mit den einheitlichen Fassaden der Immeubles particulièrs in der Weise, dass beide eine einzige, gleichsam leiblich-vestimentäre Raumhülle, eine Enveloppe, formen, in welcher sich das parfümierte Paris gelassen dem Promenieren überlassen kann.[45] Die statische Langsamkeit der Szenerie bewirkt zumal eine Konzentration und Intimität, die der Raumhülle den Charakter einer Höhlung verleiht, welche die Passanten einleibt. Angezeigt ist ein Primat des dinglich konstituierten Raumes, aus dem die Zeit nicht verwiesen, aber in dem sie doch soweit domestiziert wird, dass sie Muße eröffnen kann. Wie wir meinen, liegt die Möglichkeit urbaner Muße in der Dinglichkeit der Dinge selbst begründet – in ihrer Trägheit, mit der wir biophysisch korrespondieren können.

Literatur

Asendorf, Christof, *Entgrenzung und Allgegenwart. Die Moderne und das Problem der Distanz*, München 2005.
Augé, Marc, *Das Pariser Bistro. Eine Liebeserklärung*, Berlin 2016.
Bosch, Aida, *Konsum und Exklusion. Eine Kultursoziologie der Dinge*, Bielefeld 2010.
Brüderlin, Markus, „Einführung Interieur-Exterieur. Die moderne Seele und ihre Suche nach der idealen Behausung", in: Markus Brüderlin/Annelie Lütgens (Hg.), *Interieur-Exterieur. Vom Interieurbild der Romantik zum Wohndesign der Zukunft*, Ausstellungskat. Wolfsburg 2008/2009, Stuttgart 2008, 13–33.
Caillebotte à Yerres, au temps de l'impressionisme, Ausstellungskat. Yerres, Paris 2014.
Cheauré, Elisabeth/Dobler, Gregor (Hg.), *Muße. Grenzen. Raumzeitlichkeit. Praktiken. Der Freiburger Sonderforschungsbereich 1015 im Überblick. Zweite Förderphase (2017–2020)*, Freiburg i. Br. 2019.

---

[43] Zum Umstand, dass Heterozeption stets Propriozeption einschließt: Thomas Fuchs, *Leib – Raum – Person. Entwurf einer phänomenologischen Anthropologie*, Stuttgart 2000, 109 f.

[44] Zum Verständnis von Raum als einer materiell bestimmten Kategorie von „Atmosphäre" vgl. Ludwig Fromm, *Die Kunst der Verräumlichung*, Kiel 2009.

[45] Zur steuernden Kraft von Dingoberflächen im Hinblick auf die Herausbildung des Sozialen selbst vgl. Aida Bosch, *Konsum und Exklusion. Eine Kultursoziologie der Dinge*, Bielefeld 2010, 34–40.

Checkland, S[ydney] G[eorge], „Die Lebensbedingungen in den Städten", in: Rudolf Braun u.a. (Hg.), *Gesellschaft in der industriellen Revolution* (Neue wissenschaftliche Bibliothek, Bd. 56), Köln 1973, 259–266.

Choay, Françoise/Sainte-Marie Gauthier, Vincent, „I marciapiedi di Parigi. Genesi di una scala di prossimità nel XIX secolo", in: Paolo Caputo (Hg.), *Le architetture dello spazio pubblico. Forme del passato, forme del presente*, Ausstellungskat. Mailand 1997, 216–221.

Circuler. Quand nos mouvements façonnent la ville, Ausstellungskat. Paris 2012.

Deputte, Jocelyne van, *Ponts de Paris*, Paris 1994.

Eickhoff, Hajo, *Himmelsthron und Schaukelstuhl. Die Geschichte des Sitzens*, München/Wien 1993.

Figal, Günter/Hubert, Hans W./Klinkert, Thomas, „Einleitung", in: Figal/Hubert/Klinkert (Hg.), *Die Raumzeitlichkeit der Muße* (Otium. Studien zur Theorie und Kulturgeschichte der Muße, Bd. 2), Tübingen 2016, 1–8.

Fludernik, Monika, „Muße als soziale Distinktion", in: Gregor Dobler/Peter Philipp Riedl (Hg.), *Muße und Gesellschaft* (Otium. Studien zur Theorie und Kulturgeschichte der Muße, Bd. 5), Tübingen 2017, 163–177.

Frey, Andrea, *Der Stadtraum in der französischen Malerei 1860–1900*, Berlin 1999.

Fromm, Ludwig, *Die Kunst der Verräumlichung*, Kiel 2009.

Fuchs, Thomas, *Leib – Raum – Person. Entwurf einer phänomenologischen Anthropologie*, Stuttgart 2000.

Fuchs, Thomas/Iwer, Lukas/Micali, Stefano (Hg.), *Das überforderte Subjekt. Zeitdiagnosen einer beschleunigten Gesellschaft*, Berlin 2018.

Füzesséry, Stéphane/Simay, Philippe, „Une théorie *sensitive* de la modernité", in: Füzesséry/Simay (Hg.), *Le choc des métropoles. Simmel, Kracauer, Benjamin*, Paris/Tel Aviv 2008, 13–54.

Galtung, Johan, *Strukturelle Gewalt. Beiträge zur Friedens- und Konfliktforschung*, Reinbek bei Hamburg 1975.

Gimmel, Jochen/Keiling, Tobias, *Konzepte der Muße*, unter Mitarbeit von Joachim Bauer, Günter Figal, Sarah Gouda u.a., Tübingen 2016.

Habermas, Jürgen, *Strukturwandel der Öffentlichkeit. Untersuchungen zu einer Kategorie der bürgerlichen Gesellschaft*, Frankfurt a.M. 1990 (zuerst 1962).

Haussmann, Georges-Eugène, *Mémoires*, hg. von Françoise Choay, Paris 2000.

Heßler, Martina, *Kulturgeschichte der Technik*, Frankfurt a.M. 2012.

Hubert, Hans W., „Grot(t)eske Thesen. Gedanken über den Zusammenhang von Muße und frühneuzeitlicher Kunstbetrachtung", in: Günter Figal/Hans W. Hubert/Thomas Klinkert (Hg.), *Die Raumzeitlichkeit der Muße* (Otium. Studien zur Theorie und Kulturgeschichte der Muße, Bd. 2), Tübingen 2016, 137–175.

Joest, Thomas von, „Hittorff et les embellissements des Champs-Élysées", in: *Hittorff. Un architecte du XIXème*, Ausstellungskat. Paris 1986/87, 153–161.

Jordan, David, *Die Neuerschaffung von Paris. Baron Haussmann und seine Stadt*, Frankfurt a.M. 1996.

Landau, Bernard/Sainte-Marie Gauthier, Vincent, „Les prémices d'un espace public", in: Bernard Landau/Claire Monod/Evelyne Lohr (Hg.), *Les Grands Boulevards. Un parcours d'innovation et de modernité*, Paris 2000, 91–97.

Latour, Bruno, *Der Berliner Schlüssel. Erkundungen eines Liebhabers der Wissenschaften*, Berlin 1996.

Latour, Bruno, „From Realpolitik to Dingpolitik or How to Make Things Public", in: Bruno Latour/Peter Weibel (Hg.), *Making Things Public. Atmospheres of Democracy*, Karlsruhe/Cambridge, Mass. 2005, 14–41.

Les Grands Boulevards, Ausstellungskat. Musée Carnavalet Paris 1985.

Maillard, Claude, *Les vespasiennes de Paris ou les précieux édicules*, Paris 1967.

Marszałek, Magdalena/Mersch, Dieter, „Seien wir realistisch. Einleitung", in: Marszałek/Mersch (Hg.), *Seien wir realistisch. Neue Realismen und Dokumentarismen in Philosophie und Kunst*, Zürich 2016, 7–37.

Martynkewicz, Wolfgang, *Das Zeitalter der Erschöpfung. Die Überforderung des Menschen durch die Moderne*, Berlin 2013.

Pinon, Pierre, „La formation des espaces publics parisiens. Des origines à la fin du XVIIe siècle", in: Simon Texier (Hg.), *Voies publiques. Histoires & pratiques de l'espace publique à Paris*, Ausstellungskat. Paris, Pavillon de l'Arsenal, 2006, 36–44.

Pinon, Pierre, *Atlas du Paris haussmannien. La ville en heritage du Second Empire à nos jours*, Paris 2016.

Pisani, Salvatore, „Monument wird Mobiliar. Zur Transformationsgeschichte der Place de la Concorde in der Julimonarchie", in: Alessandro Nova/Stephanie Hanke (Hg.), *Skulptur und Platz: Raumbesetzung, Raumüberwindung, Interaktion*. Kongressakten Florenz 2010, Berlin/München 2014, 315–332.

Pont-Neuf 1578–1978, Ausstellungskat. Musée Carnavalet, Paris 1978.

Rogniat, Évelyne, *André Kertész. Le photographe à l'œuvre*, Lyon 1997.

Roth, Martin/Vogel, Klaus, „Das Museum. Gedanken über Bildung im Stehgehen", in: Hajo Eickhoff (Hg.), *Sitzen. Eine Betrachtung der bestuhlten Gesellschaft*, Frankfurt a. M. 1997, 9–11.

Sagner, Karin, *Gustave Caillebotte. Neue Perspektiven des Impressionismus*, München 2009.

Sagraves, Julia, „Paris Street, Rainy Day and Related Studies", in: *Gustave Caillebotte. Urban Impressionist*, Ausstellungskat. Chicago 1995, 116–122.

Schade, Sigrid, „Inszenierte Präsenz. Der Riß im Zeitkontinuum (Monet, Cézanne, Newman)", in: Georg Christoph Tholen/Michael O. Scholl (Hg.), *Zeit-Zeichen. Aufschübe und Interferenzen zwischen Endzeit und Echtzeit*, Weinheim 1990, 211–229.

Schenk, Steffen, *Sitzen im öffentlichen Raum. Die soziologische Aneignung einer Haltung*, Magisterarbeit Freiburg i. Br. 2011 [Online-Ressource].

Scott, Clive, *Street Photography from Atget to Cartier-Bresson*, London 2007.

Sennett, Richard, *Verfall und Ende des öffentlichen Lebens. Die Tyrannei der Intimität*, Berlin 2008 (Originalausgabe 1977).

Siehr, Angelika, *Das Recht am öffentlichen Raum. Theorie des öffentlichen Raums und die räumliche Dimension von Freiheit*, Tübingen 2016.

Thézy, Marie de, *Histoire du mobilier urbain parisien du second Empire à nos jours*, Paris 1976.

Thomas, Lil Helle, *Stimmung in der Architektur der Wiener Moderne. Josef Hoffmann und Adolf Loos*, Wien/Köln 2017.

Turcot, Laurent, *Le promeneur à Paris au XVIIIe siècle*, Paris 2007.

Vaillaucourt, Daniel, *Les urbanités parisiennes aux XVIIe siècle. Le livre du trottoir*, Paris 2013.

Viollet, Catherine, „Mechanisches Schreiben, Tippräume. Einige Vorbedingungen für eine Semiologie des Typoskripts", in: Davide Giuriato/Martin Stingelin/Sandro Zanetti (Hg.), *„Schreibkugel ist ein Ding gleich mir: von Eisen". Schreibszenen im Zeitalter der Typoskripte*, München 2005, 21–47.

Virilio, Paul, *Fahren, fahren, fahren ...*, Berlin 1978.
Virilio, Paul, *Der negative Horizont. Bewegung – Geschwindigkeit – Horizont*, München/Wien 1989.
Wagner, Monika, *Marmor und Asphalt. Soziale Oberflächen im Berlin des 20. Jahrhunderts*, Berlin 2018.
Willms, Johannes, *Paris. Hauptstadt Europas 1789–1914*, München 1988.
Windgätter, Christof, „‚Und dabei kann immer noch was verloren gehen! –'. Eine Typologie feder- und maschinenschriftlicher Störungen bei Friedrich Nietzsche", in: Davide Giuriato/Martin Stingelin/Sandro Zanetti (Hg.), *„Schreibkugel ist ein Ding gleich mir: von Eisen". Schreibszenen im Zeitalter der Typoskripte*, München 2005, 49–74.

Grab, Bett, Käfig

Muße und Verweigerung bei Melville, Tolstoi und Kafka

Marcel Krings

I.

Seit der Antike ist immer wieder das positive Potential der Muße betont worden. *Otium* und *theoria* setzen in Stand, jenseits der Leistungszwänge einen „Schutzraum vor dem Praxisdruck"[1] zu errichten, in dem Möglichkeiten der Eudämonie und der persönlichen Selbstentfaltung zu bedenken möglich sei. Neben der Zurschaustellung sozialer Distinktion ist die Muße daher vor allem eine „Quelle der Produktivität"[2]: Sie stellt etwa die Voraussetzung freien Denkens oder künstlerischen Schaffens dar, in einem ungleich umfassenderen Sinn aber außerdem die „unentwegte Arbeit am Aufbau der sinnhaften Struktur der Lebenswelt"[3]. Denn sie findet im Diesseits statt, fördert ein erfülltes, „wertvolle[s]"[4], anderes oder „deutlicher[es]"[5] Raum- und Zeitbewusstsein, und ihre Stellung zwischen einer negativen ‚Freiheit von' allen Verbindlichkeiten und einer nichtfunktionalisierten, positiven ‚Freiheit zu' offener Ausgestaltung hat man zuletzt als „absichtsvolle Absichtslosigkeit"[6], „tätige Untätigkeit" oder „bestimmte Unbestimmtheit"[7] bezeichnet.

Es lässt sich beobachten, dass Muße mit der Heraufkunft der bürgerlichen Moderne in Deutschland seit dem 18. Jahrhundert zum „Sehnsuchtsbegriff"[8]

---

[1] Jochen Gimmel/Tobias Keiling, *Konzepte der Muße*, unter Mitarbeit von Joachim Bauer, Günter Figal, Sarah Gouda u. a., Tübingen 2016, 74.
[2] Gregor Dobler/Peter Philipp Riedl, „Einleitung", in: Dobler/Riedl (Hg.), *Muße und Gesellschaft* (Otium. Studien zur Theorie und Kulturgeschichte der Muße, Bd. 5), Tübingen 2017, 1–20, 1.
[3] Hans-Georg Soeffner, „Muße – Absichtsvolle Absichtslosigkeit", in: Burkhard Hasebrink/Peter Philipp Riedl (Hg.), *Muße im kulturellen Wandel. Semantisierungen, Ähnlichkeiten, Umbesetzungen* (linguae & litterae, Bd. 35), Tübingen 2017, 34–53, 51.
[4] Vgl. Burkhard Hasebrink/Peter Philipp Riedl: „Einleitung", in: Hasebrink/Riedl (Hg.), *Muße im kulturellen Wandel*, 1–14, 3.
[5] Günter Figal, „Die Räumlichkeit der Muße", in: Hasebrink/Riedl (Hg.), *Muße im kulturellen Wandel*, 26–33, 27.
[6] Soeffner, „Muße – Absichtsvolle Absichtslosigkeit", 34.
[7] Dobler/Riedl, „Einleitung", 3.
[8] Anna Karina Sennefelder, *Rückzugsorte des Erzählens. Muße als Modus autobiographischer*

wurde. Romantische Waldeinsamkeit, Taugenichtse und Tagträumereien, kurz: das Ausscheren aus Arbeitspflichten standen zunehmend zur Disposition. Leistungsethik, Tüchtigkeitscredo und eine Beschleunigung aller Lebensbereiche, die Goethe als ‚veloziferisch' bezeichnete, gaben den Ton an. Der rastlose, ökonomisch-realistische Verstand wurde im *Faust* auf den Typus gebracht, und Faust hat weder Zeit, noch macht er Ferien. Als bürgerliches Skandalon galten „Innehalten" und „Verweilen"[9] hinfort dem Bildungsroman, der sich, wie die zahlreichen europäischen und amerikanischen Beispiele zeigen, mit finanziellem Erfolg und sozialem Aufstieg das Programm des Zeitalters auf die Fahnen geschrieben hatte. Den Protagonisten ist dabei nicht die Pause das höchste Glück, sondern die Tätigkeit. Echte Mußeräume wurden damit beschnitten, aus den Zusammenhängen des Alltags herausgedrängt und zunehmend im Sinne von Freizeit als funktionale, verordnete Maßnahme zur Erhaltung des Arbeitseifers betrachtet. Goethes *Lehrjahre* etwa schildern am Beispiel der Therapie, die man dem depressiven Harfner in der Abgeschiedenheit des Landes angedeihen lässt, dass die Medizin des 18. Jahrhunderts alsbald den sozialtherapeutischen Wert von Sanatorien erkannte, in deren Ruhe überanstrengte Geister wieder an ihre Aufgaben herangeführt werden konnten. Und auch in den *Wanderjahren* dienen die strengen, auf Vereinzelung und Rückzug hinauslaufenden Regeln, die der Oheim zur Sicherung des Feierabends und des Sonntags einführt, nur der besseren Erholung für den neuen Arbeitstag.

Muße hingegen findet offenbar in Zusammenhängen statt, die von denen des Alltäglichen durchaus unterschieden sind. In ihnen zeigt sich das Andere der Bürgerlichkeit, ein schöpferisches, bewusst unproduktives, ausgesondertes Potential, aus dem Foucault ein System der Verdrängungen und Verbote rekonstruiert hat. „Heterotopien"[10], ‚andere Orte', nannte er dabei solche realen „Gegenräume"[11], die die bürgerlich-rationale Ordnung samt ihren Räumen und ihrem Diskurs „auslöschen, ersetzen, neutralisieren oder reinigen sollen."[12] Sie können kompensatorischen Charakter besitzen, führen, wie erwähnt, zu einem anderen Zeiterleben und konstruieren einen Raum, der „so vollkommen, so sorgfältig, so wohlgeordnet ist, wie der unsrige ungeordnet, mißraten und wirr ist."[13] Insofern Heterotopien auf diese Weise ein „andere[s] Denken[...]"[14] oder Wissen

---

Selbstreflexion (Otium. Studien zur Theorie und Kulturgeschichte der Muße, Bd. 7), Tübingen 2018, 7.

[9] Gimmel/Keiling, *Konzepte*, 6.

[10] Michel Foucault, „Die Heterotopien", in: Foucault, *Die Heterotopien. Der utopische Körper. Zwei Radiovorträge*, übers. v. Michael Bischoff, 3. Aufl., Frankfurt a. M. 2017, 7–23, 11.

[11] Foucault, „Die Heterotopien", 10.

[12] Foucault, „Die Heterotopien", 10.

[13] Michel Foucault, „Andere Räume", in: Foucault, *Botschaften der Macht. Der Foucault-Reader Diskurs und Medien*, hg. v. Jan Engelmann, Stuttgart 1999, 145–160, 155.

[14] Michel Foucault, *Die Ordnung der Dinge. Eine Archäologie der Humanwissenschaften*, Frankfurt a. M. 1974, 17.

als das ihrer Umgebung zum Ausdruck bringen, sind sie der urbanen Welt, die sie zugleich mitkonstituieren, im Allgemeinen fremd, unheimlich oder suspekt. Nun sind Foucaults Beispiele – Friedhöfe, Jahrmärkte, Betten, Bordelle, psychiatrische Anstalten, Gefängnisse, Altersheime und Erholungsheime – im Wesentlichen auf Orte des *sexus* oder Rauschs, der Strafe und der Krankheit bezogen. Sie lassen sich jedoch auf fiktionale Repräsentationsformen von ‚Welt' übertragen.[15] Bereits Goethe hatte, wie erwähnt, den anderen Ort des Sanatoriums vorgeführt. Und auch drei weitere Texte lesen sich, als wären die Autoren bei Foucault in die Schule gegangen: Melvilles *Bartleby, der Lohnschreiber* (1853), Tolstois *Der Tod des Iwan Iljitsch* (1886) und Kafkas *Hungerkünstler* (1922) schildern ein Ausscheiden aus allem Bürgerlichen, das sich in den heterotopischen Räumen Grab bzw. Gefängnis, Bett und Zirkus vollzieht. Alle sind in urbanen Kontexten angesiedelt. *Bartleby* spielt in New York, *Iwan Iljitsch* in Sankt Petersburg, und auch Kafkas *Hungerkünstler* ist in einer zwar ungenannten, aber doch größeren Stadt zu verorten. So deutlich wird in den drei Texten die Urbanität ausgestellt, dass man sie als notwendigen Hintergrund oder Voraussetzung für das Handeln der Protagonisten begreifen muss. Vom innerweltlichen, unbestimmt-offenen und schöpferischen Mußebegriff unterscheiden sich die drei Erzählungen allerdings dadurch, dass sie die radikalethische Absage an Arbeit und Welt inszenieren: Alle drei Protagonisten enden im Tod. Sie sind ein devianter Typus, der die Freiheit vom Leistungszwang als Verweigerung ansieht und anzeigt, dass die Lebenswelt offenbar keine sinnhafte Struktur mehr besitzt.[16]

II.

Melvilles *Bartleby, der Lohnschreiber* ist ein literarisches Rätsel. Nichts weiß man über seine Herkunft oder Ausbildung, seine Meinungen oder das Motiv seines Handelns. Man muss sich bei der Lektüre ganz auf den Erzähler verlassen und sich damit begnügen, von Bartlebys Tun auf seine Ansichten zu schließen. Die Geschichte könnte eigenartiger kaum sein. Bartleby, zuvor wohl Angestellter im

---

[15] Vgl. zur Übertragung auf literaturwissenschaftliche Raumkonzepte etwa: Brahim Moussa, *Heterotopien im poetischen Realismus. Andere Räume, andere Texte*, Bielefeld 2012, 24–52; Stefan Tetzlaff, *Heterotopie als Textverfahren. Erzählter Raum in Romantik und Realismus*, Berlin/Boston 2016, 1–33. Solcher Übertragung hat Foucault selbst Vorschub geleistet, indem er in der *Ordnung der Dinge* von der heterotopischen, mythenbrechenden Qualität der Dichtung Jorge Luis Borges' spricht (vgl. Tetzlaff, *Heterotopie als Textverfahren*, 20).

[16] Die Verlockung, aus bürgerlichen Pflichten auszusteigen, nimmt im 19. Jahrhundert insgesamt zu. Kaum eine Figur ist aber ähnlich radikal wie die Protagonisten der hier betrachteten Erzählungen. Hawthornes *Wakefield* etwa schildert die Geschichte eines Mannes, der eines Tages kurzerhand von zu Hause fortgeht, nach 20 Jahren jedoch zurückkommt. Und Gontscharows *Oblomow* berichtet von einem lebensschwachen Faulenzer, der sich freilich nur aus dem Leben hinausträumt.

Postbüro für „tote, also unzustellbare Briefe in Washington" (79)¹⁷, präsentiert sich eines Tages im New Yorker Notariat des Erzählers als Schreiber. Nach einigen Wochen verweigert er zunächst die Kontrolle der Kopien, dann vollends seine Arbeit und begegnet allen Bitten und Aufforderungen nur mit dem Satz: „Es ist mir eigentlich nicht genehm" (39)¹⁸. Der mitfühlende, aber ratlose Notar wechselt schließlich die Büroräume, um Bartleby loszuwerden. Daraufhin kommt dieser wegen Landstreicherei ins Gefängnis, weil er sich weigert, das ihm vertraute Bürohaus zu verlassen, in dem er nun lebt und schläft. Im Gefängnis schließlich stirbt er durch Essensverweigerung wenige Tage nach seiner Einweisung. Bemerkenswert ist an dieser Erzählung zunächst ihre räumliche Dimension. Der Untertitel *Eine Geschichte von der Wall Street* deutet ja nicht nur auf das boomende Geschäftsviertel New Yorks, sondern vor allem darauf, dass Wände im Text eine besondere Rolle spielen. Für Bartleby fungieren sie als Schutzraum gegen das Leben. Bereits im Postbüro hatte er sich bewusst weit von allem menschlichen Kontakt zurückgezogen. Allein mit toten Briefen, die der Notar mit „tote[n] Menschen" (80) vergleicht, hat er es zu tun, und so entsteht der Eindruck, Bartleby arbeite in einer abgeschlossenen Gruft. Aus dieser offenbar erstrebenswerten Umgebung wird er nur „infolge eines Wechsels in der Regierung" (80) vertrieben. Im Notariat auf der Wall Street findet er einen noch isolierteren Rückzugsort. Denn die Büroräume sind durch eine nahe „Ziegelmauer" und die Wand eines „Lichtschachts" (29) an beiden Enden geradezu eingemauert. Auch das Fenster an Bartlebys Arbeitsplatz geht auf eine „[d]rei Fuß" (37) entfernte, „tote, also fensterlose" (52) Mauer hinaus, außerdem hat der Notar den neuen Mitarbeiter hinter eine „Mattglas-Flügeltür" (37) gesetzt und ihn mit einer eigens angeschafften „spanische[n] Wand" (37) umgeben. Auf diese Weise dreifach von der Welt abgetrennt, wirkt Bartleby geradezu lebendig begraben, und auch seine äußere Erscheinung – „bläßlich" (37) und „mager [...]" (39) ist er – verstärkt den Eindruck des Asketisch-Morbiden.¹⁹ Nur von ein wenig Käse (vgl. 50) und von Ingwerkeksen, die ihm einer der Angestellten besorgt (vgl. 43), scheint er sich zu ernähren, nie geht er aus (vgl. 52), nie interessiert er sich für „Zerstreuung" (47), und eines Tages findet der Notar sogar heraus, dass Bartleby die Büroräume heimlich zu seiner Wohnstätte gemacht hat (vgl. 50). Solche nahezu

---

¹⁷ Ich zitiere *Bartleby, den Lohnschreiber* nach der Neuübersetzung von Michael Walter und Daniel Göske: Herman Melville, *Billy Budd. Die großen Erzählungen*, hg. v. Daniel Göske, München 2009, 27–80.
¹⁸ Im englischen Original: „I would prefer not to" (Herman Melville, „Bartleby, the Scrivener", in: Melville, ,*Billy Budd, Sailor' and Selected Tales*, hg. v. Robert Milder, Oxford 1987, 3–41, 11). Zum Thema vgl. bereits Philipp Stoellger, „Kardinäle des Nichtstuns. Literarische Figuren der Passivität", in: *Hermeneutische Blätter* (2009), 68–76; Dan McCall, *The silence of Bartleby*, Ithaca 1989.
¹⁹ Bartlebys drei Arbeitskollegen hat Melville kontrastiv angelegt. Turkey (,Puter'), Ginger Nut (,Ingwerkeks') und Nippers (,Hummerschere') sind nicht nur überhaupt den Genüssen des Lebens zugewandt, sondern deuten schon durch ihre Namen auf Nahrungsmittel.

vollständige Absage an Leben und Empirie ließe sich mit Schopenhauer – den Melville freilich erst ab den 1870er Jahren selbst las[20] – als radikale Verneinung des Willens bezeichnen. Durchaus ist sie von Bartleby gewollt. Nichts möchte er mit der Außenwelt zu tun haben, und als der Notar ihn loszuwerden sucht, antwortet er: „Es ist mir eigentlich nicht genehm, Sie zu verlassen" (63). So schildert die Erzählung, wie Bartleby Notarsbüro und Stadt zur Heterotopie transformiert. Den urbanen Raum, der ihn gerade in seiner drangvollen Enge und Einmauerung zur Verweigerung bewegt, sucht er zum Garanten der eigenen Freiheit zu machen, die Hektik zum Grab zu transformieren. Freilich läuft das den Gepflogenheiten zuwider. Wer Mauern liebt und Weitblick vermissen lässt, und wer den Feierabend nicht zu Hause, sondern im einsamen Büro verbringt, schert sich offenbar nicht um die Möglichkeiten des modernen Wirtschaftslebens. Durch Bartlebys Entscheidung, schließlich auch die zum Leben zählende Arbeit aufzukündigen, kommt es alsbald zum Konflikt. Zum Ärger des Notars und der anderen Schreiber steht Bartleby eines Tages wirklich nur noch „untätig am Fenster" (57), sieht hinaus und scheint einen „Tagtraum von der toten Mauer" (57) zu träumen, dem Ideal des Stillstands. Es geht dem Schreiber dabei weder um Erholung noch um die Meinung seines Arbeitgebers. Bartlebys kontemplative Willensverneinung ist, anders als die erfüllte Muße, eine radikale Verweigerung, eine ‚Freiheit von' allen Verbindlichkeiten, und beruht offenbar auf seinem Ideal der Negation oder eines Lebens ohne Leben. Doch seine ostentative, wenn auch stets höflich vorgetragene Untätigkeit inmitten der Geschäftigkeit und der Leistungsgesellschaft der Wall Street ist ein Skandalon. Auch der Notar, schon vorgerückten Alters, selbst eigentlich ohne Ehrgeiz (vgl. 28) und also im Grunde durchaus mit Verständnis, ja Sympathie für Bartleby gesegnet, beginnt, sich vor übler Nachrede und einem Nachteil für die „berufliche [...] Reputation" zu fürchten: „Zuletzt", meint er, „vermochte ich mich der Erkenntnis nicht mehr zu verschließen, daß in meinem ganzen beruflichen Bekanntenkreis verwundert über die sonderbare Kreatur getuschelt wurde, die ich in meiner Kanzlei beherbergte" (67). Bartlebys immer schon prekäre urbane Heterotopie wird also von der Stadt zurückerobert. Ihr Anderes will die Gesellschaft unbarmherzig aus dem Weg räumen. Also wechselt der Notar die Geschäftsräume und lässt Bartleby zurück, der nun im Treppenhaus und Eingangsbereich des Bürohauses lebt und schläft. Dort freilich ist er für jedermann sichtbar, und so dauert es nur wenige Tage, bis man ihn ins Gefängnis bringt: Einen Landstreicher und Taugenichts im Haus zu haben, ist für die arbeitsamen Anwälte und Geschäftsleute untragbar. Über vier Stationen also hat die Welt Bartleby zu verstehen gegeben, dass es für ihn und sein radikales Innehalten keinen Platz gibt. Im New Yorker Gefängnis, „Tombs" (74), Gräber, genannt, geht er ins letzte, diesmal echte Grab ein, indem er mit der Nahrung dasjenige verweigert, was ihn noch an die

---

[20] Vgl. William B. Dillingham, *Melville and his Circle: The last Years*, Athens/Georgia 1996, 58.

Welt bindet. Er stirbt auf dem Boden liegend, mit dem Kopf an der Gefängnismauer (vgl. 78), der letzten Wand, bei der er im Leben Schutz suchte. Radikale Verweigerung führt in den Tod, die einzig unwiderrufliche Heterotopie. Nur im Jenseits, nicht mehr im Diesseits, kommt die ersehnte Freiheit von allen Leistungserwartungen zur Ruhe.

Natürlich ließe sich an Bartleby nun eine Kapitalismuskritik ausführen, eine Kritik der permanenten Tätigkeit etwa, des Arbeitszwangs, der Hartherzigkeit oder gar der Entfremdung. Doch ob Bartleby es auf dergleichen abgesehen hat, bleibt offen.[21] Bis zuletzt ist das Motiv seiner Verweigerung unbekannt. Bartlebys melancholische Höflichkeit, seine Passivität und sein ausweichender Satz „Es ist mir eigentlich nicht genehm" dementieren aber wohl jeglichen Wunsch nach Außenwirkung. Und ob man dem Notar darin folgen muss, den duldsamen Schreiber als Nachfolger Christi oder Hiobs zu lesen, steht ebenfalls dahin. Eher scheint es plausibel, im Protagonisten einen Hinweis auf Melvilles literarisches Verfahren zu sehen. Von Beginn an hat es Bartleby mit Sprache und Schrift zu tun. Die Mitteilungen, die er macht oder die durch seine Hände gehen, sind allerdings durchweg defizient. Schon im Postbüro handelt es sich um tote Briefe, deren Botschaften keinen Empfänger mehr besitzen, die Schreibtätigkeit im Notariat besteht aus bloßem Kopieren der Ansichten anderer, und Bartleby selbst teilt sich nicht mit, weil er nicht von sich aus spricht (51) und auf Fragen nur ausweichend antwortet. So kommt in Betracht, ihn als Typus einer Literatur der Verweigerung aufzufassen: Sie unterläuft Bedeutung und stellt alle Pragmatik ebenso wie allen *plot* still. Damit wäre sie eine Literatur der Negativität, die die Bewegung von Sprache suspendierte. Sie wäre in dem Maße Literatur ohne Literatur, wie auch der Protagonist ohne *agon* zu denken ist. Natürlich ist sie in der Welt ebenso dem Untergang geweiht wie Bartleby. Die Bemühungen der Interpreten seit dem Notar zeigen, dass Leser immer nach Bedeutung und Botschaften suchen, und so wie es dem Schreiber unmöglich war, zugleich innerhalb und außerhalb der Gesellschaft zu stehen, gibt es kein Zeichen, das zugleich etwas und nichts bedeutete. Die ‚Freiheit von' allen sprachlichen Beschränkungen begründet keine positive ‚Freiheit zu' neuer Sinnstiftung. Heterotopische Literatur, die ähnlich, aber radikaler als bei Schopenhauer vom Willen erlöste, existiert offenbar nur jenseits von Sprache. Es wäre die Kunst Bartlebys, und die drei Buchstaben ‚art' (für: Kunst) in seinem Namen wären dafür eigens hervorzuheben: B-ART-leby. Sein ungewöhnlicher Name scheint ihm überhaupt das Künstlertum vorzugeben. ‚Bartleby' leitet sich von ‚Bartholomäus' her, dem, so

---

[21] Auch andere Überlegungen helfen nicht weiter. Zwar spekuliert der Notar über eine mögliche Überspanntheit oder gar eine „angeborene [...] und unheilbare [...] Zerrüttung" (53), doch das bleibt ebenso wenig überprüfbar wie die Vermutung, der fortgesetzte Genuss von Ingwerkeksen könne sich auf seine Konstitution negativ ausgewirkt haben (vgl. 43). Vgl. dazu *Bartleby the Inscrutable*, hg. v. Inge Milton Thomas, Hamden 1979.

wörtlich ‚Sohn des Tolmai'.²² ‚Tolmai' wiederum bedeutet ‚Furchenzieher'²³, und solch landwirtschaftliche Tätigkeit lässt sich leicht mit Literatur in Verbindung bringen: Bekanntlich stammt der ‚Vers' von lat. ‚vertere' ab²⁴, dem Wendevorgang eines Ackerpflugs am Ende der Furche, so dass man das Pflügen des Ackers dem Beschreiben einer Seite (mit dem ‚Wenden' des Schreibgeräts am Zeilenende) vergleichen konnte. Bartleby wäre also Literat in dritter Generation, der sich vorgenommen hat, die Familientradition fortzuführen. Und Melville wird den Namen auch deshalb ausgesucht haben, weil schon Bartholomäus als derjenige unter den Heiligen gilt, „about whom virtually nothing is known."²⁵

III.

Mit Tolstois *Tod des Iwan Iljitsch*, der zweiten Erzählung, liegt eine durchaus moralische Geschichte vor, die konventioneller erzählt, aber für das Thema der Verweigerung ebenso einschlägig ist.²⁶ Berichtet wird von Iwan Iljitsch Golowin, der sich nach einer Karriere als Oberstaatsanwalt beim Wohnungseinrichten am Fenster stößt und an dieser Verletzung, die eigentlich nur ein blauer Fleck ist (vgl. 101)²⁷, drei Monate später nach dreitägigem Schreien stirbt. Das Siechtum – von einem schlechten Geschmack im Mund (vgl. 106) über ein „Unbehagen an der linken Magenseite" (106) bis hin zu starken Schmerzen und „Atembeklemmungen" (150) – zwingt Iwan Iljitsch aufs Krankenlager. Im Bett, dem heterotopischen Schutzraum gegen das irreflexive Leben, hat er Gelegenheit genug, über seine bisherige Existenz nachzudenken. Was er dabei erkennt, ist keineswegs geeignet, ihn zu beruhigen: „Ihm war der Gedanke gekommen, die von ihm so lange für völlig unmöglich gehaltene Annahme, er habe sein ganzes Leben lang nicht so gelebt, wie es nötig gewesen wäre, könnte am Ende

---

²² Vgl. Patrick Hanks/Flavia Hodges (Hg.), *Dictionary of Surnames*, Oxford/New York 1988, s. v. *Bartholomew*, 35.
²³ Das *Dictionary of Surnames* übersetzt allerdings mit „having many furrows', i. e. rich in land" (35).
²⁴ Friedrich Kluge, *Etymologisches Wörterbuch der deutschen Sprache*, bearbeitet v. Elmar Seebold, 23. Aufl., Berlin/New York 1999, s. v. *Vers*, 860.
²⁵ *Dictionary of Surnames*, s. v. *Bartholomew*, 35.
²⁶ Tolstois moralisch-pädagogischer Impetus ist insbesondere in den letzten Reflexionen Iwans spürbar. „So fühlt man Absicht, und man ist verstimmt", ließe sich mit Goethes Tasso sagen. Nicht immer gelingt Tolstoi die Balance zwischen Literatur und kulturkritischem Kommentar. Vgl. zu Tolstois Reformideen Hans-Ulrich Grunder, „Lev Nikolaevič Tolstoj (1828–1910)", in: Heinz-Elmar Tenorth (Hg.), *Klassiker der Pädagogik*, München 2003, Bd. 1, 188–198; Edith Hanke, *Prophet des Unmodernen. Leo N. Tolstoi als Kulturkritiker in der deutschen Diskussion der Jahrhundertwende*, Tübingen 1993.
²⁷ Ich zitiere Tolstois *Tod des Iwan Iljitsch* nach der Übersetzung von Hermann Asemissen in: Lew Tolstoi, *Der Tod des Iwan Iljitsch und späte Erzählungen*, hg. v. Eberhard Dieckmann (Gesammelte Werke in zwanzig Bänden, hg. v. Eberhard Dieckmann u. Gerhard Dudek), Berlin 1970, 74–152.

vielleicht doch zutreffen" (147). In der Tat: Iwan Iljitsch steht vor den Trümmern eines falschen Lebens, für das es „keine Rechtfertigung" (147) gibt. Denn anstatt selbstbestimmt zu leben, hat er sich stets nach den Konventionen, nach der Allgemeinheit und den Institutionen gerichtet, die regeln, was sich gehört und was ‚man'[28] tut.

Dazu gehörte etwa die Einrichtung der neuen Wohnung in Sankt Petersburg. Mit „Kamin mit einem Schirm davor", „Etagere", „kleinen Sessel[n]", „Wandteller[n], Nippsachen", „Bronzefiguren", „einige[n] altertümliche[n] Gegenständen" (100) sowie einer kunstvollen „Drapierung der Fenstervorhänge" (100) soll sie gemäß der Würde des neuen Amtes besonders prächtig und repräsentativ ausstaffiert werden. Doch der urbane Chic wird zum Verhängnis: Just der „Fenstergriff" (100), gegen den Iwan beim Aufhängen unglücklich fällt, gibt den Anstoß zum Erkenntnisprozess. Der Kontext städtischer Konventionalität bewirkt zunehmende Distanz. Denn Iwan bemerkt: In Selbstentfremdung und Selbstvergessenheit hat er seine Existenz zugebracht, und wie in einer Jaspersschen Grenzsituation wird ihm durch Krankheit und Todesangst immer mehr das „Gehäuse"[29] deutlich, in das er sich begeben hatte. Schon seine Ehe mit Praskowja Fjodorowna war nur durch die Regeln des „comme il faut" (89) zustande gekommen. Keineswegs aus Liebe, sondern nur aus persönlicher Bequemlichkeit und aus Gründen der sozialen Akzeptanz heiratet er (vgl. 91f.), und es verwundert kaum, dass die Ehe unglücklich verläuft. Praskowja lebt gern aufwendig, wahrt die „von der öffentlichen Meinung vorgezeichneten Anstandsformen" (93), und weil das Gehalt ihres Mannes schon bald nicht mehr „zur Bestreitung der Lebenskosten ausreicht [...]" (96), drängt sie ihn, besser bezahlte Posten anzunehmen. Nur durch äußere Zufälle, nicht aus Eignung stolpert Iwan wie alle anderen auch wirklich die Karriereleiter empor und kann seiner Frau eine neue Wohnungseinrichtung bieten – die freilich „genauso ausgestattet" (101) ist wie alle vergleichbaren und nur ihm selbst etwas Besonderes zu sein scheint. Auch der soziale Aufstieg verhindert aber weitere Streitpunkte zwischen den Eheleuten nicht. Über die Erziehung der Kinder bestehen unvereinbare Vorstellungen, Praskowja erweist sich als eifersüchtig, und eingebildete und echte Krankheiten stellen die Nerven so lange auf die Zerreißprobe, dass sich Iwan außerhalb der Familie „eine eigene Welt" (93) schafft: Immer öfter zieht er sich ins Büro zurück, den einzigen Fluchtraum, den seine Frau respektiert. So groß wird die „Entfremdung" (94) zwischen den Eheleuten, dass Praskowja

---

[28] Martin Heidegger hat bei seiner Analyse der Seinsvergessenheit in *Sein und Zeit* (1927) bekanntlich auf Tolstois *Iwan Iljitsch* als literarisches Beispiel zurückgegriffen, vgl. *Sein und Zeit*, Tübingen 2006, 254. Vgl. dazu Udo Broch, *Wieviel Wahrheit verträgt der Mensch? Die ‚Verfallenheit' im ‚Gerede' des ‚man' in Martin Heideggers ‚Sein und Zeit' und in Leo N. Tolstois ‚Der Tod des Iwan Iljitsch'*, Aachen 1999.

[29] Karl Jaspers, *Psychologie der Weltanschauungen*, 4. Aufl., Berlin/Göttingen/Heidelberg 1954 (zuerst 1919), 305. In der russischen Literatur des 19. Jahrhunderts hat dieser Typ Konjunktur, man denke etwa an Anton Tschechows *Mensch im Futteral*.

angesichts von Iwans Leiden weder Mitleid noch echte Trauer zeigt. Nur die Sorge um den weiteren Lebensunterhalt treibt sie um, so dass sie noch bei der Aufbahrung des Toten einen der Trauergäste nach der besten Möglichkeit fragt, viel Pensionsgeld „aus der Staatskasse" (83) zu erhalten. Die Tochter ist keinen Deut besser. Anstatt sich um den kranken Vater zu kümmern, treibt sie im Egoismus des Gefühls ihre Verlobung voran, belästigt ihn mit Gesang und Klavierspiel – wie in der *Kreutzersonate* auch hier ein ästhetischer Modus der Selbstvergessenheit – und nimmt ihm augenscheinlich übel, mit seinem Hinscheiden ihre weiteren Pläne zu gefährden und überhaupt die Stimmung zu verderben.[30] Eine ähnliche Fremdbestimmung, muss Iwan außerdem erkennen, herrschte in seinem Beruf. Der Vater hatte Iwan zum Juristen bestimmt und ihm auch die erste Stelle besorgt (vgl. 87), und nur durch Praskowjas Drängen gelangt er an seinen Posten, wobei er feststellt, dass es nirgends um Fähigkeiten, sondern nur um die richtigen Kontakte geht. So zeigt Iwan nirgends ein echtes Interesse an seiner Tätigkeit, sondern nur an seiner Stellung: Er genießt seine „Macht", seine „Wichtigkeit" und „Erfolge" (95), und verwandelt, was er anfangs an aufrechter Tüchtigkeit besaß, in eine hohle Dienstpflicht. Zwei bürgerliche Institutionen, Ehe und Beruf, entlarvt die Geschichte also als Entfremdungsfaktoren. Wer wie Iwan Iljitsch in ihnen existiert, hört nie auf seine innere Stimme und lebt wie eine Gogolsche tote Seele. Übrigens sind Iwans Kollegen nicht anders: Anstatt zu trauern, denken sie an Umbesetzung und Beförderung, und den Kondolenzbesuch treten sie nur widerwillig an, weil sie fürchten, den geplanten Kartenspielabend verschieben zu müssen. Damit macht die Erzählung zuletzt deutlich, dass – die Erinnerung an Foucault liegt nahe – in der bürgerlichen Gesellschaft vor allem der Tod verdrängt wird: „Ja, das ist eben Schicksal: ihn hat's getroffen, ich aber lebe weiter, dachte oder fühlte ein jeder" (76). Dazu trägt zuletzt die Medizin bei. Iwan Iljitsch hat, als er stirbt, eine Odyssee zu Ärzten, darunter berühmte Vertreter des Fachs, hinter sich. Keiner konnte ihm helfen. Dabei geht es nicht um Fehldiagnosen wie Blinddarm oder Nierenkrankheit. Iwan macht die Erfahrung, dass es Ärzten – neben Geld – um die Leugnung des Todes geht, dass sie also ebenfalls im Dienste der Uneigentlichkeit stehen. Denn erst im Lichte des Todes gelangt Iwan zur Selbsterkenntnis. Erst das nahende Lebensende entwertet alle Konventionen und setzt einen Bewusstwerdungsprozess in Gang, in dem das unpersönliche ‚man stirbt' zum persönlichen ‚ich sterbe' wird. Niemand denkt individuell in der Welt der Bürgerlichkeit, und so muss sich Iwan aus dem urbanen Raum in den privaten Reflexionsraum des Bettes zurückziehen, in dem er drei Monate der Abgeschiedenheit benötigt, um dem Lebenswillen abzusagen. An die Stelle der falschen Welt tritt ihm dabei die Erinnerung an glückliche, nicht-entfremdete Momente der Kindheit. Freilich sind

---

[30] Aus der Familie empfindet nur Iwans Sohn natürliche Trauer, er fällt aber in seiner stummen Passivität kaum ins Gewicht.

sie nicht mehr wiederzubringen. Der Weg nach vorn ist aber offen. Iwan erkennt also, dass Selbstbestimmung nur durch die Entscheidung für den Tod zu wahren ist. Wie bei Bartleby führt die negative Freiheit von den Erwartungen des Alltags zu einer radikalen Verweigerung, die zur Absage ans Diesseits führt und dem Konzept von Muße widerspricht. Iwan entzieht sich Ärzten, Familie, Beruf und aller Rekonvaleszenz, strebt nicht mehr nach Rückkehr ins falsche Leben und lässt den Dingen ihren Lauf. Es ist ein Selbstmord aus der konsequenten Ethik einer Selbstrechtfertigung, die auf Erden unmöglich schien[31]: Die ‚Freiheit zu' einem sinnvollen Selbstentwurf gibt es unter den Bedingungen des Hiesigen nicht. Dass Iwan erst durch den bewussten Akt der Verweigerung seine Identität gewinnt, verdeutlicht der Text mit einem Verweis auf den Nachnamen: ‚Golowin' stammt von russ. ‚golowa', ‚Kopf', und weist darauf hin, dass Selbsterkenntnis das Resultat eines Denkprozesses ist. Nicht alle haben ihn freilich nötig. In Iwans treuem Diener Gerassim, der dem Kranken „Fürsorge" (128) erweist und „Mitleid" (129) entgegenbringt, scheint Tolstois Ideal des natürlichen russischen Menschen auf, der sich ohne zu zögern richtig und human verhält. Das Übel der Selbstvergessenheit lastet der Text hingegen dem ‚westlerischen' Beamtentum und seinen vermeintlichen zivilisatorischen Errungenschaften an, die Pensionen und Inneneinrichtungen für wichtiger halten als Fragen der rechten Lebensführung. So verwundert zuletzt auch nicht, dass Iwans Tod keinerlei über das Partikulare hinausgehende Relevanz besitzt. Wie der folgende Kafka-Text berichtet auch Tolstois Erzählung davon, dass die Gesellschaft sich den heterotopischen Raum wieder aneignet. Der Tote wird in einem Sarg verbracht und beerdigt. Betten sind nicht zum Denken, sondern zum Schlafen da. Nichts verändert sich.

IV.

Die Frage, ob und wie das Leben zu rechtfertigen sei, treibt auch den Hungerkünstler um, den Protagonisten der letzten hier betrachteten Erzählung.[32] Kafkas Parabel nennt, anders als Melvilles *Bartleby*, den Schlüssel zum Verständnis. Der Hungerkünstler hungert, weil er in der Welt „nicht die Speise finden konnte", die ihm schmecke. Hätte er sie gefunden, hätte er „kein Aufsehen gemacht

---

[31] Vgl. dazu Bernhard Sill, *Ethos und Thanatos. Zur Kunst des guten Sterbens bei Matthias Claudius, Leo Nikolajewitsch Tolstoi, Rainer Maria Rilke, Max Frisch und Simone de Beauvoir*, Regensburg 1999, 78–99.
[32] Die Literatur zum *Hungerkünstler* ist inzwischen unüberschaubar geworden. Ich beschränke mich auf die folgenden Angaben: Ingeborg Henel, „Ein Hungerkünstler", in: *Deutsche Vierteljahrsschrift für Literaturwissenschaft und Geistesgeschichte* 38 (1964), 230–247; Gerhard Kurz, *Traum-Schrecken. Kafkas literarische Existenzanalyse*, Stuttgart 1980, 73–84; Felix Greß, *Die gefährdete Freiheit. Franz Kafkas späte Texte*, Würzburg 1994, 76–110.

und [s]ich vollgegessen wie du und alle" (KKAD, 349).³³ Den Begriff der Speise kann man aus dem Text erschließen. Es geht, wie der vielberufene Panther vorführt, um Nahrung, „Freude am Leben" und die Freiheit des Stärkeren, die das Raubtier „im Gebiß" (KKAD, 349) trägt. Der Hungerkünstler kann damit offenbar nichts anfangen. Ihm geht es um echte Freiheit, die sich in einer Welt nicht findet, die den Menschen etwa mit bürgerlichen Konventionen und körperlichen Bedingtheiten enge Grenzen setzt. Wer sich daher im Licht der Freiheit reflektiert, muss die eigene Existenz als beschränkt und darum verächtlich erkennen – und begreifen, dass sie „unerträglich" (KKAD, 33) und nicht zu „verteidigen" (KKAD, 27) ist. Kafkas bekannter Zürauer Kettenaphorismus berichtet in diesem Sinne, dass der Mensch ein mit einer „Kette" (KKAN II, 127) an Erde und Himmel gefesseltes Mischwesen sei, in dem Körper und Geist widerstreiten. Die „Erdenschwere" (KKAN II, 121) des Physischen halte auf der Erde fest, der Geist hingegen strebe in Richtung des freien Himmels. Unter dem Gesichtspunkt der Freiheit wurde mithin bei „der ersten Fesselung" (KKAN II, 121) – also der Fesselung an die Erde – ein „Fehler" (KKAN II, 127) gemacht. Er müsste berichtigt werden. Die Erdenkette, die den Aufschwung verhindert, wäre dafür zu durchtrennen. Wer ein „Bürger des Himmels" (KKAN II, 128) und des Freiheitsreichs werden will, hat von der Welt Abschied zu nehmen. Dafür muss der Leib vernichtet werden. Selbstreflexion führt zu suizidaler Konsequenz, die gegen das Leben spricht und dazu aufruft, sich zu richten: „Ein erstes Zeichen beginnender Erkenntnis ist der Wunsch zu sterben" (KKAN II, 116), heißt es in Kafkas *Zürauer Aphorismen*. Kaum einer von Kafkas Protagonisten ist dazu bereit. Lieber leben sie ‚wie ein Hund' als gar nicht. Der Hungerkünstler aber setzt sich gegen seinen Lebenswillen durch und hungert sich im Namen der ‚reinen' Freiheit aus dem Leben heraus. Auch er benötigt dafür den urbanen Kontext. „[D]ie ganze Stadt" (KKAD, 334) interessiert sich ja für ihn, „von Hungertag zu Hungertag stieg die Teilnahme; jeder wollte den Hungerkünstler zumindest einmal täglich sehen" (KKAD, 334). Das bunte Treiben vor dem Käfig versichert den Asketen seiner Bedeutung. Denn die Faszination der Zuschauer rührt daher, dass sie im Künstler ihr Anderes vor Augen haben: den in Alltag und Bürgerlichkeit vergessenen oder verdrängten Auftrag zur Selbstrechtfertigung vor Geist und Freiheit. Ohne die Stadt und ihr bürgerliches Leben, das bei Kafka stets die verhasste Bedingtheit alles Empirischen markiert, wäre der Hungerkünstler überflüssig. So aber genießt er geradezu die Kontrolle, welche die „vom Publikum gewählte[n] Wächter" (KKAD, 335) über sein Hungern ausüben. Sie bestärkt ihn in seiner Heterotopie, die er sich mit dem Zirkuskäfig eingerichtet hat. Radikal arbeitet er dort an einer Gegenwelt, die auf die vollständige Negation der Existenz

---

[33] Franz Kafkas Werke werden zitiert nach der kritischen Ausgabe seiner Werke, hg. v. Jürgen Born u. a., Frankfurt a. M. 1982 ff., wobei sich die Siglen wie folgt auf die entsprechenden Bände beziehen: KKAN I bzw. II [*Nachgelassene Schriften und Fragmente* I bzw. II], KKAD [*Drucke zu Lebzeiten*]. Der *Hungerkünstler* findet sich in KKAD, 333–349.

hinausläuft. Indem er in seinem Schutzraum die Nahrungsaufnahme ebenso verweigert wie die Teilnahme am Leben, hat er wie Bartleby und Iwan Iljitsch genug Zeit, das Ausscheiden aus den Zusammenhängen des Irdischen zu vollenden, „denn für seine Fähigkeit zu hungern fühlte er keine Grenzen" (KKAD, 339). Allerdings lässt man ihn zunächst nicht frei gewähren. Der Impresario beendet das Hungern regelmäßig nach 40 Tagen, nach denen das Interesse des Publikums nachlasse. Eigentlich aber artikuliert sich in der Figur des Agenten die Stimme des Natürlichen, die sich vor dem Hungertod ängstigt, auf ihr Recht pocht und zu Welt und Nahrung zurückführt. Man kann den Impresario freilich auch als Argument einer Kunstkritik verstehen: Durch das Eingreifen des Impresarios, der Hungern als Kunst inszeniert, wird der Tod des Hungerkünstlers beständig verhindert und hinausgeschoben, seine Verweigerung unterbrochen. Kunst ist immer Element der Welt und also endlich, sieht der Hungerkünstler ein, der eben gerade nicht aus Kunstfertigkeit, sondern aus Notwendigkeit hungert (vgl. KKAD, 348) und dessen Tun also gerade keine Kunst sein will.[34] Ein Meister der Aufschiebung kann nicht sein, wer sich dem Tod verpflichtet hat. Das Publikum freilich schätzt nur die Inszenierung, und so muss der Hungerkünstler erkennen, dass „[d]ie Welt [...] ihn um seinen Lohn [betrog]" (KKAD, 347). Einer unendlichen oder freien Kunst hätte er wohl zugestimmt. Sie ist für ihn freilich auf Erden so wenig vorstellbar wie die reine Freiheit.

Erst als der Hungerkünstler längst keine Attraktion mehr ist, weil sich die Menschen mehr für den Panther interessieren, lässt man ihn in seinem Todeswunsch gewähren. Wie bei Melville erobert die Gesellschaft danach die Heterotopie zurück. Erst ignoriert das Publikum Käfig und Verweigerung souverän: „Versuche, jemandem die Hungerkunst zu erklären! Wer es nicht fühlt, dem kann man es nicht begreiflich machen" (KKAD, 347). Und am Ende setzt man den Panther in den freigewordenen Käfig. Der Hungerkünstler wird nicht mehr benötigt. Vor einigen Jahrzehnten noch, meint der Erzähler, sei das anders gewesen. Da drängten sich die Leute um den Hungerkünstler, der geradezu eine Erlöserfunktion erfüllte. Die 40 Tage, Zeit der Versuchung Jesu in der Wüste, und die Befreiung des Hungerkünstlers aus dem Käfig, die geradezu an Jesu Kreuzabnahme gemahnt, erinnern an den einen, der sich für die vielen opferte, um ihnen den Weg in Freiheit und Himmelreich zu bahnen. Hier wie auch beim

---

[34] Gegen eine Interpretation, die den *Hungerkünstler* am Leitfaden Schopenhauers liest und im Protagonisten das gestaltgewordene „Quietiv des Wollens" (Horst-Jürgen Gerigk, „Oblomow, Bartleby und der Hungerkünstler", in: Peter Thiergen [Hg.], *I.A. Gončarov. Beiträge zu Werk und Wirkung*, Köln 1989, 15–30, 29) erblickt, das durch seine Kunst die Welt als Vorstellung bejahe, ist Folgendes vorzubringen: Die vermeintliche Kunst des Hungerkünstlers ist erstens kein Ausdruck einer Kunst, sondern einer Notwendigkeit. Zweitens bleibt alle ‚Kunst' defizient, insofern sie niemals Ausdruck einer völligen Stillstellung des Willens werden kann. Nirgends bei Kafka taugen ästhetische Vorstellungen zur absoluten Rechtfertigung, weil sie aus der Welt und ihren Zwängen nicht hinausführen. Vgl. dazu Marcel Krings, *Franz Kafka: Der ‚Landarzt'-Zyklus. Freiheit – Schrift – Judentum*, Heidelberg 2017.

Thema der Freiheit kommt dem Hungern – anders als bei Bartleby und Iwan – also eine konkrete Funktion für die Menge zu. Das Hungern ist von der Muße nicht nur deshalb zu unterscheiden, weil es seine Erfüllung erst im Jenseits erblickt, sondern auch aus dem Grund, dass seine definierte Aufgabe der Unbestimmtheit der Muße widerspricht. Zuletzt aber scheitert der Hungerkünstler sowohl im Himmel als auch auf Erden. Denn die säkulare Moderne ist sich selbst genug und interessiert sich nicht mehr für die Mahnung, der Mensch lebe nicht nur vom Brot allein. Man vergisst die Himmelskette. Also stirbt der Hungerkünstler unbeachtet einen ebenso einsamen, aber ethisch konsequenten Tod wie Bartleby und Iwan Iljitsch. Dabei muss auch er feststellen, dass sein Ziel auf Erden unerreichbar bleibt: „[N]och in seinen gebrochenen Augen war die feste, wenn auch nicht mehr stolze Überzeugung, daß er weiterhungre" (KKAD, 349). Mit aller Hungerkunst lässt sich unter der Bedingung der Endlichkeit von der reinen Freiheit nichts sagen.

V.

Die drei Erzählungen aus der europäischen Literatur des 19. und des beginnenden 20. Jahrhunderts dementieren die Möglichkeit von Muße und stellen ihr ein Konzept radikaler Verweigerung entgegen. Zwar lassen die Heterotopien Grab, Bett und Käfig zunächst durchaus an un- oder antibürgerliche Mußeorte denken, an denen offener oder unproduktiver Freiraum besteht. Im geschäftlichen (Melville), privaten (Tolstoi) und öffentlichen Bereich (Kafka) öffnet sich in jedem Text ein Gegenort der Kontemplation, in dem die Protagonisten zunächst einmal der Zwänge von Tätigkeit, Unruhe und Funktion enthoben sind. Bürgerliche, urbane Kontexte werden in allen drei Geschichten dabei nicht nur als effektvolle Kontrastfolie, sondern auch als Auslöser der spezifischen Verweigerung genutzt. Bartlebys stille Verweigerung ist im kapitalistischen New York ein skandalöses Ärgernis, Iwans Kritik an der Selbstvergessenheit der Sankt Petersburger Gesellschaft lässt das ‚Gehäuse' augenfällig werden, in dem sich jedermann eingerichtet hat, und der Hungerkünstler in seiner Suche nach Freiheit weist nachdrücklich auf die Unfreiheit der Existenz hin. Noch in ihrem Untergang zeigen die drei Protagonisten auf diese Weise auf, was die bürgerliche Moderne verdrängte und ausschloss. Doch vor diesem Hintergrund zeigen die Texte nun gerade keine Ausgestaltung erfüllter Muße als Selbstzweck. Die negative Freiheit *von* allen Verbindlichkeiten wandelt sich nirgends zu jener positiven Freiheit *zur* offenen, zweckfreien Selbstgestaltung im Hier und Jetzt, die der volle Mußebegriff voraussetzt. Im kontemplativen Freiraum wird den Protagonisten vielmehr die unentrinnbare Gefangenschaft im Hiesigen deutlich, die den Tod als einzige Möglichkeit der Befreiung von der – ökonomischen, alltäglichen bzw. bloß empirischen – Lebenswelt erscheinen lässt. So wenden sich

Bartleby, Iwan Iljitsch und der Hungerkünstler von allen „vorgegebene[n] Zielorientierung[en]"³⁵ der Welt ab und formulieren eine Ethik der Verweigerung, die nicht auf künftige Produktivität, sondern auf die fundamentale Verwerfung einer falschen oder entfremdenden gesellschaftlichen Praxis ausgerichtet ist: Nur jenseits der Welt, nicht im Diesseits, liegt die Utopie der Freiheit und der Selbstentfaltung, die den bürgerlichen Leistungsbegriff souverän ignoriert und sich um Sanktionierung nicht kümmert. Die ‚Freiheit von' mündet in eine radikale Negativität. Sie kann die moderne Sehnsucht nach Muße nicht bedienen, weil sie alles Hiesige als beschränkt und unfrei verwirft. Solche Literatur der Verweigerung schreibt etwa gegen die zeitgenössische Flaneurdichtung eines Poe, Baudelaire oder Robert Walser an, die aus der sozialästhetischen Distinktion des mußevollen Dandy Profession macht. Das konsequenteste Andere der geschäftigen Urbanität ist nicht das scheinbar ziellose Spazieren, sondern der bewusste Abschied von allem Hiesigen. Die drei Erzählungen stehen also nicht länger wie die Muße im Dienste des Lebens, sondern entwerfen eine Kompensationsvision, die nicht mehr in die reale Welt zu integrieren ist. Foucault, um zuletzt zu ihm zurückzukehren, hatte übrigens auch solche radikal-negativen ‚anderen Orte' in Betracht gezogen. Es könne „Orte" geben, hatte er geschrieben, „die man betritt, um dort [...] die Gelegenheit zum Sterben zu finden. Man würde dort eine unbestimmte Zeit verbringen, Sekunden, Wochen, vielleicht Monate, bis sich mit gebieterischer Evidenz die Gelegenheit bietet, von der man sogleich weiß, daß man sie nicht verpassen kann [...]."³⁶

Literatur

Bartleby the Inscrutable, hg. v. Inge Milton Thomas, Hamden 1979.
Broch, Udo, *Wieviel Wahrheit verträgt der Mensch? Die ‚Verfallenheit' im ‚Gerede' des ‚man' in Martin Heideggers ‚Sein und Zeit' und in Leo N. Tolstois ‚Der Tod des Iwan Iljitsch'*, Aachen 1999.
Dillingham, William B., *Melville and his Circle: The last Years*, Athens/Georgia 1996.
Dobler, Gregor/Riedl, Peter Philipp, „Einleitung", in: Dobler/Riedl (Hg.), *Muße und Gesellschaft* (Otium. Studien zur Theorie und Kulturgeschichte der Muße, Bd. 5), Tübingen 2017, 1–20.
Figal, Günter, „Die Räumlichkeit der Muße", in: Burkhard Hasebrink/Peter Philipp Riedl (Hg.), *Muße im kulturellen Wandel. Semantisierungen, Ähnlichkeiten, Umbesetzungen* (linguae & litterae, Bd. 35), 26–33.
Foucault, Michel, *Die Ordnung der Dinge. Eine Archäologie der Humanwissenschaften*, Frankfurt a. M. 1974.

---

³⁵ Soeffner, „Muße – Absichtsvolle Absichtslosigkeit", 43.
³⁶ Michel Foucault, „Ein ganz harmloses Vergnügen", in: Foucault, *Von der Freundschaft als Lebensweise. Michel Foucault im Gespräch*, Berlin 1984, 55–60, 59.

Foucault, Michel, „Ein ganz harmloses Vergnügen", in: Foucault, *Von der Freundschaft als Lebensweise. Michel Foucault im Gespräch*, Berlin 1984, 55–60.

Foucault, Michel, „Andere Räume", in: Foucault, *Botschaften der Macht. Der Foucault-Reader Diskurs und Medien*, hg. v. Jan Engelmann, Stuttgart 1999, 145–160.

Foucault, Michel, „Die Heterotopien", in: Foucault, *Die Heterotopien. Der utopische Körper. Zwei Radiovorträge*, übers. v. Michael Bischoff, 3. Aufl., Frankfurt a. M. 2017, 7–23.

Gerigk, Horst-Jürgen, „Oblomow, Bartleby und der Hungerkünstler", in: Peter Thiergen (Hg.), *I. A. Gončarov. Beiträge zu Werk und Wirkung*, Köln 1989, 15–30.

Gimmel, Jochen/Keiling, Tobias, *Konzepte der Muße*, unter Mitarbeit von Joachim Bauer, Günter Figal, Sarah Gouda u. a., Tübingen 2016.

Greß, Felix, *Die gefährdete Freiheit. Franz Kafkas späte Texte*, Würzburg 1994.

Grunder, Hans-Ulrich, „Lev Nikolaevič Tolstoj (1828–1910)", in: Heinz-Elmar Tenorth (Hg.), *Klassiker der Pädagogik*, München 2003, Bd. 1, 188–198.

Hanke, Edith, *Prophet des Unmodernen. Leo N. Tolstoi als Kulturkritiker in der deutschen Diskussion der Jahrhundertwende*, Tübingen 1993.

Hanks, Patrick/Hodges, Flavia (Hg.), *Dictionary of Surnames*, Oxford/New York 1988.

Hasebrink, Burkhard/Riedl, Peter Philipp: „Einleitung", in: Hasebrink/Riedl (Hg.), *Muße im kulturellen Wandel. Semantisierungen, Ähnlichkeiten, Umbesetzungen* (linguae & litterae, Bd. 35), 1–14.

Heidegger, Martin, *Sein und Zeit*, Tübingen 2006 (zuerst 1927).

Henel, Ingeborg, „Ein Hungerkünstler", in: *Deutsche Vierteljahrsschrift für Literaturwissenschaft und Geistesgeschichte* 38 (1964), 230–247.

Jaspers, Karl, *Psychologie der Weltanschauungen*, 4. Aufl., Berlin/Göttingen/Heidelberg 1954 (zuerst 1919).

Kafka, Franz, *Schriften, Tagebücher, Briefe. Kritische Ausgabe*, hg. v. Jürgen Born u. a., Frankfurt a. M. 1982 ff.

Kluge, Friedrich, *Etymologisches Wörterbuch der deutschen Sprache*, bearbeitet v. Elmar Seebold, 23. Aufl., Berlin/New York 1999.

Krings, Marcel, *Franz Kafka: Der ‚Landarzt'-Zyklus. Freiheit – Schrift – Judentum*, Heidelberg 2017.

Kurz, Gerhard, *Traum-Schrecken. Kafkas literarische Existenzanalyse*, Stuttgart 1980.

McCall, Dan, *The silence of Bartleby*, Ithaca 1989.

Melville, Herman, „Bartleby, the Scrivener", in: Melville, ‚*Billy Budd, Sailor*' *and Selected Tales*, hg. v. Robert Milder, Oxford 1987, 3–41.

Melville, Herman, „Bartleby, der Lohnschreiber", in: Melville, *Billy Budd. Die großen Erzählungen*, hg. v. Daniel Göske, übers. v. Michael Walter u. Daniel Göske, München 2009, 27–80.

Moussa, Brahim, *Heterotopien im poetischen Realismus. Andere Räume, andere Texte*, Bielefeld 2012.

Sennefelder, Anna Karina, *Rückzugsorte des Erzählens. Muße als Modus autobiographischer Selbstreflexion* (Otium. Studien zur Theorie und Kulturgeschichte der Muße, Bd. 7), Tübingen 2018.

Sill, Bernhard, *Ethos und Thanatos. Zur Kunst des guten Sterbens bei Matthias Claudius, Leo Nikolajewitsch Tolstoi, Rainer Maria Rilke, Max Frisch und Simone de Beauvoir*, Regensburg 1999.

Soeffner, Hans-Georg, „Muße – Absichtsvolle Absichtslosigkeit", in: Burkhard Hasebrink/Peter Philipp Riedl (Hg.), *Muße im kulturellen Wandel. Semantisierungen, Ähnlichkeiten, Umbesetzungen* (linguae & litterae, Bd. 35), Tübingen 2017, 34–53.

Stoellger, Philipp, „Kardinäle des Nichtstuns. Literarische Figuren der Passivität", in: *Hermeneutische Blätter* (2009), 68–76.

Tetzlaff, Stefan, *Heterotopie als Textverfahren. Erzählter Raum in Romantik und Realismus*, Berlin/Boston 2016.

Tolstoi, Lew, „Der Tod des Iwan Iljitsch", in: Tolstoi, *Der Tod des Iwan Iljitsch und späte Erzählungen*, hg. v. Eberhard Dieckmann (Gesammelte Werke in zwanzig Bänden, hg. v. Eberhard Dieckmann u. Gerhard Dudek), übers. v. Hermann Asemissen, Berlin 1970, 74–152.

Metropole der Muße?

David Fogel in und über Wien

Judith Müller

Einleitung: Hebräisches Schreiben als urbanes Schreiben

Die moderne hebräische Literatur, von der man mit Gershon Shaked ab 1880 sprechen kann[1], ist in ihren Anfängen eine urbane Literatur. Bücher und Zeitschriften werden nicht nur in Städten produziert, sondern auch dort verfasst. Die Autoren leben im urbanen Raum, und die Diskurse um das Sujet werden ebenfalls im städtischen Raum geführt. Darüber hinaus werden Stadt und Metropole auch zum Subjekt literarischer Auseinandersetzung sowohl in der hebräischen Literatur als auch in der Literatur der Moderne im allgemeinen, eine Verbindung, die für die junge und kleine Literatur, die sich neben anderen modernen (europäischen) Literaturen etablieren möchte, nicht unbedeutend ist. In einer wegweisenden Studie geht Shachar M. Pinsker davon aus, dass sich die wesentlichen Entwicklungen in den beiden Zentren Odessa und Warschau abspielen und es darüber hinaus nennenswerte Enklaven gibt, darunter auch Wien.[2] Dabei stellt Pinsker fest, dass der Raum, in dem hebräische Schriftsteller ab 1880 leben, grundsätzlich als urban aufzufassen ist, und führt weiter aus:

At the turn of the twentieth century, cosmopolitan and polyglot cities became the centers of modernism; the writers, artists, and intellectuals who lived – or just passed through – these cities were a mixture of locals, immigrants, and exiles from all over Europe and the rest of the world. As we have already seen, the restlessness of these writers was an essential ingredient of modernism's ability to pollinate itself across a huge swath of countries and cultures.[3]

Rachel Seelig untersucht in ihrer Studie *Strangers in Berlin. Modern Jewish Literature between East and West, 1919–1933* jüdisches Schreiben in der Hauptstadt der Weimarer Republik. Dabei betont sie, dass für viele jüdische Schriftsteller

---

[1] Gershon Shaked, הסיפורת העברית 1880–1980. בגולה, 3. Aufl., Bd. 1, Jerusalem 2000.
[2] Shachar M. Pinsker, *Literary Passports. The Making of Modernist Hebrew Fiction in Europe*, Stanford 2011, 36. Für weitere Untersuchungen zur Moderne in der hebräischen Literatur siehe Chana Kronfeld, *On the Margins of Modernism. Decentering Literary Dynamics*, Berkeley/Los Angeles/London 1996 und Allison Schachter, *Diasporic Modernisms*, New York 2012.
[3] Pinsker, *Literary Passports*, 11.

Berlin nur ein Zwischenstopp⁴ war, was die Literaturwissenschaftlerin dazu veranlasst, Berlin unter dem Theorem der Schwelle zu betrachten: „The term signifies a relational concept: the border or link between inside and outside, between intimacy and estrangement."⁵ Darüber hinaus bilde Berlin die Schwelle zwischen Zentrum und Peripherie⁶, eine Ergänzung, die man mit Blick auf die hebräische Literatur in Europa um zusätzliche Pole erweitern könnte: Land und Stadt, Dorfgeschichten und *Haskalah*-Literatur sowie jiddische Literatur gegenüber modernem hebräischen Schreiben, zionistische Ansätze und eine als diasporisch konzipierte Literatur.

Diese Gegenüberstellungen spiegeln bereits Veränderung, Revolution und Umbruch, Schlagworte, die die jüdische Moderne zu umreißen vermögen. Pinsker kommt daher zum Schluss, dass gerade die Teilhabe an literarischen Zirkeln als stabilisierender Faktor zum Tragen kommt:

> At a time in which the only constant fact of life was change, it was participation in a community of Hebrew writers that lent their lives a semblance of stability. As I will suggest, this community made them simultaneously ‚insiders' and ‚outsiders', both in cities like Odessa, Warsaw, Homel, Lvov, Vienna, Berlin, Paris, and London, and in European modernist culture in general.⁷

Das Gefühl von Zugehörigkeit und gleichzeitiger Nichtzugehörigkeit ist dem Leben und Schreiben von David Fogel immanent. Dem 1891 in Satanov geborenen Lyriker und Roman- und Novellenautor ist Migration bekannt: Er zieht von seinem Geburtsort über Vilnius und Lemberg nach Wien und Paris. Ein Jahr lang versucht er auch in Palästina zu leben, kehrt aber bald schon nach Frankreich zurück. Dabei wird offensichtlich, dass es ihn nicht nur in die europäischen Metropolen zieht, in denen er auf das von Pinsker oben beschriebene Netzwerk aus Schriftstellern zu treffen vermag. Vielmehr bedarf er dieser Metropolen, vor allem Wien und Paris, um seine Literatur zu entfalten: Erst vor dem Hintergrund der Erfahrung in Wien beginnt er Gedichte und später Prosa zu verfassen. Den beiden Romanen ist Wien eingeschrieben oder, um es in den Worten Lilach Nethanels zu sagen, die österreichische Hauptstadt wird zu seinem גליון נייר (Papierbündel)⁸. Diese Aneignung und damit der Versuch, Zugehörigkeit zu beanspruchen, scheint wiederum einherzugehen mit gleichzeitiger Entfremdung. So schreibt Nethanel:

---

⁴ Der Begriff Zwischenstopp steht im englischen Original in Anlehnung an Franz Kafka in deutscher Sprache. Rachel Seelig, *Strangers in Berlin. Modern Jewish Literature between East and West, 1919–1933*, Ann Arbor 2016, 3.
⁵ Seelig, *Strangers in Berlin*, 4.
⁶ Seelig, *Strangers in Berlin*, 6.
⁷ Pinsker, *Literary Passports*, 7 f.
⁸ Lilach Nethanel, מחשבת הכתיבה. כתב ידו של דוד פוגל, Ramat Gan 2012, 29. Übersetzungen JM.

הולכת ומתחוורת עתה ביתר תוקף העובדה כי פוגל הוא סופר אירופאי כותב עברית, בן-בלי-בית כותב עברית כשפת ניכור ולא כשפת שיבה, כשפת היפוך מימטי הנכתבת כך שהבריות והמראות שהיא מספרת עליהן לא יבינו את לשונה. העברית של פוגל היא שפת אי ההבנה, שפת ה-mal entendu.

Es wird immer deutlicher, dass Fogel ein europäischer Schriftsteller ist, der Hebräisch schreibt, ein Heimatloser, der Hebräisch als eine Sprache der Entfremdung und nicht als Sprache der Rückkehr schreibt, als Sprache einer mimetischen Umkehr, sodass die Menschen und die Erscheinungen, von denen sie erzählt, ihr Idiom nicht verstehen. Das Hebräisch Fogels ist die Sprache des Nicht-Verstehens, die Sprache des *mal-entendu*.[9]

Im Hinblick darauf, dass die Sprache hier in eine ihr fremde Räumlichkeit und Zeitlichkeit übertragen sowie diese gleichzeitig ins Hebräische übersetzt werden, ist bei David Fogel und der Funktion des *mal-entendu* von Kulturtransfer zu sprechen. Darüber hinaus entspricht dies Fogels individueller Kreativität und seiner Herangehensweise an die Tätigkeit des Schreibens. Beide Punkte, sowohl Individualität wie auch Kreativität, spielen in Konzepten der Muße eine tragende Rolle. Mit Blick auf die Literatur lässt sich außerdem festhalten, dass „literarische Mußediskurse [...] das Potenzial [haben], Aspekte der Räumlichkeit und Zeitlichkeit neu zu denken und die Folgen von Kulturtransferprozessen besser zu verstehen."[10] Im Folgenden wird davon ausgegangen, dass Muße eine individuelle Erfahrung ist, die aber oft in einem Spannungsverhältnis zur Gesellschaft und damit auch den eigenen Erwartungen steht, wie weiter unten noch aufzuzeigen sein wird.[11] Gerade die Moderne erscheint mit Bezug auf Muße und Gesellschaft als eine spannungsgeladene Epoche, was sich am Beispiel jüdischer Schriftsteller aus Osteuropa besonders exemplifizieren lässt. Denn gehen wir von der Moderne als einer „Makro-Epoche" aus, die um 1800 begann und „weniger als klar datierbare Epoche [erscheint], denn als Riss, als forciert herausgestellter Bruch, in ihrer Vielfältigkeit und prinzipiellen Unabschließbarkeit"[12], dann stellt sich heraus, dass europäisch-jüdisches Schreiben sich in dieser Zeit nicht nur etablierte, sondern dass diese Entwicklung einherging mit massiven gesellschaftlichen Umbrüchen, die zu einer Distanzierung von Individuum und traditioneller Gesellschaft führten. Anonymität, Fremdheit und Einsamkeit prägten die Wanderung nach Westen[13], und die vermeintliche Befreiung aus dem

---

[9] Nethanel, כתב ידו של דוד פוגל, 29.
[10] Elisabeth Cheauré, „Vorwort", in: Cheauré (Hg.), *Muße-Diskurse. Russland im 18. und 19. Jahrhundert* (Otium. Studien zur Theorie und Kulturgeschichte der Muße, Bd. 4), Tübingen 2017, VII–X, VIII.
[11] Gregor Dobler/Peter Philipp Riedl, „Einleitung", in: Dobler/Riedl (Hg.), *Muße und Gesellschaft* (Otium. Studien zur Theorie und Kulturgeschichte der Muße, Bd. 5), Tübingen 2017, 1–17, 1.
[12] Robert Krause, „Muße und Moderne. Zur Einführung", in: Tobias Keiling/Robert Krause/Heidi Liedke (Hg.), *Muße und Moderne* (Otium. Studien zur Theorie und Kulturgeschichte der Muße, Bd. 10), Tübingen 2018, 1–6, 5.
[13] Judith Müller, „Text als Essen und Essen als Text", in: *Muße. Ein Magazin* 5,1 (2020), 39–47, 42.

engmaschigen Netz aus Tradition und Religion kann nicht nur als Moment der Freiheit, sondern auch als Moment der Krise gelesen werden. Beide Phänomene, Freiheit und Krise, wurden bereits im Zusammenhang mit Muße diskutiert, sodass in *Konzepte der Muße* von Praktiken der Muße als „Vollzugsformen von Freiheit"[14] oder Muße als „Schutzraum für Krisen"[15] die Rede ist. Denken wir dies weiter im Zusammenhang mit Literatur, dann kann diese nicht nur, wie Muße, als Schutzraum für Krisen dienen, sie bietet auch die Freiheit, die Krise in ein ästhetisiertes Moment zu verwandeln oder ebendieses lesend nachzuvollziehen.

Die Moderne und die moderne Literatur spiegeln dieses Moment, denn mit ihren Brüchen und Rissen erscheint diese Epoche als eine mit besonderer Affinität zum Marginalen, zum Minoritären und „Anderen".[16] Die charakteristischen Narrative „of unsettlement, homelessness, solitude and impoverished independence"[17] entsprechen nicht nur der Lebenserfahrung gerade hebräischer und jiddischer Schriftsteller, sie erscheinen auch im Besonderen ein Bedürfnis nach einer literarischen Freiheit zur Krisenerfahrbarkeit hervorzurufen. Wie im Folgenden weiter auszuführen sein wird, war David Fogel überzeugt, im kleinstädtischen Milieu Osteuropas nicht literarisch produktiv sein zu können, und hoffte auf seine Ankunft in der Metropole Wien. Wir werden daher sehen, dass Muße für ihn als Schreibenden einerseits einen gesellschaftlichen Freiraum meint, in dem man dieser Tätigkeit nachgehen kann, aber auch immer wieder von einem Freisein von Zwängen, vor allem von finanziellen und damit von der Verpflichtung, für den Lebensunterhalt Hebräisch zu lehren, die Rede ist. Es wird daher nicht nur zu untersuchen sein, welche unterschiedlichen Begriffe David Fogel in diesem Zusammenhang verwendet, sondern es stellt sich darüber hinaus die Frage, welche urbanen Räume der Muße er einerseits in seiner Prosa erschafft und andererseits in seinem Tagebuch dokumentiert. Es wird sich sodann herauskristallisieren, dass sich Wien als Mußeraum in Fogels Schreiben in drei Stufen zeigt: Der urbane Raum in der Vorstellung des jungen, der hebräischen Moderne sich widmenden Schriftstellers, bevor er die Stadt überhaupt erreichte. Demgegenüber steht die dann von ihm erlebte Metropole und seine zahlreichen (gescheiterten) Schreibversuche nach der Ankunft 1912. Diese beiden ersten Stufen lassen sich vor allem anhand der Tagebuchnotizen nachvollziehen. Die dritte Stufe umfasst dahingegen die beiden fiktionalen Wien-Romane חיי נישואים (*Eine Ehe in Wien*, 1929/30) und רומאן ווינאי (*Wiener Romanze*, 2012), die aber überwiegend in Paris verfasst wurden. Für die vorliegende Untersuchung spielt vor allem der postum veröffentlichte Roman eine Rolle. Diese Auswahl begründet

---

[14] Jochen Gimmel/Tobias Keiling, *Konzepte der Muße*, unter Mitarbeit von Joachim Bauer, Günter Figal, Sarah Gouda u. a., Tübingen 2016, 61.
[15] Gimmel/Keiling, *Konzepte der Muße*, 74.
[16] Kronfeld, *On the Margins of Modernism*, 3.
[17] Raymond Williams, *The Politics of Modernism. Against the New Conformists*, London 1989, 34.

sich aus der inhaltlichen, aber auch sprachlichen Nähe von Tagebuch und *Wiener Romanze* sowie dem engen Bezug zwischen Leben und Schrift bei David Fogel, den Lilach Nethanel bereits bei ebendiesen Beispielen im Besonderen ausmachte.[18] Nur durch die parallele Lektüre der beiden im Dialog stehenden Texte lässt sich nachvollziehen, wie grundlegend die im Tagebuch beschriebene Erfahrung für die folgende Erschaffung eines fiktiven Wien in der *Wiener Romanze* war. Abschließend ist somit die Frage zu stellen, ob David Fogel selbst überhaupt urbane Muße-Räume in Wien fand und für sich erfahrbar machen konnte, oder ob er diese vielmehr erfand und vor allem durch das Beschreiben seiner Vorstellungen aufsuchte.

Um diesen Vermutungen nachzuspüren und die damit verbundenen Fragen zu beantworten, werde ich wie folgt vorgehen: In einem ersten Schritt werde ich meinen Blick auf die Institution Kaffeehaus werfen und mich dabei nicht nur deren Darstellung in Fogels *Wiener Romanze* widmen, sondern das Kaffeehaus aus der Forschung zur modernen hebräischen Literatur und deren Entwicklung bewerten. Sodann werde ich mich Fogels Muße-Begriff im Tagebuch zuwenden und in einem letzten Schritt die Bedeutung der beiden Metropolen Wien und Paris für Fogels literarisches Schaffen kurz reflektieren. Wien erreichte David Fogel Ende des Jahres 1912. Lange hatte er sich nach der Ankunft in dieser Stadt gesehnt und alle seine Hoffnungen auf das Schriftstellerleben in der Metropole gesetzt. Auch innerhalb dieses urbanen Raumes gibt es zahlreiche Spannungsmomente. Besonders sticht dabei der Wunsch nach Produktivität und die damit einhergehende Zweckgebundenheit des Lebens in Wien bei einer gleichzeitigen Vorstellung von Entschleunigung und der dadurch entstehenden Erfahrung von Muße explizit in Wien hervor. Neben der Frage nach dem urbanen Raum als Raum der Muße werden die vorliegenden Ausführungen somit auch den ambivalenten Zugang zum Schriftstellertum zwischen Produktivität und Kreativität in Muße berühren.

Gerade für kleine Literaturen sind Netzwerke von großer Bedeutung. Diese können sich, wie oben bereits gezeigt wurde, über einen großen geographischen Raum erstrecken, sind aber auch vor Ort nicht unwichtig. Obwohl Fogels potentielle Leserschaft nicht in Wien lebte, wie mit Lilach Nethanel bereits gezeigt wurde, war er dort auch nicht ganz auf sich alleine gestellt. Bereits in der zweiten Hälfte des 19. Jahrhunderts erscheint in Wien die von Peretz Smolenskin herausgegebene Zeitschrift השחר (*Ha-Shahar, Das Morgengrauen*), die wie andere hebräische Zeitschriften langfristig den Boden für die Entwicklung einer modernen europäischen Literatur in hebräischer Sprache bereitete. Zur Zeit David Fogels lebte bereits eine nicht unbedeutende Zahl an hebräischen und jiddischen Schriftstellern in Wien, so unter anderem Gershon Shofman, Avraham Fuks und Fogels Freund Meir Wiener. Der Begriff Netzwerk entfaltet sich in

---

[18] Nethanel, כתב ידו של דוד פוגל, 71–87.

diesem Zusammenhang in seiner ganzen Bedeutung, denn diese Schriftsteller waren nicht nur in literarischen Kreisen vernetzt, sondern fanden sich auch in sehr individuellen Bindungen, die sich gegenseitig kreuzten. Bedingt war dies unter anderem durch die Mehrsprachigkeit und die Frage, ob man sich eher den deutschsprachigen Literaten der Wiener Moderne annähern mochte oder die Verbindung – zumindest im Privaten – zu denjenigen suchte, die die eigene Muttersprache, Jiddisch, sprachen. Ihre Wiener Blütezeit erlebten sowohl die hebräische als auch die jiddische Literatur vor und während des Ersten Weltkrieges.

Freiraum Kaffeehaus

Just in diesem Zeitraum erreicht auch das Wiener Kaffeehaus, das wie das moderne Café im Allgemeinen nicht selten mit jüdischen Gästen assoziiert wurde[19], den Höhepunkt seiner ursprünglichen Erscheinung, bis es dann in den 1920er Jahren bereits erste Risse in seinem Bild bekommt, wie Friedrich Torberg in seinem *Traktat über das Kaffeehaus* eindrücklich beklagt:

Der Einbruch von Küche und Keller in den Kaffeehausbetrieb, das Auftauchen umfangreicher Speisen- und Getränkekarten mit regulären Menus war mehr als ein bloß formaler Bruch mit jahrhundertealten Traditionen. Es war die erste, verhängnisvolle Konzession an die veränderten Zeitläufte, ein Zurückweichen vor ihren materialistischen Tendenzen, ein resigniertes Eingeständnis, daß immer weniger Menschen bereit waren, für Colloquium und Convivium auch nur eine warme Mahlzeit zu opfern (oder diese Mahlzeit anderswo einzunehmen). Der Dienst am Kunden obsiegte über den Dienst am Geist.[20]

Torberg spielt in diesem Zusammenhang auf das typische „Literaturencafé" an, das in Wien vor allem durch das Café Central verkörpert wurde.[21] In seiner Autobiographie *Die Welt von Gestern* (1942) schreibt Stefan Zweig darüber hinaus:

Es ist eigentlich eine Art demokratischer, jedem für eine billige Schale Kaffee zugänglicher Klub, wo jeder Gast für diesen kleinen Obolus stundenlang sitzen, diskutieren, schreiben, Karten spielen, seine Post empfangen und vor allem eine unbegrenzte Zahl von Zeitungen und Zeitschriften konsumieren kann.[22]

---

[19] „What is often overlooked is the fact that these places, essential for the development of modernism, were not only attractive spaces for many Jews, they were sometimes identified, for better or worse, as ‚Jewish spaces'." Shachar M. Pinsker, *A Rich Brew. How Cafés Created Modern Jewish Culture*, New York 2018, 12. An dieser Stelle ist es wichtig zu betonen, dass Cafés keinen dezidiert jüdischen Raum darstellten, jedoch sollte man die Rezeption desselben als jüdisch mitdenken, auch wenn diese Assoziation nicht selten negativ konnotiert war und auch in anti-jüdischen Kreisen gerade im Zusammenhang mit der Moderne und dem urbanen Leben Nährboden fand.

[20] Friedrich Torberg, „Traktat über das Wiener Kaffeehaus", in: Kurt-Jürgen Heering (Hg.), *Das Wiener Kaffeehaus*, Frankfurt a. M. 1993, 18–32, 25.

[21] Pinsker, *A Rich Brew*, 104 f.

[22] Stefan Zweig, *Die Welt von Gestern. Erinnerungen eines Europäers*, 39. Aufl., Frankfurt a. M. 2012 (zuerst 1942), 57.

Hier spricht Zweig zwei Punkte an, die gerade für jüdische Schriftsteller zentral waren, auch wenn Zweig selbst diese hier nicht direkt ausführt und auch nicht zwingend meint. Zeitungen und Zeitschriften in Hebräisch und Jiddisch gab es ausschließlich im Café Arkaden, eine Tatsache, die diese Lokalität, die ihre Blütezeit vor und während des Ersten Weltkriegs erlebte, für dieses Netzwerk besonders anziehend machte.[23] Der zweite Aspekt liegt in der Offenheit und Zugänglichkeit dieses gleichzeitig öffentlichen und scheinbar privaten Raumes. Gerade für Juden waren Einrichtungen wie Klubs lange nicht zugänglich und das Café bot sich als alternativer Raum sozialer Interaktion an: „It was usually, but not always, inexpensive, felt exclusive without feeling restrictive, and offered a certain degree of freedom from the increasingly prying eyes of the government."[24]

Die Verbindung zwischen dem Kaffeehaus und einer urbanen Kultur der Moderne mag in Wien zwar besonders offen zu Tage getreten sein und bis heute als exemplarisch rezipiert werden, singulär war sie jedoch nicht.[25] Im Allgemeinen geht Pinsker in seiner Studie *A Rich Brew. How Cafés Created Modern Jewish Culture* davon aus, dass das Café als Metonymie für den gesamten Stadtraum gelesen werden kann, und theoretisiert diese urbane Einrichtung sogleich als *third space*, der durchaus Ähnlichkeiten mit dem Konzept der Schwelle bei Rachel Seelig aufweist. Das Kaffeehaus als *third space* sei, so Pinsker, ein Ort des Übergangs „between Jew and gentile, migrant and ‚native', idleness and productivity, and masculine and feminine."[26] Auch an anderer Stelle lesen wir: „The café, in other words, has been an essential facet of modern Jewish experience and has been critical to its complex mixture of history and fiction, reality and imagination, longing and belonging, consumption and sociability, idleness and productivity."[27] Ohne sich in seiner Studie explizit Fragen der Muße zuzuwenden, verwendet Pinsker hier Begriffe aus dem semantischen Feld der Muße (Müßiggang) und stellt diesem das Stichwort Produktivität gegenüber, sodass das Café sogleich als urbaner Ort der Muße erscheint, die aber untrennbar ist von einem (meist literarisch-künstlerischen) Tätigsein. Auch wenn heute unsere Vorstellung vom Wiener Kaffeehaus der Gefahr der Nostalgie ausgesetzt ist, wovor Shachar Pinsker wie auch lange vor ihm bereits Friedrich Torberg warnt, so ist es gerade dieser Konnex zwischen Nostalgie, Muße und produktivem Tätigsein, der eine nicht nostalgisch eingefärbte Darstellung sowohl des Cafés als auch der Mußeerfahrung im Café teilweise verhindern oder zumindest erschweren mag. Im Besonderen aus der Perspektive jüdischer Autoren mag das Kaffeehaus darüber hinaus ein mußeaffiner Ort sein, weil dieser sich als frei von gesellschaftlichen und sozialen Zwängen darstellt. Dass dies als ambivalent zu betrachten

---

[23] Pinsker, *A Rich Brew*, 125 f.
[24] Pinsker, *A Rich Brew*, 7.
[25] Pinsker, *A Rich Brew*, 106.
[26] Pinsker, *A Rich Brew*, 10.
[27] Pinsker, *A Rich Brew*, 5.

ist, erscheint aber vor dem Hintergrund eines fordernden Assimilationsbegriffes, der verbunden ist mit der Anpassung an die Mehrheitsgesellschaft und dadurch gleichermaßen soziale Zwänge ausübt, offensichtlich.

In David Fogels postum (hebräisch 2012, deutsch 2013) erschienenem Roman רומן ויינאי (*Wiener Romanze*) wird die Geschichte des jungen osteuropäischen Juden Michael Rost, der wie zufällig im Wien des Fin de Siècle landet, erzählt. Wie so viele Ankömmlinge begibt er sich in das Wirtshaus *Achdut*, wo er auf die unterschiedlichsten Menschen trifft, fast alle sind auf die eine oder andere Art Migranten, einige wollen sich dauerhaft in Wien niederlassen, andere scheinen nur auf der Durchreise weiter nach Westen, nach Amerika. Bereits nach kurzer Zeit trifft der mittellose Michael Rost auf einen reichen Gönner, der ihm eine große Summe Geld überlässt, sodass er sich selbst verwirklichen kann. Dadurch steigt er in der Gesellschaft auf und entdeckt neue urbane Räume jenseits des *Achdut* und eines schäbigen Herbergszimmers. Zu diesen gehören das bürgerliche Haus, in dem er sich zur Untermiete ein Zimmer nimmt, sowie der Volkspark und vor allem das Kaffeehaus.

Der Erzähler beschreibt die Stadt, in der sich Michael Rost bewegt, schonungslos und ohne jegliche Nostalgie. Ihre Dekadenz und der schrittweise Zerfall treten an einigen Stellen offen zu Tage. Die Lokalität des *Achdut*, welches gleichzeitig „מסבאה, ריסטורין, אכסניה ובית קפה" (Beisel, Restaurant, Herberge und Kaffeehaus)" ist, stellt hier keine Ausnahme dar. Wenn man noch einmal auf die Metapher der Schwelle zurückgreifen möchte, dann lässt sich einerseits feststellen, dass das *Achdut* in der Tat die erste Anlaufstelle für viele Neuankömmlinge aus Osteuropa ist und ihnen das Überschreiten der Schwelle in die Wiener Gesellschaft oder in eine andere, noch fernere Zukunft erleichtert. Andererseits ist aber auch herauszustreichen, dass innerhalb dieses geschützten Raumes kein gesellschaftlicher Druck besteht, dies tatsächlich zu tun.

Die Hybridität des *Achdut*, was ironischerweise Einheit bedeutet, zeigt sich nicht nur in der oben bereits zitierten Umschreibung: Dieses Etablissement bietet die Möglichkeit, entsprechend der *Halakha* zu speisen[28], sich mit der Tischgesellschaft in diversen Sprachen – darunter Jiddisch und einige Fetzen Englisch, vor allem gebraucht von jenen, die weiterziehen wollen – lauthals zu unterhalten und sich, auch wenn man den Absprung in die Wiener Gesellschaft längst geschafft hat und man die Lektüre der *Neuen Freien Presse* offen zur Schau stellt, immer wieder hierher zurückzuziehen. Im *Achdut* geht es lebendig zu, Gesprächsfetzen fliegen schnell zwischen zahlreichen Menschen umher, die an großen Tischen zusammensitzen:

---

[28] Die Anmerkung, dass man dort koscherer als koscher essen könne, weist darauf hin, dass der Erzähler diese Information bereits ins Lächerlich-Ironische zieht.

היו מלאים אוכלוסים, טיפוסים שונים מכל הגילים וכל האומנויות ובני ארצות שונות. במעומד ובמיושב
התווכחו, שוחחו, עשו עסקים מפוקפקים, דיברו דברים בטלים, שתו תה, שכר, יי״ש, והקימו רעש בלתי פוסק.

Es waren viele Menschen da, verschiedenste Typen jeglichen Alters und jeglicher Künste und Menschen unterschiedlicher Länder. Stehend und sitzend diskutierten sie, unterhielten sich, betrieben dubiose Geschäfte, beredeten unnötige Dinge, tranken Tee, Bier, Branntwein und machten unaufhörlich Lärm.[29]

Im Allgemeinen umschreiben diese Worte nicht, was man sich unter einem Ort der Muße vorstellen würde. Dennoch finden auch im *Achdut* Begegnungen statt, die eng an literarische Produktivität geknüpft sind und die Frage aufwerfen, ob nicht gerade die Authentizität der Räumlichkeiten innerhalb des modernen urbanen Raumes, ein Gefühl der Muße hervorrufen können:

לפי שעה היה בריל קנפר מבלה רוב יומו ב׳אחדות׳ בשתיית תה ובוויכוחים עם מרקוס שוורץ הדרמטורג,
שחשב כנראה להשתמש בו כטיפוס לאחרת הדרמות הנסתרות שלו.

In der Zwischenzeit verbrachte Bril Kenfer den größten Teil seines Tages im ‚Achdut' mit Teetrinken und mit Streitgesprächen mit dem Dramaturgen Markus Schwarz, der augenscheinlich darüber nachdachte, ihn als Figur für das letzte seiner verkannten Dramen zu verwenden.[30]

An dieser Stelle möchte ich jedoch dafür plädieren, zu einem besonderen Aspekt des Phänomens Muße zurückzukommen. Muße wird oft in Verbindung gebracht mit dem Freisein von Zwängen, wobei meist zeitliche, nicht selten aber auch finanzielle Zwänge oder Notlagen gemeint sind. Gerade der letzte Punkt wird im Zusammenhang mit David Fogels eigener literarischer Produktivität noch einmal anzusprechen sein. Doch gerade mit Blick auf die Differenz zwischen *Achdut* und Kaffeehaus wird auch im Roman deutlich, wie sehr allein die Möglichkeit, Muße zu erleben, auch von äußeren sozialen und finanziellen Umständen beeinflusst wird und sich Muße so durchaus als ein Erleben der Elite, wenn auch nicht per se, darstellt.

Das Kaffeehaus, wie es vom Erzähler der *Wiener Romanze* geschildert wird, verschließt sich gegenüber den individuellen Lebensentwürfen der *Achdut*-Besucher, und der Assimilationsdruck ist sehr hoch. In anderen Worten: Das Kaffeehaus in Fogels Roman entspricht nicht dem von Stefan Zweig als tolerant und offen geschilderten Ort, in dem man den ganzen Tag für eine Schale Kaffee sitzen könnte. Gespräche werden in diesem Milieu in Dialogen oder in Ausnahmen zu dritt geführt und dementsprechend kommt man auch nicht an großen Tischen zusammen. Dadurch entsteht nicht der Eindruck, dass das Kaffeehaus als Ort des interkulturellen Austausches zu sehen ist. Das Kaffeehaus verkörpert das Europa der Metropolen. Es toleriert Diversität nur bei gleichzeitiger Assimilation in die Hegemonialkultur und ermöglicht Begegnungen mit

---

[29] David Fogel, רומן וינאי, Tel Aviv 2012, 31.
[30] Fogel, רומן וינאי, 35.

dem anderen nur unter Vorbedingungen. Für Michael Rost ergeben sich diese mit dem Aufeinandertreffen mit seinem zukünftigen Gönner, der ihn nicht nur mit finanziellen Mitteln versorgt, sondern ihn überdies in die Kaffeehausgesellschaft einführt. Bereits an der Kleidung der Bediensteten ist zu sehen, dass das Kaffeehaus ein von Etikette reglementierter Raum ist:

עוגות, עיתונים. בית הקפה היה מלא. המלצרים במעילים לבנים טלטלו בעסקנות הרובה טסים ועליהם כוסות מים צחים, משקאות,

Das Kaffeehaus war voll. Die Kellner in weißen Kitteln schwenkten beschäftigt Tabletts mit klaren Wassergläsern, Getränken, Kuchen und Zeitungen.[31]

Die Vielfalt dessen, was auf den Tabletts der Kellner zu finden ist, zeugt außerdem von kulinarischer wie auch geistiger Raffinesse. Die Küchengerüche des *Achdut* werden eingetauscht gegen

ריח דק של קפה ושוקולדה רחש באולם, מהול בריח טבק משובח ובדיו טרייה של עיתוני הצהריים שהובאו עכשיו.

einen zarten Geruch von Kaffee und Schokolade, der durch den Saal zog, gemischt mit dem Geruch nach verbranntem Tabak und nach der frischen Tinte der Nachmittagszeitungen, die jetzt hereingebracht wurden.[32]

Darüber hinaus erscheint das alleinige Sitzen im Kaffeehaus schon als Tätigkeit anerkannt zu werden. So äußert sich eine Bekannte Michael Rosts „אוהבת אני ישיבת בית קפה (Ich liebe das im Kaffeehaussitzen)."[33] Und auch Rost selbst scheint sich einer neuen Tätigkeit zuzuwenden, dem Beobachten von Menschen während des Sitzens im Café:

בינתיים הגיע אל בית הקפה. התיישב ביציע, כוך חלון פתוח לכל מלוא רוחבו אל הרחוב. מעבר הרחוב מנגד נמצא חלון ראווה מואר ובו כמה זוגות נעלי גבירות הדורות. רוסט נהנה לתהות על העוברים, להטיל מבט חודר בפני הנשים, שנצנצו בחוג ראותו ונעלמו לעולמו,

Inzwischen erreichte er das Kaffeehaus. Er setzte sich auf die Galerie neben ein in seiner vollständigen Breite zur Straße hin geöffnetes Fenster. Auf der gegenüberliegenden Straßenseite befand sich ein erleuchtetes Schaufenster und in ihm einige Paar prächtige Damenschuhe. Rost genoss es über die Passanten zu staunen, einen durchdringenden Blick auf die Frauen zu werfen, die in seinem Blickkreis aufblitzten, zurückkehrten und für immer verschwanden.[34]

Bereits kurze Zeit nach seinem ersten Besuch erlernt er diese Fähigkeit:

הוא ישב לא הרחק מן החלון ויכול לזון עיניו ביום ההדור הנודד ועובר ברחוב המרווח ובהמון העוברים ושבים שלא ניתנו לראותם אלא ממחציתם ומעלה.

---

[31] Fogel, רומן וינאי, 59 f.
[32] Fogel, רומן וינאי, 81.
[33] Fogel, רומן וינאי, 210.
[34] Fogel, רומן וינאי, 218.

Er saß nicht weit vom Fenster und konnte seine Augen am wandelnden und auf der weiten Straße vorüberziehenden Tag weiden und an der Menge der hin und her Gehenden, die er nur zur Hälfte und nur von oben sehen konnte.³⁵

Michael Rost wird somit zum passiven Flaneur³⁶: er beobachtet die Passanten bei ihrem Wandeln auf der Straße, doch entzieht er sich gleichzeitig der Menschenmenge. Er betrachtet nicht selbst die Schaufensterscheiben, sondern sieht anderen (Frauen) dabei zu. Diese kontemplativen Tätigkeiten, das im Kaffeehaussitzen, das Beobachten der Passanten und die Flanerie, die zudem passiv aus dem Innenraum betrieben wird, führen dazu, dass sich das Kaffeehaus in der *Wiener Romanze* als urbaner Ort der Muße manifestiert. Ermöglicht wird dies auch durch die zuvor überwundene Krise des Neuankommens und der finanziellen Not und die damit neugewonnene, auch soziokulturelle, Freiheit des Protagonisten, der nun als Individuum und nicht mehr in der Gruppe der „Anderen" auftritt.

Die in der Beobachtungsszene durch das geöffnete Fenster offensichtliche Verwischung zwischen innen und außen, die Entgrenzung des urbanen Raumes, ist besonders interessant, wenn man mitbedenkt, dass für das *Achdut* genau das Gegenteil, also die vehemente Trennung, der Fall ist. Für Michael Rost ist dieses Verschmelzen Teil seiner neu gewonnenen Freiheit, die in einem Leben ohne finanzielle Not und ohne die Zwänge der „ostjüdischen" Gemeinschaft verkörpert ist. Vor diesem Hintergrund wird er zum Müßiggänger, der allerdings nur die Zwänge der einen gegen jene der anderen Gemeinschaft ausgetauscht hat, denn als hierarchiefreier Raum gestaltet sich das Kaffeehaus hier nicht. Darüber hinaus bleibt festzuhalten, dass sich das Café, wie oben ausgeführt, durchaus als urbaner Ort der Muße charakterisieren lässt, der Protagonist selbst jedoch keine Muße erlebt. Zu einem ähnlichen Ergebnis kommt man auch, wenn man sich sein passives Flanieren genauer ansieht: Zwar betreibt er hier eine kontemplative Tätigkeit und befindet sich währenddessen in dem, was gerade als urbaner Raum der Muße dargestellt wurde. Man kann außerdem nicht abstreiten, dass er weder arbeiten noch sich erholen muss.³⁷ Jedoch bleibt Rost ein Müßiggänger und erlebt kein Tun in Muße, das „als selbstbestimmtes und selbstverwirklichendes Tun [...] am Übergang von negativer zu positiver Freiheit zu

---

³⁵ Fogel, רומן וינאי, 80. Siehe außerdem auf Seite 57: בשעה המדוברת ישב רוסט בקפה ליד החלון. הביט החוצה על תכונת האוכלוסים והקרונות ברחוב סואן זה, על המרצפת הטחובה הנוצצת אפרורית מחמת הגשם שירד לפני כן. (Zur besagten Stunde saß Rost im Café am Fenster. Er schaute auf die geschäftigen Menschen und Wagen in dieser belebten Straße, auf das nach dem Regen, der vorher gefallen war, nass-grau glitzernde Pflaster)".
³⁶ Zur Weiterlektüre über die Flanerie in der Literatur der Moderne siehe u. a. Peter Philipp Riedl, „Die Muße des Flaneurs. Raum und Zeit in Franz Hessels *Spazieren in Berlin* (1929)", in: Keiling/Krause/Liedke (Hg.), *Muße und Moderne*, 99–119.
³⁷ Dieser Zustand wurde bereits als Grundbedingung für Muße identifiziert. Gimmel/Keiling, *Konzepte der Muße*, 14.

verorten"³⁸ ist, denn diesen Punkt hat er bereits überschritten. Zudem spiegelt Rosts Müßiggänger-Dasein die Dekadenz des urbanen Raumes, die der Erzähler im Roman immer wieder herausstreicht.

Der Autor David Fogel steht mit der Figur Michael Rost insofern in enger Verbindung, als dass er hier ein Leben zu entwerfen scheint, wie er es sich selbst erträumte und er seinen Protagonisten mit Ressourcen ausstattet, die ihm selbst verwehrt blieben. Dabei war Fogel mehr als nur auf der Suche nach finanzieller Sicherheit, er war auf der Suche nach einem kreativen Freiraum, nach Muße, wie sie ihm bedingt durch seine Lebensumstände immer wieder fernblieb. Seine Tagebucheinträge vor allem aus der frühen Wiener Zeit zeigen dies eindrücklich, wie im Folgenden näher darzulegen sein wird.

Zur Begrifflichkeit der Muße in David Fogels Tagebuch

Ähnlich wie in vielen anderen Sprachen findet sich auch im Hebräischen kein passendes Äquivalent zum deutschen Begriff Muße. Dennoch lassen sich im Tagebuch von David Fogel zahlreiche Begriffe und Situationsbeschreibungen finden, die man im Deutschen unter Verwendung des Begriffs Muße oder Worten aus dem semantischen Umfeld desselben ausdrücken würde oder deren deutsche Entsprechung dem weiteren thematischen Kreis von Konzepten der Muße zuzuordnen sind. Darüber hinaus fällt bei der Lektüre des Tagebuchs ins Auge, dass David Fogel Erwartungen an seine Ankunft in Wien und die Veränderungen, die die Metropole auf sein Leben haben könnte, formuliert, sodass es als sinnvoll erscheint, sich seine Konzeption von freier Zeit, Langeweile, Müßiggang und produktiver Freiheit näher anzusehen.

Ein wiederkehrendes Thema ist die Langeweile. So schreibt David Fogel gleich zwei Mal in den Monaten vor seiner Ankunft über „שיעמום בשעות הפנאי, ושיכחה בשעות הטירדה" (Langeweile in den Stunden des Freien und Vergessen in den Stunden der Arbeit)"³⁹ einerseits und konstatiert andererseits:

והבדידות והשיעמום גדולים בשעותי הפנויות. אין ספרים ואין מכרים ברצוני, רק המיכתבים משמחים אותי

Und die Einsamkeit und die Langeweile sind groß in meinen freien Stunden. Es gibt keine Bücher und keine Bekannten nach meinem Geschmack, nur die Briefe erfreuen mich⁴⁰.

Hier lassen sich gleich mehrere Feststellungen treffen: Langeweile kommt bei David Fogel in seiner freien Zeit auf, die er einmal als freie Stunden und einmal als Stunden des Freien⁴¹ bezeichnet, und welche die Übersetzerin Ruth Achlama

---

³⁸ Gimmel/Keiling, *Konzepte der Muße*, 52 f.
³⁹ David Fogel, „קצות הימים", in: David Fogel, *יומן, סיפור, רומאן, נובלות. תחנות כבות*, Tel Aviv 1990, 269–326, 283.
⁴⁰ Fogel, „קצות הימים", 281.
⁴¹ Beide Begriffe kehren wieder. Siehe u. a. S. 284 „שעות הפנאי".

als Mußestunden ins Deutsche überträgt. Darüber hinaus ist festzuhalten, dass Einsamkeit ebenso wie der Mangel an Büchern maßgebliche Faktoren sind. Diese Thematiken greift Fogel in seinem Tagebuch immer wieder auf. Die Hoffnung ruht auf Wien, denn die mit der Niederlassung dort verbundene Aussicht auf Verwurzelung verspricht Ruhe:

כבר, אבל היעלה הדבר בידי?! אני, מובן, רוצה לנסוע לווינה; הייתי רוצה להיאזרח שם ולהינפש קצת, נתייגעתי מאוד מטלטולים

Ich, das versteht sich, möchte nach Wien fahren; ich wollte mich dort gerne einbürgern und ein wenig zur Ruhe kommen, ich bin das Herumwandern schon sehr leid, aber wird es mir zufallen?!⁴²

Daraus folgten bessere Umstände, vor allem für die Lektüre:

ולוואי שאהיה כבר בוין - ובתנאים רצויים אתמכר לספרים.

Und wenn ich nur schon in Wien wäre – und unter besseren Umständen würde ich mich in die Bücher vertiefen.⁴³

Die Vorbereitungen auf Wien und die damit verbundene positive Erwartung führen dazu, dass Fogel seine freien Stunden doch mitunter produktiv nutzen kann; wenn auch verbunden mit starken Zugeständnissen aus der Perspektive eines zukünftigen hebräischen Schriftstellers:

לפי שעה, אני מתקדם ברכישת השפה האשכנזית; אוצר מלותי מתרבה משעה לשעה - ואני שמח על זאת. צריך אני להתכשר לנסוע לווינה - בכל המובנים: צריך אני להתכוונן כדי שאוכל אחר-כך להתמשך... - ושפתי העברית משתכחת אצלי משעה לשעה מפני שאיני מפתחה בקריאת ספרות עברית ואיני מחזקה בזכרוני, אבל אין ברירה אחרת.⁴⁴

Inzwischen mache ich Fortschritte im Erlangen der aschkenasischen [deutschen] Sprache; mein Wortschatz wird von Stunde zu Stunde größer – und ich freue mich darüber. Ich muss üben, um nach Wien zu fahren – in jeder Hinsicht: Ich muss mich zusammennehmen, um danach weitermachen zu können ... – Und meine hebräische Sprache vergisst sich bei mir von Stunde zu Stunde, weil ich keine hebräische Literatur lese und mich nicht erinnern kann, aber es gibt keine andere Wahl.

Diese Problematik wird noch einige Zeit andauern und auch die Zuversicht im Hinblick auf die Möglichkeiten in Wien weicht recht schnell der Realität. Dennoch ist herauszulesen, dass David Fogel diesen Schritt als Zäsur und Eintritt in eine neue Raumzeitlichkeit wahrnimmt: nicht nur beginnt er einen neuen Lebensabschnitt in einer weiteren Stadt, was er einige Male zuvor bereits durchlebte, auch wechselt er im Tagebuch vom jüdischen zum gregorianischen Kalender und markiert damit eine neue Zugehörigkeit.

---

⁴² Fogel, „קצות הימים", 285.
⁴³ Fogel, „קצות הימים", 286.
⁴⁴ Fogel, „קצות הימים", 283.

Ein positiver Punkt nach der Ankunft ist der Zugang zu Büchern, in denen Fogel regelrecht versinkt:

בימים האחרונים נתעטפו חיי בספרים. לפעמים, כשאני מתייגע מתוך קריאה, הריני יוצא לטייל קצת, ואחר זמן-מה, כשמתבלטת בדידותי, הריני חוזר לספרי.

In den letzten Tagen versank mein Leben in Büchern. Manchmal, wenn ich durch das Lesen ermüde, gehe ich hinaus, um ein wenig zu spazieren, und nach einiger Zeit, wenn meine Einsamkeit durchdringt, kehre ich zu meinen Büchern zurück.[45]

Jedoch ist dieser Zustand nicht von Dauer oder stellt sich nur unter den richtigen Bedingungen ein. Eine wichtige Voraussetzung ist, nicht unter Hunger zu leiden:

לא נשתנה מצבי בכלום. כשאיני רעב – אני מבלה את העת בקריאה (כבר התחלתי לקרוא אשכנזית), וכשהריני רעב, מצב נפשי משתנה ואז אני מחפש לי מכר ללוות, או יותר נכון: לקחת אצלו אגורות מיספר, וכשאני אוכל משהו, הריני שב אל הקריאה.

An meinem Zustand ändert sich nichts. Wenn ich nicht hungrig bin – verbringe ich die Zeit mit Lektüre (ich habe bereits begonnen, aschkenasisch zu lesen), und wenn ich hungrig bin, ändert sich mein seelischer Zustand und ich suche mir einen Bekannten, oder noch richtiger: nehme von ihm eine Anzahl Groschen, und wenn ich etwas esse, kehre ich zur Lektüre zurück.[46]

Die Freude darüber in Wien zu sein, stellt sich von Zeit zu Zeit ebenfalls ein: Fogel mag die Stadt, aber er hat aufgrund von Arbeitssuche und Müdigkeit nicht die Muße – oder nicht die freie Zeit –, um sich ganz auf diese Schönheit zu konzentrieren:

איני יכול להתרכז כלל ולהתמכר לקריאת איזה ספר. וין מוצאת חן בעיני; ביחוד יפה הדונאו הבוקע את הכרך, אלא שכל הזמן שהריני כאן, לא היה לי פנאי לשים את לבי לאותו יופי; הריני טרוד בריצה ובחיפוש, וגם עתה, הריני כה עייף עד שאפילו לכתוב איני יכול: צריך לשכב ולישון!

Ich kann mich überhaupt nicht konzentrieren und auf die Lektüre eines Buches fokussieren. Wien gefällt mir; besonders die Donau, die die Stadt durchzieht, aber immer wenn ich hier bin, bin ich nicht frei, mein Herz auf diese Schönheit zu richten; ich bin beschäftigt mit Herumrennen und Suchen, und auch jetzt, ich bin müde, sodass ich nicht einmal schreiben kann: ich muss mich hinlegen und schlafen.[47]

Nur kurz darauf vermerkt er, dass er sich entweder in Büchern vergraben – vorausgesetzt er kann sich konzentrieren – oder in Einsamkeit sterben würde.[48]

Am 10. August 1913 taucht erstmals der Begriff בטלה (batala) auf, den Ruth Achlama mit Müßiggang übersetzt. Am 20. November desselben Jahres verwendet Fogel das Wort erneut in Kombination mit einer Präposition:

---

[45] Fogel, „קצות הימים", 293.
[46] Fogel, „קצות הימים", 288 f.
[47] Fogel, „קצות הימים", 286 f.
[48] Fogel, „קצות הימים", 290.

רוב היום עובר לבטלה; בפטפוט ובטיול והמועט בקריאה.

Die meiste Zeit des Tages verläuft ins Leere; mit Geschwätz und mit Spazierengehen und nur wenig mit Lektüre.⁴⁹

Vor allem hier wird klar, dass der Ausdruck für David Fogel negativ konnotiert ist.⁵⁰ Er ist für ihn gleichbedeutend mit fehlender Muße für die Lektüre. Diese Muße sucht der werdende Schriftsteller förmlich in Wien, denn wenn er von freien Stunden und dem Freisein spricht, meint er dies nicht nur zeitlich, sondern bezieht sich implizit auf eine Freiheit von Zwängen wie der Verpflichtung, für ein Einkommen zu sorgen, oder auch sozial-religiöse Anforderungen. Nur diese Art von Freisein würde ihm die Lektüre ohne Barrieren ermöglichen und ihm langfristig den Weg zur Schriftstellerei ebnen.

Urbane Muße und literarische Produktion bei David Fogel

Erstaunlicherweise evozierten gerade das Herausgerissenwerden aus der urbanen Umgebung und der Verlust jeglicher Privatsphäre erste schriftstellerische Erfolge. Als russischer Staatsbürger wurde David Fogel mit Beginn des Ersten Weltkriegs inhaftiert und durchwanderte verschiedene Lager in Österreich. In dieser Zeit wurden seine Tagebucheinträge seltener, aber er schrieb auch erste Gedichte. An diesen arbeitete er nach seiner Rückkehr nach Wien im Jahr 1916 mit den bereits bekannten Unterbrechungen weiter. Einzelne Gedichte wurden in Zeitschriften publiziert, und 1923 erschien der Gedichtband לפני השער האפל (*Vor dem dunklen Tor*).

Aber vor allem unmittelbar nach der Entlassung aus dem Lager gab es weiterhin viele Momente der fehlenden Konzentration. David Fogel begann zu diesem Zeitpunkt nicht nur über den Mangel an qualitativen Lektürestunden zu klagen, sondern auch über seine fehlende literarische Produktivität:

אבל אין התרכזות הגונה. אין רגעי יצירה.

Aber es fehlt stabile Konzentration. Es gibt keine Momente der Produktivität.⁵¹

Zwei Monate nach diesem Eintrag, im Oktober 1916, spricht er das erste Mal von der Flucht vor den Erinnerungen und auch vor der alltäglichen Langeweile in Wien:

---

⁴⁹ Fogel, „קצות הימים", 303.

⁵⁰ Dieses Verständnis findet sich nicht alleine bei David Fogel, sondern bereits in den vormodernen Quellen wie dem Traktat *Arachin* oder dem Traktat *Berakhot* (*Talmud Yerushalmi*). Aber auch in der modernen Literatur findet sich der Ausdruck wieder. So verzeichnet Even Shoshan Mendele Mokher Sfarim als Quelle.

⁵¹ Fogel, „קצות הימים", 317.

והימים עוברים. חצים משעממים וחצים – גם כן משועממים. והסתיו אורב אחורי הדלת. וינה זו הולכת ונמאסת עליי. הייתי רוצה לברוח. ולהינפש. סבל מאסר השנתיים עדיין מעיק על הנפש. ועייפות נוראה.

Und die Tage vergehen. Eine Hälfte langweilig und die andere Hälfte – auch langweilig. Und der Herbst lauert hinter der Tür. Wien wird mir immer mehr leid. Ich wollte fliehen. Und mich erholen. Das Leid der zweijährigen Haft drückt mir noch immer auf die Seele. Und eine schreckliche Müdigkeit.[52]

Es dauerte zu diesem Zeitpunkt noch mehrere Jahre, bis Fogel tatsächlich weiterzog, aber Mitte der 1920er ging er schließlich nach Paris.

Wieder zog er in einen urbanen Raum und wieder in eine Stadt mit einer fremden Sprache. Doch entgegen den bisher eher als fragmentarisch zu bezeichnenden Textformen einzelner Tagebucheinträge und Gedichte schrieb David Fogel nun Prosa. Die Novellen בבית המרפא (*Im Sanatorium*) und נוכח הים (*An der See*) erschienen in den Jahren 1928 und 1934. 1929 und 1930 folgte sein großer Wien-Roman חיי נישואים (*Eine Ehe in Wien*), und auch die erst 2012 entdeckte *Wiener Romanze* spielt, wie oben bereits angesprochen wurde, in Wien. Damit lässt sich Erstaunliches für die Bedeutung des urbanen Raumes Wien für Fogels literarisches Schaffen feststellen: Das urbane Wien spielte eine ungemein große Rolle für David Fogels schriftstellerischen Werdegang, zumal er sich die Stadt als einen Raum vorstellte, in dem er die Krisen seiner Existenz in Osteuropa überwinden könnte. Die ästhetische Überwindung der Krise bildet die Grundlage seiner Romane, die somit zu einem literarischen Raum der Muße werden. Wie oben aber bereits festgestellt werden konnte, blieben die Erlebnisse in Wien eher ernüchternd, und die Tatsache, dass Fogels Prosatexte vor allem in Paris entstanden, spricht für sich.

Schlussbemerkungen

Die Lektüre der *Wiener Romanze* und auch der Tagebücher des hebräischen Schriftstellers David Fogel lässt ein spannungsreiches Verhältnis von Produktivität und Unproduktivität, Einsamkeit und Flucht vor sozialer Nähe, dem Wunsch nach Freiraum und dem selbstauferlegten Druck, literarisch tätig zu werden, erahnen. Diese Spannungen spiegeln sich in anderen Lebensfragen der Person David Fogel, aber auch in verschiedenen Sujets seiner Werke wider. Mit Blick auf Möglichkeiten urbaner Muße konnte festgestellt werden, dass der Erzähler in der *Wiener Romanze* zwei urbane Räume aufleben lässt, das *Achdut* und das Kaffeehaus, in denen einzelne Figuren mußeaffine Erlebnisse haben können, die aber nicht ausschließlich als urbane Räume der Muße zu bezeichnen sind, da sich soziale, finanzielle und religiös-traditionelle Zwänge in keiner der Lokalitäten ganz aufheben. Vor allem der Protagonist Michael Rost wurde in

---

[52] Fogel, „קצות הימים", 318.

diesem Zusammenhang als Müßiggänger und nicht als jemand, der ein Tun in Muße erlebt, entlarvt. Hier kann somit festgehalten werden, dass Mußeempfinden vor allem auf individueller Ebene zu identifizieren ist. Mit Blick auf Fogels Tagebucheinträge konnte festgestellt werden, dass seine Erwartungen an Wien in der alltäglichen Lebenspraxis enttäuscht wurden. Müßiggang wird anhand von Michael Rost als abhängig vom sozialen Stand und den finanziellen Mitteln beschrieben, während für David Fogel selbst Müßiggang keine erwünschte Form der Freiheit zu sein scheint, da sie einhergeht mit Leere und Geschwätz, wie oben zitiert wurde. Der fiktive Protagonist betreibt darüber hinaus die Flanerie aus einer Situation des Müßiggangs heraus, während Fogel durchaus die Stadt erkundet, aber ein mögliches Mußeempfinden dabei oft durch die Suche nach Arbeit und Nahrung gestört wird. Während Rost sich in urbanen Räumen bewegt, die als Orte der Muße charakterisiert werden, spielen diese in Fogels Tagebuch kaum eine Rolle. Jedoch beschreibt der junge Autor seltene Momente des Übergangs von negativer zu positiver Freiheit, die er während der Lektüre empfindet, die ein Tun in Muße im Tagebuch lesbar werden lassen. So kann festgehalten werden, dass im oft widersprüchlichen Zwiegespräch der Texte Risse, Brüche und ästhetisierte Krisen eines modernen Mußeverständnisses zu Tage treten.

Literatur

Cheauré, Elisabeth, „Vorwort", in: Cheauré (Hg.), *Muße-Diskurse. Russland im 18. und 19. Jahrhundert* (Otium. Studien zur Theorie und Kulturgeschichte der Muße, Bd. 4), Tübingen 2017, VII–X.

Dobler, Gregor/Riedl, Peter Philipp, „Einleitung", in: Dobler/Riedl (Hg.), *Muße und Gesellschaft* (Otium. Studien zur Theorie und Kulturgeschichte der Muße, Bd. 5), Tübingen 2017, 1–17.

Fogel, David, „קצות הימים", in: Fogel, יומן, סיפור, רומאן, נובלות. תחנות כבות, Tel Aviv 1990, 269–326.

Fogel, David, רומן ויינאי, Tel Aviv 2012.

Gimmel, Jochen/Keiling, Tobias, *Konzepte der Muße*, unter Mitarbeit von Joachim Bauer, Günter Figal, Sarah Gouda u. a., Tübingen 2016.

Krause, Robert, „Muße und Moderne. Zur Einführung", in: Tobias Keiling/Robert Krause/Heidi Liedke (Hg.), *Muße und Moderne* (Otium. Studien zur Theorie und Kulturgeschichte der Muße, Bd. 10), Tübingen 2018, 1–6.

Kronfeld, Chana, *On the Margins of Modernism. Decentering Literary Dynamics*, Berkeley/Los Angeles/London 1996.

Müller, Judith, „Text als Essen und Essen als Text", in: *Muße. Ein Magazin* 5,1 (2020), 39–47.

Nethanel, Lilach, כתב ידו של דוד פוגל. מחשבת הכתיבה, Ramat Gan 2012.

Pinsker, Shachar M., *Literary Passports. The Making of Modernist Hebrew Fiction in Europe*, Stanford 2011.

Pinsker, Shachar M., *A Rich Brew. How Cafés Created Modern Jewish Culture*, New York 2018.

Riedl, Peter Philipp, „Die Muße des Flaneurs. Raum und Zeit in Franz Hessels *Spazieren in Berlin* (1929)", in: Tobias Keiling/Robert Krause/Heidi Liedke (Hg.), *Muße und Moderne* (Otium. Studien zur Theorie und Kulturgeschichte der Muße, Bd. 10), Tübingen 2018, 99–119.

Schachter, Allison, *Diasporic Modernisms*, New York 2012.

Seelig, Rachel, *Strangers in Berlin. Modern Jewish Literature between East and West, 1919–1933*, Ann Arbor 2016.

Shaked, Gershon, *הסיפורת העברית 1880–1980. בגולה*, 3. Aufl., Bd. 1, Jerusalem 2000.

Torberg, Friedrich, „Traktat über das Wiener Kaffeehaus", in: Kurt-Jürgen Heering (Hg.), *Das Wiener Kaffeehaus*, Frankfurt a. M. 1993, 18–32.

Williams, Raymond, *The Politics of Modernism. Against the New Conformists*, London 1989.

Zweig, Stefan, *Die Welt von Gestern. Erinnerungen eines Europäers*, 39. Aufl., Frankfurt a. M. 2012 (zuerst 1942).

„Kein Wind und Wetter stört unsere Muße ..."

Über das Planetarium als Ort urbaner Naturerfahrung und das Wundern als mußevolle Emotion

Helen Ahner

„Kein Wind und Wetter stört unsere Muße und wir brauchen nicht auf nächtliche Stunden zu warten. Bei hellstem Tage ist es Nacht, wenn unser Planetarium es will."[1] Als der Astronom Oswald Thomas im Jahr 1927 an seiner Broschüre zum Wiener Planetarium schrieb, war die Institution in den Großstädten Europas ein spektakuläres Novum. Der optische Projektor der Firma Zeiss, der im Mittelpunkt der Planetarien stand, vermochte es, einen glasklaren Nachthimmel an die gekrümmten Wände eigens dafür erbauter Kuppeln zu projizieren und bezauberte damit sein Publikum. Begleitet wurde die eindrucksvolle Projektion von einem astronomischen Vortrag, der in erzieherischer Manier das Laienpublikum über die Bewegungen und Vorgänge am Firmament ins Bild setzen wollte. Mit dem ersten seriell produzierten Planetariumsprojektor, dem Modell II, das auch in Wien zum Einsatz kam, konnte der Nachthimmel eines jeden Punktes auf der Nord- und Südhalbkugel der Erde simuliert werden. Außerdem ließen sich die projizierten Bewegungen der Himmelskörper stark beschleunigen, und auch längst vergangene oder noch zukünftige Himmelsansichten warf die Planetariumsmaschine ans künstliche Firmament. Die ersten öffentlichen Planetariumsvorführungen fanden im Jahr 1923, auf dem Dach der Firma Zeiss in Jena statt (Abb. 1).[2] Der dafür verwendete Projektor, das Modell I, zeigte nur den Nachthimmel über einem fixen Punkt der Erde: dem Aufstellungsort der Maschine, auf den sie mechanisch geeicht wurde. „Reisen" durch den Raum waren mit seiner Hilfe noch nicht möglich, „Zeitreisen" allerdings schon. Das genügte, um das Publikum nachhaltig zu bannen und um die Rede vom „achten Wunder

---

[1] Oswald Thomas, *Das Wiener Planetarium*, Wien 1927, 7.
[2] Zur Geschichte des Projektionsplanetariums siehe unter anderem Thomas W. Kraupe, *„Denn was innen ist, das ist draußen". Die Geschichte des modernen Planetariums*, Hamburg 2005; Boris Goesl/Hans Christian von Hermann/Kohei Suzuki (Hg.), *Zum Planetarium. Wissensgeschichtliche Studien*, Paderborn 2018; Jordan D. Marché II, *Theaters of Time and Space. American Planetaria, 1930–1970*, New Brunswick 2005; Gerhard Hartl, „Der Himmel auf Erden. Das Projektionsplanetarium im Deutschen Museum", in: *Kultur & Technik* 11,4 (1987), 198–206; Charlotte Bigg/Kurt Vanhoutte, „Spectacular Astronomy", in: *Early Popular Visual Culture* 5,2 (2017), 115–124.

Abb. 1: Quelle: ZEISS Archiv, Pressebild, 1923.

Jenas"[3] zu prägen. Im Auftrag vom Gründer des Deutschen Museums, Oskar von Miller, hatten die Zeiss-Ingenieure jahrelang an dem Präzisionsgerät getüftelt und gebaut. Mit der Neueröffnung des Deutschen Museums im Mai 1925 fand der erste Planetariumsprojektor seinen endgültigen Aufstellungsort. In Jena war derweil schon das Modell II in Arbeit, das in den darauffolgenden Jahren von vielen Großstädten Europas und in der ganzen Welt angeschafft wurde. Darunter war auch Wien, das den Apparat für die große Ausstellung „Wien und die Wiener" im Jahr 1927 kaufte. Zu diesem Anlass verfasste Oswald Thomas die eingangs zitierte Broschüre, in der er den Projektor erklärt und das Planetarium als Ort für ungestörte Mußeerfahrungen skizziert. Unabhängig von äußeren Bedingungen, von Wind und Wetter, Wolkenbildung und künstlichem Licht – so verspricht Thomas – ermöglicht der Apparat im „astronomischen Lehrtheater"[4] eine nachhaltige Bildungserfahrung, die nicht nur belehrt, sondern auch erbaut.

Mit seinem Verständnis des Planetariums als Mußeort war er nicht alleine. In Hamburg beispielsweise fand der Planetariumsprojektor nach langer und mühevoller Suche – der Senat hatte die Anschaffung schon 1925 beschlossen, eröffnet wurde das Planetarium aber erst im Jahr 1930 – schließlich seinen Aufstellungsort im Wasserturm im Stadtpark. Dort, so die Idee, seien die Menschen in der richtigen Stimmung fürs Himmelsschauspiel: „Wer den Stadtpark aufsucht, hat Muße und ist innerlich eher darauf eingestellt, seine Gedanken von

---

[3] Der Ausdruck stammt aus einem vielzitierten Zeitungsbericht über das Planetarium des dänischen Astronomen Elis Strömgren.

[4] Thomas, *Das Wiener Planetarium*, 5.

den Lasten des Tages zu befreien und ein erhebendes Schauspiel wie es der Sternenhimmel in seiner Pracht bietet, zu genießen."[5] So oder so ähnlich erklärte die Tagespresse den Grund für die letztendliche Standortwahl. Im Stadtpark, abseits von Großstadttrummel und umgeben von Natur, so das Narrativ, kann der Anblick des künstlichen Sternenhimmels besonders wirken. Der Muße wird in den zitierten Quellen eine doppelte Bedeutung für den Planetariumsbesuch zugesprochen: Zum einen ist sie als Voraussetzung nötig, damit die Planetariumserfahrung bestmöglich wirkt, zum anderen ist sie selbst elementares Ziel und Effekt der Planetariumsschau.

Die diskursive Verknüpfung von Muße und dem Planetarium zur Zeit seiner Entstehung und Etablierung (1920er und 1930er), wie sie die Quellen nahelegen, hat sicher auch mit dem Verständnis des Planetariums als Bildungsanstalt zu tun. Für Bildung und zur Bildung ist Muße vor dem Ideenhorizont der bürgerlichen Moderne unverzichtbar.[6] Durch mußevolle Stimmung, so die Vorstellung, könne Wissen erst wirken und der Mensch zum Menschen werden: „In der Kontemplation, in der ästhetischen Erfahrung oder im kreativen Austausch mit anderen können Menschen – zumindest Menschen bestimmter Stände, Klassen oder Schichten – zu sich selbst finden. Die Erfahrung der Muße gehört elementar zur Bildung des Menschen."[7] Im Vergleich zu anderen bildungsbürgerlichen Orten der Muße wie etwa dem Museum steht das Planetarium als recht barrierefrei und zugänglich da – die Eintrittspreise waren erschwinglich und es bedurfte keines ausgestellt kultivierten Habitus, um an den Vorstellungen teilzuhaben –, es ist den hochkulturellen Bildungsstätten aber dennoch verwandt. Dass in Zeitungsberichten und Broschüren vom Planetarium als Mußeort die Rede ist, kann vor diesem Hintergrund zunächst als normativer Anspruch an seine bildende Funktion verstanden werden. Darüber hinaus allerdings kondensieren in den Quellen auch die sinnlichen, körperlichen, spirituellen und epistemischen Erfahrungen[8], die die Besucher*innen im Planetarium machten. Muße ist also zudem ein emischer Begriff, den die Zeitgenoss*innen der 1920er Jahre nutzten, um ihre Erfahrungen in Worte zu fassen. Durch das Untersuchen historischer Planetariumserfahrungen können folglich Erkenntnisse über die Qualitäten von Muße gewonnen werden – das ist das Ziel dieses Beitrags. Anhand des reichhaltigen Quellenfundus[9], den ich im Rahmen meiner Dissertation

---

[5] O.A., „Das Planetarium im Wasserturm. Ein neuer Anziehungspunkt für den Hamburger Stadtpark", in: *Hamburgischer Correspondent*, 24.03.1929. Staatsarchiv Hamburg, 135–1 I–IV 5061.

[6] Vgl. Gregor Dobler/Peter Philipp Riedl, „Einleitung", in: Dobler/Riedl (Hg.), *Muße und Gesellschaft* (Otium. Studien zur Theorie und Kulturgeschichte der Muße, Bd. 5), Tübingen 2017, 1–17, 8.

[7] Dobler/Riedl, „Einleitung", 13.

[8] Zum Verständnis von Quellen, deren Möglichkeiten und Grenzen im Rahmen einer historischen Ethnografie siehe Gesa Ingendahl/Lioba Keller-Drescher, „Historische Ethnografie: Das Archiv als Beispiel", in: *Schweizerisches Archiv für Volkskunde* 106 (2010), 241–263.

[9] Grundlage für diesen Beitrag ist der Quellenfundus, den ich im Zuge meines kulturwissen-

zusammengetragen habe, möchte ich mich dem Planetarium als Ort urbaner Muße nähern. Dazu werde ich drei Eigenschaftsbündel der urbanen Muße im Planetarium mithilfe ausgewählter Quellen näher beleuchten. Dass die Planetariumserfahrung maßgeblich geprägt ist von der Großstadt als Kontext und Kontrast und deshalb urban, zeige ich im ersten Teil dieses Beitrages. Damit einher geht ein bestimmtes Naturverständnis, das als Konterpart des Urbanen entworfen und für die Mußeerfahrung mobilisiert wird. Im zweiten Teil werfe ich einen Blick auf die physisch-sinnliche Seite der Planetariumserfahrung und leite davon Schlüsse über den Körper und die Körperlichkeit der urbanen Muße ab. Schließlich möchte ich drittens als Fortführung und Symbiose der beiden vorangegangenen Teile das Wundern als spezifisch mußevolle Emotion vorschlagen. Muße selbst verstehe ich dabei – ganz im Sinne des den Rahmen für diese Erkundung setzenden SFB[10] – als spannungsreiche Erfahrung, die kontingent und vielgestaltig um einen Kern oszilliert, dem sich mittels empirischer Erkundungen genähert werden kann. Die sich in den ausgewählten Quellen formierenden Planetariumserfahrungen können in diesem Sinne als Trabanten gelten, die das Phänomen der urbanen Muße kreisend umreißen.

Großstadt, Natur und Muße

Was ist urban an der Muße im Planetarium? – Zunächst einmal waren Planetarien zur Zeit ihrer Entstehung und Etablierung, in den 1920er und 1930er Jahren, Einrichtungen, die nur in größeren Städten gebaut wurden. Schon alleine ihr ausschließlich städtischer Standort macht sie also zu urbanen Phänomenen. Im Zuge der seit der Mitte des 19. Jahrhunderts stark zunehmenden Urbanisierung wurde die Großstadt ein immer einflussreicherer Lebensraum, den immer mehr Menschen bewohnten und in dem sie ein neues Lebensgefühl

---

schaftlichen Dissertationsprojektes mit dem Arbeitstitel „Planetarien – Wunder der Technik, Techniken des Wunderns" zusammengetragen habe. Die etwa 1000 Dokumente stammen aus dem Staatsarchiv Hamburg, dem Archiv des Deutschen Museums München, dem ZEISS-Archiv Jena, dem Stadtarchiv Wien und schließlich aus dem digitalisierten Zeitungsbestand der Österreichischen Nationalbibliothek ANNO. So divers wie die Archive sind auch die dort vorfindlichen, einbezogenen Quellen. Es handelt sich dabei um Baupläne, Zeitungsartikel, Programmbroschüren, zeitgenössische Literatur, Verwaltungsdokumente und die dazugehörige behördliche und institutionelle Kommunikation. Den größten Teil des gesamten Quellenfundus nehmen einerseits die Verwaltungsdokumente, andererseits die Presseerzeugnisse ein. Für diesen Beitrag habe ich exemplarisch einige Quellen ausgewählt, die sich explizit auf (Muße-)Erfahrungen beziehen, sie ausdeklinieren und dabei repräsentativ für das Gros der Quellen sind. Mein analytisches Vorgehen orientiert sich an der Grounded Theory. Hier werden die Quellen frei und möglichst ohne Vorannahmen kodiert. Dazu nutze ich ein Codierungsprogramm (MAXQDA). Theorie- und Thesenbildung gehen der Analyse nicht voraus, sondern stehen an deren Ende und sind eng mit dem Vorfindlichen verknüpft.

[10] Siehe dazu Elisabeth Cheauré/Gregor Dobler (Hg.), *Muße. Grenzen. Raumzeitlichkeit. Praktiken. Der Freiburger Sonderforschungsbereich 1015 im Überblick*, Freiburg i. B. 2018.

entwickelten.[11] In den Großstädten der Weimarer Republik – allen voran Berlin – gipfelte diese Entwicklung: Die Stadt der 1920er Jahre mit neuen Technologien, stetig zirkulierendem Verkehr und umfangreichem Unterhaltungsangebot galt ihren Bewohner*innen als Ort der Zukunft; Städter*innen verstanden sich selbst als modern und urban, es formierten sich neue Lebensweisen und Weltbezüge – auch solche, die in der Großstadt eine Bedrohung erkannten.[12] Die Stadt ist mehr als der unkommentierte Ort des Planetariumsgeschehens. Sie stellt darüber hinaus in vielerlei Hinsicht einen wichtigen Bezugsraum für die Erfahrungen im Planetarium dar. Planetarien sind zu den Orten zu zählen, an denen das „Urbane" (und man könnte ergänzen auch das „Moderne"[13]) ausgehandelt und erfahrbar wurden. Zahlreiche Quellen verweisen explizit auf die Großstadt als Rahmen und Ausgangsbedingung. Ein Autor des *Hamburger Anzeigers* schreibt zum Beispiel:

Wenn die Menschen in die großen Städte ziehen, gewinnen sie viel. Aber viel auch verlieren sie und es ist die Frage, ob der Verlust nicht größer ist als der Gewinn. Bedenkt: in den Straßen der Großstadt lischt der Sternenhimmel. Und dann gehen wir Großstädter hin und lassen uns Feuerwerk vormachen. Feuerwerk mit bunten Leuchtkugeln, Sternregen, zischenden Raketen, Geknatter und Rauchgestank. Wer den Sternenhimmel kennt, hält das nicht für einen Ersatz. Jetzt aber haben wir so etwas wie einen Ersatz. Der Himmel verzeihe uns die ungeheure Anmaßung ... Es ist nur ein Ersatz der Illusion, aber der ist wirklich und wahrhaftig: ein erstaunlicher, ein überwältigender Ersatz – mit Sonne und Mond, Planeten und allen Fixsternen, die unser unbewaffnetes Auge erkennt: 5400 an der Zahl; dazu die schimmernde Unendlichkeit der Milchstraße ....[14]

Den Verlust des Sternenhimmels, den die Großstadt verschuldet, kann das Planetarium in dieser Erzählung kompensieren. Als Surrogat ermöglicht es den Großstädter*innen den Blick in die unendlichen Weiten und ist dabei zu unterscheiden von anderen Lichtspektakeln der Stadt, die der Autor als unzulänglich abtut – Feuerwerk, aber auch das Kino (wie wir später noch sehen werden) sind in dieser Erzählart dem Planetarium unterlegen. Das Planetarium gehört zur Großstadt und wendet sich gezielt an ihre Bewohner*innen; es ist aber gleichzeitig ein Gegenentwurf zur negativ imaginierten Urbanität und wird zu deren Konterpart. Diese scheinbar widersprüchliche Position prädestiniert das Planetarium zum Ort für Mußeerfahrung, denn gerade der Zwischenstatus,

---

[11] Siehe dazu Clemens Zimmermann, *Die Zeit der Metropolen. Urbanisierung und Großstadtentwicklung*, Frankfurt a. M. 1996.
[12] Siehe dazu Peter Hoeres, *Die Kultur von Weimar. Durchbruch der Moderne*, Berlin 2008 und Werner Faulstich, „Einführung: ‚Ein Leben auf dem Vulkan'? Weimarer Republik und die ‚goldenen' 20er Jahre", in: Faulstich (Hg.), *Die Kultur der 20er Jahre*, München 2008, 7–20.
[13] Siehe dazu Alexa Geisthövel/Uffa Jensen/Habbo Knoch/Daniel Morat: „Erlebte Welten. Erfahrungsräume der Moderne", in: Geisthövel/Knoch (Hg.), *Orte der Moderne. Erfahrungswelten des 19. und 20. Jahrhunderts*, Frankfurt a. M. 2005, 355–368.
[14] H., „Sternenschau im Stadtpark", in: *Hamburger Anzeiger*, 12.04.1930. Staatsarchiv Hamburg, 361–2 V 725a Band 2a.

ein „Drittes" ist es, das sie ausmacht.[15] Ein Drittes scheint auch in der Naturvorstellung auf, die im Planetarium zutage tritt. Natur und Kultur verstehe ich nicht als gegebene und klar abzugrenzende Bereiche, sondern als soziale Konstrukte. Was Natur ist und was Kultur, in welchem Verhältnis sie zueinander stehen und welche Assoziationen und Wertungen damit verbunden werden, ist kontingent und zu jedem Zeitpunkt Verhandlungssache – das Ergebnis von (diskursiven) Praktiken.[16] Das Planetarium ist ein Ort unter vielen, an dem diese Verhandlung stattfindet. Die Natur wird dort als den Städter*innen fremd und fern entworfen, die ihnen nun im Planetarium wieder nahekommen kann – allerdings ist sie im Planetarium eine perfekte Illusion, gesteigert zur Hyperrealität. Der Betrachtung dieser künstlichen Natur wird dabei trotzdem – oder gerade deshalb – eine besondere Muße-Qualität zugeschrieben. Das wird beispielsweise im Briefverkehr um die Anschaffung des Hamburger Planetariums deutlich. Noch vor der Eröffnung des ersten Planetariums im Deutschen Museum, im Februar 1925, schrieb der Landesschulrat Karl Umlauf an den Schulsenator Emil Krause und legte ausführlich dar, warum sich die Anschaffung der teuren Maschine lohnen würde:

Dem Bewohner der Großstadt ist die Natur fremd geworden, und zumal zur Beobachtung des Sternenhimmels hat er sehr selten Gelegenheit. Der beständige Dunst und Staub in der Luft, der Nebel und Wolkenbildung begünstigt, die künstliche Beleuchtung der Straßen, die Einengung des Horizonts durch die Häusermassen lassen den Sternenhimmel für den Großstädter ins Wesenlose verschwinden; er existiert für ihn so selten, dass sein Interesse an ihm kaum geweckt wird. Wenn er ihn unter günstigen Verhältnissen einmal zu Gesicht bekommt, etwa bei einem Landaufenthalt oder einer Seefahrt, steht er ihm dann verständnislos gegenüber. Und doch gilt das Wort Kants heute noch ebenso wie vor 150 Jahren! Durch das Planetarium wird dem Menschen eine Quelle edler geistiger Anregung, vornehmsten aesthetischen Genusses und reiner sittlicher Erhebung erschlossen, die geeignet ist, ihn über das Getriebe des Tages hinauszuheben, ihm eine Weihestunde zu verschaffen und seiner Sehnsucht nach dem Grossen und Ewigen Nahrung zu geben. Hier hat der Staat einmal wirklich die Möglichkeit, dem Kino, den Schaustellungen niederen Ranges und sonstigen derben Reizen der Großstadt eine Konkurrenz zu bieten, die Empfänglichen willkommen sein wird und auch stumpfe Gemüter zu wecken imstande ist. Ich betrachte die Errichtung eines Planetariums geradezu als Kulturakt.[17]

Mit dem urban bedingten Verlust des Sternenhimmels, so argumentiert Umlauf, verschwindet nicht nur astronomisches Wissen, sondern auch eine Erfahrung, die er an die Natur rückbindet und als erhebend, anregend, vergnüglich und moralisch erhaben skizziert. Diese Erfahrung, so berichtet er weiter, kann das

---

[15] Vgl. Burkhard Hasebrink/Thomas Klinkert (Hg.), *Muße. Konzepte, Räume, Figuren*, Freiburg i. B. 2014, 7.

[16] Siehe dazu bspw. Friederike Gesing/Katrin Amelang/Michael Flitner/Michi Knecht, „NaturenKulturen-Forschung. Eine Einleitung", in: Gesing/Knecht/Flitner/Amelang (Hg.), *NaturenKulturen. Denkräume und Werkzeuge für neue politische Ökologien*, Bielefeld 2019, 7–50.

[17] Brief an den Schulsenator Emil Krause der Stadt Hamburg von Landesschulrat Prof. Dr. Karl Umlauf, 02.02.1925. Staatsarchiv Hamburg, 361-2 V 725a Band 1a MA.

Abb. 2: Quelle: ZEISS Archiv, Pressebild, Werbefoto des Planetariumsprojektors Modell I, 1925.

Planetarium bieten. Der dort projizierte Sternenhimmel steht in seiner Erfahrungsqualität dem Sternenhimmel in nichts nach (Abb. 2). Er wird dennoch als „Kulturakt" und nicht als „Naturakt" wahrgenommen. Mit Gernot Böhme lässt sich der Kulturakt des Planetariums als „Geste der Natürlichkeit", als Befriedigung eines ästhetischen Bedürfnisses nach Natur bezeichnen.[18] Diese Geste der Natürlichkeit vermag eine Atmosphäre hervorzubringen, die die Menschen so stimmt, dass sie Muße erfahren können.[19] Die Atmosphäre ist dabei weder nur ‚natürlichen' noch ausschließlich ‚künstlichen' Ursprungs, sondern existiert jenseits dieser Kategorien – als Drittes überschreitet sie die Grenzziehungen.

---

[18] Siehe dazu Gernot Böhme, *Natürliche Natur. Über Natur im Zeitalter ihrer technischen Reproduzierbarkeit*, Frankfurt a. M. 1992, 141 ff., 191. Kritisch anzumerken ist hier, dass Böhmes Naturbegriff essentialistische Züge aufweist und damit im Kontrast zur oben eingeführten sozialkonstruktivistischen Perspektive steht.

[19] In seinen Überlegungen zum Atmosphärenbegriff verweist Gernot Böhme darauf, dass die Definition der Aura von Walter Benjamin als „Ferne, so nah sie sein mag" zunächst von der Naturerfahrung abgleitet wird. In der Natur, so legt Benjamins Aufsatz nahe, liegt der Ursprung des Auratischen. Böhme setzt die Erfahrung der Aura mit dem Begriff der Atmosphäre gleich und bezeichnet diese als „Situation der Muße" (27), die ihren Ursprung in der Naturerfahrung hat. Vgl. Gernot Böhme, *Atmosphären*, Frankfurt a. M. 1995, 26 ff.

Im Planetarium werden Natur und Kultur nicht gegenübergestellt, an die Stelle einer Entgegensetzung tritt die „Bearbeitung der Grenzen von Kultur und Natur selbst"[20]. Das Planetarium zeigt sich hier als NaturKultur avant la lettre. Mit diesem Begriff bezeichnen Wissenschaftler*innen wie beispielsweise Donna Haraway hybride Existenzformen, die die vermeintlich klare Abgrenzung zwischen Natur und Kultur als konstruiert entlarven und so Möglichkeitsräume öffnen und Subjektivierungen zulassen, die erst jenseits dieser Kategorien realisierbar sind.[21] Gerade dieses öffnende Potential und das Außerkrafttreten stabilisierender Kategorien, so könnte man meinen, löst die Planetariumserfahrung aus den gewohnten, geordneten Raum-Zeit-Strukturen der Stadt, ermöglicht den Besucher*innen das Aufgehen in der Situation und begünstigt das Aufkommen von Muße. Nicht nur das Überschreiten der Grenze von Natur und Kultur, auch das „Reisen" durch Raum und Zeit, das die Planetariumsmaschine simulierte, trägt zur Entgrenzungserfahrung bei. In den Programmen vertreten waren beispielsweise Projektionen des Himmels zu Christi Geburt oder „Reisen" an den Nordpol sowie den Äquator, die den Zuschauer*innen im Planetarium den Horizont erweiterten, sie aus dem Gewohnten herauslösten und der Muße den Weg bahnten. Andersherum gedacht: Im Planetarium zeigt sich das transgressive Potential der Muße in besonders deutlicher und radikaler Weise.[22] Die grenzüberschreitende Wirkmacht der Mußeerfahrung im Planetarium macht sich an der Unterscheidung von Natur und Kultur sowie an der Gebundenheit an Raum und Zeit zu schaffen und erschließt dadurch wiederum neue Mußeräume, die gerade im urbanen Kontext entstehen. Die Entgrenzungserfahrung, die damit einhergeht, ist auch und vor allem eine körperliche.

Der Körper der Muße – Extraterrestrische Flaneure/Flaneusen

Zeiss-Ingenieur und Astronom Walter Villiger stellte im Jahr 1928 ein bebildertes Album für die Firma zusammen, in dem er das Planetarium erklärt und bewirbt:

> Zu allen Zeiten haben denkende Menschen den Versuch gemacht, den tiefen Eindruck zu schildern, den der Anblick des gestirnten Himmels auf uns Erdbewohner ausübt. Doch alle diese Schilderungen sind unvollkommenes Stückwerk. So kommt es, dass der gestirnte Himmel uns immer wieder in seinen Bann zieht und wir uns immer wieder gestehen müssen, dass nur das eigene Schauen nach dem Himmel uns den Eindruck verschafft, den toten Buchstaben nicht zu schaffen vermögen. Genau dasselbe erleben wir, wenn wir in dem dunklen Zeiss-Planetarium den künstlichen Himmel zu unseren Häuptern erstrahlen

---

[20] Hans-Christian von Hermann, „Zum Planetarium", in: Goesl/von Hermann/Suzuki (Hg.), *Zum Planetarium*, 40.

[21] Donna Haraway, „Ein Manifest für Cyborgs. Feminismus im Streit mit den Technowissenschaften", in: Haraway, *Die Neuerfindung der Natur. Primaten, Cyborgs und Frauen*, Frankfurt a. M./New York 1995, 33–72.

[22] Siehe dazu auch Cheauré/Dobler (Hg.), *Muße*, 9.

sehen. Es ist nicht mit Worten zu beschreiben, welche Empfindungen wir in einem solchen Augenblick haben.[23]

Was im Planetarium geschieht, muss man am eigenen Leib spüren. Rein diskursiv, stellt Villiger fest, lässt sich die Erfahrung nicht adäquat wiedergeben. Allerdings hat sie im geschriebenen Diskurs Spuren hinterlassen, die Aussagen über das körperlich-sinnliche Empfinden im Planetarium erlauben. Wie es wirklich war, bleibt selbstverständlich zweifelhaft. Dennoch gibt es große Übereinstimmungen in den Arten und Weisen, über die die verschiedenen Quellen vom Planetariumsbesuch berichten. Diese Berichte gingen nicht selten den Planetariumsgängen ihrer Leser*innen voraus, prägten und formten wiederum ihre Erfahrung dort. Sie erzählen also nicht nur von Erfahrungen, sondern dienen auch als Schablone und Vorbild. So ist es möglich, aus dem, was die Menschen aufschrieben, zumindest einen Eindruck über ihre individuellen, physischen Erfahrungen im Planetarium zu gewinnen. Das gilt auch für die Erfahrung von Muße. Sie ist ebenfalls nicht rein intellektuell und geht nicht vollkommen in Sprache auf, sondern wirkt sich auf den Körper aus und kann durch sinnliche oder physische Reize evoziert werden – Muße verspürt man, man denkt sie nicht. Was lässt sich anhand der in den Quellen kondensierten Planetariumserfahrungen über den Körper der urbanen Muße herausfinden?

Eine zentrale sinnliche und körperliche Erfahrung, die die Besucher*innen im Planetarium machten, war Immersion. Die Medienwissenschaftlerin Alison Griffiths nutzt den Immersionsbegriff „to explain the sensation of entering a space that immediately identifies itself as somehow separate from the world and that eschews conventional modes of spectatorship in favour of a more bodily participation in the experience".[24] Sie untersucht unter anderem Planetarien als immersive Orte und zeigt, dass sich die Rolle der Zuschauer*innen dort ändert – sie werden körperlich affiziert, eingebunden und so zum aktiven Teil der Vorführung. Deutlich wird das in einem Bericht aus der *Wiener Morgenzeitung*:

Die Illusion, in einer klaren Sommernacht auf freiem Felde zum Himmel emporzuschauen, ist so täuschend, dass man alles vergisst, was eben noch an enger und beengender Räumlichkeit ringsum gewesen. Die Urania-Vortragsworte, die mit gelassener Beharrlichkeit weiter tönen, fallen irgend wohin in den Raum, scheinen irgend woher, aus einer gleichgültigen fremden Ferne zu kommen und stören nicht einmal. Ein Lichtpfeil, der die jeweils gezeigten Sternbilder bezeichnet, scheint deiner eigenen Hand anzugehören, die in irgendeiner (manchmal traumhaft ersehnten) geheimnisvollen Verbindung mit der Unendlichkeit eines kosmischen Lichtstrahls steht. Dieser Lichtstrahl in deiner Hand wandert von Horizont zu Horizont, bald den riesenhaften Jäger Orion antippend, bald den roten Hundsstern, das schwach flimmernde Reiterlein am Wagen, den

---

[23] Walter Villiger, *Das Zeiss-Planetarium. Die Sternenschau: Ein Wunder der Technik*, Leipzig 1930, 2 f. ZEISS-Archiv, Dru 48000.
[24] Alison Griffiths, *Shivers Down Your Spine. Cinema, Museum, & the Immersive View*, New York 2008, 2.

leuchtenden Sirius, die sanfte Venus, den fernsten Neptun, die nebelhaft zarten Plejaden, – neckisches Spiel eines Uebermutes, der sich phantastisch im Kosmos austobt.²⁵

In der perfekten Illusion des Planetariums fühlen sich die Besucher*innen an einen anderen Ort versetzt, der sich jenseits der Möglichkeiten ihrer eigentlichen Welt befindet. Dieser Eindruck ist so stark, dass er den gesprochenen Lehrvortrag überstimmt und ihn zum Hintergrundrauschen degradiert. Im Vordergrund stehen die sinnlichen Erfahrungen, unter deren Eindruck sich die Grenzen des eigenen Körpers aufzulösen scheinen. Das zeigt sich hier an der Vereinnahmung des „Lichtstrahls", der in der Erzählung des Zeitungsautors zum prothetischen Teil seines Körpers wird. Der Autor rekurriert hier auf den Lichtzeiger, der in vielen Planetarien zum Einsatz kam. Er fungierte als optischer Zeigestock und ähnelte einer starken Taschenlampe, die einen beweglichen Pfeil an die Kuppel projizierte. Der Vortragende hielt diesen Zeiger in der Hand, schaltete ihn ein und aus, und verwies mit seiner Hilfe auf die jeweilige Himmelsstelle, über die er gerade sprach. Interessant ist dabei, dass sich in der Erzählung vom Lichtzeiger die von außen betrachtete passive Haltung der Planetariumszuschauer*innen in ihrer Selbstwahrnehmung als aktiv darstellt. De facto konnten die Zuschauenden die Bewegungen des Lichtpfeiles nicht steuern und hatten auch sonst keinen Einfluss auf den Verlauf der Schau, dafür waren die Vortragenden in Kollaboration mit der Maschine zuständig. Dennoch wird der Lichtzeiger vom Autor der oben zitierten Quelle einverleibt und ihm zur Möglichkeit, direkt und körperlich-empfindend mit der Himmelsprojektion zu interagieren – und das alles im Sitzen. Die Regeln, nach denen sich Menschen normalerweise durch Raum und Zeit bewegen, sind im Planetarium außer Kraft gesetzt. Durch die Beschleunigungsfunktion vergehen Jahre im Flug, und die „Reisefunktion" erlaubt den Blick in den Himmel von jedem beliebigen Punkt auf der Erde. Die Immersion steigert sich zum Schwindel:

Der Tag wandelt sich in Minuten, immer toller wird der Wirbel. In wilder Jagd folgen sich die Jahreszeiten, in grotesken Kurven und Schleifen tanzen die Planeten um die rasende Sonne. Tausend Jahre verdichten sich zu einem Tag. Das Blendwerk lastet auf dem Gehirn und betrommelt die Nerven zum Seekrank werden. Ein Fingerdruck: Sonne, Mond und Sternen stehen still.²⁶

Der Bericht von Jörg Beßler-Gerö, der 1924 im *Linzer Volksblatt* erschien, beschreibt den Planetariumsbesuch als ambivalente Situation. Die Nerven sind „betrommelt", die Sinne gereizt bis zum Unwohlsein und doch vermag ein einziger, menschlicher Fingerdruck dem Spuk ein Ende zu bereiten. Die immersive 360°-Projektion versagt den Besucher*innen jede übersichtsschaffende Distanz.

---

[25] O. A., „Ein Besuch im Planetarium", in: *Wiener Morgenzeitung*, 10.05.1927. Österreichische Nationalbibliothek, Online-Datenbank ANNO.
[26] Jörg Beßler-Gerö, „Ein Besuch im Projektions-Planetarium", in: *Linzer Volksblatt*, 30.08. 1924. Österreichische Nationalbibliothek, Online-Datenbank ANNO.

Diese Erfahrung der Unmittelbarkeit und Nähe gekoppelt mit der von einem menschlichen Statthalter ausgeübten maximalen Kontrolle über Zeit und Raum durch technische Beschleunigung und Bewegung erzeugt einen Kontrollverlust, der vergnügt und berauscht, einen anderen Möglichkeitsraum eröffnet und dabei doch ganz im Hier und Jetzt verharrt: „Wunder über Wunder! Man ist trunken, berauscht, hingerissen und schier verzaubert."[27]

Vor dem Hintergrund der oben beschriebenen sinnlichen und körperlichen Erfahrungen im Planetarium möchte ich die paradoxalen Wendungen, die die Mußeerfahrung umschreiben können[28], um eine weitere ergänzen, die vor allem auf körperlicher Ebene zum Tragen kommt: ermächtigende Ohnmacht. In dieser Paradoxie verbinden sich Kontrollverlust und Ermächtigungserfahrung, sinnliche Überreizung und körperliches Eingebundensein. Hier lässt sich auch eine unerwartete Brücke zu einer weiteren urbanen Mußepraxis schlagen: dem Flanieren. In der Figur des Flaneurs oder der Flaneuse wird eine bestimmte urbane Körperpraxis mit der Erfahrung von Muße in Verbindung gebracht: Das ziellose Spazierengehen wird zur Möglichkeit, sich in den sinnlichen Eindrücken der Stadt zu verlieren und dabei in einen Bewusstseinsstrom zu kommen, der als Mußeerfahrung häufig literarisch verarbeitet wird. Ich verstehe die Planetariumsbesucher*innen unter anderem als extraterrestrische Flaneure und Flaneusen. Mindestens zwei Gründe scheinen mir dafür zu sprechen: Zum einen ist es die Immersionserfahrung, die sowohl die klassisch-urbanen als auch die extraterrestrischen Flaneure und Flaneusen aus dem Alltagstrott herausführt, ihnen eine andere Welt eröffnet, in der Körper- und Sinneserfahrung privilegiert sind und die Gedanken sich spielerisch bewegen. Zum anderen sind es die Veränderungen der Wahrnehmung von Zeit und Raum, die eng an die Privilegierung der Sinneswahrnehmung geknüpft sind und für beide Arten des Flanierens wirksam werden. Auffällig ist dabei, dass es gerade die Steigerung und nicht die Negation der urbanen Räume und Zeitregime ist, die zur Mußeerfahrung führt. Geschwindigkeit, Masse, Farbe, Licht und Größe sind es, die sich in ihrer Übersteigerung selbst aushebeln und die Flanierenden so in eine mußevolle Stimmung bringen können.

Conclusio – Wundern als mußevolle Emotion

Über den Zusammenhang von Urbanität und Muße lässt sich sagen: Die Stadt bringt eigene Mußeräume hervor, die durch und durch von Urbanität geprägt, durchdrungen und nur in ihrem Kontext verständlich sind – dazu zählt auch

---

[27] O.A.: „Weißt du wieviel Sternlein stehen …?", in: *Neuigkeits Welt Blatt*, 10.01.1930. Österreichische Nationalbibliothek, Online-Datenbank ANNO.
[28] „Umschreiben lässt sich Muße [...] am besten mithilfe paradoxaler Wendungen wie ‚bestimmte Unbestimmtheit' oder ‚produktive Unproduktivität'." Cheauré/Dobler (Hg.), *Muße*, 8.

das Projektionsplanetarium der 1920er und 1930er Jahre. Solche Mußeräume verweisen häufig über die Grenzen der Urbanität hinaus, inkludieren Gegenentwürfe zum Städtischen, wirken transgressiv und bestehen als Hybride einer contra-urbanen Urbanität – im Fall des Planetariums als NaturKultur. Gerade das Transgressive wird auch körperlich und sinnlich spürbar, im Planetarium unter anderem in Form von Immersion, Rausch und Entgrenzung. Diese körperlichen Erfahrungen tragen zur Muße bei, denn sie bahnen Wege heraus aus alltäglichen Raum-Zeit-Strukturen und eröffnen so flüchtige Freiräume. Körperlich-sinnliche Mußeerfahrungen lassen sich vor diesem Hintergrund als ermächtigende Ohnmacht beschreiben. Das Spiel von Ermächtigung und Ohnmacht, das sich im Planetarium im spannungsvollen Verhältnis von Möglichkeiten und Unmöglichkeiten der Technik und Wissenschaft äußert, wirkt ebenfalls transgressiv, denn es verschiebt und überschreitet die Grenzen von Mensch und Maschine, Wissen und Fantasieren, Gegenwart und Zukunft. Transgression kann also als Merkmal und Stimulus der urbanen Muße im Planetarium als Ergebnis festgehalten werden.

Ausgehend von dieser Feststellung möchte ich abschließend einen Blick auf eine Schlüsselemotion werfen, die im Kern der Planetariumserfahrung pulsiert und sie als explizit mußevoll skizziert: das Wundern. Wundern und sein Gegenstand, das Wunder, verstehe ich mit Alexander C. T. Geppert und Till Kössler als „für unmöglich gehaltene und daher Staunen erregende Transgressionen existierender Wissens- und Denkgrenzen, die alternative Ordnungsentwürfe aufscheinen lassen und häufig als Manifestationen von Transzendenz gedeutet werden."[29] Ich verwende dabei wundern und staunen synonym im Sinne von *admiratio*. Emotionen haben Geschichte, Konjunkturen und werden zu verschiedenen Zeiten unterschiedlich bewertet und empfunden.[30] Wundern ist im 20. Jahrhundert, entgegen dem Weberschen Entzauberungs-Diktum, ein wichtiger emotionaler Weltbezug, auch wenn sich seine Gegenstände gewandelt haben.[31] Gerade zu Beginn des 20. Jahrhunderts gelten vor allem technische Innovationen als „moderne Wunder" und lösen Staunen aus.[32] Zu ihnen zählt auch das Planetarium: In dem von mir untersuchten Quellenfundus ist die Rede vom Wunder und vom Staunen ubiquitär. „Wunder(n)" ist der am häufigsten vergebene Code. Das Wundern als transgressive Emotion, das die Grenzen zwischen Wissen und Nicht-Wissen, Fühlen und Sehen, Greifen und Begreifen verschiebt, scheint mir teilweise strukturell mit der Muße verwandt. Nicht nur

---

[29] Alexander C. T. Geppert/Till Kössler, „Einleitung: Wunder der Zeitgeschichte", in: Geppert/Kössler (Hg.), *Wunder. Poetik und Politik des Staunens im 20. Jahrhundert*, Berlin 2011, 9–68, 38.
[30] Siehe dazu bspw. Ute Frevert, *Vergängliche Gefühle*, Göttingen 2013.
[31] Vgl. Geppert/Kössler, „Einleitung: Wunder der Zeitgeschichte".
[32] Siehe dazu Bernhard Rieger, „'Modern Wonders': Technological Innovation and Public Ambivalence in Britain and Germany, 1890s to 1933", in: *History Workshop Journal* 55 (2003), 152–176.

die Parallelen der oben zitierten Wunder-Definition zum Muße-Verständnis des SFB legen dies nahe. Auch die Effekte, die Wunder(n) und Muße erzielen, sind sich durchaus ähnlich:

> Ein Wunder an Genauigkeit, ein Wunder überhaupt ist dieser Apparat, ist jene Wissenschaft, die solches zu errechnen versteht. Man wird erwidern können, dass es uns gleichgültig sein müsse, zu wissen, wie der Sternenhimmel vor 10.000 Jahren ausgesehen habe oder wie er in 10.000 Jahren aussehen werde, dass also praktisch nichts erreicht wird, wenn man es wisse, aber man muss nur einmal in die Unendlichkeit der Sternenwelt, des Weltalls geschaut haben, um eine wundervolle überirdische Ruhe und Zufriedenheit mit nach Hause zu nehmen, um für Tage oder Wochen alle kleinlichen Unannehmlichkeiten und Streitereien des Alltags zu vergessen, ja mit einem überlegenen Lächeln abzutun. Jeder Bewohner unseres Landes zweimal im Jahre eine Stunde ins Planetarium geführt, und die Gerichte hätten halb so viel zu tun![33]

Als läuternd, beinahe therapeutisch beschreibt der Autor des *Hamburger Echos* die Wirkung, die die Planetariumsschau im frisch eröffneten Berliner Planetarium auf ihn hat, und beschwört idealtypisch eine Erfahrung des Erhabenen, die häufig mit dem Blick in den Sternenhimmel verknüpft wird und sich zunehmend auch an Technologien entzündet[34]. Er bewundert die Wissenschaft, die den Projektor hervorbrachte, relativiert aber den Wert des Wissens, das er durch die Planetariumsvorführung gewinnt. Was für ihn zentral ist, ist nicht das Wissen, sondern die wundervolle Stimmung, die er mitnimmt. Deutlich wird hierbei, dass Wundern sowohl als epistemische wie auch als ästhetische und sinnliche Emotion wirkt. Gerade diese Vieldeutigkeit und Wirksamkeit auf verschiedenen Ebenen stellen eine weitere Verbindung zur Muße dar. Schließlich werden sowohl im Wundern als auch in der Muße alternative Ordnungen und Möglichkeitsräume denk- und greifbar – nicht selten werden diese dann produktiv umgesetzt. So fantasieren einige journalistische Planetariumsbesucher*innen inspiriert von der Planetariumsschau über ein Leben in der Luft oder machen sich Gedanken über die Eroberung des Weltalls. Das Wundern hilft dabei, die Entgegensetzung von Verstand und Gefühl, von Intellekt und Sinnlichkeit zu überkommen. Die Wissenschaftshistorikerin Lorraine Daston untersucht unter der Prämisse, dass „sich Fühl- und Wissensformen miteinander verschlingen"[35], die Geschichte des Wunderns als epistemische Emotion und kommt zu dem Schluss, dass das Staunen für die Wissenschaft seit der Aufklärung immer mehr an Wert eingebüßt habe. Umso wichtiger, kann ergänzt werden, ist es für die Menschen geworden. Denn im Wundern können sie einer Welt begegnen, die

---

[33] U. E., „Das Weltall im Zimmer", in: *Hamburger Echo*, 06.12.1926. Staatsarchiv Hamburg, 361-2 V 725 Band 1 MA.

[34] Siehe dazu bspw. David E. Nye, *American Technological Sublime*, Cambridge 1994.

[35] Lorraine Daston, „Einleitung: Die Biografie der Athene oder eine Geschichte der Rationalität", in: Daston, *Wunder, Beweis, Tatsachen. Zur Geschichte der Rationalität*, Frankfurt a. M. 2001, 7–27, 19.

noch im Werden ist, sich mit Neuem auseinandersetzen und eigene – körperliche, sinnliche und intellektuelle – Zugänge dazu finden. Dies zunächst einmal völlig zweckfrei; auch hier stehen Wundern und Muße sich nahe. Gerade die Stadt des frühen 20. Jahrhunderts mit ihren vielen neuen Reizen, technischen und architektonischen Ideen bietet reichlich Anlass zum Wundern. Eine nähere Untersuchung der augenscheinlichen Verwandtschaft von Wundern und Muße – ob im Planetarium oder an anderen urbanen Orten – kann dabei helfen, die Muße als mehrdimensionale Erfahrung mit gesellschaftlicher Wirkmacht zu verstehen. Ob es sich dabei um die Entlastung der Justiz handelt oder die Reise zum Mond – Muße wirkt Wunder.

Quellen

Beßler-Gerö, Jörg, „Ein Besuch im Projektions-Planetarium", in: *Linzer Volksblatt*, 30.08. 1924. Österreichische Nationalbibliothek, Online-Datenbank ANNO.

Brief an den Schulsenator Emil Krause der Stadt Hamburg von Landesschulrat Prof. Dr. Karl Umlauf, 02.02.1925. Staatsarchiv Hamburg, 361–2 V_725 Band 1a MA.

H., „Sternenschau im Stadtpark", in: *Hamburger Anzeiger*, 12.04.1930. Staatsarchiv Hamburg, 361–2 V 725a Band 2a.

O.A.: „Weißt du wieviel Sternlein stehen ...?", in: *Neuigkeits Welt Blatt*, 10.01.1930. Österreichische Nationalbibliothek, Online-Datenbank ANNO.

O.A., „Ein Besuch im Planetarium", in: *Wiener Morgenzeitung*, 10.05.1927. Österreichische Nationalbibliothek, Online-Datenbank ANNO.

O.A., „Das Planetarium im Wasserturm. Ein neuer Anziehungspunkt für den Hamburger Stadtpark", in: *Hamburgischer Correspondent*, 24.03.1929. Staatsarchiv Hamburg, 135–1 I-IV 5061.

U.E., „Das Weltall im Zimmer", in: *Hamburger Echo*, 06.12.1926. Staatsarchiv Hamburg, 361–2 V 725 Band 1 MA.

Villiger, Walter, *Das Zeiss-Planetarium. Die Sternenschau: Ein Wunder der Technik*, Leipzig 1930. ZEISS-Archiv Jena, Dru 48000.

Literatur

Bigg, Charlotte/Vanhoutte, Kurt, „Spectacular Astronomy", in: *Early Popular Visual Culture* 5,2 (2017), 115–124.

Böhme, Gernot, *Natürliche Natur. Über Natur im Zeitalter ihrer technischen Reproduzierbarkeit*, Frankfurt a. M. 1992.

Böhme, Gernot, *Atmosphären*, Frankfurt a. M. 1995.

Cheauré, Elisabeth/Dobler, Gregor (Hg.), *Muße. Grenzen. Raumzeitlichkeit. Praktiken. Der Freiburger Sonderforschungsbereich 1015 im Überblick*, Freiburg i. B. 2018.

Daston, Lorraine, „Einleitung: Die Biografie der Athene oder eine Geschichte der Rationalität", in: Daston, *Wunder, Beweis, Tatsachen. Zur Geschichte der Rationalität*, Frankfurt a. M. 2001, 7–27.

Dobler, Gregor/Riedl, Peter Philipp, „Einleitung", in: Dobler/Riedl (Hg.): *Muße und Gesellschaft* (Otium. Studien zur Theorie und Kulturgeschichte der Muße, Bd. 5), Tübingen 2017, 1–17.

Faulstich, Werner, „Einführung: ,Ein Leben auf dem Vulkan'? Weimarer Republik und die ,goldenen' 20er Jahre", in: Faulstich (Hg.), *Die Kultur der 20er Jahre*, München 2008, 7–20.

Frevert, Ute, *Vergängliche Gefühle*, Göttingen 2013.

Geisthövel, Alexa/Jensen, Uffa/Knoch, Habbo/Morat, Daniel: „Erlebte Welten. Erfahrungsräume der Moderne", in: Geisthövel/Knoch (Hg.), *Orte der Moderne. Erfahrungswelten des 19. und 20. Jahrhunderts*, Frankfurt a. M. 2005, 355–368.

Geppert, Alexander C. T. /Kössler, Till, „Einleitung: Wunder der Zeitgeschichte", in: Geppert/Kössler (Hg.), *Wunder. Poetik und Politik des Staunens im 20. Jahrhundert*, Berlin 2011, 9–68.

Gesing, Friederike/Amelang, Katrin/Flitner, Michael/Knecht, Michi, „NaturenKulturen-Forschung. Eine Einleitung", in: Gesing/Knecht/Flitner/Amelang (Hg.), *NaturenKulturen. Denkräume und Werkzeuge für neue politische Ökologien*, Bielefeld 2019, 7–50.

Goesl, Boris/Hermann, Hans Christian von/Suzuki, Kohei (Hg.), *Zum Planetarium. Wissensgeschichtliche Studien*, Paderborn 2018.

Griffiths, Alison, *Shivers Down Your Spine. Cinema, Museum, & the Immersive View*, New York 2008.

Haraway, Donna, „Ein Manifest für Cyborgs. Feminismus im Streit mit den Technowissenschaften", in: Haraway, *Die Neuerfindung der Natur. Primaten, Cyborgs und Frauen*, Frankfurt a. M./New York 1995, 33–72.

Hartl, Gerhard, „Der Himmel auf Erden. Das Projektionsplanetarium im Deutschen Museum", in: *Kultur & Technik* 11,4 (1987), 198–206.

Hasebrink, Burkhard/Klinkert, Thomas (Hg.), *Muße. Konzepte, Räume, Figuren*. Freiburg i. B. 2014.

Hoeres, Peter, *Die Kultur von Weimar. Durchbruch der Moderne*, Berlin 2008.

Ingendahl, Gesa/Keller-Drescher, Lioba, „Historische Ethnografie: Das Archiv als Beispiel", in: *Schweizerisches Archiv für Volkskunde* 106 (2010), 241–263.

Kraupe, Thomas W., „*Denn was innen ist, das ist draußen*". Die Geschichte des modernen Planetariums, Hamburg 2005.

Marché II, Jordan D., *Theaters of Time and Space. American Planetaria, 1930–1970*, New Brunswick 2005.

Nye, David E., *American Technological Sublime*, Cambridge 1994.

Rieger, Bernhard, „,Modern Wonders': Technological Innovation and Public Ambivalence in Britain and Germany, 1890s to 1933", in: *History Workshop Journal* 55 (2003), 152–176.

Thomas, Oswald, *Das Wiener Planetarium*, Wien 1927.

Spirits of Listlessness

Kinematographische Verarbeitung metropolitaner Zeiterfahrung in Ken Jacobs' *Little Stabs at Happiness*

Berit Hummel

The young American film-maker, like the young painter, musician, actor, resists his society. [...] He cannot, therefore, arrive at any true creation, creation as revelation of truth, by re-working and re-hashing ideas, images and feelings that are dead and inflated – he has to descend much deeper, below all that clutter, he has to escape the centrifugal force of everything he has learned from his society. His spontaneity, his anarchy, even his passivity are his acts of freedom.[1]

Isolation, alienation, naked and revealed unto itself, is the condition under which the true reality of our age is experienced. ... The alienation of Bohemia was only anticipated in nineteenth-century Paris; it is in New York that is has been completely fullfilled.[2]

Den Filmschaffenden des sogenannten Underground-Kinos im New York der frühen 1960er Jahre diente ihr Medium als Ausdrucksmittel und Statement zugleich, um ihre subjektive Erfahrung einer sich in rasantem Wandel befindlichen Umwelt zu verarbeiten und einen Gegenentwurf zu den Bildwelten des industriellen Kinos auf der einen Seite und den immer größeren Einfluss ausübenden Massenmedien auf der anderen zu formulieren. So entwickelte sich eine Form unabhängiger Filmproduktion, die sich einerseits zumindest anfänglich am konventionellen narrativen Kino orientierte und dabei gleichzeitig formal wie inhaltlich radikal neue Wege zu gehen suchte. Bei dem sich als Befreiung des Kinos von seinen durch die industrielle Verwertungslogik entstandenen Zwängen definierenden Underground-Kino stand die Schaffung eines ästhetischen Vokabulars für eine filmische Neuordnung der Welt im Mittelpunkt: das Kino sollte als Reflexionsraum neu erschaffen werden. Dieser wird produktionsseitig als ein Gegenraum verstanden, dessen Charakter sich in dem vorangestellten Zitat des Filmemachers und zentralen Fürsprechers des neuen Kinos, Jonas Mekas, offenbart: ein Raum, der sich den gesellschaftlichen Normen entgegenstellt. Indem die Filmschaffenden aufgerufen sind, vorhandene Sinnkonstruktionen zu hinterfragen und zu dekonstruieren, zielen ihre Werke auf die Produktion eines Freiraums, der die Möglichkeit für neue Ordnungsstrukturen schafft. In

---

[1] Jonas Mekas, „Notes on the New Amercian Cinema", in: *Film Culture* 24 (1962), 6–16, 15.
[2] Clement Greenberg, „The Situation of the Moment", in: *Partisan Review* 15 (1948), 82 f.

diesem Zusammenhang ist das Konzept der Muße von Interesse, umschreibt es doch einen Raum, der sich gleichzeitig innerhalb wie außerhalb der Gesellschaft befindet. Als das „Außeralltägliche" erscheint Muße von der Alltagswelt separiert, eröffnet jedoch gleichzeitig einen „alle Sinne beanspruchenden Optionsraum" für eine Wieder-Entdeckung und Neuordnung eben dieser Welt.[3] Konstitutiv für Kunstproduktion wie -rezeption im Allgemeinen steht Muße dabei für die Hervorbringung eines Reflexionsraums. Eine Vielzahl der in Zusammenhang mit dem New Yorker Underground-Kino entstandenen Filme erscheinen in diesem Sinne als Inszenierungen von Räumen der Muße, indem sie einerseits ihre Hauptfiguren oftmals bei einem „Tun des Nichtstuns" zeigen und dabei gleichzeitig durch Ausrichtung an einer Eigengesetzlichkeit des Mediums eine Eigenzeit hervorbringen.[4] Diese Filme sind gekennzeichnet durch die Verweigerung einer kohärenten Narration, welche sich etwa im Fehlen von Point-of-View-Einstellungen sowie in einer Zentralstellung nichtlinearer Strukturen äußert. Auf diese Weise scheinen sich die filmischen Werke außerhalb der Zeitlichkeit der metropolitanen Umgebung, auf die sie sich beziehen, zu befinden. In den USA werden vor allem die 1960er Jahre von Zeitzeugen vielfach als eine Dekade beschrieben, in der nach den von erstarrten Konventionen dominierten 50er Jahren durch ein erhöhtes Tempo gesellschaftlichen Wandels Desorientierung und Entfremdung das soziale und politische Leben prägten.[5] Zugleich erfolgte in den Metropolen eine Anpassung urbaner Infrastrukturen an soziale und stadträumliche Veränderungen, etwa die in den 1950ern verstärkt einsetzende Suburbanisierung und das damit verbundene erhöhte Verkehrsaufkommen, Deindustrialisierung der Innenstädte oder großflächige Bauprojekte.[6] New York,

---

[3] Hans-Georg Soeffner: „Muße – Absichtsvolle Absichtslosigkeit", in: Burkhard Hasebrink/Peter Philipp Riedl, *Muße im kulturellen Wandel. Semantisierungen, Ähnlichkeiten, Umbesetzungen* (linguae & litterae, Bd. 35), Berlin/Boston 2014, 34–53, 49, 45.

[4] Hideki Mine: „Die handelnde Anschauung und die zeitlich-räumliche Struktur der Muße vom Standpunkt der selbst-gewahren Bestimmung des Nichts Nishidas", in: Günter Figal/Hans W. Hubert/Thomas Klinkert (Hg.), *Die Raumzeitlichkeit der Muße* (Otium. Studien zur Theorie und Kulturgeschichte der Muße, Bd. 2), Tübingen 2016, 61–80, 75.

[5] Vgl. dazu Susan Sontag: „Wir leben in einer Zeit, in der ernsthaftes Denken allenthalben mit dem Bewusstsein der Heimatlosigkeit zu kämpfen hat. Das Gefühl der Unzuverlässigkeit menschlicher Erfahrung, das ein ins Unmenschliche wachsendes Tempo geschichtlichen Wandels mit sich gebracht hat, hat bei jedem feinnervigen modernen Geist eine Übelkeit, einen intellektuellen Schwindel bewirkt" (Susan Sontag, „Der Anthropologe als Held" [1963], in: Sontag, *Kunst und Antikunst. 24 literarische Analysen*, München 1980, 102–113, 102).

[6] So wurden etwa in New York unter Robert Moses die tiefgreifendsten urbanen Restrukturierungsmaßnahmen in der Geschichte der Stadt ausgeführt. Vgl. dazu u. a. Robert A. M. Stern/David Fishman/Thomas Mellins, *New York 1960: Architecture and Urbanism between the Second World War and the Bicentennial*, New York 1995. Für eine Analyse der US-Stadtplanung der Nachkriegszeit vgl. Robert A. Beauregard, *Voices of Decline. The Postwar Fate of U. S. Cities*, New York 2003. Zu flächendeckendem Abriss als zentraler Strategie urbaner Umstrukturierung vgl. Francesca Russello Ammon, *Bulldozer. Demolition and Clearance of the Postwar Landscape*, New Haven/London 2016.

zeitgenössisches Synonym für Urbanität, entwickelte sich in den Nachkriegsdekaden unter anderem durch die Immigration vieler Künstler zum Mittelpunkt der weltweiten Kunstproduktion. Die Stadt erschien dabei als Bedingung und Bezugspunkt zugleich: das sprichwörtliche „tempo of Manhattan" wurde als Taktgeber der neuen Kunst genannt.[7] Zeitbasierte Medien, wie das neue Theater und der Film, erschienen prädestiniert dafür, der subjektiven Erfahrung eines sich radikal ändernden städtischen Umfeldes eine Form zu geben.[8] Insbesondere in dem von lokalen Ressourcen, Produktions- und Distributionsnetzwerken abhängigen Experimental- und Avantgarde-Film drückte sich das spannungsreiche Verhältnis zur städtischen Alltagsumgebung aus. New York dient in diesem Zusammenhang als „Ordnungsrahmen" vieler Filme: ein Aufrufen gängiger urbaner Topoi verortet das Gezeigte als Reflexionsraum.[9] Die Erfahrung von Urbanität, gleichermaßen definiert durch die Wahrnehmung des gebauten Raums und durch die den städtischen Alltag strukturierende Zeit, findet im Film ihre adäquate Ausdrucksform. Das Medium wurde im Zuge seiner Wiederentdeckung als künstlerisches Ausdrucksmittel in den 1950er und 60er Jahren auf eine Weise verfügbar, die einen experimentellen Umgang mit der Wahrnehmung eines alltäglichen Umfeldes ermöglichte.[10] Viele der Filmschaffenden des sich ab Ende der 1950er Jahre formierenden neuen Kinos bezogen sich auf

---

[7] Vgl. die Aussage des Kurators und Kunsthistorikers William C. Seitz im Katalog der von ihm kuratierten Ausstellung *The Art of Assemblage* (1961) im MoMA New York: „The city – New York above all others – has become a symbol of modern existence. The tempo of Manhattan, both as subject and conditioning milieu, has been instrumental in forming the art of our time" (William C. Seitz, *The Art of Assemblage*, New York: Museum of Modern Art, 1961, 74).

[8] Die sich Ende der 1950er Jahre aus dem Gestus des Abstrakten Expressionismus entwickelnden Formen performativer Kunst, für die Allan Kaprows im Oktober 1959 in der Reuben Gallery veranstalteten *18 Happenings in 6 Parts* den Gattungsbegriff abgaben, bezogen sich in ihrer Arbeit mit alltäglichen Materialien vielfach auf den städtischen Raum.

[9] Vgl.: „Offenheit und Unbestimmtheit des Flanierens, das freie Verweilen in Zeit und Raum, erfolgt innerhalb eines Ordnungsrahmens, der Intentionalität und Intentionslosigkeit des Gehens nicht in einem paradoxen Wechselspiel zusammenfügt, sondern gerade durch die deutliche Unterscheidung der verschiedenen Ebenen Freiräume der Muße zu generieren vermag" (Peter Philipp Riedl, „Die Muße des Flaneurs. Raum und Zeit in Franz Hessels *Spazieren in Berlin* [1929]", in: Tobias Keiling/Robert Krause/Heidi Liedke [Hg.], *Muße und Moderne* [Otium. Studien zur Theorie und Kulturgeschichte der Muße, Bd. 10], Tübingen 2018, 99–119, 118). Der omnipräsente urbane Bezug vieler der Filme ruft zugleich den Flaneur als paradigmatische Figur der Stadt der Moderne auf, wenngleich es für das Underground-Kino der 1960er weder eine produktions- noch rezeptionsseitige Verwendung des Begriffes gibt. Ein Grund dafür kann die erst in den 1970er Jahren einsetzende Verfügbarkeit der Werke Walter Benjamins im anglo-amerikanischen Raum sein.

[10] Diese Situation ist im US-amerikanischen Kontext in einer Reihe von Faktoren begründet. Zunächst war kleinformatigere und kostengünstigere Filmtechnik breiter verfügbar. Auch kam es unter anderem während des Zweiten Weltkriegs zu einer starken Popularisierung des Mediums durch verschiedene Bildungs- und Militärprogramme. Die für militärische Zwecke genutzte Filmtechnik und Filmmaterial wurden nach Kriegsende kostengünstig abgegeben. Die Krise des Hollywood-Studiosystems ab den 1950er Jahren schaffte zudem Räume der Sichtbarkeit für unabhängige filmische Praktiken.

ihr urbanes Umfeld, in ihren Werken bildet sich eine Positionierung gegenüber der Gesellschaft ihrer Zeit ab. Die Stadt als ästhetisches Prinzip der raumzeitlichen Ordnung miteinander konkurrierender Elemente wird in diesem Zusammenhang zu einem zentralen Bezugspunkt und steht zugleich für die Produktion eines sich für den Betrachter auf der Ebene ästhetischer Wahrnehmung herstellenden Gegenraums. Dieses Aussetzen der durch urbane und soziale Transformationsprozesse geprägten hegemonialen, linearen Zeitlichkeit erzeugt eine selbstreflexive Wahrnehmungsweise. Der spezifische, die Umstände der Produktion filmischer Werke abbildende Realismus des Underground-Kinos vermag es, so die hier vertretene Annahme, durch die Re-Organisation alltäglicher Bezüge einen „Möglichkeitscharakter des Wirklichen" offenzulegen.[11] Im Folgenden wird, anhand eines für die Inszenierung dieser Reflexionsräume charakteristischen Filmbeispiels, Ken Jacobs' *Little Stabs at Happiness*, die formale und ästhetische Codierung des mußevollen Gegenraums untersucht. Unter Einbeziehung produktions- wie rezeptionsästhetischer Aspekte wird mittels einer werkimmanenten Interpretation signifikanter Sequenzen die Hervorbringung von Mußeräumen auf bildinhaltlicher sowie raumzeitlicher Ebene analysiert. Dabei wird von der Annahme ausgegangen, dass durch die spezifische mediale Ästhetik der Filme eine Eigenzeit hervorgebracht wird. Film wird in diesem Zusammenhang als ein „modellbildendes System" betrachtet: ein System mit dem ein Denkmodell entworfen wird, welches mit dem Raumbild bzw. den Vorstellungen der Selbst-Positionierung einer Gruppe im gesellschaftlichen Raum korreliert.[12] Anhand von Ken Jacobs' Film soll das spezifische ästhetische

---

[11] Günter Figal/Tobias Keiling, „Das raumtheoretische Dreieck. Zu Differenzierungen eines phänomenologischen Raumbegriffs", in: Figal/Hubert/Klinkert (Hg.), *Die Raumzeitlichkeit der Muße*, 9–28, 16. Die sich im Wandel und partiellen Verschwinden befindliche Stadt ist vielen Filmen des New Yorker Underground- und Avantgarde-Kinos der späten 50er und frühen 60er Jahre präsent. In der weitestgehend auf formale Besonderheiten fokussierten Rezeption dieser Filme wurden sozialgeschichtliche Bezüge jedoch überwiegend ausgeblendet. Die Rezeption des US-amerikanischen Avantgardekinos wurde durch den formalistischen Ansatz P. Adams Sitneys nachhaltig geprägt (P. Adams Sitney, *Visionary Film: The American Avant-garde 1943–1978*, New York 1979 [zuerst 1974]). Für das unabhängige, subkulturelle Kino der frühen 60er Jahre werden je nach Kontext verschiedene, oftmals synonym verwendete Begriffe wie Underground- oder Avantgarde-Kino, Experimentalfilm etc. mit unterschiedlichen Kriterien der Abgrenzung zu anderen Formen alternativer Filmproduktion verwendet. Im vorliegenden Kontext soll im Wesentlichen der Definition des Filmemachers Sheldon Renan gefolgt werden: „The underground film [...] is a film conceived and made essentially by one person and is a *personal statement* by that person. It is a film that dissents radically in form, or in technique, or in content, or perhaps in all three. It is usually made for very little money, frequently under a thousand dollars, and its exhibition is outside commercial film channels" (Sheldon Renan, *An Introduction to the American Underground Film*, New York 1967, 17).
[12] Siehe hierzu v. a. das Kapitel „Die Kunst als modellbildendes System (Thesen)" in: Juri M. Lotman, *Kunst als Sprache. Untersuchungen zum Zeichencharakter von Literatur und Kunst*, Leipzig 1981, 67–88. Vgl. auch: „Der Kinematograf schafft ein Modell der Welt. Zu den wichtigsten Charakteristika der Welt gehören Raum und Zeit. Das Verhältnis der raumzeitlichen Eigenart eines Objekts zur raumzeitlichen Natur des Modells bestimmt in mancher Hinsicht

Vokabular dieser Bildsprache herausgearbeitet werden. Im Zentrum steht die Frage, in welchem Bezug die filmisch produzierten Gegen-Räume zu massenkulturellen Phänomenen auf der einen Seite und zu zeitgenössischen Trends in der Kunstproduktion auf der anderen stehen, und somit den selbstreflexiven Charakter des Mediums repräsentieren. Jacobs' Film, eine 15-minütige Auskoppelung aus dessen Monumentalwerk *Star Spangled to Death* (440 min, 1956–2004), ist im vorliegenden Zusammenhang auch aufgrund seiner rezeptionsseitigen Zuordnung zu einer als „Baudelairean Cinema" bezeichneten Kategorie des Underground-Kinos interessant.

Ein Kino der ‚inneren Freiheit'

In seiner im Wochenblatt *Village Voice* erscheinenden Kolumne *Movie Journal* propagierte Jonas Mekas, Filmemacher und Wortführer des Underground-Kinos, im Mai 1963 ein neues „cinema of disengagement and new emotional freedom."[13] Die insgesamt vier in diesem Zusammenhang hervorgehobenen Filme – Ron Rices *The Queen of Sheba meets the Atom Man* (1963), Jack Smiths *The Flaming Creatures* (1963), Ken Jacobs' *Little Stabs at Happiness* (1959/1963) und Bob Fleischners *Blonde Cobra* (1963) – eint, laut Mekas, ihr Bezug auf Erfahrungen und Fähigkeiten, die sich auf die Welten von Charles Baudelaire oder Marquis de Sade beziehen und damit eine Abkehr vom filmischen Realismus des unabhängigen New Yorker Kinos der späten 50er Jahre darstellen.[14] Charakteristisch

---

dessen Wesen wie dessen Erkenntniswert" (Juri M. Lotman, *Probleme der Kinoästhetik. Einführung in die Semiotik des Films*, Frankfurt a. M. 1977, 118). Das Medium Film wird demnach als Mittel betrachtet, eine Aussage über die Welt bzw. ein Weltbild zu treffen und dadurch ein Stadtbild im Sinne einer Konstruktion bedeutungsstiftender Zusammenhänge. Vgl. Jeffrey K. Ruoff, „Home Movies of the Avant-Garde. Jonas Mekas and the New York Art World", in: David E. James (Hg.), *To Free the Cinema. Jonas Mekas & the New York Underground*, Princeton 1992, 294–311. Das subkulturelle Kino wird als eine Praxis verstanden, die einerseits das durch Wandlungsprozesse alltäglicher städtischer Umgebung Verdrängte sichtbar macht und dadurch ein neues Bild dieser Realität hervorbringt. Das Moment des Hervorbringens einer spezifischen Realität leitet sich von der Verwendung der Sprechakttheorie Austins in Zusammenhang mit dem Begriff der Performativität ab (vgl. u. a. Erika Fischer-Lichte, *Ästhetik des Performativen*, Frankfurt a. M. 2004, 32 f.). In Bezug auf die hier untersuchten filmischen Beispiele meint das Hervorbringen von Realität die veränderte Wahrnehmung einer städtischen Umgebung durch die Produktion eines auf alternative Handlungsspielräume verweisenden Stadtbildes im Film.

[13] Jonas Mekas, „Movie Journal", in: *Village Voice*, 2. Mai 1963, 13.

[14] In seinem Artikel zum neuen „Baudelairean Cinema" verortete Mekas die Filme bereits an der „edge of perversity" ob ihrer Darstellungen, etwa der von Homosexualität, „outside the official moral conventions" (Mekas, „Movie Journal", 13). Alle vier Filme zeichnen sich durch einen auffallend performativen Ansatz in Bezug auf die agierenden Protagonisten aus. Fleischners *Blonde Cobra* und Smiths *Flaming Creatures* sind beide ausschließlich in Innenräumen verortet, ersterer in den Lower East Side Appartements von Jack Smith und Jerry Sims, letzter auf dem Dachboden des leerstehenden Windsor Theater, einem ebenfalls in diesem Teil der Stadt gelegenen Kino. Rices *Queen of Sheba* und Jacobs' *Little Stabs* hingegen stellen die privaten

für das durch Mekas ausgerufene Label des „Baudelairean Cinema" ist demnach dessen Abkopplung von der Realität, ein Rückzug in Innenräume, psychische wie materielle, die eine der französischen Dekadenz des ausgehenden 19. Jahrhunderts verbundene Ästhetik evoziert und zugleich eine kohärente Narration verweigert.[15] Diese Verweigerung eines narrativen Zusammenhangs wird hier gleichgesetzt mit einem Einsatz der filmischen Bilder um ihrer selbst willen, welche auf diese Weise das neu zu entdeckende Potential des Mediums offenlegen sollen. Alle vier der von Mekas als „Baudelairean Cinema" herausgestellten Filme zeigen ihre Hauptfiguren bei scheinbar ziellosen und teilweise abwegigen bis absurden Aktivitäten. Carel Rowe spricht in seiner Untersuchung der Charakteristik dieser Gruppe Filme unter Bezugnahme auf die Dichtung Charles Baudelaires von einer Aufhebung des raumzeitlichen Kontinuums, das der Außenwelt ein eigenes ästhetisches Vokabular entgegensetzt.[16] Mekas' Geste, den Bezug auf Baudelaire im Rezeptionsdiskurs zu verankern, ruft hier einen weiteren Aspekt auf. In dem mit „Baudelaire oder die Straßen von Paris" untertitelten fünften Teil seines Essays *Paris, die Hauptstadt des XIX. Jahrhunderts* beschreibt Walter Benjamin den Flaneur anhand der Figur Charles Baudelaires, dessen Blick er als den eines Allegorikers, eines Entfremdeten herausarbeitet. Benjamin zufolge ist das Paris Baudelaires von einer zwischen untergegangener Idealstadt und Ikone der Moderne oszillierenden Zweideutigkeit geprägt.[17] Diese kann als grundlegend für die urbane Erfahrung gelten und findet sich, als Entsprechung des urbanen Sensoriums im New York der Nachkriegszeit, etwa in den Gedichten Frank O'Haras sowie in einem Teil der im Kreis um Jack Kerouac arbeitenden Beat-Schriftsteller wieder. Wie Marshall Berman im Rahmen seiner kulturgeschichtlichen Analyse für den Kontext New Yorks in den 1950er und 60er Jahren ausführt, stand das sich ab etwa Mitte der 1950er entwickelnde neue

---

Innenräume in Bezug zum städtischen Außenraum und schaffen auf diese Weise eine Verbindung des Außergewöhnlichen, Skurrilen, Surrealen oder auch Festlichen mit der urbanen Alltagswelt. Smith's *Flaming Creatures*, nach seinen eigenen Aussagen ursprünglich als Komödie gedacht, löste bei seinen ersten öffentlichen Vorführungen eine Welle moralischen Entsetzens aus und wurde im Zuge der zahlreichen Polizeieinsätze vor der 1964/65er New York World Fair konfisziert. Diesen neuen Trend grenzt Mekas vom durch Realismus geprägten New American Cinema ab. Er bezieht sich dazu vor allem auf *Shadows* (John Cassavetes, 1959) und *Pull my Daisy* (Robert Frank, Alfred Leslie, 1959): mit geringen Mitteln produzierte Filme, die die Stadt (Cassavetes) bzw. deren subkulturelle Räume (Frank/Leslie) zum Ausgangspunkt nahmen und ihre formale Neuartigkeit in einer Ästhetik der Improvisation begründeten.

[15] Vgl. auch Carel Rowe, *The Baudelairean Cinema: A Trend Within the American Avant-Garde* [1977], Ann Arbor, Mich. 1982, 9 f.

[16] Rowe, *The Baudelairean Cinema*, 21. Carel Rowe nimmt in seiner Dissertation das *Baudelairean Cinema* zum Ausgangspunkt einer Untersuchung des Symbolismus in den filmischen Praktiken der Avantgarde. Rowe änderte jedoch anhand formaler Kriterien den Kanon der dieser Kategorie zugerechneten Künstler und untersuchte neben Jack Smith hauptsächlich die Arbeit von Kenneth Anger und Andy Warhol.

[17] Vgl. Walter Benjamin, „Paris, die Hauptstadt des XIX. Jahrhunderts" [1935], in: Benjamin, *Gesammelte Schriften*, V/1: *Das Passagenwerk*, hg. v. Rolf Tiedemann, Frankfurt a. M., 45–59, 55.

ästhetische Vokabular im Kontext eines wachsenden Widerstandes gegen die „expressway world" der USA in den Nachkriegsdekaden, deren wichtigster Vertreter in New York die Stadtplanungspolitik von Robert Moses war.[18] Während die Literatur der Beats – der Autor nennt hier Ginsberg's *Howl* als eines der zentralen Beispiele – das Vokabular dieses Widerstands entwickelte, nennt Berman zwei wesentliche Einflüsse auf die Herausbildung einer visionären, den hegemonialen Entwicklungen entgegen tretenden Tendenz in den frühen 1960er Jahren: Jane Jacobs' bekanntes *Death and Life of Great American Cities* und die Entwicklungen in der Kunstszene um Künstler wie Allan Kaprow und Claes Oldenburg.[19] Beiden gemeinsam ist eine Hinwendung zur Materialität des Alltäglichen, dessen Bestandteile in Form einer Montage als „Elemente des Wirklichen" verarbeitet und in einen neuen Bedeutungszusammenhang gestellt werden.[20] Die so kontextualisierte ästhetische Sensibilität des neuen Kinos ruft damit zugleich dessen Selbstreflexivität auf: die filmischen Praktiken reflektieren ihren materiell-räumlichen Produktionszusammenhang indem sie ihn zum Gegenstand machen.

Die spezifische Raum-Zeit-Beziehung in den Filmen des Underground charakterisiert der Filmkritiker Parker Tyler mit dem Begriff des „mental pad", der – die filmische Bearbeitung eines mentalen Zustands bezeichnend – gleichzeitig einen zeitlichen wie auch einen räumlichen Bezug hat.[21] Im Sinne von Victor Turners Kategorie der Liminalität steht Tylers „mental pad" für den ambivalenten Schwebezustand zwischen den Privilegien und Freiheiten der Kindheit auf der einen und der antizipierten Unabhängigkeit und Einflussnahme des Erwachsenen auf der anderen Seite. Dieser Zustand drückt sich nach Tyler in den Filmen durch ein scheinbar regelfreies Verhalten der Performenden in einer Mischung aus psychedelischem ‚Environment' und Spielzimmer aus, wobei die Kamera diese Räume auf eine direkte, nicht-illusionistische Weise abbildet. Dieses Verhältnis der Kamera zum Raum und dem sich in ihm entfaltenden Geschehen steht nach Tyler für ein Moment der „illusion-as-reality", einem oberflächlich an den Surrealismus erinnernden Ineinanderschieben von Imagination und Wirklichkeit, bei dem die Kamera als Voyeur fungiert, um dem vom kommerziellen Kino Verdrängten bildlichen Ausdruck zu geben.[22] Diese Funktion der Kamera ersetzt zum großen Teil die Point-of-View-Perspektiven und verleiht

---

[18] Marshall Berman, *All That is Solid Melts Into Air: The Experience of Modernity*, New York 1988, 314.

[19] Sowohl Kaprow als auch Oldenburg erschufen in dieser Zeit eine Reihe mit dezidert vernakulären Materialien erstellte Werke (Environments und Happenings), welche für die Betrachtenden temporale Ausnahmeräume hervorbringen sollten.

[20] Walter Benjamin, „Der Autor als Produzent. Ansprache im Institut zum Studium des Fascismus in Paris am 27. April 1934", in: Benjamin, *Medienästhetische Schriften*, Frankfurt a.M., 2002, 231–247, 244.

[21] Parker Tyler, *Underground Film. A critical history*, New York 1995 [zuerst 1969], 59.

[22] Tyler, *Underground Film*, 71 und 35 f. Vgl. „Ours is the sneaking time of the voyeur and also

nach Tyler den filmischen Werken eine empirische Genauigkeit. Der Underground-Film entwirft hier einen Gegen-Raum durch eine ihm eigene Ästhetik der Improvisation. Diese wird auf verschiedenen Ebenen produziert. Am auffälligsten ist in diesem Zusammenhang die Inszenierung des Handgefertigten, die durch Elemente wie handgeschriebene und gezeichnete Zwischentitel, mitunter amateurhaft eingesetzte filmische Mittel und technische Imperfektion wie Über- oder Unterbelichtung sowie sichtbare Mängel des filmischen Materials hervorgerufen wird. Zudem wird gezielt eine Handlung abgebildet, die beispielsweise durch fehlende, die Erzählzeit strukturierende Handlungen eine Art Leerstelle erzeugt, die die Aufmerksamkeit des Betrachters verstärkt auf den filmischen Raum selbst lenkt.[23] Die so entstehende charakteristische Zeitlichkeit wird in Ken Jacobs' *Little Stabs at Happiness* besonders deutlich: in episodischer Erzählform wird ein Raum außerhalb der linearen Zeitlichkeit aufgebaut. In dem Film lassen sich einige der für die subkulturelle Filmproduktion dieser Zeit typischen Merkmale ausmachen: in einem alltäglichen Milieu angesiedelt, zeigt er Agierende – insgesamt zwei Männer und zwei Frauen – bei scheinbar belanglosen, spielerischen Aktivitäten, die nicht in eine narrative Ordnung gebracht werden. Mit seinen vier gleich langen, einzeln übertitelten und sich farblich voneinander abhebenden Episoden[24] weist der Film eine relativ strenge formale Struktur auf, die nur durch zwei kurze unbetitelte Sequenzen unterbrochen wird. Die Agierenden wirken allesamt der Alltagswelt enthoben, der spezifische urbane Kontext wird bildinhaltlich nur angedeutet. Jedoch ist New York als Bezugsgröße für eine potentielle Rezeption des Gezeigten als Reflexionsraum essentiell. Dies wird nicht zuletzt in einer Aussage des Filmautors im Katalog der Film-Makers' Cooperative, eines Zusammenschlusses von Filmschaffenden der New Yorker Szene, deutlich, in der er die einzelnen Episoden als „slices of imaginative life, not choosing to hide a N.Y. specific economic reality" beschreibt.[25]

Die vier vignettenartigen Episoden wirken jeweils mehr oder weniger in sich abgeschlossen und werden von Musikstücken sowie einem durch den Filmautor selbst eingesprochenen Monolog begleitet. Jacobs' Film erscheint auf diese Weise als eine Aneinanderreihung von vier Tableaus, deren Hauptfiguren miteinander, mit ihrer Umgebung oder mit der Kamera interagieren. Diese Teile sind einzeln betitelte, in sich abgeschlossene Vignetten, deren Protagonisten untereinander

---

the voyeur's tragic ‚poverty': the peephole is his makeshift but necessary field of stolen vision and an absolute limit to this field" (Tyler, *Underground Film*, 36).

[23] Vgl. auch David Bordwell, „The Art Cinema as a Mode of Film Practice (1979)", in: Leo Braudy (Hg.), *Film Theory and Criticism. Introductory Readings*, Oxford u. a. 1999, 716–724.

[24] So wird etwa die erste und die letzte Episode, in der Jack Smith performt, von Gold- und Rosatönen dominiert, während in den beiden anderen Grün- bzw. Brauntöne das Bild bestimmen.

[25] Ken Jacobs im Katalog der Film-Makers' Cooperative, o. J., zitiert aus: Ed Leffingwell Jack Smith Curatorial Files, MSS 380; SERIES I, Box 1, Folder 12; Fales Library and Special Collections, New York University Libraries, New York/USA.

nur in geringem Maße zu kommunizieren scheinen. Jede dieser Episoden zeigt die Performenden an einem anderen Ort, zunächst in einem offensichtlich engen Privatraum (*In the [GOLD] Room*), danach auf einem Dach (*They stopped to think*), wobei die Umgebung hier nahezu ausgeblendet wird. Die dritte Episode, *It began to drizzle*, ist auf der Straße in einem privat wirkenden Setting inszeniert und wird von zwei kurzen, betont amateurhaft gefilmten, fragmentartigen Sequenzen eingerahmt. Die letzte Episode, *The Spirit of Listlessness (Jack Smith)*, spielt wiederum auf einem Dach und gewährt durch Kameraschwenks Ausblicke über die Umgebung. Während sich die Handlung in allen Episoden auf minimale Aktionen beschränkt, variiert die Aktivität der Kamera in den Teilen und weist bei *They stopped to think* die geringste Dynamik auf. Somit arbeiten die einzelnen Teile mit unterschiedlichen visuellen Erzählrhythmen. Auch die Darstellung der jeweiligen Räume ist verschieden und erzeugt jeweils den Eindruck eines autarken und in sich geschlossenen Ortes, wobei sich der Bildraum im Verlauf der Episoden immer mehr öffnet um schließlich eine sichtbare Verbindung zur Stadt herzustellen. Die Abfolge der Episoden suggeriert damit eine wachsende Bezugnahme der eigengesetzlichen Räume spielerischer Freiheit auf die alltägliche urbane Zeitlichkeit.

Spielerische Ordnungen: Das Vernakuläre als Objekt ästhetischer Wahrnehmung

Die Koexistenz verschiedener Zeitebenen prägt die einzelnen Episoden von *Little Stabs* auf verschiedene Weise. Dabei ist eine Gleichzeitigkeit verschiedener Bezüge der visuellen oder akustischen Referenzen kennzeichnend für die durch die filmischen Bilder hervorgebrachte Zeitlichkeit, die einen Raum außerhalb des Alltäglichen produziert.

Die performative Handlung und Interaktion in den beiden Episoden mit Jack Smith ist jeweils auf Objekte ausgerichtet. Diese reichen in der den Film eröffnenden Episode *In the [GOLD] Room* von offensichtlich handgefertigten Tonskulpturen, denen man ihren Herstellungsprozess deutlich ablesen kann, über Alltagsgegenstände wie Tassen oder Glühbirnen bis zu derangierten Konsumgütern aus der Massenproduktion, etwa eine Puppe, abgenutzte Deko-Kugeln aus Kunststoff oder Plastikblumen (Abb. 1a und 1b).[26] Ein Mann und

---

[26] Vgl. dazu Sally Banes in ihrer Studie zur New Yorker Performance-Szene Anfang der 1960er Jahre in Bezug auf drei der von Mekas mit dem Label des „Baudelairean Cinema" bedachten Filme Jacobs' *Little Stabs at Happiness*, Jacobs' und Fleischners *Blonde Cobra* sowie Ron Rices *Queen of Sheba*: „Both Jacobs' films share with *The Queen of Sheba* a claustrophobic sense of urban interiors, squalid but, like a junk shop of the mind, capable of creating a space for fantasy and free play" (Sally Banes, *Greenwich Village 1963. Avant-Garde Performance and the Effervescent Body*, Durham/London 1993, 168).

Abb. 1a: Ken Jacobs' *Little Stabs at Happiness* (US 1963), TC 00:02:08, © Ken Jacobs; courtesy The Film-Makers' Cooperative, New York.

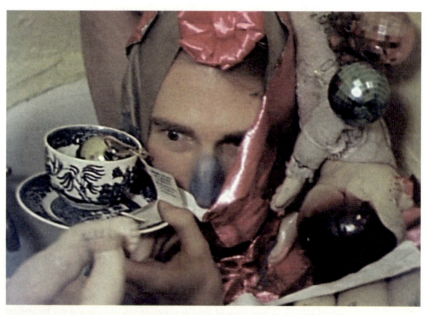

Abb. 1b: Ken Jacobs' *Little Stabs at Happiness* (US 1963), TC 00:03:13, © Ken Jacobs; courtesy The Film-Makers' Cooperative, New York.

eine Frau – Jack [Smith] und Linda – sitzen rauchend und mit aus Folienresten und Dekorationsartikeln zusammengestückelten Kostümen bekleidet in der Badewanne oder auf dem Boden und verwenden Kunstblumen als Aschenbecher. Die Kamera tastet in mitunter wellenförmigen Bewegungen die Oberfläche des Raumes ab und erfasst die Körper nur ausschnitthaft. Begleitet von einer Version von Al Johnsons 1928 erstmals aufgenommenem *Keep Smiling at Trouble* wird eine Reihe absurder Handlungen gezeigt, wie Jack Smiths Interaktionen mit diversen Puppen, auf denen er seine Zigarette ausdrückt oder sie zur symbolischen Vorführung sexueller Praktiken benutzt. Immer wieder wird dabei der Blick der Kamera durch Hindernisse versperrt, der Raum zerfällt in Einzelansichten und strukturiert die Episode.[27]

Mit der Patina des Nicht-Mehr-Nützlichen, Spuren eines früheren Gebrauchs tragend, verweisen die Objekte in dieser Sequenz zudem auf ein Außerhalb des gesellschaftlich als wertvoll Betrachteten. Die Inszenierung des Obsoleten, von Jacobs selbst als „my ‚junk' collecting and junk object, my junk-scape structuring" bezeichnet[28], findet sich auf vergleichbare Weise auch in anderen frühen Werken des Filmemachers und verweist zugleich auf die Außenseite der Überflussgesellschaft und deren Praxis des Konsums des immer Neuen. Wie ein ob seiner Größe nicht in seiner Totalität einsehbares Tafelbild tastet die Kamera die „junk-scapes" ab und erzeugt dabei für den Betrachter einen außerhalb des Alltäglichen verorteten Raum. Die Stadt ist anwesend über ihren Müll, ihre nutzlos gewordenen Objekte und ihren materiellen Überfluss. Fragmente dieser Artefakte des scheinbar ungebremsten Konsums jener Zeit finden sich auch auf den gezeichneten Zwischentiteln wieder, in denen Folienreste als Gestaltungselemente eingesetzt sind, was auch den Texttafeln einen Assemblage-Charakter verleiht (Abb. 2a und 2b). Der aus Überresten der Zivilisation, aus Beiprodukten oder deren Wahrnehmungen, geformte Raum ist eines der zentralen Themen des New Yorker Underground- und Avantgarde-Films der frühen 1960er Jahre. Es sind die Überreste der Artefakte des Alltags die als „garbage of life" diesen Raum formen und die in den Filmen und Performances eine zentrale Rolle einnehmen.[29] Wie Gabriele Jutz in ihrer Untersuchung *Cinéma Brut. Eine alternative Genealogie der Filmavantgarde* feststellt, dient das in der Avantgarde wiederholt anzutreffende Motiv der Inszenierung des Obsoleten dazu, ein alternatives Wertesystem innerhalb eines künstlerischen Werkes zu etablieren.

---

[27] Diese Episode erscheint ob ihrer Darstellung einer Existenz „outside the official moral conventions" (Mekas, *Movie Journal*, 13) als eine direkte Illustration von Mekas' Begriff des „Baudelairean Cinema".

[28] Die Äußerung stammt offenbar aus einem Gespräch mit dem Filmemacher Stan Brakhage, vgl. Stan Brakhage, *Film at Wits End. Eight Avant-Garde Filmmakers*, Edinburgh 1989, 157.

[29] „Jack and I had a horror of life, a deep disgust with existence. Jack indulged in it spitefully, he would plunge himself into the garbage of life. He had a hilarious and horrifying willingness to ‚revel in the dumps', to create some sort of ‚garbage culture'" (Ken Jacobs in einem Interview mit dem Filmwissenschaftler Carel Rowe; vgl. Rowe, *Baudelairean Cinema*, 39).

Abb. 2a: Ken Jacobs' *Little Stabs at Happiness* (US 1963), TC 00:00:15, © Ken Jacobs; courtesy The Film-Makers' Cooperative, New York.

Abb. 2b: Ken Jacobs' *Little Stabs at Happiness* (US 1963), TC 00:07:55, © Ken Jacobs; courtesy The Film-Makers' Cooperative, New York.

Die filmisch inszenierten, offensichtlich ausrangierten, Konsumgüter werden zu „Zeugen für die Vergänglichkeit des Technischen und der mit ihnen verbundenen kollektiven Phantasien".[30] Diese Wertbeimessung stellt für sie eine Wiederkehr des ursprünglichen Wertes in veränderter Form dar: „Gerade im nicht mehr Nützlichen und Ausrangierten ist Zukunft enthalten, da die Relikte einer Gesellschaft im Zustand des Verfalls noch einmal an ihr originäres Glücksversprechen erinnern."[31] Dieser an die Kierkegaardsche Wiederholung erinnernde Prozess eines erneuerten Wertes der Objekte durch deren Wiederkehr auf einer anderen Ebene, hier der ästhetischen Wahrnehmung, impliziert eine Zeitlichkeit dieser Bilder, die über ein Vergangenes – in Form des obsolet gewordenen Objektes – ein utopisches Moment des Zukünftigen erzeugt. Unterstrichen wird die Wirkung dieser Bilder von der, ebenso in zwei weiteren Episoden angewandten, Nachvertonung mit Musikstücken, deren Entstehungszeit deutlich vor jener des Films liegt. Die antiquiert wirkende Grammophontechnik mit ihren kratzenden und knackenden Geräuschen lädt die Bilder zusätzlich mit Historizität auf und verändert die Wahrnehmung von deren Zeitlichkeit.[32]

In ihrer Praxis des Zusammenführens scheinbar beliebig ausgewählter Elemente verweist Jacobs' Arbeitsweise auf eine in der Kunst Ende der 50er Jahre wieder aufgegriffene Praxis aus der Zeit der ersten Avantgarde – die Assemblage. Im Zuge des Dada zu voller Entfaltung gebracht, kehrt die Technik des vorgeblich auf Zufall beruhenden Zusammenführens von Material unterschiedlichster Herkunft wieder und findet hier im Film seine raumzeitliche Fortsetzung und Erweiterung.[33] Dieses spontane Anordnen erfolgt dabei auf zwei Ebenen: zum einen über die Bildinhalte, etwa das Interagieren des Performers (Jack Smith)

---

[30] Gabriele Jutz, *Cinéma Brut. Eine alternative Genealogie der Filmavantgarde*, Wien u. a. 2010, 70.
[31] Jutz, *Cinéma Brut*, 71 f.
[32] Jacobs zeigte *Little Stabs* erstmals 1962 während eines Open House Screenings im Charles Theater, einem in der Lower East Side gelegenen Kino, das ab Oktober 1961 für etwa ein Jahr zu einem zentralen Ort für die Vorführung und Entwicklung des Underground-Films wurde (vgl. Berit Hummel, „,Amateur Night at the Movies'. The Charles Theatre and 1960s New York Underground Cinema", in: *re·bus – a journal of art history and theory* 2,8 [2016], University of Essex, https://www1.essex.ac.uk/arthistory/research/rebus.aspx). Nach eigenen Aussagen hatte Jacobs bei frühen Vorführungen der noch nicht vertonten Version seines Films eine Sammlung seiner 78rpm-Schallplatten dabei, die er als akustische Begleitung der Bilder einsetzte. Mekas organisierte nach der Charles Vorführung die Gelder zur Nachvertonung. Die dafür von Jacobs 1963 verwendeten Musikstücke sind eine spätere Version von Al Jolsons 1928 erstmals veröffentlichtem *Keep Smiling at Trouble*, DJalma Ferreiras *Bicharada* (1951) sowie Martha Tiltons *The Happy Bird* (1950er).
[33] Zur Bedeutung der Assemblage ab den späten 50er Jahren siehe u. a. die von William Seitz kuratierte Ausstellung *The Art of Assemblage*, 1961 im MoMA New York, deren Anliegen es war, den Assemblage-Begriff kunsthistorisch zu etablieren und dessen Wiederkehr anhand von Parallelen zwischen erster und zweiter Avantgarde festzuschreiben. Eine der Zeichnungen auf den Zwischentiteln in *Little Stabs at Happiness* hat den mitunter surrealen Charakter dadaistischer Grafiken, die zweite Zwischenepisode zeigt Jacobs beim Anfertigen einer fast identischen Zeichnung mit Kreide auf der Straße.

mit verschiedenen Objekten, die sich durch ihre Positionierung im Kader in Bezug zueinander und zum Performer setzen, zum anderen durch das Einbeziehen des Zufalls in die Gestaltung des Films. In diesem Sinne wirkt die Art der Inszenierung wie eine performative Fortsetzung der Assemblage und deren zentralem Motiv der Simultanität unterschiedlicher, gleichwertig behandelter Materialien und Objekte – durch die Kameraführung im Bewegtbild umgesetzt.

Zugleich kann die Umkehrung des Banalen und Obsoleten in eine ästhetische Erfahrung zu einer Neudefinition der Wahrnehmung einer sich im Zustand der Transformation befindlichen urbanen Umgebung führen.[34] Das hier deutlich werdende relationale Verhältnis der Kunst zu ihrem alltäglichen Umfeld kennzeichnet den Bezug künstlerischer Praktiken zu den sozialen Realitäten, in denen sie verortet sind. Künstlerische Praktiken erzeugen somit einen ästhetischen Raum, der jedoch nicht als abgetrennt von diesen Realitäten verstanden werden kann, sondern nur in Bezug zu diesen. Ein solches relationales Verhältnis stellt Susan Sontags Begriff des Camp dar. Von ihr erstmals in ihrem, als Verteidigung von Jack Smith' *Flaming Creatures* verfassten und im April 1964 in *The Nation* erschienenem Artikel „A Feast for Open Eyes" verwendet, erfährt der Begriff im Dezember 1964 in ihrem ersten Beitrag zu *The Partisan Review* unter dem Titel „Notes on Camp" eine detailliertere Ausarbeitung.[35] Zentral an Sontags Argumentation ist der raumzeitliche Charakter des von ihr beschriebenen Phänomens: Camp wird definiert als eine Praxis, die sich in urbanen Überflussgesellschaften äußert und deren potentiell entfremdende Bedingungen mit einem ästhetisch codierten Gegenraum, einem „seeing the world as an aesthetic phenomenon", konfrontiert.[36] Camp ist somit eine konkrete urbane Äußerungsform, die Sontag vor allem der Pre-Stonewall Homosexuellenszene zuschreibt, ebenso wie eine Weltsicht als spezifische Wahrnehmungsform.[37] Die durch Camp repräsentierte Art des Bezugs

---

[34] Vgl. Seitz, *The Art of Assemblage*, 76, der hier einen eindeutigen Bezug zu den Praktiken der ersten Avantgarde (Dada, Schwitters, Duchamp) herstellt.

[35] Vgl. Wiederabdruck in: Susan Sontag, „Notes on Camp", in: Sontag, *Against Interpretation and other Essays*, New York 1981, 275–292 (ursprünglich: *Partisan Review* 31,4 [1964], 515–530). Sontag ging es in ihrem The Nation-Artikel in erster Linie um die Untersuchung eines Zeitgeist-Phänomens, Flaming Creatues diente dafür lediglich als Beispiel. Das Anliegen der Begriffsklärung im späteren Artikel zu Camp wird bereits durch das Setzen des Begriffs in Versalien unterstrichen. Vgl. auch die Diskussion von Camp-Praktiken im Kontext der vom Punk inspirierten No-Wave-Filmbewegung bei Benedetti. Der Autor bezieht sich hier vor allem auf Agambens Benjamin-Auslegung einer „means without ends"-Praxis im Umgang mit kulturellen Artfakten (Mark Drew Benedetti, *Beneath New York: The Formations and Effects of Canons in American Underground Film Movements*. Univ. Diss., Indiana University, UMI Number: 3568983, 2013, 263f.).

[36] Sontag, „Notes on Camp", 277.

[37] Laut Wayne R. Dynes nicht mit Quellen belegbarem Eintrag in der *Encyclopedia of Homosexuality* ist die erste erhaltene Verwendung des Begriffs in gedruckter Form 1907 zu finden, in Bezug auf auffälliges Verhalten auf der Straße.

auf eine alltägliche Umgebung ist gekennzeichnet durch eine Umkehrung: ein Neu-Kodieren banaler oder obsoleter Artefakte sowie moralisch anstößiger Handlungen in einem ästhetischen Kontext. In diesem Sinn wird Camp, von Sontag als „Dandyism in the age of mass culture" umschrieben, als Ausdruck einer ästhetischen Praxis der Avantgarde definiert.[38] Die Bedeutung des Alltagsobjektes in der Kunst steht auf diese Weise in Verbindung mit dem durch Camp repräsentierten Raum des Abseitigen. Aus dem Wertekreislauf ausgeschiedene Artefakte erhalten durch die Kontextverschiebung im Rahmen künstlerischer Praktiken eine neue Bedeutung. Dieses Motiv einer Umkehrung – im Sinne einer Neudefinition eines Bezuges – ist das verbindende Element zwischen der Assemblage und gegenkulturellen Praktiken des Camp. Während erstere ihr Material aus den Objekten der Alltagswelt bezieht, sind die Bezüge für Camp dezidiert eklektisch. Gemeinsam ist beiden eine Obsoleszenz des Materials, im Sinne eines sich wandelnden Zeitgeistes oder eines konkreten Gebrauchswertes. In Form einer theatralen Inszenierung des Banalen und Alltäglichen wird hier eine sich im Wandel befindliche urbane Gesellschaft in eine ästhetische Erfahrung verwandelt und dadurch Raum für eine Neuordnung urbaner Wahrnehmung geschaffen. Bezugsgröße ist dabei die städtische Massenkultur in ihren verschiedenen Ausprägungen und das von ihr Ausgestoßene als deren Rückseite.

Der Reflexionsraum als Gegenüber der linearen Zeitlichkeit

Das den Gegenraum konstituierende Außerhalb einer linearen Zeitlichkeit wird über ein Außer-Kraft-Setzen filmischer Ordnungslogik erreicht, bedingt durch das Fehlen eines Zusammenhaltes der Bilder entsprechend der narrativen Kontinuität als konventionellem Umgang mit filmischer Zeit.

Dies wird in der zweiten Episode, *They stopped to think,* besonders deutlich: in einem Wechsel aus halbnahen Einstellungen und Details posieren zwei Frauen auf einem Barhocker vor einer grünen Wellblechwand. Während in den restlichen Episoden ein filmischer Raum durch Montage und Kamerabewegungen oder Handlungen der jeweiligen Protagonisten konstruiert wird, bleibt er in *They stopped to think* auf der Ebene von Andeutungen. Der Betrachter erhält keine Anhaltspunkte über den räumlichen Kontext, Teile umliegender Dächer erscheinen nur ausschnitthaft im Kader. Diese Art der Konstruktion eines planimetrischen Raumes erzeugt eine Bühnensituation, der Blick der Kamera ruht auf

---

[38] Sontag, „Notes on Camp", 289. Nach Raussert beinhaltet der avantgardistische Traditionsbruch in Form einer Abkehr von nahezu allen tradierten Stilelementen von Musik, Kunst und Literatur ein „neues Ästhetikverständnis, das sich vor allem auch dem Schockierenden und Hässlichen öffnet" (Wilfried Raussert, *Avantgarden in den USA: Zwischen Mainstream und kritischer Erneuerung*, Frankfurt a. M. 2003, 32.).

einem fast statischen Körper und der Zuschauer verfolgt eine Minimalhandlung, die die Zeit zu dehnen scheint (Abb. 3a und 3b).

Der von Ken Jacobs selbst gesprochene Monolog bildet den Rahmen der Episode und verändert durch die Art seiner Erzählung nicht nur die Wahrnehmung der Bilder, die er begleitet, sondern die des ganzen Films:

Twelve ... eh ... twenty eight ... although ... ehm ... you see ... it's ... eh twelve twenty eight ... ehm ... February 27th 1963 ... [Schreibmaschinengeräusche im Hintergrund] ... and I thought at this point ... eh ... another section, it's three minutes long and I thought it would be important to create some kind of ... eh ... sound, I mean ... eh ... like a drowning if anything to ... distract you from talking to each other ... I don't wanna play any music ... and ehm ... Ron is typing in the background ... and I have a ... clock here and I can play you some clock ... [Weckerticken] ... you can hear the clock ... [Weckerticken] ... eh ... ugh ... well, also ... ehm ... an organ which I'll photograph in another film sometime but it's very ... small and amusing I suppose ... eh ... the organ ... [Melodie auf Orgel] ... eh ... [Melodie auf Orgel] ... mmh, uh well ... it's the organ in case you ... eh ... needed some music for this ... I just mmh, still out ... I just now listened to ... eh ... what I just recorded before and eh ... it's nice, it was vague and eh ... I like it ... eh ... I think ... Ron just stopped typing [Schreibmaschinengeräusche hatten bereits vor längerer Zeit ausgesetzt, B.H.] ... I think I'd eh ... I think one interesting thing I'd have to say is eh ... almost no one in this film do I see anymore ... I mean ... eh ... Jack ... eh and ... Linda in the first section, you know in the bathtub, Linda the la ... last time I saw her she was ready to ... have some kind of operation ... and eh ... Jack of course ... eh things are very bitter between us and we don't speak at the few times we meet each other at ... these Bleecker Street shows ... ehm ... then in this section ... eh ... Peggy who is wearing a hat ... eh ... is over in Hoboken teaching somewhere ... and painting and I haven't seen her for about a year ... and Margaret of course is ... I don't know where ... eh ... and the other sec ... and the next section ... eh ... there's Maggy ... and ... and eh Jerry[39] ... who ... eh ... I'm not ... I'm not even supposed to mention Jerry's name in the film, 'cause he says he could take me to court if I mentioned his name ... and eh ... he'll ... he's coming over Saturday to get some brushes out of me which is the only reason he's coming over ... and of course ... eh ... and eh ... and of course Margaret I just ... do not know ... now where she is or ... or if she is ... anyway that's ... eh ... three minutes.

Gleich zu Anfang betont der Filmemacher, dass die Episode eine Dauer von drei Minuten haben werde. Die Inszenierung der Instrumente normierter Zeit (Kalender, Uhr) sowie auf regulierte Rhythmen verweisende akustische Zeichen (Schreibmaschinengeräusche, Orgel) erzeugen einen Eindruck normativer Zeitlichkeit, die der dem Betrachter durch die Bilder vermittelten Information entgegensteht. Es werden hier je zwei zeitliche und räumliche Ebenen miteinander verbunden: der Außenraum auf dem Dach eines Hauses und der Innenraum, in dem Jacobs den Monolog spricht, die Zeit in welcher der Film hergestellt wurde und der Zeitpunkt, zu dem Jacobs vier Jahre später die Tonaufnahme

---

[39] Es handelt sich hier vermutlich um den Maler Jerry Jofen, eine in der New Yorker Szene bekannte Figur.

Abb. 3a: Ken Jacobs' *Little Stabs at Happiness* (US 1963), TC 00:04:42, © Ken Jacobs; courtesy The Film-Makers' Cooperative, New York.

Abb. 3b: Ken Jacobs' *Little Stabs at Happiness* (US 1963), TC 00:05:08, © Ken Jacobs; courtesy The Film-Makers' Cooperative, New York.

macht.⁴⁰ Seine Stimme, neben den beiden im Bild agierenden Frauen der dritte Akteur in dieser Szene, berichtet scheinbar zögernd von seinen Intentionen bei der Nachvertonung. Formal als zusätzliche Ebene fungierend, wird im Monolog außerdem die Veränderung von Jacobs' Verhältnis zu den in seinem Film Agierenden dargestellt. Auf diese Verbindung der verschiedenen Zeitebenen nimmt der Autor Bezug, indem er über das Schicksal der Hauptfiguren seit der Anfertigung der Filmaufnahmen spricht und die Auflösung seiner Beziehung zu ihnen. Durch den Off-Kommentar wird der Bezug zur außerfilmischen Realität und damit zum zeitlichen und sozialen Kontext hergestellt. Dass die Dauer dieser Erzählung zu Beginn mit drei Minuten angegeben wird, steckt zum einen den Rahmen des Geschehens von vornherein ab und unterstreicht die ‚Bühnenhaftigkeit' des Settings, vergleichbar etwa mit einem konventionellen Theaterstück, wo der informierte Betrachter in der Regel den Zeitrahmen kennt, in dem sich die dargebotene Handlung entfalten wird. Auf dieser sowohl zeitlich als auch räumlich klar umrissenen Bühne entwickelt sich durch Jacobs' banal und alltäglich wirkenden Kommentar ein spannungsreiches Verhältnis zwischen Bild und Ton. Während das Geschehen im Bild repetitiv wirkt, macht die Tonspur eine raumzeitliche Dimension auf, die mit dem Dargestellten nicht kongruent ist, jedoch auf vergleichbare Art die Zeit zu dehnen scheint. Jacobs berichtet von seiner eigenen Herangehensweise an die Nachvertonung und weiht das Publikum in seine Produktionspraktiken ein.⁴¹ Im zweiten Teil der Tonaufnahme erfolgt ein Wechsel des Fokus vom Sound produzierenden Objekt zu den Menschen bzw. Jacobs' Beziehung zu ihnen. Dadurch verändert sich die Sicht des Betrachters auf die Handlung: die Kenntnisnahme dieser Beziehungen des Autors aktiviert seitens des Betrachters Vermutungen zu einer außerfilmischen Realität. Der durch die Handlungen geschaffene Raum außerhalb des Alltäglichen wird so zum einen mit der Alltagswahrnehmung des Autors verbunden. Da sich im Underground-Kino das Milieu der Erstrezeption mit dem der Produktion in weiten Teilen überschneidet, wird zugleich auch die Erfahrungswelt des zeitgenössischen Betrachters referenziert.⁴² Die Zeit der Erzählung verräumlicht

---

⁴⁰ Aus produktions- wie rezeptionsästhetischer Perspektive spielt Zeitlichkeit eine zentrale Rolle im Underground-Kino. Bereits in Bezug auf die Produktion der Filme fällt auf, dass diese aufgrund der geringen oder teilweise nicht vorhandenen Budgets oftmals über einen längeren Zeitraum hinweg fertig gestellt wurden. Das führte, zusammen mit informellen Praktiken des Zeigens der Filme, dazu, dass das gleiche Werk oftmals in unterschiedlichen Zuständen seiner Fertigstellung gesehen werden konnte. Dies trifft auch für Jacobs' Film zu, der, nicht zuletzt zum Einwerben weiterer Mittel, mehrfach in unfertigem Zustand (teil-)öffentlich gezeigt wurde.
⁴¹ Vgl. etwa die Orgel, die mit einem Verweis auf ein hypothetisches zukünftiges Filmprojekt eingeführt wird – „an organ ... which I'll photograph in another film some time ..." Zusätzlich weist Jacobs den Betrachter darauf hin, dass er die Aufnahme unterbrochen hat, um sich das bisher Gesagte anzuhören.
⁴² So bezieht Jacobs etwa einschlägige Orte der Filmszene jener Jahre, wie das Bleecker Cinema, in seinen Monolog ein. Zugleich bedient er Gemeinplätze wie sich im Verlauf der Zeit ändernde Beziehungen und Freundschaften.

sich auch durch die offenbar zu einem früheren Lebensabschnitt des Autors gehörenden Bilder. Die Hauptfunktion von *They stopped to think* besteht demnach in der Aufhebung des Raum-Zeit-Kontinuums, indem die der Handlung hinzugefügte Erzählung sowohl mit einer eigenen Zeit sowie einer separaten Räumlichkeit arbeitet.[43]

Das Zusammenführen des reflektierenden Monologs und der filmischen, offensichtlich spontan aufgenommenen Bilder erzeugt eine Verfremdung ähnlich der des Brecht'schen Theaters. Wenngleich hier nicht eine Narration aufgebaut, sondern ein Milieu dokumentiert wird, erschafft der Monolog eine zweite Sinn-Ebene, welche die Funktion eines aus seiner Rolle heraustretenden und das Geschehen kommentierenden Schauspielers einnimmt. Dadurch wird nicht nur Identität als eine in der Zeit veränderliche Größe, als Funktion von Geschichte dargestellt[44], sondern zugleich der reflexive Charakter des filmischen Mediums inszeniert.

Performativität der filmischen Reflexionsräume

Als ein wichtiges Merkmal von Muße erscheint ihre Gebundenheit an diese ermöglichende raumzeitliche Konstellationen. So stellt etwa Hans-Georg Soeffner fest, dass „Muße immer durch die kontrollierte Freisetzung der Menschen von Zwängen gekennzeichnet zu sein scheint: Muße existiert also nicht *per se* und sie ergibt sich in der Regel nicht zufällig. Sie muss ebenso ‚hergestellt' werden wie die Räume und Zeiten, in denen sie erlebt und genossen wird"[45]. Als zentral für den Muße- bzw. Reflexionsraum erscheint also dessen Verortung in einem Spannungsfeld zwischen Freiheit und Ordnung. Die eingangs erwähnte inszenierte Ziellosigkeit der Handlungen in den von Mekas unter dem Label „Baudelairean Cinema" zusammengefassten Filmen wirft in diesem Kontext die Frage nach der ästhetischen Kodierung dieser „Räume und Zeiten" auf. Die Zentralstellung eines zweckfreien Handelns legt dabei den Begriff des Performativen nahe. Laut Judith Butler wird dieser als ein Realität erzeugendes Handeln definiert, welches sich aus allgemeingültigen Regeln gesellschaftlichen Lebens speist und diese mit leichten Verschiebungen wieder re-inszeniert.[46]

---

[43] Nach P. Adams Sitney (*Visionary Film*, 338) dekonstruiert Jacobs' Monolog die zeitliche Integrität von *Little Stabs at Happiness*, was er mit einem Angriff des Autors auf die visuelle Präsenz seines Films gleichsetzt. Hinsichtlich der hier argumentierten Produktion eines Gegen-Raumes durch den Film ist es jedoch gerade diese Dekonstruktion eines raumzeitlichen Kontinuums, welche die Funktion der Bilder unterstützt.

[44] Vgl. Judith Rodenbeck, „Madness and Method: Before Theatricality", in: *Grey Room* 13 (2003), 54–79, 63.

[45] Soeffner, „Muße – Absichtsvolle Absichtslosigkeit", 42.

[46] Vgl. Judith Butler, *Körper von Gewicht. Die diskursiven Grenzen des Geschlechts*, Frankfurt a. M. 1997, 309.

Damit verweist der Performativitätsbegriff auf den Rahmen aus Konventionen, den eine Handlung benötigt, um interpretierbar zu werden. Dies drückt sich, in Bezug auf filmische Konventionen, im Underground-Film durch eine Prävalenz der Improvisation, sowohl auf formaler wie inhaltlicher Ebene, aus.[47] Konkret ist dies in den Filmen an einer Sichtbarmachung der Bestandteile des filmischen Prozesses (Kamera, Filmmaterial) sowie eines betont improvisierten Einsatzes von Filmtechnik und Schauspiel sichtbar. In *Little Stabs at Happiness* wird diese Materialität des filmischen Verfahrens sichtbar gemacht durch eine Inszenierung des Handgefertigten, die durch Elemente wie handgeschriebene und gezeichnete Zwischentitel, mitunter amateurhaft eingesetzte filmische Mittel und technische Imperfektion wie Über- oder Unterbelichtung sowie sichtbare Mängel des Materials hervorgerufen wird. Gleichzeitig lenkt die gezeigte Handlung unter anderem durch fehlende Strukturierung der Erzählzeit die Aufmerksamkeit des Betrachters auf den filmischen Raum selbst.[48]

Eine auffällige Form der inszenierten Materialität ist die Verwendung der zur Kennzeichnung des Filmmaterials eingesetzten Lochperforation als Filmbild, ähnlich einer Bildstörung zu Beginn und Ende der betitelten Episoden kurz aufblitzend[49] (Abb. 4). Dieser Verweis auf die durch technische Parameter bestimmte zeitliche Begrenzung des filmischen Materials – die durch Jacobs verwendeten 100ft-16mm-Filmspulen haben bei 24 fps eine ungefähre Laufzeit von knapp unter drei Minuten – suggeriert die Ausschnitthaftigkeit und Zufälligkeit des Geschehens. Es wird dadurch die im Underground-Kino verbreitete Geste der Verwendung von weitestgehend ungeschnittenem Material hervorgehoben und gleichzeitig ein direkter Wirklichkeitsbezug nahegelegt. In einer Programmnotiz zu *Little Stabs at Happiness* bemerkt Jacobs zu seiner Arbeitsweise:

I had decided, with the examples of jazz improvisation and of action painting which would build one impulsive stroke, and let things hang out – indications of wrong turns towards emerging clarity, not to edit and doll up the 100-foot camera rolls. But to let the film materials show, the Kodak perforations and start and end roll light flares; to feature the clicks and scratchings of the 78 r.p.m. records I pirated for accompaniment. [...] Follow the impulses, I thought, and let appearances fall as they may. That'd be perfect enough.[50]

Dem Spontanen und Fragmentarischen steht die formal strenge Umsetzung alternierender Kameraperspektiven gegenüber, bei der sich Nahaufnahmen und weite Einstellungen beinahe rhythmisch abwechseln. Das Vorgehen der Kamera

---

[47] Vgl. auch die Bedeutung der Improvisation als Thema, hier konkret in Zusammenhang mit Jazz und Bebop, sowie als filmisches Mittel in den in der Filmgeschichtsschreibung als Begründer des Underground-Kinos behandelten Filmen *Shadows* (John Cassavetes, 1959) und *Pull My Daisy* (Alfred Leslie/Robert Frank, 1959).
[48] Vgl. David Bordwells Betrachtung zum „art cinema", welches die Form gegenüber dem Inhalt bzw. der Narration zentral stellt (Bordwell, „The Art Cinema as a Mode of Film Practice").
[49] Die zweite Episode, bei der der Autor selbst die zeitliche Grenze („anyway, that's three minutes") angibt, weist keine Endperforation auf.
[50] Katalog der Film-Makers' Cooperative, o. J.

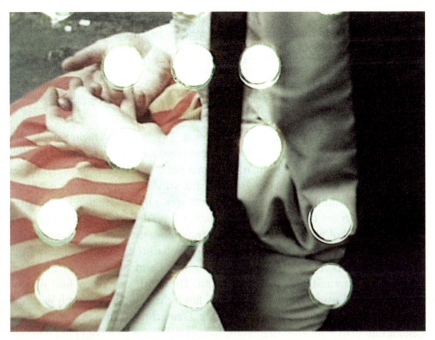

Abb. 4: Ken Jacobs' *Little Stabs at Happiness* (US 1963), TC 00:08:08, © Ken Jacobs; courtesy The Film-Makers' Cooperative, New York.

scheint in diesem Sinne beim Beobachten der Improvisation der Akteure planvoll zu sein: als ob beide einem Skript folgten, setzen sich die Beobachtungen aus einer Struktur von Detailaufnahmen und weiteren Einstellungen zusammen. Ebenso wie in den zu jener Zeit populären Formen des Jazz, auf die Jacobs verweist, scheint der Praxis der Improvisation hier eine vorherige Konzeption zugrunde zu liegen, welche die Voraussetzung einer jeden spontanen Arbeitsweise darstellt und – mehr noch – dieser erst im Zusammenspiel mit einer festgelegten Struktur zur Sichtbarkeit verhilft.[51] Dies belegt auch die Aussage von Jacobs,

---

[51] Vgl. dazu David Sterritts Untersuchung von improvisierten Arbeitsweisen in Jazz und Film als „improvisatory *practice* [which] draws on techniques of preparation and preconceptualization that were developed before such apprehensions ever had reason to take root" (David Sterritt, *Screening the Beats: Media Culture and the Beat Sensibility*, Carbondale 2004, 64). Sterritt stellt Kerouacs Methode des „habitual use of a narrative framework to shape and contain extemporaneous invention" in Bezug zu Godards Bemerkung: „It's only because I have a narrative line in mind that I'm able to improvise and to go on shooting every day" (Sterritt, *Screening the Beats*, 74 f.). Aus den Vergleichen zwischen Godard und Kerouac zieht Sterritt den Schluss: „[T]he ideal of extemporaneous creation is tempered in practice by realities of repetition, preconceptualization, and control, all of which are found in jazz improvisations as well" (Sterritt, *Screening the Beats*, 75). Jedoch sei aufgrund der Frische der Resultate nach

der seine Zusammenarbeit mit Smith als Diskrepanz zwischen seiner eigenen Planung und Smith' trance-artigen Performances beschreibt:

> Jack, once he was wound up, would go into a creative trance, and wouldn't pay much attention to the routines I was setting up. I was interested in these discrepancies. [...] The real flesh was these living, inexplicable instances. A large accumulation of these instances would be a pretty good film to compile. I wanted this film to be full of this movement towards pretension, and the falling back, the gravity of the world.[52]

Jacobs bezeichnet seine filmische Praxis hier als Akkumulation nicht kalkulierter Szenen, die sich innerhalb eines von ihm gesetzten Rahmens ereignen. Das Verwenden der Anfangs- und Endmarkierungen der Filmrollen verweist auf dieses Spannungsfeld zwischen den durch das Medium und den Filmemacher gesetzten zeitlichen und räumlichen Bedingungen und den aufgezeichneten Ereignissen. Zugleich suggeriert die sichtbare Materialität des Filmischen das, später etwa von Andy Warhol vielfach verwendete, Motiv einer direkten Übertragung der durch eine Voyeur-Kamera aufgezeichneten Beobachtungen auf die Leinwand.

Diese Sichtbarkeit der Materialität des Films in Form von dessen technischen Markern wirkt zusätzlich strukturbildend. Die Störfaktoren im Bild dekonstruieren den illusionistischen Raum des filmischen Bildes. Dadurch wird die Materialität des Films selbst betont, seine ‚Gemachtheit' in den Vordergrund gestellt und dem Publikum suggeriert, dass es sich um eine – vom Filmautor erzeugte – Repräsentation der Realität handele und nicht – wie etwa im klassischen Hollywood-Kino – um diese selbst.[53] Deutlich wird hier die Performativität des Materials, die eine spezifische Sicht auf die in den Filmen wiedergegebene Realität nahelegt: erst die Spuren der Arbeit an und mit dem filmischen Bild erzeugen eine Transgressivität. Jacobs selbst, ursprünglich Maler, führt seine eigenen filmischen Praktiken mit Entwicklungen in Malerei und Musik zusammen, die in diesen Medien aufgrund ihres Entwicklungsstandes bereits früher stattgefunden hatten. Indem er den Rhythmus des Films von den technischen Parametern bestimmen lässt, setzt er die filmische Zeitlichkeit gegen die reale. Wie in der oben diskutierten zweiten Episode werden die verschiedenen Erscheinungsformen der Zeit – messbare Einheit, Rhythmus, dynamische Veränderung (etwa von persönlichen Beziehungen) – als Teil des Signifikanten im Medium Film hervorgehoben. Das Gestische, so wird hier deutlich, entfaltet sich in der Zeit – und Film ist das diesem Aspekt der Performativität des Materials

---

Sterritt die spontane, unvorbereitete Arbeit „a firmly grounded instrumentality for specific types of artistic production" (Sterritt, *Screening the Beats*, 76).

[52] In: *Ken Jacobs. Second in the Series: Filmmakers Filming*, Interview by Lindley Hanlon, 10. und 12. Juni 1979; Minneapolis: Film in the Cities and Walker Art Center, 1979, 11f. (in: Ed Leffingwell Jack Smith Curatorial Files, Folder 12).

[53] Vgl. hierzu Stephen Lowry, „Film – Wahrnehmung – Subjekt. Theorien des Filmzuschauers", in: *montage/av. Zeitschrift für Theorie und Geschichte audiovisueller Kommunikation* 1/1 (1992), 113–128, 120.

entsprechende Medium. In der letzten Episode, *The Spirit of Listlessness (Jack Smith)*, verdeutlicht sich die Ästhetik des Performativen durch die im Kader sichtbar werdenden Aktionen des Filmautors, die auf der Ebene bildnerischer Praxis die Relation zwischen der Zeichnung als unmittelbarer künstlerischer Ausdrucksform gegenüber der durch ein technisches Gerät vermittelten Aufzeichnung sichtbar machen. Auf der Bedeutungsebene wird hier vor allem das Verhältnis zwischen Zeichen und Bezeichnendem, Signifikant und Signifikat, angesprochen. Das Spannungsfeld zwischen der Zeichnung als künstlerischem Medium, bei dem der Künstler direkten Kontakt zum Kunstwerk hatte, und der durch die Kamera als technischem Instrument angefertigten Aufzeichnung wird bereits durch den Zwischentitel dieser Sequenz aufgerufen: Nachdem in der Zwischenepisode direkt zuvor Jacobs selbst beim Anfertigen einer surrealistisch anmutenden Kreidezeichnung zu sehen ist, erscheint auf der folgenden Titelkarte die Hand des Künstlers, welche die klassischen Medien der Malerei – Spachtel und Pinsel – zum Vollenden der gezeigten Titelkarte nutzt (Abb. 5a und 5b). Im Verlauf der Episode wird Jacobs' Hand ein weiteres Mal als rhythmisierend eingesetzte Blende sichtbar werden (Abb. 6a).[54] Diese Geste des Filmmachers reinszeniert den Charakter des fotografischen Verfahrens und stellt damit erneut die Grundbedingungen des Mediums ins Zentrum. Zugleich wird die den Wahrnehmungsraum aller Episoden konstituierende Funktion der Kamera als Voyeur hier nochmals verdeutlicht. Indem der Filmemacher selbst, hinter der Kamera, in einem von Smith gehaltenen Spiegel im Kader sichtbar wird, reflektiert dieser über den Charakter des Mediums als Blickbeziehung, als relationaler Raum zwischen Unmittelbarkeit und Konzeption (Abb. 6b). Durch die Zentralstellung des künstlerischen Arbeitsprozesses wird der „Prozess der Ausdrucksbewegung" dargestellt und somit die Hervorbringung eines Reflexionsraumes inszeniert.[55] Dessen performativer Charakter stellt sich auf der formalen Ebene durch das dezidiert Rohe und Ungeschliffene her sowie über die im Filmbild sichtbar werdende Materialität des Mediums. Zugleich verweist diese Inszeniertheit auf das im Filmischen angelegte Spannungsfeld zwischen einem aus multiplen Perspektiven zusammengesetzten Wahrnehmungsraum und einer übergreifenden Struktur.

Auf der bildinhaltlichen Ebene wird der Charakter des filmischen Reflexionsraums in der letzten Episode besonders deutlich. Smith agiert im Clownskostüm mit Luftballons in pink, gelb und blau, einem Müllsack mit Folienresten und einem in nahezu jeder Einstellung ins Bild gesetzten Haushaltsspiegel, um schließlich mit einem durch Plastikblumen und -bändern entfremdeten Cow-

---

[54] Dieses Gegenüber von Zeichnung und Aufzeichnung verweist zugleich auf Alexandre Astrucs Begriff des „caméra-stylo", mit dem er eine Abkehr vom narrativen Kino als Massenunterhaltung propagierte.
[55] Mine, „Die handelnde Anschauung", 72.

218   Berit Hummel

Abb. 5a: Ken Jacobs' *Little Stabs at Happiness* (US 1963), TC 00:11:25, © Ken Jacobs; courtesy The Film-Makers' Cooperative, New York.

Abb. 5b: Ken Jacobs' *Little Stabs at Happiness* (US 1963), TC 00:11:58, © Ken Jacobs; courtesy The Film-Makers' Cooperative, New York.

Abb. 6a: Ken Jacobs' *Little Stabs at Happiness* (US 1963), TC 00:12:54, © Ken Jacobs; courtesy The Film-Makers' Cooperative, New York.

Abb. 6b: Ken Jacobs' *Little Stabs at Happiness* (US 1963), TC 00:14:32, © Ken Jacobs; courtesy The Film-Makers' Cooperative, New York.

boyhut bekleidet vor der Kamera zu posieren.[56] Als „Spirit of Listlessness" performt Smith im Licht eines zu Ende gehenden Tages auf dem Dach eines Lower Eastside Wohnhauses, während im Hintergrund unablässig der Verkehr über den FDR-Drive rollt (Abb. 7). Die Episode verbildlicht damit die Gegenüberstellung eines im „Tun des Nichstuns" begründeten Raums spielerischer Freiheit mit den alltäglichen urbanen Rhythmen.[57] Zugleich rufen diese traumartigen Bilder die urbane Realität im New York dieser Jahrzehnte auf, als im Zuge der Umsetzung der von Robert Moses geplanten großangelegten infrastrukturellen Maßnahmen ganze Nachbarschaften geplant wurden und viele dieser Brownstone-Dächer verschwanden. Dieser durch urbane Restrukturierungsprojekte geprägten Realität, deren Ziel eine geordnete und lesbare Stadt war, wird hier der Entwurf einer spielerischen, sich auf einen konkreten raumzeitlichen Zusammenhang beziehenden, Alternativwelt entgegengestellt. Das expandierende Freeway-Straßennetz gehörte, zusammen mit dem Auto, zu den zentralen identitätsstiftenden Symbolen der Nachkriegszeit in den USA. Zugleich erscheint dieses als Teil der Organisationsstruktur des Alltagslebens und steht für die raumzeitliche Aufteilung großstädtischen Lebens.[58] Die durch Smith' Performance verkörperte Eigenzeit wird hier konfrontiert mit der bürgerlichen Realität und ihrem normativen Zeitablauf aus Arbeit, Erholung und Reproduktion. Dieses Zusammentreffen der hegemonialen, gesellschaftlichen Ordnung mit einer „formlessness of time" hat zugleich ein utopisches Moment[59]: Indem ein von der Organisation des urbanen Alltags scheinbar unabhängiger Spielraum aufgerufen wird, zeigt sich ein Insistieren auf einem transitorischen Zeit-Raum, der sich von der urbanen Realität durch ein spezifisches ästhetisches Vokabular abgrenzt.

Wie anhand der detaillierten Betrachtung deutlich wurde, ist das Raum-Zeit-Gefüge in *Little Stabs at Happiness* durch ein sich auf mehreren Ebenen abzeichnendes Spannungsfeld gekennzeichnet. So wird einerseits durch eine dem Camp verbundenen Ästhetik des Abseitigen ein von der urbanen Alltagswelt losgelöster Gegen-Raum als Aktionsfeld der Protagonisten definiert. Durch den vom Autor eingesprochenen Kommentar der zweiten Episode sowie durch die Bilder der ersten Zwischensequenz und der letzten Episode werden andererseits jedoch konkrete topografische und soziokulturelle Bezüge aufgerufen. Der

---

[56] Der Spiegel erzeugt hier zugleich eine „Öffnung eines Raums der Imagination jenseits messbarer Dreidimensionalität" im Sinne des Mußeraumes (Soeffner, „Muße – Absichtsvolle Absichtslosigkeit", 45).

[57] Mine, „Die handelnde Anschauung", 75.

[58] Suburbanisierung war mit einem gewissen Maß an räumlich-ästhetischer und zeitlicher Standardisierung verbunden, etwa als Pendler-Zeit durch längere Wege zur Arbeitsstelle und Einkaufsmöglichkeiten, ggf. ein uniformes Erscheinungsbild der neu gebauten Siedlungen etc. Die Verbreitung des Do It Yourself kann in diesem Sinn auch als Gegendynamik verstanden werden.

[59] Judith Halberstam, *In a Queer Time and Place: Transgender Bodies, Subcultural Lives*, New York 2005, 7.

Abb. 7: Ken Jacobs' *Little Stabs at Happiness* (US 1963), TC 00:12:37, © Ken Jacobs; courtesy The Film-Makers' Cooperative, New York.

raumzeitlichen, von der urbanen Gesellschaft vorgegebenen, Ordnungsstruktur stellt sich der spielerische Freiraum eines „artist at play" als Inszenierung künstlerischer Freiheit gegenüber.[60] Zusammen mit der durch die Materialität erzeugten Ästhetik des Performativen ermöglicht dieser eine „neue Erfahr- und Erlebbarkeit der Welt".[61] Muße, als ästhetische Praxis, muss im jeweiligen Kontext stets erneut und in Bezug sowie in Abgrenzung zu diesem definiert werden. Anhand des hier untersuchten Beispiels hat sich gezeigt, auf welche Weise filmische Reflexionsräume vor dem Hintergrund eines sich als künstlerische Praxis neu formierenden Kinos hervorgebracht werden. Durch Konstruktion einer ambivalenten Zeitlichkeit, einer Re-kodierung des Vernakulären sowie einer Zentralstellung des Improvisierten und Spielerischen wird ein der ästhetischen Wahrnehmung gewidmeter Freiraum erzeugt. Die performative Inszenierung von Improvisation ist in diesem Zusammenhang Teil der Produktion eines sich sowohl von den Praktiken des industriellen Kinos als auch von der normativen gesellschaftlichen Zeitlichkeit abgrenzenden Gegen-Raumes. Die Inszenierung eines Reflexionsraumes als Gegenüber einer von Entfremdung geprägten zeit-

---

[60] Rowe, *The Baudelairean Cinema*, 5.
[61] Fischer-Lichte, *Ästhetik des Performativen*, 362.

genössischen urbanen Gesellschaft stellt den künstlerisch-filmischen Schaffensprozess ins Zentrum. Muße wird dabei über eine Ästhetik des Rohen, Unfertigen und Improvisierten kodiert und als Praxis definiert, die eine sich über einen spezifischen Wahrnehmungsraum ausdrückende Freiheit des Einzelnen dem ordnenden Bezugsrahmen der urbanen Gesellschaft gegenüberstellt. Gerade die sich anhand der beschriebenen Aspekte zeigende Zentralität der Improvisation verweist hier auf den doppelpoligen Charakter des Reflexionsraums aus schöpferischer Freiheit und ordnender Struktur.

Literatur

Ammon, Francesca Russello, *Bulldozer. Demolition and Clearance of the Postwar Landscape*, New Haven/London 2016.

Banes, Sally, *Greenwich Village 1963. Avant-Garde Performance and the Effervescent Body*, Durham/London 1993.

Beauregard, Robert A., *Voices of Decline. The Postwar Fate of U.S. Cities*, New York 2003.

Benedetti, Mark Drew, *Beneath New York: The Formations and Effects of Canons in American Underground Film Movements*. Univ. Diss., Indiana University, UMI Number: 3568983, 2013.

Benjamin, Walter, „Der Autor als Produzent. Ansprache im Institut zum Studium des Fascismus in Paris am 27. April 1934", in: Benjamin, *Medienästhetische Schriften*, Frankfurt a.M. 2002, 231–247.

Benjamin, Walter, „Paris, die Hauptstadt des XIX. Jahrhunderts", in Benjamin, *Gesammelte Schriften*, V/1: *Das Passagenwerk*, hg.v. Rolf Tiedemann, Frankfurt a.M. 1991, 45–59.

Berman, Marshall, *All That is Solid Melts Into Air: The Experience of Modernity*, New York 1988.

Bordwell, David, „The Art Cinema as a Mode of Film Practice (1979)", in: Leo Braudy (Hg.), *Film Theory and Criticism. Introductory Readings*, Oxford u.a. 1999, 716–724.

Brakhage, Stan, *Film at Wits End. Eight Avant-Garde Filmmakers*, Edinburgh 1989.

Butler, Judith, *Körper von Gewicht. Die diskursiven Grenzen des Geschlechts*, Frankfurt a.M. 1997.

Figal, Günter/Keiling, Tobias, „Das raumtheoretische Dreieck. Zu Differenzierungen eines phänomenologischen Raumbegriffs", in: Günter Figal/Hans W. Hubert/Thomas Klinkert (Hg.), *Die Raumzeitlichkeit der Muße* (Otium. Studien zur Theorie und Kulturgeschichte der Muße, Bd. 2), Tübingen 2016, 9–28.

Figal, Günter, „Die Räumlichkeit der Muße", in: Burkhard Hasebrink/Peter Philipp Riedl (Hg.), *Muße im kulturellen Wandel. Semantisierungen, Ähnlichkeiten, Umbesetzungen* (linguae & litterae, Bd. 35), Berlin/Boston 2014, 26–33.

Fischer-Lichte, Erika, *Ästhetik des Performativen*, Frankfurt a.M. 2004.

Foster, Edward Halsey, *Understanding the Beats*, Columbia 1992.

Greenberg, Clement, „The Situation of the Moment", in: *Partisan Review* 15 (1948), 82f.

Halberstam, Judith, *In a Queer Time and Place: Transgender Bodies, Subcultural Lives*, New York 2005.

Hanlon, Lindley, *Ken Jacobs. Second in the Series: Filmmakers Filming*, Interview by Lindley Hanlon 10. und 12. Juni 1979; Minneapolis: Film in the Cities and Walker Art

Center, 1979, in: Ed Leffingwell Jack Smith Curatorial Files, MSS 380; SERIES I, Box 1, Folder 12, Fales Library and Special Collections, New York University Libraries, New York/USA.

Hummel, Berit, „,Amateur Night at the Movies'. The Charles Theatre and 1960s New York Underground Cinema", in: *re·bus – a journal of art history and theory* 2,8 (2016), University of Essex, https://www1.essex.ac.uk/arthistory/research/rebus.aspx.

Jacobs, Ken, „Little Stabs at Happiness", Katalog der Film-Makers' Cooperative, o. J., zitiert nach Ed Leffingwell Jack Smith Curatorial Files, MSS 380; SERIES I, Box 1, Folder 12; Fales Library and Special Collections, New York University Libraries, New York/USA.

Jutz, Gabriele, *Cinéma Brut. Eine alternative Genealogie der Filmavantgarde*, Wien u. a. 2010.

Lotman, Juri M., „Die Kunst als modellbildendes System (Thesen)", in: Lotman, *Kunst als Sprache. Untersuchungen zum Zeichencharakter von Literatur und Kunst*, Leipzig 1981, 67–88.

Lotman, Juri M., *Probleme der Kinoästhetik. Einführung in die Semiotik des Films*, Frankfurt a. M. 1977.

Lowry, Stephen, „Film – Wahrnehmung – Subjekt. Theorien des Filmzuschauers", in: *montage/av. Zeitschrift für Theorie und Geschichte audiovisueller Kommunikation* 1/1 (1992), 113–128.

Mekas, Jonas, „Notes on the New Amercian Cinema", in: *Film Culture* 24 (1962), 6–16.

Mekas, Jonas, „Movie Journal", in: *Village Voice*, 2. Mai 1963, 13.

Mine, Hideki, „Die handelnde Anschauung und die zeitlich-räumliche Struktur der Muße vom Standpunkt der selbst-gewahren Bestimmung des Nichts Nishidas", in: Günter Figal/Hans W. Hubert/Thomas Klinkert (Hg.), *Die Raumzeitlichkeit der Muße* (Otium. Studien zur Theorie und Kulturgeschichte der Muße, Bd. 2), Tübingen 2016, 61–80.

Raussert, Wilfried, *Avantgarden in den USA: Zwischen Mainstream und kritischer Erneuerung*, Frankfurt a. M. 2003.

Renan, Sheldon, *An Introduction to the American Underground Film*, New York 1967.

Riedl, Peter Philipp, „Die Muße des Flaneurs. Raum und Zeit in Franz Hessels *Spazieren in Berlin* (1929)", in: Tobias Keiling/Robert Krause/Heidi Liedke (Hg.): *Muße und Moderne* (Otium. Studien zur Theorie und Kulturgeschichte der Muße, Bd. 10), Tübingen 2018, 99–119.

Rodenbeck, Judith, „Madness and Method: Before Theatricality", in: *Grey Room* 13 (2003), 54–79.

Rowe, Carel, *The Baudelairean Cinema: A Trend Within the American Avant-Garde* [1977], Ann Arbor 1982.

Ruoff, Jeffrey K., „Home Movies of the Avant-Garde. Jonas Mekas and the New York Art World", in: David E. James (Hg.), *To Free the Cinema. Jonas Mekas & the New York Underground*, Princeton 1992, 294–311.

Seitz, William C., *The Art of Assemblage*, New York: Museum of Modern Art, 1961.

Sitney, P. Adams, *Visionary Film: The American Avant-garde 1943–1978*, New York 1979 [1974].

Soeffner, Hans-Georg: „Muße – Absichtsvolle Absichtslosigkeit", in: Burkhard Hasebrink/Peter Philipp Riedl (Hg.), *Muße im kulturellen Wandel. Semantisierungen, Ähnlichkeiten, Umbesetzungen* (linguae & litterae, Bd. 35), Berlin/Boston 2014, 34–53.

Sontag, Susan, „Der Anthropologe als Held" [1963], in: Sontag, *Kunst und Antikunst. 24 literarische Analysen*, München 1980, 102–113.

Sontag, Susan, „Notes on ‚Camp'", in: Sontag, *Against interpretation, and other essays*, New York 1981, 275–292.
Stern, Robert A. M./Fishman, David/Mellins, Thomas, *New York 1960: Architecture and Urbanism between the Second World War and the Bicentennial*, New York 1995.
Sterritt, David, *Screening the Beats: Media Culture and the Beat Sensibility*, Carbondale 2004.
Tyler, Parker, *Underground Film. A critical history*, New York 1969.
N. N., „George Brecht: Repository", Museum of Modern Art, New York, http://www.moma.org/collection/works/81283?locale=de (Zugriff am 25.10.2019).

Die Aneignung des urbanen Raums nach Georges Perec als Mußepraktik

Sabine Arend

Georges Perec (1936–1982) ist einer der wichtigsten Vertreter der experimentellen Literatur in Frankreich.[1] Seit 1967 war er Mitglied des Autorenkreises *OuLiPo* (*L'Ouvroir de Littérature Potentielle*), der *Werkstatt für Potenzielle Literatur*, der auch Raymond Queneau, Jacques Roubaud und Italo Calvino angehörten.[2] Die Oulipiens setzten sich zum Ziel, sprachliche Ausdrucksformen durch formale Zwänge zu erweitern. Perec wandte dieses Prinzip in seinem 1969 erschienenen Roman *La Disparition* rigoros an, indem er konsequent auf die Verwendung des *e* als des häufigsten Buchstabens im Französischen verzichtete.[3]

Innerhalb eines völlig anderen formalen Rahmens unternahm Georges Perec im Oktober 1974 in Paris einen Selbstversuch: Er setzte sich an drei aufeinander folgenden Tagen zu unterschiedlichen Tageszeiten jeweils für rund ein bis zwei Stunden in verschiedene Cafés sowie auf eine der Bänke an der belebten Place Saint-Sulpice im 6. Arrondissement, beobachtete das Geschehen rund um den Platz und schrieb seine Eindrücke nieder. Dabei ging es ihm nicht um die außergewöhnlichen Ereignisse, Besonderheiten und Eigentümlichkeiten, die sich um ihn herum ereigneten, sondern er wollte vielmehr „décrire le reste: ce que l'on ne note généralement pas, ce qui ne se remarque pas, ce qui n'a pas d'importance: ce qui se passe quand il ne se passe rien, sinon du temps, des gens, des voitures et des nuages".[4]

---

[1] Zu Georges Perec siehe Claude Burgelin, *Album Georges Perec*, Paris 2017; Paulette Perec, *Portrait(s) de Georges Perec*, Paris 2001; David Bellos, *Georges Perec. A life in words – a biography*, Boston 1993.

[2] Vesna Stirnadel, *Le Point de non-retour – Rekonstruktionsversuche der zerfallenden Identität in den Werken Georges Perecs*, Saarbrücken 2014, 11; Heiner Boehncke/Bernd Kuhne (Hg.), *Anstiftung zur Poesie. Oulipo – Theorie und Praxis der Werkstatt für potentielle Literatur*, Bremen 1993.

[3] Georges Perec, *Œuvres I*, hg. von Christelle Reggiani, Paris 2017, 263–479. In der 2013 von Eugen Helmlé angefertigten deutschen Übersetzung mit dem Titel *Anton Voyls Fortgang* wurde ebenfalls auf die Verwendung des Buchstabens *e* verzichtet. Auch bei den Übertragungen ins Englische (1995), Spanische (1997), Schwedische (2000), Russische (2005) und Kroatische (2012) wurde der häufigste Buchstabe der jeweiligen Sprache ausgelassen.

[4] Georges Perec, *Œuvres II*, hg. von Christelle Reggiani, Paris 2017, 819. Georges Perec, *Versuch, einen Platz in Paris zu erfassen*, Regensburg 2010, 9: „das Übrige zu schildern: das, was

Das Ergebnis von Perecs Beobachtungen ist ein Text, der 1975 unter dem Titel *Tentative d'épuisement d'un lieu parisien: Saint-Sulpice* in der Zeitschrift *Cause commune 1* und 1982 unter dem gleichnamigen Titel nochmals als Buch erschienen ist. Die deutsche Übersetzung *Versuch, einen Platz in Paris zu erfassen* stammt von 2010.[5]

In diesem schmalen Werk dokumentiert Georges Perec die Dynamik des Gewöhnlichen: Busse, die vorbeifahren, Tauben, die den Platz umkreisen, Menschen, die in bestimmter Weise vorübergehen, Bäume mit gelbem Laub, bellende Hunde, sich öffnende Schirme etc. Perec bringt ein Protokoll des Alltäglichen zu Papier und entwirft damit zugleich eine Schule der Wahrnehmung. Sein Text weist zwei Ebenen auf, zum einen die des soziologischen Experiments, in dem das Beobachten und Erfassen im Vordergrund steht, und zum anderen die der narrativen Umsetzung in einen literarischen Text. Es ist zu betonen, dass sich Perecs Beobachtungsexperiment ausschließlich durch dessen literarische Umsetzung vermittelt, sein Text also nicht die Wirklichkeit abbildet und dass diese beiden Ebenen voneinander zu trennen sind.[6]

Georges Perecs Unternehmen des *Tentative d'Epuisement d'un lieu parisien* schreibt sich ein in sein groß angelegtes Projekt mit dem Titel *Lieux*, bei dem er zwölf Orte in Paris über einen Zeitraum von zwölf Jahren jeweils 24 Mal beschreiben wollte. 1969 begann er die Arbeit daran, brach sie aber 1975 aus verschiedenen Gründen wieder ab. Von den 288 geplanten *Vor-Ort-Beschreibungen* waren bis dahin 133 fertiggestellt, von denen einige in verschiedenen Zeitschriften veröffentlicht wurden.[7]

---

man im Allgemeinen nicht notiert, das, was nicht bemerkt wird, was keine Bedeutung hat, das, was passiert, wenn nichts passiert außer Zeit, Menschen, Autos und Wolken".

[5] Perec, *Œuvres II*, 817–858 sowie der Kommentar 1205–1214. Eine Fassung des Texts findet sich auch online http://escarbille.free.fr/vme/?txt=telp, eingesehen 22.07.2019. Zur deutschen Übersetzung siehe oben, Anm. 4. Vgl. Bellos, *Georges Perec*, 721, 732. Ich danke Sebastian Ohm, der mit seinem Weihnachtsgeschenk 2018 den Anstoß für diesen Artikel gegeben sowie im März 2019 die Fotos für diesen Beitrag gemacht hat.

[6] Christelle Reggiani betont ausdrücklich den literarischen Charakter von *Tentative* und das literarische Anliegen, das Perec damit verfolgte, Perec, *Œuvres II*, 1205–1209.

[7] Perec skizziert dieses Projekt selbst in *Espèces d'Espaces*, Perec, *Œuvres I*, 605 f., dt. Fassung: Georges Perec, *Träume von Räumen*, Zürich/Berlin 2013, 92–94. Vgl. Philippe Lejeune, *La mémoire et l'oblique. Georges Perec autobiographie*, Paris 1991, 141–209; Johanne Mohs, *Aufnahmen und Zuschreibungen. Literarische Schreibweisen des fotografischen Akts bei Flaubert, Proust, Perec und Roche*, Bielefeld 2013, 100 f.; Jürgen Ritte, *Das Sprachspiel der Moderne. Eine Studie zur Literaturästhetik Georges Perecs*, Köln 1992, 150; Annelies Schulte Nordholt, „Georges Perec: topographies parisiennes du flâneur", in: *Relief* 2/1 (2008), 66–86, 76 f.; Derek Schilling, „Tentative de description: villes perecquiennes", in: *Geo/Graphies. Mapping the imagination in French and Francophone literature and film*, Amsterdam 2003, 137–150, 145–147; Jean-Paul Thibaud/Nicolas Tixier, „L'ordinaire du regard", in: *Le cabinet d'amateur: revue d'études perecquiennes* 7/8 (1998), 51–67, 53–55; Christelle Reggiani, „Je me souviens: la rhétorique perecquienne des noms propres", in: *Le cabinet d'amateur: revue d'études perecquiennes* 7/8 (1998), 235–254, 249 Anm. 80.

Perecs *Tentative* stand bisher sowohl unter dem soziologischen als auch dem literaturwissenschaftlichen Zugriff im Fokus verschiedener Forschungsdisziplinen.[8] Vesna Stirnadel befasst sich mit Perecs literarischen Identitäts- und Raumkonstruktionen.[9] Bernard Magné liest den Text vorwiegend als autobiographisches Werk, in dem der Autor mittels einer ausgeklügelten Zahlensymbolik auf wichtige Stationen oder Personen in seinem Leben verweist.[10] Anita Miller betrachtet *Tentative* hingegen unter linguistischen Aspekten und hebt ludistische sowie rhythmische Sprachelemente hervor.[11] Johanne Mohs und Chloé Conant suchen und finden in *Tentative* den in der Literatur gespiegelten fotographischen Akt des Sehens.[12] Auf der Grenze zwischen Literaturwissenschaft und Soziologie bewegt sich der Geograph und Stadtforscher Jürgen Hasse, der sich mit der städtebaulichen Form und gesellschaftlichen Funktion von Plätzen im allgemeinen und der von Perec skizzierten Dynamik rund um die Place Saint-Sulpice im besonderen befasst.[13] Annelies Schulte Nordholt arbeitet aus Perecs Beobachtungsstudie Elemente der Flanerie als eines der zentralen Elemente der französischen Literatur des 19. Jahrhunderts heraus.[14] Neben diesen literaturwissenschaftlich-soziologisch angelegten Auseinandersetzungen diente Perecs *Tentative* auch als formale Anleitung für kreatives Schreiben. Unter dem Lernziel „Notieren als Registrieren" führt der Schriftsteller und Professor für Kreatives Schreiben, Hanns-Josef Ortheil, ihn als Beispiel für die Schulung genauen Beobachtens an, die er als Voraussetzung für den Schreibprozess herausstellt.[15]

Die Auseinandersetzung mit Perecs *Tentative* erfolgte jedoch nicht nur auf wissenschaftlicher, sondern in jüngerer Zeit auch auf empirischer Ebene. So hat die deutsche Hörspielregisseurin Nicole Paulsen das Beobachtungsexperiment 2014, also vier Jahrzehnte nach Georges Perec, an den gleichen Tagen am selben Ort wiederholt und dabei sehr vielschichtige Erfahrungen gesammelt.

---

[8] Zum Forschungsstand zu Perecs Gesamtwerk siehe auch Stirnadel, *Le point de non-retour*, 15–22.

[9] Stirnadel, *Le Point de non-retour*, 202–227, 383f. Vgl. auch Derek Schilling, *Mémoires du quotidien: les lieux de Perec*, Villeneuve-d'Ascq 2006, 118–128.

[10] Bernard Magné, „La place Saint-Sulpice: Lieu parisien ou lieu perecquien?", in: Caroline Désy u.a. (Hg.), *Une œuvre indisciplinaire. Mémoire, texte et identité chez Régine Robin*, Québec 2007, 133–148.

[11] Anita Miller, *Georges Perec. Zwischen Anamnese und Struktur*, Bonn 1996, 145–150.

[12] Mohs, *Aufnahmen und Zuschreibungen*, 99–129; Chloé Conant, „Simulacres panoptiques et opacité du réel: l'imaginaire panoramique chez quelques photographes et écrivains contemporains", in: *Revue des sciences humaines* 294/2 (2009), 127–138. Vgl. auch Christelle Reggiani, „Perec: une poétique de la photographie", in: *Littérature* 1 (2003), 77–106.

[13] Jürgen Hasse, *Atmosphären der Stadt. Aufgespürte Räume*, Berlin 2012, 83–87.

[14] Schulte Nordholt, *Georges Perec*, 66–86.

[15] Hanns-Josef Ortheil, *Schreiben dicht am Leben. Notieren und Skizzieren*, Berlin 2012, 19–24; Hanns-Josef Ortheil, *Mit dem Schreiben anfangen. Fingerübungen des kreativen Schreibens*, Berlin 2017, 91–95. Auch Johanne Mohs, *Aufnahmen und Zuschreibungen*, 99, bezeichnet den Text als „Schreibübung" und rückt ihn damit in den Bereich des Provisorischen.

Im Folgenden sollen die beiden Experimente von 1974 und 2014 zunächst vorgestellt und anschließend ihre vielfältigen Berührungspunkte mit dem Thema urbaner Muße aufgefächert werden:[16] Es geht um die Wahrnehmung und Textualisierung des städtischen Raums, seiner Atmosphäre, seines Klangs etc., und darum, wie Perecs Werk die Pariser Place Saint-Sulpice verändert und wie sich sein Selbstversuch 40 Jahre später im kollektiven Bewusstsein verankert hat. Es geht ferner um die Beobachterposition, mit der sich das Subjekt aus der Masse heraushebt und sich in gewissem Sinne in Opposition zur Leistungsgesellschaft positioniert. Schließlich geht es auch um die Sehnsucht nach Entschleunigung in einer als schnelllebig empfundenen Welt, um das freie Verweilen in der Zeit durch die Beschäftigung mit dem Gewöhnlichen und letztlich mit sich selbst, jenseits von Leistungsdruck und zeitlichen Zwängen.

1. Der Selbstversuch von Georges Perec 1974

Die Place Saint-Sulpice, an der Georges Perec an einem Oktoberwochenende 1974 sein Beobachtungsexperiment unternahm[17], liegt im 6. Arrondissement von Paris, das sich von der Seine bis zum Boulevard du Montparnasse erstreckt. Das *Sechste* war im Mai 1968 Brennpunkt der gesellschaftspolitischen Ereignisse. Mit seinem legendären Kunst- und Literaturviertel Saint-Germain-des-Prés, in dem sich zahlreiche Galerien, Antiquariate und Buchhandlungen sowie Cafés und Restaurants angesiedelt haben, gilt es als Wissenschafts- und Kulturquartier von Paris. Perec gibt in seinem Text keinerlei Informationen dieser Art sowie darüber, welche Bedeutung das 6. Arrondissement und die Place Saint-Sulpice für Paris und für ihn selbst haben, warum er ausgerechnet diesen Platz für seinen Versuch gewählt, welchen Bezug er selbst zu diesem Ort hat, wie lange und wie gut er ihn kennt, ob er sich gerne dort aufhält, welche Erinnerungen der Platz in ihm weckt oder welche Emotionen er in ihm wachruft.

Tatsächlich war die Place Saint-Sulpice Perecs vertrautes Wohnquartier.[18] Er unternahm sein Beobachtungsexperiment also nicht nur in seiner Heimat-

---

[16] Zur kultur-, begriffs- und literaturgeschichtlichen Annäherung an den Begriff der Muße sei aus der Vielzahl an Veröffentlichungen folgende Auswahl genannt: Jochen Gimmel/Tobias Keiling, *Konzepte der Muße*, unter Mitarbeit von Joachim Bauer, Günter Figal, Sarah Gouda u. a., Tübingen 2016; Anna Karina Sennefelder, *Rückzugsorte des Erzählens. Muße als Modus autobiographischer Selbstreflexion* (Otium. Studien zur Theorie und Kulturgeschichte der Muße, Bd. 7), Tübingen 2018, 7–31; Burkhard Hasebrink/Thomas Klinkert (Hg.), *Muße. Konzepte, Räume, Figuren. Der Freiburger Sonderforschungsbereich 1015 im Überblick*, Freiburg i. Br. 2014; Kurt Röttgers, *Muße und der Sinn von Arbeit. Ein Beitrag zur Sozialphilosophie von Handeln, Zielerreichung und Zielerreichungsvermeidung*, Wiesbaden 2014.
[17] Perec beschreibt sein Experiment in *Espèces d'Espaces*, Perec, *Œuvres I*, 599–603. Vgl. Mohs, *Aufnahmen und Zuschreibungen*, 105–107.
[18] Vgl. Burgelin, *Album Georges Perec*, 126 f.

Abb. 1: Verkehr an der Place Saint-Sulpice. Foto: Sebastian Ohm.

stadt, sondern auch in seinem Quartier, in dem er seinen Alltag lebte. Die Place Saint-Sulpice und die umliegenden Cafés waren ihm ebenso vertraut wie die Menschen, die hier wohnten.

Der Platz wurde 1754 als ruhiger Garten im Quartier Latin um die Kirche Saint-Sulpice angelegt, die nach Notre-Dame die zweitgrößte Kirche von Paris ist. Vor der monumentalen neoklassischen Westfassade öffnet sich der Platz, auf dem zwischen 1844 und 1848 ein wuchtiger Brunnen errichtet wurde, der die Sitzfiguren von vier französischen Bischöfen des 17. Jahrhunderts präsentiert. Die Kirche ist an der Nord-, Ost- und Südseite eng von Straßen umschlossen, die im Westen auch den Platz begrenzen[19] (Abb. 1).

---

[19] Vgl. Hasse, *Atmosphären der Stadt*, 83–87. Die Place Saint-Sulpice war bereits 1967 Thema eines Gedichts von Raymond Queneau:
„Il y a une mascarade qui sort de l'Église Saint-Sulpice
des fidèles déguisés en gens de l'époque romantique
est-ce une nouvelle cérémonie liturgique
ou bien une preuve de l'esprit oecuménique ?
non c'est tout simplement cinématographique".
Raymond Queneau, *Devant Saint-Sulpice*, in: Queneau, *Courir les rues, Battre la campagne, Fendre les flots*, Paris 1967, 56. Übersetzung durch Ulrike Hamann-Laisney und François Laisney, verbunden mit meinem Dank: „Ein Karnevalszug strömt aus der der Kirche Saint Sulpice:

Die Place Saint-Sulpice ist kein geschäftiger Marktplatz, kein begrünter Schmuck- oder Gartenplatz, kein touristischer Hotspot, sondern vorwiegend ein Verkehrsplatz, über den die Ströme an Bussen, Autos, Lieferwagen, Fahrrädern und Passanten kanalisiert werden. Es ist kein enger, beklemmender und auch kein verschwiegener, heimeliger Ort, sondern er weist durch die außerordentlichen Dimensionen von Kirche und Brunnen eine Wucht auf, in der sich die Monumentalität der französischen Kapitale in gewisser Weise im Kleinen spiegelt.

Georges Perec führt zu Beginn seiner Aufzeichnung in groben Zügen aus, welche Dimensionen der Platz in seiner räumlichen Ausdehnung und historischen Bedeutung einnimmt:

Il y a beaucoup de choses place Saint-Sulpice, par exemple: une mairie, un hôtel des finances, un commissariat de police, trois cafés dont un fait tabac, un cinéma, une église à laquelle ont travaillé Le Vau, Gittard, Oppenord, Servandoni et Chalgrin et qui est dédiée à un aumônier de Clotaire II qui fut évêque de Bourges de 624 à 644 et que l'on fête le 17 janvier, un éditeur, une entreprise de pompes funèbres, une agence de voyages, un arrêt d'autobus, un tailleur, un hôtel, une fontaine que décorent les statues des quatre grands orateurs chrétiens (Bossuet, Fénelon, Fléchier et Massillon), un kiosque à journaux, un marchand d'objets de piété, un parking, un institut de beauté, et bien d'autres choses encore.[20]

All diese für die Place Saint-Sulpice (Abb. 2 und 3) charakteristischen Gebäude und historischen Begebenheiten interessieren Perec bei seinem Selbstversuch jedoch nicht. Er konzentriert sich auf das Normale, Gewöhnliche, auf die regelmäßig vorbeifahrenden Busse und kreisenden Taubenschwärme, auf das, was man normalerweise übersieht, „das, was von den Dingen und Ereignissen übrig bleibt, nachdem man Bedeutung, Kultur und Herkunft abgezogen hat"[21], kurzum auf all das, was noch gewöhnlicher als das Gewöhnliche ist und für das Perec den Begriff des *infra-ordinaire* geprägt hat.

Gläubige in Kleidern aus der Zeit der Romantik.
Geht es um eine neue liturgische Feier
oder um einen Ausdruck des ökumenischen Geistes?
Nein, es ist einfach ein Filmdreh".
Vgl. auch Schilling, *Mémoires du quotidien*, 126.

[20] Perec, *Œuvres II*, 819. Vgl. Perec, *Versuch*, 9: „Es gibt viele Dinge an der Place Saint-Sulpice, zum Beispiel: ein Rathaus, ein Finanzamt, ein Polizeikommissariat, drei Cafés, darunter eines, das auch Tabakladen ist, ein Kino, eine Kirche, an der La Vau, Gittard, Oppenord, Servandoni und Chalgrin gebaut haben und die einem Militärgeistlichen von Clothar II. geweiht ist, der von 624 bis 644 Bischof von Bourges war und dessen Gedenktag am 17. Januar begangen wird, ein Verlag, ein Bestattungsunternehmen, ein Reisebüro, eine Bushaltestelle, eine Schneiderei, ein Hotel, ein Brunnen, der von Statuen der vier großen christlichen Kanzelredner (Bossuet, Fénelon, Fléchier und Massillon) geschmückt wird, ein Zeitungskiosk, ein Devotionalienhändler, eine Tiefgarage, ein Schönheitsinstitut und noch viele weitere Dinge".

[21] Mohs, *Aufnahmen und Zuschreibungen*, 100.

Abb. 2: Église Saint-Sulpice, Paris. Foto: Sebastian Ohm.

Abb. 3: Fontaine des Quatre Evêques auf dem Platz vor der Kirche. Foto: Sebastian Ohm.

An anderer Stelle führt Perec aus, was ihm am *Untergewöhnlichen* so bedeutsam erscheint:

Les journaux parlent de tout, sauf du journalier. Les journaux m'ennuient, ils ne m'apprennent rien; ce qu'ils racontent ne me concerne pas, ne m'interroge pas et ne répond pas davantage aux questions que je pose ou que je voudrais poser.
    Ce qui se passe vraiment, ce que nous vivons, le reste, tout le rese, où est-il? Ce qui se passe chaque jour et qui revient chaque jour, le banal, le quotidien, l'évident, le commun, l'ordinaire, l'infra-ordinaire, le bruit de fond, l'habituel, comment en rendre compte, comment l'interroger, comment le décrire? [...]
    Nous dormons notre vie d'un sommeil sans rêves. Mai où est-elle, notre vie? Où est notre corps? Où est notre espace? [...]
    Ce qu'il s'agit d'interroger, c'est la brique, le béton, le verre, nos manières de table, nos ustensiles, nos outils, nos emplois du temps, nos rythmes [...]
    Il m'importe peu que ces questions soient, ici, fragmentaires, à peine indicatives d'une méthode, tout au plus d'un projet. Il m'importe beaucoup qu'elles semblent triviales et futiles: c'est précisément ce qui les rend tout aussi, sinon plus, essentielles que tant d'autres au travers desquelles nous avons vainement tenté de capter notre vérité.[22]

Es sind nicht die Besonderheiten des Lebens, sondern die stets wiederkehrenden, vermeintlich bedeutungslosen Kleinigkeiten, die zu beachten Perec für das Erleben seines Alltags wichtig erscheinen, ja die dieses geradezu ausmachen.

Perec führte sein Wahrnehmungsexperiment in neun Sitzungen von unterschiedlichen Beobachtungspunkten aus durch:

Freitag, 18. Oktober 1974
1. 10.30   Café Tabac Saint-Sulpice[23]
2. 12.40   Café de la Mairie, bis ca. 15.00
3. 15.20   Café Fontaine Saint-Sulpice, bis 16.45
4. 17.10   Café de la Mairie, bis 18.45

---

[22] Georges Perec in seinem postum erschienenen Werk *L'Infra-ordinaire*, Paris 1989, 10–13, dt. Fassung: Georges Perec, *Warum gibt es keine Zigaretten beim Gemüsehändler?*, Zürich/Berlin 2014, 6–8: „Die Zeitungen schreiben über alles, außer über das Tagtägliche. Die Zeitungen langweilen mich, ich erfahre durch sie nichts; was sie erzählen, betrifft mich nicht, stellt mir keine Fragen und antwortet ebenso wenig auf die Fragen, die ich stelle oder stellen möchte. Wo ist das, was wirklich geschieht, das was wir erleben, das Übrige, alles Übrige? Das, was jeden Tag geschieht und jeden Tag wiederkehrt, das Banale, das Alltägliche, das Selbstverständliche, das Allgemeine, das Gewöhnliche, das Infra-Gewöhnliche, das Hintergrundgeräusch, das Übliche, wie soll man sich seiner bewusst werden, wie soll man es befragen, wie beschreiben? [...] Wir verschlafen unser Leben in einem traumlosen Schlaf. Aber wo ist unser Leben? Wo ist unser Körper? Wo ist unser Raum? [...] Das, was wirklich befragt werden muss, ist der Ziegelstein, der Beton, das Glas, unsere Tischmanieren, unsere Gerätschaften, unsere Zeiteinteilung, unsere Rhythmen [...] Es liegt mir wenig daran, dass diese Fragen hier unvollständig und lückenhaft sind, kaum Hinweise auf eine Methode, bestenfalls auf ein Projekt sind. Es liegt mir viel daran, dass sie trivial und belanglos erscheinen mögen: Es ist nämlich genau das, was sie ebenso wesentlich, wenn nicht gar wesentlicher macht als so viele andere, über die wir vergebens versucht haben, unsere Wahrheit zu erfassen". Zur Entstehung des Begriffs siehe Schilling, *Mémoires du quotidien*, 52–64.

[23] Es ist nicht bei jeder der neun Sitzungen angegeben oder zu erschließen, wie lange sie dauerte.

Samstag, 19. Oktober 1974
5. 10.45   Café Tabac Saint-Sulpice
6. 12.30   Bank auf dem Platz mit Blick auf den Brunnen
7. 14.00   Café Tabac Saint-Sulpice, bis 16.30

Sonntag, 20. Oktober 1974
8. 11.30   Café de la Mairie, bis 12.40
9. 13.05   Café de la Mairie, bis 14.00

Zu Beginn eines jeden Tages hielt Perec zunächst das Setting fest:

La date: 18 octobre 1974
L'heure: 10 h 30
Le lieu: Tabac Saint-Sulpice
Le temps: Froid sec. Ciel gris. Quelques éclaircies.[24]

Anschließend folgt die Dokumentation seiner Beobachtungen (Abb. 4, 5 und 6):

Esquisse d'un inventaire de quelques-unes des choses strictement visibles:
- Des lettres de l'alphabet, des mots ‚KLM' (sur la pochette d'un promeneur), un ‚P' majuscule qui signifie ‚parking', ‚Hôtel Récamier', ‚St-Raphaël', ‚l'épargne à la dérive', ‚Taxis tête de station', ‚Rue du Vieux-Colombier', ‚Brasserie-bar La Fontaine Saint-Sulpice', ‚P ELF', ‚Parc Saint Sulpice'.
- Des symboles conventionnels: des flèches, sous le ‚P' des parkings, l'une légèrement pointée vers le sol, l'autre orientée en direction de la rue Bonaparte (côté Luxembourg), au moins quatre panneaux de sens interdit (un cinquième en reflet dans une des glaces du café).[25]

[...]
Trajectoires:
Le 96 va à la gare Montparnasse
Le 84 va à la Porte de Champerret
Le 70 va Place du Dr Hayem, Maison de l'O. R. T. F.[26]
Le 86 va à Saint-Germain-des-Prés

[...]

---

[24] Perec, Œuvres II, 820; Perec, Versuch, 10:
„Das Datum: 18. Oktober 1974
Die Zeit: 10 Uhr 30
Der Ort: Tabac Saint-Sulpice
Das Wetter: Trockene Kälte. Grauer Himmel. Vereinzeltes Aufklaren".

[25] Perec, Œuvres II, 820; Perec, Versuch, 10: „Entwurf eines Inventars einiger der unmittelbar sichtbaren Dinge:
- Buchstaben des Alphabets, Worte: ‚KLM' (auf der Tasche eines Spaziergängers), ein Großbuchstaben-‚P', das auf den Parkplatz hinweist; ‚Hôtel Récamier', ‚St.-Raphaël', ‚Das Sparwesen im Niedergang', ‚Taxistand – Anfang', ‚Rue du Vieux-Colombier', ‚Brasserie-Bar La Fontaine Saint-Sulpice', ‚P ELF', ‚Parc Saint-Sulpice'.
- Zeichen und Symbole: Pfeile unter dem ‚P' der Parkplätze oder Tiefgaragen, einer davon leicht nach unten gerichtet, der andere zur Rue Bonaparte hin (zu dem Teil der Straße Richtung Jardin du Luxembourg), mindestens vier Einbahnstraßenschilder (ein fünftes als Spiegelbild in einem der Spiegel des Cafés)".

[26] Der Office de Radiodiffusion Télévision Française (ORTF) war von 1964 bis 1974 die öffentlich-rechtliche Rundfunkanstalt Frankreichs.

Die Aneignung des urbanen Raums nach Georges Perec als Mußepraktik

Abb. 4: Signet. Foto: Sebastian Ohm.

Abb. 5: Signet. Foto: Sebastian Ohm.

Abb. 6: Bushaltestelle. Foto: Sebastian Ohm.

Le café est plein
Sur le terre-plein un enfant fait courir son chien (genre Milou)
Juste en bordure du café, au pied de la vitrine et en trois emplacements différents, un homme, plutôt jeune, dessine à la craie sur le trottoir une sorte de ‚V' à l'intérieur duquel s'ébauche une manière de point d'interrogation (land-art?)
Un 63 passe.[27]

In dem Bemühen, das *Untergewöhnliche* festzuhalten, entsteht das Protokoll eines Mikrokosmos. Perec kategorisiert, er erstellt klassifizierende Listen von dem, was er wahrnimmt, verfasst eine Art Inventar, ein in knappen Sätzen und gelegentlich im Telegrammstil fixiertes Notat, ein „cinéma réalité" oder eine „litanie du passage"[28].

Trotz des gesetzten programmatischen Diktums wendet Perec seine Aufmerksamkeit auch extraordinären Begebenheiten zu, ja, er scheint sie geradezu zu suchen, wenn er etwa Unterschiede und Abweichungen von bisher beobachteten Geschehnissen aufspürt.[29] Die Grenze zwischen dem, was Perec als *infra-* und *extraordinaire* wahrnimmt, verschwimmt, etwa dann, wenn er Geschehnisse in Zusammenhang mit einer Taufe, einer Hochzeit und einer Trauerfeier – herausgehobenen persönlichen und gesellschaftlichen Ereignissen –, die am Samstag und Sonntag in der Eglise Saint-Sulpice stattfinden, beschreibt.[30]

---

[27] Perec, *Œuvres II*, 821, 827; Perec, *Versuch*, 12, 18:
„Der 96er fährt zur Gare Montparnasse
Der 84er fährt zur Porte de Champerret
Der 70er fährt zur Place du Dr Hayem, Hauptgebäude des Staatlichen Rundfunks
Der 86er fährt nach Saint-Germain-des-Prés [...]
Das Café ist voll
Auf der zentralen Fläche des Platzes lässt ein Kind seinen Hund (Marke Struppi) rennen
Unmittelbar neben dem Café, am Fuße des Schaufensters, zeichnet ein recht junger Mann an drei verschiedenen Stellen mit Kreide eine Art ‚V' auf das Trottoir, in dessen Inneren sich so etwas wie ein Fragezeichen andeutet (land-art?)
Ein 63er fährt vorbei".
[28] Jacques Neefs, „Il reste ce qui reste quand il ne reste rien", in: Claude Burgelin, *Georges Perec*, Paris 2016, 132–135.
[29] Perec, *Œuvres II*, 843 f.: „À la recherche d'une différence: [...] Le plat du jour de la Fontaine St-Sulpice a-t-il changé (hier c'était du cabillaud)? Sans doute, mais je suis trop loin pour déchiffrer ce qu'il y a écrit sur l'ardoise où on l'annonce [...] Hier, il y avait sur le trottoir, juste devant ma table, un ticket de métro; aujourd'hui il y a, pas tous à fait au même endroit, une enveloppe de bonbon (cellophane) et un bout de papier difficilement identifiable (à peu près grand comme un emballage de ‚Parisiennes' mais d'un bleu beaucoup plus clair)"; Perec, *Versuch*, 38: „Auf der Suche nach einem Unterschied: [...] Hat das Tagesgericht im Fontaine Saint-Sulpice sich geändert (gestern war es Kabeljau)? Sicherlich, aber ich bin zu weit entfernt, um zu entziffern, was auf der Schiefertafel steht, auf der es angekündigt wird [...] Gestern lag auf dem Trottoir direkt vor meinem Tisch ein Metroticket; heute liegt dort, nicht ganz an derselben Stelle, ein Bonbonpapier (Zellophan) und ein schwer zu identifizierender Papierfetzen (ungefähr so groß wie eine ‚Parisiennes'-Verpackung, aber in sehr viel hellerem Blau)".
[30] Perec, *Œuvres II*, 828–833: „Il y a une camionette de croque-morts devant l'église [...] Des gens se rassemblent devant l'église (rassemblement du convoi?) [...] Les gens de l'enterrement sont entrés dans l'église [...] Passage d'une voiture auto-école, d'un 96, d'un 63, d'une

Georges Perec zeichnet überwiegend visuelle, gelegentlich akustische Wahrnehmungen auf. Andere Sinneseindrücke – etwa Gerüche – bleiben hingegen unberücksichtigt. Letztlich beschreibt er weniger den Platz als vielmehr die „Rhythmen performativer Lebensspuren, die ihre Bahnen durch den Raum ziehen und mit den verschiedenen Sinnen wahrnehmbar sind", wie es der Stadtforscher Jürgen Hasse formuliert hat[31] und wie sie sich etwa in folgender Passage formieren (Abb. 7):

Il est 13 h. 35. Des groupes, par bouffées. Un 63. La deux-chevaux vertpomme est maintenant garée presque au coin de la rue Férou, de l'autre côté du parvis. Un 70. Un 87. Un 86.
Trois taxis à l'arrêt des taxis. Un 96. Un 63. Un cycliste télégraphiste. Des livreurs de boissons. Un 86. Une petite fille avec un cartable sur les épaules [...]
Avec un magnifique ensemble, les pigeons font le tour de la place et reviennent se poser sur la gouttière de la mairie.
Il y a cinq taxis à l'arrêt des taxis.
Passe un 87, passe un 63.
La cloche de Saint-Sulpice se met à sonner (le tocsin, sans doute)
Trois enfants menés à l'école. Une autre deux-chevaux vertpomme.
De nouveau les pigeons font un tour de place.[32]

---

camionnette de fleuriste, bleue, qui va se ranger à côté de la camionnette des pompes funèbres et de laquelle on sort une couronne mortuaire [...] La cloche de Saint-Sulpice se met à sonner (le tocsin, sans doute) [...] Le tocsin s'arrête [...] On sort de l'église les couronnes mortuaires [...] On sort la bière. Le tocsin se remet à sonner [...] Le tocsin s'arrête". Ebd., 849–851: „Les cloches de Saint-Sulpice se mettent à sonner (ce serait, entends-je, un baptême) [...] Rassemblement de quelques individus devant Saint-Sulpice. J'entrevois en haut des marches un homme qui balaie (est-ce le bedeau?). Je sais qu'il va y avoir un mariage (par deux consommateurs qui viennent de partir pour, justement, y assister) [...] Les cloches de Saint-Sulpice se mettent à sonner, peut-être pour le mariage. Les grandes portes de l'église sont ouvertes [...] Entrée dans l'église du cortège nuptial"; Perec, Versuch, 20–25: „Vor der Kirche steht der Lieferwagen eines Leichenbestatters [...] Menschen sammeln sich vor der Kirche (Sammlung des Trauerzugs?) [...] Die Leute von dem Begräbnis haben die Kirche betreten [...] Vorbeifahren eines Fahrschulautos, eines 96ers, eines 63ers, eines blauen Blumenhändler-Lieferwagens, der sich neben die Lieferwagen des Bestattungsunternehmens stellt und aus dem ein Trauerkranz geholt wird. [...] Die Glocke von Saint-Sulpice beginnt zu läuten (die Totenglocke, wahrscheinlich) [...] Das Totengeläut hört auf [...] Aus der Kirche werden die Trauerkränze getragen [...] Man trägt den Sarg heraus. Die Totenglocke beginnt wieder zu läuten [...] Das Totengeläut hört auf". Ebd., 44–46: „Die Glocken von Saint-Sulpice beginnen zu läuten (ich höre, es soll eine Taufe sein) [...] Ansammlung einiger Personen vor Saint-Sulpice. Ich sehe undeutlich oben auf den Stufen einen Mann, der fegt (ist es der Kirchendiener?). Ich weiß, dass eine Hochzeit stattfinden wird (von zwei Cafégästen, die gerade gegangen sind, um an eben dieser teilzunehmen) [...] Die Glocken von Saint-Sulpice beginnen zu läuten, vielleicht für eine Hochzeit. Die großen Türen der Kirche sind geöffnet. Einzug des Hochzeitszuges in die Kirche".

[31] Hasse, Atmosphären der Stadt, 84.
[32] Perec, Œuvres II, 828 f.; Perec, Versuch, 19 f., 21: „Es ist 13 Uhr 35. Gruppen, in Schüben. Ein 63er. Der apfelgrüne 2CV parkt jetzt fast an der Ecke der Rue Férou, auf der anderen Seite des Kirchenvorplatzes. Ein 70er. Ein 87er. Ein 86er. Drei Taxis am Taxistand. Ein 96er. Ein 63er. Ein Telegrammbote auf dem Fahrrad. Getränkeauslieferer. Ein 86er. Ein kleines Mädchen mit einem Ranzen über der Schulter [...] In herrlichem Zusammenspiel umkreisen die Tauben den Platz, kehren zurück und lassen sich wieder auf der Regenrinne des Rathauses nieder. Am Taxistand

Abb. 7: Der 86er nach Saint-Germain-des-Prés. Foto: Sebastian Ohm.

Perecs Prosa erweckt den Eindruck der unmittelbaren Niederschrift seiner Beobachtungen. Man meint beim Lesen die Schreibgeschwindigkeit erleben zu können, mit der Perec seine Gedanken fixierte. Zudem suggeriert der Text objektive Detailtreue und dokumentarische Genauigkeit.[33] All diese Eindrücke sind tatsächlich jedoch nicht gegeben: Das Manuskript bildet nur eine kleine Auswahl aller Ereignisse, letztlich nur subjektive Wahrnehmungen ab und macht das Abhängigkeitsverhältnis von Schauen, Wahrnehmen und Schreiben transparent.[34] Perec musste für die Niederschrift einzelne Beobachtungen auswählen und konnte während des Notierens keine neuen visuellen Eindrücke mehr aufnehmen und verarbeiten.[35] Hinzu kommt, dass die menschliche Wahrnehmung

---

stehen fünf Taxis. Vorbeifahrt eines 87ers, Vorbeifahrt eines 63ers. Die Glocke von Saint-Sulpice beginnt zu läuten (die Totenglocke, wahrscheinlich). Drei Kinder werden zur Schule gebracht. Ein weiterer apfelgrüner 2CV. Erneut drehen die Tauben eine Platzrunde".

[33] Während Hasse, *Atmosphären der Stadt*, 84 f. meint, Perec habe „Schnappschüsse mit den Mitteln der Sprache" gesammelt, konstatierte Schilling, *Mémoires du quotidien*, 119 hingegen Perecs „allure pseudo-scientifique".

[34] Mohs, *Aufnahmen und Zuschreibungen*, 111.

[35] Perec problematisiert dieses Phänomen im Text, Perec, *Œuvres II*, 831: „Il n'y a plus que deux vélomoteurs garés sur le trottoir devant le café: je n'ai pas vu le troisième partir (c'était un vélosolex) (*Limites évidentes d'une telle entreprise: même en me fixant comme seul but de*

letztlich keine Objektivität erreichen kann und dass das Bild, das Perec von der Place Saint-Sulpice vermittelt, von seinen eigenen geistigen und sprachlichen Möglichkeiten determiniert ist. Somit handelt es sich bei dem entstandenen Text um die künstlerische Verarbeitung erlebter Gegenwart.[36] Der literarische Charakter des Texts zeigt sich unter anderem an ludistischen Sprachelementen. Alliterationen („passe un papa poussant poussette"[37]) rücken den Text in die Nähe zur Lyrik, das Spiel mit dem Rhythmus, das im Verzicht auf Kommata erscheint („Un taxi deux vélomoteurs une fiat une peugeot une peugeot une fiat une voiture dont j'ignore la marque")[38] hat eine akzellerierende Wirkung und Neologismen („fantomatismes", „pimponnante", „photophages")[39] beleben das monotone Notat.

Obwohl Georges Perec in *Tentative d'Epuisement d'un lieu parisien* seine eigene Person, seine persönliche Geschichte und seine Lebensumstände nicht direkt reflektiert, vermittelt sich seine Sichtweise zum einen in der Sprache, mit der er seine Wahrnehmungen ausdrückt, zum anderen durch Kommentare, Gedanken und Ideen, die er an seine Wahrnehmungen knüpft. Perec erklärt, hinterfragt, pointiert und ironisiert, etwa in folgender Sequenz: „Une petite fille,

---

regarder, je ne vois pas ce qui se passe à quelques mètres de moi je ne remarque pas, par exemple, que des voitures se garent)"; Perec, Versuch, 22: „Auf dem Trottoir vor dem Café sind nur noch zwei Mopeds abgestellt: Ich habe das dritte (es war ein Vélosolex) nicht wegfahren sehen (*Offenkundige Grenzen eines solchen Unternehmens: Selbst wenn ich mir als einziges Ziel setze zu beobachten, sehe ich nicht, was ein paar Meter von mir entfernt geschieht: Zum Beispiel bemerke ich nicht, dass Autos abgestellt werden*)", Kursivierungen durch Georges Perec. Mohs, *Aufnahmen und Zuschreibungen*, 101 führt aus: „Insofern geben Projekte und Texte wie ‚Lieux' und ‚Tentative d'épuisement d'un lieu parisien' von Erfahrungen Auskunft, die man im doppelten Sinne des Wortes als Notiznahmen bezeichnen kann: Sie erproben einerseits, wovon man in einem bestimmten Zeitraum Notiz, im Sinne von Kenntnis, nehmen kann, und andererseits, wie erschöpfend man von dem zur Kenntnis Genommenen Notizen nehmen, im Sinne von Aufzeichnungen machen, kann".

[36] Vgl. Catherine Kerbrat-Orecchioni, *L'énonciation. De la subjectivité dans le langage*, Paris 1980, 131–146. Perec selbst war sich der Unvollkommenheit seines Experiments bewusst, wie sich im Begriff *Tentative* des Titels widerspiegelt. Vgl. auch den Kommentar von Christelle Reggiani in Perec, *Œuvres II*, 1205–1209. Perecs Nachlass wird in der Bibliothèque nationale de France in der Abteilung L'Arsenal aufbewahrt. Das dort überlieferte Manuskript des Tentative ist in einem nahezu makellosen Zustand und lässt nur wenige nachträgliche Veränderungen erkennen. Christelle Reggiani bezweifelt, dass es sich dabei um das Skript handelt, das Perec im Oktober 1974 an der Place Saint-Sulpice anfertigte, Perec, *Œuvres II*, 1209. Vgl. Miller, *Georges Perec*, 146; Hasse, *Atmosphären der Stadt*, 83; Mohs, *Aufnahmen und Zuschreibungen*, 114–120.
[37] Perec, *Œuvres II*, 838; Perec, *Versuch*, 32: „Vorbeigehender filiusausfahrender Vater".
[38] Perec, *Œuvres II*, 856; Perec, *Versuch*, 52: „Ein Taxi zwei Mopeds ein Fiat ein Peugeot ein Peugeot ein Fiat ein Wagen dessen Marke ich nicht kenne". Vgl. Miller, *Georges Perec*, 148f.
[39] Perec, *Œuvres II*, 839, 843: „Fantomatismes [...] Passe une ambulance pimponnante [...] Deux ‚Coches Parisiens' sortes de cars à plates-formes passent avec leurs cargaisons de Japonais photophages"; Perec, *Versuch*, 33: „Hirngespinste [...] Vorbeifahrt eines Krankenwagens mit Tatütata [...] Zwei ‚Coches Parisiens', eine Art Bus mit Plattform, fahren mit ihrer Ladung fotohungriger Japaner vorbei". Vgl. den Kommentar von Christelle Reggiani, 1208.

encadrée par ses parents (ou par des kidnappeurs) pleure"[40], oder an anderer Stelle: „Passe une bétonneuse orange, un 86 presque vide, un 70 plein, un 86 vide. Ombres indistinctes. Un 96 plein. (Peut-être ai-je seulement aujourd'hui découvert ma vocation: contrôleur de lignes à la R. A. T. P.)".[41] Schließlich teilt Perec dem Leser auch einige seiner eigenen Befindlichkeiten mit: Er wird hungrig und isst etwas, ihm ist kalt und er trinkt einen Marc de Champagne, auf der Bank am Brunnen sitzend, spürt er den Wind auf seiner Haut.[42]

Mit derlei Äußerungen und Kommentaren bezieht Georges Perec sich selbst in das Platzgeschehen ein und reflektiert sein Tun: „Je bois un Vittel alors que hier je buvais un café (en quoi cela transforme-t-il la Place ?)".[43] Diese metaphorische Frage zielt nicht auf die Veränderung des Platzes als Objekt, sondern auf die Veränderung seiner persönlichen Disposition im Vergleich zum Vortag.[44]

Die selbstauferlegte formale Verpflichtung, bestimmte Begebenheiten wahrzunehmen und zu notieren, bezeichnet Georges Perec im Laufe seines Experiments gelegentlich als monoton und anstrengend und freut sich folglich über die Abwechslung, die vorbeigehende, bekannte Personen ihm verschaffen: „Passage d'un autobus 63. Geneviève Serreau passe devant le café (trop loin de moi pour que je puisse lui faire signe)".[45] Schließlich stellt Perec gewisse Ermüdungserscheinungen bei sich fest: „Il est quatre heures cinq. Lassitude des yeux. Lassitude des mots"[46], oder an anderer Stelle: „Il est cinq heures moins le

---

[40] Perec, Œuvres II, 850; Perec, Versuch, 45: „Ein kleines Mädchen, flankiert von seinen Eltern (oder seinen Kidnappern), weint". Vgl. Hasse, Atmosphären der Stadt, 84.

[41] Perec, Œuvres II, 841; Perec, Versuch, 35: „Vorbeifahrt eines orangefarbenen Betonmischers, eines fast leeren 86ers, eines fast vollen 70ers, eines leeren 86ers. Undeutliche Schatten. Ein voller 96er (vielleicht habe ich erst heute meine Berufung entdeckt: Linienkontrolleur der Pariser Verkehrsbetriebe)".

[42] Perec, Œuvres II, 833f., 846, 850, 856: „j'ai froid; je commande un vieux marc, très doux [...] J'ai froid. Je commande un marc [...] Le soleil s'est caché. Il y a du vent [...] j'ai mangé un sandwich au saucisson en buvant un ballon de bourgueil [...] Je mange un sandwich au camembert"; Perec, Versuch, 27, 46, 40f., 52: „mir ist kalt; ich bestelle einen Vieux Marc [...] Mir ist kalt. Ich bestelle einen Marc [...] Die Sonne hat sich versteckt. Es ist windig [...] ich habe ein Wurstsandwich gegessen und dazu ein Glas Bourgueil getrunken [...] Ich esse ein Camenbert-Sandwich".

[43] Perec, Œuvres II, 844; Perec, Versuch, 38: „Ich trinke ein Vittel, während ich gestern einen Kaffee getrunken habe (inwiefern verändert das den Platz?)".

[44] Hasse, Atmosphären der Stadt, 85.

[45] Perec, Œuvres II, 854; Perec, Versuch, 50: „Geneviève Serreau geht vor dem Café vorbei (zu weit von mir entfernt, um ihr winken zu können)". Ähnlich: „Passage de Paul Virilio: il va voir Gatsby le dégueulasse au Bonaparte. [...] Une lointaine connaissance (amie d'amie, amie d'amie d'amie) est passée dans la rue, est venue me dire bonjour, a pris un café" (846); Perec, Versuch, 41: „Vorbeigehen von Paul Virilio: Er geht Gatsby den Widerlichen im Bonaparte anschauen [...] Eine entfernte Bekannte (Freundin einer Freundin, Freundin einer Freundin einer Freundin) kam die Straße entlang, ist hereingekommen, mich zu begrüßen, hat einen Kaffee getrunken". Vgl. Mohs, Aufnahmen und Zuschreibungen, 120–122; Hasse, Atmosphären der Stadt, 84; Reggiani, Je me souviens, 235–254.

[46] Perec, Œuvres II, 834; Perec, Versuch, 27: „Es ist fünf nach vier. Müdigkeit der Augen. Müdigkeit der Worte".

quart. J'ai envie de me changer les idées. Lire ‚Le Monde'. Changer de crémerie. Pause. [...] Lassitude de la vision: hantise des deux-chevaux vert pomme".⁴⁷ Auch die Tatsache, dass Perec von Tag zu Tag weniger Beobachtungseinheiten verzeichnet – am ersten vier, am zweiten drei und am dritten zwei – und dass diese von Mal zu Mal kürzer ausfallen – von rund 120 Minuten zu Beginn bis auf 50 Minuten gegen Ende – suggeriert die nachlassende Spannung seiner Aufmerksamkeit. Dieser Eindruck wird auch dadurch unterstrichen, dass die Notate von einer listenartigen Aufzählung sichtbarer Formen, Farben, Materialitäten, Spezies etc. zu Beginn, im Laufe des Texts in eine stärker kommentierende Aufzeichnungsform übergehen. Dieser Wandel ist dahingehend deutbar, dass Perecs innere Auseinandersetzung mit dem beobachteten Geschehen im Laufe des Experiments immer mehr zunimmt.⁴⁸

2. Die „praktische Übung nach Georges Perec" von Nicole Paulsen 2014

Perecs Text mit seiner beständig wiederkehrenden Beschreibung derselben alltäglichen Begebenheiten übt einen Sog aus, der den Leser in die Geschehnisse an der Place Saint-Sulpice hineinzieht. Die Faszination geht insbesondere davon aus, dass Perec eine Schulung des Sehens anbietet, die den Leser animiert, den Blick für seine Umgebung ebenfalls zu schärfen und möglicherweise anregt, Perecs Selbstversuch zu wiederholen, sich selbst in die Position des Beobachters zu begeben, die Ereignisse auf der Mikroebene wahrzunehmen, sein kreatives Potential zu erproben und die eigenen Eindrücke in ein künstlerisches Produkt zu überführen. So wurde Perecs Text in Frankreich 2007 zur Grundlage für den gleichnamigen Dokumentarfilm von Jean-Christian Riff, der Perecs Experiment filmisch nachvollzogen hat.⁴⁹

Dem Reiz des Nacherlebens ist 2014 auch die deutsche Hörspielregisseurin Nicole Paulsen gefolgt. Genau 40 Jahre nach Perec begibt sie sich an denselben Tagen im Jahr⁵⁰ und zu denselben Tageszeiten an denselben Ort in Paris, die Place Saint-Sulpice. Zusammen mit ihrer Freundin Antje will sie ebenfalls die

---

⁴⁷ Perec, Œuvres II, 846; Perec, Versuch, 29: „Es ist viertel vor fünf. Ich habe das Bedürfnis, auf andere Gedanken zu kommen. ‚Le Monde' lesen. Das Lokal wechseln. Pause. [...] Ermüdung des Sehens: Zwangsvorstellung von apfelgrünen 2CVs". Vgl. Mohs, Aufnahmen und Zuschreibungen, 111 Anm. 160.
⁴⁸ Vgl. Mohs, Aufnahmen und Zuschreibungen, 108 f. Diese Veränderung des Seh- und Schreibprozesses wird in der Forschung zu Perecs Poetik als implizites Scheitern seines Versuchs gedeutet, vgl. Ritte, Sprachspiel der Moderne, 131; Mohs, Aufnahmen und Zuschreibungen, 111 f.
⁴⁹ Jean-Christian Riff, Tentative d'épuisement d'un lieu parisien, vgl. http://www.film-docum entaire.fr/4DACTION/w_fiche_film/18508_1, eingesehen 22.07.2019.
⁵⁰ Während 1974 die Tage vom 18. bis 20. Oktober auf Freitag, Samstag und Sonntag fielen, waren es 2014 Samstag, Sonntag und Montag.

Abb. 8: Das Café de la Mairie. Foto: Sebastian Ohm.

Dynamik des Gewöhnlichen aufspüren und dokumentieren. Anders als Perec hält Paulsen ihre Beobachtungen jedoch nicht nur mit Papier und Stift, sondern auch mittels eines akustischen Aufnahmegeräts fest. Das Ergebnis ist eine Hörfassung.[51] Angelehnt an Perecs Schlüsselbegriff *infra-ordinaire* nennt Nicole Paulsen ihr knapp einstündiges Radiofeature *Untergewöhnlich. Praktische Übung nach Georges Perecs ‚Versuch, einen Platz in Paris zu erfassen'*[52] (Abb. 8).

Nicole Paulsen bringt ihre Beobachtungen in der gleichen stilistischen Art wie Georges Perec zu Gehör:

NICOLE:
Das Datum: 18. Oktober 2014
Die Zeit: 10 Uhr 30

---

[51] Weitgehend unbekannt ist, dass auch Georges Perec sieben vom deutschen Rundfunk produzierte Hörspiele veröffentlicht hat, die in Frankreich jedoch nie gesendet wurden, vgl. Ariane Steiner, „Das Puzzle um die Leere: Interkulturelle Kommunikation mit Hindernissen am Beispiel Georges Perec und Deutschland", in: *Lendemains* 27, 105/106 (2002), 198–214, 199–204.

[52] Nicole Paulsen, *Untergewöhnlich. Eine praktische Übung nach Georges Perecs „Versuch, einen Platz in Paris zu erfassen"*, Hörfunk-Feature, SWR 2016. Das Manuskript der Sendung im Südwestrundfunk (SWR) unter https://www.swr.de/-/id=17259440/property=download/nid=659934/14w9wgb/swr2-feature-am-sonntag-20160605.pdf, eingesehen 22.07.2019.

Der Ort: Café de la Mairie
Das Wetter: sonnig, blauer Himmel, die Terrasse des Cafés noch im Schatten

ERZÄHLERIN:
40 Jahre später setze ich mich mit meiner Freundin Antje an die Place Saint-Sulpice in Paris St. Germain und versuche, zu den identischen Zeiten, an den gleichen Orten, das Glanzlose zu notieren, die Hintergrundgeräusche aufzunehmen.
Den *Tabac Saint-Sulpice*, wo Perec sein Experiment begann, gibt es nicht mehr.
Wir setzen uns auf die Terrasse des Café de la Mairie an der anderen Ecke des Platzes, packen das Aufnahmegerät aus, 2 Mikrophone, unsere Notizbücher und bestellen 2 Grand Crème:
Geräusch Klick Aufnahmegerät, ATMO 1, 18.10.

ANTJE:
Café de la Mairie, 2 Grand Crème: 9 Euro 20
1 Stück Zucker eingewickelt in Papier Cafés Richard.
[...]

ANTJE:
10 Uhr 50
Taxi Rot (besetzt), eine Taube fliegt zur Kirche
Tauben fliegen von der Kirche zur Wasserfontäne
zwei Männer sitzen rauchend neben uns. 10 Uhr 51
hinter uns ein schreibender Student
Bus 96, 10 Uhr 52.[53]

Die von den beiden Frauen gesprochenen Notate ihrer Beobachtungen werden im Feature im Hintergrund mit eingestreut gelesenen Passagen aus Perecs französischem Originaltext unterlegt. Folglich entsteht eine akustische Collage beider Texte, ergänzt um eine Tonspur mit den Geräuschen im Café und rund um den Platz. Gegenüber Perecs schriftlicher Dokumentation, die bei allem Bemühen, möglichst viele Ereignisse möglichst genau zu erfassen, eine Auswahl bleiben muss, kann Nicole Paulsen durch den Tonmitschnitt die akustische Atmosphäre um sie herum lückenlos festhalten. Insbesondere durch die Hintergrundgeräusche entsteht beim Hören ein plastisches Bild des beschriebenen Raums. Die Place Saint-Sulpice und deren Aneignung scheinen sich vier Jahrzehnte nach Perec nur wenig verändert zu haben, so dass Nicole und Antje ähnliche Beobachtungen wie ihr Vorbild machen können:

NICOLE:
Ein Mann mit einem Baguette in der Hand geht vorbei
Ein silbernes Mercedes-Taxi von links
Eine Frau mit Locken trägt eine weiße Plastiktüte mit Bananen
Im Café nebenan:
ein Hund bellt eine Frau an, die etwas in ihr Handy tippt. Der Hund, ein Mops, bekommt vom Herrchen einen Klaps auf den Po weil er eine Serviette anbellt.

---

[53] Paulsen, *Manuskript Untergewöhnlich*, 3 f., 5.

2 Fahrräder
Der Mopshund bellt eines der Fahrräder an und wird mit einer Zeitung zurechtgewiesen.[54]

Was für die beiden Frauen zunächst als ihr individuelles Experiment und persönliches Nacherleben von Perecs Versuch beginnt, weitet sich im Laufe ihrer Sitzungen unfreiwillig aus:

ANTJE:
Bus 63
Zigarettenrauch und Rotwein, ein älterer Mann
Ein junger Mann, kariertes Jackett, Schiebermütze, er fotografiert, liest ein Buch und schaut wieder auf den Platz. Literaturstudent?

NICOLE:
11 Uhr 27
Ein Paar. Er trägt Basecap. Sie lange Haare
Eine Frau mit Laptop am Tisch nebenan

ANTJE:
Bus 96, 11 Uhr 29
Im Café neben mir schreibt eine Frau auf einem Laptop und beobachtet den Bus

NICOLE:
Hinter uns sind jetzt zwei Schreibende:
rechts hinter uns eine rotblonde Frau, sie schreibt etwas mit einem Kuli. Aus ihrem Rucksack ragt eine Trinkflasche hervor, auf ihrem Tisch ein Café express, um den Hals eine Kamera. 2 Plätze links von ihr, direkt hinter uns, sitzt der junge Mann, blond, ein Moleskine in der Hand.[55]

Nicole und Antje nehmen an den drei Tagen im Oktober 2014 immer mehr Personen rund um den Platz wahr, die in Notizbücher oder Notebooks schreiben, die mit ihren Smartphones Fotos[56] schießen, Filmsequenzen aufnehmen oder akustische Mitschnitte machen, und bald wird ihnen klar, dass auch die anderen dabei sind, Perecs Experiment zu wiederholen:

---

[54] Paulsen, *Manuskript Untergewöhnlich*, 5.
[55] Paulsen, *Manuskript Untergewöhnlich*, 5 f.
[56] Paulsen, *Manuskript Untergewöhnlich*, 35 f.:
„NICOLE:
Gegenüber an der Straßenecke steht wieder der Fotograf.
Geräusch Klick Smartphone
NICOLE:
Es ist kurz vor vier.
OT 53 PHOTO:
François, c'est mon nom, mon nom de photographe, Soetemondt voilà.
ERZÄHLERIN:
François hat in zwei Tagen um die 800 Fotos gemacht. Seine Fotos sieht er als visuelle Entsprechung zu Perecs Text. Auch er hat diesen repetitiven Ansatz, macht Serien von Leuten, Serien von Autos, von Sitzenden, Stehenden, Gehenden, ähnlich wie Perec. Aber er ist nicht so eingeschränkt wie seine literarischen Kollegen, da er sich auf dem Platz frei bewegen kann".

Die Aneignung des urbanen Raums nach Georges Perec als Mußepraktik 247

NICOLE:
11 Uhr 45. Der junge Mann hinter uns legt sein Moleskine zur Seite.
ATMO 4a + b (Glocke 3x), Geräusch Klick Smartphone

RENKO:
Renko, Renko Recke, ja (also ich komme aus Deutschland)

ERZÄHLERIN:
Renko lebt seit eineinhalb Jahren in Paris, arbeitet als freier Journalist und Fotograf.

RENKO:
Also ich orientier mich auf jeden Fall an dem Zeitplan und versuche auch wirklich in seinem Stil die Beobachtungen festzuhalten und denke, dass es eigentlich auch ganz gut läuft. Es ist schon anstrengend, auch bewusst zu beobachten; und die Tatsache, dass jetzt noch andere Beobachter unter uns sind, macht das ganze irgendwie aber auch interessant und man tauscht sich halt auch untereinander sogar aus.

ERZÄHLERIN:
Renko deutet in Richtung ‚Literaturstudent'.

RENKO:
Also der junge Mann da links hat das Buch auf jeden Fall auch in der Hand. A: Ja, der gleicht immer ab. Ich hab schon beobachtet, per Fotos und so.

RENKO:
Also ich find faszinierend mit den Bussen, die hier (ANTJE: Ja) so regelmäßig reinfahren

ANTJE:
und danach immer zwei Taxis, irgendwie zwei rote Taxis, find ich echt spannend.

ERZÄHLERIN:
Wie viele rote Taxis inzwischen unnotiert vorbeigefahren sind?

RENKO:
Und der junge Mann da, der Literaturstudent, ich nenn ihn mal so, er spaziert auch noch herum. Da direkt, geht jetzt gerade zu dem Zeitungskiosk und macht Fotos, ja.

NICOLE:
Vielleicht ist er gar kein Literaturstudent? Nur eine Inszenierung.

ERZÄHLERIN:
Wir beobachten uns alle gegenseitig

PEREC:
Aus einem Touristenbus scheint eine Japanerin mich zu fotografieren.

RENKO:
Wäre ja spannend zu wissen, ob einfach jemand nur das Buch gelesen hat und nur hier sitzt und das so aufnimmt, ohne zu notieren, ohne festzuhalten.
ATMO 5: (leise Café bestellen)

ANTJE:
Aber wenn man hier den ganzen Tag sitzt, kennt man sich bald richtig aus, finde ich.

ERZÄHLERIN:
Renko notiert:

RENKO:
So langsam kommt mir der Gedanke, dass sich unter den Cafégästen eine ganze Gruppe von ‚Beobachtern' befindet. Werde ich anders beobachten, wenn ich weiß, dass ich beobachtet werde?

ERZÄHLERIN:
Inzwischen habe ich unzählige Mikroereignisse verpasst.[57]

Durch die Offensichtlichkeit, dass alle Perecquiens das gleiche Ziel verfolgen, entsteht eine situative Komik, über die die Beobachter miteinander ins Gespräch kommen: Sie sind Schriftsteller, Künstler, Journalisten, Literaturstudenten oder einfach nur Perec-Fans aus Deutschland (Renko Recke, Christina Ruf, Ariston Baton), Australien (Caroline), aus der Bretagne (Baptiste Gaubert), aus Paris (Ariane Wilson) und aus Straßburg (Claire Boullé). Jeder Beobachter geht in seiner individuellen Praxis etwas anders vor: Einige notieren möglichst eng am Stil von Perec, andere eliminieren all das aus dessen Text, was sich in 40 Jahren verändert hat:[58]

ERZÄHLERIN:
Baptiste macht das Projekt für sich selbst, aber es ist auch Georges Perec gewidmet, den er sehr bewundert und der seiner Ansicht nach eine französische Literatur geschaffen hat, die mehr ist als nur französische Literatur. Er ist fasziniert von diesem Mann. Weil er Anleitungen gegeben hat, begegnen wollte, bedeuten und nicht bedeuten.

---

[57] Paulsen, *Manuskript Untergewöhnlich*, 6 f. Vgl. ebd., 21:
„ERZÄHLERIN: Caroline geht an uns vorbei. Sie macht Fotos.
OT 42 CAROL: This is so much happening. I just decided to get whatever catches my eye, which is only one millionst of what's happening here. I won't be exhausting the place *(lacht)*.
ERZÄHLERIN: Sie kann nur ein Millionstel von dem erfassen, was hier passiert. Caroline wirkt, als hätte der Platz sie erschöpft und nicht sie den Platz.
ERZÄHLERIN: Caroline verschwindet in der Menge".

[58] Paulsen, *Manuskript Untergewöhnlich*, 14:
„ERZÄHLERIN: Claire Boullé, mit der Bommelmütze, Kunststudentin aus Straßburg. Claire hat Perecs Experiment schon vor zwei Jahren gemacht. Jetzt wiederholt sie die Übung nicht einfach, sondern macht das Gegenteil, sie streicht all das, was nicht mehr geschieht. Es ist eine Art Ausdünnen des ursprünglichen Textes.
OT 24 CLAIRE: En fait moi j'avais déja fait l'exercice il y a deux ans de venir regarder ce qui se passe. Et du coup j'avais laissé ca travailler un peu tout seul. Et là je suis venue plutôt faire envers plutôt enlever, soustraire tout ce qui se passe plus dans le texte plutôt que faire l'inventaire encore une fois de réitérer l'exercice.
ERZÄHLERIN: Viel bleibt nicht nach dem Ausdünnen, sagt Claire.
OT 25 CLAIRE: Non, il n'y a pas grand chose qui reste ni des climats, des ciels, des chiffres, et des attitudes, mais sinon, non, c'est l'impermanence des choses acquis, c'est flagrant.
ERZÄHLERIN: Weder das Klima, noch die Wolken, die Zahlen, das Verhalten. Die Unbeständigkeit der Dinge wird hier offensichtlich.
ERZÄHLERIN: Die Mütze mit Bommel: Eine Erinnerung an das Klima von 1974?".

OT 15 BAPTISTE:
C'est un project pour moi, oui, c'est un project pour lui aussi c'est un projet pour cet homme que j'aime beaucoup que j'admire et qui pour moi a su donner une litterature française bien que et pas que de la litterature française, mais voilà, je suis fasciné par cet homme. Parce qu'il s'a imposé parce qu'il a voulu rencontre, parce qu'il a voulu signifier et ne pas signifier, et voilà.

ERZÄHLERIN:
Seiner Meinung ist das eine sehr gute Übung für die Pariser, die nicht genug hinschauen, was in ihrer Stadt passiert.[59]

Ebenso wie im Laufe von Georges Perecs Beobachtungsversuch das *infra-* und das *extra-ordinaire* ineinanderfließen und beide Zustände immer schwerer voneinander zu trennen sind, befassen sich auch Nicole Paulsen und die übrigen Perec-Nachfolger mit dem Außergewöhnlichen, sobald es in ihr Wahrnehmungsfeld tritt. Am Beispiel einer sterbenden Taube, deren Reglosigkeit die Passanten immer wieder zum Stehenbleiben, zum Kommunizieren mit dem Tier durch Ansprechen oder Berühren veranlasst, wird dieses Sujet innerhalb des alltäglichen Geschehens an der Place Saint-Sulpice über längere Zeit verfolgt.[60]

Im Laufe der drei Tage im Oktober 2014 erkennen sich die Beobachter untereinander an ihrem spezifischen Verhalten, das zwischen Beobachten, Dokumentieren und Lesen in Perecs Buch von den verschiedenen Beobachtungsposten aus hin und herpendelt: Die Perecquiens amüsieren sich darüber, dass aus ihrem jeweils individuell motivierten Beobachtungsexperiment unerwartet ein gemeinsames Projekt geworden ist. Die Beobachter werden im Laufe der Zeit immer vertrauter miteinander und lassen sich im Café oder auf den Bänken des Platzes bewusst neben- oder eben entfernt voneinander nieder.

Die Post-Perecs bilden während der drei Tage nicht nur eine Interessengemeinschaft, sondern geradezu einen verschworenen Zirkel, sie werden durch ihr individuell-gemeinschaftliches Treiben, von dem nur sie selbst etwas wissen, zusammengeführt. Es entsteht ein soziales Miteinander, innerhalb dessen es den anderen auffällt, wenn einer von ihnen nicht zur vorgegebenen Zeit auf dem Beobachtungsposten erscheint.[61] Für den Abend stellt man Überlegungen an, gemeinsam einen Enzianlikör zu trinken.[62] Dieses Getränk, mit dem Perec am

---

[59] Paulsen, *Manuskript Untergewöhnlich*, 11.
[60] Paulsen, *Manuskript Untergewöhnlich*, 28–31.
[61] Paulsen, *Manuskript Untergewöhnlich*, 19 f.:
„NICOLE:
Ariston fotografiert mich.
Wo sind die anderen? Wo sind Renko und Caroline? Wo ist die Frau mit der Mütze mit dem roten Bommel? Ist so wenig von ‚damals' übriggeblieben, dass sie aufgegeben hat?"
[62] Paulsen, *Manuskript Untergewöhnlich*, 16: „Ariston: Und dann ist irgendwann Schluss heute, mit dem Enzianlikör. Treffen wir uns da wieder zum Enzianlikör? Sind Sie dabei?".

18. Oktober 1974 seinen Feierabend einläutete, steht 2014 jedoch nicht mehr auf der Karte des Café de la Mairie.[63]

An den drei Tagen im Oktober eignen sich die Post-Perecs den Raum um die Place Saint-Sulpice auf spezifische Weise an. Sie besetzen ihn nicht nur wortwörtlich auf den Stühlen im Café, sondern spielen – wie Caroline, die fotografische Erkundungen macht, – auf künstlerische Weise mit der urbanen Umgebung:

Caroline schaut fasziniert auf meine Sonnenbrille.

OT 36a CAROL:
I can see the reflection of the café de la Mairie in your glasses, in your sunglasses, you see. I won't see you, just everybody else.

ERZÄHLERIN:
Caroline fotografiert das Café de la Mairie (und sich selbst) in der Spiegelung meiner Sonnenbrille.

OT 36b CAROL:
(*fotografiert*) there you go, I just got myself in your sunglasses.[64]

Die Vergemeinschaftung der Perecquiens hat wiederum Auswirkungen auf den Akt der Dokumentationen, denn während die Beobachter miteinander kommunizieren, verpassen sie zahlreiche Mikroereignisse. Dies wird ihnen wiederum bewusst, und sie halten sich dazu an, zumindest einige Banalitäten zu notieren:

ERZÄHLERIN:
Innen im Café sitzt Ariston an einem kleinen Tisch mit schlechter Sicht auf den Platz.

OT 44 ARISTON:
Das ist eine eigenartige Perspektive, weil von hier sieht man kaum, was draußen vor sich geht, weil ständig jemand vorne rum ist und die Busse kann man kaum erkennen, auch die Nummern der Busse sind kaum zu sehen, aber das macht's ja irgendwie spannend. Jetzt sieht man's quasi leuchten, 96 leuchtet gerade. Moment, ich muss mal kurz schreiben, ein 96er fährt vorbei.[65]

Die aus Australien stammende Caroline ist darauf aus, die Veränderungen zwischen 1974 und 2014 festzuhalten. Sie bemerkt, dass sich der Verkehr verstärkt hat, da sie gar nicht mehr nachkommt mit dem Notieren einzelner

---

[63] Perec, *Œuvres II*, 842; Paulsen, *Manuskript Untergewöhnlich*, 25:
„PEREC:
Es regnet noch immer
Ich trinke einen Enzianlikör aus Salers.
NICOLE:
Wir trinken keinen Enzianlikör aus Salers. Ich habe auf der Karte keinen entdeckt, und habe das französische Wort für ‚Enzianlikör' vergessen.
ARISTON:
Ich möchte einen Enzianlikör aus Salers bestellen, aber laut Nicole vom SWR gibt es keinen".
[64] Paulsen, *Manuskript Untergewöhnlich*, 17.
[65] Paulsen, *Manuskript Untergewöhnlich*, 23.

Die Aneignung des urbanen Raums nach Georges Perec als Mußepraktik   251

Autos und Busse.⁶⁶ Obwohl der Verkehr gegenüber den 1970er Jahren tatsächlich zugenommen hat, hatte auch George Perec schon Schwierigkeiten, alles zu dokumentieren. Carolines kapitulative Feststellung verweist also eher auf das Wahrnehmungs- und Dokumentationsproblem als auf den 2014 faktisch dichter gewordenen Verkehr.

Im Laufe der drei Tage beobachten sich alle Beobachter nicht nur gegenseitig, sondern reflektieren auch, wie das eigene Beobachten in das Beobachtetwerden durch die anderen einfließt und welche Auswirkungen diese Feststellung auf das Wahrnehmen selbst und auf den Dokumentationsprozess hat. Die Vielschichtigkeit des Beobachtens und Beobachtetwerdens, der Subjekt- und Objektbeziehungen in den auf sämtlichen verbalen und nonverbalen Ebenen ablaufenden und miteinander verflochtenen Kommunikationsformen bringt Nicole Paulsen mit der Bemerkung „Das Projekt nimmt Sophie Calle-artige Züge an"⁶⁷ auf den Punkt. Die französische Konzeptkünstlerin Sophie Calle (*1953) führte in den 1970er Jahren Kunstaktionen durch, bei denen sie unbekannten Menschen durch Paris folgte und sich auf detektivische Weise mit deren Leben befasste. Die Ergebnisse ihrer Experimente, bei denen es um die Auseinandersetzung mit der eigenen Biographie und fremden Lebensentwürfen geht, dokumentierte Calle sowohl in schriftlichen Berichten als auch mittels Fotos.⁶⁸ Das Spiel mit den zwei Ebenen, der soziologischen Beobachtung auf der einen Seite und den daraus entstandenen Kunstprodukten auf der anderen, rückt Perecs Studie und die seiner Nachahmer tatsächlich in die Nähe von Calles Projekten.

In Nicole Paulsens Radiofeature wird die akustische Collage im Laufe der Geschichte immer mehr ausgeweitet: Während vor dem Hintergrund der Straßen- und Cafégeräusche zunächst nur Nicole und Antje ihre Eindrücke dokumentieren, ergänzt um einige im Hintergrund gesprochene Passagen aus Perecs Text, kommen nach und nach immer mehr Kommentare der übrigen Perecquiens hinzu, so dass ein und dasselbe Ereignis aus verschiedenen Blickwinkeln wahrgenommen und interpretiert wird:

---

⁶⁶ Paulsen, *Manuskript Untergewöhnlich*, 8:
„OT 12 CAROL: It's really difficult to keep up with the number of buses and cars. *Lacht.* I think things have changed, it's so much traffic. Caroline kommt kaum nach mit dem Zählen der Busse und Autos. Es ist so viel Verkehr im Vergleich zu damals".
⁶⁷ Paulsen, *Manuskript Untergewöhnlich*, 20:
„ARISTON:
Ich setze mich zu Nicole auf eine Bank etwas weiter links.
ARIANE:
L'homme de Karlsruhe a changé de place.
NICOLE:
Ariston kommt zu uns auf die Bank.
ERZÄHLERIN:
Das Projekt nimmt Sophie Calle-artige Züge an".
⁶⁸ Barbara Heinrich, *Die wahren Geschichten der Sophie Calle*, Kassel 2000; Inka Schube, *Sophie Calle*, Hannover 2002.

PEREC:
Ein 63er fährt vorbei

RENKO:
Ein 63er fährt ein

ANTJE:
Bus 63, 13 Uhr 25
ATMO 9 ‚Le Monde'

ANTJE:
Ein Mann hält *Le Monde* Zeitungen hoch und ruft lautstark im Café

RENKO:
Ein Zeitungsverkäufer bietet den Gästen im Café die Wochenendausgabe von Le Monde an.

NICOLE:
Ein Le Monde Verkäufer hält die Zeitung hoch, er trägt eine schwarze Brille[69] (Abb. 9).

Ebenso wie Perec erleben auch Nicole Paulsen, ihre Freundin und die übrigen Perecquiens das Experiment einerseits als anregend und unterhaltsam, andererseits aber auch als anstrengend und ermüdend. Die Konzentration bei der Wahrnehmung der alltäglichen Dinge und Begebenheiten zu halten und sich nicht abzulenken oder ablenken zu lassen, fällt ihnen nicht immer leicht. Mitunter empfinden auch sie eine gewisse Langeweile, verbunden mit dem Wunsch nach Abwechslung. Die drei Tage sind körperlich und geistig fordernd, Müdigkeit, Kopf- und Rückenschmerzen stellen sich ein, am Abend kommt Erschöpfung hinzu. Die beiden Frauen schauen tranceartig aus dem Fenster des Cafés[70] – „Antje starrt auf die Toilettentür als erwarte sie dahinter die Offenbarung des Untergewöhnlichen"[71] – und haben schließlich, ebenso wie Perec, gewisse Konditionsprobleme:

NICOLE:
16 Uhr. Versuch der Konzentration

PEREC:
Es ist fünf nach vier. Müdigkeit der Augen. Müdigkeit der Worte
Ein apfelgrüner 2CV
(mir ist kalt; ich bestelle einen Vieux Marc)

ERZÄHLERIN:
Ich kann nicht mehr sitzen und gehe an die Straße vor.[72]
[...]

---

[69] Paulsen, *Manuskript Untergewöhnlich*, 13. Später wird die Collage noch um eingespielte Musik erweitert (26 f.).
[70] Paulsen, *Manuskript Untergewöhnlich*, 24.
[71] Paulsen, *Manuskript Untergewöhnlich*, 24.
[72] Paulsen, *Manuskript Untergewöhnlich*, 20.

Die Aneignung des urbanen Raums nach Georges Perec als Mußepraktik 253

Abb. 9: Der 63er zur Porte de la Muette. Foto: Sebastian Ohm.

NICOLE:
17 Uhr 47
Antje und ich schreiben uns kleine Nachrichten: wollen wir aufgeben? wie lange geht es ‚offiziell' noch fragt Antje. – 18:45h! Nein. Wir geben nicht auf.[73]

Die beiden Frauen geben nicht auf, sie bleiben in ihrem selbstgesteckten Rahmen des Beobachtens von Mikroereignissen und setzen ihr Experiment bis zum Abend des dritten Tages, also über den ganzen von Georges Perec vorgegebenen Zeitrahmen, fort. Dass sich ihre Wahrnehmungserfahrung im Laufe des Versuchs verselbständigt und sie und ihre Mitstreiter – ebenso wie Perec – in die innere Auseinandersetzung mit der Situation und mit sich selbst zwingt, zeigt sich unter anderem darin, dass ihre Gedanken auch abends nach dem täglichen Ende des Experiments in Perecs Schema verhaftet bleiben und sie ihre Beobachtungen des *infra-ordinaire* nach Feierabend unwillkürlich fortsetzen:

ARISTON:
Du machst ja im Prinzip gar keinen Feierabend. Deine Gedanken sind so in diesem Schema verhaftet, ja du machst einfach weiter, stehst in der U-Bahn und kuckst dir die Schuhe von Leuten an, kuckst dir eigentlich nur die Schuhe von Leuten an und dann

---

[73] Paulsen, *Manuskript Untergewöhnlich*, 23.

vergleichst du: braune spitze, schmutzige, Hochglanzschuhe, was weiß ich, Sandalen, Schlappen, Socken, alles mögliche und dann gehste hoch, so kuckst die Leute an in ihre Gesichter, machst das gleiche mit Hautfarbe mit Haaren, mit Frisuren, mit Klamotten usw. das hört nicht auf, bis du einschläfst, und was dann nachts in deinen Träumen passiert, keine Ahnung.[74]

3. Die Aneignung des urbanen Raums als Mußepraktik

Die beiden Beobachtungsexperimente von 1974 und 2014 weisen zahlreiche Berührungspunkte mit dem Thema urbaner Muße auf. Der im Folgenden verwendete Begriff von Muße basiert auf den in den letzten Jahren herausgearbeiteten Parametern, zu denen etwa folgende zählen[75]: Muße ermöglicht die innere Bereitschaft zum Innehalten und zum Rückzug, ebenso, wie der äußerliche Rückzug aus der gewohnten alltäglichen Lebensweise Muße hervorbringen kann. Muße kann mit den paradoxen Wendungen *tätige Untätigkeit*, *produktive Unproduktivität* oder *bestimmte Unbestimmtheit* beschrieben werden. Des Weiteren ist Muße durch einen doppelten Freiheitsbegriff bestimmt, wenn sie zum einen Zeit und Raum definiert, in dem ein Subjekt frei von etwas – äußeren Zwängen, Pflichten, Erwartungen oder gesellschaftlichen Rollen – und zum anderen frei für etwas ist, nämlich einer selbstgewählten und daher selbstbestimmten Tätigkeit nachzugehen. Schließlich schafft Muße Freiräume für Reflexion und die Auseinandersetzung mit der eigenen Persönlichkeit, die auch kreative Prozesse in Gang setzen kann.

Diese Eigenschaften oder Qualitäten von Muße finden sich in den beiden vorgestellten Selbstversuchen wieder. Auf ihren Beobachtungsposten inmitten des urbanen Raums der Place Saint-Sulpice in Paris begeben sich Georges Perec und seine Nachfolger genau in diesen zurückgezogenen, reflektierenden, Freiheit und Schöpferkraft evozierenden Mußezustand. Die Beobachter schaffen sich einen *safe space* der Muße, indem sie sich innerhalb des gesteckten Zeitrahmens, an festgelegten Beobachtungsposten und fokussiert auf ein bestimmtes Wahrnehmungsinteresse – das *infra-ordinaire* – einen Freiraum schaffen. Sie nehmen ihre Umgebung gewissermaßen in der Haltung von Flaneuren wahr, die ohne Eile und ohne festes Ziel umherschweifen, sich treiben lassen und dabei

---

[74] Paulsen, *Manuskript Untergewöhnlich*, 36.
[75] Zum Begriff der Muße vgl. die oben, Anm. 16, genannte Literatur. Zur Muße als Voraussetzung für schöpferische Betätigungen siehe Elisabeth Cheauré/Evgenija N. Stroganova, „Zwischen Langeweile, Kreativität und glücklichem Leben: Muße in der russischen Literatur des 19. Jahrhunderts", in: Elisabeth Cheauré (Hg.), *Muße-Diskurse: Russland im 18. Und 19. Jahrhundert* (Otium. Studien zur Theorie und Kulturgeschichte der Muße, Bd. 4), Tübingen 2017, 81–166, 96–111; Elisabeth Cheauré, „Faulheit. Muße. Kreativität. Überlegungen zur Oblomowerei", in: Gregor Dobler/Peter Philipp Riedl (Hg.), *Muße und Gesellschaft* (Otium. Studien zur Theorie und Kulturgeschichte der Muße, Bd. 5), Tübingen 2017, 267–288.

Die Aneignung des urbanen Raums nach Georges Perec als Mußepraktik 255

offen für Sinneseindrücke jeglicher Art sind. Das Flanieren als spezifisch urbane Ausprägung von Muße[76] wird bei Perec und den Post-Perecs gewissermaßen in einen statischen Zustand überführt, da sie selbst an diversen Beobachtungspunkten – den Cafés rund um den Platz – sitzen. Sie agieren gewissermaßen als „flâneurs immobiles"[77] und lassen lediglich ihre Augen und Gedanken umherschweifen.

Indem die Beobachter ihren Fokus auf flüchtige Alltagsphänomene richten, sich Dinge und Ereignisse bewusstmachen, die im Allgemeinen als bedeutungslos eingeschätzt oder überhaupt nicht wahrgenommen werden, weiten sie das Spektrum ihrer Erfahrung aus. Indem sie das Einmalige jedes Augenblicks fokussieren und das Normale zum Besonderen erheben, eröffnen sie sich einen neuen Erlebnishorizont.

Das Experiment enthält somit Elemente, die aus der Meditations- und Kontemplationspraxis bekannt sind: Innerhalb eines formalen Rahmens wird eine absichtsvolle Absichtslosigkeit verfolgt, das Sein anstelle des Tuns erlebt, es werden die Sinne sensibilisiert und Gedankenketten, die nicht mit dem gegenwärtigen Wahrnehmen in Verbindung stehen, zurückgestellt.[78] Diese Fokussierung auf die unmittelbare Gegenwart und das geduldige Sicheinlassen auf die eigene Wahrnehmung mündet im intensivierten Erleben des Augenblicks und macht letztlich auch die Dimension von Zeit neu erfahrbar. Sowohl Georges Perec als auch Nicole Paulsen nehmen das Verstreichen der Minuten und Stunden des Öfteren verlangsamt wahr, vor allem dann, wenn ihre Beobachtungstätigkeit aufgrund einer gewissen Monotonie in Zustände der Langeweile[79] oder gar der Erschöpfung abgleitet.[80]

---

[76] Harald Neumeyer, *Der Flaneur. Konzeptionen der Moderne*, Würzburg 1999; Peter Philipp Riedl, „Die Muße des Flaneurs. Raum und Zeit in Franz Hessels *Spazieren in Berlin* (1929)", in: Tobias Keiling/Robert Krause/Heidi Liedke (Hg.), *Muße und Moderne* (Otium. Studien zur Theorie und Kulturpraxis der Muße, Bd. 10), Tübingen 2018, 99–119. Wolfgang G. Müller weist darauf hin, dass der Flaneur als Beobachter im urbanen Umfeld in einer doppelten Dialektik steht, zum einen zwischen Selbstentfremdung und Selbstaffirmation und zum anderen zwischen Nähe und Distanz zur Welt: Wolfgang G. Müller, „Der Flaneur. Begriff und kultureller Kontext", in: *Literaturwissenschaftliches Jahrbuch* 54 (2013), 205–225, 211. Vgl. Schulte Nordholt, *Georges Perec*, 66–71.

[77] Schulte Nordholt, *Georges Perec*, 71f. Vgl. Stirnadel, *Le Point de non-retour*, 218–227.

[78] Vgl. Hans-Georg Soeffner, „Muße – Absichtsvolle Absichtslosigkeit", in: Burkhard Hasebrink/Peter Philipp Riedl (Hg.), *Muße im kulturellen Wandel. Semantisierungen, Ähnlichkeiten, Umbesetzungen* (linguae & litterae, Bd. 35), Berlin/Boston 2014, 34–53; Alexander Poraj, *Enttäuschung. Eine besondere Einführung ins Zen*, München 2016.

[79] Vgl. Martina Kessel, *Langeweile. Zum Umgang mit Zeit und Gefühlen in Deutschland vom späten 18. bis zum frühen 20. Jahrhundert*, Göttingen 2001; Johannes Vorlaufer, „Zeitvertreib und Langeweile. Die Last der ‚langen Weile' und die Sehnsucht nach Muße", in: *Soziale Arbeit. Zeitschrift für soziale und sozialverwandte Gebiete* 57/8 (2008), 292–298; Alfred Bellebaum, *Langeweile, Überdruß und Lebenssinn. Eine geistesgeschichtliche und kultursoziologische Untersuchung*, Opladen 1990; Ludwig Völker, *Langeweile. Untersuchungen zur Vorgeschichte eines literarischen Motivs*, München 1975.

[80] Vgl. Sennefelder, *Rückzugsorte des Erzählens*, 50.

Perec unternahm seinen Wahrnehmungsversuch nicht an einem abgelegenen Ort, sondern inmitten der Stadt. Es ging ihm nicht um Rückzug aus dem urbanen Getriebe, sondern um das Innehalten inmitten dieser Betriebsamkeit. Die städtische Turbulenz ist geradezu die Voraussetzung für Perecs kontemplativen Wahrnehmungsversuch, da die Beobachtung urbanen Alltags nur dort erfolgen kann, wo dieser stattfindet und gelebt wird.

Georges Perec und die Post-Perecs nehmen an diesem belebten Platz inmitten der französischen Metropole die Rolle von Beobachtern ein. Während sie sich selbst an klassischen Mußeorten aufhalten – in Cafés oder auf einer Bank auf dem Platz sitzend – und ebenso klassischen Mußetätigkeiten nachgehen – Schreiben, Fotografieren, Filmen etc. – ist ihr Interesse auf das dynamische Treiben außerhalb dieses ‚Mußeraums' gerichtet, auf das pulsierende städtische Leben der Metropole Paris und damit vorwiegend auf Situationen und Ereignisse, in denen die Menschen – die Beobachtungsobjekte selbst – gemeinhin keine Muße verspüren.

Die Beobachter inszenieren sich als Dokumentierende im öffentlichen Raum und prägen durch ihr Verhalten wiederum diese urbane Mußetätigkeit.[81] Durch ihre entschleunigte Disposition heben sie sich aus der Bevölkerungsmehrheit heraus und begeben sich in Kontrast zur städtischen Schnelllebigkeit. Letztlich stehen sie in einer gewissen Opposition zur bürgerlichen Gesellschaft. Während die urbane Moderne von zielgerichtetem, zweckrationalem Tun und ständiger Leistungserwartung beherrscht ist, stellen die Beobachter an der Place Saint-Sulpice in ihrem entschleunigten Verweilen ihre Muße geradezu provokant zur Schau.[82] Schließlich grenzen sie sich auch durch ihre Fokussierung auf das *infra-ordinaire*, das Untergewöhnliche von der Mehrheitsgesellschaft ab, die gemeinhin am Besonderen, Außergewöhnlichen und Extraordinären interessiert ist. Auch hierin zeigt sich das der Muße innewohnende Freiheitsmoment, nämlich in bestimmten Situationen anders agieren zu können, als die gesellschaftlichen Erwartungen und Konventionen es fordern. Die Studien von Perec und Paulsen berühren in dieser Widerstandspraktik auch die politische Seite von Muße.

---

[81] Perec reflektiert diese Situation: „De nouvelles lumières s'allument dans le café. Dehors le crépuscule bat son plein [...] C'est à peine si je peux voir l'église, par contre, je vois presque tout le café (et moi-même écrivant) en reflet dans ses propres vitres [...] Un promeneur qui ressemble assez vaguement à Michel Mohrt repasse devant le café et semble s'étonner de me voir encore attablé devant un Vittel et des feuillets", Perec, *Œuvres II*, 839, 841, 844. Zu Perecs Reflexion seiner Beobachtungsposition siehe Mohs, *Aufnahmen und Zuschreibungen*, 108–110.

[82] Georges Perec war von 1961 bis 1978 als Archivar des Neurophysiologischen Laboratoriums beim Krankenhaus Saint-Antoine beschäftigt. Er arbeitete außerdem für das Nationale Zentrum für wissenschaftliche Forschung (CNRS). Vgl. Paulette Perec, *Portrait(s) de Georges Perec*, 60f., 106. Zur sozialen Distinktion von Muße siehe Monika Fludernik, „Muße als soziale Distinktion", in: Dobler/Riedl (Hg.), *Muße und Gesellschaft*, 163–177. Vgl. auch Helmut Kreuzer, *Die Boheme. Beiträge zu ihrer Beschreibung*, Stuttgart 1968.

In dieser Freiheit lassen sich Perec und seine Nachfolger auf das Experiment – letztlich auch das Spiel – ein. Dabei durchleben sie einen zunehmend stärker werdenden Prozess des sich selbst Einbeziehens: Die Beobachtung führt zunächst zur Bewusstwerdung ansonsten unbewusster Zustände und Ereignisse und anschließend zu deren Reflexion. Schließlich geht es nicht mehr um die objektive Wahrnehmung und Beschreibung der *untergewöhnlichen* Geschehnisse auf der Place Saint-Sulpice, sondern darum, wie das Erlebte auf die Persönlichkeit der Beobachter wirkt und durch diese gespiegelt wird sowie in den unterschiedlichen Dokumentationsformen (sprachlich, akustisch, visuell etc.) zum Ausdruck kommt und welche Selbstinszenierungen die jeweilige Narration über ihren Urheber preisgibt.

Es geht um die Wahrnehmung und Bewusstmachung des städtischen Raums, seiner Atmosphäre, seines Klangs und deren Transformation in Text, Bild, Ton oder andere Medien und damit letztlich in Kunstformen. Georges Perec, der sich als *flâneur immobile* in die Auseinandersetzung mit der Place Saint-Sulpice in Paris begab, hat mit seiner literarischen Umsetzung in *Tentative d'épuisement d'un lieu parisien* die kollektive Wahrnehmung dieses städtischen Raums geprägt und verändert. Perec und sein Werk sind auch deshalb ins öffentliche Gedächtnis und Wissen über den Platz eingeschrieben, weil in seiner Nachfolge an den drei Tagen im Oktober alljährlich zahlreiche Perec-Fans an die Place Saint-Sulpice kommen und seinen Selbstversuch wiederholen. Dieser Umstand hat auch den städtischen Raum um den Platz selbst gewandelt. Die Bibliothèque publique d'information des Centre Georges Pompidou veranstaltete hier 2012 eine *promenade littéraire*, und die Bibliothèque Couronnes, nahe der von Perec ebenfalls detailliert beschriebenen Rue Vilin[83], ließ ihre Gebäudefassade 2009 durch Fresken von Federica Nadalutti gestalten, die auch Perecs Portrait zeigen.[84] Schließlich wurden im Café de la Mairie, einem der von Perec 1974 aufgesuchten Beobachtungsorte, einige der ersten Sätze von *Tentative* auf die Wand appliziert: „La date: 18 octobre 1974. L'heure: 10 h 30. Le lieu: Tabac Saint-Sulpice. Le temps: Froid sec. Ciel gris. Quelques éclaircies"[85] (Abb. 10).

Während jeder Cafébesucher diese Schrift an der Wand zwar lesen kann, können nur die Perecquiens deren wahre Bedeutung und tieferen Sinn verstehen. Die Post-Perecs sind somit auch dadurch als eingeschworener Kreis miteinander verbunden. Für sie erlangt die Beobachtung des Normalen damit in gewissem Sinne sogar Exklusivität: zum einen, indem sie während der drei Tage im Oktober gemeinsam einen besonderen Interessensfokus haben, und zum anderen, indem sie den Platz spezifisch wahrnehmen, lesen und verstehen.

---

[83] Georges Perec, „La Rue Vilin", in: Perec, *L'Infra-ordinaire*, 15–31. Vgl. Schulte Nordholt, *Georges Perec*, 76 f.
[84] Stirnadel, *Le Point de non-retour*, 226, 383 f. mit Abbildung 384 und 385.
[85] Stirnadel, *Le Point de non-retour*, 383 f.

Abb. 10: Schriftzug aus Perecs *Tentative* an der Wand des Café de la Mairie. Foto: Sebastian Ohm.

Aus Georges Perecs individuellem Experiment von 1974 ist vier Jahrzehnte später ein kollektives Ereignis und der Platz selbst zu einer Art „Pilgerstätte des Unter-Gewöhnlichen"[86] geworden. Die Post-Perecs ahmen ihr Vorbild jedoch nicht nur nach, sondern eignen sich den Platz auch mit den digitalen Möglichkeiten ihrer Generation an. Sie führen Perecs ursprüngliches Projekt durch ihre unterschiedlichen Dokumentationsformen somit auch methodisch weiter. Schließlich entsteht eine zusätzliche Beobachtungs- und Beschreibungsebene, da die Beobachter auch selbst zum Ziel ihrer gegenseitigen Wahrnehmung werden.

Anders als für Perec, dem die Place Saint-Sulpice innerhalb seines Stadtteils, in dem er wohnte, bestens vertraut war, ist sie für einige Perec-Fans 2014 fremd oder zumindest nicht ihre vertraute, alltägliche Umgebung. Dadurch dürften sie ihr Beobachtungsexperiment als außergewöhnliche, eher touristische Situation erlebt haben.

Dass Perecs Versuch heute nach fast einem halben Jahrhundert so viele Nachahmer auf den Plan ruft, mag auch darauf beruhen, dass die heutige technisierte

---

[86] So die Ankündigung des Features durch den Südwestrundfunk (SWR)

Abb. 11: Das letzte verbliebene Café an der Place Saint-Sulpice. Foto: Sebastian Ohm.

und globalisierte Welt, nicht zuletzt auch durch die ständige mobile Erreichbarkeit und die fordernde Dominanz sozialer Netzwerke, als schnelllebig empfunden wird. Dieser als Beschleunigung des Alltags wirkende Zustand kann mit einer Auszeit im Augenblick – die jederzeit an jedem Ort möglich scheint, die demokratisch ist und nichts kostet – echte Entschleunigung entgegengesetzt werden. Das Verweilen im Moment, die Betrachtung des Bedeutungslosen und die Auseinandersetzung mit dem *Untergewöhnlichen*, letztlich die Auseinandersetzung mit sich selbst, können ein Gegengewicht zur beschleunigten urbanen Lebensweise schaffen. Die Bewusstmachung des Alltäglichen nach Perecs Vorbild eröffnet inmitten der urbanen Moderne innere Freiräume der Muße, die umso wichtiger erscheinen, da die Zahl der institutionalisierten Mußeräume – zumindest an der Place Saint-Sulpice – abgenommen hat: von den ursprünglich drei Cafés, in denen Georges Perec 1974 saß, gibt es heute nur noch eines, das Café de la Mairie (Abb. 11).

Literatur

Bellebaum, Alfred, *Langeweile, Überdruß und Lebenssinn. Eine geistesgeschichtliche und kultursoziologische Untersuchung*, Opladen 1990.

Bellos, David, *Georges Perec. A life in words – a biography*, Boston 1993.

Boehncke, Heiner/Kuhne, Bernd (Hg.), *Anstiftung zur Poesie. Oulipo – Theorie und Praxis der Werkstatt für potentielle Literatur*, Bremen 1993.

Burgelin, Claude, *Album Georges Perec*, Paris 2017.

Cheauré, Elisabeth, „Faulheit. Muße. Kreativität. Überlegungen zur Oblomowerei", in: Gregor Dobler/Peter Philipp Riedl (Hg.), *Muße und Gesellschaft* (Otium. Studien zur Theorie und Kulturgeschichte der Muße, Bd. 5), Tübingen 2017, 267–288.

Cheauré, Elisabeth/Stroganova, Evgenija N., „Zwischen Langeweile, Kreativität und glücklichem Leben: Muße in der russischen Literatur des 19. Jahrhunderts", in: Elisabeth Cheauré (Hg.), *Muße-Diskurse: Russland im 18. Und 19. Jahrhundert* (Otium. Studien zur Theorie und Kulturgeschichte der Muße, Bd. 4), Tübingen 2017, 81–166.

Conant, Chloé, „Simulacres panoptiques et opacité du réel: l'imaginaire panoramique chez quelques photographes et écrivains contemporains", in: *Revue des sciences humaines* 294/2 (2009), 127–138.

Fludernik, Monika, „Muße als soziale Distinktion", in: Gregor Dobler/Peter Philipp Riedl (Hg.), *Muße und Gesellschaft* (Otium. Studien zur Theorie und Kulturgeschichte der Muße, Bd. 5), Tübingen 2017, 163–177.

Gimmel, Jochen/Keiling, Tobias, *Konzepte der Muße*, unter Mitarbeit von Joachim Bauer, Günter Figal, Sarah Gouda u. a., Tübingen 2016.

Hasebrink, Burkhard/Klinkert, Thomas (Hg.), *Muße. Konzepte, Räume, Figuren. Der Freiburger Sonderforschungsbereich 1015 im Überblick*, Freiburg i. Br. 2014.

Hasse, Jürgen, *Atmosphären der Stadt. Aufgespürte Räume*, Berlin 2012.

Heinrich, Barbara, *Die wahren Geschichten der Sophie Calle*, Kassel 2000.

Kerbrat-Orecchioni, Catherine, *L'énonciation. De la subjectivité dans le langage*, Paris 1980.

Kessel, Martina, *Langeweile. Zum Umgang mit Zeit und Gefühlen in Deutschland vom späten 18. bis zum frühen 20. Jahrhundert*, Göttingen 2001.

Kreuzer, Helmut, *Die Boheme. Beiträge zu ihrer Beschreibung*, Stuttgart 1968.

Lejeune, Philippe, *La mémoire et l'oblique. Georges Perec autobiographie*, Paris 1991.

Magné, Bernard, „La place Saint-Sulpice: Lieu parisien ou lieu perecquien?", in: Caroline Désy u. a. (Hg.), *Une œuvre indisciplinaire. Mémoire, texte et identité chez Régine Robin*, Québec 2007, 133–148.

Miller, Anita, *Georges Perec. Zwischen Anamnese und Struktur*, Bonn 1996.

Mohs, Johanne, *Aufnahmen und Zuschreibungen. Literarische Schreibweisen des fotographischen Akts bei Flaubert, Proust, Perec und Roche*, Bielefeld 2013.

Müller, Wolfgang G., „Der Flaneur. Begriff und kultureller Kontext", in: *Literaturwissenschaftliches Jahrbuch* 54 (2013), 205–225.

Neumeyer, Harald, *Der Flaneur. Konzeptionen der Moderne*, Würzburg 1999.

Ortheil, Hanns-Josef, *Schreiben dicht am Leben. Notieren und Skizzieren*, Berlin 2012.

Ortheil, Hanns-Josef, *Mit dem Schreiben anfangen. Fingerübungen des kreativen Schreibens*, Berlin 2017.

Paulsen, Nicole, *Untergewöhnlich. Eine praktische Übung nach Georges Perecs „Versuch, einen Platz in Paris zu erfassen"*, Hörfunk-Feature, SWR 2016. Manuskript unter https://www.swr.de/-/id=17259440/property=download/nid=659934/14w9wgb/swr2-feature-am-sonntag-20160605.pdf, eingesehen 22.07.2019.

Perec, Georges, *L'Infra-ordinaire*, Paris 1989.

Perec, Georges, *Versuch, einen Platz in Paris zu erfassen*, Regensburg 2010.

Perec, Georges, *Träume von Räumen*, Zürich/Berlin 2013.

Perec, Georges, *Warum gibt es keine Zigaretten beim Gemüsehändler?*, Zürich/Berlin 2014.

Perec, Georges, *Œuvres I*, hg. von Christelle Reggiani, Paris 2017.

Perec, Georges, *Œuvres II*, hg. von Christelle Reggiani, Paris 2017.

Perec, Paulette, *Portrait(s) de Georges Perec*, Paris 2001.

Poraj, Alexander, *Enttäuschung. Eine besondere Einführung ins Zen*, München 2016.

Queneau, Raymond, „Devant Saint-Sulpice", in: Queneau, *Courir les rues, Battre la campagne, Fendre les flots*, Paris 1967, 56.

Reggiani, Christelle, „Je me souviens: la rhétorique perecquienne des noms propres", in: *Le cabinet d'amateur: revue d'études perecquiennes* 7/8 (1998), 235–254.

Reggiani, Christelle, „Perec: une poétique de la photographie", in: *Littérature* 1 (2003), 77–106.

Riedl, Peter Philipp, „Die Muße des Flaneurs. Raum und Zeit in Franz Hessels *Spazieren in Berlin* (1929)", in: Tobias Keiling/Robert Krause/Heidi Liedke (Hg.), *Muße und Moderne* (Otium. Studien zur Theorie und Kulturgeschichte der Muße, Bd. 10), Tübingen 2018, 99–119.

Riff, Jean-Christian, *Tentative d'épuisement d'un lieu parisien*, http://www.film-documentaire.fr/4DACTION/w_fiche_film/18508_1, eingesehen 22.07.2019.

Ritte, Jürgen, *Das Sprachspiel der Moderne. Eine Studie zur Literaturästhetik Georges Perecs*, Köln 1992.

Röttgers, Kurt, *Muße und der Sinn von Arbeit. Ein Beitrag zur Sozialphilosophie von Handeln, Zielerreichung und Zielerreichungsvermeidung*, Wiesbaden 2014.

Schilling, Derek, „Tentative de description: villes perecquiennes", in: *Geo/Graphies. Mapping the imagination in French and Francophone literature and film*, Amsterdam 2003, 137–150.

Schilling, Derek, *Mémoires du quotidien: les lieux de Perec*, Villeneuve-d'Ascq 2006.

Schube, Inka, *Sophie Calle*, Hannover 2002.

Schulte Nordholt, Annelies, „Georges Perec: topographies parisiennes du flâneur", in: *Relief* 2/1 (2008), 66–86.

Sennefelder, Anna Karina, *Rückzugsorte des Erzählens. Muße als Modus autobiographischer Selbstreflexion* (Otium. Studien zur Theorie und Kulturgeschichte der Muße, Bd. 7), Tübingen 2018.

Soeffner, Hans-Georg, „Muße – Absichtsvolle Absichtslosigkeit", in: Burkhard Hasebrink/Peter Philipp Riedl (Hg.), *Muße im kulturellen Wandel. Semantisierungen, Ähnlichkeiten, Umbesetzungen* (linguae & litterae, Bd. 35), Berlin/Boston 2014, 34–53.

Steiner, Ariane, „Das Puzzle um die Leere: Interkulturelle Kommunikation mit Hindernissen am Beispiel Georges Perec und Deutschland", in: *Lendemains* 27, 105/106 (2002), 198–214.

Stirnadel, Vesna, *Le Point de non-retour – Rekonstruktionsversuche der zerfallenden Identität in den Werken Georges Perecs*, Saarbrücken 2014.

Thibaud, Jean-Paul/Tixier, Nicolas, „L'ordinaire du regard", in: *Le cabinet d'amateur: revue d'études perecquiennes* 7/8 (1998), 51–67.

Völker, Ludwig, *Langeweile. Untersuchungen zur Vorgeschichte eines literarischen Motivs*, München 1975.

Vorlaufer, Johannes, „Zeitvertreib und Langeweile. Die Last der ‚langen Weile' und die Sehnsucht nach Muße", in: *Soziale Arbeit. Zeitschrift für soziale und sozialverwandte Gebiete* 57/8 (2008), 292–298.

Auf dem Weg zur postindustriellen
und digitalisierten Stadt

Look up and retune – *Urban Birding* als städtische Mußepraktik

Manuel Förderer

Vogelbeobachtung: eine entschleunigende Wohltat[1]

Das diesen Ausführungen vorangestellte Zitat, das einer vom Verlag Matthes & Seitz Berlin auf seiner Homepage angekündigten Veranstaltung entnommen ist, die den Titel *Birdwatching: Eine poetische Expedition* trug, ruft mit der Rede von der „entschleunigende[n] Wohltat" nicht nur eines der zentralen Schlagwörter des seit einigen Jahren erneut virulenten Moderne-Diskurses auf, der sich durch die Betonung von Beschleunigung und zeitlicher Verdichtung auszeichnet.[2] Er koppelt zudem das mitunter bis zum Therapeutikum stilisierte Schlagwort von der Entschleunigung mit dem in jüngster Zeit an Popularität gewinnenden Vogelbeobachten – und führt somit exemplarisch jene zwei Bereiche zusammen, welche die wesentlichen Koordinaten der folgenden Überlegungen bilden. Zwar sind Verlangsamung und positiver Affekt nicht deckungsgleich mit dem hier zur Debatte stehenden Phänomen der Muße, und das Vogelbeobachten soll in erster Linie in seiner städtischen Variante diskutiert werden; aber die Engführung beider Aspekte ist nichtsdestotrotz symptomatisch. Die Möglichkeit, Muße als vermeintlich „entschleunigende Wohltat" zu erfahren, sowie das Vogelbeobachten scheinen eine direkte Beziehung zueinander zu unterhalten. Diese Verbindung artikuliert sich in Momenten des Innehaltens, der zweckhaften Zwecklosigkeit selbstreferentieller Tätigkeiten oder der Unverfügbarkeit, die oftmals als Charakteristika von Mußeerfahrungen genannt werden und die im Folgenden als zentrale Merkmale des *urban birding* herausgearbeitet werden sollen.

Die Frage, der dieser Essay im Folgenden nachgehen möchte, lautet dementsprechend: Inwiefern birgt das seit einigen Jahren in vielen Städten anzutreffende *urban birding*, also das Vogelbeobachten im städtischen Raum, Muße-Potential? Im Zentrum dieser Überlegungen stehen dabei vor allem die Veröffentlichungen des britischen Hobby-Ornithologen David Lindo, der den Terminus *urban*

---

[1] *Verlagshomepage Matthes & Seitz Berlin*, https://www.matthes-seitz-berlin.de/termin/bird watching-eine-poetische-expedition-mit-cord-riechelmann-und-anderen.html, abgerufen am 22.10.2019.
[2] Paradigmatisch hierfür Hartmut Rosa, *Beschleunigung. Die Veränderung der Zeitstrukturen in der Moderne*, Frankfurt a. M. 2005.

birding maßgeblich geprägt hat und in dessen Beschreibungen dieser Praktik sich mitunter direkte Beziehungen zum phänomenologischen Vokabular des Muße-Diskurses herstellen lassen. Sowohl in seinen Buchpublikationen als auch in Videos greift Lindo, wie zu zeigen ist, auf Semantiken zurück, die sich als anschlussfähig für Theoriebildung und Nomenklatur der jüngeren Muße-Forschung erweisen und als Erfahrungs- und Bewegungsraum die Stadt zum Bezugspunkt haben. Obwohl also, wie der Titel dieses Aufsatzes schon besagt, das *urban birding* als urbane Mußepraktik diskutiert werden soll, liegt der Schwerpunkt der Analysen hier auf seinen textlichen Repräsentationen.

I. Stadt, Natur, Stadtnatur – Ein Blickwechsel

Ohne viel Übertreibung lässt sich sagen, dass der Vogel in den vergangenen Jahren einen (mitunter zweifelhaften) Popularitätsschub erlebt hat. Dieser Befund gilt nicht lediglich für einzelne akademische Disziplinen, deren fachspezifische Ausrichtung ein entsprechendes Forschungsinteresse von vorneherein nahelegt, sondern behauptet seine Gültigkeit quer zur noch immer wirkmächtigen wissenschaftstheoretischen Leitdifferenz von Naturwissenschaften und Geistes- respektive Kulturwissenschaften. Zu Biologie und Landschaftsökologie treten zunehmend Philosophie und Literaturwissenschaft, die ihrerseits verstärkt avifaunistische Interessen ausgebildet und den Vogel als Reflexionsfigur entdeckt haben.[3] Dabei lässt sich weit über die Welt der Academia hinaus ein in den letzten Jahren stark gewachsenes Interesse an Flora und Fauna ausmachen, das sich nicht zuletzt in steigenden Absatzzahlen entsprechender Publikationen dokumentiert und welches das im anglophonen Sprachraum seit einiger Zeit wieder äußerst populäre *nature writing*, wo der Vogel ebenfalls eine prominente Rolle spielt[4], in den Fokus der Aufmerksamkeit rückt. Der Erfolg der von Judith

---

[3] So schreibt u. a. Cord Riechelmann, dass Vögel die vielleicht „philosophischsten Tiere überhaupt" seien. Cord Riechelmann, „Rettet das Zwitschern", in: *philosophie Magazin* (Juni/Juli 2017), https://philomag.de/rettet-das-zwitschern/, abgerufen am 22.10.2019. Zum Vogel als philosophische Reflexionsfigur vgl. Philippe J. Dubois/Élise Rousseau, *Kleine Philosophie der Vögel. 22 federleichte Lektionen für uns Menschen*, München 2019. Letzterer Titel zeigt außerdem, dass im Vogel-Diskurs der Begriff der Philosophie weniger fachstreng genutzt wird, sondern eher ein allgemeineres Nachdenken über den Menschen und seine Umwelt denotiert. Im Bereich der Literaturwissenschaft sei vor allem auf eine „Poetische Ornithologie" betitelte Ausgabe der *Neuen Rundschau* (Teresa Präauer [Hg.], *Poetische Ornithologie. Zum Flugwesen in der Literatur*, Berlin 2017) sowie auf die im April 2019 von Tanja van Hoorn organisierte interdisziplinäre Tagung *Avifauna aesthetica. Vogelkunden, Vogelkünste* hingewiesen. Die Präsenz des Vogels in neueren Publikationen konstatiert auch Rolf Schönlau, „Der Vogel als Mensch, als Sänger und als Denkfigur. Drei Zugänge zur Betrachtung der artenreichsten Klasse der Wirbeltiere", in: *literaturkritik.de* (09.02.2018), https://literaturkritik.de/public/rezension.php?rez_id=24093, abgerufen am 15.10.2019.

[4] Stellvertretend sei hier auf die Arbeiten Jonathan Franzens verwiesen, vor allem auf dessen Essayband *Das Ende vom Ende der Welt*, Hamburg 2019 (Originalausgabe 2018).

Schalansky bei Matthes & Seitz Berlin herausgegebenen Reihe „Naturkunden" kann hierfür exemplarisch angeführt werden. Die Natur ist nach einer längeren Phase der Absenz wieder medial und öffentlich präsent.

Konzentriert man sich, wie dies im Folgenden geschehen soll, allein auf das Erscheinen des Vogels in jüngeren Publikationen, so lässt sich tatsächlich von einem regelrechten „Ornitho-Boom"[5] sprechen. Es kann kaum verwundern, dass sich dieser stark aus Motiven des Umweltschutzes speist und damit in gewisser Hinsicht auf die immer länger werdende Rote Liste der bedrohten Vögel reagiert, wodurch die nostalgischen bis melancholischen Töne, die hierbei immer wieder anklingen, verständlich werden.[6] Es scheint auch hier jener kulturelle Reflex vorzuliegen, den der britische Historiker David Blackbourn in seinem Buch *The Conquest of Nature* herausgearbeitet hat, dass nämlich die Verklärung und Romantisierung der Natur eine kulturelle Parallelbewegung zu ihrer zeitgleichen physischen Zerstörung ist.[7] Angesichts von Einbußen in der Vogelpopulation, die auf etwa 65% der Bestände seit 1950 taxiert werden, ein durchaus plausibler Gedanke.[8] Der die vergangenen Jahre über an medialer und öffentlicher Resonanz sowie Reichweite zugewinnende Natur-Diskurs bezieht einen nicht zu unterschätzenden Bestandteil seiner Wachstumsmotorik aus dieser zunehmend klarer werdenden Parallelbewegung von Zerstörung und Romantisierung. Darüber hinaus verdankt sich der besagte Boom aber auch der Image-Aufwertung des Vogelbeobachtens selbst, die David Lindo immer wieder thematisiert und an dessen Um- und Aufwertung er dezidiert mitschreibt.[9] Beide Motive fließen im *urban birding* zusammen.

Der *urban birder* ist, so könnte vorweg eine erste Minimaldefinition lauten, nichts weiter als die städtische Variante des sich ansonsten in Wald und Flur aufhaltenden Vogelbeobachters. Dabei ist es weniger das „Was" seiner Tätigkeit, das mitunter für Verwunderung sorgt, als viel eher die in der Tätigkeitsbezeichnung

---

[5] Silvia Schaub, „Die Städter kommen auf den Vogel", in: *Beobachter* (26.03.2019), https://www.beobachter.ch/umwelt/urban-birding-die-stadter-kommen-auf-den-vogel, abgerufen am 22.10.2019.

[6] Vgl. Peter Berthold, *Unsere Vögel. Warum wir sie brauchen und wie wir sie schützen können*, Berlin 2017 sowie allgemein Christoph Grüneberg u. a., „Rote Liste der Brutvögel Deutschlands, 5. Fassung, 30. November 2015", in: *Berichte zum Vogelschutz* 52 (2016).

[7] Vgl. David Blackbourn, *Die Eroberung der Natur. Eine Geschichte der deutschen Landschaft*, übers. v. Udo Rennert, 3. Aufl., München 2008. Blackbourn diskutiert diesen Reflex unter anderem am Rheinbegradigung oder dem Ausheben des Jadebusens, im Zuge derer jeweils bestimmte Landschaftstypen im großen Stile verschwanden und dadurch zum Ausgangspunkt der Stilisierung ebenjener Landschaften als unberührt und paradiesisch avancierten. Vgl. hier 93 f. sowie 139–141.

[8] Vgl. Berthold, *Unsere Vögel*, 37–46 sowie Andreas H. Segerer/Eva Rosenkranz, *Das große Insektensterben. Was es bedeutet und was wir jetzt tun müssen*, München 2017, 199.

[9] Allerdings schreibt noch Johanna Romberg, Vogelbeobachtung habe, „vor allem für Jüngere, immer noch einen Coolness-Faktor, der irgendwo zwischen Bienenzüchten und Briefmarkensammeln liegt." Das mag sich in jüngster Zeit dann doch ein wenig geändert haben. Johanna Romberg, *Federnlesen. Vom Glück, Vögel zu beobachten*, Köln 2018, 13.

vorhandene lokale Dimension. Dass die Hinwendung zum städtischen Raum als *locus observandi* rechtfertigungsbedürftig ist, ist bereits frühen Dokumenten zur urbanen Ornithologie eingeschrieben. So sieht sich beispielsweise der Ornithologe Heinrich Frieling in seinem 1942 publizierten Buch *Großstadtvögel*, das den bezeichnenden Untertitel *Krieg, Mensch, Natur* (in eben dieser Reihenfolge) trägt, dazu genötigt, den Blickwechsel vom Land auf die Stadt mit dem „großen Kriege" zu legitimieren, der die Menschen in die Städte banne. Das sei zwar bedauerlich, aber: „Ist es nicht ganz gut, das, was wir tagtäglich vor unseren Fenstern sehen und beobachten können, auch einmal wirklich zu beobachten und forschenden Auges zu erleben, anstatt ihm, weil es allzu nah, zu entfliehen?"[10] Frieling sieht neben forschungsrelevanten Aspekten die Aufgabe seines Buches dementsprechend darin, dem Großstädter gezielt die Augen zu öffnen für die „Biologie vor der Haustür'"[11] und ergo die Stadt als Ort des Vogelbeobachtens zu erschließen.[12] Es ist dem Publikationskontext geschuldet, dass er diese perspektivische Verschiebung beziehungsweise Erweiterung funktionalisiert und rückbindet an die „Sammlung der Kräfte zu dem einen Ziel"[13], auf das es nun ankomme – womit der ideologisch fundierte Vernichtungskrieg gemeint ist, den das Deutsche Reich zu diesem Zeitpunkt führte. Durch die der Handlung äußerliche Zwecksetzung lässt sich Frielings ornithologischer Kriegsdienst nur schwerlich als Muße-Handlung apostrophieren.

Nichtsdestotrotz formulierte Frieling bereits einen Kerngedanken, den David Lindo einige Jahrzehnte später als zentrales Movens ausstellen wird, nämlich die Fokussierung auf die unmittelbare, alltägliche Stadtumgebung. Das bedeutet nicht zuletzt, dass sich die geographischen Ziele sowie die Bewegungsmuster des potentiellen Vogelbeobachters komplett verschieben. Führte der Spaziergang den

---

[10] Heinrich Frieling, *Großstadtvögel. Krieg, Mensch, Natur*, Stuttgart 1942, 5. Dort auch das vorige Zitat.

[11] Frieling, *Großstadtvögel*, 6. Es handelt sich hier um kein von Frieling ausgewiesenes Zitat; die Anführungszeichen scheinen lediglich den Gedanken im Druckbild hervorheben zu wollen.

[12] Dass Frieling, der nach 1945 vor allem als Farbpsychologe wirkte, nicht als Erster Vögel in klassischen Kulturräumen beobachtete, merkt er selbst an und verweist unter anderem auf das Buch *Die Vögel der deutschen Kulturlandschaft*, Marburg 1921, von Otto Schnurre, der eine erste grundlegende Arbeit zu sogenannten Kulturfolgern vorlegte. In diesem Buch weist Schnurre auf einen Aspekt hin, der auch bei Berthold und Lindo eine zentrale Rolle spielt, dass es nämlich die so „viel geschmähte Kultur" sei, „der wir den Vogelreichtum unserer Gärten und Parks zu verdanken haben. Die verhältnismäßige Vogelarmut der Urwälder sticht sehr scharf dagegen ab." Zitiert nach: Joachim Radkau, *Die Ära der Ökologie: Eine Weltgeschichte*, München 2011, 650. Frieling war außerdem für die erste Nachkriegsauflage des berühmten Vogelbestimmungsbuchs *Was fliegt denn da?* verantwortlich (*Was fliegt denn da? Tabelle zum Bestimmen von 396 Vogelarten Mitteleuropas und der angrenzenden Länder*, Stuttgart 1950). Der Kosmos-Verlag, bei dem sowohl Frielings *Großstadtvögel* als auch das besagte Bestimmungsbuch erschienen sind und im letzteren Falle auch noch weiterhin erscheint, ist zugleich der Verlag, der auch David Lindos Bücher in Deutschland verlegt.

[13] Frieling, *Großstadtvögel*, 6.

Städter zuvor aus der Stadt hinaus ‚in die Natur'[14], so führt der Weg des *urban birder* ihn geradewegs in die Natur der Stadt zurück, in die „Stadtnatur", wie sie Josef Reichholf bezeichnet.[15] Darin, dass sich frühe Ornithologen wie Frieling und auch noch David Lindo aktiv für die Stadt als Ort der Vogelbeobachtung entscheiden und diese Entscheidung entsprechend legitimieren mussten und müssen, artikuliert sich eine lange Tradition der Differenzierung zwischen Stadt und Natur[16], welche die Stadt in pejorativer Perspektivierung als lebensfeindlichen Moloch stilisierte – eine Vorstellung, die sich vor allem an der Wahrnehmung der Großstadt um 1900 entzündete und sich durch entsprechende Ästhetisierung (beispielsweise die Stadtdarstellung in Fritz Langs Film *Metropolis*) diskursiv verfestigt hat.[17] Das Bild des „concrete jungle"[18], das sich ins kulturelle Bildrepertoire einprägte, speist sich dabei aus der Erfahrung mitunter unkontrollierten Städtewachstums sowie industrieller und mobilitätstechnischer Indienstnahme der Stadt, die in der semantischen Fronstellung von Stadt und Natur beziehungsweise Land im assoziativen Horizont grundsätzlich präsent ist. So beschrieben, befindet sich der Städter weniger in einer Umwelt, als vielmehr in einer Un-Welt.[19]

Dergleichen Stadtbilder, deren wesentliche Koordinaten von Hektik, Beschleunigung, Lärm und Gestank geprägt waren, standen der Entdeckung der Stadtlandschaft als Raum (natur-)ästhetischer Wahrnehmung im Weg. Es sind

---

[14] Vgl. Gudrun M. König, *Eine Kulturgeschichte des Spazierganges. Spuren einer bürgerlichen Praktik 1780–1850*, Wien 1996, 33 f.
[15] Josef Reichholf, *Stadtnatur. Eine neue Heimat für Tiere und Pflanzen*, München 2007.
[16] Vgl. zur Stadt-Land-Differenz u. a. Klaus Tenfelde, „Die Welt als Stadt? Zur Entwicklung des Stadt-Land-Gegensatzes im 20. Jahrhundert", in: Friedrich Lenger/Klaus Tenfelde (Hg.), *Die europäische Stadt im 20. Jahrhundert. Wahrnehmung – Entwicklung – Erosion*, Köln 2006, 233–264.
[17] Vgl. u. a. Clemens Zimmermann (Hg.), *Die Stadt als Moloch? Das Land als Kraftquell? Wahrnehmungen und Wirkungen der Großstädte um 1900*, Basel 1999.
[18] Auf diesen Betondschungel spielt noch der englische Titel von David Lindos erstem Buch an (*Tales from Concrete Jungles. Urban Birding Around the World*, London 2015), das in der deutschen Version schlicht mit #*Urban Birding* betitelt wurde, womit die oben erwähnten eher negativ konnotierten Vorstellungen der modernen Stadtlandschaft, die der englische Titel noch aufruft, verloren gehen.
[19] Auch Heinrich Frieling hängt diesem Stadtbild noch an, das außerdem durchsetzt ist von einem biologistischen Vokabular nationalsozialistischer Provenienz. Ist seine Rede vom „steinernen Meer der Stadt" noch einer traditionellen Metaphorik verpflichtet, mündete sein Urteil, die Großstadt stelle „denjenigen Lebensraum" dar, der sich am allermeisten von den natürlichen Lebensräumen" unterscheide, in die Feststellung, die Großstadt führe bei Mensch und Tier gleichermaßen zu „Entartungen!" So wie es beispielsweise bei Amseln aufgrund des geringen Selektionsdrucks zu „Entartungen des Trieblebens" und infolge dessen zur „Proletarisierung" komme, so gelte auch, dass die Großstadt beim Menschen zu Veränderungen führe, die den Großstädter „gegenüber dem Schollenverwurzelten" auszeichne. Spätestens an dieser Stelle bedient sich Frieling der zum Publikationszeitpunkt seines Buches etablierten Abwertungsmechanik, die die kosmopolitisch konnotierte Großstadt als Ort der Entfremdung von der ‚Scholle' diskreditiert. Frieling, *Großstadtvögel*, 7, 8, 11, 12.

solche Annahmen, vor deren Hintergrund Lindo sein Programm des städtischen Vogelbeobachtens entfaltet. Es mag also an der Persistenz dieses kulturellen Narrativs liegen, dass die kontinuierliche Zunahme von Vögeln im Stadtgebiet seit den späten 1960er-Jahren sowie die Betonung von Seiten der Wissenschaft, dass der Ornithologie des „urban-industriellen Ökosystems"[20] in Zukunft ganz besondere Bedeutung zukommen werde, trotzdem nicht dazu führten, dass Vogelfreunde ihre Ferngläser plötzlich auf Häuserschluchten oder Hinterhöfe richteten.

II. Vom ‚Moloch' zum Habitat – *urban birding* als Raumpraxis

Die wahrscheinlich schrägste Antwort auf die oben gestellte Frage, was *urban birding* eigentlich sei, gelang im Jahr 2018 einer Autorin des Stadtmagazins *Der Neusser*. Dort liest man: „Urban Birding ist ein wenig wie die naturverbundene Variante von ‚Pokemon go', eine Jagd auf echte Lebewesen."[21] Auch wenn der Vergleich mit dem digitalen Pop-Phänomen, das ja gerade die Aufmerksamkeit von der Stadt abzieht und im omnipräsenten Bildschirm bannt, etwas holprig ausfällt, so ist das Jagd-Moment nicht ganz von der Hand zu weisen. Abgesehen von der Trophäen-Lust, die so manchen ‚Orni' befällt[22], verweist die Bezeichnung des städtischen Vogelbeobachtens als Jagd auf eine notwendige Modifikation der Raumwahrnehmung, die sich nicht zuletzt als Aufbrechen automatisierter Alltagswahrnehmungen verstehen lässt. Wer in der Stadt Vögel beobachten will, der muss den ihn umgebenden Raum anders wahrnehmen beziehungsweise, wie sich mit Rekurs auf die handlungsbasierte Raumtheorie von Michel de Certeau sagen ließe, durch sein Handeln einen anderen Stadtraum konstruieren.[23] Immanent ist diesem Gedanken ein ontologischer Nexus zwischen Handlungen respektive Praktiken und dem Zustandekommen eines (sozialen) Raumes, wodurch sich die Rede von verschiedenen Raumpraktiken motiviert und legitimiert. Es geht beim *urban birding* also darum, den Stadtraum neu zu konstruieren, wobei ein besonderes Augenmerk auf den Aspekten Wahrnehmung sowie Bewegung durch

---

[20] Einhard Bezzel, *Vögel in der Kulturlandschaft. 62 Tabellen*, Stuttgart 1982, 173.
[21] Monika Nowotny, „Urban birding: Vögel beobachten ist voll im Trend", in: *Der Neusser. Stadtmagazin für Neuss und Umgebung* (16.10.2018), https://www.derneusser.de/2018/10/16/urban-birding-voegel-beobachten-ist-voll-im-trend/, abgerufen am 22.10.2019.
[22] Einige der denkwürdigsten Sammelgeschichten finden sich in Bernd Brunner, *Ornithomania – Geschichte einer besonderen Leidenschaft*, Berlin 2016. Nicht zuletzt verdankt sich auch David Lindos erstes Buch (*#Urban Birding*, übers. v. Anna-Christin Kramer u. Jenny Merlin, Stuttgart 2018) der Logik seiner Sammelwut, listet es doch akribisch die von ihm besuchten Orte und gesichteten Vögel auf.
[23] Vgl. Michel de Certeau, „Praktiken im Raum", in: Jörg Dünne/Stephan Günzel (Hg.), *Raumtheorie. Grundlagentexte aus Philosophie und Kulturwissenschaften*, 8. Aufl., Frankfurt a. M. 2015, 343–353, bes. 345 f. Dort findet sich die geradezu kanonische Formulierung, ein Raum sei „ein Ort, mit dem man etwas macht."

den urbanen Raum liegt. Dies sind die Grundvoraussetzungen, mittels derer sich in letzter Instanz der Stadtraum als Naturraum wiederentdecken lässt – Lindo selbst spricht in diesem Kontext dezidiert von „rediscovery".[24]

Dieser Komplex soll durch ein (wie so häufig autobiographisches) Beispiel aus Lindos jüngster Publikation *How to Be an Urban Birder* illustriert werden:

> Very recently, I was walking in the heart of Soho in central London on my way to a meeting. It was a delightfully sunny springtime afternoon and people were out in force. Soho is the media hub of the UK and there is always frenetic activity on the streets; hardly a place to be noticing birds you might think. [...] Whilst soaking up this bustling scene I was aware of a slight movement in my peripheral vision above my head. Looking up I was delighted to witness a Common Buzzard drifting south fairly low. I stopped and just stood in the middle of the street marveling at the majestic raptor as it slowly headed over. To think that just minutes earlier it might have been soaring in the skies over the Hertfordshire countryside to the north but was now over the centre of my city on its way to who knows where. I was spellbound.[25]

Dieses Erlebnis skizziert in aller Kürze die wesentlichen Eckpunkte der *urban-birding*-Szenographie; das Stehenbleiben, die Verschiebung der Aufmerksamkeit, Konzentration und Fokussierung auf das Beobachtungsobjekt und, nicht unerheblich, das Freisetzen von Gedanken und mentalen Operationen, die über das unmittelbare Beobachten hinausweisen. Dabei akzentuiert die Erzählerposition, sprich die Perspektivierung des erzählten Geschehens („I"), den Beobachterstatus des „Ichs". Durch die binäre Opposition von hektischer Bewegung und Betriebsamkeit („frenetic activity"/„bustling scene") und gezielter Verlangsamung bis hin zum Stillstand („I stopped and just stood") wird außerdem nicht nur eine das Programm des *urban birding* charakterisierende Spannung inszeniert, sondern diese Textstelle markiert zugleich einen Umbruch in der Raumpraktik. Diese neue Inanspruchnahme des städtischen Raums lässt sich hinsichtlich dreier Achsen konzeptualisieren: der Blickachse, die sich in dem von David Lindo zum Motto verdichteten Richtungsimperativ „Look up!" ausdrückt[26], der Bewegungsachse, bei der es um eine sukzessive Verlangsamung bis hin zum Stillstand geht, sowie der kognitiv-emotionalen Achse, die beispielsweise

---

[24] David Lindo, *How to Be an Urban Birder*, Princeton 2018, 11. Analog zu Frielings „Biologie vor der Haustür" spricht Lindo davon, den Leser seines Buches auf eine Reise mitzunehmen, „that might help you to connect more with the nature that is right under your nose and above your head" (11).

[25] Lindo, *How to be an urban birder*, 12 f.

[26] Lindo, *How to be an urban birder*, 14: „So get out there and don't forget to look up!" Dieses Motto findet sich aber auch in vielen Videos von David Lindo (dort zumeist gestisch untermalt durch sein Kopfheben) und ist ebenfalls Teil der paratextuellen Werbestrategien. So liest man auf dem Buchrücken von *#Urban Birding*: „Davids Botschaft ist ganz einfach: #Look up! Schaut nach oben! Auch und gerade in der Stadt." Auch auf Lindos Homepage ist das Motto omnipräsent; dass er selbst auf nahezu jedem dort abgebildeten Foto nach oben schaut, versteht sich von selbst. Interessanterweise konstatiert auch Johanna Romberg in ihrem Buch: „Ich lerne Grundregel Nr. 3 für Stadtbeobachter: Kopf in den Nacken und ganz nach oben gucken!"

Gefühle der Verbundenheit oder naturphilosophische Gedanken umfasst. Realiter lassen sich lediglich die ersten beiden Achsen beobachten, im Kontext textbasierter Repräsentationen ist die letzte Achse (in Kombination mit den anderen beiden) hingegen ein möglicher Indikator für das Vorhandensein von Muße-Erfahrungen. An ihr wird die Vorstellung von Muße als reflexivem Freiheitsraum, als Moment reflexiv-kritischer Überschussproduktion am ehesten greifbar.

Die Blickachse sowie die Bewegungsachse, die sich in dem Setting von Lindos Beispiel gut erkennen lassen, markieren einen Moment, der für die Frage nach dem Muße-Potential des *urban birding* von zentraler Bedeutung ist: Die Bewegung durch den urbanen Raum wird verlangsamt und entfunktionalisiert. Lindo bleibt nicht nur letztlich stehen, sondern auch der eigentliche Zweck seiner Bewegung durch die Stadt – „I was […] on my way to a meeting" – tritt in den Hintergrund. Der Auslöser dieser Bewegungsmodifikation, der Bussard, den Lindo aus dem Augenwinkel wahrnimmt, verweist dabei auf die physiologischen Aspekte, die in dem Beispiel und beim *urban birding* überhaupt eine wesentliche Rolle spielen. Denn es ist durchaus eine Herausforderung, in der von unzähligen visuellen und auditiven Reizen geprägten Stadtlandschaft sich auf etwas so Kleines und vergleichsweise Leises wie ein Rotkehlchen, einen Grünfinken oder eben einen verhältnismäßig tief fliegenden Bussard zu fokussieren. Verdichtung und Konzentration von Wahrnehmung sind für das städtische Vogelbeobachten ergo unabdingbar. Es gelte, so Lindo, die Sinnesorgane neu auszurichten und neu zu stimmen: „Basically, as an urban birder you will have to learn to retune your ears. You will soon start to hear birds calling and perhaps see a few fly by. This is just the start, though. The real secret to noticing birds in urban areas is to try to view towns and cities as another type of habitat."[27]

In diesem Zitat fallen zwei Argumentationsstränge zusammen. Zum einen die bereits erwähnte Neuausrichtung zentraler Sinnesorgane, wobei sich zum visuellen „look-up"-Imperativ das auditive *retuning* gesellt. Zum anderen geht es dem *urban birder* darum, die oben angesprochene Semantik der Dichotomie zwischen Stadt und Natur zugunsten einer integrierenden Perspektive, die sich im Habitat-Gedanken ausspricht, zu überwinden. Städte sollen in ihrer Gesamtheit anders wahrgenommen werden, nicht mehr lediglich als Stätte menschlichen Wohnens und ökonomisch-kultureller Aktivitäten, sondern als „rurbane Landschaften"[28], als städtisch-ländliches Mischgebilde. Sowohl der sichtbare

---

Romberg, *Federnlesen*, 166. Ob Romberg mit Lindos Büchern vertraut ist, lässt sich nicht sagen; aufgeführt wird er in ihrer kurzen Literaturliste jedenfalls nicht.

[27] Lindo, *How to Be an Urban Birder*, 20.

[28] Sigrun Langner/Maria Frölich-Kulik (Hg.), *Rurbane Landschaften. Perspektiven des Ruralen in einer urbanisierten Welt* (Rurale Topografien, Bd. 7), Bielefeld 2018, hierbei v. a. den Aufsatz von Thomas Sieverts, „Rurbane Landschaften. Vom Aufheben des Ländlichen in der Stadt auf dem Wege in das Anthropozän", 31–37.

als auch der lediglich hörbare Vogel fungieren als Verweise auf die Präsenz des Natürlichen innerhalb der vom Menschen geschaffenen zweiten Natur „Stadt". Der *urban birder* nimmt dementsprechend eine Haltung gegenüber dem Stadtraum ein, die grundsätzlich damit rechnet, Natur (sprich: Vögeln) zu begegnen, wo ansonsten der Fokus beispielsweise auf umsatzorientierter Funktionsarchitektur liegen mag. Städtische Architektur (vor allem in puncto Innenstädte und Fußgängerzonen[29]) sowie das urbane Mobiliar (z. B. Werbeflächen) präfigurieren in erheblichem Maße die möglichen Handlungs- und Wahrnehmungsmuster im urbanen Raum. Erweitert man dieses Setting um den Vogel, werden diese Muster dementsprechend ergänzt; gerade in den von vollständiger Indienstnahme des psychophysischen Apparats in ökonomischer Hinsicht geprägten Innenstädten zieht das Vogelbeobachten gezielt Aufmerksamkeit von angebotsgesättigten Flächen ab – worin man durchaus die Emergenz eines widerständigen Moments erkennen darf. Die von Lindo immer wieder zitierte Maxime „anything can turn up anywhere at anytime"[30], womit auf die Vielfalt ornithologischen Lebens hingewiesen wird, versetzt den *urban birder* in permanente innere Bereitschaft, sich aus dem der Beschleunigung verpflichteten Stadtrhythmus auszuklinken, sich zu verlangsamen, sich auf wenige, klar umrissene Wahrnehmungsreize zu konzentrieren und damit ein eigenes inneres Zeitregime zu etablieren. In gewisser Hinsicht transformiert die Praxis des *urban birding* die ökonomisch motivierte Unruhe städtischer Bewegung in die Ruhe einer selbstzweckhaften Beobachtung. Arnulf Conradi hat für diesen Effekt des Vogelbeobachtens die treffende Formulierung gefunden, es schaffe „eine Senkrechte in der Zeit."[31] Die Rede vom eigenen Zeitregime, das dadurch ins Werk gesetzt wird, ist ein klassischer Indikator für das Vorhandensein von Muße, die, wie Thomas Klinkert schreibt, einen „Einschnitt ins Zeitkontinuum des Alltags" bewirke, wodurch das Individuum sich außerhalb der üblichen „Beschäftigungen und Sorgen" verorte.[32]

Damit ergeben sich auch Parallelen zu diversen informellen Achtsamkeitspraktiken, da es auch beim *urban birding* letztlich um Formen „intentionale[r] Aufmerksamkeitsregulation"[33] geht. Das, was zuvor als Verdichtung

---

[29] Wobei Johanna Romberg wohl zurecht darauf hinweist, dass dies innerstädtische Bereiche sind, an denen es nicht unbedingt viel zu sehen gibt. Vgl. Romberg, *Federnlesen*, 172. Allerdings ist dieses Urteil einer Perspektive verpflichtet, die vor allem die Beobachtung besonderer oder seltener Vögel privilegiert. Aber gerade in den zunehmend austauschbaren Innenstädten kann das Auftauchen eines vermeintlich alltäglichen Vogels und seine Beobachtung Muße-Potential bergen.
[30] U. a. Lindo, *How to Be an Urban Birder*, 68.
[31] Arnulf Conradi, *Zen und die Kunst des Vogelbeobachtens*, München 2019, 15.
[32] Thomas Klinkert, *Muße und Erzählen: ein poetologischer Zusammenhang. Vom „Roman de la Rose" bis zu Jorge Semprún* (Otium. Studien zur Theorie und Kulturgeschichte der Muße, Bd. 3), Tübingen 2016, 10. Dort beide Zitate.
[33] Jochen Gimmel/Tobias Keiling, *Konzepte der Muße*, unter Mitarbeit von Joachim Bauer, Günter Figal, Sarah Gouda u. a., Tübingen 2016, 32.

der Wahrnehmung bezeichnet wurde, meint hierbei eine konzentrierte Versenkung in den Akt des Beobachtens selbst, dessen intentionales Objekt der entsprechende Vogel ist und wofür ikonographisch der gerahmte Blick durchs Fernglas steht. Das *urban birding* schafft, wie bereits erwähnt, einen Moment der Ruhe in einer Umgebung der Unruhe und ist ergo gekennzeichnet durch einen phänomenalen Grundzug des Innehaltens, was die Möglichkeit einer besonderen Zeiterfahrung bietet, die sich weniger durch ihr gefühltes Vergehen als vielmehr durch ihre Absenz auszeichnet. Es ist, wie es Günter Figal formuliert, eine „wache Aufgeschlossenheit, in der man sich auf das, was da ist, einlassen kann und also selbst gelassen ist."[34] Diese Erfahrungsqualität bedingt sich auch dadurch, dass es dem *urban birding* als Handlung um nichts dieser Handlung Externes geht, es kennt kein anderes Ziel außerhalb seiner selbst, ist also im besten Sinne selbstzweckhaft und selbstreferentiell. Es verwundert angesichts dieser Merkmale nicht, dass David Lindo selbst das *urban birding* mit dem Zen-Buddhismus in Verbindung bringt[35] und es versteht „as a form of meditation – a way to tune into nature. It's more than watching birds. It's spiritual. You don't have to be an expert; it just makes you feel good."[36] Auch wenn Lindo diesen Vergleich häufiger zieht und das *urban birding* mitunter sogar als Lebensphilosophie bezeichnet[37], so sind seine Formulierungen auch für durchschnittliche Freizeitsemantiken anschlussfähig, beispielsweise wenn er schreibt: „The key thing to take away is that birding is relaxing, fulfilling, enlightening and most of all fun."[38] Lindo operiert hier mit einer Mischung aus Begriffen, die Assoziationen mit Philosophie sowie Meditations- und Entspannungspraktiken hervorruft, gleichzeitig aber das Spaß-Diktat der kulturindustriellen Unterhaltungsmaschinerie bedient. Der Frage, inwieweit positive Affekte wie Spaß eine Beziehung zum Phänomen Muße unterhalten und, falls ja, welcher Art diese Beziehung ist, soll hier aber nicht weiter nachgegangen werden.

III. Semiose und Zen – Der *urban birder* als Flaneur

Die Verlangsamung der Bewegung sowie die Selbstreferenzialität des Handelns bringen den *urban birder* in die Nähe eines anderen urbanen Sozialcharakters,

---

[34] Günter Figal, „Muße als Forschungsgegenstand", in: *Muße. Ein Magazin* (2015), http://mussemagazin.de/2015/01/musse-als-forschungsgegenstand, abgerufen am 18.10.2019.
[35] Klaus Taschwer, „Mit David Lindo die Vogelwelt der Stadt entdecken", in: *Der Standard* (29.04.2018), https://www.derstandard.at/story/2000078683774/mit-david-lindo-die-vogelwelt-der-stadt-entdecken, abgerufen am 22.10.2019.
[36] Bryony Angell, „Big-City Birding Is Hotter Than Ever", in: *Audubon* (4.10.2018), https://www.audubon.org/news/big-city-birding-hotter-ever, abgerufen am 18.10.2019.
[37] Vgl. Taschwer, „Mit David Lindo die Vogelwelt der Stadt entdecken".
[38] Lindo, *How to Be an Urban Birder*, 14.

der mit diesem die städtische Zivilisation als Geburtsort teilt: des Flaneurs.[39] Er ist die paradigmatische Beobachterfigur der modernen Stadtlandschaft, die den beschleunigten und beschleunigenden Bewegungsströmen des urbanen Raums mit demonstrativer Langsamkeit begegnet. Ihm ist die Stadt selbst Ort ästhetischer Erfahrung (zu der er nicht selten durch seine Erscheinung eigens beiträgt) und gerade in ihrer Geschäftigkeit reizvoll – mitunter im wortwörtlich-physiologischen Sinne, als Ort vielfacher Reize. Zur historischen Signatur des Flaneurs gehört unter anderem, dass ihm, wie Walter Benjamin berichtet[40], mitunter ein tierischer Begleiter zur Seite gestellt wird: die Schildkröte. Sie fungiert als „Medium der Langsamkeit"[41] und unterstützt den Flaneur dabei, als Störungsfigur gegen die glatte Betriebsamkeit der Stadt als Ort des Konsums zu opponieren.[42] Dies scheint, wie oben bereits angedeutet, strukturell auch beim *urban birder* angelegt zu sein, wobei die Unterschiede in Bezug auf den tierischen Begleiter augenscheinlich sind. Denn im Unterschied zum Flaneur, der für sein Tun keines tierischen Begleiters bedarf, besetzt der Vogel beim *urban birder* eine wesentliche funktionale Position im Prozess des Flanierens, und zwar indem er quasi als Dompteur Bewegung und Wahrnehmung des beobachtenden Subjekts lenkt. Anders allerdings als die im Flaneurs-Diskurs kanonisierte Schildkröte ist der Vogel – wie auch das Phänomen der Muße selbst – durch einen Grundzug der Unverfügbarkeit geprägt.[43] So wie sich Muße in bestimmten Kontexten, durch bestimmte Praktiken in bestimmten Räumen oder zu bestimmten Zeiten

---

[39] Vgl. Walter Fähnders, „Der Flaneur, der Dandy, der Bohemien und die Schildkröte", in: Dorothee Römhild (Hg.), *Die Zoologie der Träume. Studien zum Tiermotiv in der Literatur der Moderne*, Opladen 1999, 134–151, 139; Vgl. auch Gernot Böhme, *Ästhetischer Kapitalismus*, Berlin 2016, 91.

[40] Walter Benjamin, „Charles Baudelaire. Ein Lyriker im Zeitalter des Hochkapitalismus", in: *Abhandlungen*, Gesammelte Schriften, Bd. I,2, hg. v. Rolf Tiedemann u. Hermann Schweppenhäuser, Frankfurt a. M. 1974, 509–690, 556 f. Zur Figur des Flaneurs bei Benjamin vgl. Wolfgang G. Müller, „Der Flaneur: Begriff und kultureller Kontext", in: *Literaturwissenschaftliches Jahrbuch* 54 (2013), 205–225.

[41] Vgl. Fähnders, „Der Flaneur, der Dandy, der Bohemien und die Schildkröte", 138–141.

[42] So bereits schon bei Benjamin angelegt, der schreibt: „Der Flaneur protestiert mit seiner ostentativen Gelassenheit gegen den Produktionsprozess" (Benjamin, „Charles Baudelaire", 679). Wilhelm Genazino argumentiert, dass es allerdings gerade die Omnipräsenz des Ökonomischen ist, die das Habitat des Flaneurs bedroht und diesen zum Streuner werden lässt. Vgl. Wilhelm Genazino, *Die Belebung der toten Winkel. Frankfurter Poetikvorlesung*, München 2006, 89–106.

[43] Im Kontext der Diskussion bestimmter Erfahrungsqualitäten hat der Begriff der Unverfügbarkeit neuerdings auch außerhalb des Muße-Diskurses neue Popularität gewonnen. Vgl. Hartmut Rosa, *Unverfügbarkeit*, Salzburg 2018, vor allem 48–70. Zudem lässt sich der Gedanke der Unverfügbarkeit als Abgrenzung gegen eine Form der Vereinnahmung des tierischen Gegenübers und dessen Degradierung zum lebenden Dekor lesen, wie beispielsweise in Joris-Karl Huysmans' Roman *Gegen den Strich*, der zuerst 1884 erschien. In dem Text schmückt der Protagonist seine Schildkröte mit Gold und Edelsteinen; die so ins Werk gesetzte ästhetische Korrektur der Schildkröte endet allerdings mit deren Tod. Vgl. Gerhard Plumpe, *Epochen moderner Literatur. Ein systemtheoretischer Entwurf*, Opladen 1995, 154.

einstellen kann, aber eben nicht muss, so ist beim (städtischen) Vogelbeobachten von vornherein ebenso wenig klar, welche und ob sich überhaupt Vögel zeigen und wie beziehungsweise wohin sie sich bewegen. Dieses Ungebundensein des Vogels, in dem sich gerade im städtischen Kontext ein handfester Kontrast zu humaner Sesshaftigkeit und Bindungslust artikuliert, wird von enthusiastischen Vogelbeobachtern immer wieder hervorgehoben und fungiert seinerseits als Moment des Nachdenkens über Aspekte menschlicher Freiheit[44] – was auf der weiter oben erwähnten dritten Achse zu verorten wäre. Für das Nachdenken über Muße ist dieses reflexive Moment von besonderer Bedeutung, denn Muße verdankt sich nicht nur häufig der Erfahrung eines raumzeitlichen Freigestelltseins (was mit der modernen Freizeit als strukturellem Antipoden zur lohnabhängigen Arbeit nicht identisch ist), sondern ist phänomenologisch direkt mit dieser Erfahrung verknüpft; sie ist, so verstanden, gleichermaßen „Haltung und Ausdruck der menschlichen Suche nach – und der Möglichkeit von – Freiheit."[45]

Begreift man also den *urban birder* als eine mögliche Variation der bewegten Beobachterfigur des Flaneurs[46] und zieht man außerdem Lindos Bemerkungen heran, wonach das städtische Vogelbeobachten letztlich zu einer modifizierten Wahrnehmung der Stadtlandschaft führt, so lässt sich eine weitere Parallele konstatieren: Beide Charaktere lesen die Stadt als Text.[47] Das in sich selbst versenkte Sehen und Hören der Vögel wird unter dieser Perspektive zum Teil einer Semiose, eines eigenständigen Signifikationsprozesses, der den urbanen Raum mit Zeichen des Natürlichen anreichert und ihn damit, wie oben bereits erwähnt, als Habitat, als *Lebens*raum neu lesbar macht. Genau dies ist die, wenn man so möchte, zeichentheoretische Konsequenz von David Lindos Diktum, „anything can turn up anywhere at anytime"; auch der urbane Raum ist Träger von Zeichen nicht-domestizierter Natur.[48] Das Durchstreifen der Stadt auf der Suche nach den *signa avifauna* ist die Orni-Variante jenes von Walter Benjamin

---

[44] Vgl. Conradi, *Zen und die Kunst des Vogelbeobachtens*, 11.

[45] Hans-Georg Soeffner, „Muße – Absichtsvolle Absichtslosigkeit", in: Burkhard Hasebrink/Peter Philipp Riedl (Hg.), *Muße im kulturellen Wandel. Semantisierungen, Ähnlichkeiten, Umbesetzungen* (linguae & litterae, Bd. 35), Berlin 2014, 34–53, 34.

[46] Die Betonung der Bewegung akzentuiert ein Moment des Aktiven, das sich allerdings nicht in der Bewegung erschöpft, sondern gleichsam durch die bereits erwähnten Akte des Beobachtens und Reflektierens flankiert wird. Vgl. Müller, „Der Flaneur", 214.

[47] Vgl. Jens Wietschorke, „Anthropologie der Stadt: Konzepte und Perspektiven", in: Harald A. Mieg/Christoph Heyl (Hg.), *Stadt. Ein interdisziplinäres Handbuch*, Stuttgart 2013, 202–221, 203. Vgl. auch Müller, „Der Flaneur", 210, wo der anonyme Autor eines in dem Band *Paris, ou le Livre des Cent-et-un* (Brüssel 1832) publizierten Textes mit den Worten zitiert wird, dem Flaneur sei alles „un texte d'observation."

[48] Lindos Hinweis, dass dies schon immer so gewesen sei, ist historisch allerdings wohl kaum zutreffend; um Vögel im städtischen Kontext beobachten zu können, bedarf es zunächst einmal der Vögel, und deren Ansiedelung hängt von bestimmten Faktoren ab, wie Brutflächen und Nahrungsangebot. Da beispielsweise mittelalterliche Städte keine nennenswerten Baumbestände innerhalb der Stadtmauern kannten, dürften bedeutend weniger Vögel (wenn überhaupt) direkt im urbanen Raum gelebt haben.

beschriebenen Flaneurs-Habitus, „der auf dem Asphalt botanisieren geht."[49] Die semiotische Anreicherung des Stadtraums durch den Vogel, seine Erscheinung und seinen Gesang, meint damit auch eine Bereicherung des Wahrnehmbaren; es entsteht gleichfalls eine Art „augmented reality", eine „zusätzliche Wirklichkeitsebene"[50], die dem *urban birder* quasi permanent Muße-Möglichkeiten bietet.

Wenn auch die Aktivität des *urban birder* ‚leisure', respektive Muße, sein kann, so geht eine soziale Verortung desselben in der *leisure class* fehl, was in erster Linie durch die Handlungsmotivation bedingt ist. Das städtische Vogelbeobachten steht nicht im Dienste der Generierung sozialen Prestiges, es ist nicht, mit Thorstein Veblen gesprochen, Teil einer Praktik „demonstrativen Müßiggangs"[51] (*conspicuous leisure*), dem das Ziel zugrunde liegt, die Möglichkeit zu nicht produktiver Zeitverwendung ostentativ auszustellen und dadurch die eigene ökonomische Potenz zu illustrieren.[52] Sein zielgerichtet-zielloses Umherschweifen in der Stadt ist also nicht Ausdruck davon, dass er sich problemlos aus den gängigen Produktionsprozessen exkludieren kann (was für die meisten *urban birder* nicht der Fall sein wird). Mag im Einzelnen auch der Wunsch nach sozialer Distinktion eine Rolle gespielt haben, das zentrale Movens des *urban birder* liegt im Interesse am Vogel und an dem weiter oben beschriebenen *retuning* des (Um-)Weltbezugs beschlossen.

Allerdings scheint auch er Bestandteil jener von Gernot Böhme konstatierten „Demokratisierung der Flanierens"[53] zu sein; es liegen keine klassen- oder schichtspezifischen Barrieren mehr vor, keine ökonomischen oder kulturellen Kapitalmindesteinsätze, was wiederum zur Aussage Lindos passt, dass man weder besonderes Equipment brauche noch ein Experte sein müsse.[54] Darüber hinaus liegen auch keine genderspezifischen Restriktionen vor; der *urban birder* hat für sich genommen kein Geschlecht und existiert demnach als Flaneur sowie Flaneuse.[55] Soweit zumindest das demokratische Ideal. Verlässliche Zahlen

---

[49] Benjamin, „Charles Baudelaire", 538.

[50] Romberg, *Federnlesen*, S. 19.

[51] Thorstein Veblen, *Theorie der feinen Leute. Eine ökonomische Untersuchung der Institutionen*, Köln 1958 (Originalausgabe 1899), 51.

[52] In gewisser Hinsicht spiegelt sich hier die historische Differenzierung zwischen Dandy und Flaneur, wie Müller sie fasst: „Der wichtigste Unterschied zwischen den beiden Figurentypen liegt darin, dass sich der Dandy in der Öffentlichkeit zeigt, um gesehen zu werden, während sich der Flaneur durch die Stadt bewegt, um zu sehen." Müller, „Der Flaneur", 209 f.

[53] Böhme, *Ästhetischer Kapitalismus*, 122.

[54] Auf der anderen Seite ist das Equipment beim Vogelbeobachten nicht unerheblich; einen etwas bitteren Nachgeschmack erhält dieser Befund allerdings dadurch, dass Lindo beispielsweise in seinem Buch #*Urban Birding* offen Werbung für eine bestimmte Marke macht – was sich, auch, da es sich um paratextuelle Randbereiche handelt, kaum noch als Informationsservice für die Leser begreifen lässt.

[55] Zum Begriff der Flaneuse vgl. Lauren Elkin, *Flâneuse. Frauen erobern die Stadt – in Paris, New York, Tokyo, Venedig und London*, München 2018 (Originalausgabe 2016). Dass das *urban birding* allerdings zur Thematisierung genderspezifischer Fragestellungen genutzt werden kann,

darüber, aus welchen sozialen Umfeldern sich die Menschen rekrutieren, die *urban birding* betreiben, liegen nicht vor. Es wäre aber letztlich nicht wirklich verwunderlich, wenn es sich dabei entgegen dieser Idealvorstellung doch um eine hinsichtlich des Bildungsstands und des Einkommens ausgezeichnete Gruppe handeln würde.

Als zeitgenössische Flaneurs-Variante verwandelt auch der *urban birder* die Stadt zu einem Ort ästhetischen Genusses und neugieriger Entdeckungslust, die sich an seinem tierischen Gegenüber, dem Vogel, ausrichtet. Dabei sei noch einmal auf den Gedanken der Jagd eingegangen: dass unserem avifaunistischen Schlenderer die Stadt wieder mehr Natur ist, liegt auch daran, dass er den Vögeln in ihr nachstellt. Allerdings (und hier trifft er sich tatsächlich mit seinen Jagdkollegen von Pokémon Go) ist diese Jagd rein virtuell, es handelt sich beim Beobachten um eine Form nicht-materieller Aneignung. Es geht nicht um den Besitz, sondern um das bloße Schauen[56] und um ein besonderes Sich-in-Beziehung-Setzen mit der Umwelt. Es mag dieser Aspekt sein, der Lindo davon sprechen lässt, dass es sich beim *urban birding* um eine Art der Meditation handele. Das reine Schauen als vertiefte Form der Beobachtung ermöglicht nicht nur eine Wahrnehmungstransformation der Stadt vom beschleunigten Warenspeicher zum Lebensraum und eine Transgression der Unterscheidung zwischen Stadt und nicht-domestizierter Natur, sondern diese Beobachtungsform kann zugleich Ausgangspunkt einer gelungenen Anverwandlung von Welt werden. Im bloßen Schauen, in dem sich das Subjekt meditativ versenkt, lässt sich, mit Erich Fromm gesprochen, eine mögliche Artikulationsform der Existenzweise des Seins erkennen, der es nicht um materielle, sondern um rein ideelle Aneignung geht und die Fromm seinerseits mit der Methodik des Zen in Beziehung bringt.[57]

Grundsätzliche Merkmale, die das *urban birding* zu einer potentiellen Mußepraktik machen, lassen sich also, um das bis dato Skizzierte zusammenzufassen, in der erhöhten sinnlichen Wahrnehmung, Verlangsamung und Entfunktionalisierung der Bewegung durch den Stadtraum sowie im achtsamen und geradezu meditativen Innehalten während des Beobachtungsaktes finden. Nicht zuletzt hat die Praktik eine zeitlich, räumlich und sozial transgressive Komponente dadurch, dass sie nicht nur in einem begrenzten Zeitraum der Freizeit, sondern jederzeit, an jedem Ort und von jeder Person durchgeführt werden kann, wodurch sie dem modernen Stadtbild und Stadtrhythmus eine alternative

---

zeigt das Beispiel des in New York gegründeten Feminist Bird Club, vgl. Christiane Habermalz, „,Wir müssen beim Birden mehr auf die Weibchen achten!' Ein Club in New York City verbindet Feminismus und Vogelbeobachtung", in: *riffreporter.de* (11.07.2018), https://www.riffreporter.de/flugbegleiter-koralle/vogelbeobachtung_feminismus/#, abgerufen am 16.02.2020.

[56] Zur Verbindung von Schauen und Flaneurswesen vgl. Soeffner, „Muße – Absichtsvolle Absichtslosigkeit", 41.

[57] Vgl. Erich Fromm, *Haben und Sein. Die seelischen Grundlagen einer neuen Gesellschaft*, 7. Aufl., München 1980 (zuerst 1976), 27–31. Vgl. auch Gimmel/Keiling, *Konzepte der Muße*, 33.

Zeitlichkeit und einen sinnstiftenden Zugang zur Stadt als Umwelt entgegensetzt. All dies trägt dazu bei, dass dem *urban birder* die Stadt zum ‚Spielraum' im ursprünglichen Sinne wird – zum Muße-Raum.[58] Dies sind die wesentlichen Koordinaten, die das *urban birding* als urbane Mußepraktik greifbar werden lassen.

Literatur

Angell, Bryony, „Big-City Birding Is Hotter Than Ever", in: *Audubon* (4.10.2018), https://www.audubon.org/news/big-city-birding-hotter-ever, abgerufen am 18.10.2019.

Benjamin, Walter, „Charles Baudelaire. Ein Lyriker im Zeitalter des Hochkapitalismus", in: Benjamin, *Abhandlungen*, Gesammelte Schriften, Bd. I,2, hg. v. Rolf Tiedemann u. Hermann Schweppenhäuser, Frankfurt a. M. 1974, 509–690.

Berthold, Peter, *Unsere Vögel. Warum wir sie brauchen und wie wir sie schützen können*, Berlin 2017.

Bezzel, Einhard, *Vögel in der Kulturlandschaft. 62 Tabellen*, Stuttgart 1982.

Blackbourn, David, *Die Eroberung der Natur. Eine Geschichte der deutschen Landschaft*, übers. v. Udo Rennert, 3. Aufl., München 2008.

Böhme, Gernot, *Ästhetischer Kapitalismus*, Berlin 2016.

Brunner, Bernd, *Ornithomania – Geschichte einer besonderen Leidenschaft*, Berlin 2016.

Certeau, Michel de, „Praktiken im Raum", in: Jörg Dünne/Stephan Günzel (Hg.), *Raumtheorie. Grundlagentexte aus Philosophie und Kulturwissenschaften*, 8. Aufl., Frankfurt a. M. 2015, 343–353.

Conradi, Arnulf, *Zen und die Kunst des Vogelbeobachtens*, München 2019.

Dubois, Philippe J./Rousseau, Élise, *Kleine Philosophie der Vögel. 22 federleichte Lektionen für uns Menschen*, München 2019.

Elkin, Lauren, *Flâneuse. Frauen erobern die Stadt – in Paris, New York, Tokyo, Venedig und London*, München 2018 (Originalausgabe 2016).

Fähnders, Walter, „Der Flaneur, der Dandy, der Bohemien und die Schildkröte", in: Dorothee Römhild (Hg.), *Die Zoologie der Träume. Studien zum Tiermotiv in der Literatur der Moderne*, Opladen 1999, 134–151.

Figal, Günter, „Die Räumlichkeit der Muße", in: Burkhard Hasebrink/Peter Philipp Riedl (Hg.), *Muße im kulturellen Wandel. Semantisierungen, Ähnlichkeiten, Umbesetzungen* (linguae & litterae, Bd. 35), Berlin 2014, 26–33.

Figal, Günter, „Muße als Forschungsgegenstand", in: *Muße. Ein Magazin* (2015), http://mussemagazin.de/2015/01/musse-als-forschungsgegenstand, abgerufen am 18.10.2019.

Franzen, Jonathan, *Das Ende vom Ende der Welt*, Hamburg 2019 (Originalausgabe 2018).

Frieling, Heinrich, *Großstadtvögel. Krieg, Mensch, Natur*, Stuttgart 1942.

Frieling, Heinrich, *Was fliegt denn da? Tabelle zum Bestimmen von 396 Vogelarten Mitteleuropas und der angrenzenden Länder*, Stuttgart 1950.

Fromm, Erich, *Haben und Sein. Die seelischen Grundlagen einer neuen Gesellschaft*, 7. Aufl., München 1980 (zuerst 1976).

Genazino, Wilhelm, *Die Belebung der toten Winkel. Frankfurter Poetikvorlesung*, München 2006.

---

[58] Vgl. Günter Figal, „Die Räumlichkeit der Muße", in: Hasebrink/Riedl (Hg.), *Muße im kulturellen Wandel*, 26–33, 26.

Gimmel, Jochen/Keiling, Tobias, *Konzepte der Muße*, unter Mitarbeit von Joachim Bauer, Günter Figal, Sarah Gouda u. a., Tübingen 2016.

Grüneberg, Christoph u. a., „Rote Liste der Brutvögel Deutschlands, 5. Fassung, 30. November 2015", in: *Berichte zum Vogelschutz* 52 (2016).

Habermalz, Christiane, „„Wir müssen beim Birden mehr auf die Weibchen achten!' Ein Club in New York City verbindet Feminismus und Vogelbeobachtung", in: *riffreporter. de* (11.07.2018), https://www.riffreporter.de/flugbegleiter-koralle/vogelbeobachtung_feminismus/#, abgerufen am 16.02.2020.

Klinkert, Thomas, *Muße und Erzählen: ein poetologischer Zusammenhang. Vom „Roman de la Rose" bis zu Jorge Semprún* (Otium. Studien zur Theorie und Kulturgeschichte der Muße, Bd. 3), Tübingen 2016.

König, Gudrun M., *Eine Kulturgeschichte des Spazierganges. Spuren einer bürgerlichen Praktik 1780–1850*, Wien 1996.

Langner, Sigrun/Frölich-Kulik, Maria (Hg.), *Rurbane Landschaften. Perspektiven des Ruralen in einer urbanisierten Welt* (Rurale Topografien, Bd. 7), Bielefeld 2018.

Lindo, David, *Tales from Concrete Jungles. Urban Birding Around the World*, London 2015.

Lindo, David, *#Urban Birding*, übers. v. Anna-Christin Kramer u. Jenny Merlin, Stuttgart 2018.

Lindo, David, *How to Be an Urban Birder*, Princeton 2018.

Müller, Wolfgang G., „Der Flaneur: Begriff und kultureller Kontext", in: *Literaturwissenschaftliches Jahrbuch* 54 (2013), 205–225.

Nowotny, Monika, „Urban birding: Vögel beobachten ist voll im Trend", in: *Der Neusser. Stadtmagazin für Neuss und Umgebung* (16.10.2018), https://www.derneusser.de/2018/10/16/urban-birding-voegel-beobachten-ist-voll-im-trend/, abgerufen am 22.10.2019.

Plumpe, Gerhard, *Epochen moderner Literatur. Ein systemtheoretischer Entwurf*, Opladen 1995.

Präauer, Teresa (Hg.), *Poetische Ornithologie. Zum Flugwesen in der Literatur*, Berlin 2017.

Radkau, Joachim, *Die Ära der Ökologie: Eine Weltgeschichte*, München 2011.

Reichholf, Josef, *Stadtnatur. Eine neue Heimat für Tiere und Pflanzen*, München 2007.

Riechelmann, Cord „Rettet das Zwitschern", in: *philosophie Magazin* (Juni/Juli 2017), https://philomag.de/rettet-das-zwitschern/, abgerufen am 22.10.2019.

Romberg, Johanna, *Federnlesen. Vom Glück, Vögel zu beobachten*, Köln 2018.

Rosa, Hartmut, *Beschleunigung. Die Veränderung der Zeitstrukturen in der Moderne*, Frankfurt a. M. 2005.

Rosa, Hartmut, *Unverfügbarkeit*, Salzburg 2018.

Schaub, Silvia, „Die Städter kommen auf den Vogel", in: *Beobachter* (26.03.2019), https://www.beobachter.ch/umwelt/urban-birding-die-stadter-kommen-auf-den-vogel, abgerufen am 22.10.2019.

Schnurre, Otto, *Die Vögel der deutschen Kulturlandschaft*, Marburg 1921.

Schönlau, Rolf, „Der Vogel als Mensch, als Sänger und als Denkfigur. Drei Zugänge zur Betrachtung der artenreichsten Klasse der Wirbeltiere", in: *literaturkritik.de* (09.02.2018), https://literaturkritik.de/public/rezension.php?rez_id=24093, abgerufen am 15.10.2019.

Segerer, Andreas H./Rosenkranz, Eva, *Das große Insektensterben. Was es bedeutet und was wir jetzt tun müssen*, München 2017.

Sieverts, Thomas, „Rurbane Landschaften. Vom Aufheben des Ländlichen in der Stadt auf dem Wege in das Anthropozän", in: Sigrun Langner/Maria Frölich-Kulik (Hg.), *Rurbane Landschaften. Perspektiven des Ruralen in einer urbanisierten Welt* (Rurale Topografien, Bd. 7), Bielefeld 2018, 31–37.

Soeffner, Hans-Georg, „Muße – Absichtsvolle Absichtslosigkeit", in: Burkhard Hasebrink/ Peter Philipp Riedl (Hg.), *Muße im kulturellen Wandel. Semantisierungen, Ähnlichkeiten, Umbesetzungen* (linguae & litterae, Bd. 35), Berlin 2014, 34–53.

Taschwer, Klaus, „Mit David Lindo die Vogelwelt der Stadt entdecken", in: *Der Standard* (29.04.2018), https://www.derstandard.at/story/2000078683774/mit-david-lindo-die-vogelwelt-der-stadt-entdecken, abgerufen am 22.10.2019.

Tenfelde, Klaus, „Die Welt als Stadt? Zur Entwicklung des Stadt-Land-Gegensatzes im 20. Jahrhundert", in: Friedrich Lenger/Klaus Tenfelde (Hg.), *Die europäische Stadt im 20. Jahrhundert. Wahrnehmung – Entwicklung – Erosion*, Köln 2006, 233–264.

Veblen, Thorstein, *Theorie der feinen Leute. Eine ökonomische Untersuchung der Institutionen*, Köln 1958 (Originalausgabe 1899).

Verlagshomepage Matthes & Seitz Berlin, https://www.matthes-seitz-berlin.de/termin/birdwatching-eine-poetische-expedition-mit-cord-riechelmann-und-anderen.html, abgerufen am 22.10.2019.

Wietschorke, Jens, „Anthropologie der Stadt: Konzepte und Perspektiven", in: Harald A. Mieg/Christoph Heyl (Hg.), *Stadt. Ein interdisziplinäres Handbuch*, Stuttgart 2013, 202–221.

Zimmermann, Clemens (Hg.), *Die Stadt als Moloch? Das Land als Kraftquell? Wahrnehmungen und Wirkungen der Großstädte um 1900*, Basel 1999.

Prekäre Ruhepunkte in der Großstadt

Raumaneignung als (Über)lebensstrategie in Terézia Moras Roman *Alle Tage*

Andrea Meixner

Grenzen der Muße – ein literarisches Fallbeispiel

Beforscht man in einem interdisziplinären Kontext Spielarten eines abstrakten lebensweltlichen Konzeptes, muss sich ein literaturwissenschaftlicher Beitrag zweifellos der Frage stellen, inwiefern gerade ein auf Fiktionales zielender Blickwinkel die Debatte zu bereichern in der Lage ist. Auch im vorliegenden Fall steht somit unausweichlich die Frage im Raum, was die Untersuchung von Muße in literarischen Texten zur weiteren Debatte um den Begriff beitragen kann. Hier wird der Ansatz verfolgt, sich ihm von seinen konzeptuellen Grenzen her zu nähern und aus diesem Grunde einen literarischen Text in den Mittelpunkt zu stellen, in dem die Möglichkeit zur Muße – genauer gesagt: Muße im urbanen Raum – wenn überhaupt nur unter erschwerten Bedingungen gegeben ist.

Muße mag als Begriff zunächst einmal Assoziationen einer mit Müßiggang verknüpften Luxuserfahrung und damit eines Privilegs für einige wenige Auserwählte aufrufen. Begreift man sie jedoch allgemeiner als Grundvoraussetzung eines unabhängigen Verweilenkönnens und Aufgehobenseins in Zeitstrukturen, dann wird hier die grundsätzliche Fähigkeit und Gelegenheit des Subjekts angesprochen, zur Ruhe zu kommen und momentweise absichtslos ‚ganz im Jetzt' zu sein.[1] In meinem Verständnis handelt es sich dabei durchaus um ein menschliches Grundbedürfnis, und eben die Erfüllung dieses Bedürfnisses wird in dem im Folgenden analysierten literarischen Text zum Problem.

In Terézia Moras 2004 erschienenem Romanerstling *Alle Tage*[2], der hier im Mittelpunkt stehen soll, wird die Erfahrbarkeit von Muße in urbanen Kontexten zumindest für große Teile des Figurenensembles immer wieder in Frage gestellt.

---

[1] Mit Günter Figal ist darauf zu verweisen, dass hiermit keineswegs notwendigerweise Stillstand und/oder ein Verweilen im Raum impliziert sein muss. Vielmehr spricht er von einer Wahrnehmungsverschiebung „weg von der Zielorientierung des Tuns zum Dasein." Günter Figal, „Die Räumlichkeit der Muße", in: Burkhard Hasebrink/Peter Philipp Riedl (Hg.), *Muße im kulturellen Wandel. Semantisierungen, Ähnlichkeiten, Umbesetzungen* (linguae & litterae, Bd. 35). Berlin/Boston 2014, 26–33, 30.

[2] Terézia Mora, *Alle Tage*, München 2004.

Wie das Streben danach ebenso wie das wiederholte Scheitern daran literarisch entworfen wird, ist entscheidend für ein Verständnis der Figuren, ihrer Selbst- und Weltsichten. Die Frage nach Möglichkeit und Unmöglichkeit von Muße stellt sich hier als existenzielle Frage, denn das Ringen um städtische Räume, in denen ein Verweilen möglich wäre, ist zugleich ein Ringen um ein als sinnhaft wahrgenommenes Leben selbst – Raumaneignung[3] wird hier immer wieder im Wortsinn zur (Über)lebensstrategie.

Der Roman erzählt das Leben des Protagonisten Abel Nema, der aus einem südosteuropäischen Krisengebiet in die westeuropäische Großstadt ‚B.' migriert und auf dem Weg dorthin bei einem Gasunfall seinen Orientierungssinn verliert, dafür aber ein unerklärliches Sprachentalent erwirbt. Sein Leben wird vor allem in ‚B.' mit ständig wechselnder Fokalisierung und in Einzelfacetten ohne zusammenhängende Chronologie erzählt. Der Text präsentiert sich somit zeitlich wie perspektivisch als hochkomplexes Puzzle. Kontinuität entsteht darin einerseits durch wiederkehrende städtische Räume und andererseits durch das soziale Umfeld des Protagonisten. Dieses Umfeld schließt ein für die vorliegende Untersuchung hochinteressantes Ensemble gesellschaftlich randständiger, vereinzelter und zum Teil unter prekären Bedingungen lebender Figuren ein, mit denen Nema privat verkehrt. Es handelt sich damit um einen Text, in dem die entworfenen urbanen Räume nicht nur als Handlungskulisse, sondern auch strukturell von großer Bedeutung sind. Sie sind außerdem (für die Figuren, die sich dort bewegen) immer auch problematische Räume. Alle weiteren Fragen an den Text – auch solche zu Möglichkeiten der Mußeerfahrung – müssen daher unweigerlich zunächst von der Großstadt ‚B.' und den Raumentwürfen dieser Stadt im Text ausgehen. Erst aufbauend auf einer Beleuchtung dieser räumlichen Komponente ist ein Betrachten der dort angesiedelten Handlungen und Erfahrungen im Text überhaupt sinnvoll und möglich.

Die Stadt im Text: ‚B.'

Die für *Alle Tage* so zentrale Textstadt ‚B.' wurde immer wieder als literarisches Abbild Berlins interpretiert.[4] Tatsache ist aber, dass B. – wie alle anderen Orte

---

[3] Bei einer Beschäftigung mit Muße ist meines Erachtens (zumindest im vorliegenden Falle) neben der oben angesprochenen zeitlichen Dimension und der individuellen Disposition der Mußesuchenden unweigerlich auch eine soziale und räumliche Komponente mitzudenken: Muße findet an Orten (hier: in einem urbanen Umfeld) statt und schließt stets auch das Agieren im und mit dem jeweiligen Raum sowie die Gestaltung von Raum ein (vgl. zu dem diesem Aufsatz zugrunde liegenden Raumkonzept Martina Löw, *Raumsoziologie*, Frankfurt a. M. 2001). Somit hängt die Möglichkeit von Mußeerfahrungen zwangsläufig auch von zugänglichen Handlungsoptionen in sozialen Räumen ab: Muße erfordert Zugang zu und bis zu einem gewissen Grade auch Teilhabe an geeigneten Räumen.

[4] Vgl. Laura Peters, *Stadttext und Selbstbild. Berliner Autoren der Postmigration nach 1989*, Heidelberg 2012, 158 f.

im Roman auch – konsequent anonym gehalten und damit die Lokalisierung der Stadt außerhalb der Sphäre des Textes systematisch torpediert wird: Mora verwendet nicht nur durchgehend Initialen anstelle aller Toponyme, sondern sie verzichtet auch trotz ausführlicher semantischer Konkretisierung und einer teilweise minutiösen Ausgestaltung von Einzelräumen auf jede Referenzierung durch wiedererkennbare Monumente im städtischen Raum. Diese fehlende Lokalisierbarkeit erstreckt sich bis hinein in die Zeitstrukturen des Textes, dessen „Jetzt" und „Hier" somit gleichermaßen unbestimmt bleiben.[5] Mora entwirft präzise und facettenreich städtische Räume ohne jegliches Lokalkolorit, Versatzstücke austauschbarer Stadtlandschaften:

> Manche Städte schlafen nie, andere, als wanderte man über eine Wiese. Manche bestehen aus lauter Furten, manche haben nach verheerenden Bränden oder Überschwemmungen breite Straßen bekommen, manche Kirchen sind wie Festungen, andere wie Lustschlösser. Fast überall gibt es eine Motorradkneipe.[6]

Auch B. bleibt in diesem Kontext einfach *eine* Stadt unter vielen, und über den Umgang des Protagonisten mit der städtischen Umgebung einer seiner provisorischen Unterkünfte heißt es folgerichtig „Als würde er noch nicht einmal beim Fenster hinausschauen. Als wäre es egal, wie es dort aussieht. Eine Stadt, basta."[7]

B. ist als Großstadt mit allen typischen Eigenschaften der postmodernen, entorteten Metropole ausgestattet: Es ist eine referenzlose „global-urbane ‚Stadt-Landschaft'"[8], der im Gegenzug alle Voraussetzungen zum identitätsstiftenden Raum fehlen. Weder B. noch andere Städte im Text verfügen über einen Wiedererkennungswert, sie bieten kaum Orientierungs- und noch weniger Identifikationsfläche. Dazu passt die Fülle an urbanen Nicht-Orten[9] wie Bahnhöfen, U-Bahn-Stationen und Parks, die dem Protagonisten gemeinsam mit der örtlichen Psychiatrie als „Landmarken" zwar immer wieder zur Orientierung, nicht aber zur Identifikation dienen:

> Er orientierte sich anhand einiger signifikanter Landmarken: dem Park, dem Bahnhof, der Nervenklinik, dem einen oder anderen Kirchturm. Dazwischen sahen die meisten Ecken so aus, als wäre er gerade erst da gewesen. Wandeln durch ein permanentes Déjavu.[10]

---

[5] Gleich zu Beginn des ersten Kapitels heißt es dazu beinahe programmatisch: „Nennen wir die Zeit *jetzt*, nennen wir den Ort *hier*. Beschreiben wir beides wie folgt. Eine Stadt, ein östlicher Bezirk davon. Braune Straßen, leere oder man weiß nicht genau womit gefüllten Lagerräume und vollgestopfte Menschenheime, im Zickzack an der Bahnlinie entlang laufend, in plötzlichen Sackgassen an eine Ziegelsteinmauer stoßend" (Mora, *Alle Tage*, 9).
[6] Mora, *Alle Tage*, 229.
[7] Mora, *Alle Tage*, 100.
[8] Andreas Mahler, „Stadttexte – Textstädte. Formen und Funktionen diskursiver Stadtkonstitution", in: Mahler (Hg.), *Stadtbilder. Allegorie, Mimesis, Imagination*, Heidelberg 1999, 11–36, 36.
[9] Vgl. Marc Augé, *Nicht-Orte*, München 2010.
[10] Mora, *Alle Tage*, 159.

So gut sich B. damit in Diskurse um postmoderne städtische Räume einfügen mag, darf bei einer solchen Einordnung nicht aus dem Blick geraten, dass es sich hier um sehr viel mehr als eine reine Handlungskulisse handelt: Immer wieder wird die Stadt zum Spiegel der individuellen Dispositionen der Figuren, die sich dort bewegen. Raumentwürfe in *Alle Tage*, das wird besonders mit Blick auf den Protagonisten früh deutlich, sind stets rückgekoppelt an die Individuen, die innerhalb dieser Räume in den Blick genommen werden. Die gesonderte Betrachtung Abel Nemas und der übrigen Figuren lohnt hier insbesondere vor dem Hintergrund der sehr speziellen Disposition des Protagonisten einschließlich seiner Orientierungsstörung, die auch in den Entwürfen seines räumlichen Umfelds immer wieder durchscheint.

Urbane Muße/1:
Abel Nema, der Antiflaneur

Die zentrale Figur des Textes ist ohne Zweifel Abel Nema, dem die gesamte (aus dem nichtchronologischen Textverlauf zu rekonstruierende) Romanhandlung folgt – auch und insbesondere, nachdem er eher durch Zufall in der Großstadt B. strandet. Oberflächlich betrachtet handelt es sich bei ihm um einen Fahnenflüchtigen, dem durch den Kriegsausbruch in seinem Heimatland die Wurzeln entzogen wurden. Zentraler ist aber eine viel spezifischere, ältere individuelle Entwurzelung: Nema wird durch die Zurückweisung, die er als Abiturient durch seine Jugendliebe Ilja erfährt, seines persönlichen Fokus beraubt und leidet später zusätzlich als Unfallopfer unter einer umfassenden Wahrnehmungsbeeinträchtigung. Die traumabedingten Panikattacken, die tiefgreifende Entfremdung und auch die anhaltenden Orientierungsschwierigkeiten, die ihn quälen, stehen somit in keinem unmittelbaren Kausalzusammenhang mit seiner Migrationserfahrung. Er bringt sie vielmehr bereits mit nach B.

In der Stadt bewegt sich Nema, wie bereits anklang, auch nach Jahren noch wie in einem Labyrinth. Was letztendlich seinem fehlenden Orientierungssinn geschuldet ist, führt jedoch interessanterweise zu ganz ähnlichen Handlungsmustern, wie sie klassischen Flaneurfiguren zugeschrieben werden: Er lässt sich stundenlang ziellos durch die Stadt treiben, folgt beliebig fremden Menschen und gelangt dadurch ohne Absicht an zufällige Orte. So assoziiert man unwillkürlich Poes *Man of the Crowd*[11], wenn es über seine Irrgänge heißt:

Wo kommst du her, wo gehst du hin, im Winter, und sei es, einem milden, [...] wenn du aus dem einen oder anderen Grund nicht zu Hause bleiben kannst? [...] Die Hände in den Taschen des Trenchcoats, den Hals eingezogen [...], mit langen Schritten und gebeugtem

---

[11] Vgl. Edgar Allan Poe, „The Man of the Crowd", in: *Tales & Sketches I*, The Collected Works of Edgar Allan Poe, Bd. 2, hg. v. Thomas Ollive Mabbott, Cambridge 1978, 505–518.

Oberkörper, als ginge er gegen großen Wind. Entweder lief er nach eigenem Gutdünken, oder er suchte sich jemanden aus, dem er folgte.[12]

Genauer betrachtet handelt es sich hier jedoch gerade *nicht* um ein ‚absichtsloses', müßiges Flanieren[13], sondern vielmehr um ein unabsichtliches Irren: Die Unmöglichkeit, sich zu orientieren, ersetzt hier die vom Flaneur gefasste Entscheidung, sich nicht zu orientieren.[14] Nemas Handeln im städtischen Raum ist viel eher von einem Zwang zum zielverlorenen Irren geleitet als von einem wirklich ziellosen Treiben.[15]

Mehr noch: Der Grund für die den Text durchziehenden Irrwege des Protagonisten durch die Stadt, die von außen betrachtet zunächst flanierendem Müßiggang ähneln mögen, ist existenzieller Natur. Seine Gänge dienen dem Überbrücken von Zeit in Phasen der vergeblichen Suche nach einem Ziel im Leben oder entspringen der Notwendigkeit, wenn es aufgrund seiner prekären Wohnsituation keinen (anderen) Ort zum Verweilen gibt. Rastlosigkeit und Ziellosigkeit fallen hier somit in eins, und die Figur wird weniger aus freiem Willen oder individueller Disposition als vielmehr *mangels Alternativen* zum Pseudo-Flaneur. Nema hängt gezwungenermaßen im Jetzt fest, weil ihm tragfähige Zukunftsoptionen fehlen, er schlägt Zeit tot, wandert durch die Stadt und sitzt in Parks, beziehungsweise, wenn es dort zu kalt ist, an klassischen Transitorten und öffentlichen Orten potenzieller Muße wie Wartesälen, Lokalen, Bibliotheken und Museen.[16]

Ob Nemas oben angesprochene Vergangenheit und die daraus folgende individuelle Disposition ein absichtsloses Verweilen im Jetzt überhaupt zulässt, ist mehr als fraglich. Unübersehbar ist im Roman jedoch, dass selbst Praktiken, die einen entsprechenden Anschein erwecken, unter erschwerten Bedingungen stattfinden, die eng an die Machtstrukturen des öffentlichen Raumes gebunden sind. Denn der Zugang zu Räumen, die das Erleben von Muße ermöglichen könnten, ist umkämpft und Figuren wie Nema nur eingeschränkt möglich. Das wird nicht zuletzt am Beispiel des Museums deutlich sichtbar, das von ihm in

---

[12] Mora, *Alle Tage*, 158.
[13] Vgl. etwa Hans-Georg Soeffner, „Muße – Absichtsvolle Absichtslosigkeit", in: Hasebrink/Riedl (Hg.), *Muße im kulturellen Wandel*, 34–53.
[14] So charakterisiert Franz Hessel flanierendes Spazieren wie folgt: „Wenn du spazierst, beabsichtige, irgendwohin zu gelangen. Vielleicht kommst du dann in angenehmer Weise vom Wege ab. Aber der Abweg setzt immer einen Weg voraus" (Franz Hessel, „Von der schwierigen Kunst spazieren zu gehen", in: Hessel, *Ermunterung zum Genuß. Kleine Prosa*, hg.v. Karin Grund u. Bernd Witte, Berlin 1981, 53–61, 60f.).
[15] Folgerichtig heißt es im Anschluss an das obige Zitat im Roman: „Letzteres hatte mit einer Sache zu tun, die ihn schon seit Jahren [...] beschäftigte. Dass ich mich, egal, wie häufig ich eine Strecke schon gelaufen bin, wenn ich mich nicht ganz stark konzentriere, und manchmal sogar wenn: verirre" (Mora, *Alle Tage*, 158).
[16] „Wartesäle [...], Lokale (auf die Dauer zu teuer) und Bibliotheken, sowie für die Abwechslung: die eintrittsfreien Tage der Museen" (Mora, *Alle Tage*, 159).

einem Winter als regelmäßiger Rückzugsort gewählt wird: Sein stilles Sitzen in einem Ausstellungssaal wird vom Personal als Verstoß gegen die vorgesehene Nutzung des öffentlichen Raumes interpretiert und dem Protagonisten daraufhin die Teilhabe an diesem Raum verweigert.[17] Ähnliches spielt sich auch in einer Parkanlage ab, in der eine gewalttätige Jugendgang den weiteren Zugang blockiert[18], und auf offener Straße verhindern häufige Polizeikontrollen eine freie Bewegung. So sind es zwar einerseits auch persönliche oder äußere Umstände, die die Erfahrung von Muße verunmöglichen, immer wieder aber gerade soziale Konstellationen, aufgrund derer ein Zur-Ruhe-Kommen oder auch nur Ausruhen nur in Ansätzen und nie dauerhaft möglich wird.

Muße findet Nema am ehesten in seltenen, prekären Momenten des ‚In-Ruhe-Gelassen-Werdens'. Interessanterweise sind ihm diese ausgerechnet in der Rolle des Spanners in einem halblegalen Erotik-Club beim Betrachten von tanzenden „Knaben"[19] zugänglich. Gerade dort stellt sich ein mußeähnlicher Zustand in der Abwesenheit von Handlungszwängen, einer Befreiung von den normierten Erwartungshaltungen der Gesellschaft und einer selbstgewählten Passivität ein: „Abel [...] ist der Einzige, der bis an den Kragen zugeknöpft ist. Sitzt nur da und schaut zu. Wer hätte das gedacht. Dass ausgerechnet so ein Klub das Anheimelndste sein würde. Er blieb bis zum Morgengrauen."[20]

Betrachtet man Nemas Praktiken und Bewegungen im sozialen Raum, so ergeben sich spannende Parallelen zur Identitätskonstruktion der Figur: Der Protagonist kann als „leeres Zentrum'"[21] des Romans gelesen werden, er zeichnet sich immer wieder durch seine extreme Teilnahmslosigkeit und Zurückgezogenheit aus und unternimmt keinerlei Versuch, sich in soziale Räume einzuschreiben und damit Identität performativ herzustellen. Vielmehr scheint er sich beinahe darum zu bemühen, keine sozialen Bande zu knüpfen oder Spuren zu hinterlassen. Im Drogenrausch gibt er zuletzt selbst eine aufschlussreiche zusammenfassende Diagnose über das eigene bisherige Dasein: „Ich lebe wie eine Amöbe, eine widerstandsfähige, ökonomische Lebensform, der Platz, den ich auf der Erde einnehme, ist nicht größer als meine Fußsohlen, der Abdruck meines Körpers auf einer Matratze".[22] Nicht nur die sexuelle Identität dieser

---

[17] „Ich werd' verrückt! Was macht er da? Schläft er etwa? Der schläft hier! [...] Aufwachen! Der schläft mir hier! Er kann doch hier nicht schlafen! Das ist ein Museum, nicht die Bahnhofsmission! Hat man so was schon erlebt!" (Mora, *Alle Tage*, 160 f.).

[18] „Wenn du partout nicht irgendwo hinfinden willst, in diesem Fall: zum Park, dann findest du natürlich immer wieder hin. Eine seiner wichtigsten Landmarken auszublenden hieß, sich nicht mehr frei bewegen zu können" (Mora, *Alle Tage*, 188 f.).

[19] Mora, *Alle Tage*, 191.

[20] Mora, *Alle Tage*, 191.

[21] So bezeichnet Terézia Mora selbst die Figur im Interview mit Tobias Kraft (Tobias Kraft, *Literatur in Zeiten transnationaler Lebensläufe. Identitätsentwürfe und Großstadtbewegungen bei Terézia Mora und Fabio Morábito*, Potsdam 2006, 106).

[22] Mora, *Alle Tage*, 403.

Figur, die sich niemals positioniert, ist fluide, und selbst in Momenten, in denen ihm von anderen Figuren eine soziale Rolle zugewiesen oder eine Positionierung nahe gelegt wird, entzieht er sich einer eindeutigen Bestätigung oder Ablehnung dieser Zuschreibungen.

Urbane Muße/2:
Scheitern an der Stadt

Ein völlig anderes Bild zeigt sich mit Blick auf dieses übrige Figurenensemble, das Nema im Text – nicht zuletzt durch seine Blicke auf ihn – konturiert. Gemeinsam ist vielen der betroffenen Charaktere ihr Migrationshintergrund, es handelt sich um Gestrandete, flüchtige und immer wieder an ihrem Alltag in B. scheiternde Figuren, deren Orientierungs- und Identifikationsprojekte in B. aber nicht wie bei Nema von vorneherein durch ihre individuelle Disposition zum Scheitern verurteilt sind. Identitätsarbeit im Sinne eines sozialen Handelns und Ringens um Selbstverortung in städtischen Räumen wird hier im Gegenteil durchaus vehement versucht. Die Figuren positionieren sich in sozialen Kontexten, sie bemühen sich um Teilhabe, unternehmen Anstrengungen, sich in ihr Umfeld einzuschreiben und Räume in B. zu finden, mit denen sie sich identifizieren können und dürfen.

Ein Beispiel für solche Versuche ist der Langzeitstudent Konstantin, dem Nema gleich nach seiner Ankunft in B. begegnet. Sozial isoliert, pleite und wohnhaft in einem wenig ansprechenden Studentenwohnheim in Bahnhofsnähe ist Konstantin doch voller Enthusiasmus für die Stadt B.:

Das Land spuckt dich aus, die Dörfer jagen dich davon, aber hier kannst du bleiben [...]. Ost-West-Süd-Nord, dazu eine Prise Asien und sogar ein wenig Afrika. Konfessionen! Nationalitäten! Oh, könnte man das Fenster öffnen und das berühmte Air dieser Stadt auf der Haut spüren [...].[23]

Er schafft sich ein zerbrechliches und immer neu zerbrechendes soziales Umfeld aus durchreisenden Zufallsbekanntschaften und erkauft sich soziale Kontakte, indem er am Bahnhof gestrandeten Fremden ein vorübergehendes Obdach in seiner Wohngemeinschaft anbietet. Die räumliche Komponente hinter Konstantins Handeln ist hier gleich in mehrfacher Hinsicht aufschlussreich: Zunächst einmal liefert ausgerechnet der Bahnhof als Umschlagplatz und gesichtsloser Durchgangsort das ‚Personal' für vorübergehende soziale Nähe.[24]

---

[23] Mora, *Alle Tage*, 97.
[24] „Wenn er nicht redete oder aß, war er in der Stadt unterwegs. Sie kennen lernen, wenn man schon da ist. In Wirklichkeit trieb er sich fast nur auf dem Bahnhof und dessen Umgebung herum, denn sein wahres Ziel war es, Leute zu finden, denen er ein Obdach bieten konnte" (Mora, *Alle Tage*, 112).

Andererseits deutet Konstantin im Kontrast dazu die Räumlichkeiten im (im Grunde ebenfalls zunächst tristen, anonymen und auf Durchgangsverkehr angelegten) Studentenwohnheim in einer Weise um, die Spielräume für Geborgenheit und Identifikation schafft. Durch eine umfassende Neuimagination und Umbenennung der betroffenen Räume erschafft er einen subversiven räumlichen Gegenentwurf und ergreift von diesem Besitz:

> Willkommen in unserem bescheidenen Wohnheim, oder wie ich es nenne: der Bastille! [...] Willkommen in meiner Welt. Allumfassende Armbewegung. Das hier, wo wir jetzt stehen, nennt sich, nenne ich, Konstantin, die *Piazza*. Herkömmlich: der mit beigefarbenem Linoleum ausgelegte sogenannte gemeinsame Raum der Wohnung, auf der sich alle Wege des *Imperiums* kreuzen. Es sind sechs Türen zu sehen: Ein- und Ausgang, Küche, Bad, sowie die Türen der drei angeschlossenen *Särge*, in denen die *Delinquenten* ihre *Wohnstatt* haben.[25]

In diesem den widrigen Umständen abgekämpften Refugium wird durch das Rasten von Fremden für ihn selbst ebenfalls ein Gefühl des sozialen Aufgehobenseins möglich. Jedoch ist dieser Zustand nur durch ständiges, rastloses Fahnden nach immer neuen ‚Gästen' herstellbar, er ist daher flüchtig und nur phasenweise befriedigend. Der Rückzugsraum ‚Bastille' ist zudem ständig bedroht, etwa durch grußlos verschwindende Gäste oder den mit Konstantins Lebensstil und den inoffiziellen Zwischenmietern zunehmend unzufriedenen Mitbewohner Pal.

Wo Konstantin lediglich stückweise immer weiter an den Rand der Gesellschaft driftet, hat das Leben in B. für eine andere Figur drastischere Auswirkungen. Kinga, die in ihrem nicht näher bezeichneten Heimatland als Lehrerin und Dichterin tätig war, führt in B. ein Leben am Abgrund. Sie ist manisch-depressiv, jedoch aufgrund ihres illegalen Aufenthalts in der Stadt von einer adäquaten Medikation abgeschnitten. Daneben begegnet ihr nicht nur eine gesellschaftliche Marginalisierung in erniedrigenden Tätigkeiten als Putzkraft, sondern sie wird auch in ihren wechselnden kurzlebigen Liebesbeziehungen immer wieder auf ihre bloße Sexualität reduziert.

Auch Kinga gestaltet unter diesen widrigen Umständen einen Rückzugsraum durch die Umdeutung ihrer unmittelbaren Umgebung, nachdem ein zufriedenstellender Identitätsentwurf in der Sphäre der Mehrheitsgesellschaft nicht möglich erscheint. Ausgerechnet den kargen, kaum bewohnbaren Proberaum einer befreundeten Band in einem größtenteils leerstehenden Plattenbau, in dem sie die meiste Zeit lebt, imaginiert sie neu als identitätsstiftenden Raum und Basis für ein selbstbestimmtes Leben, indem sie dort demonstrativ einen eigenen Staat ausruft:

> Kinga sah das alles und beschloss, genau hier zu bleiben. Neue Staaten sind gerade groß in Mode, warum sollte ausgerechnet ich keinen haben. Hiermit erkläre ich zu Ehren

---

[25] Mora, *Alle Tage*, 94 f.

meines Großvaters Gabriel feierlich die Unabhängigkeit der Anarchia Kingania. Nieder mit den Despoten, den Heerführern, den Sklavenhaltern und den Medien! Es lebe der freie Mensch, der Hedonismus und die Steuerhinterziehung![26]

Die so entstandene Enklave dient jedoch nicht allein als persönlicher Rückzugsraum, sondern auch hier kommt eine spezifisch soziale Komponente ins Spiel. Kingania fungiert fortan als Veranstaltungsort für turbulente subkulturelle Zusammenkünfte beziehungsweise eine „illegale Kneipe"[27], zu deren Mittelpunkt sich Kinga selbst erklärt. Bei aller Rast- und Ruhelosigkeit, durch die sich die immerzu in hektischer Bewegung begriffene Wirtin auszeichnet, findet sie hier doch am ehesten zu sich selbst und wird durch die Gäste sozial in ihrer gelebten Rolle bestätigt. Ein Gegenraum entsteht somit mehr noch als bei Konstantin in expliziter, bewusster Abgrenzung – sowohl allgemein von der Außenwelt als auch von einer als feindlich wahrgenommenen Mehrheitsgesellschaft. Kurz vor Kingas Selbstmord tauft sie schließlich die Räumlichkeiten noch einmal um und deutet damit das unausweichliche Scheitern ihres daran geknüpften Identitätsprojekts voraus: „Wenn dann heißt dieses Schiff: Titanic. Das Dach ist das Oberdeck, das Wohnzimmer das Unterdeck. Um uns herum die dunklen Gewässer der Stadt!"[28]

Eine enge Verbindung zwischen der Identitätsarbeit der Figuren und gerade städtischen Innenräumen springt in beiden Fällen ins Auge. Die Außenwelt und mit ihr die öffentlichen Räume von B. bieten auf Dauer keine Identifikationsfläche und lassen kein gelungenes Imaginieren von Eigenem zu. Die Reaktion darauf ist in beiden Fällen ein Rückzug ins Private und eine deutende Ausgestaltung von prekären Provisorien in Räume des Eigenen, die weit mehr als nur eine Behausung bieten müssen. Intimität, Sinn, Selbstbestätigung und ein soziales Umfeld können so zumindest zeitweise kompensatorisch hergestellt werden. Jedoch sind diese räumlichen Gegenentwürfe zerbrechlich, sie müssen einer feindlichen Außenwelt abgekämpft und ihr gegenüber immer wieder behauptet werden. Zugleich wird der Innenraum zum abgeschotteten Gefängnis.[29] In Reaktion auf eine empfundene soziale Ausgrenzung erfolgt so eine Eingrenzung, und die Flucht nach innen bedeutet zwangsläufig auch eine Einschränkung des möglichen Bewegungsradius.

Muße ist in den öffentlichen Räumen von B. keiner der beiden Figuren möglich, nicht zuletzt, da zu diesen Räumen kein uneingeschränkter Zugang besteht. Selbst im Privaten wird jedoch ein absichtsloses Dasein im Jetzt aufgrund der ständig notwendigen Anstrengungen zur Aufrechterhaltung der entsprechen-

---

[26] Mora, *Alle Tage*, 145.
[27] Mora, *Alle Tage*, 149.
[28] Mora, *Alle Tage*, 293 f.
[29] Bezeichnenderweise sind die Fenster beider Refugien – wie übrigens auch viele andere im Roman – undurchsichtig, die der ‚Bastille' lassen sich noch nicht einmal öffnen (vgl. Mora, *Alle Tage*, 96 f., 137).

den Räume und aufgrund deren Bedrohung durch die Außenwelt immer nur momentweise möglich.

Ganz anders als bei diesem Rückzug in Gegenräume außerhalb der Öffentlichkeit erfolgt bei einer letzten hier zu nennenden Personengruppe eine geradezu entgegengesetzte Reaktion auf die Unzugänglichkeit der meisten städtischen Räume. Die Gang zunehmend krimineller, gewaltbereiter jugendlicher Roma um den brutalen Kosma, die am Ende durch ihren beinahe tödlichen Angriff auf ihn unwissentlich den Weg des Protagonisten in ein etabliertes Leben in der Mehrheitsgesellschaft bahnt, sieht sich ebenfalls permanent an den Rand der Gesellschaft gedrängt.[30] Zu einem wehrhaften und sich vor allem auf die eigene Außenseiterrolle gründenden Kollektiv verbündet, begegnen sie der Ablehnung, die ihnen entgegengebracht wird, jedoch mit zunehmender verbaler[31] und körperlicher Gewalt. Sie erobern und besetzen im Gegensatz zu den übrigen Figuren trotzig die Ränder des öffentlichen Raumes wie Parks, Sportanlage und Kinderspielplatz. Auch dorthin reicht jedoch die in ihrem Alltag allgegenwärtige Gewalt, die zum absichtslosen, ziellosen Zeitvertreib im Kampf gegen die Langeweile gerinnt. Müßig sind selbst diese ganz auf die Gegenwart zurückgeworfenen Figuren lediglich aufgrund des völligen Fehlens eines tragfähigen Zukunftsentwurfs.

(Über-)leben in B.?

Für alle geschilderten Fälle gilt gleichermaßen das eingangs dargestellte Grundproblem, dass die Möglichkeit von Muße im Sinne eines Gefühls des absichtslosen Daseins in der Gegenwart (,*jetzt*') zunächst einmal Umstände des ,*Hier*'-sein-Dürfens (und -Wollens) voraussetzen würde. Damit also Muße erlebt werden kann, müssen die umgebenden sozialen Räume für ein Individuum die Einnahme einer Position zulassen, aus der heraus dies möglich ist. Solche Räume bietet B. den Figuren im Roman auf Dauer nicht an. Kompensatorisch müssen vielmehr Gegenräume, die Mußeerfahrungen zulassen, mühsam geschaffen und

---

[30] Einer der Roma-Jungen erlebt das sogar im ganz wörtlichen Sinne in einer belebten Kneipenstraße der Stadt: „Er lief einfach immer weiter, schlenderte, guckte sich alles an, den Samstagabend. Kneipen an Kneipen, Tische dicht, verhakte Stuhlbeine, die Gehsteige voll bis knapp an die parkenden Autos, es blieb nur ein schmaler Pfad, stehen konnte man nicht, nur gehen, Absatzklappern von hinten. Hände in den Taschen, er schaute sich die Leute an, die Männer und die Frauen. Die schauten zurück, der Zigeunerjunge da, ob das ein Taschendieb ist. [...] Verzeihung, sagte ein Mann, packte ihn an den Schultern und stellte ihn praktisch beiseite. Steh hier nicht im Weg rum" (Mora, *Alle Tage*, 204).

[31] In Reaktion auf einen Rauswurf aus dem Spielcasino etwa reagiert Kosma mit einer hemmungslosen, vulgären Schimpftirade: „Als alles verbraten war, schmiss der Besitzer sie raus. Spielt oder verpisst euch. Kosma lief dunkelrot an. Den Typen merken wir uns auch. Irgendwann ist der dran. Diese ganzen Freaks und Penner und Arschwichser" (Mora, *Alle Tage*, 195).

der Stadt abgekämpft werden – durch Rückzug in Räume an der Schwelle des Privaten, die als wehrhafte Gegenentwürfe zum öffentlichen Raum ausgestaltet werden, oder durch Umdeutungen und teilweise gewaltsame Inanspruchnahme in der öffentlichen Sphäre. Der Spielraum des dabei Möglichen ist jedoch eng abgesteckt. Am Ende ist nicht nur das Erfahren von Muße in B. auf Dauer unmöglich: Die meisten der Figuren in *Alle Tage* scheitern an der Stadt und sinnhaften Lebensentwürfen dort.[32]

Bezeichnenderweise findet ausgerechnet der Protagonist Abel Nema am Ende die individuelle Fähigkeit und räumlich/zeitliche Möglichkeit zur ‚Muße', zumindest im Sinne eines zufriedenen Da-Seins im Jetzt. Für ihn wird dies sogar zum Dauerzustand, allerdings keineswegs durch eigene Wahl. Nach einem beinahe tödlichen Angriff auf ihn verliert er fast vollständig die Fähigkeit zu sprechen und dämmert fortan wunsch- und ziellos vor sich hin:

[E]r erinnert sich an nichts mehr, wenn man ihm sagt, was man über ihn weiß, sein Name sei Abel Nema, er sei aus dem und dem Land gekommen und habe einst ein Dutzend Sprachen gesprochen, übersetzt, gedolmetscht, schüttelt er höflich-verzweifelnd-ungläubig lächelnd den Kopf.[33]

Ausgerechnet der fast vollständige Identitätsverlust führt nun zu einem – zumindest in den Augen der Gesellschaft – gelungenen, tragfähigen Ichkonzept in B.: Als tragisches Gewaltopfer erhält Nema uneingeschränkten Zugang zu Räumen, die Mußeerfahrungen möglich machen, er lebt fortan im Kreise einer konventionellen Familie mit seiner (ehemals Schein-)Ehefrau und ist mental vollständig auf die Gegenwart fokussiert:

Am liebsten sagt er immer noch: Das ist gut. Die Erleichterung, ja, das Glück, diesen Satz aussprechen zu können, ist ihm so deutlich anzusehen, dass ihm die, die ihn lieben, jede Gelegenheit dazu bieten. Er spricht es dankbar aus: Das ist gut. Ein letztes Wort. Es ist gut.[34]

Das ziel- und absichtslose Verweilen in der Gegenwart wird hier zum alternativlosen Lebensinhalt, und Nemas individuelle Disposition verunmöglicht nunmehr Streben jeder Art. Er ist vielmehr, könnte man etwas überspitzt formulieren, gefangen, aber offenbar zufrieden, in einem Dauerzustand, der sehr nah an das grenzt, was zuvor als angestrebte Mußeerfahrung beschrieben wurde. Möglich wird all dies aber nur durch die Aufgabe aller Individualität. So verliert sich neben dem Handlungsdrang und der Zielorientierung zugleich auch das ‚Ich', das die mußevolle Loslösung von diesen Zwängen zu erleben in der Lage gewesen wäre.

---

[32] Kinga nimmt sich durch einen Sprung aus dem Fenster das Leben, Konstantin resigniert und driftet in die Illegalität ab, der Roma-Junge Danko verschwindet und wird mutmaßlich von seinem eigenen Vater ermordet.
[33] Mora, *Alle Tage*, 430.
[34] Mora, *Alle Tage*, 430.

Literatur

Augé, Marc, *Nicht-Orte*, München 2010.
Figal, Günter, „Die Räumlichkeit der Muße", in: Burkhard Hasebrink/Peter Philipp Riedl (Hg.), *Muße im kulturellen Wandel: Semantisierungen, Ähnlichkeiten, Umbesetzungen* (linguae & litterae, Bd. 35). Berlin/Boston 2014, 26–33.
Hessel, Franz, „Von der schwierigen Kunst spazieren zu gehen", in: Hessel, *Ermunterung zum Genuß. Kleine Prosa*, hg. v. Karin Grund u. Bernd Witte, Berlin 1981, 53–61.
Kraft, Tobias, *Literatur in Zeiten transnationaler Lebensläufe. Identitätsentwürfe und Großstadtbewegungen bei Terézia Mora und Fabio Morábito*, Potsdam 2006.
Löw, Martina, *Raumsoziologie*, Frankfurt a. M. 2001.
Mahler, Andreas, „Stadttexte – Textstädte. Formen und Funktionen diskursiver Stadtkonstitution", in: Mahler (Hg.), *Stadtbilder. Allegorie, Mimesis, Imagination*, Heidelberg 1999, 11–36.
Mora, Terézia, *Alle Tage*, München 2004.
Peters, Laura, *Stadttext und Selbstbild. Berliner Autoren der Postmigration nach 1989*, Heidelberg 2012.
Poe, Edgar Allan, „The Man of the Crowd", in: *Tales & Sketches I*, The Collected Works of Edgar Allan Poe, Bd. 2, hg. v. Thomas Ollive Mabbott, Cambridge 1978, 505–518.
Soeffner, Hans-Georg, „Muße – Absichtsvolle Absichtslosigkeit", in: Burkhard Hasebrink/ Peter Philipp Riedl (Hg.), *Muße im kulturellen Wandel. Semantisierungen, Ähnlichkeiten, Umbesetzungen* (linguae & litterae, Bd. 35), Berlin/Boston 2014, 34–53.

Erlebte Orte und Momente der Muße im europäischen Städtetourismus der Gegenwart

Clara Sofie Kramer und Tim Freytag

Einleitung

Ein Aufenthalt in der Stadt wird assoziativ häufig verbunden mit einer unruhigen Geräuschkulisse, starker Reizüberflutung, dem Eindruck von hektischem Treiben und möglicherweise einem Anflug von Stress. Dies gilt in besonderer Weise für die vielbesuchten Destinationen des Städtetourismus. Wer kennt diese Bilder nicht: Menschenmassen auf Straßen und Plätzen, lange Warteschlangen vor Sehenswürdigkeiten, überfüllte Cafés und Restaurants. Städtetourismus ist anstrengend für Reisende und wird auch von Einheimischen oft als Belastung wahrgenommen. Deshalb mag es auf den ersten Blick paradox erscheinen, den Ausprägungen von Muße in touristisch-urbanen Räumen nachspüren zu wollen. Doch genau dieses Ziel verfolgen wir mit dem vorliegenden Beitrag.

Unsere Ausführungen stützen sich auf Ergebnisse des Teilprojekts *Erlebte Orte und Momente der Muße im europäischen Städtetourismus der Gegenwart* im Rahmen des Sonderforschungsbereichs (SFB) 1015 *Muße* an der Albert-Ludwigs-Universität Freiburg.[1] Der Beitrag stützt sich auf mehrere Publikationen, die aus dem genannten SFB-Teilprojekt hervorgegangen sind und als Bestandteil der kumulativen Dissertation von Clara Sofie Kramer dienen werden[2] sowie

---

[1] Eine vorläufige Version dieses Beitrags haben wir anlässlich der Tagung *Urbane Muße. Materialitäten, Praktiken, Repräsentationen* vom 2. bis 4. Mai 2019 in Freiburg vorgestellt. Wir danken der Deutschen Forschungsgemeinschaft (DFG) für die großzügige Förderung unserer Forschungsarbeiten im SFB 1015 (Projektnummer 197396619).

[2] Die folgenden vier Beiträge sollen in die in Vorbereitung befindliche kumulative Dissertation von Clara Sofie Kramer im Fachgebiet Geographie an der Fakultät für Umwelt und Natürliche Ressourcen der Albert-Ludwigs-Universität Freiburg eingehen: Clara Sofie Kramer, „Die Bedeutung touristisch-urbaner Mußeräume im Zuge einer Touristifizierung von Städten: Das Beispiel Barcelona", in: *Berichte. Geographie und Landeskunde* 93,3 (2020), 221–237; Clara Sofie Kramer, „Die sprachliche Konstruktion von Mußeräumen im Städtetourismus am Beispiel von Florenz, Italien", in: *Zeitschrift für Tourismuswissenschaft* 10, 1 (2018), 29–47; Clara Sofie Kramer, „Eine Reiseführeranalyse von Mußeräumen und Mußepraktiken im Städtetourismus", in: Julian Reif/Bernd Eisenstein (Hg.), *Tourismus und Gesellschaft. Kontakt, Konflikte, Konzepte* (Schriftenreihe Tourismus und Freizeit, Bd. 24), Berlin 2020, 393–408; Clara Sofie Kramer/Nora Winsky/Tim Freytag, „Places of Muße as Part of New Urban Tourism in Paris", in: Thomas Frisch/Christoph Sommer/Luise Stoltenberg/Natalie Stors (Hg.), *Tourism*

einzelne ergänzende Publikationen, die in einem etwas weiter gefassten Zusammenhang mit dem SFB-Teilprojekt stehen.[3] Im Unterschied zu den vorhandenen Publikationen geht es uns im vorliegenden Beitrag nicht um eine detaillierte Darstellung einzelner Forschungsergebnisse, sondern um eine Zusammenfassung und weiterführende Reflexion übergreifender Zusammenhänge. Auf diese Weise möchten wir die Rezeption unserer Arbeiten außerhalb der Tourismus- und Stadtforschung erleichtern. Konkret verfolgen wir mit diesem Beitrag das Ziel, Muße im begrifflichen Feld des Städtetourismus zu fassen und im Kontext touristisch-urbaner Räume zu reflektieren.

Im Mittelpunkt unserer Forschungsarbeiten für das SFB-Teilprojekt stehen Barcelona, Florenz und Paris. Diese drei städtetouristischen Destinationen wurden und werden anhand von sprachlichen Darstellungen in Reiseführern[4] und Blog-Einträgen sowie auf der Grundlage von Interviews und Beobachtungen während Forschungsaufenthalten vor Ort untersucht. Der erste Schritt bestand in einer qualitativen Inhaltsanalyse ausgewählter deutschsprachiger Städtereiseführer, um die sprachlich-symbolische Konstruktion erlebter Orte und Momente der Muße im Städtetourismus herauszuarbeiten und zu reflektieren.[5] Dabei

---

and *Everyday Life in the Contemporary City* (Routledge Studies in Urbanism and the City), London 2019, 188–210.

[3] Das SFB-Teilprojekt *Erlebte Orte und Momente der Muße im europäischen Städtetourismus der Gegenwart* bietet einige Anknüpfungspunkte sowohl zur fortschreitenden Touristifizierung und Transformation urbaner Räume als auch zur Produktion urbaner Räume durch abendliche und nächtliche Praktiken: Tim Freytag, „Déjà-vu: Tourist practices of repeat visitors in the city of Paris", in: *Social Geography* 5 (2010), 49–58; Tim Freytag/Michael Bauder, „Bottom-up touristification and urban transformations in Paris", in: *Tourism Geographies* 20,3 (2018), 443–460; Anna Fünfgeld/Tim Freytag, „Zur Praxis urbaner Nacht-Orte in Freiburg", in: Martina Hülz/Olaf Kühne/Florian Weber (Hg.), *Heimat: Ein vielfältiges Konstrukt* (Raumfragen: Stadt – Region – Landschaft), Wiesbaden 2019, 259–278.

[4] Ein anschauliches Beispiel für die tourismusgeographische Analyse von Destinationen, die in Reiseführern abgebildet werden, bietet Nicolai Scherle, *Gedruckte Urlaubswelten: Kulturdarstellungen in Reiseführern. Das Beispiel Marokko*, München/Wien 2000.

[5] Für jede dieser drei Städte wurden jeweils drei deutschsprachige Reiseführer ausgewählt, die sich an unterschiedliche Zielgruppen wenden. Der *Baedeker* adressiert ein bildungsaffines und an klassischer Kultur interessiertes Publikum: Achim Bourmer/Peter M. Nahm/Lothar Schmidt, *Baedeker Barcelona*, 12. Aufl., Ostfildern 2015; Bettina Dürr/Carmen Galenschovski/Reinhard Strüber, *Baedeker Florenz*, 13. Aufl., Ostfildern 2015; Madeleine Reincke/Hilke Maunder, *Baedeker Paris*, 18. Aufl., Ostfildern 2016. Der Reiseführer vom *ADAC-Verlag* spricht weniger stark an klassischer Kultur interessierte Leser*innen an und legt den Schwerpunkt auf die Vermittlung praktischer Informationen: Veronika Schroeder, *ADAC Reiseführer Barcelona*, 2. Aufl., München 2016; Susanna Partsch, *ADAC Reiseführer Florenz*, neu bearbeitete Aufl., München 2014; Günter Schenk, *ADAC Reiseführer Paris*, neu bearbeitete Aufl., München 2016. Indessen wendet sich der Reiseführer vom *Reise Know-How Verlag* explizit an Reisende, die an alternativen Formen des Tourismus interessiert sind: Hans-Jürgen Fründt, *Reise Know-How CityTrip Barcelona*, Bielefeld 2016; Daniela Schetar/Friedrich Köthe, *Reise Know-How CityTrip Florenz*, 4. Aufl., Bielefeld 2015; Gabriele Kalmbach, *Reise Know-How CityTrip Paris*, 13. Aufl., Bielefeld 2015. Insgesamt wurden in den Reiseführern 626 Einträge identifiziert, die touristische Sehenswürdigkeiten beschreiben (davon 219 in Barcelona, 175 in Florenz und 232 in Paris).

sind wir davon ausgegangen, dass die Reiseführer räumliche Strukturen und Handlungsmuster abbilden, die für das Erleben von Muße in einem touristisch-urbanen Kontext charakteristisch sind und stabilisiert werden, indem sich Reisende an ihnen orientieren und sie während ihres Aufenthalts reproduzieren.

In einem zweiten Untersuchungsschritt wurden qualitative Leitfadeninterviews samt ergänzender Beobachtungen und Erhebungen in den drei ausgewählten Städten durchgeführt.[6]

Erkenntnisleitend für das Teilprojekt und damit auch für den vorliegenden Beitrag ist das im SFB gemeinschaftlich erarbeitete theoretisch-konzeptionelle Verständnis von Muße.[7] Wie Burkhard Hasebrink und Peter Philipp Riedl ausführen, handelt es sich bei Muße um „ästhetisch und räumlich inszenierte Lebensformen", die durch die „Freiheit von temporalen Zwängen" und die „Abwesenheit einer unmittelbaren, die Zeit beschränkenden Leistungserwartung" geprägt sind.[8] Weiterhin wird Muße durch ihren Schwellencharakter „zwischen Tätigkeit und Untätigkeit sowie zwischen Bestimmtheit und Unbestimmtheit" eine „eigentümliche Spannung" verliehen.[9] Aus dieser Spannung kann sich

---

Alle Textpassagen mit mehr oder weniger deutlichen Bezügen zu Muße wurden mit Hilfe des Softwareprogramms MAXQDA codiert und systematisch analysiert.

[6] In allen drei Städten wurde im Frühjahr oder Sommer 2019 ein Forschungsaufenthalt verbracht (18 Tage in Barcelona und jeweils zwölf Tage in Florenz und Paris), um anhand von insgesamt 84 halbstrukturierten Leitfadeninterviews mit deutschsprachigen Reisenden, ergänzenden Beobachtungen sowie fotografischen und kartographischen Dokumentationen das Erleben von Orten und Momenten der Muße im touristisch-urbanen Raum zu erfassen und zu analysieren. Die Standorte für die Leitfadeninterviews wurden spontan und explorativ im Feld ausgewählt; weitere Interviewstandorte wurden auf Grundlage von Eigen- oder Fremdbeobachtungen als potenzielle Mußeräume identifiziert oder in vorausgegangenen Interviews von befragten Tourist*innen als solche beschrieben und entsprechend anschließend aufgesucht. Im Mittelpunkt der Feldforschung standen die Fragen, wie und wo Reisende Muße erleben und inwiefern dieses Erleben durch äußere Kontextbedingungen unterstützt oder beeinträchtigt werden kann. Die Fokussierung auf deutschsprachige Reisende hatte zum Ziel, eine größtmögliche inhaltliche und sprachliche Kohärenz herzustellen, die z. B. durch Unschärfen oder Missverständnisse infolge von Übersetzungen und Sprachbarrieren hätte gemindert werden können. Die erhobenen qualitativen Daten der Interviews wurden anschließend transkribiert und werden unter Verwendung des Softwareprogramms MAXQDA inhaltsanalytisch ausgewertet. Die Erhebungen und die zum jetzigen Zeitpunkt noch nicht abgeschlossenen Analysen sind ausführlich dokumentiert in Kramer, „Die Bedeutung touristisch-urbaner Mußeräume".

[7] Aufbauend auf die im Sonderforschungsbereich *Muße* formulierten theoretisch-konzeptionellen Dimensionen von Muße wurden im Rahmen des SFB während der vergangenen Jahre weiterführende Diskussionen in den verschiedenen Arbeitsgruppen (u. a. *AG Muße und Urbanität*), in den drei Projektbereichen sowie in den Plenumsveranstaltungen geführt. Die Forschungsarbeiten sind u. a. in den folgenden Veröffentlichungen dokumentiert: Jochen Gimmel/Tobias Keiling, *Konzepte der Muße*, unter Mitarbeit von Joachim Bauer, Günter Figal, Sarah Gouda u. a., Tübingen 2016; Günter Figal, „Muße als Forschungsgegenstand", in: *Muße. Ein Magazin* 1,1 (2015), 15–23, 20, doi: 10.6094/musse-magazin/1.2015.17 (abgerufen am 11.12.2019).

[8] Burkhard Hasebrink/Peter Philipp Riedl, „Einleitung", in: Hasebrink/Riedl (Hg.), *Muße im kulturellen Wandel. Semantisierungen, Ähnlichkeiten, Umbesetzungen* (linguae & litterae, Bd. 35), Berlin/Boston 2014, 1–11, 3.

[9] Hasebrink/Riedl, „Einleitung", 3.

Kreativität entfalten und in Muße etwas Neues gedacht und geschaffen werden. Dies macht Muße besonders wertvoll, aber auch unberechenbar.

Im vorliegenden Beitrag arbeiten wir heraus, wie erlebte Orte und Momente der Muße im touristisch-urbanen Kontext gefasst, systematisiert und reflektiert werden können. Auf der Grundlage von Forschungsliteratur skizzieren wir zunächst aktuelle Veränderungen im Städtetourismus. Danach wenden wir uns der qualitativen Inhaltsanalyse der Reiseführer zu. Am Beispiel von Barcelona, Florenz und Paris werden in erster Linie übergreifende Aspekte dargestellt, ohne dabei auf Besonderheiten der einzelnen Destinationen einzugehen. Unser Interesse richtet sich darauf, verschiedene Facetten von Muße im Städtetourismus empirisch greifbar zu machen. Danach geht es um eine Darstellung der identifizierten sprachlich-symbolisch konstruierten Mußeräume einschließlich der an die erlebten Orte gebundenen Praktiken touristisch-urbaner Muße. Ein besonderes Augenmerk gilt dabei den Spannungsverhältnissen, innerhalb derer Muße wirksam und somit erlebt werden kann. Der Beitrag endet mit einem Fazit und Ausblick auf künftige Entwicklungen und damit verbundene Forschungsperspektiven.

Aktuelle Veränderungen im Städtetourismus

Der europäische Städtetourismus ist seit dem ausgehenden 20. Jahrhundert durch ein starkes Wachstum geprägt. Insbesondere in den Metropolen wird eine kontinuierliche Zunahme der touristischen Besuchs- und Übernachtungszahlen verzeichnet. Der Wachstumstrend beschränkt sich jedoch keineswegs auf den klassischen Übernachtungssektor, wie Hotellerie oder Vermietung von Ferienwohnungen, sondern betrifft auch die eher informelle Vermietung von Privatwohnungen an Feriengäste sowie die Anwesenheit von Tagesgästen im städtischen Raum.[10] Getragen und angetrieben wird dieser Trend durch eine Attraktivitätssteigerung von städtetouristischen Destinationen mittels

---

[10] Ein starkes Wachstum der Übernachtungszahlen im europäischen Städtetourismus wurde bereits konstatiert von Tim Freytag, „Städtetourismus in europäischen Grossstädten. Eine Hierarchie der Standorte und aktuelle Entwicklungen der Übernachtungszahlen", in: *DISP* 169,2 (2007), 56–67. Seitdem setzt sich der Wachstumstrend kontinuierlich fort. Dies bestätigt sich auch in einer differenzierten Analyse tourismusstatistischer Kennzahlen für die deutschen Großstädte von Michael Bauder, „Dynamiken des Städtetourismus in Deutschland", in: *Standort. Zeitschrift für Angewandte Geographie* 42 (2018), 105–110. Seit wenigen Jahren wird verstärkt die Bezeichnung *Overtourism* verwendet, um darauf hinzuweisen, dass an bestimmten Standorten vorübergehend oder dauerhaft die Grenzen eines verträglichen bzw. für Einheimische und Reisende zumutbaren Tourismusaufkommens überschritten werden – wobei diese Grenzen sowohl quantitativ im Sinne eines Schwellenwerts für Besuchs- und Übernachtungszahlen als auch qualitativ im Sinne einer durch den Tourismus verursachten negativen Veränderung urbaner Räume zu Lasten der dortigen Lebens- und Aufenthaltsqualität gefasst werden. Eine inflationäre Verwendung und unzureichende Präzisierung von *Overtourism* beklagen u. a. Ko

Stadt- und Tourismusmarketing, Erlebnisorientierung und Festivalisierung sowie durch eine Aufwertung von innerstädtischen Bereichen, durch den Ausbau von Verkehrsinfrastruktur sowie den Einsatz neuer Informations- und Kommunikationsmedien zur Flexibilisierung und Optimierung der Auslastung von Transport- und Übernachtungsdienstleistungen.[11]

Angesichts dieser dynamischen Entwicklungen auf der touristischen Angebotsseite ist es wenig überraschend, dass sich auch auf der Nachfrageseite ein zunehmendes Interesse an Städtereisen zeigt. Das klassische Format des mehrwöchigen Jahres- und Familienurlaubs, der vorzugsweise während der Sommerferien außerhalb der Großstädte in den etablierten Tourismusregionen verbracht wird, geht gegenüber dem Modell eines auf mehrere Kurzreisen aufgeteilten Jahresurlaubs kontinuierlich zurück.[12] Unter den verschiedenen Reisemotiven nimmt die Teilhabe an Urbanität sowie an Freizeit- und Unterhaltungsangeboten in den Städten traditionell eine bedeutende Stellung ein.[13] Hinzu kommt, dass die über lange Zeit vorherrschende räumliche wie auch zeitliche Trennung zwischen Urlaubs- und Alltagswelt unter dem Einfluss der neuen Informations- und Kommunikationsmedien zunehmend in Frage gestellt wird. So ist es nunmehr eine gängige Praxis, private wie auch berufliche Kontakte während des Urlaubs zu pflegen. Anstelle der Postkarte, die aus der Urlaubs- in die Alltagswelt versandt wird, ist das Fortführen einer wechselseitigen Kommunikation weitgehend zur Normalität geworden. Wenn Reisende in einer früheren Zeit ihren Urlaub als eine Abwendung vom Alltag und den vorübergehenden Aufenthalt in einer anderen, oft als exotisch wahrgenommenen Welt erfahren haben und dies möglicherweise als eine Zeit bzw. Form von Muße erleben konnten, so werden Tourismus und Mobilität mehr und mehr zum Bestandteil des Alltäglichen.[14]

Koens/Albert Postma/Bernadett Papp, „Is Overtourism Overused? Understanding the Impact of Tourism in a City", in: *Sustainability* 10,12 (2018), 4384.

[11] Einen Überblick über die vielfältigen Ursachen für das Wachstum im europäischen Städtetourismus vermittelt u.a. der Beitrag von Tim Freytag/Monika Popp, „Der Erfolg des europäischen Städtetourismus. Grundlagen, Entwicklungen, Wirkungen", in: *Geographische Rundschau* 61,2 (2009), 4–11.

[12] Dieser Trend wird u.a. dokumentiert in Forschungsgemeinschaft Urlaub und Reisen e.V., „ReiseAnalyse 2016 – Erste ausgewählte Ergebnisse der 46. Reiseanalyse zur ITB 2016", in: https://reiseanalyse.de/wp-content/uploads/2017/09/RA2016_Erste_Ergebnisse_DE.pdf (abgerufen am 11.12.2019). Ergänzende Erklärungen finden sich in Hans-Peter Herrmann/Pauline Wetzel, *Fernweh und Reiselust: Streifzüge durch die Tourismuspsychologie*, Berlin/Heidelberg 2018.

[13] Vgl. David Burtenshaw/Michael Bateman/Gregory John Ashworth, *The European City: Western Perspectives*, London 1991.

[14] Mit diesen Strukturen und Veränderungen setzen sich u.a. die beiden folgenden Publikationen auseinander: Andreas Pott, *Orte des Tourismus. Eine raum- und gesellschaftstheoretische Untersuchung*, Bielefeld 2007; Mimi Sheller/John Urry, „The New Mobilities Paradigm", in: *Environment and Planning A: Economy and Space* 38,2 (2006), 207–226.

Als *New Urban Tourism* wird der aktuelle Trend bezeichnet, dass Reisende in den städtetouristischen Destinationen immer weniger an den klassischen touristischen Sehenswürdigkeiten interessiert sind als vielmehr an der Stadt selbst, an einer Teilhabe am urbanen Leben und einer (oft nur vermeintlichen) Annäherung an das Alltagsleben der Einheimischen.[15] Diese Form des Städtetourismus erzeugt einen zunehmenden Nutzungsdruck, der vor allem innerstädtische und innenstadtnahe Stadtteile sowie Wohnquartiere erfasst. In Verbindung mit Gentrifizierung und anderen Transformationsprozessen kann dies zu Preissteigerungen und Verdrängungseffekten der lokal ansässigen Bevölkerung führen und eine erhebliche Veränderung der Sozial- und Nutzungsstrukturen wie auch des Erscheinungsbilds des betreffenden Stadtquartiers bewirken. Während der *New Urban Tourism* zunächst als eine Form des Städtetourismus beurteilt wurde, die sich mit den Interessen der Wohnbevölkerung besser vereinbaren lässt als der Massentourismus, so überwiegt mittlerweile die negative Wahrnehmung als eine Bedrohung des Quartierslebens, was vielerorts zu Konflikten mit den Interessen der Einheimischen und teilweise sogar zu Protesten führt.[16]

Ein starkes Wachstum des Tourismus während der vergangenen zwei bis drei Jahrzehnte und der Trend zum *New Urban Tourism* ist für Barcelona, Florenz und Paris gleichermaßen charakteristisch. Die Stadt Barcelona verzeichnet seit der Austragung der Olympischen Spiele im Jahr 1992 einen sukzessiven Anstieg der touristischen Besuchs- und Übernachtungszahlen. Der Tourismus zählt heute zu den wichtigsten lokalen Wirtschaftsfaktoren. Das wachsende Tourismusaufkommen hat maßgeblich zur Entwicklung und Umgestaltung weiter Teile der Innenstadt, des Stadtstrands und des alten Hafens beigetragen. Inzwischen gibt es spürbare zivilgesellschaftliche Proteste gegen den aktuellen Trend der Touristifizierung und teilweise gegen das von der lokalen

---

[15] Dieser Wandel touristischer Interessen und Aktivitäten findet seinen Ausdruck auch in Stadtquartieren, die auf diese Weise in den touristischen Fokus rücken und im Zuge einer Touristifizierung verändert werden. Diesen Prozess beleuchten u.a. die folgenden Beiträge: Robert Maitland, „Conviviality and everyday life: The appeal of new areas of London for visitors", in: *International Journal of Tourist Research* 10,1 (2008), 15–25; Johannes Novy/Sandra Huning, „New Tourism (Areas) in the ‚New Berlin'", in: Robert Maitland/Peter Newman (Hg.), *World tourism cities: developing tourism off the beaten track*, London 2009, 87–108; Natalie Stors/Andreas Kagermeier, „Crossing the border of the tourist bubble: Touristification in Copenhagen", in: Tatjana Thimm (Hg.), *Tourismus und Grenzen* (Studien zur Freizeit- und Tourismusforschung, Bd. 9), Mannheim 2013, 115–131; Maria Gravari-Barbas/Sandra Guinand (Hg.), *Tourism and Gentrification in Contemporary Metropolises: International Perspectives*, New York 2017; Thomas Frisch/Christoph Sommer/Luise Stoltenberg/Natalie Stors (Hg.), *Tourism and Everyday Life in the Contemporary City* (Routledge Studies in Urbanism and the City), London 2019.

[16] Der Trend einer zunehmenden Fokussierung auf Konflikte und Proteste zeigt sich u.a. in den folgenden Beiträgen: Henning Füller/Boris Michel, „‚Stop being a tourist!' New dynamics of urban tourism in Berlin-Kreuzberg", in: *International Journal of Urban and Regional Research* 38,4 (2014), 1304–1318; Claire Colomb/Johannes Novy (Hg.), *Protest and resistance in the tourist city*, New York 2017.

Bevölkerung häufig als unpassend empfundene Verhalten von Reisenden. So wendet sich auch die seit 2015 amtierende Oberbürgermeisterin Ada Colau i Ballano verstärkt gegen die private Vermietung von Wohnungen an Feriengäste (z. B. Airbnb) und versucht, den Anstieg des Tourismusaufkommens zu stoppen.[17] Florenz ist ebenfalls eine stark touristisch geprägte Stadt mit langer Tradition, deren Bewohner*innen sich durch die große Anzahl von Reisenden und deren dominante Präsenz im städtischen Raum oft massiv gestört fühlen.[18] Paris schließlich verzeichnet gemeinsam mit London die höchsten Besuchs- und Übernachtungszahlen aller europäischen Großstädte. Die Tourismusplaner*innen der Stadt wie auch die lokalen Tourismusanbieter*innen versuchen u. a. mit innovativen Angeboten und der Einbeziehung des Umlands zu einer Entlastung und Dekonzentration der Ströme von Reisenden beizutragen.[19] Dennoch kann Paris ebenso wie Barcelona und Florenz als ein *Hotspot* des Städtetourismus bezeichnet werden.

Bestimmungsgrößen zur Erfassung von Muße im Städtetourismus

In Anbetracht des zunehmenden Nutzungsdrucks auf touristisch-urbane Räume, die gemeinhin mit Lärm, Hektik und Stress assoziiert werden, erscheint es naheliegend, dass sich Reisende dort gelegentlich nach Orten sehnen, die ihnen Ruhe bieten, aber auch als Quelle für Inspiration und Kreativität dienen können. Wie zu zeigen sein wird, haben viele Städtereisende das Bedürfnis, neben dem Besichtigen von Sehenswürdigkeiten und dem Abhaken von *must-sees* von Zeit zu Zeit etwas Ruhe und Entspannung zu finden und vielleicht sogar Muße zu erleben. Es geht dabei weniger um reine Entschleunigung, sondern um die Möglichkeit, aus den von ihnen im Alltag und im Urlaub empfundenen (zeitlichen, beruflichen, familiären, etc.) Zwängen auszubrechen. Abgesehen von unseren oben genannten Beiträgen aus dem SFB-Teilprojekt *Erlebte Orte und Momente der Muße im europäischen Städtetourismus der Gegenwart*, wurde in

---

[17] Für einen Überblick über Tourismuswachstum und Stadtentwicklung in Barcelona vgl. Dirk Gebhardt, „Barcelona: Die Drosslung des Wachstumsmotors Tourismus?", in: *Geographische Zeitschrift* 105,3/4 (2017), 225–248.

[18] Zur Entwicklung des Tourismus in Florenz und den damit verbundenen Crowding-Effekten vgl. Monika Popp, „Der touristische Blick im Städtetourismus der Postmoderne. Das Beispiel der italienischen Stadt Florenz", in: *Geographische Rundschau* 61,2 (2009), 42–48 sowie Monika Popp, „Positive and Negative Urban Tourist Crowding: Florence, Italy", in: *Tourism Geographies* 14,1 (2012), 50–72.

[19] Ansätze und Aushandlungsprozesse zur Steuerung der Tourismusentwicklung in Paris werden u. a. behandelt in Maria Gravari-Barbas/Sébastien Jacquot, „No conflict? Discourses and management of tourism-related tensions in Paris", in: Claire Colomb/Johannes Novy (Hg.), *Protest and resistance in the tourist city*, New York 2017, 31–51.

der Forschung zum Städtetourismus jedoch bislang noch keine Konkretisierung des Mußebegriffs in theoretisch-konzeptioneller Hinsicht oder auf der Grundlage empirischer Feldforschung vorgenommen.[20]

Aber nicht nur im Kontext von Städtetourismus, sondern allgemein besteht eine besondere Herausforderung darin, Muße begrifflich zu fassen. Denn Muße ist ein vielschichtiges Phänomen mit einer langen Begriffsgeschichte im deutschsprachigen Raum und einem umfangreichen semantischen Feld.[21] Seit mehreren Jahren ist in Teilen des gesellschaftlichen Diskurses ein zunehmendes Bewusstsein für Achtsamkeit, Gelassenheit und Selbstbestimmung zu verzeichnen. Das Verständnis von Muße variiert jedoch zwischen verschiedenen Epochen, Gesellschaften und vorherrschenden Diskursen. Deshalb verstehen wir Muße als dynamisch sowie diskursiv und sozial konstruiert.[22]

Vor diesem Hintergrund hat es die qualitative Inhaltsanalyse der ausgewählten Reiseführer möglich gemacht, einen explorativen Ansatz zu verfolgen, um Muße in ihren unterschiedlichen Ausprägungen zu erfassen, die im touristisch-urbanen Kontext relevant sind.[23] In Anlehnung an das im SFB entwickelte Verständnis von Muße ist es Clara Sofie Kramer gelungen, die folgenden vier Bestimmungsgrößen zu identifizieren, welche Muße begünstigen bzw. als mußeaffin bezeichnet werden können: Muße als Erleben von Momenten (1a) der Gelassenheit, (2a) der Rekreation, (3a) des Genusses und (4a) der Freiheit.[24] In der Auseinandersetzung mit den Textpassagen aus den Reiseführern wurden diese vier Bestimmungsgrößen nicht nur illustriert und konkretisiert, sondern es konnten ihnen auch die folgenden vier mußefeindlichen Bestimmungsgrößen gegenübergestellt werden: (1b) Kontrolle, (2b) Stress, (3b) Ungenuss und (4b) Unfreiheit.[25] In Abbildung 1 werden die aus den Reiseführern abgeleiteten mußeaffinen und mußefeindlichen Kategorien kurz erläutert.

Die in Abbildung 1 dargestellten Bestimmungsgrößen erscheinen lediglich im Kontext der Analyse voneinander getrennt. Tatsächlich ist das Erleben von Muße in touristisch-urbanen Räumen eingebettet in einen Widerstreit zwischen mußeaffinen und mußefeindlichen Kategorien, der nicht auf eine alleinige Dimension (z. B. Gelassenheit vs. Kontrolle) beschränkt ist, sondern auch die anderen aufgeführten Dimensionen umfasst. Die identifizierten mußeaffinen

---

[20] Lediglich im Kontext eher ländlich geprägter Räume wurden Aspekte von Muße aus dem Blickwinkel der Tourismusforschung untersucht; vgl. Susanne Leder, *Neue Muße im Tourismus. Eine Untersuchung von Angeboten mit den Schwerpunkten Selbstfindung und Entschleunigung* (Paderborner geographische Studien zu Tourismusforschung und Destinationsmanagement, Bd. 21), Paderborn: Fach Geographie, Fakultät für Kulturwissenschaften 2007.
[21] Vgl. Gimmel/Keiling, *Konzepte der Muße* sowie Kramer, „Eine Reiseführeranalyse", 394.
[22] Vgl. Kramer, „Die sprachliche Konstruktion", 32 ff.
[23] Die im Folgenden zusammengefassten empirischen Befunde sind ausführlich dokumentiert und anhand von Beispielen illustriert in Kramer, „Die sprachliche Konstruktion".
[24] Vgl. Kramer, „Die sprachliche Konstruktion", 33 ff.
[25] Vgl. Kramer, „Die sprachliche Konstruktion", 35.

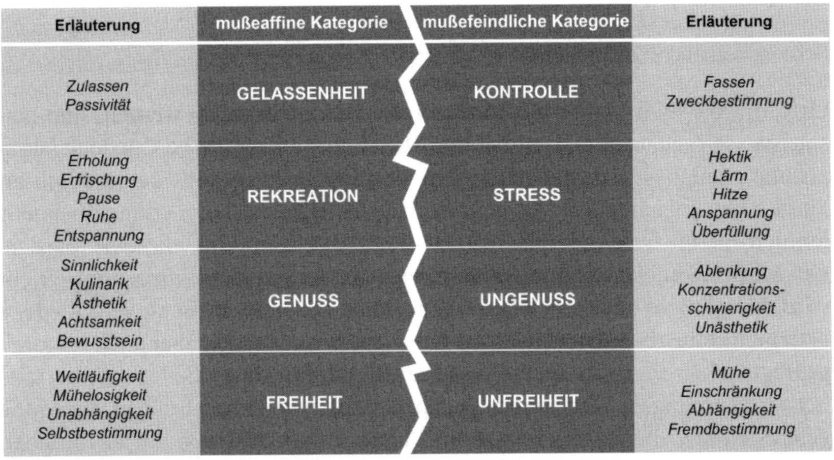

Erläuterung	mußeaffine Kategorie	mußefeindliche Kategorie	Erläuterung
Zulassen Passivität	GELASSENHEIT	KONTROLLE	Fassen Zweckbestimmung
Erholung Erfrischung Pause Ruhe Entspannung	REKREATION	STRESS	Hektik Lärm Hitze Anspannung Überfüllung
Sinnlichkeit Kulinarik Ästhetik Achtsamkeit Bewusstsein	GENUSS	UNGENUSS	Ablenkung Konzentrations- schwierigkeit Unästhetik
Weitläufigkeit Mühelosigkeit Unabhängigkeit Selbstbestimmung	FREIHEIT	UNFREIHEIT	Mühe Einschränkung Abhängigkeit Fremdbestimmung

Abb. 1: Bestimmungsgrößen zur Erfassung von Muße in touristisch-urbanen Räumen (Quelle: Clara Sofie Kramer, „Die sprachliche Konstruktion", 35).

Bestimmungsgrößen treten also in kombinierter Form auf – ebenso wie die mußefeindlichen Bestimmungsgrößen.

In der Analyse der Reiseführer wird deutlich, dass *Genuss* als mußeaffine Bestimmungsgröße eng an die menschliche Sinneswahrnehmung gebunden ist. Dies gilt sowohl für visuelle Genussmomente (z. B. schöne Aussicht oder ästhetisch ansprechendes Ambiente) als auch für den kulinarischen Genuss (wohlschmeckende und duftende Speisen oder Getränke) beim Besuch von Cafés, Restaurants oder Märkten. Die mußeaffinen Kategorien von Genuss und *Rekreation* treten häufig in Kombination auf, wenn z. B. das Schauen oder das Essen und Trinken während einer Pause das Gefühl von Ruhe, Entspannung, Erholung oder Erfrischung vermittelt. Indessen wird die Muße begünstigende Kategorie *Freiheit* beispielsweise mit weitläufigen Plätzen sowie ausgedehnten Parkanlagen und Gärten assoziiert. Wenn Menschen dort schlendern, flanieren oder spazieren gehen und sich dabei auf die Umgebung einlassen, sich treiben und überraschen lassen und Kontrolle abgeben, dann tritt möglicherweise die Kategorie der *Gelassenheit* hinzu. Die Kategorie Freiheit umfasst dabei neben einer extern wahrgenommenen, räumlichen Freiheit auch die Dimension einer inneren Haltung und damit einer intern wahrgenommenen Freiheit.[26]

---

[26] Vgl. Kramer, „Die sprachliche Konstruktion", 39 ff.

Mußeräume – konzeptualisiert als erlebte Orte und Momente der Muße

Orte, die klassischerweise mit Muße in Verbindung gebracht werden, sind beispielsweise Teehäuser, Gärten, Bibliotheken und Klöster.[27] Es wäre jedoch falsch anzunehmen, dass entsprechende Orte das Erleben von Muße automatisch im Sinne eines einfachen Prinzips von Ursache und Wirkung hervorrufen. Vielmehr können diesen Orten lediglich mußeaffine Charakteristika attestiert werden. Ob Muße dann tatsächlich in der jeweiligen räumlichen Umgebung erlebt wird, hängt nicht allein von dieser Umgebung ab, sondern ist an verschiedene externe Rahmenbedingungen (z. B. Temperatur, Lautstärke, aber auch kulturell geprägte Vorstellungen) und subjektive Empfindungen (z. B. Freude, persönliche Erinnerungen, Wut, innere Unruhe) gebunden, die das Erleben von Muße gefährden oder begünstigen können.[28] Demzufolge verstehen wir das Erleben von Muße als individuell, situationsgebunden sowie kultur- und sozialhistorisch kontingent.

Angelehnt an dieses sozialkonstruktivistische Verständnis gehen wir davon aus, dass ein Mußeraum entsteht, wenn eine reisende Person an einem Ort einen Moment der Muße erlebt. In theoretisch-konzeptioneller Hinsicht unterscheiden wir deshalb zwischen *Orten*, die als solche in ihrer physisch-materiellen Existenz im touristisch-urbanen Raum erfasst werden können, und *Räumen*, deren Entstehung voraussetzt, dass sie erlebt werden.[29] In diesem Sinne ist Raum eine soziale Konstruktion, die u. a. durch Praktiken wie auch durch deren sprachlich-symbolische Repräsentation stabilisiert oder eventuell auch in Frage gestellt und verändert werden kann.[30]

---

[27] Vgl. Bianca Blum/Jakob Willis/Pia Masurczak/Heidi Liedke/Kerstin Fest/Simon Sahner, „Muße-Orte", in: *Muße. Ein Magazin* 2,1 (2016), 54–58, 54 ff., doi: 10.6094/musse-magazin/1.2016.54, (abgerufen am 11.12.2019) sowie Figal, „Muße als Forschungsgegenstand", 20.

[28] Vgl. Figal, „Muße als Forschungsgegenstand", 22 sowie Kramer, „Die sprachliche Konstruktion", 33.

[29] Vgl. Michel de Certeau, „Praktiken im Raum", in: Jörg Dünne/Stephan Günzel (Hg.), *Raumtheorie. Grundlagentexte aus Philosophie und Kulturwissenschaften*, Frankfurt a. M. 2006 (Nachdruck der deutschen Übersetzung von Ronald Vouillé, erschienen in *Kunst des Handelns* von Michel de Certeau, Berlin 1988, 179–238; Originalbeitrag „Pratiques d'espace" in *Arts de faire*, Paris 1980, 175–227), 343–353.

[30] Vertiefende Einblicke in die theoretisch-konzeptuelle Diskussion um Touristifizierung und Raumproduktion durch Praktiken finden sich u. a. in den folgenden Publikationen: David Crouch, „Tourist practices and performances" in: Alan A. Lew/C. Michael Hall/Allan M. Williams (Hg.), *A companion to tourism* (Wiley Blackwell Companions to Geography), Oxford 2004, 85–95; Karlheinz Wöhler, *Touristifizierung von Räumen. Kulturwissenschaftliche und soziologische Studien zur Konstruktion von Räumen*, Wiesbaden 2011; Anja Saretzki, „Städtische Raumproduktion durch touristische Praktiken", in: *Zeitschrift für Tourismuswissenschaft* 10, 1 (2018), 7–27; Mathis Stock, „Inhabiting the City as Tourists: Issues for Urban and Tourism Theory", in: Thomas Frisch/Christoph Sommer/Luise Stoltenberg/Natalie Stors (Hg.), *Tourism*

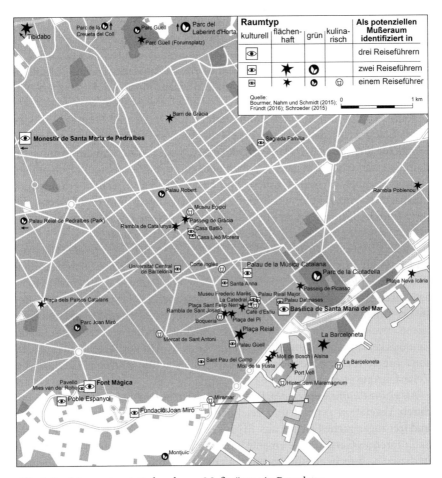

Abb. 2: Typisierung touristisch-urbaner Mußeräume in Barcelona.

Im Zuge der qualitativen Inhaltsanalyse der Reiseführer war es möglich, unterschiedliche Typen von Mußeräumen abzuleiten und beschreibend zu charakterisieren. So wurde am Beispiel von Paris eine Unterscheidung zwischen (1) flächenhaften, (2) kulturellen, (3) grünen und (4) kulinarischen Räumen herausgearbeitet und kartographisch dargestellt.[31] Abbildung 2 greift diese Form der Darstellung auf und vermittelt einen Eindruck davon, in welchen der untersuchten Reiseführer die betreffenden Räume genannt werden und welche Lage sie

---

and *Everyday Life in the Contemporary City* (Routledge Studies in Urbanism and the City), London 2019, 42–66.

[31] Vgl. Kramer/Winsky/Freytag, „Places of Muße", 195–201.

innerhalb des Stadtgebiets von Barcelona einnehmen. Dabei zeigt sich ein räumliches Muster potenzieller Mußeräume, die sich vor allem in der Altstadt konzentrieren, aber teilweise auch außerhalb der Innenstadt anzutreffen sind, wie z. B. im Bereich des Montjuïc, im Parc Güell sowie am Tibidabo. Die im Folgenden zusammengefassten empirischen Befunde sind ausführlich dokumentiert und anhand von Beispielen illustriert.[32]

Zum Typ der *flächenhaften Räume* zählen u. a. Plätze und Straßenzüge oder ganze Stadtviertel, die aufgrund ihrer Offenheit und Weite den Reisenden die Möglichkeit eröffnen, sich in der Stadt zu bewegen: Es lässt sich dort bummeln, flanieren, schlendern, spazieren gehen oder mit dem Rad fahren. Flächenhafte Räume erlauben es Tourist*innen, eine Pause einzulegen, sich zu erholen und hinzusetzen. Hinzu kommen Praktiken des Betrachtens und Besichtigens, die dazu führen, dass sich Städtereisende begeistern lassen, etwas bieten lassen, locken lassen oder in das Besichtigte visuell eintauchen können.[33]

Zu den Beispielen für kulturelle Räume zählen neben Museen, Theatern und Opernhäusern auch Kirchenbauten und andere religiöse Stätten. In den untersuchten Reiseführern werden entsprechende Räume u. a. als künstlerisch-ästhetisch ansprechend, angenehm und faszinierend beschrieben. Die Besucher*innen können dort ihre Gedanken schweifen lassen und sich darauf einlassen, etwas Neues zu entdecken. Dies erzeugt möglicherweise ein Gefühl von Zeitlosigkeit in dem Sinne, dass sich die Anwesenden vorübergehend aus den sonst für sie vorherrschenden Zeitstrukturen lösen und eine neue Qualität von Zeiterfahrung erleben.[34]

Als *grüne Räume* werden u. a. Parks und Gärten bezeichnet. Sie sind wesentlich durch Vegetation geprägt und zeichnen sich durch ausgedehnte, weitläufige und frei zugängliche Flächen aus. Ergänzend können Brunnen, Labyrinthe oder Skulpturen als Gestaltungselemente hinzukommen. Den Reisenden eröffnen sich in diesen ansprechend und angenehm gestalteten Räumen vielfältige Möglichkeiten, um zu verweilen und sich im Schatten oder Sonnenschein auszuruhen. Sie können dort aber auch spazieren gehen, sich sportlich oder spielerisch betätigen oder andere Aktivitäten ausüben.[35]

Kulinarische Räume zeichnen sich durch die Verfügbarkeit und den Genuss von Speisen und Getränken aus. Bei der Zubereitung und Präsentation von kulinarischen Erzeugnissen wie auch bei der Gestaltung des Ambientes in Cafés und Restaurants oder Märkten kommen ästhetische Aspekte hinzu, die den kulinarischen Räumen einen besonderen Charakter verleihen können. Durch regionaltypische Speisen und Getränke lässt sich ein Eindruck von Authentizität

---

[32] Vgl. Kramer, „Eine Reiseführeranalyse", 396–406.
[33] Vgl. Kramer, „Eine Reiseführeranalyse", 397 f.
[34] Vgl. Kramer, „Eine Reiseführeranalyse", 398 f.
[35] Vgl. Kramer, „Eine Reiseführeranalyse", 399.

vermitteln. Das Verweilen in kulinarischen Räumen lädt dazu ein, Genuss und Gelassenheit zu empfinden.[36]

Die Ausführungen verdeutlichen, wie Reisende im touristisch-urbanen Raum eine Vielfalt von Mußeräumen entstehen lassen, indem sie sich dort aufhalten und in Verbindung mit den dort ausgeführten Aktivitäten vorübergehend Muße erleben können. Entsprechende Mußeräume werden im Wechselspiel zwischen Besucher*innen und den von ihnen erlebten Orten erzeugt. Das individuelle Erleben von Muße vollzieht sich also im Rahmen bestimmter räumlicher und zeitlicher Kontexte.

Bedeutung von Spannungsfeldern für das Erleben von Muße in touristisch-urbanen Räumen

Im Unterschied zu den übrigen touristisch-urbanen Räumen, die von Reisenden während ihres Aufenthalts in einer Stadt aufgesucht werden, wirken Mußeräume wie Nischen oder Inseln, die den Besucher*innen geeignete Möglichkeiten anbieten, Muße zu erleben und sich somit vorübergehend von den sonst vorherrschenden räumlichen und zeitlichen Strukturen abzuwenden. Das Erleben von Muße kann deshalb gefasst werden als eine raumzeitliche Unterbrechung des Tourist*in-Seins. Infolgedessen stehen Mußeräume im Kontrast und in einem Spannungsverhältnis zu den übrigen touristisch-urbanen Räumen einer Destination.

Die Gebundenheit des Erlebens von Muße an ein Spannungsverhältnis entspricht dem im Rahmen unseres SFB entwickelten Verständnis von Muße, das insbesondere mit Hilfe definitorischer paradoxaler Bestimmungen greifbar gemacht werden kann.[37] So ist es Clara Sofie Kramer im Zuge der qualitativen Inhaltsanalyse der Reiseführer gelungen herauszuarbeiten, dass sich Muße im Spannungsverhältnis „zwischen unterschiedlichen Komponenten, sowohl hinsichtlich mußeförderlicher Raumstrukturen der identifizierten Mußeräume als auch hinsichtlich der Praktiken"[38] empirisch fassen lässt. In ähnlicher Weise ist dieses Spannungsverhältnis bereits oben bei der Darstellung der vier Mußeraumtypen an verschiedenen Stellen zum Ausdruck gekommen.[39]

Abbildung 3 verdeutlicht, inwiefern das Erleben von Muße hinsichtlich der damit verbundenen Raumstrukturen und Praktiken durch vielfältige Spannungsverhältnisse geprägt wird. Wie bereits von Clara Sofie Kramer aufgezeigt wurde, kann sich Muße zwischen vermeintlich dichotomisch angelegten Begriffspaaren

---

[36] Vgl. Kramer, „Eine Reiseführeranalyse", 399 f.
[37] Vgl. dazu auch Hans-Georg Soeffner, „Muße – Absichtsvolle Absichtslosigkeit", in: Hasebrink/Riedl (Hg.), *Muße im kulturellen Wandel*, 34–53.
[38] Vgl. Kramer, „Eine Reiseführeranalyse", 406.
[39] Vgl. Kramer, „Eine Reiseführeranalyse", 405 f.

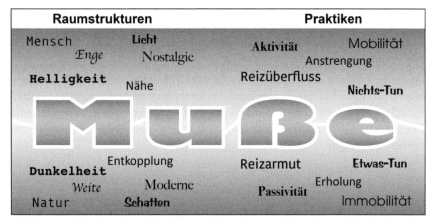

Abb. 3: Visualisierung der Spannungsverhältnisse zwischen vermeintlich dichotomen Raumstrukturen und Praktiken als Wirkungsfeld touristisch-urbaner Muße (Quelle: Clara Sofie Kramer, „Eine Reiseführeranalyse", 405).

entfalten.[40] Der vermeintliche Gegensatz besteht darin, dass die in Abbildung 3 durch Formatierung in identischen Schriftarten gekennzeichneten Begriffspaare (z. B. Enge vs. Weite oder Anstrengung vs. Erholung) zunächst als Gegensatz erscheinen, tatsächlich aber in einem wechselseitigen Verhältnis zueinander stehen und zusammen wirksam werden. So wird Muße nicht in Enge oder Weite erlebt, sondern in einer Position *zwischen* Enge und Weite.

Ob und gegebenenfalls auch wie Muße individuell erlebt wird, hängt nicht so sehr von den mußeaffinen und mußefeindlichen Attributen eines Mußeortes ab, sondern in erheblichem Maße davon, was die betreffende Person zuvor unternommen hat, in welchem Gemütszustand sie sich befindet und was sie anschließend tun wird.[41] Auch wenn das Erleben von Muße als ein vorübergehendes Ausbrechen aus vorherrschenden Raum- und Zeitstrukturen beschrieben werden kann, so bleibt es letztlich doch nicht vollkommen losgelöst von dem, was vor oder nach dem Erleben von Muße geschieht. Auch ist es denkbar, dass die vorausgegangenen oder anschließenden Geschehnisse ein individuelles Erleben von Muße beeinträchtigen oder sogar unmöglich machen.

Weiterhin ist das Erleben von Muße situationsbedingt. Dies betrifft u. a. die Anwesenheit anderer Menschen. Wir gehen davon aus, dass Muße grundsätzlich sowohl allein als auch in Gesellschaft mit einem oder mehreren anderen Menschen erlebt werden kann. Es ist jedoch auch möglich, dass die Anwesenheit anderer Menschen das Erleben von Muße beeinträchtigt oder verhindert. In touristisch-urbanen Räumen kann Muße beispielsweise beim Betrachten oder

---

[40] Vgl. Kramer, „Eine Reiseführeranalyse", 400 f., 405 f.
[41] Vgl. Kramer, „Eine Reiseführeranalyse", 406.

Beobachten anderer Menschen erlebt werden. Jedoch kann die Anwesenheit (einer größeren Zahl) von Menschen auch als störend empfunden werden und dem Erleben von Muße entgegenstehen. Als besonders negativ werden in touristisch-urbanen Räumen üblicherweise die Anwesenheit zahlreicher Reisender und ein offensichtliches Vorhandensein von speziell auf Tourismus oder sogar Massentourismus zugeschnittenen Angeboten wahrgenommen. Indessen wird die Anwesenheit zahlreicher Einheimischer meistens weniger negativ bewertet und teilweise sogar als besonders „authentisch" empfunden.[42]

So wird deutlich, dass sich das Erleben von Muße innerhalb eines äußerst komplexen und vielfältigen Spannungsfelds entfaltet. Dieses Spannungsfeld wird dann als Wirkungsfeld touristisch-urbaner Muße verstanden.[43] Dabei spielen die wechselseitigen Beziehungen zwischen dem Muße erlebenden Individuum, der räumlichen Umgebung als Mußeort mit verschiedenen mußeaffinen und mußefeindlichen Merkmalen, möglicherweise weiteren anwesenden Personen, den vor Ort vom Individuum ausgeübten Praktiken sowie all dem, was jenseits der räumlichen und zeitlichen Grenzen des betreffenden Mußeraums existiert, eine wichtige Rolle.

Fazit und Ausblick

Angesichts des kontinuierlichen Wachstums im Städtetourismus während der vergangenen zwei bis drei Jahrzehnte und des aktuellen Trends zum *New Urban Tourism* verstärkt sich der Nutzungsdruck auf touristisch-urbane Räume, die infolge von Reurbanisierung und Gentrifizierung ohnehin schon stark beansprucht werden. Dies kann bei Reisenden wie auch bei Einheimischen den Wunsch verstärken, touristisch-urbane Räume für ein Erleben von Muße in Anspruch zu nehmen.

Im vorliegenden Beitrag wurde aufgezeigt, anhand welcher Bestimmungsgrößen sich Muße im touristisch-urbanen Raum fassen lässt. Weiterhin wurden unterschiedliche Typen touristisch-urbaner Mußeräume vorgestellt, die durch Praktiken und durch deren sprachlich-symbolische Repräsentation produziert werden. Im Hinblick auf Raumstrukturen und Praktiken ist deutlich geworden, dass sich das individuelle Erleben touristisch-urbaner Muße in einem vielfältigen Spannungsfeld vollzieht.

---

[42] Der Aspekt des Eindrucks von Authentizität wird am Beispiel von Blog-Einträgen über touristisch attraktive Räume in Paris vertieft in Kramer/Winsky/Freytag, „Places of Muße", 201–205. Zum touristischen Streben nach „authentischen" Erlebnissen vgl. auch Andreas Kagermeier/Julia Köller/Natalie Stors, „Share Economy im Tourismus. Zwischen pragmatischen Motiven und der Suche nach authentischen Erlebnissen", in: *Zeitschrift für Tourismuswissenschaft* 7,2 (2015), 117–145.
[43] Vgl. Kramer, „Eine Reiseführeranalyse", 401, 406.

Der Beitrag beschränkt sich im Wesentlichen auf eine Analyse von Repräsentationen touristisch-urbaner Muße, die in Reiseführern abgebildet werden. Künftig werden sich die Forschungsarbeiten unseres SFB-Teilprojekts stärker auf die Analyse der bereits durchgeführten Feldforschung in Barcelona, Florenz und Paris stützen. Dabei soll von Clara Sofie Kramer u. a. die Bedeutung des Sitzens für das Erleben touristisch-urbaner Muße genauer untersucht werden. Auch das Erleben von Muße im Kontext der urbanen Nacht stellt ein noch weitgehend unerschlossenes Forschungsfeld dar.[44] Theoretisch-konzeptionell bietet es sich dabei an, das Erleben von Muße noch stärker in der körperlichen Dimension (z. B. *embodiment*) zu erfassen. Neben Leitfadeninterviews und ethnographischen Verfahren der Beobachtung und Partizipation richtet sich das Forschungsinteresse auch auf innovative technologische Methoden (z. B. Sensoren zur Messung von Puls und Hautleitfähigkeit in Verbindung mit GPS-Tracking), um das Erleben von Muße künftig noch differenzierter zu erfassen und zu analysieren.[45]

Selbst wenn abzuwarten bleibt, inwieweit mittels innovativer technologischer Verfahren tatsächlich neue und aussagekräftige Forschungsergebnisse erarbeitet werden können, so ist doch bereits jetzt zu konstatieren, dass die wissenschaftliche Auseinandersetzung mit Muße noch einige attraktive Potenzialfelder bereithält. Insbesondere in der Stadt- und Tourismusforschung lassen sich zahlreiche offene Forschungsfragen identifizieren, die mit dem Erleben von Muße – sei es durch Reisende oder durch Einheimische – in Verbindung stehen. Denn die aktuellen Veränderungen in touristisch-urbanen Räumen im Zuge von Kommodifizierung, Touristifizierung und Gentrifizierung sowie daran gebundene Aushandlungsprozesse über deren Gestaltung und Nutzung eröffnen einige spannende und gesellschaftspolitisch in hohem Maße relevante Forschungsperspektiven.

---

[44] Hier bestehen geeignete Anknüpfungsmöglichkeiten zu Fünfgeld/Freytag, „Zur Praxis urbaner Nacht-Orte".

[45] Entsprechende Methoden wurden bereits erprobt in aktuellen Forschungsarbeiten von Jeongmi (Jamie) Kim/Daniel R. Fesenmaier „Measuring Emotions in Real Time: Implications for Tourism Experience Design", in: *Journal of Travel Research* 54,4 (2015), 419–429 sowie Noam Shoval/Yonatan Schvimer/Maya Tamir, „Real-Time Measurement of Tourists' Objective and Subjective Emotions in Time and Space", in: *Journal of Travel Research* 57,1 (2018), 3–16.

Literatur

Bauder, Michael, „Dynamiken des Städtetourismus in Deutschland", in: *Standort. Zeitschrift für Angewandte Geographie* 42 (2018), 105–110.

Blum, Bianca/Willis, Jakob/Masurczak, Pia/Liedke, Heidi/Fest, Kerstin/Sahner, Simon, „Muße-Orte", in: *Muße. Ein Magazin* 2,1 (2016), 54–58, doi: 10.6094/mussemagazin/1.2016.54 (abgerufen am 11.12.2019).

Bourmer, Achim/Nahm, Peter M./Schmidt, Lothar, *Baedeker Barcelona*, 12. Aufl., Ostfildern 2015.

Burtenshaw, David/Bateman, Michael/Ashworth, Gregory John, *The European City: Western Perspectives*, London 1991.

Certeau, Michel de, „Praktiken im Raum", in: Jörg Dünne/Stephan Günzel (Hg.), *Raumtheorie. Grundlagentexte aus Philosophie und Kulturwissenschaften*, Frankfurt a.M. 2006 (Nachdruck der deutschen Übersetzung von Ronald Vouillé, erschienen in *Kunst des Handelns* von Michel de Certeau, Berlin 1988, 179–238; Originalbeitrag „Pratiques d'espace" in *Arts de faire*, Paris 1980, 175–227), 343–353.

Colomb, Claire/Novy, Johannes (Hg.), *Protest and resistance in the tourist city*, New York 2017.

Crouch, David, „Tourist practices and performances" in: Alan A. Lew/C. Michael Hall/Allan M. Williams (Hg.), *A companion to tourism* (Wiley Blackwell Companions to Geography), Oxford 2004, 85–95.

Dürr, Bettina/Galenschovski, Carmen/Strüber, Reinhard, *Baedeker Florenz*, 13. Aufl., Ostfildern 2015.

Figal, Günter, „Muße als Forschungsgegenstand", in: *Muße. Ein Magazin* 1,1 (2015), 15–23, doi: 10.6094/musse-magazin/1.2015.17 (abgerufen am 11.12.2019).

Forschungsgemeinschaft Urlaub und Reisen e.V., „ReiseAnalyse 2016 – Erste ausgewählte Ergebnisse der 46. Reiseanalyse zur ITB 2016", in: https://reiseanalyse.de/wp-content/uploads/2017/09/RA2016_Erste_Ergebnisse_DE.pdf (abgerufen am 11.12.2019).

Freytag, Tim/Bauder, Michael, „Bottom-up touristification and urban transformations in Paris", in: *Tourism Geographies* 20,3 (2018), 443–460.

Freytag, Tim, „Déjà-vu: Tourist practices of repeat visitors in the city of Paris", in: *Social Geography* 5 (2010), 49–58.

Freytag, Tim/Popp, Monika, „Der Erfolg des europäischen Städtetourismus. Grundlagen, Entwicklungen, Wirkungen", in: *Geographische Rundschau* 61,2 (2009), 4–11.

Freytag, Tim, „Städtetourismus in europäischen Grossstädten. Eine Hierarchie der Standorte und aktuelle Entwicklungen der Übernachtungszahlen", in: *DISP* 169,2 (2007), 56–67.

Frisch, Thomas/Sommer, Christoph/Stoltenberg, Luise/Stors, Natalie (Hg.), *Tourism and Everyday Life in the Contemporary City* (Routledge Studies in Urbanism and the City), London 2019.

Fründt, Hans-Jürgen, *Reise Know-How CityTrip Barcelona*, Bielefeld 2016.

Füller, Henning/Michel, Boris, „'Stop being a tourist!' New dynamics of urban tourism in Berlin-Kreuzberg", in: *International Journal of Urban and Regional Research* 38,4 (2014), 1304–1318.

Fünfgeld, Anna/Freytag, Tim, „Zur Praxis urbaner Nacht-Orte in Freiburg", in: Martina Hülz/Olaf Kühne/Florian Weber (Hg.), *Heimat: Ein vielfältiges Konstrukt* (Raumfragen: Stadt – Region – Landschaft), Wiesbaden 2019, 259–278.

Gebhardt, Dirk, „Barcelona: Die Drosslung des Wachstumsmotors Tourismus?", in: *Geographische Zeitschrift* 105,3/4 (2017), 225–248.

Gimmel, Jochen/Keiling, Tobias, *Konzepte der Muße*, unter Mitarbeit von Joachim Bauer, Günter Figal, Sarah Gouda u. a., Tübingen 2016.

Gravari-Barbas, Maria/Guinand, Sandra (Hg.), *Tourism and Gentrification in Contemporary Metropolises: International Perspectives*, New York 2017.

Gravari-Barbas, Maria/Jacquot, Sébastien, „No conflict? Discourses and management of tourism-related tensions in Paris", in: Claire Colomb/Johannes Novy (Hg.), *Protest and resistance in the tourist city*, New York 2017, 31–51.

Hasebrink, Burkhard/Riedl, Peter Philipp, „Einleitung", in: Hasebrink/Riedl (Hg.), *Muße im kulturellen Wandel. Semantisierungen, Ähnlichkeiten, Umbesetzungen* (linguae & litterae, Bd. 35), Berlin/Boston 2014, 1–11.

Herrmann, Hans-Peter/Wetzel, Pauline, *Fernweh und Reiselust: Streifzüge durch die Tourismuspsychologie*, Berlin/Heidelberg 2018.

Kagermeier, Andreas/Köller, Julia/Stors, Natalie, „Share Economy im Tourismus. Zwischen pragmatischen Motiven und der Suche nach authentischen Erlebnissen", in: *Zeitschrift für Tourismuswissenschaft* 7,2 (2015), 117–145.

Kalmbach, Gabriele, *Reise Know-How CityTrip Paris*, 13. Aufl., Bielefeld 2015.

Kim, Jeongmi (Jamie)/Fesenmaier, Daniel R., „Measuring Emotions in Real Time: Implications for Tourism Experience Design", in: *Journal of Travel Research* 54,4 (2015), 419–429.

Koens, Ko/Postma, Albert/Papp, Bernadett, „Is Overtourism Overused? Understanding the Impact of Tourism in a City", in: *Sustainability* 10,12 (2018), 4384.

Kramer, Clara Sofie, „Die Bedeutung touristisch-urbaner Mußeräume im Zuge einer Touristifizierung von Städten: Das Beispiel Barcelona", in: *Berichte. Geographie und Landeskunde* 93,3 (2020), 221–237.

Kramer, Clara Sofie, „Die sprachliche Konstruktion von Mußeräumen im Städtetourismus am Beispiel von Florenz, Italien", in: *Zeitschrift für Tourismuswissenschaft* 10,1 (2018), 29–47.

Kramer, Clara Sofie, „Eine Reiseführeranalyse von Mußeräumen und Mußepraktiken im Städtetourismus", in: Julian Reif/Bernd Eisenstein (Hg.), *Tourismus und Gesellschaft. Kontakt, Konflikte, Konzepte* (Schriftenreihe Tourismus und Freizeit, Bd. 24), Berlin 2020, 393–408.

Kramer, Clara Sofie/Winsky, Nora/Freytag, Tim, „Places of Muße as Part of New Urban Tourism in Paris", in: Thomas Frisch/Christoph Sommer/Luise Stoltenberg/Natalie Stors (Hg.), *Tourism and Everyday Life in the Contemporary City* (Routledge Studies in Urbanism and the City), London 2019, 188–210.

Leder, Susanne, *Neue Muße im Tourismus. Eine Untersuchung von Angeboten mit den Schwerpunkten Selbstfindung und Entschleunigung* (Paderborner geographische Studien zu Tourismusforschung und Destinationsmanagement, Bd. 21), Paderborn 2007.

Maitland, Robert, „Conviviality and everyday life: The appeal of new areas of London for visitors", in: *International Journal of Tourist Research* 10,1 (2008), 15–25.

Novy, Johannes/Huning, Sandra, „New Tourism (Areas) in the ‚New Berlin'", in: Robert Maitland/Peter Newman (Hg.), *World tourism cities: developing tourism off the beaten track*, London 2009, 87–108.

Partsch, Susanna, *ADAC Reiseführer Florenz*, neu bearbeitete Aufl., München 2014.

Popp, Monika, „Der touristische Blick im Städtetourismus der Postmoderne. Das Beispiel der italienischen Stadt Florenz", in: *Geographische Rundschau* 61,2 (2009), 42–48.

Popp, Monika, „Positive and Negative Urban Tourist Crowding: Florence, Italy", in: *Tourism Geographies* 14, 1 (2012), 50–72.
Pott, Andreas, *Orte des Tourismus. Eine raum- und gesellschaftstheoretische Untersuchung*, Bielefeld 2007.
Reincke, Madeleine/Maunder, Hilke, *Baedeker Paris*, 18. Aufl., Ostfildern 2016.
Saretzki, Anja, „Städtische Raumproduktion durch touristische Praktiken", in: *Zeitschrift für Tourismuswissenschaft* 10,1 (2018), 7–27.
Schenk, Günter, *ADAC Reiseführer Paris*, neu bearbeitete Aufl., München 2016.
Scherle, Nicolai, *Gedruckte Urlaubswelten: Kulturdarstellungen in Reiseführern. Das Beispiel Marokko*, München/Wien 2000.
Schetar, Daniela/Köthe, Friedrich, *Reise Know-How CityTrip Florenz*, 4. Aufl., Bielefeld 2015.
Schroeder, Veronika, *ADAC Reiseführer Barcelona*, 2. Aufl., München 2016.
Sheller, Mimi/Urry, John, „The New Mobilities Paradigm", in: *Environment and Planning A: Economy and Space* 38,2 (2006), 207–226.
Shoval, Noam/Schvimer, Yonatan/Tamir, Maya, „Real-Time Measurement of Tourists' Objective and Subjective Emotions in Time and Space", in: *Journal of Travel Research* 57,1 (2018), 3–16.
Soeffner, Hans-Georg, „Muße – Absichtsvolle Absichtslosigkeit", in: Burkhard Hasebrink/Peter Philipp Riedl (Hg.), *Muße im kulturellen Wandel. Semantisierungen, Ähnlichkeiten, Umbesetzungen* (linguae & litterae, Bd. 35), Berlin/Boston 2014, 34–53.
Stock, Mathis, „Inhabiting the City as Tourists: Issues for Urban and Tourism Theory", in: Thomas Frisch/Christoph Sommer/Luise Stoltenberg/Natalie Stors (Hg.), *Tourism and Everyday Life in the Contemporary City* (Routledge Studies in Urbanism and the City), London 2019, 42–66.
Stors, Natalie/Kagermeier, Andreas, „Crossing the border of the tourist bubble: Touristification in Copenhagen", in: Tatjana Thimm (Hg.), *Tourismus und Grenzen* (Studien zur Freizeit- und Tourismusforschung, Bd. 9), Mannheim 2013, 115–131.
Wöhler, Karlheinz, *Touristifizierung von Räumen. Kulturwissenschaftliche und soziologische Studien zur Konstruktion von Räumen*, Wiesbaden 2011.

Leisurely Being in the City as a Critique of the Functionalist Modern City Space in Amit Chaudhuri's *A Strange and Sublime Address* and Navtej Sarna's *We Weren't Lovers Like That*

Melina Munz

I. Introduction: Indian Megacities as a Space for Otium?

At a first glance, connecting sprawling cities of populations between 5 and 16 million and a population density of up to 22.000 per square kilometre with experiences of leisure or otium seems counterintuitive or even contradictory. The Indian emerging megacities (a term applied to urban centres with over 10 million inhabitants) of Delhi or Calcutta have been described as „crowded, hyper-accelerated" or even shaped by „infrastructural proliferation and contingent spiralling chaos".[1] As these urban centres are constantly growing and changing, „outsourcing, Americanization, corruption, urban violence and the accumulation of rubbish" are some of their most stereotypical and contested issues.[2] The novels this paper is going to focus on, however, draw attention to the possibility of imagining the social and physical space of the city differently.

Both in Amit Chaudhuri's *A Strange and Sublime Address* (1991) and Navtej Sarna's *We Weren't Lovers Like That* (2003), the foreground is the urban space of the two cities of Calcutta and Delhi, and its representation is linked to particular ways of experiencing it. Chaudhuri shows how this space is, despite its masses of people and hectic movement, conducive to a sense of floating or wandering.

---

[1] Elleke Boehmer and Dominic Davies, „Literature, Planning and Infrastructure: Investigating the Southern City through Postcolonial Texts", in: *Journal of Postcolonial Writing* 51.4 (2015), 395–409, 396, 406.

[2] Boehmer/Davies, „Literature, Planning and Infrastructure", 407. As Paul Webster and Jason Burke comment, „[o]ptimists see a new network of powerful, stable and prosperous city states, [...] where the benefits of urban living, the relative ease of delivering basic services compared to rural zones and new civic identities combine to raise living standards for billions. Pessimists see the opposite: a dystopic future where huge numbers of people fight over scarce resources in sprawling, divided, anarchic ‚non-communities' ravaged by disease and violence. Nowhere is this more evident than in India, where years of underinvestment, chaotic development and rapid population growth have combined with poor governance and outdated financial systems to threaten an urban disaster." Paul Webster and Jason Burke, „How the Rise of the Megacity Is Changing the Way We Live", in: *The Guardian* 21 Jan. 2012. Web. 11 Feb. 2020. https://www.theguardian.com/society/2012/jan/21/rise-megacity-live.

Moreover, he even makes a flâneuristic perception of mundane, everyday events central to his construction of the city of Calcutta. In contrast, Sarna's representation of Delhi is suffused with nostalgia for a loss of free movement or wandering in the city space. Both novels comment on an increasingly functional logic[3] of these cities, negotiating questions of work and non-work, as well as urban and rural spaces through their characters' movements and reflections on their surroundings. Therefore, I will argue that the novels imply a critique of capitalist late modernity and usefulness by negotiating the possibility or impossibility of urban otium.

In the following, I will use the term ‚otium' to refer to an experiential quality that goes beyond the idea of leisure time. Otium can be defined as a relaxed mode of experiencing often linked to self-reflection or contemplation. In both very active and relatively passive situations, it refers to an experience that can neither be produced intentionally, nor is it ever indulged in as a means for some other aim or objective but can, at the same time, be very creative or productive.[4] Nevertheless it is, despite its unproductive character, often perceived as enabling, because of a felt distance from everyday concerns and an opening up to new perspectives and creativity that might turn out to be very productive in the end.[5] In this sense, otium is tightly linked to freedom, if freedom is understood as a self-fulfilment through meaningful ways of acting.[6] Moreover, the experiential quality that goes beyond a mere leisure time free from obligation is characterised by a change in how time is perceived: it takes on an almost spatial quality, due to a sense of and conscious focus on *being* in the moment as well as a foregrounding of sensory perception.[7] Otium is thus characterised by the feeling of *being, lingering* or *dwelling*, by a temporary freedom from everyday concerns (being in

---

[3] With „functional logic" the novels refer either directly or *ex negativo* to the way in which parts of the (late modern) city are oriented along the affordances of capitalist consumerism as well as Western cultural influences. The texts are in this context ambivalently positioned towards the distinction between modern functionalist urban architecture and its so-called ‚postmodern' fragmentation, mainly because they only rarely comment on specific architectural trends (cf. M. J. Dear, „Postmodern Urbanism", in: *International Encyclopedia of the Social & Behavioral Sciences*, Vol. 17, ed. by Neil J. Smelser and Paul B. Baltes, Amsterdam et al. 2001, 11856 f.). Thus, my use of the terms ‚modern' and ‚late modern' will mostly refer to cultural-economic aspects (such as flâneur aesthetics on the one, and increasingly globalised capitalism and Western cultural influences on the other hand) as well as characters' experiences of, for instance, the city as an accelerated space.

[4] Cf. Monika Fludernik/Miriam Nandi, „Introduction", in: Fludernik/Nandi (eds.), *Idleness, Indolence and Leisure in English Literature*, Basingstoke et al. 2014, 1–16; Jochen Gimmel, Tobias Keiling, Joachim Bauer et al., *Konzepte der Muße*, Tübingen 2016, 11, 31 f., 36, 40, 63, 77.

[5] Cf. Gimmel/Keiling, *Konzepte*, 49, 64 f.; Fludernik/Nandi, „Introduction", 8.

[6] Cf. Gimmel/Keiling, *Konzepte*, 63 f., 68, 78 f.

[7] Cf. Günter Figal, Hans W. Hubert and Thomas Klinkert, „Einleitung", in: *Die Raumzeitlichkeit der Muße*, ed. by Figal, Hubert and Klinkert (Otium. Studien zur Theorie und Kulturgeschichte der Muße, Vol. 2), Tübingen 2016, 1–6.

the moment instead of planning ahead) as well as from functional action aimed at productivity.

Both Chaudhuri's and Sarna's novels comment, I am arguing, on this mode of experiencing. Moreover, the novels reflect on its possibility and impossibility in those contexts where they represent the urban space. Space is highly relevant to experiences of otium in more than just the metaphorical dimension of a spatial quality of time and the identification of paradigmatic spaces of otium[8]: the intensely sensuous experience can also shape the perception of the surrounding space. My interpretation of the two novels is thus based on a constructivist understanding of space as produced through social structures and our ways of acting in it and perceiving it.[9] Hence, the spatial context, which might enable or prevent experiences of otium, and the experiential mode of the protagonists, which is shaped by their specific socio-economic position, their age, gender and (religious, cultural, communal) affiliations, mutually influence one another. The two texts are two very different ways of negotiating this relation: while *A Strange and Sublime Address* seems to point to the subversive possibilities of a leisurely being in the city, and the whole structure of the novel is based on this ideal; *We Weren't Lovers Like That* mourns for this state of being as something lost through the changing character of the cityscape.

II. Drifting through Calcutta with *A Strange and Sublime Address*

Amit Chaudhuri's representation of Calcutta is shaped by a heightened attention to everyday practices of the members of one family that are shown to be part of a leisurely rhythm of life permeating the city. Mostly, the novel is internally focalised on the main character Sandeep, a little boy who visits his relatives in Calcutta with his mother. Rather than having a linear plotline, the novel consists of an episodic rhythm of recurring events, seasons and practices predominantly seen through his eyes. In the following, I am going to argue that the episodes and their characterisation, although they often take place in the family's house, gradually form a fabric of the city space, which is represented through a flâneur-like narrative that emphasises the city's resistance to usefulness with the help of the narrative's resistance to coherent narration.

From the perspective of Sandeep, repeated practices are transformed into something special through a focus on sensory perception and the rhythmic quality of particular experiences. The „pre-luncheon bath" of Sandeep's uncle on a Sunday becomes a „sacrosanct ritual" as „the repetitive sound of the language"

---

[8] Cf. Fludernik/Nandi, „Introduction", 4.
[9] Cf. Henri Lefebvre, *The Production of Space*, Oxford/Cambridge, MA 1991; Phillip E. Wegner, „Spatial Criticism: Critical Geography, Space, Place and Textuality", in: *Introducing Criticism at the 21st Century*, ed. by Julian Wolfreys, Edinburgh 2002, 179–201, 181.

while he is singing „had mingled with the sound of the water falling in the bath, till they became one glimmering sound without meaning. [...] A cool spell of remote, waterfall-like music was woven and broken at the same time".[10] Instead of being an irrelevant banality, Chhotomama's Sunday baths move centre stage as they are perceived by Sandeep who stands at the bathroom door to listen. Regular mealtimes are described as intensely sensuous events during which the family members are „caressing the rice and the sauces on their plates with attentive, sensuous fingers, fingers which performed a practiced and graceful ballet on the plate till it was quite empty".[11] The fabric of everyday life is thus presented as bodily experience, assembled by sound, touch and rhythm („woven and broken", „graceful ballet").

In addition to the focus on the senses and the rhythm of everyday life, practices which the novel focuses on are characterised firstly by their uselessness and unproductivity, secondly by their material connection to the city space and thirdly by what could be called the urban dialectics of communality and anonymity.

Uselessness becomes an important category in the novel, as practices commonly associated with significance are reduced to charmingly circumstantial occurrences, while at the same time seemingly banal everyday actions are represented as religious rituals. The wealth of banal or quotidian details, from pigeons on the windowsill to the raindrops at the beginning of the monsoon, resists being either purely referential or purely metaphorical. Instead, an „epiphanic significance" is continually hinted at through them but constantly deferred, „toward the promised wholeness that of course never materializes".[12] In contrast, the necessary productivity of daily work is made fun of as an empty spectacle, which disturbs the way things ought to be „like a fever": when Sandeep's uncle needs to leave in the mornings, all activity in the house revolves around „the ordinary breadwinner in his moment of unlikely glory. [...] Over and over again, he would shout, ‚I'm late' in the classic manner of the man crying ‚Fire!' or ‚Timber!' or ‚Eureka!', while Saraswati and Mamima scuttled around him like frightened birds. [...] Not until the last sputter of [the car's] engine had died away [...] did peace reign once more resignedly over the household".[13] The panic-stricken but slightly ridiculous and futile attempts to get to work on time are contrasted with the serene importance of Sundays: during the Sunday bathroom rituals of Sandeep's uncle, his „shaving instruments were holy tools and [...] the act of sprinkling water on the face was somehow profound".[14] The symbolic relevance of

---

[10] Amit Chaudhuri, „A Strange and Sublime Address", in: *Three Novels: A Strange and Sublime Address, Afternoon Raag, Freedom Song*, Basingstoke/Oxford 2001, 1–174, 45 f.

[11] Chaudhuri, „A Strange and Sublime Address", 9.

[12] Saikat Majumdar, „Dallying with Dailiness: Amit Chaudhuri's Flaneur Fictions", in: *Studies in the Novel* 39.4 (2007), 448–464, 456.

[13] Chaudhuri, „A Strange and Sublime Address", 17.

[14] Chaudhuri, „A Strange and Sublime Address", 44.

religion is, in this logic, also turned on its head when Sandeep observes the prayer-room rituals of his aunt. He comments on „the general, dignified uselessness of the whole enterprise", and is fascinated to watch her „surrounded by her gods in that tiny room, like a child in a great doll-house [...]; it was a strange sight to watch a grown-up at play. Prayer-time was when adults became children again".[15] The religious is made to look secular and harmless and becomes important to Sandeep in its useless, but aesthetic and pleasurable dimension, comparable to toys and games. At the same time, this perspective elevates the little rituals of everyday life, because they can have the same quality.

In passages like the one in the prayer room, objects become as integral to a specific situation as its human participants, such as „[t]he smell of sandalwood incense, the low hum of his aunt's voice, the bell ringing at the end of the ceremony [...] the cool taste of the offerings that were distributed after prayer".[16] The sensuous atmosphere becomes almost palpable for the reader as it gets metonymically subsumed under the objects involved. The *materiality* of the city space is thus part of a certain mood and atmosphere, with doors and windows personified through human attributes: „On Sundays, the streets of Calcutta were vacant and quiet, and the shops and offices closed, looking mysterious and even a little beautiful with their doors and windows shut, such shabby, reposeful doors and windows".[17] This kind of perception is an instance of the way in which the experiential mode of otium and the surrounding material space influence one another reciprocally: intense sensuous impressions seem to make a mode of restful contemplation more likely, and at the same time the open potentiality of the experience enables a *physically*, *palpably* changed, creative engagement with material objects.

While in descriptions like these, the urban space is constructed or, to use Lefebvre's terms, *produced* in an overlapping of its imagination and memories, its immediate sensory experience and its material manifestation, the urban space as planned space is clearly the least significant dimension.[18] Concrete, planned building projects are presented as something random, arbitrary and fairly undecipherable.[19] The field, where on Sunday evenings films are screened, is a

---

[15] Chaudhuri, „A Strange and Sublime Address", 33 f.
[16] Chaudhuri, „A Strange and Sublime Address", 33.
[17] Chaudhuri, „A Strange and Sublime Address", 42.
[18] Lefebvre divides space into three different moments, differentiating between the physical materiality people engage with in practices called *perceived space*; the planning, scientific description or conceptualizations in the realm of discursivity called *conceived space* and memory, cultural symbols or imaginations called *lived space*. Cf. Lefebvre, *The Production of Space*, 33, 38–41.
[19] Compare the notion of the urban space itself as text in the literature on flânerie (cf. Peter Philipp Riedl, „Die Muße des Flaneurs. Raum und Zeit in Franz Hessels *Spazieren in Berlin* [1929]", in: *Muße und Moderne*, ed. by Tobias Keiling, Robert Krause and Heidi Liedke [Otium. Studien zur Theorie und Kulturgeschichte der Muße, Vol. 10], Tübingen 2018, 99–119, 107–109; Catherine Nesci, „Memory, Desire, Lyric: The Flâneur", in: *The Cambridge Companion to the*

„*surprising* piece of empty land, which builders and contractors had somehow overlooked".[20] The constant roadworks are motivated by „*some* [...] *obscure reason*", for instance for the purpose of „replacing a pipe that doesn't work with another pipe that doesn't work", turning Calcutta into a „work of modern art that neither makes sense nor has utility, but exists for some esoteric aesthetic reason".[21] This last quote emphasises how the useless, unproductive everyday practices are represented as the only things that count, whereas such supposedly solid things as buildings and roads can shift or melt away easily. Through comments like this one, the novel repeatedly points out the potential to shape the city through actions and representations.

All these observations and experiences are situated in a dialectic relationship between *communality and anonymity*: Experiences of otium in *A Strange and Sublime Address* are found in the company of and through others. There are several instances when the whole family is lying on the bed in a single shared room with a fan to escape the heat „like tiny insects living in the darkness of the box, breathing in the air of the world through invisible perforations. [...] Sandeep's aunt and mother lay on the bed, murmuring to each other, and each time they turned, there was a shy and subtle clink of bangles".[22] Sandeep, whose perspective the reader follows most of the time, reflects on how he „hated being in the foreground; he wanted a housefly's anonymity". At his crowded relatives' house, „he pulsed into life and passed into extinction according to his choice", a feeling that he cannot have in the quiet apartment in Bombay where he stays alone with his mother.[23] The dynamics of family life here can be understood like a miniature version of the city and its dialectics of detailed focus and complete randomness, individuality and insignificance.

At this point, these examples could still be instances of private, individual experiences within the city, without any general significance for the representation of Calcutta. And yet the narrative structure of Chaudhuri's novel presents these fragments of individual experience as part of a fabric of contingent narratives not only about, but even constituting the city. Instead of a „'real' story, with its beginning, middle and conclusion", the narrative voice likens the narrative of Calcutta to the family's „house with the small, empty porch that was crowded, paradoxically, with many memories and possibilities" that are situated in a web of similar narratives.[24] Because there is no real plot, temporality here is less of a sequence of events, but shifts to a broader, spatial perception of time: it is beside

---

City in Literature, 69–84, 74, 82; Harald Neumeyer, *Der Flaneur. Konzeptionen der Moderne*, Würzburg 1999, 14, 21, 131–135).

[20] Chaudhuri, „A Strange and Sublime Address", 13.
[21] Chaudhuri, „A Strange and Sublime Address", 11.
[22] Chaudhuri, „A Strange and Sublime Address", 26.
[23] Chaudhuri, „A Strange and Sublime Address", 27.
[24] Chaudhuri, „A Strange and Sublime Address", 48 f.

the point how much time passes with what action, which action is done repetitively or which is singular to one day.

Moreover, in the effortless drifting through various everyday events that evoke in their enumeration Calcutta as a timeless and aimless space, the narrative principle of the novel is flâneur-like. A particularly fitting passage is when Sandeep characterises his enjoyment of a family outing by car with a sense of „floating, of letting one's legs rest and setting one's body adrift", while „he felt at peace as effortless images of shops and restaurants passed by him as coral and anemones pass by a fish's life".[25] After all, flâneur characters are „'at home' in the crowd" and the flâneur „distills the fugitive beauty" of unexpected places in the city.[26] The figure of the flâneur in modernist European literature is tightly linked to the development of modern city life, capturing its distractions, movement and visual impressions.[27] He is predominantly found in public spaces, and he focuses on the everyday and the ordinary instead of only the special and prominent features of urban life. Through „spatial movement", the flâneur aesthetic in a novel can suggest how the planned, concrete structures of space „can be ignored, defiled, departed from, reinterpreted and used in alternative and subversive ways".[28] This importance of movement as an interaction with social space is also part of de Certeau's idea of walking as a central practice in and a metaphorical concept for the city. He defines walking as having the same function in the urban system as speaking in the system of a language, a parallel that can be metaphorically transposed to a „perambulatory rhetoric" in which choices of syntax and figures of speech are „*divergent* from a kind of ‚literal' meaning defined by the urban system".[29] Through „gaps, lapses, and allusions […] that make some parts of the city disappear and exaggerate others, distorting it, fragmenting it, and diverting from its immobile order", literary tropes enacted in walking function as an „*appropriation* of the topographical system on the part of the pedestrian".[30] The verticality of planning and disciplining is opposed for de Certeau by the city's inhabitants' level perspective from the streets that evades the disciplinary gaze and transforms space even through „everyday experience" – as is the case

---

[25] Chaudhuri, „A Strange and Sublime Address", 15.

[26] Kevin R. McNamara, „Introduction", in: *The Cambridge Companion to the City in Literature*, ed. by Kevin R. McNamara, Cambridge 2014, 1–16, 12.

[27] Nesci, „Memory, Desire, Lyric", 72; Neumeyer, *Der Flaneur*, 21; Caroline Herbert, „Postcolonial Cities", in: *The Cambridge Companion to the City in Literature*, Cambridge 2014, 200–215, 203.

[28] Boehmer/Davies, „Literature, Planning and Infrastructure", 399.

[29] Ian Buchanan, „Other People: Ethnography and Social Practice", in: *The Certeau Reader*, ed. by Graham Ward, 1. publ. Oxford et al. 2000, 95–150, 108 [emphasis original]; Michel de Certeau, *The Practice of Everyday Life*, Trans. Steven Rendall, 1. paperback print, Berkeley, Calif. et al. 2011, 93, 97–105.

[30] Certeau, *The Practice of Everyday Life*, 97, 102.

when citizens transform an empty field into an open air cinema.[31] After initial experiences and impressions of the urban space, it is being constantly remodelled and reassembled in its textual form; a method which can, as Peter Philipp Riedl has shown with refence to the German authors Ludwig Börne and Franz Hessel, be seen as a form of *Bricolage*.[32] The openness of the city as text then corresponds with the open attitude and the potentiality characteristic of experiences of otium. Moreover, the technique suggests that the experience can be transferred to the reader as the walk through the city is translated into the literary text.[33]

In an attempt to describe the „modern experience", literary texts operating with the idea of the flâneur try to capture this experience while it is experienced, as Chaudhuri tries to evoke imminence through sensory perception and the importance of objects.[34] The emphasis on sensory impression helps the reader to familiarise the surrounding environment of the city along with Sandeep.[35] The focus is not necessarily on a movement through the city (which Sandeep also describes, particularly during car rides) nor mainly on public spaces, but on a movement of the narrative perspective. Sandeep's mental movement through the city as well as through the period he spends there creates an alternative materiality. It is no coincidence, then, that the individual observer perspective is in this case a small boy, whose incidental observations the reader gets through mostly internal focalisation. The child's perspective is ideal to draw attention to the relevance of the useless. Moreover, through the narrative flânerie of the text, *A Strange and Sublime Address* also undermines the separation between the public and the private, a division which is often associated with both the colonial influence in India and a Western individualistic lifestyle reinforced by the capitalist economy.[36] As the heterodiegetic narrator self-consciously reflects, he cannot compose a „satisfying" story, being, „like Sandeep, [...] too caught up in [...] the irrelevances and digressions that make up lives, and the life of a city, rather

---

[31] Herbert, „Postcolonial Cities", 202. De Certeau contrasts the „writer's" perspective from the street with that of reading it from above as well as with its representations. Certeau, *The Practice of Everyday Life*, 92–96, 106.

[32] Riedl, „Die Muße des Flaneurs", 107.

[33] „Das Buch der Stadt entsteht immer wieder neu im Akt des augenblicklichen Lesens, das im Zustand des freien Verweilens und in einer Haltung der Gelassenheit erfolgt, d. h. mit einer ästhetischen Offenheit für das, was einem ohne aktives Zutun begegnet" (Riedl, „Die Muße des Flaneurs", 107 f., cf. 109).

[34] Nesci, „Memory, Desire, Lyric", 74.

[35] Christin Hoene, „The Sounding City: Soundscapes and Urban Modernity in Amit Chaudhuri's Fiction", in: *Re-Inventing the Postcolonial (in the) Metropolis*, ed. by Cecile Sandten and Annika Bauer, Leiden/Boston 2016, 363–378.

[36] Ray describes in his emotional history of the Bengal Renaissance how in the second half of the nineteenth century the creation of a new *public* through the rise of civil society, the popularity and spread of print culture and „formations of voluntary associations between individuals" necessarily also implied a new understanding of *privacy* and the *private domain* (Rajat Kanta Ray, *Exploring Emotional History Gender, Mentality and Literature in the Indian Awakening*, New Delhi/Oxford 2001, 33 f.).

than a good story".[37] The open potentiality of his experience is too fleeting, the very quality of the experience resisting narration. Yet, this very resistance, expressed through essayistic passages, digressions and a focus on allegedly random banalities, translates the open potentiality of a movement through the city into the text.[38] The above passage, which openly reflects the poetics of the novel, evokes a notion of narrative as a leisurely walk through the „memories and possibilities" of the city's fabric and it is impossible to clearly distinguish passages only relevant to the private family sphere from ones contributing to a dense description of the city.[39]

In the passages of the novel, both Calcutta as well as the smaller unit of the family home come across as shaped by the practices, experiences, imaginations and representations of its inhabitants. Calcutta is presented here as a city of an unruly, unusable temporality, one in which the experience of otium is made more likely through characteristics of the urban space. At the same time, the connection between the urban space and its perception through experiences of otium has implications for an understanding of otium: one could speak of an *urban* form of otium that is particular to and can only be experienced in the city, or rather, in this city with its particular rhythm.

III. Nostalgic Reflections on Past Leisure in the Delhi of *We Weren't Lovers Like That*

We Weren't Lovers Like That has nothing of the immediacy and focus on present experience of Chaudhuri's novel. Instead, it is first and foremost a novel about the past, about the memories and regrets of the homodiegetic narrator, Aftab. The representation of leisurely being in the urban space is therefore by no means celebratory, but largely a nostalgic reflection on its present impossibility. Moreover, since the openness and potentiality of otium is presented *ex negativo* as something lacking in present circumstances, the novel cannot even be called a novel about otium, but about a vague nostalgia for an experiential quality like it. I am arguing nevertheless that its absence is relevant for the idea of an urban form of otium as well as for its subversive potential vis-à-vis productivity and usefulness.

While Aftab's lengthy ruminations about the past mostly focus on regrets about his personal life, from childhood memories to his ruined marriage and the dissatisfaction with his job, in the chapters focusing on his life in Delhi personal failure is constantly interwoven with a contrasting of the former character

---

[37] Chaudhuri, „A Strange and Sublime Address", 48 f.
[38] Riedl, „Die Muße des Flaneurs", 109.
[39] Chaudhuri, „A Strange and Sublime Address", 48 f.

of the city space with its sadly changed current atmosphere. Wistfully, Aftab remembers that „[t]here was a time when I could saunter through Connaught Place", a time when Delhi's central shopping and business hub had been used by various people for relaxed, leisurely practices:

People came there for a stroll in the evenings, couples came to hold sweaty, nervous hands near the fountain, to eat paan or homemade mango ice cream in green leaves, or have elegant tea with cheese balls in restaurants that smelt of ice cream wafers, listening to jukeboxed music playing fifties' tunes.[40]

However, the positive memories of how the city's inhabitants make use of the public space are always juxtaposed by almost their opposite in the present:

Now I had to maneouvre my way through an army of handkerchief sellers, key-chain sellers, banana sellers, past charpoys of fake leather wallets, three-in-one-packet underwear, calendars, diaries, and chaatwalas with boiled potatoes and unpeeled kachalus and tomatoes and lemons already set up at nine in the morning.[41]

This comparison is introduced by adverbial phrases or other temporal descriptions that clearly separate the urban space *as it was* from *as it is now*. While the first description is full of slow, relaxed movement (like „saunter", „stroll", „hold ... hands"), sensory impressions (like „eat", „smelt", „listening") and markers for something like an ‚authentic innocence' in the couples' sweaty hands and the homemade ice cream, the second expresses the „too much" of the hectic and stressful city rhythm. Moreover, the only practice imaginable in the late modern, capitalist city is buying and selling. The two elements of hectic temporal rhythm and capitalist-dominated practices are expressed through a breathless list of wares for sale, further emphasising the contrast syntactically. Moreover, the peaceful, calm actions of the first part are juxtaposed with a semantics of war, as he „had to *manoeuvre*" his way „through an *army* of ..." and so on.

The narrator repeatedly characterises in this way an older modernity of Delhi that is valued positively and a newer, late modernity in which Delhi has changed for the worse. In this context, roadworks are used as a negative symbol of change – an interesting aspect, since in Chaudhuri's novel the same motif of urban building projects is part of a somewhat cheerfully distanced perspective on their randomness, making them contribute to the aesthetic uselessness of Calcutta as a whole. In *A Strange and Sublime Address* the notion of a disintegrating city consisting of dust is used as a positive concept, but in *We Weren't Lovers Like That* it becomes emblematic for the destruction of old values in face of the new:

It seemed that the old roads of Delhi were being pounded into dust with each massive drive, the past was being thrust into the remains of the seven cities already buried deep

---

[40] Navtej Sarna, *We Weren't Lovers like That*, New Delhi 2003, 24.
[41] Sarna, *We Weren't Lovers like That*, 24.

and a new future with swinging, sweeping flyovers complete with bright mercury lights and ice cream vans was being built to solve all our problems. A senseless world of speed and certitude.[42]

Again, the „old roads" are juxtaposed with the „new future", which actively and violently („pounded into dust", „massive drive", „thrust", „buried deep") disrupts and destroys the past Delhi. The future is characterised with deep irony as a „bright new future" of speed and light, which, however, upon closer inspection, turns out to be „senseless" and a world of „certitude". The new „senselessness" and „certitude", which has to have a specific aim and direction, form an entirely different picture from the easy, but densely sensuous purposelessness of the view of Calcutta in Chaudhuri's novel as much as from the past description of Connaught Place here. Navtej Sarna is not the only author who portrays Delhi as a city where things change rapidly, and often for the worse from the perspective of its inhabitants. In Rana Dasgupta's recent journalistic monograph *Capital. The Eruption of Delhi*, the description of the development of twentieth-century Delhi up until the present is frequently accompanied by a nostalgic tone. He writes about

those old people who tried to convey to those who had not been around then, *how things were* [...] Change was happening at such a stupefying pace that people of every age were cut off even from their recent existence. They looked at vast shopping malls, malls whose construction had appalled and offended them, and now they could not even remember what had been there before, or why they had objected so strongly.[43]

Dasgupta describes this as „a general condition: no one, not even the young, could revisit the Delhi they had come from because it no longer existed".[44] Sarna's fictional text points to the same urban developments of a capitalist modernity, in which the „senseless", perpetually changing city deprives its inhabitants of a sense of place and belonging and exchanges this with the „certitude" of purposeful economic growth.

Part of the narrative strategy of constantly conveying a change for the worse in *We Weren't Lovers Like That* is the connection of Aftab's personal experiences of loss with external observations. Thus the death of his great-grandmother as it is remembered in the context of the flyovers being built causes a general sense of loss, death and decay: „That summer, along with the relentless thudding of the piledrivers we heard the tortured coughing of my mother's grandmother

---

[42] Sarna, *We Weren't Lovers like That*, 23.
[43] Rana Dasgupta, *Capital. The Eruption of Delhi*, New York 2014, 47 f.
[44] Dasgupta, *Capital*, 48. Compare also the description of the role of car traffic in Delhi: „the road is the place from which people derive their image of the *entire city*. It is a segregated city [...] and it has no truly democratic spaces". Dasgupta also describes the role of the large numbers of flyovers being continuously built all over the place, although they „do not feel as if they constitute a system" (Dasgupta, *Capital*, 16, 23).

[...]. That summer she began to die".[45] It is almost as if the pile-drivers and the coughing of his great-grandmother are remembered as one merging, threatening rhythm. The theme is continued when the narrator goes to work and talks to the lift man, who himself is described almost as a relic of former times: „I left Panditji on his stool, a wrinkled hand on one aching knee, the other twirling the end of his moustache, to ruminate for yet another day, over a lost world".[46] In their short conversation the sad memories of a past Delhi are even connected to nostalgia for colonial times:

> It is the new century, the new millenium. Kalyug. Things are changing all over the world. [...] They have not left a single tree. You remember the shade we used to have in these parts? Bungalows and trees. Bungalows made by Englishmen, trees planted by Englishmen. They went away and all that they built has also gone after them.[47]

The „new millennium" is paralleled with Kali Yuga, the last of the world's ages according to the Sanskrit scriptures. While Kali Yuga in Hinduism is believed to bring spiritual degeneration, it is not seen as a recent occurrence, but has supposedly started around 3000 BCE.[48] It is therefore faintly comical how the liftman complains of how Kali Yuga seems to be lacking in shade, trees and bungalows, so that whatever „old times" came before the gleaming high-rises, streets and flyovers took over is evaluated as a better past. Yet the narrator sympathises with the old man and the passage draws attention to how, as McNamara describes, „structures themselves support, solicit, and curtail modes of individual and collective behaviour, as we realize when we imagine the disparate effects of creating a public park or a private shopping mall in the middle of a city".[49] Thus even the rule of the British is preferred to a new, capitalist hectic and its ideologies, a view that overlooks possible neo-colonial continuities between the two regimes.[50] Old public spaces are associated in this context with a horizontal dimension of the city, with natural elements and with open space; the new structures with the vertical level, steel and concrete of the modern high-rise buildings and flyovers.[51]

Despite the overall sense of nostalgia and regret in Sarna's novel, its comment on the city is in effect not so different from that of Chaudhuri's. It may be that Sarna emphasises the changing character of the city, and that the novel ends

---

[45] Sarna, *We Weren't Lovers Like That*, 23.
[46] Sarna, *We Weren't Lovers Like That*, 26 f.
[47] Sarna, *We Weren't Lovers Like That*, 26.
[48] Cf. Sumit Sarkar, „Colonial Times. Clocks and Kali-yuga", in: *Beyond Nationalist Frames: Relocating Postmodernism, Hindutva, History*, Delhi 2004, 10–13.
[49] McNamara, „Introduction", 5.
[50] Cf. Alev Çinar and Thomas Bender, „Introduction. The City: Experience, Imagination, and Place", in: *Urban Imaginaries. Locating the Modern City*, ed. by Çinar and Bender, Minneapolis/London 2007, xi–xxvi, xx.
[51] Cf. Certeau, *The Practice of Everyday Life*, 91; Boehmer/Davies, „Literature, Planning and Infrastructure", 398.

and arrives in the present with Aftab's choice to leave the city for a more rural space, but the *absent* and desirable character of the city is similarly linked to leisure, calm and purposelessness. This character of a lost, leisurely temporality of the city is expressed, be it positively or negatively, through an emphasis on the practices in and imaginations of the urban space. Moreover, the leisurely rhythm of Calcutta in Chaudhuri's novel (which, after all, was published almost 10 years before *We Weren't Lovers Like That*), is not without a certain nostalgia: Sandeep's reflections come across as a rare and uncommon thing, in the logic of the novel something that can be glimpsed only for a limited time, that of his holidays. At the very start of the novel, the limited timeframe of the narrative is closely associated with its drifting temporality: „The holiday mood transported them with its poetry".[52] In the boy's perception, his experience of the visit is repeatedly contrasted with his everyday life in Bombay just as Aftab contrasts the sad present situation with the past. The focus on the child narrator at least suggests that Chaudhuri's perspective on Calcutta is a past idyll of childhood and on a vanishing rhythm of life associated with cultural modernity, while Aftab as a narrator is represented as the disillusioned adult ruminating about lost opportunities.

IV. Then and Now – City and Countryside

Both novels have passages in which the borders between the urban and the rural space are being negotiated, or rather, undermined. In *A Strange and Sublime Address* it is several times almost presented as irrelevant whether the setting is urban or rural: „they could have been anywhere – on a hillside on the Western Ghats or in a cave in Kanheri", as the narrator comments when the family first settles down together after initial greetings.[53] This is not just because of their family intimacy, but because of a certain precarious unlikelihood of the city's existence as a whole:

Calcutta is a city of dust. If one walks down the street, one sees mounds of dust like sand-dunes on the pavements, on which children and dogs sit doing nothing. [...] [T]he buildings are becoming dust, the roads are becoming dust. [...] Daily, Calcutta disintegrates, unwhispering, into dust, and daily it rises from dust again.[54]

The „sweating labourers" here seem sadly ineffectual, while the inactive „children and dogs" seem to have a more appropriate attitude in the face of such an unpredictable, amorphous space. The city is further characterised by some primeval connection to the surrounding landscape:

---
[52] Chaudhuri, „A Strange and Sublime Address", 6.
[53] Chaudhuri, „A Strange and Sublime Address", 6.
[54] Chaudhuri, „A Strange and Sublime Address", 11.

when the fans stopped turning because of a power cut, when the telephone went dead because of a cable-fault, when the tabs became dry because there was no power to pump the water, and finally, when the car engine curtly refused to start, it seemed a better idea to return to a primitive, unpretentious means of subsistence – to buy a horse and a plough, to dig a well in one's backyard, to plant one's own trees and grow one's own fruit and vegetables. Calcutta, in spite of its fetid industrialization, was really part of that primitive, terracotta landscape of Bengal, Tagore's and the wandering Vaishnav poet's Bengal – the Bengal of the bullock-cart and the earthen lamp. It had pretended to be otherwise, but now it had grown old and was returning to that original darkness.[55]

This link to previous histories and palimpsestic layers of the urban space follows the flâneur poetics of the novel: though the flâneur evolved with urbanisation and modernisation, one of his characteristics is the insistence on the underlying remains of former histories, now neglected and forgotten.[56] Chaudhuri here hints at what de Certeau has called a city's „art of growing old by playing on all its pasts".[57] His concept of the „'metaphorical' [...] city" emphasises the role of memory, since in this perspective the city is made up of „fragmentary [...] histories", palimpsests of lost stories and dreams.[58] Calcutta's cultural rootedness in rural Bengal is an idea that can also be read as a critical comment on the city's history as the colonial capital of the British in India.

Moreover, the fluid oscillating between different forms of urbanity that are more or less urban or rural is part of the subversive potential of Chaudhuri's novel: a Calcutta that is firmly rooted in an older, rural landscape eludes the modern time regimes of speed and progress and instead evokes a palimpsestic site of underlying „ghosts" of an alternative, forgotten Calcutta.[59] It is impossible to draw a boundary where the city ends and the countryside begins. Thus, it is noteworthy that Chaudhuri's novel does not contrast an idealised image of the village with a negative urban setting influenced by colonial history, Western individualism and globalised capitalist economic structures.[60] Rather, the potential

---

[55] Chaudhuri, „A Strange and Sublime Address", 31.
[56] Cf. Nesci, „Memory, Desire, Lyric", 70.
[57] Certeau, *The Practice of Everyday Life*, 91.
[58] Certeau, *The Practice of Everyday Life*, 108, 110, cf. 107–110.
[59] Cf. Buchanan, „Other People", 95–150.
[60] For the discourse of the idealised rural space in India compare Surinder S. Jodhka, „Nation and Village: Images of Rural India in Gandhi, Nehru and Ambedkar", in: *Nation and Village* 37, 32 (2002), 3343–3353; Manish Thakur, *Indian Village. A Conceptual History*, Jaipur et al. 2014; Rumina Sethi, *Myths of the nation: national identity and literary representation*, Oxford et al. 1999; and Melina Munz, „Village Idyll? The Blending of Work and Otium in Contemporary Indian Fiction on Rural Life", in: *Produktive Unproduktivität. Zum Verhältnis von Arbeit und Muße*, ed. by Inga Wilke, Gregor Dobler, Markus Tauschek and Michael Vollstädt (Otium. Studien zur Theorie und Kulturgeschichte der Muße, Vol. 14) Tübingen 2020, 247–262. The village ideal in India has developed both in the context of colonial rule and its nationalist counter-movement for Indian Independence. A nostalgic notion of authentic native village society, which continues to have an impact on cultural representations of the rural space, was used, both from the colonisers' perspective and the leaders of the national movement, to

for individual characters' experiences of otium and, along with it, the critical potential of the novel lies in the blurring of these very boundaries. The resulting subversive alternative „map" of Calcutta is often conveyed through changes between internal focalization centred on Sandeep and the more general, philosophical observations, which undermine the difference between the urban and the natural space.[61] The urban experience of the protagonists is presented as rooted in the surrounding rural landscape, and the novel gains its subversive potential partially from the transgression of its spatial (busy urban scenarios suddenly reminding of an underlying rural dimension) and temporal (continuous hints at an older, precolonial Bengali culture interrupting the present) context.

Furthermore, the strategy of blurring a clearly demarcated concept of the modern urban space makes a leisurely perspective on it as well as experiences of otium more likely. If the rural village can be seen as a „defining contrast foil" or „counter-imagination" for the city's profile, a collapsing of the categories of the urban and the rural into one makes this profile less clear and can enable otium in the megacity.[62] Even the focus on the private sphere is part of this strategy, undermining the stereotypical contrast between the city's „metropolitan anonymity and freedom" and the village's „social integration and obligation".[63] In the context of a postcolonial city, and one that was built very much as a colonial city modelled upon London, this becomes particularly problematic: urban modernity has to be transformed into something else, stolen from its original purpose, if the ideals of an urban modernity are still defined elsewhere.

The rural space as a palimpsest underlying the urban space can be found in *We Weren't Lovers Like That*, too. However, as before, the change in the relationship is emphasised here as well as a taking over of the rural by the urban space: On an outing to Tughlaqabad with his ex-wife and son, Aftab tells his son about his own schooldays:

There was nothing here those days, after these houses [...]. None of these roads and flyovers and buildings. Just cycle tracks in the bushes and fields. And over there were fields of cauliflower and cabbage and radish. One never thought all of that would vanish.[64]

Again, the rapid urban development is presented negatively, natural or less formed elements being taken over by concrete planning.[65] The nostalgia and loss

---

construct an essentialised, timeless view of India as „a land of villages" (Jodhka, „Nation and Village", 3343).

[61] Cf. Çinar/Bender, „Introduction", xi–xxvi.

[62] Dirk Wiemann, „Cities of the Mind – Villages of the Mind: Imagining Urbanity in Contemporary India", in: *Zeitschrift für Anglistik und Amerikanistik*, 61.1 (2013), 59–72, 61, 67.

[63] Wiemann, „Cities of the Mind", 67.

[64] Sarna, *We Weren't Lovers Like That*, 173.

[65] „[The city's] present invents itself [...] in the act of throwing away its previous accomplishments" (Certeau, *The Practice of Everyday Life*, 91). Rana Dasgupta describes very similarly

connected with his son, from whom Aftab fears to become increasingly estranged is, again, merged with the general sense of loss of his more carefree and relaxed schooldays and of the existence of „empty space" at the outskirts of Delhi.⁶⁶ The question of the possibility of emptiness in a continuously growing city like Delhi forms a parallel to the possibility of uselessness in Chaudhuri's text. In this context, Aftab's memories pose in their palimpsestic blending of different versions of one space an alternative „map" to the superficially unambiguous and real map that would represent this part of the city.⁶⁷

Highly significant for Aftab's partiality for decadence and decline is that the destination of their outing is a mediaeval ruin, the remains of Tughlaqabad Fort. The Fort is one of the seven medieval city foundations of Delhi, which all eventually failed: „The deserted ruins of a once great city surrounded us with its haunting emptiness. The walls were crumbling, the huge stones were being taken away [...]".⁶⁸ Inspired by this environment, the narrator summarises the sense of loss to his son: „Nothing is as good as when it is [...] because things vanish or change and decay".⁶⁹ The changes for the worse here are final and though the past is consulted and remembered to criticise the present, it remains irretrievable.⁷⁰ Thus, the example of the trip to Tughlaqabad remains an isolated exception in the context of this novel where the discourse of nostalgia clearly separates the rural from the urban and the past from the present space: after all, Aftab eventually returns to his childhood town Dehradun with the wish to go up into the hills beyond in order to escape his urban existence as much as his personal failings.

V. Conclusion: Imagining the City

The two novels' representations of different urban spaces are instances of individual experiences that make up the (collective) imagination of a city: both novels focus on the urban environment as shaped by the practices, experiences and representations of its inhabitants and despite their different strategies, aimlessness and leisurely floating is in both texts given preference to usefulness and progress. By representing the cities through fragmentary experience, they

---

how his father tried to revisit his old family home and was extremely upset to find a huge shopping area where there „used to be a *bagh* [...] a *garden*. I used to ride my bike on these streets. What happened?" (Dasgupta, *Capital*, 48).

⁶⁶ Sarna, *We Weren't Lovers Like That*, 174.
⁶⁷ Cf. Çinar/Bender, „Introduction", xv; Buchanan, „Other People", 115.
⁶⁸ Sarna, *We Weren't Lovers Like That*, 175.
⁶⁹ Sarna, *We Weren't Lovers Like That*, 175.
⁷⁰ Two months before this paper was presented, I could visit Tughlaqabad myself during a visit to Delhi. It seems almost a logical consequence of the developments described by Aftab that by now what used to be one archaeological site has been divided into the ruins of the fort and the Mughal tomb, because a new three-lane road was built between them.

consciously avoid a claim for completeness, and instead argue for free spaces in the fabric of the two cities of Calcutta and Delhi, thereby criticising a dominant representation of the modern capitalist city along the lines of usefulness and progress. The nostalgia of *We Weren't Lovers Like That* emphasises the critique of capitalist modernity and its effects on the city's material space and, consequently, the practices possible in it. The nostalgic narrative perspective points to an almost dystopian present, in which the city becomes an increasingly hostile environment and the experiential quality of otium – and with it the flâneur's transgressive experience of inner calm even in the greatest turbulence – an impossibility. The aimlessly wandering narrative of *A Strange and Sublime Address* focuses with the help of a poetics of the banal and everyday, a flâneur-like drifting through city life, on an atmosphere that can in many situations develop into experiences of otium. Through both the poetics of everyday practices and a symbolical merging of the city with the surrounding countryside, this perspective implicitly forms a subversive contrast to understandings of urban modernity as inextricably linked with progress and functionality.

The experience of otium can enable subversive practices that change dominant ways of perceiving the urban space. This is the case in both novels discussed here – albeit in Sarna's only through the absence or exceptionality of such experiences – with reference to the initial unproductivity of practices of otium, to a drifting temporality opposed to a linear perception of time and to a focus on sensory perception. Ultimately, the specifically urban experience of otium comes into being through a transgression of the urban environment from the present to past layers of time, from the urban to the natural space beyond and from the banal, everyday to the special. Where, in Sarna's novel, these experiences are not possible anymore, it is because the city's structures have become so inhibiting that such a transgression cannot even be imagined in the city space. Although the narrative of *A Strange and Sublime Address* is tied to a possibly idyllic childhood perspective, it emphasises the city's inhabitants' freedom and agency to shape the urban space through their way of inhabiting it. What is more: the novel itself as a form of representation of the city is part of the practices that might enable or reinforce subversive practices of uselessness, empty space and flânerie that imagine an urban space less determined by functional structures and productive practices.

Bibliography

Boehmer, Elleke and Dominic Davies, „Literature, Planning and Infrastructure: Investigating the Southern City through Postcolonial Texts", in: *Journal of Postcolonial Writing* 51.4 (2015), 395–409.

Buchanan, Ian, „Other People: Ethnography and Social Practice", in: *The Certeau Reader*, ed. by Graham Ward, 1. publ. Oxford et al. 2000, 95–150.

Certeau, Michel de, *The Practice of Everyday Life*, Trans. Steven Rendall, 1. paperback print, Berkeley, Calif. et al. 2011.

Chaudhuri, Amit, „A Strange and Sublime Address", in: Chaudhuri, *Three Novels: A Strange and Sublime Address, Afternoon Raag, Freedom Song*, Basingstoke/Oxford 2001, 1–174.

Çinar, Alev and Thomas Bender, „Introduction. The City: Experience, Imagination, and Place", in: *Urban Imaginaries. Locating the Modern City*, ed. by Çinar and Bender, Minneapolis/London 2007, xi–xxvi.

Dasgupta, Rana, *Capital. The Eruption of Delhi*, New York, 2014.

Dear, M. J., „Postmodern Urbanism", in: *International Encyclopedia of the Social & Behavioral Sciences*, Vol. 17, ed. by Neil J. Smelser and Paul B. Baltes, Amsterdam et al. 2001, 11856–11860.

Figal, Günter, Hans W. Hubert and Thomas Klinkert, „Einleitung", in: *Die Raumzeitlichkeit der Muße*, ed. by Figal, Hubert and Klinkert (Otium. Studien zur Theorie und Kulturgeschichte der Muße, Vol. 2), Tübingen 2016, 1–6.

Fludernik, Monika and Miriam Nandi, „Introduction", in: *Idleness, Indolence and Leisure in English Literature*, ed. by Monika Fludernik and Miriam Nandi, Basingstoke [et al.] 2014, 1–16.

Gimmel, Jochen, Tobias Keiling, Joachim Bauer et al., *Konzepte der Muße*, Tübingen 2016.

Herbert, Caroline, „Postcolonial Cities", in: *The Cambridge Companion to the City in Literature*, ed. by Kevin R. McNamara, Cambridge 2014, 200–215.

Hoene, Christin, „The Sounding City: Soundscapes and Urban Modernity in Amit Chaudhuri's Fiction", in: *Re-Inventing the Postcolonial (in the) Metropolis*, ed. by Cecile Sandten and Annika Bauer, Leiden/Boston 2016, 363–378.

Jodhka, Surinder S., „Nation and Village: Images of Rural India in Gandhi, Nehru and Ambedkar", in: *Nation and Village* 37, 32 (2002), 3343–3353.

Lefebvre, Henri, *The Production of Space*, Oxford/Cambridge, MA 1991.

Majumdar, Saikat, „Dallying with Dailiness: Amit Chaudhuri's Flaneur Fictions", in: *Studies in the Novel* 39.4 (2007), 448–464.

McNamara, Kevin R., „Introduction", in: *The Cambridge Companion to the City in Literature*, 1–16.

Munz, Melina, „Village Idyll? The Blending of Work and Otium in Contemporary Indian Fiction on Rural Life", in: *Produktive Unproduktivität. Zum Verhältnis von Arbeit und Muße*, ed. by Inga Wilke, Gregor Dobler, Markus Tauschek and Michael Vollstädt (Otium. Studien zur Theorie und Kulturgeschichte der Muße, Vol. 14), Tübingen 2020, 247–262.

Nesci, Catherine, „Memory, Desire, Lyric: The Flâneur", in: *The Cambridge Companion to the City in Literature*, 69–84.

Neumeyer, Harald, *Der Flaneur. Konzeptionen der Moderne*, Würzburg 1999.

Ray, Rajat Kanta, *Exploring Emotional History Gender, Mentality and Literature in the Indian Awakening*, New Delhi/Oxford 2001.

Riedl, Peter Philipp, „Die Muße des Flaneurs. Raum und Zeit in Franz Hessels *Spazieren in Berlin* (1929)", in: *Muße und Moderne*, ed. by Tobias Keiling, Robert Krause and Heidi Liedke (Otium. Studien zur Theorie und Kulturgeschichte der Muße, Vol. 10), Tübingen 2018, 99–119.

Sarkar, Sumit, „Colonial Times. Clocks and Kali-yuga", in: *Beyond Nationalist Frames: Relocating Postmodernism, Hindutva, History*, Delhi 2004, 10–37.

Sarna, Navtej, *We Weren't Lovers like That*, New Delhi 2003.

Sethi, Rumina, *Myths of the nation: national identity and literary representation*, Oxford et al. 1999.

Thakur, Manish, *Indian Village. A Conceptual History*, Jaipur et al. 2014.

Webster, Paul and Jason Burke, „How the Rise of the Megacity Is Changing the Way We Live", in: *The Guardian* 21 Jan. 2012. Web. 11 Feb. 2020. https://www.theguardian.com/society/2012/jan/21/rise-megacity-live.

Wegner, Phillip E., „Spatial Criticism: Critical Geography, Space, Place and Textuality", in: *Introducing Criticism at the 21st Century*, ed. by Julian Wolfreys, Edinburgh 2002, 179-201.

Wiemann, Dirk, „Cities of the Mind – Villages of the Mind: Imagining Urbanity in Contemporary India", in: *Zeitschrift für Anglistik und Amerikanistik* 61.1 (2013), 59-72.

Gut essen in Gemeinschaft

Städtische Ernährungsinitiativen für Begegnung, Gerechtigkeit und Muße

Marit Rosol

1. Einführung

Wenn wir an Muße denken, drängt sich das Thema Essen förmlich auf. Gemeinsames Kochen mit Freund_innen und ein anschließendes gemeinsames Abendessen steht für Genuss, Lebensfreude und sich Zeit nehmen für die wichtigen Dinge des Lebens. Nicht zufällig wird gesunde Ernährung und *Slow Food* gleich zu Beginn von Günter Figals Überlegungen zur Muße als Forschungsgegenstand als naheliegendes Beispiel genannt.[1]

Gleichzeitig fehlt uns in unseren hektischen Zeiten gerade beim Essen oft die Muße. Das Frühstück wird im Auto auf dem Weg zur Arbeit eingenommen, das Mittagessen am Schreibtisch, da es – tatsächlich oder imaginiert – keine Zeit für eine Pause gibt[2], das Abendessen vor dem Fernseher. Fertiggerichte heißen in Nordamerika einfach „TV-Dinner". Im Alltag, gerade wenn Familie und Beruf miteinander vereinbart werden müssen, geht es v. a. darum, dass ein Essen einfach und schnell zubereitet werden kann. Nicht nur wird der Mahlzeit und dem, was und wie wir essen, wenig Aufmerksamkeit geschenkt, wir essen auch zunehmend allein. In Kanada sind diese Trends noch deutlicher zu beobachten als in Deutschland. Die Folgen eines solchen Essens ohne Muße zeigen sich in unserer Gesundheit, unseren sozialen Beziehungen und auch unserem mentalen Wohlergehen. Gleichzeitig setzt jegliches Handeln in Muße die Befriedigung primärer physiologischer Bedürfnisse voraus, so auch die Versorgung mit Nahrung.[3]

Ernährung und Essen und v. a. die Art und Weise, wie wir es tun und mit wem, ist also ein Ausdruck von Muße, ein Indikator für fehlende Muße sowie eine grundlegende Voraussetzung von Muße. Ein konzeptueller Bezug auf Muße

---

[1] Günter Figal, „Muße als Forschungsgegenstand", in: *Muße. Ein Magazin* 1 (2015), 15–23.
[2] Es gibt eine Website, die die traurigen Bilder vom Mittagessen am Schreibtisch dokumentiert: https://saddesklunch.com/
[3] Jochen Gimmel/Tobias Keiling, *Konzepte der Muße*, unter Mitarbeit von Joachim Bauer, Günter Figal, Sarah Gouda u. a., Tübingen 2016, 71. Unter Rückgriff auf die Bedürfnispyramide nach Maslow.

bietet somit einen vielversprechenden Zugang zur Erforschung urbaner Ernährungspraktiken, weil Missstände verdeutlicht und Alternativen aufgezeigt werden können. Etwas allgemeiner könnte mit Gimmel und Keiling argumentiert werden, dass das „Konzept der Muße Missstände unserer Lebenswelt [...] aufzeigen und so daran mitwirken [kann], Aussichten auf alternative Lebensformen zu gewinnen".[4]

Im Folgenden werde ich Initiativen in deutschen und kanadischen Städten vorstellen, welche sich die Ermöglichung von Mahlzeiten für alle sowie deren Wertschätzung als gemeinschaftliches Ereignis als Ziel und Aufgabe stellen. Zunächst werde ich dazu in die Zusammenhänge von Stadt und Ernährung einführen und den Bezug zu Konzepten der Muße herstellen (Abschnitt 2). Anschließend werde ich zwei Fallstudien präsentieren, konkret *Slow Food Youth* in Berlin sowie *Resto Plateau* in Montréal (Abschnitt 3). Die empirischen Ausführungen basieren auf Feldforschung in beiden Städten im Jahr 2018. Neben halb-strukturierten Interviews mit Akteur_innen der genannten Initiativen fließen auch Erkenntnisse aus Beobachtungen sowie der Auswertung von Dokumenten, Medienberichten, Websites, Informationsschreiben/Newsletters ein. In beiden Fällen werde ich den Fragen nachgehen, warum und wie diese Initiativen gutes Essen in Gemeinschaft fördern – und damit Muße, Entschleunigung und Selbstbestimmung, „freies Verweilen in der Zeit, jenseits von Zweckgebundenheit und Leistungserwartung".[5] Ich schließe mit einem Fazit zu den Zusammenhängen von Ernährung und urbaner Muße und dem, was wir aus den Fallstudien lernen können. Ich hoffe, mit diesem Beitrag auch zu zeigen, dass Ernährung ein wichtiges und spannendes empirisches Feld für die Erforschung urbaner Mußepraktiken und somit den SFB insgesamt bietet.

---

[4] Gimmel/Keiling, *Konzepte der Muße*, 93.
[5] So die Muße-Definition des SFB. Etwas abgewandelt heißt es in Burkhard Hasebrink/Peter Philipp Riedl, „Einleitung", in: Hasebrink/Riedl (Hg.), *Muße im kulturellen Wandel. Semantisierungen, Ähnlichkeiten, Umbesetzungen* (linguae & litterae, Bd. 35), Berlin/Boston 2014, 3: „Muße bedeutet Freiheit von temporalen Zwängen. Sie ist daher durch die Abwesenheit einer unmittelbaren, die Zeit beschränkenden Leistungserwartung bestimmt. [...] Muße braucht Freiheit von den Zwängen der Zeit, verwirklicht sich aber in einem freien Verweilen *in* der Zeit."

2. Kontext: Stadt und Ernährung ... und Muße?

2.1. Stadt und Ernährung

„Städte [waren] zu keiner Zeit passive ‚Lebensmittelabnehmer', sondern immer schon Orte, an denen kulinarische Bedeutungen erzeugt, verhandelt, verändert und den produzierenden ‚Lieferanten' zur Vorgabe gemacht wurden."[6]

Die meisten Städter_innen denken wenig über die Herkunft ihrer Nahrungsmittel nach: Nahrungsmittel sind einfach da, können im nächstliegenden Laden gekauft oder im benachbarten Restaurant verzehrt werden. Wenn überhaupt darüber nachgedacht wird, wird die Bereitstellung von Nahrungsmitteln dem ländlichen Raum zugeschlagen, denn ein städtisches Thema ist es ganz sicher nicht. Tatsächlich spielen Städte jedoch eine ganz zentrale Rolle für das gesamte Nahrungssystem. Zunächst sind sie die Orte, wo am meisten Nahrungsmittel nachgefragt werden. Wenn wir uns das gesamte Ernährungssystem anschauen, wird jedoch deutlich, dass Städte nicht nur als Orte der Nachfrage (in Privathaushalten, Restaurants, aber auch Schulen, Krankenhäusern, Altenheimen etc.), sondern auch als Orte der Produktion und Verarbeitung (z. B. im Rahmen von urbaner Landwirtschaft, aber auch in der Produktveredelung, Verpackungsindustrie), der Logistik und Distribution (v. a. des Einzelhandels) sowie der Entsorgung und Abfallpolitik eine zentrale Rolle spielen. Lebensmittel und das Nahrungssystem sind zudem bedeutsam für die städtische Ökonomie, d. h. für städtische Arbeitsplätze und die Wertschöpfung in den genannten Bereichen. Auch im Gesundheitssektor und in Bezug auf Umweltprobleme sind Lebensmittel und das Nahrungssystem von Bedeutung.[7] Nicht zuletzt sind Städte auch Orte politischer Proteste und sozialer Bewegungen. Diese richten sich gegen Hunger und Armut, man denke beispielsweise an die sogenannten *food riots* bzw. Nahrungsmittel-Proteste in Mexico City oder Kairo im Jahr 2008, welche eine Reaktion auf die innerhalb weniger Monate massiv gestiegenen Preise für Grundnahrungsmittel waren[8], oder fordern eine Umkehr in der Agrarpolitik von den politisch Verantwortlichen, mithin eine Agrar- und Ernährungswende, wie z. B. die jährlichen „Wir haben es satt"-Demonstrationen in Berlin.

---

[6] Cordula Kropp/Christa Müller, „Transformatives Wirtschaften in der urbanen Ernährungsbewegung: zwei Fallbeispiele aus Leipzig und München", in: *Zeitschrift für Wirtschaftsgeographie* 62,3–4 (2018), 187–200, 188.
[7] Philipp Stierand, *Stadt und Lebensmittel. Die Bedeutung des städtischen Ernährungssystems für die Stadtentwicklung*. Dissertation, Fakultät Raumplanung, TU Dortmund 2008.
[8] Jörg Gertel, *Globalisierte Nahrungskrisen. Bruchzone Kairo*, Bielefeld 2010; Kevin Morgan/Roberta Sonnio, „The urban foodscape: world cities and the new food equation", in: *Cambridge Journal of Regions, Economy and Society* 3,2 (2010), 209–224.

Ernährung ist also ein grundlegend städtisches Thema. Kurioserweise wurde dies jedoch nicht nur von den Stadtbewohner_innen, sondern lange Zeit auch von Stadtpolitik, der Stadtplanung und in der Forschung nur wenig beachtet. Erst seit den letzten Jahren ändert sich dies langsam. Nicht nur gibt es inzwischen vielfältige Forschungen zu städtischen Ernährungssystemen und -politiken[9]; v. a. wenden sich die Bewohner_innen selbst zunehmend den Grundlagen ihrer Nahrungsmittel zu. Dies zeigt sich in der Gründung von städtischen Ernährungsräten in vielen deutschen Städten seit 2016 (dem Vorbild der nordamerikanischen Food Policy Councils folgend). Es zeigt sich auch in den vielen städtischen Initiativen, die Lebensmittel in der Stadt produzieren (z. B. in Allmendegärten), Verkaufsnetzwerke mit Erzeuger_innen aus dem Umland initiieren (z. B. im Rahmen von Solidarischer Landwirtschaft) oder aber gerettete Lebensmittel verteilen oder zubereiten (z. B. *foodsharing.de*). Die Aktiven wollen frische und gesunde Produkte genießen, Verpackungsmüll vermeiden, Lebensmittelverschwendung eindämmen und zugleich die regionale und nachhaltige (Land-)Wirtschaft unterstützen. Für kleine Erzeugergemeinschaften oder Familienbetriebe wiederum sind genau diese Produktions- und Vermarktungsstrukturen existenzsichernd in der inzwischen global organisierten und von wenigen Konzernen dominierten Lebensmittelindustrie wie auch im hart umkämpften Markt des ökologischen Landbaus. Es geht also um den (Wieder-)aufbau regionaler Ernährungssysteme sowie um ein verändertes Zusammenspiel von Stadt und (Um)Land, von Mensch, Tier und Umwelt. Darin verweisen ihre Anliegen auf die dringend notwendige Transformation der sozialökologischen und ökonomischen Strukturen des derzeitigen globalen Ernährungssystems. Ernährungsinitiativen thematisieren bzw. kritisieren – als Gegenbewegung zur industrialisierten Lebensmittelwirtschaft bzw. dem „corporate food regime"[10] des späteren 20. Jahrhunderts und der damit einhergehenden Entfremdung vom Essen (als Produkt) und Essen (als Tätigkeit) – explizit die räumlichen, sozialen

---

[9] Vgl. exemplarisch z. B.: Kevin Morgan, „Nourishing the city: The rise of the urban food question in the Global North", in: *Urban Studies* 52,8 (2015), 1379–1394; Wendy Mendes, „Municipal Governance and Urban Food Systems", in: Mustafa Koç/Jennifer Sumner/Anthony Winson (Hg.), *Critical Perspectives in Food Studies*, Don Mills, Ontario 2017, 286–304; Marit Rosol, „Die ernährungsgerechte Stadt schaffen", in: Anke Strüver (Hg.), *Geographien der Ernährung – Zwischen Nachhaltigkeit, Unsicherheit und Verantwortung* (Hamburger Symposium Geographie: Schriftenreihe des Instituts für Geographie der Universität Hamburg, hg. v. Universität Hamburg/Institut für Geographie, Bd. 7), Hamburg 2015, 51–65; Marit Rosol/Anke Strüver, „(Wirtschafts-)Geographien des Essens: transformatives Wirtschaften und alternative Ernährungspraktiken", in: *Zeitschrift für Wirtschaftsgeographie* 62,3–4 (2018), 169–173. Für frühe Aufsätze siehe: Roberta Sonnino, „Feeding the City: Towards a New Research and Planning Agenda", in: *International Planning Studies* 14,4 (2009), 425–435; Kameshwari Pothukuchi/Jerome Kaufman, „Placing the food system on the urban agenda: The role of municipal institutions in food systems planning", in: *Agriculture and Human Values* 16,2 (1999), 213–224.

[10] Harriet Friedmann, „The policial economy of food: A global crisis", in: *New Left Review* 197,1 (1993), 29–57; Philip McMichael, „A food regime genealogy", in: *The Journal of Peasant Studies* 36,1 (2009), 139–169.

und ökologischen Produktionsbedingungen und Verantwortungsbeziehungen. Auch im Nachgang der Wirtschafts- und Finanzkrise 2008 lässt sich ein wieder erstarkendes Interesse an alternativen Formen des solidarischen „Land"-Wirtschaftens erkennen.

Gleichzeitig werden u. a. die sozialen, ökologisch-nachhaltigen und moralischen Implikationen des Nahrungsmittelkonsums sowie Raum- und Sozialbezüge des (sich und andere) Versorgens problematisiert. Vor allem in den urbanen Zentren Nordamerikas wird dabei auch auf den Begriff der *Food Justice* bzw. Ernährungsgerechtigkeit oder auch Ernährungsdemokratie rekurriert. Beide Begriffe richten sich gegen Ungerechtigkeiten im Nahrungssystem und setzen sich für eine demokratischere und gerechtere Gesellschaft insgesamt ein. Die Forderung nach einem gerechten Zugang zu Lebensmitteln wird dabei um Forderungen nach demokratischen Gestaltungsmöglichkeiten und fairen und sicheren Arbeitsbedingungen im gesamten Nahrungsmittelsektor ergänzt.[11] Wesentlich ist, dass sich diese Gegenbewegungen nicht nur in klassischen Formen des Protestes – wie Demonstrationen oder Petitionen – manifestieren, sondern v. a. auch über neue eigeninitiierte und weitgehend selbstbestimmte Formen des Wirtschaftens und Konsumierens.[12] Zwei solcher Initiativen werden in Abschnitt 3 im Fokus stehen.

2.2. ... und Muße?

Wie steht dies nun im Bezug zur Muße? Dazu müssen wir zunächst kurz klären, was unter Muße zu verstehen ist. Muße ist keinesfalls mit Freizeit gleichzusetzen, denn Freizeit dient der Reproduktion der Arbeitskraft und ist somit letztlich auf den Zweck der Arbeit ausgerichtet.[13] Muße bedeutet auch nicht einfach nur Entspannung, Nichts-Tun oder Erholung. Dass sich Muße durchaus auch in der Arbeit und im Handeln finden lässt, zeigt sich in Wendungen wie ‚etwas – endlich einmal wieder – in Muße zu tun'.[14] Tatsächlich steht Muße „im Unterschied zu (entfremdeter) Arbeit und Freizeit für ein (utopisches) Versprechen auf geglückte Selbstentfaltung"[15] oder auch „der Notwendigkeit entzogene freie und selbstzweckhafte Tätigkeit".[16]

Günter Figal definiert Muße als „ein freies, gelassenes, erfülltes und wesentlich kontemplatives Sichaufhalten, in dem Tätigkeiten anders sind als sonst oder

---

[11] Rosol, „Die ernährungsgerechte Stadt schaffen".
[12] Ausführlicher vgl. Rosol, „Alternative Ernährungsnetzwerke als Alternative Ökonomien", in: *Zeitschrift für Wirtschaftsgeographie* 62,3–4 (2018), 174–186, sowie weitere Beiträge im Themenheft.
[13] Gimmel/Keiling, *Konzepte der Muße*, 12.
[14] Gimmel/Keiling, *Konzepte der Muße*, 4.
[15] Gimmel/Keiling, *Konzepte der Muße*, 11.
[16] Gimmel/Keiling, *Konzepte der Muße*, 19.

welches Tätigkeiten, die ihm gemäß sind, aus sich heraus freisetzt – ein Sichaufhalten in einem Raum der Erfüllung bietet und zugleich freigibt"[17], d.h. als ein vorübergehendes Ausgeklinktsein aus den sonst vorherrschenden raumzeitlichen Alltagsstrukturen. So lässt sich Muße mit einem Moment der Freiheit, Selbstbestimmtheit und Kreativität in Verbindung bringen. Auch Gimmel und Keiling sprechen von Muße als Frei- und Möglichkeitsraum: „Muße bietet menschlicher Freiheit die Gelegenheit, sich zu verwirklichen. Praktiken der Muße sind letztlich Vollzugsformen von Freiheit."[18]

Wie lässt sich dies nun in Bezug auf städtische Ernährungspraktiken aufspüren? Dazu zurück in die Welt der Ernährungsforschung. In den *Agro-Food-Studies* wird Ernährung als komplexes System verstanden, das von der Produktion über die Verarbeitung, den Transport, die Distribution, die Zubereitung und den Konsum von Nahrungsmitteln bis zur Entsorgung von Nahrungsresten, eingebunden in komplexe Regulationssysteme, reicht. Wenn wir uns eines solchen *Food-Systems*-Zugangs bedienen und damit die Vorüberlegungen zum Thema Muße verbinden, wird deutlich, dass wir Muße in allen Teilen dieses Kreislaufes finden können.

Muße im Sinne von direkter körperlich-sinnlicher Erfahrung, verbunden mit Genuss und Entschleunigung, mit Selbstbestimmung und Kreativität findet sich beim (urbanen) Gärtnern wie beim Einkaufen auf dem Erzeugermarkt, dem Kochen und auch beim Lebensmittelretten, insbesondere im Zusammenspiel mit Anderen. Das gemeinsame Gärtnern, Kochen oder Haltbarmachen von Lebensmitteln bietet einen Rückzugsraum von Leistungsdruck und zweckgerichtetem Handeln: „Muße lässt sich aus psychologischer Sicht […] als Raum verstehen, der den Individuen eine spezifische Entlastung vom Praxisdruck äußerer Erwartungen (Pflichten, Zwänge, Rollenerwartungen) bietet (Freiheit-von) und damit die Möglichkeit zur reflektierten Selbstbestimmung eröffnet (Freiheit-zu)."[19] Gleichzeitig hat unser derzeitiges Agro-Food-System, wie oben angeklungen, gravierende Folgen für Umwelt, Gesundheit und Arbeitsbedingungen. Es basiert wesentlich auf einer industriellen, ressourcenintensiven Landwirtschaft (mit negativen externen Folgen für Biodiversität, Klima, Bodenfruchtbarkeit, Gewässerschutz) sowie auf einer enormen (Macht-)Konzentration transnationaler Nahrungsmittelkonzerne. Da Verteilungsprobleme nicht angegangen werden und v.a. die kleinbäuerliche Landwirtschaft einem enormen Preisdruck unterliegt, nehmen trotz Produktionszuwächsen Hunger und Mangelernährung nur langsam ab.[20] Dieser alarmierende Zustand wurde durch den

---

[17] Figal, „Muße als Forschungsgegenstand", 21.
[18] Gimmel/Keiling, *Konzepte der Muße*, 61.
[19] Gimmel/Keiling, *Konzepte der Muße*, 68.
[20] Für einen Überblick siehe: Johannes S. C. Wiskerke, „On Places Lost and Places Regained: Reflections on the Alternative Food Geography and Sustainable Regional Development", in: *International Planning Studies* 14,4 (2009), 369–387; Ryan E. Galt, „Placing Food Systems in First

von über 400 Expert_innen aus 110 Ländern im Jahr 2008 verabschiedeten UN-Weltagrarbericht ausführlich dokumentiert.[21] Der Bericht schließt mit der Feststellung: „Business as usual is not an option" – oder in den drastischen Worten von IAASTD Director Professor Robert T. Watson:

If we do persist with business as usual, the world's people cannot be fed over the next half-century. It will mean more environmental degradation, and the gap between the haves and have-nots will expand. We have an opportunity now to marshal our intellectual resources to avoid that sort of future. Otherwise we face a world nobody would want to inhabit.[22]

Ernährung und ernährungsbezogene Tätigkeiten sind also keinesfalls automatisch mußeaffin. Bei genauerer Betrachtung offenbaren sich vielmehr schnell die problematischen ökologischen, sozialen, gesundheitlichen und auch ökonomischen Folgen eines unzureichend regulierten globalen food regimes.[23] Zudem kann die Mitgliedschaft in einer Urban Gardening-Gruppe oder einer Solidarischen Landwirtschaft, das selbstgemachte Sauerkraut oder der demonstrative Einkauf auf einem Erzeuger_innenmarkt gesellschaftliches Distinktionsmerkmal sein, ein Ausdruck kulturellen (und gegebenenfalls auch ökonomischen) Kapitals, Mußepraktiken können somit auch Ungleichheit markieren.[24]

Und nicht zuletzt werden ernährungsbezogene Tätigkeiten wie z. B. Kochen je nach Kontext ganz unterschiedlich als Selbstverwirklichung und Sinnstiftung, als Erwerbsarbeit oder lästige Reproduktionsarbeit erlebt. Mehr noch, erst durch die Freistellung vom Zwang zu ernährungsbezogener Reproduktionsarbeit – durch geschlechtsspezifische Verantwortungszuteilung, Inanspruchnahme von Lieferdiensten, den Besuch von Restaurants oder die Beschäftigung von

---

World Political Ecology: A Review and Research Agenda", in: *Geography Compass* 7,9 (2013), 637–658; Olivier De Schutter, *Report of the Special Rapporteur on the right to food. Final report: The transformative potential of the right to food*. United Nations General Assembly, 2014. http://www.srfood.org/images/stories/pdf/officialreports/20140310_finalreport_en.pdf (abgerufen am 08.11.2019); Eric Holt-Giménez, *A Foodie's Guide to Capitalism: Understanding the Political Economy of What We Eat*, New York 2017; Friedmann, „The policial economy of food: A global crisis"; McMichael, „A food regime genealogy".

[21] Angelika Beck/Benedikt Haerlin/Lea Richter, *Agriculture at a Crossroads. IAASTD findings and recommendations for future farming*. Foundation on Future Farming (Zukunftsstiftung Landwirtschaft), Berlin 2016. https://www.globalagriculture.org/fileadmin/files/weltagrarbericht/EnglishBrochure/BrochureIAASTD_en_web_small.pdf (abgerufen am 08.11.2019); IAASTD (International Assessment of Agricultural Knowledge, Science and Technology for Development), *Agriculture at a crossroads. The Global Report*, Washington, DC 2009. http://www.fao.org/fileadmin/templates/est/Investment/Agriculture_at_a_Crossroads_Global_Report_IAASTD.pdf (abgerufen am 08.11.2019).

[22] Greenpeace International, *Agriculture at a Crossroads: Food for Survival*, Amsterdam 2009, 6. https://secured-static.greenpeace.org/france/PageFiles/266577/iaastd-rapport-en-anglais.pdf (abgerufen am 31.12.2018).

[23] Holt-Giménez, *A Foodie's Guide to Capitalism*; Friedmann, „The policial economy of food: A global crisis"; McMichael, „A food regime genealogy".

[24] Vgl. auch den Abschnitt zu Ungleichheit und sozialer Strukturierung von Gesellschaften in: Gimmel/Keiling, *Konzepte der Muße*, 83 ff.

Haushaltsangestellten – wird Freiraum für Muße geschaffen. Hier zeigt sich nicht nur die Relevanz der sozio-ökonomischen Position, sondern auch, dass des Einen Muße der Anderen Mehrarbeit bedeuten kann. Die Entlastung von Hausarbeit – wozu ernährungsbezogene Tätigkeiten wie einkaufen, Mahlzeiten planen und zubereiten, abwaschen und putzen ganz wesentlich gehören[25] – war nicht zufällig eine zentrale Forderung der zweiten Frauenbewegung, da sie eine Voraussetzung von Freiheit, Selbstverwirklichung, Emanzipation und auch Muße bedeutet. Wie Günter Figal reflektiert:

> Mit Muße einer Arbeit nachgehen können, das heißt unter anderem: keinem Zwang zu unterstehen und keine bestimmten Erwartungen erfüllen zu müssen. Sofern eine Tätigkeit der Versorgung, dem Lebensunterhalt, der Karriere dient, steht sie unter Erfolgsdruck, und sobald ein solcher Druck spürbar ist, wie geringfügig auch immer, kann sich das Tun nicht frei entfalten.[26]

Dass Muße zudem „basal auf die Freiheit von Bedürfniszwängen und Mängeln angewiesen ist"[27], zeigt sich wohl nirgends so deutlich wie in Bezug auf die unterschiedliche Realität der Verwertung von weggeworfenen Lebensmitteln. Während *dumpster diving* oder „Mülltauchen", d.h. das Sammeln und Verwerten von entsorgten Nahrungsmitteln aus Supermarkt-Abfalltonnen, ein selbstgewählter radikal-ökologischer Lebensstil sein kann, der Lebensmittelverschwendung anprangert und sich dem Konsum verweigert[28], ist die erzwungene Suche nach Nahrungsmitteln im Müll nicht mehr als eine entwürdigende Überlebensstrategie.[29]

Muße-Erfahrungen und Muße-Potentiale lassen sich also nicht an bestimmten Tätigkeiten festmachen. Urban Gardening ist nicht per se eine Mußetätigkeit, Kochen ebensowenig. Muße ist auch weniger zeitlich definiert als z.B. die Zeit, während der wir nicht arbeiten. Vielmehr offenbart sich der Mußecharakter in der Art und Weise, wie wir etwas tun, warum und unter welchen Bedingungen.[30] Das Erleben von Muße ist folglich stark kontextabhängig[31] – und dies zeigt sich auch beim Thema Ernährung. Dazu möchte ich noch einmal kurz auf das Beispiel des Urban Gardening zurückkommen.

---

[25] Jennifer Brady/Elaine Power/Michelle Szabo u.a., „Still Hungry for a Feminist Food Studies", in: Mustafa Koç/Jennifer Sumner/Anthony Winson (Hg.), *Critical Perspectives in Food Studies*, Don Mills, Ontario 2017, 81–94.
[26] Figal, „Muße als Forschungsgegenstand", 18.
[27] Gimmel/Keiling, *Konzepte der Muße*, 71.
[28] Alex V. Barnard, *Freegans: Diving into the Wealth of Food Waste in America*, Minneapolis 2016.
[29] Diese Realität wird eindrücklich beschrieben z.B. von T.C. Boyle in seinem Roman *The Tortilla Curtain* von 1995 (dt. *América*), der illegalisierten mexikanischen Einwander_innen in Kalifornien auf ihrer verzweifelten Suche nach einem normalen und würdevollen Leben folgt.
[30] Vgl. auch: Gimmel/Keiling, *Konzepte der Muße*, 15 ff.
[31] Gimmel/Keiling, *Konzepte der Muße*, 4.

Urban Gardening erfreut sich seit einigen Jahren auch in deutschen Städten zunehmender Beliebtheit. Urbane Gärten gelten inzwischen als Teil nachhaltiger Lebensstile, welche insbesondere von ‚urbanen Mittelschichtsmilieus' gepflegt werden. Fast überall entstehen Gemeinschaftsgärten, Kiezgärten, Interkulturelle Gärten und BürgerInnengärten, werden Baumscheiben – d. h. der Bodenbereich rund um Straßenbäume – bepflanzt und gibt es Guerilla-Gardening-Aktionen. Die neue Lust am urbanen Gärtnern erfährt ein breites Medienecho und zunehmend Aufmerksamkeit auch in der (Kommunal-)Politik und in der Wissenschaft.[32]

Und tatsächlich, Gemeinschaftsgärten bieten nicht-kommerzielle Treffpunkte und Freizeitbeschäftigungen, sind in stadtökologischer Hinsicht Lebensraum für Tiere und Pflanzen und verbessern das Mikroklima, tragen zur Subsistenz bei, erfüllen pädagogische und therapeutische Zwecke und können auch zu Demokratisierung und politischem Engagement über den Garten hinaus beitragen. Gemeinschaftsgärten repräsentieren die Bedürfnisse und Ideen der Aktiven und stehen so für einen „Graswurzelurbanismus", d. h. die aktive und progressive Aneignung urbaner Räume durch die Bewohner_innen. Indem ein öffentliches Gut erzeugt wird, welches nicht nur den direkt Gärtnernden zugutekommt, können Gemeinschaftsgärten gleichzeitig individuellen, kollektiven und gesellschaftlichen Zwecken dienen. Diese vielfältigen sozialen, ökologischen, ökonomischen und auch politischen Potentiale von Gemeinschaftsgärten stehen meist im Zentrum der medialen und auch wissenschaftlichen Aufmerksamkeit. In den letzten Jahren gewinnt zudem die explizite Ausrichtung auf den Anbau von Nahrungsmitteln an Gewicht.

Doch wer hat die Zeit zum Gärtnern? Und wer kann es sich wirklich leisten, dies in Muße zu tun? Dazu ein längerer Auszug einer Reflexion eines Autors aus Toronto, einer Stadt, in der urbane Gärten bereits sehr viel länger und direkter mit den oben angesprochenen Fragen von Ernährungsgerechtigkeit verbunden werden:

Some time ago, I was talking with a nutritionist friend about how expensive and time-consuming it is to be poor. You have to chase low-wage jobs, live in poor-quality housing and endure the daily stress of trying to afford the essentials. Government, which used to provide a social safety net, doesn't help much. Warming to the topic, I added, „They don't even provide spaces for community gardens."
My friend replied, „Why should poor people have to grow their own food?"

---

[32] Christa Müller (Hg.), *Urban Gardening. Über die Rückkehr der Gärten in die Stadt*, München 2011; Marit Rosol, *Gemeinschaftsgärten in Berlin. Eine qualitative Untersuchung zu Potenzialen und Risiken bürgerschaftlichen Engagements im Grünflächenbereich vor dem Hintergrund des Wandels von Staat und Planung*, Berlin 2006; Marit Rosol, „Gemeinschaftlich gärtnern in der neoliberalen Stadt?", in: Sarah Kumnig/Marit Rosol/Andrea*s Exner (Hg.), *Umkämpftes Grün. Zwischen neoliberaler Stadtentwicklung und Stadtgestaltung von unten*, Bielefeld 2017, 11–32.

I had never considered this before. When you're poor, time and energy aren't the only things to go: the first is dignity, as you're forced to scrape by on less. Is there anything noble in adding yet another burden of work?[33]

Das Beispiel zeigt: Urbanes Gärtnern kann eine selbstbestimmte Tätigkeit sein, die in Muße stattfindet und die Muße erlaubt. Sobald urbanes Gärtnern jedoch die eigene Versorgung sicherstellen muss, weil es an Einkommen fehlt, sobald also Elemente des Zwangs hinzutreten, wird Muße verhindert.[34]

3. Gut essen in Gemeinschaft.
Fallstudien aus Berlin und Montréal

Im Folgenden werde ich zwei städtische Ernährungsinitiativen präsentieren, welche beide den Akt des (gemeinsamen) Essens in den Mittelpunkt stellen, also bei den Konsument_innen ansetzen. Ebenso betonen beide die Bedeutung des Zugangs zu gutem Essen. Sie setzen jedoch unterschiedliche Schwerpunkte und gehen das Thema Ernährung und Probleme unseres derzeitigen Ernährungssystems auf unterschiedliche Weise an. Die Vorstellung der Initiativen dient auch dazu, unterschiedliche Aspekte von Muße zu veranschaulichen: Neben der empirischen Veranschaulichung der *allgemeinen Bestimmung von Muße* (s. o.) zeigen die Beispiele zum einen *Muße als Voraussetzung von Kritik* (*Slow Food Youth*) und zum anderen den *Zusammenhang von Muße mit Exklusion und Ungleichheit* (*Resto Plateau*).

3.1. Muße als Voraussetzung von Kritik: Slow Food und Slow Food Youth Berlin

„Essen ist da so ein Thema, was einem irgendwie die Chance gibt, ja, einen Unterschied zu machen. Also einen bedeutsamen Unterschied in der Welt."[35]

Unser derzeitiges Agrar- und Ernährungssystem basiert neben der oben genannten ressourcenintensiven Landwirtschaft auch auf einer zunehmenden Entfremdung von Produktion und Konsum, von Land und Stadt, bzw. von Erzeuger_innen und Konsument_innen von Lebensmitteln. Hier setzt u. a. die 1986 in Italien gegründete Organisation *Slow Food* an, welche als Gegenbewegung zum uniformen und globalisierten Fastfood wieder die bewusste Wertschätzung für die Qualität von Lebensmitteln, das Kochen mit unverarbeiteten Zutaten und

---

[33] Greg Sharzer, *No local. Why small-scale alternatives won't change the world*, Winchester/Washington 2012, Vorwort.
[34] Vgl. auch: Figal, „Muße als Forschungsgegenstand", 18.
[35] A, Slow Food Youth Berlin, Interview 38/2018.

die traditionelle, regionale Küche sowie den direkten Kontakt von Erzeuger_innen und Verbraucher_innen fördern möchte.

Slow Food steht schon fast exemplarisch für die Verbindung von Essen und Muße. Der Mußebezug zeigt sich nicht nur im Ziel des genussvollen und bewussten Essens, sondern auch darin, dass ein Kerngedanke von *Slow Food* ist, dass Qualität Zeit benötigt. Im 1989 in Paris verabschiedeten Gründungsmanifest der inzwischen internationalen Organisation heißt es entsprechend:

Es geht darum, das *Geruhsame, Sinnliche* gegen die universelle Bedrohung durch das „Fast Life" zu verteidigen. Gegen diejenigen – sie sind noch die schweigende Mehrheit –, die die Effizienz mit Hektik verwechseln, setzen wir den Bazillus des Genusses und der Gemütlichkeit, was sich in einer *geruhsamen und ausgedehnten Lebensfreude* manifestiert. Fangen wir gleich bei Tisch mit *Slow Food* an.[36]

Slow Food Deutschland wurde 1992 gegründet und hat heute rund 14.000 Mitglieder in rund 85 Convivien (lokalen Gruppen). Zu den typischen Aktivitäten gehören Verkostungen, Restaurantbesuche, Erzeugerbesuche und Kochkurse. All dies sind soziale Aktivitäten, welche das Essen in Gemeinschaft wertschätzen. Bei all dem spielen neben dem ‚guten Essen', also hochwertigen Nahrungsmitteln, die oft in traditioneller Weise zubereitet werden, auch die sozialen Kontakte, die Möglichkeiten der Begegnung eine wichtige Rolle. Grundsätzlich ist das Anliegen von Slow Food weitreichend und beinhaltet neben „gut" auch „sauber" und „fair" (das Motto im Original: „*Buono, pulito e guisto.*") – schließt also durchaus die Aufmerksamkeit für Umweltfragen, Produktionsprozesse und Arbeitsbedingungen ein.[37]

Inwieweit Aktivitäten und Intentionen von Slow Food-Mitgliedern auch über den eigenen Genuss hinaus reichen, ist jedoch nicht immer klar erkennbar. Dies wird nicht nur von meinen Gesprächspartnerinnen von *Slow Food Youth* Berlin problematisiert[38], sondern auch von einer im Frankfurter *Slow Food* Convivium Aktiven:

Also das Frankfurter Convivium ist schon schwerpunktmäßig mit Verkostungen und Erzeugerkontakten, Besuchen, Testen und so beschäftigt. Wir sind jetzt vielleicht drei, vier Aktive, die so auch da ein bisschen darüber hinaus gucken. Aber das Genießen ist halt immer, <u>immer</u> im Vordergrund. Also das Essen, verkosten, schmecken. Ist es lecker, ist es

---

[36] vgl. www.slowfood.de/wirueberuns/slow_food_weltweit/gruendungsmanifest, Hervorhebung durch die Autorin.

[37] Genauer heißt es dazu in der *Slow Food* Fibel: „Unsere Lebensmittel sollten gut sein in ihrem Geschmack und ihrer Qualität; sie sollten sauber sein, im Hinblick auf unsere Gesundheit und im Sinne einer nachhaltigen Produktionsweise, die Mensch und Tier respektiert; und sie sollten fair sein, so dass die Produzenten für ihre Arbeit gerecht entlohnt werden" (Simona Malatesta/Michèle Mesmain/Sarah Weiner u. a., *Die Slow Food Fibel*, https://www.slowfood.com/about_us/img_sito/pdf/Companion_DE.pdf [abgerufen am 23.08.2019], 3 f.).

[38] Interview 38/2018.

gut? Aber diese Verantwortungsgeschichte? Also ich denke, dieses: „Genuss mit Verantwortung", das ist das, was ich vollkommen unterschreibe.[39]

Aus der Überzeugung heraus, dass Genuss mit Verantwortung gekoppelt ist – ebenfalls ein Leitspruch von *Slow Food* – und um eine (Re-)politisierung voranzutreiben, wurde 2007 auf internationaler Ebene und 2011 auch in Berlin *Slow Food Youth* gegründet, die Jugendorganisation von *Slow Food*. Eine Aktive beschreibt den Unterschied zwischen *Slow Food* und *Slow Food Youth* folgendermaßen: „Wir wollen auch was Anderes bewegen. Also der Eindruck, den man hat, ist doch, dass *Slow Food* sich viel um Genuss und um hochpreisige, hochqualitative Produktion dreht. Und bei uns ist es eher so: wir wollen auch ein bisschen was in Bewegung bringen."[40] Das Motto von *Slow Food Youth* „Denken, schmecken, Welt bewegen" unterscheidet sich deshalb auch vom Motto von Slow Food („Gut, sauber, fair") und ist aktiver und dynamischer formuliert. *Slow Food Youth* geht in seinem Anspruch also weiter. Für die Organisation verbindet sich gutes Essen zwar auch mit Genuss und Muße – worin sie sich z. T. auch von rein politisch agierenden (Ernährungs)initiativen unterscheiden. Sie erkennen jedoch an, dass dies voraussetzungsvoll ist, denn Genuss, insbesondere Genuss für Alle braucht politisches Engagement. Die Verantwortung und die Notwendigkeit des Handelns, die Slow Food Youth sieht, werden auch im folgenden Zitat sehr deutlich:

Man muss auch etwas tun für das Genießen und das gute Essen. […] Und dass es dabei bleibt, dass wir diese guten Lebensmittel überhaupt haben und dass sie auch mehr Menschen haben können. […] Und bei Slow-Food-Youth geht es auch darum, was zu bewegen und politisch aktiv zu werden. Und andere Menschen da auch mitzunehmen.[41]

Aktivitäten von *Slow Food Youth* Berlin richten sich deutlich stärker nach außen, d. h. an die Öffentlichkeit. Sie umfassen neben dem gemeinsamen Essen und Kochen auch Informationsstände z. B. beim Berliner Umweltfestival, auf einem Weihnachtsmarkt, bei einer Saatgutbörse oder auf einem der vielen Märkte. Die Aktiven retten Lebensmittel und verarbeiten diese z. T. in „Schnippeldiskos" (ein Begriff, den *Slow Food Youth* geprägt hat), veranstalten Erzeugerbesuche und Filmvorführungen und rufen zur Teilnahme an Demonstrationen auf. Ziel ist es, die Ernährungswende voranzutreiben über eine Kombination von Aufklärung und Bildung mit Genuss. In den Worten einer Aktiven: „man bildet sich, aber gleichzeitig genießt man auch".[42]

---

[39] B, Frankfurter *Slow Food* Convivium, Interview 24/2017, unterstrichene Worte wurden besonders betont.
[40] A, *Slow Food Youth* Berlin, Interview 38/2018.
[41] R, *Slow Food Youth* Berlin, Interview 38/2018.
[42] A, *Slow Food Youth* Berlin, Interview 38/2018.

Für den Bildungsaspekt ist insbesondere auch die 2017 erstmals durchgeführte *Slow Food Youth* Akademie bedeutsam. Gerade in der Einrichtung der *Slow Food Youth* Akademie, jedoch insgesamt in dem Ansatz von *Slow Food Youth*, der Genuss und politisches Engagement verbindet, findet sich auch ein zweiter wichtiger Bezugspunkt zur Muße: Muße als Voraussetzung von Kritik. „Kritik setzt [...] den gelassenen Abstand zum Kritisierten voraus, der durch eine Situation der Muße gewährleistet wird".[43] Und wie ginge das besser als während eines wohlschmeckenden Essens – oder auch danach – in guter Gesellschaft?

3.2. Muße und soziale Ungleichheit: Resto Plateau Montréal

> „The creation of Resto Plateau was clearly a project for the community. It was not a social economy project. It was much more simple. We do meals. And some people need work. So we put the two together."[44]

In ungleichen Gesellschaften sind immer bestimmte soziale Gruppen von Muße und Mußepraktiken ausgeschlossen.[45] Deshalb möchte ich in einer zweiten Fallstudie der Frage nachgehen, wie denn das Privileg des Essens in Muße explizit auch benachteiligten Bevölkerungsgruppen zugänglich gemacht werden kann. Darin gehe ich stärker auf einen dritten Aspekt von Muße ein, der bei der Darstellung von Slow Food Youth bereits anklang: auf die Frage nach den sozialen Bedingungen der Möglichkeiten von Muße.

Resto Plateau ist ein Sozial- und Integrationsunternehmen im Montréaler Stadtteil Plateau-Mont-Royal, welches den Zugang zu gutem Essen v. a. für ärmere Bevölkerungsschichten in das Zentrum der Aktivitäten stellt. Es wurde 1992 – zu einer Zeit als sich Montréal in einer tiefen Rezession befand – als Initiative gegen Armut und soziale Ausgrenzung im Quartier gegründet.[46] Es verbindet ein „Volks-Restaurant" (*restaurant populaire*) mit einem Ausbildungsprojekt und seit 1997 auch einem Catering-Service. Im *restaurant populaire* werden Montag bis Freitag um die Mittagszeit 250–300 Mahlzeiten ausgegeben. Die vier Gänge (Salat, Suppe, Hauptgericht, Nachtisch) mit Getränk kosten vier kanadische Dollar, was in etwa 2,75 Euro entspricht. Dazu bemerkte ein Besucher mir gegenüber zutreffend: „Dafür bekommst du an anderen Orten nicht mal einen Kaffee." Das Restaurant ist offen für alle, in der Tat ein „Volks-Restaurant",

---

[43] Gimmel/Keiling, *Konzepte der Muße*, 82.
[44] Interview Geschäftsführer 30/2018.
[45] Vgl. auch Gimmel/Keiling, *Konzepte der Muße*, 83.
[46] Die Angaben in diesem Unterkapitel basieren auf Interviewaussagen des Geschäftsführers, der Analyse der Geschäftsberichte, Website und weiterer Materialien sowie der soziologischen Studie von Catherine Jauzion (2014). Zudem fließen auch eigene Beobachtungen im Mai 2018 ein.

und grenzt sich bewusst von karitativen Einrichtungen wie Suppenküchen ab: „We are not a soup kitchen. We are a restaurant."[47] Entsprechend wird weder die Bedürftigkeit geprüft noch werden Almosen ausgegeben. Das kostengünstige Angebot wird ermöglicht über die Quersubventionierung aus dem Catering-Service, staatlichen Zuschüssen v. a. zu dem Ausbildungsprojekt sowie Lebensmittelspenden, welche von der Montréaler Food Bank *Moisson Montréal* gesammelt und verteilt werden.

Ziel ist es, gesunde, schmack- und nahrhafte Mahlzeiten zu erschwinglichen Preisen in würdevoller Umgebung anzubieten. Zunehmend geht es auch um die Überwindung von Isolation und Einsamkeit. So zielt die Anordnung der Tische in langen Reihen bewusst darauf, dass Besucher_innen miteinander ins Gespräch kommen. Viele sind Stammgäste und kommen täglich, vielfach auch aus anderen Stadtteilen (laut Jahresbericht 2017–2018 sind nur etwa ein Drittel aus dem betreffenden Stadtteil). Sie kennen sich, plaudern und witzeln miteinander und auch mit den Auszubildenden und Angestellten. Etwa zwei Drittel der Gäste sind Männer, ebenfalls etwa zwei Drittel Senior_innen. Ein Großteil ist ledig und lebt allein, viele beziehen Rente oder Transferleistungen. Aber auch Familien, Kinder, Studierende (es gibt an den kanadischen Universitäten i. d. R. keine Mensen), Angestellte in benachbarten Betrieben, Durchreisende usw. essen hier. Diese Vielfalt der Gäste ist laut Aussage des Geschäftsführers auch ein Grund dafür, warum einige Senior_innen das *Resto Plateau* gegenüber dem Mittagstisch der im gleichen Gebäude ansässigen Seniorentagesstätte bevorzugen.

Eine Befragung von 50 Gästen im Jahr 2014 ergab, dass die drei Hauptfaktoren für den regelmäßigen Besuch von *Resto Plateau* geringe Einkommen, persönliche und materielle Hindernisse, welche der eigenständigen Mahlzeitenzubereitung entgegenstehen, sowie soziale Isolation sind.[48] Wenngleich für alle offen, bedient *Resto Plateau* also v. a. die Bedürfnisse von Menschen, denen ein regulärer Restaurantbesuch nicht möglich ist, allein lebenden älteren Menschen mit geringem Einkommen (wenngleich nicht völlig verarmt) – und denjenigen, die Einsamkeit und Isolation entfliehen wollen. Laut Geschäftsbericht 2017–18 vermittelt das Restaurant den Menschen ein Gefühl von Zugehörigkeit. In den Worten des Geschäftsführers: „People come here because they do not have a lot of money – but more importantly because of isolation. People come here to make friends, to create a network. [...] it makes a difference for people that are alone and that don't have a lot of money".[49]

Resto Plateau leistet also nicht nur einen Beitrag zur materiellen Armutsprävention, sondern beugt auch sozialer Ernährungsarmut vor. Soziale Ernährungsarmut entsteht, wenn sich Menschen den Besuch eines Restaurants mit

---

[47] Interview Geschäftsführer 30/2018.
[48] Catherine Jauzion, *Pourquoi aller au Resto Plateau?*, Rapport de recherche [Unveröff. Forschungsbericht], 2014.
[49] Interview Geschäftsführer 30/2018.

Freund_innen oder das Einladen dieser zum Essen zu Hause nicht (mehr) leisten können[50] und somit in der Teilhabe am sozialen Leben eingeschränkt sind. Einsamkeit, gerade von Älteren, wird in Kanada zunehmend als soziales und Teilhabe-, v. a. aber auch als Gesundheitsproblem anerkannt. Die Zusammenhänge von Einsamkeit, Gesundheit und Ernährung aufgreifend, weist der 2019 in kompletter Überarbeitung erschienene Canada Food Guide inzwischen auch Empfehlungen zur Gestaltung von Mahlzeiten auf und nicht nur hinsichtlich der Zutaten. Angesichts der gesundheitlichen Bedeutung von Einsamkeit empfiehlt er z. B. „Eat meals with others". Dies verhelfe durch das bewusstere Essen nicht nur zu einem gesünderen Ernährungsverhalten, sondern fördere die Gesundheit auch durch die Pflege sozialer Beziehungen.

Da das Essen in Gemeinschaft angesichts der zunehmenden Zahl von Alleinlebenden nicht ohne weiteres für alle möglich ist, braucht es dafür Orte, insbesondere nicht-kommerzielle Orte, die den Zugang für Alle ermöglichen. Auch der Geschäftsführer unterstreicht die Bedeutung von Einrichtungen wie Resto Plateau für die Gesundheitsprävention:

Isolation is a big problem. You have poverty, you have extreme poverty. You have people living in the street. But isolation, that is the turning point, that is a yellow light, a red light. Isolation, when people get into that, it is a health problem, a nutrition problem. And people in the health system start to realize that (…) That people are very isolated. And that we need places like Resto Plateau. Not place where people are extremely poor and disorganized, but a place where you can speak with someone and meet people.[51]

Das Unternehmen befindet sich zusammen mit anderen Nachbarschaftseinrichtungen in einem ehemaligen Kloster – vielleicht nicht zufällig einem historischen Ort der Muße.[52] Aktuell zeigt sich der Mußecharakter des Ortes darin, dass eine sehr entspannte Atmosphäre herrscht und viele noch länger sitzen bleiben, Zeitung lesend oder in Gespräche vertieft. Es gibt keinen kommerziellen Antrieb, schnell den Platz zu räumen. „Auffällig war, dass niemand mit Handy oder sonstigen elektronischen Geräten beschäftigt war. Die Anwesenden haben sich entweder unterhalten, Zeitung gelesen oder einfach nur gegessen. Entspannt und in Ruhe, ohne Hektik."[53] Wesentlich dafür erscheint mir, dass es ein nicht-kommerzielles Restaurant ist, welches nicht dem Diktat von Preisen, Kostenreduzierung und möglichst schnellem Durchlauf der Gäste unterliegt. Im Gegenteil, Gespräche, das Knüpfen von Kontakten, das soziale Miteinander ist explizit erwünscht und Teil des sozialen Auftrags.

---

[50] Elfriede Feichtinger, „Armut und Ernährung im Wohlstand: Topographie eines Problems", in: Eva Barlösius (Hg.), *Ernährung in der Armut: Gesundheitliche, soziale und kulturelle Folgen in der Bundesrepublik Deutschland*, Berlin 1995, 291–305.
[51] Interview Geschäftsführer 30/2018.
[52] Figal, „Muße als Forschungsgegenstand", 20.
[53] Auszug Forschungstagebuch.

4. Fazit

In diesem Aufsatz habe ich zunächst gezeigt, dass Stadt und Ernährung untrennbar miteinander verbunden sind. Städtische Ernährung ist darüber hinaus ein geeignetes und relevantes Forschungsfeld, um die Komplexität, Spannungsverhältnisse und auch Widersprüche urbaner Muße zu erfassen. Denn zum einen können ernährungsbezogene Tätigkeiten – wie gärtnern, kochen, gemeinsam eine Mahlzeit einnehmen, auch Lebensmittel retten – ein Ausdruck von Muße sein, vielleicht sogar der Inbegriff dessen. Ebenso wie sich Arbeit in und als Muße vollziehen kann[54], so können dies auch die Tätigkeiten, die mit unserer Ernährung im Zusammenhang stehen. Auf der anderen Seite ist die Befreiung von der aufwändigen Reproduktionsarbeit der Mahlzeitenzubereitung auch Voraussetzung für Muße.

Der konzeptuelle Rückgriff auf Muße erlaubt uns, Bedingungen zu formulieren, ob diese Tätigkeiten in die eine oder die andere Kategorie fallen: kochen mit Muße, als selbstbestimmter Akt, vielleicht gemeinsam mit Freund_innen, steht exemplarisch für Muße. Ganz anders sieht es aus, wenn die Zubereitung von warmen Mahlzeiten eine zusätzliche Belastung im bereits eng getakteten Alltag darstellt – i. d. R. für Frauen – weil es z. B. kein Schulmittagessen gibt. Noch viel deutlicher wird es beim ‚containern' bzw. Lebensmittel retten: eine radikalökologische, selbstgewählte Lebensweise verkehrt sich unter Bedingungen des Zwangs in eine entwürdigende Überlebensstrategie. Beides deutet auch auf die Verbindung zu sozio-ökonomischen Lebenslagen. Muße war und ist ungleich verteilt, ist Indikator sozialer Ungleichheit[55] und bleibt in ungleichen Gesellschaften immer auch Privileg. Gleichzeitig gilt: „Wenn Muße-Praktiken für menschliche Freiheit und Selbstverwirklichung relevant sind, dann wird die Ungleichheit in der Verteilung von Muße innerhalb einer Gesellschaft problematisch, weil sie eine Ungleichverteilung von Freiheit ist."[56]

Dies zu verändern ist auch das Ziel der beiden exemplarisch vorgestellten Ernährungsinitiativen: *Slow Food* war angetreten, um die Wertschätzung von gutem Essen und Essen mit Muße zu fördern. *Slow Food Youth* zeigt darüber hinaus, dass dieser Genuss auch mit Verantwortung einhergeht – und Engagement benötigt, damit er nicht ein Privileg weniger Menschen bleibt. Das Ziel von *Resto Plateau* wiederum ist es, ein Essen in Muße – und Würde – für alle zu ermöglichen. Neben diesem Zusammenspiel von Muße und Exklusion und Ungleichheit verdeutlichen die Beispiele auch die Bedeutung von Muße als Voraussetzung von Kritik – in unseren hektischen Zeiten der Informationsüberflutung und Aufmerksamkeitsökonomie vielleicht wichtiger denn je.

---

[54] Gimmel/Keiling, *Konzepte der Muße*, 72.
[55] Gimmel/Keiling, *Konzepte der Muße*, 73.
[56] Gimmel/Keiling, *Konzepte der Muße*, 93.

Literatur

Bamard, Alex V., *Freegans: Diving into the Wealth of Food Waste in America*, Minneapolis 2016.

Beck, Angelika/Haerlin, Benedikt/Richter, Lea, *Agriculture at a Crossroads. IAASTD findings and recommendations for future farming*. Foundation on Future Farming (Zukunftsstiftung Landwirtschaft), Berlin 2016. https://www.globalagriculture.org/fileadmin/files/weltagrarbericht/EnglishBrochure/BrochureIAASTD_en_web_small.pdf (abgerufen am 08.11.2019).

Brady, Jennifer/Power, Elaine/Szabo, Michelle u. a., „Still Hungry for a Feminist Food studies", in: Mustafa Koç/Jennifer Summer/Anthony Winson (Hg.), *Critical Perspectives in Food Studies*, Don Mills, Ontario 2017, 81–94.

De Schutter, Olivier, *Report of the Special Rapporteur on the right to food. Final report: The transformative potential of the right to food*. United Nations General Assembly, 2014. http://www.srfood.org/images/stories/pdf/officialreports/20140310_finalreport_en.pdf (abgerufen am 08.11.2019).

Feichtinger, Elfriede, „Armut und Ernährung im Wohlstand: Topographie eines Problems", in: Eva Barlösius (Hg.), *Ernährung in der Armut: Gesundheitliche, soziale und kulturelle Folgen in der Bundesrepublik Deutschland*, Berlin 1995, 291–305.

Figal, Günter, „Muße als Forschungsgegenstand", in: *Muße. Ein Magazin* 1 (2015), 17–25.

Friedmann, Harriet, „The political economy of food: A global crisis", in: *New Left Review* 197 (1993), 29–57.

Galt, Ryan E., „Placing Food Systems in First World Political Ecology: A Review and Research Agenda", in: *Geography Compass* 7 (2013), 637–658.

Gertel, Jörg, *Globalisierte Nahrungskrisen. Bruchzone Kairo*, Bielefeld 2010.

Gimmel, Jochen/Keiling, Tobias, *Konzepte der Muße*, unter Mitarbeit von Joachim Bauer, Günter Figal, Sarah Gouda u. a., Tübingen 2016.

Greenpeace International, *Agriculture at a Crossroads: Food for Survival*, Amsterdam 2009. https://secured-static.greenpeace.org/france/PageFiles/266577/iaastd-rapport-en-anglais.pdf (abgerufen am 31.12.2018).

Holt-Giménez, Eric, *A Foodie's Guide to Capitalism: Understanding the Political Economy of What We Eat*, New York 2017.

IAASTD (International Assessment of Agriculture Knowledge, Science and Technology for Development), *Agriculture at a crossroad. The Global Report*, Washington, DC 2009. http://www.fao.org/fileadmin/templates/est/Investment/Agriculture_at_a_Crossroads_Global_Report_IAASTD.pdf (abgerufen am 08.11.2019).

Jauzion, Catherine, *Pourquoi aller au Resto Plateau?* Rapport de recherche [Unveröff. Forschungsbericht], 2014.

Kropp, Cordula/Müller, Christa, „Transformatives Wirtschaften in der urbanen Ernährungsbewegung: zwei Fallbeispiele aus Leipzig und München", in: *Zeitschrift für Wirtschaftsgeographie* 62 (2018), 187–200.

Malatesta, Simona/Mesmain, Michèle/Weiner, Sarah u. a., *Die Slow Food Fibel*, https://www.slowfood.com/about_us/img_sito/pdf/Companion_DE.pdf (abgerufen am 23.08.2019).

McMichael, Philip, „A food regime genealogy", in: *The Journal of Peasant Studies* 36 (2009), 139–169.

Mendes, Wendy, „Municipal Governance and Urban Food Systems", in: Mustafa Koç/Jennifer Summer/Anthony Winson (Hg.), *Critical Perspectives in Food Studies*, Don Mills, Ontario 2017, 286–304.

Morgan, Kevin, „Nourishing the city: The rise of the urban food question in the Global North", in: *Urban Studies* 52 (2015), 1379–1394.

Morgan, Kevin/Sonnio, Roberta, „The urban foodscape: world cities and the new food equation", in: *Cambridge Journal of Regions, Economy and Society* 3 (2010), 209–224.

Müller, Christa (Hg.), *Urban Gardening. Über die Rückkehr der Gärten in die Stadt*, München 2011.

Pothukuchi, Kameshwari/Kaufman, Jerome, „Placing the food system on the urban agenda: The role of municipal institutions in food systems planning", in: *Agriculture and Human Values* 16 (1999), 213–224.

Rosol, Marit, *Gemeinschaftsgärten in Berlin. Eine qualitative Untersuchung zu Potenzialen und Risiken bürgerschaftlichen Engagements im Grünflächenbereich vor dem Hintergrund des Wandels von Staat und Planung*, Berlin 2006.

Rosol, Marit, „Die ernährungsgerechte Stadt schaffen", in: Anke Strüver (Hg.), *Geographien der Ernährung – Zwischen Nachhaltigkeit, Unsicherheit und Verantwortung* (Hamburger Symposium Geographie: Schriftenreihe des Instituts für Geographie der Universität Hamburg, hg. v. Universität Hamburg/Institut für Geographie, Bd. 7), Hamburg 2015, 51–65.

Rosol, Marit, „Gemeinschaftlich gärtnern in der neoliberalen Stadt?", in: Sarah Kumnig/Marit Rosol/Andrea*s Exner (Hg.), *Umkämpftes Grün. Zwischen neoliberaler Stadtentwicklung und Stadtgestaltung von unten*, Bielefeld 2017, 11–32.

Rosol, Marit, „Alternative Ernährungsnetzwerke als Alternative Ökonomien", in: *Zeitschrift für Wirtschaftsgeographie* 62 (2018), 174–186.

Rosol, Marit/Strüver, Anke, „(Wirtschafts-)Geographien des Essens: transformatives Wirtschaften und alternative Ernährungspraktiken", in: *Zeitschrift für Wirtschaftsgeographie* 62 (2018), 169–173.

Sharzer, Greg, *No local. Why small-scale alternatives won't change the world*, Winchester/Washington 2012.

Sonnino, Roberta, „Feeding the City: Towards a New Research and Planning Agenda", in: *International Planning Studies* 14 (2009), 425–435.

Stierand, Philipp, *Stadt und Lebensmittel. Die Bedeutung des städtischen Ernährungssystems für die Stadtentwicklung*. Dissertation, Fakultät Raumplanung, TU Dortmund 2008, http://speiseraeume.de/downloads/SPR_Dissertation_Stierand.pdf (abgerufen am 08.11.2019).

Wiskerke, Johannes S. C., „On Places Lost and Places Regained: Reflections on the Alternative Food Geography and Sustainable Regional Development", in: *International Planning Studies* 14 (2009), 369–387.

Urbane Muße in der zeitgenössischen Kunst

Über die Walks von Janet Cardiff

Birgit Szepanski

Die Mehrheit der Weltbevölkerung lebt im 21. Jahrhundert in Städten. Die urbane Mobilität wächst parallel zur Bevölkerungsdichte, sodass Verkehrssysteme ausgebaut werden, um Stadtbewohnende in Bewegung zu halten und durch den urbanen Raum zu schleusen. Im Zuge dieser Entwicklung werden historische Stadtzentren von Gebäuden und Straßen umschlossen und Wohn- und Arbeitsräume an die Ränder der Stadt verlagert. Der Philosoph Jean-Luc Nancy beschreibt diese Transformation: „Die Stadt wird diffus, sie verflüchtigt sich, sie streut ihre Funktionen und Orte an der Peripherie aus, die in dem Maße weniger peripher wird, wie sich das Zentrum entleert, ohne jedoch aufzuhören, zentral zu sein."[1] Aufgrund einer Zunahme von Bürogebäuden in den repräsentativen Zentren der Stadt, der wachsenden Anzahl von Shopping-Malls und Hotels und den damit einhergehenden steigenden Immobilienpreisen verlagert sich der Wohnraum an die Ränder der Stadt. Die urbanen Stadtzentren werden zunehmend von Touristen geprägt und weniger von den Stadtbewohnenden. Dieses Schrumpfen von historisch gewachsenen, urbanen Räumen geht im 21. Jahrhundert mit einer Technisierung und Digitalisierung von Stadt einher, die die Anonymität des Stadtlebens steigern. Beispiele aus dem urbanen Alltagsleben verdeutlichen dies: Plakatwände und Litfaßsäulen werden durch digitale Werbeflächen ersetzt, auf denen im Sekundenwechsel Events und Produkte angekündigt werden; akustische Aufforderungen wie Signaltöne an Türen in öffentlichen Verkehrsmitteln und Ampeln takten Bewegungen; Überwachungskameras und digitale Netze für Smartphones zeichnen Bewegungsspuren der Einzelnen auf und machen den urbanen Raum kontrollierbar.

Stadterfahrungen des 19. und frühen 20. Jahrhunderts unterscheiden sich daher von denen des 21. Jahrhunderts: Bestand die Stadt in den Texten und Bildern von flanierenden Schriftsteller_innen und Künstler_innen des 19. und 20. Jahrhunderts noch aus Orten, an denen sie mit Zeit und Genuss (Muße) auf das Treiben der Stadt blicken konnten, bestimmen heute Digitalisierung, Kommunikation und Konsum die öffentlichen Räume. In zahlreichen Cafés

---

[1] Jean-Luc Nancy, „Die Stadt in der Ferne", in: Nancy, *Jenseits der Stadt*, Berlin 2011, 21–37, 23.

und öffentlichen Gebäuden werden kostenlose Internetzugänge angeboten und Smartphones ermöglichen eine permanente Erreichbarkeit. Das Gefühl eines Sich-treiben-Lassens in einem anonymen, urbanen Passantenstrom, wie Edgar Allan Poe es in *Der Mann in der Menge* beschrieb, oder das Warten als Möglichkeit zur Kontemplation verlieren sich durch einen sozial-gesellschaftlichen Druck zur Kommunikation und Vernetzung. Die digitale Welt hat die zeitlichen und topografischen Räume der Muße beinahe ersetzt: Das entfremdete, fragile Subjekt erlebt die Wahlmöglichkeiten und Zerstreuungen im Internet und in den *Social Media* (chatten, surfen) als ein von alltäglichen Pflichten und Zwecken befreites Umherschweifen. Auch die Wege durch die Stadt, beispielsweise die Suche nach einer Straße, einem Geschäft und einem Produkt, werden mit Smartphones und passenden Apps koordiniert. Umwege in der Stadt werden auf diese Weise vermieden. Die zufällige Begegnung und das ziellose Umherschlendern in der Stadt, die wesentliche literarische Motive in den Geschichten der Flaneur_innen bildeten, haben gegenüber digitalen Nachrichten und Bewertungen (Posts, Likes) an Wert eingebüßt.

Für die Schriftstellerin Virginia Woolf bot das Vorhaben, einen Bleistift zu kaufen, einen Anlass durch die winterlichen Straßen Londons im Jahre 1927 zu spazieren und sich auf zufällige Begegnungen und besondere, urbane Atmosphären einzulassen[2]:

> Wie schön eine Straße im Winter ist! Sie ist zugleich enthüllt und verdunkelt. [...] schließlich gleiten wir nur glatt über die Oberfläche. Das Auge ist kein Bergmann, kein Taucher, kein Sucher nach dem vergrabenen Schatz. Es läßt uns sanft einen Strom hinuntertreiben; ruht, hält inne, das Gehirn schläft vielleicht, während es schaut.[3]

Stadtbeobachtung ist bei Woolf ein Schauen und eine Anschauung zugleich und geht mit den langsamen Bewegungen der Spaziergängerin einher. Erst nachdem Woolf bei ihrem Spaziergang an verschiedenen Haupt- und Nebenstraßen entlanggegangen ist, in Interieurs beleuchteter Wohnräume gelugt, ein Schuhgeschäft und einen Buchladen aufgesucht und am Ufer der Themse pausiert hat, betritt sie ein Papiergeschäft, um den gewünschten Bleistift zu erwerben. Wie lässt sich im 21. Jahrhundert diese mäandernde Gangart des Umherschweifens und Verweilens mit der Digitalisierung der Städte und ihren überwachten Räumen vereinbaren? Welche Praktiken und Formen von Muße sind in Städten des 21. Jahrhunderts möglich? Wer erzählt mit welchen Mitteln und Medien von der Komplexität postmoderner Städte?

Parallel zur Literatur, in der die Figur des Flaneurs und die weniger beachtete Figur der Flaneurin – wie beispielsweise George Sand, Flora Tristan

---

[2] Virginia Woolf, „Stadtbummel: Ein Londoner Abenteuer", in: Woolf, *Der Tod des Falters. Essays*, hg. v. Klaus Reichert, Frankfurt a. M. 1997, 23–36, 25.

[3] Woolf, „Stadtbummel: Ein Londoner Abenteuer", 24.

und Virginia Woolf[4] – auftauchten, haben sich in der bildenden Kunst des 20. Jahrhunderts verschiedene Formen des urbanen Spaziergangs entwickelt. Gehen wurde zu einer Kunstform, in der philosophische, poetische und politische Ideen formuliert und in den urbanen Raum transformiert wurden. Einer der ersten künstlerischen Stadtspaziergänge wurde von der Künstlergruppe der Dadaisten am 14. April 1921 in Paris unternommen. Schriftsteller und Künstler wie André Breton, Louis Aragon und Tristan Tzara luden zu einem Spaziergang ein. Bei jedem Schritt ihres ziellosen Gehens tauchten, ähnlich unerwartet wie sich unbewusste Bilder in die bewusste Gedankenwelt schieben, traumhafte, surrealistische Bilder auf. Die Stadt spielte den Spaziergängern ihre zahlreichen Spuren, Zeichen und Bilder zu, und Übergänge zwischen realer Wirklichkeit und Traumwirklichkeit wurden von den Dadaisten im Gehen ausgelotet. Eine politische Intention erhielt das Gehen im Paris der 1960er Jahre von der Künstler- und Philosophengruppe *Situationistische Internationale*. Im Kontext der Pariser Studentenunruhen und ausgehend von einer Kapitalismuskritik wurde das Gehen durch den urbanen Raum zur Methode einer umfassenden Gesellschaftskritik. Der Künstler, Autor und Filmemacher Guy Debord definierte das *dérive* (Umherschweifen) zur performativen und experimentellen Praxis, mit der bestehende ökonomische und sozialpolitische Machtverhältnisse in der Stadt umgewandelt werden sollten. Den Einfluss von Architektur und Stadtplanung auf die Wahrnehmung des Subjekts, den Debord mit dem Begriff *Psychogeographie* zusammenfasste, wird ein paar Jahre später auch in der *Spaziergangswissenschaft* des Kulturwissenschaftlers Lucius Burckhardt thematisiert. Im Übergang zwischen Soziologie und bildender Kunst entwickelte Burckhardt in den 1980er Jahren eine phänomenologische Analyse von Stadt und Landschaft: Im Gehen und Wandern reflektierte er (sub-)urbane Strukturen, Ästhetiken und Atmosphären. Aspekte seiner *Promenadologie* oder *Strollogy* wurden von verschiedenen Künstler_innen bis heute erprobt und erweitert. In der Kunst des 21. Jahrhunderts erfahren das Flanieren, Dérive oder Strolling eine Re-Aktualisierung, wie zahlreiche künstlerische Initiativen in Großstädten es zeigen. Auch die konzeptionelle Einbindung von Stadtspaziergängen in Ausstellungen spiegelt ein Bedürfnis nach alternativen Handlungsweisen im beschleunigten und digitalisierten urbanen Leben wider. Bei der 2017 von Adam Szymczyk kuratierten documenta 14 in Kassel und Athen wurden für die Rezipierenden *Walks* durch Ausstellungsräume und öffentliche Räume, in denen Kunstwerke installiert wurden, angeboten: Gehen, Erzählen und Zeigen waren Teil einer Kritik an globalen Kunst- und Gesellschaftsstrukturen. Die beiden geografisch weit auseinanderliegenden Städte wurden zu einem künstlerischen Experimentierfeld.

---

[4] Siehe Lauren Elkin, *Flaneuse. Frauen erobern die Stadt – in Paris, New York, Tokyo, Venedig und London*, München 2018.

Eine zeitgenössische Position im Diskurs der künstlerischen Stadtwahrnehmung übernimmt die Künstlerin Janet Cardiff. Ihre audiovisuellen Spaziergänge oder *Walks* durch urbane und landschaftliche Räume sind akustische, visuelle und performative Choreografien, die die Walkteilnehmenden im Gehen nachvollziehen und erleben können. Sowohl psychogeografische Ansätze des *dérive* als auch lyrische und selbstreflexive Aspekte des Flanierens lassen sich in ihren Walks wiederfinden. Mit einem Kopfhörer und einem Audio- oder Videogerät versehen, gehen die Walkteilnehmenden jeweils einzeln einen Weg entlang, den die Künstlerin mit akustischen Anweisungen vorgibt.[5] Trotz der visuell-akustischen Choreografie und der auf sie abgestimmten Wegkonzeption bietet ein Walk Freiraum für Momente und Erfahrungen einer urbanen Muße. Jeder Walk ist einzigartig, da jede Teilnehmerin und jeder Teilnehmer die nicht-linearen Erzählungen Cardiffs mit den eigenen Schritten und Gedanken in den urbanen Raum übersetzen: Das Gehörte und Gesehene wird mit subjektiven Wahrnehmungen und Erfahrungen ergänzt, auch weil Cardiff Fragen nach Gefühlen, Erinnerungen und Träumen stellt. Die physische Ebene von Gehen, Hören und Sehen der Walkteilnehmenden wird mit dem psychischen Erleben von Cardiff verknüpft. Die Walks führen dabei durch verschiedene öffentliche Räume: Straßen, Parks, Bibliotheken, Museen und ebenso durch versteckt liegende Räume wie Bunker, Keller und Flure. Traditionelle und neu definierte Muße-Orte werden durchquert.

Mit variationsreicher Stimme erzählt die Künstlerin in ihren Walks persönliche und historische Geschichten, unterbricht diese mit Geräuschen aus der Stadt und Natur und lässt zudem andere Erzähler_innen zu Wort kommen. Im 19. und 20. Jahrhundert wurde die Figur des Flaneurs in klassischer Weise dargestellt als aus einer gut situierten Gesellschaftsschicht kommend, mit europäischen Wurzeln und einer weißen Hautfarbe. Cardiffs verschiedene (Stimm-)Figuren etablieren aufgrund ihrer Diversität – Frauen und Männer mit verschiedenen Hautfarben, ethnischen Wurzeln und unterschiedlichen Alters – in der Stadt vielfältige Sichtweisen: Es entstehen vielstimmige Erzählungen, die sich im Gehen über den urbanen Raum legen und mit diesem korrespondieren. In einem Video-Walk sind im Display der Videokamera beispielsweise Szenen zu sehen, die die Künstlerin zuvor an dem Ort machte. Ebenso geht sie mit Geräuschen in Audio- und Videowalks um: Zuvor aufgenommene Geräusche des Ortes sind über die Kopfhörer zu hören. Durch den zeitlichen Unterschied weichen das im Video Gesehene und in der Audiospur Gehörte von dem vom

---

[5] Cardiff hat zwei Walk-Formate entwickelt: den Audiowalk und den Videowalk. Für einen Audio-Walk nutzt Cardiff einen Walkman oder einen iPod. Als visuelle Ergänzung kommen manchmal Fotografien hinzu. Bei den Video-Walks werden eine Videokamera oder eine App für Smartphones eingesetzt, in deren Display die Walkteilnehmenden einen Videofilm sehen, der parallel zur Audiospur läuft. Für beide Walk-Formate verwendet Cardiff Kopfhörer, die binaural aufgenommene Geräusche und Stimmen realitätsnah wiedergeben.

Walkteilnehmenden Beobachteten ab. Auf diese Weise vermischt Cardiff reale und fiktionale Wirklichkeiten miteinander und bindet ihre audiovisuelle Erzählung an konkrete Orte in der Stadt. Während des Gehens versuchen die Walkteilnehmenden, das visuell und akustisch Erzählte und das vor Ort Gesehene in Einklang zu bringen. In diesem Prozess entstehen zahlreiche Abweichungen, Lücken und Verdoppelungen, die die Realität in Frage stellen und einen (Frei-)Raum für eine intensive Wahrnehmung (Muße) fördern. In dem Video-Walk *The City of Forking Paths*[6], der anlässlich der 19. Biennale in Sydney 2014 entstand und mit einem Smartphone und einem Kopfhörer gemacht werden kann, führt der Spaziergang von dem aus moderner Architektur bestehenden Viertel *Circular Quay* in das durch enge Gassen und alte Häuser geprägte Stadtviertel *Rocks*. Der Walk beginnt jeweils bei Einbruch der Dämmerung: Die nächtliche Stadt wird zu einer kinematografischen Bühne für Cardiffs Narration. Die Atmosphäre in den dunklen, engen Gassen im Viertel *Rocks* erinnert an Erzählungen von Flaneur_innen, die durch das nächtliche Paris spazierten, und an Filmszenen des *Film noir*. Diese Assoziationsbreite und Referentialität ist Bestandteil von Cardiffs post-strukturellem Erzählverfahren und findet ebenso auf akustischer Ebene statt, wenn Geräusche wie ein Telefonklingeln oder auf Asphalt hallende Laufschritte zu hören sind, die an bekannte Filmszenen[7] erinnern. Auf dem Weg zum Hafengebiet von Sydney sieht die Walkteilnehmerin im Display des Smartphones verschiedene Personen, die den gleichen Weg passieren, auf dem sie gerade geht. Durch die binauralen Geräusche nehmen Gehörtes und Gesehenes gespenstische Dimensionen an: Die plötzlich auftauchenden, zischelnden Geräusche eines Feuerschluckers lassen die Walkteilnehmerin zusammenzucken und die Quelle des Geräusches in ihrer unmittelbaren Umgebung suchen. Das Geräusch ruft Assoziationen zum 18. Jahrhundert wach, in dem im Viertel ein Milieu aus Hafenarbeitern, Matrosen und Prostituierten gewohnt hat. Der gleiche Effekt entsteht mit Bildern, die im Display des Smartphones zu sehen sind: Die Skateboardfahrer, die nur im Video durch die Straße, auf der die Walkteilnehmerin gerade geht, fahren, verursachen eine Geräuschwolke, die nur im Kopfhörer nachhallt. Das im Display Gesehene und über Kopfhörer Gehörte vermischt sich zusätzlich mit den Beobachtungen aus der realen Umgebung. Beispielsweise kann es sein, dass zwei Männer, die im Display des Smartphones erscheinen und in einem philosophischen Gespräch über Wahrheit, Schönheit und das Universum vertieft sind, kurz vorher in der gleichen Gasse entlanggegangen sind oder Männern ähneln, die der Walkteilnehmerin zufällig begegnen. Wen hat man

---

[6] Janet Cardiff/George Bures Miller, *The City of Forking Paths*, Video-Walk, 64 Minuten, 19. Sydney Biennale 2014. Einige der Audio- und Videowalks entstehen seit Ende der 1990er Jahren in Kooperation mit ihrem Partner George Bures Miller. Für eine bessere Lesbarkeit im vorliegenden Text wird als Künstlerin der Walks Janet Cardiff genannt.

[7] Beispielsweise Alfred Hitchcocks *Bei Anruf Mord* (1954) oder Carol Reeds *Der dritte Mann* (1949).

wirklich gesehen und gehört und wen nicht? – diese Frage taucht in Cardiffs Walks immer wieder auf. „Wie in einem cadavre exquise-Spiel scheint sich die Wirklichkeit in unterschiedliche akustische und visuelle Welten aufzufächern, teils zu verdoppeln, teils zu ergänzen"[8], beschreibt die Kunstwissenschaftlerin Mirjam Schaub Cardiffs ausgeklügeltes Spiel mit Wirklichkeiten. Die Personen im Display des Smartphones und die Passanten bilden ein Stadtpersonal. Dies lässt poetisch anmutende und unheimliche Szenen entstehen: Die Stadt scheint mit sicht- und unsichtbaren Gestalten, Geschichten und Bedeutungen gefüllt zu sein. Im urbanen Raum entstehen auf diese Weise narrative Zwischenräume.

Durch das gleichzeitige Gehen, Hören, Sehen und Vergleichen wird die kognitive Wahrnehmung der Walkteilnehmerin so stimuliert, dass eine Filterung der vielen Eindrücke kaum noch möglich ist. Diese Überforderung ähnelt der alltäglichen medialen Reizüberflutung. Doch es gibt einen wesentlichen Unterschied: Mit dem Kopfhörer von der Umwelt getrennt, bleibt die Walkteilnehmerin durch die aufgenommenen ortsspezifischen Geräusche und Bilder mit der Umwelt verbunden. Die Walkteilnehmerin befindet sich gleichzeitig in zwei Welten oder Wirklichkeiten. In diesem liminalen Zustand oder Zwischenraum spürt sie die hauchdünn verlaufenden Grenzen zwischen Innen- und Außenwelt verschwimmen. Die Stadt wirkt dadurch anders als zuvor. Der alltägliche urbane Raum wird zu einer schillernden Erfahrungswelt, in der die Walkteilnehmerin sich und ihr Verhältnis zur Umwelt neu erfahren und bestimmen kann. Es entstehen vielfältige Resonanzen, die eine Qualität von Muße annehmen: Subjektive Wahrnehmungen von Zeit und Ort, Wirklichkeits- und Identitätsvorstellungen geraten ins Wanken und werden zugleich bewusst wahrgenommen. Das Sydney, das Cardiff in ihrer audiovisuellen Erzählung beschreibt, besteht aus unterschiedlichen Teilstücken, die jeweils in eine eigene Erzählwelt münden könnten. Diese Andeutung von anderen, möglichen Realitäten, die gleichzeitig neben der realen Wirklichkeit liegen, lässt auch die Vergangenheit als nah erscheinen: Im 18. Jahrhundert brachten britische Schiffsflotten Sträflinge nach Australien; viele überlebten die Fahrt nicht. Durch Cardiffs Schilderung von toten Körpern, die mit der Flut ans Ufer gespült wurden, wirkt das nächtliche Hafenbecken umso unheimlicher. Gefühle wie Angst und Erregung ermöglichen der Walkteilnehmerin eine Nähe zu sich selbst zu finden und diese in Relation zur Umwelt wahrzunehmen. In der durch digitale Medien beeinflussten und gelenkten Erfahrungswelt von Städten (Orte werden aufgrund von Likes aufgesucht) werden zufällige Begegnungen und spontane Handlungen seltener. Die Fähigkeit, eine eigene Erfahrung zu machen, geht zunehmend verloren. Cardiff ermöglicht der Walkteilnehmerin unvorhersehbare Erfahrungen und

---

[8] Mirjam Schaub, „Die Kunst des Spurenlegens und -verfolgens", in: Sybille Krämer/Werner Knogge/Gernot Grube (Hg.), *Spur. Spurenlesen als Orientierungstechnik und Wissenskunst*, Frankfurt a. M. 2007, 121–141, 134, Hervorhebung im Original.

gibt dadurch überraschende Einblicke in die unbewusste, psychische Welt der Walkteilnehmerin. Gefühle von Angst und Erregung werden dabei zu einem emotionalen Bindeglied zwischen der Innenwelt des Individuums und der urbanen Außenwelt. Ähnlich wie der emotionale Zwischenzustand der Muße – im Sinne einer inneren Einkehr und einer Loslösung vom Normativen –, der nicht kalkulierbare Gefühlsprozesse ermöglicht und generiert, können Angst und Erregung individuelle Bewusstseinsprozesse und Handlungen in Gang setzen. Die in Janet Cardiffs Walks generierten Gefühlswelten übernehmen im Raum der Stadt den Stellenwert und die Funktion der Muße, da sie Stadt als psychogeografischen Raum erfahrbar werden lassen.

Vages und Nicht-Fassbares rücken in den Walks auf diese Weise ins Bewusstsein und werden zu einem Teil der Wahrnehmung. So schafft auch das Thematisieren von Erinnerungen und Träumen in den Walks zusätzliche Wirklichkeitsebenen. In diesem Sinne lässt sich das Gehen in Cardiffs Walks als ein *Schlendern in Zwischenbereichen* verstehen und ähnelt dem surrealen Gehen der Dadaisten der 1920er Jahre. Generiert wird dies von der Künstlerin durch die Balance zwischen Kontemplation und Vielfältigkeit (Reziprozität). Nach ereignisreichen Phasen folgen ruhigere Sequenzen. Zur Choreografie ihrer Walks sagt die Künstlerin: „Both the physicality and the contrast are always very important for a walk. Just as a drawing needs variety and texture, a walk needs small spaces, big spaces, quiet and noisy parts."[9] Der Sinnlichkeit kommt dabei eine besondere Rolle zu: Das Wahrnehmen von Geräuschen, räumlichen Atmosphären, Gerüchen und taktilen Eindrücken intensiviert den Erlebnischarakter des Walks. Dies ist angesichts der digitalen alltäglichen Welt eine Rückführung auf die Körperwahrnehmung. Auch verschiedene Beläge und Texturen der Wege wie Asphaltierungen, Kopfsteinpflaster und Trampelpfade, die in einem Walk beschritten werden, tragen zur sinnlichen Erfahrbarkeit von Stadt bei. Die Walkteilnehmerin erfährt sich als lebendig und als Teil der Geschichte, die sich vor ihren Augen und Ohren und mit Hilfe der eigenen Schritte verwirklicht. In vielen ihrer Walks lotet Janet Cardiff das sinnliche Erleben als einen Zugang zu vergessenen Wünschen, Träumen und Erinnerungen aus. Im Video-Walk *Alter Bahnhof*[10], den Cardiff 2012 anlässlich der dOCUMENTA 13 in Kassel realisierte, bildet die psychische Dimension von Berührung ein wichtiges Motiv. Der Walk führt von der Bahnhofshalle in das Hauptbahnhofskino und von dort in ein abgelegenes Treppenhaus, das zum Notausgang des Kinos gehört. Die Künstlerin macht auf die Temperaturunterschiede der zuvor durchschrittenen Räume aufmerksam. Plötzlich fragt sie, ob die Walkteilnehmerin sich an intime Berührungen der ersten Liebe erinnere. Der abgelegene Durchgangsort des

---

[9] Mirjam Schaub, *Janet Cardiff. The walk book,* Köln 2005, 33.
[10] Janet Cardiff/George Bures Miller, *Alter Bahnhof*, Video-Walk, 26 Minuten, dOCUMENTA 13, Kassel 2012.

fensterlosen und menschenleeren Treppenhauses wird zu einem introspektiven Raum, in dem Erinnerungen wachgerufen werden, an die schon lange nicht mehr gerührt wurde. Eine später im Videodisplay zu sehende Szene mit einem Liebespaar, das in der Bahnhofshalle tanzt, schließt an diese Erinnerungsbilder und Emotionen an. Im Bahnhof, einem *Nicht-Ort* (Marc Augé)[11], entsteht Raum für Intimität und Identität.

Cardiff setzt die Stimulierung der Sinne auch als ein performatives Element ein. In *Her Long Black Hair*[12], einem Audiowalk mit Fotografien, der durch den Central Park in New York führt, fordert die Künstlerin die Walkteilnehmenden auf, einen Finger zu befeuchten, um den Wind zu spüren. Die Aufforderung, den Geruch eines Sees im Park, an dem die Walkteilnehmerin steht, intensiv wahrzunehmen, lässt eine unmittelbare Verbundenheit mit der Umwelt entstehen. Diese Sensibilisierung der Sinne ist eine Voraussetzung für das Erleben von Muße und macht ihre leibliche Qualität und Erlebbarkeit aus. Auch Cardiffs Anweisung, einige Meter mit geschlossenen Augen zu gehen, schärft das Hören und Tasten und den Gleichgewichtssinn. Das Gehen verliert dabei seine Selbstverständlichkeit. Die Künstlerin macht in verschiedenen Walks auf das Gehen als besondere Tätigkeit aufmerksam: „Walking is very calming. One step after another, one foot moving into the future and one in the past. Did you ever think about it? Our bodies are caught in the middle. The hard part is staying in the present. Really being here. Really feeling alive."[13] In Cardiffs Beschreibung wird die Verletzlichkeit und Unbestimmtheit des Menschen deutlich. Das Gehen ähnelt hierbei der Psyche. Dies ist eine Eigenschaft von Janet Cardiffs Walks: Aus dem Zusammenspiel von Cardiffs Choreografie und dem eigenen Erleben des Walks geht ein introspektiver Raum hervor, in dem Erinnerungen und Erfahrungen reflektiert werden können – dies alles geschieht im Gehen durch die urbanen Räume und reaktualisiert Eigenschaften des Flanierens.

Atmosphärische Stimmungen und sinnliche Empfindungen kombiniert Cardiff zudem mit dem Erinnern an historische Ereignisse. Dadurch erhalten die durchschrittenen Orte eine Vielschichtigkeit, die über das Situative und den Spurencharakter des urbanen Raumes hinausgeht. In dem vorher beschriebenen Video-Walk *Alter Bahnhof* thematisiert die Künstlerin beispielsweise Fragen der Erinnerungs- und Gedenkkultur zum Holocaust. Sie filmt eine von einem Künstler und einer Schulklasse gestaltete und am Bahnhof ausgestellte Vitrine. In dieser werden Dokumente und Fotografien von Frauen und Männern mit jüdischer Herkunft gezeigt, die vom Kasseler Bahnhof aus in Konzentrationslager deportiert wurden. In einer Videosequenz blättert die Künstlerin in einem Buch, in dem diese Menschen mit ihren Fotos und Lebensläufen aufgeführt sind.

---

[11] Marc Augé, *Nicht-Orte*, Frankfurt a. M. 2012.

[12] Janet Cardiff, *Her Long Black Hair*, 46 Minuten, Audio-Walk mit Fotografien, Central Park New York, Public Art Fund 2004.

[13] Schaub, *Janet Cardiff. The walk book*, 33.

Abb. 1: Alter Bahnhof Video Walk, Janet Cardiff & George Bures Miller, dOCUMENTA 13, Kassel, 2012 (Foto: Birgit Szepanski während der Teilnahme am Walk).

Abb. 2: Alter Bahnhof Video Walk, Janet Cardiff & George Bures Miller, dOCUMENTA 13, Kassel, 2012 (Foto: Birgit Szepanski während der Teilnahme am Walk).

Abb. 3: City of Forking Paths, Janet Cardiff & George Bures Miller, 19. Sydney Biennale, 2014, Video-Still, Courtesy: Janet Cardiff and George Bures Miller; Courtesy of the artists, Luhring Augustine, New York, and The City of Sydney.

Während Passanten eilig das Bahnhofsgebäude durchqueren, berührt Cardiff mit ihren Fragen zum Leben der abgebildeten, ermordeten Frauen und Männer. Auch dieser Erzählstrang wird jäh durch einen anderen unterbrochen. Zu einem späteren Zeitpunkt im Walk taucht das Thema der nationalsozialistischen Diktatur Deutschlands und des Holocaust unter veränderter Perspektive wieder auf. An einem Gleis des Bahnhofs gleicht Cardiff die Fotografie eines Mannes, der ein KZ-Wächter war, mit dem Aufnahmeort des Fotos am Kasseler Hauptbahnhof ab. Tod, Verlust und Trauma existieren in der Stadt nur in Zwischenräumen. Sie sind wie blinde Flecke in der Stadt und verweisen auf ein Jenseits der Stadt. Cardiff lässt diese andere Dimension von Zeit inmitten der Stadt spürbar werden und bindet sie als Motiv in ihre mäandernden Erzählungen ein.

Das verschachtelte, mit Gehen und neuen Medien kombinierte Erzählen ist ein künstlerisches Format, das Janet Cardiff in den zerklüfteten, ambivalenten und größtenteils durch technisierte Strukturen geprägten Stadtraum einfügt. Cardiffs Rückbesinnung auf die Vielschichtigkeit und Historizität von Stadt, ihr Einbinden von Sinnlichkeit und die Aufmerksamkeit für die psychische Welt des entfremdeten Subjekts lassen im urbanen Raum kontemplative Räume für ein intensives Wahrnehmen von Zeit und Raum (Elemente der Muße) entstehen. Anstelle eines Konsumierens werden im urbanen Raum des 21. Jahrhunderts dadurch mannigfaltige Erfahrungen generiert. Durch die Übertragung neuer Medien in ein post-strukturelles Erzählverfahren wird eine zeitgenössische, urbane Muße ermöglicht.

Neben den temporären Walks von Janet Cardiff, die innerhalb einer Ausstellungszeit für ein Publikum zugänglich sind, gibt es dauerhafte Walks, die nach Terminvereinbarung gemacht werden können; beispielsweise *Alter Bahnhof Video Walk* in Kassel oder *Jena Walk (Memory Field)* in Jena. Informationen zu den Walks und Hörproben sind auf der Webseite der Künstlerin zu finden: www.cardiffmiller.com.

Literatur

Augé, Marc, *Nicht-Orte,* Frankfurt a. M. 2012.
Cardiff, Janet, *Her Long Black Hair,* 46 Minuten, Audio-Walk mit Fotografien, Central Park New York, Public Art Fund 2004.
Cardiff, Janet/Miller, George Bures, *Alter Bahnhof,* Video-Walk, 26 Minuten, dOCUMENTA 13, Kassel 2012.
Cardiff, Janet/Miller, George Bures, *The City of Forking Paths,* Video-Walk, 64 Min., 19. Sydney Biennale, Sydney 2014.
Elkin, Lauren, *Flaneuse. Frauen erobern die Stadt – in Paris, New York, Tokyo, Venedig und London,* München 2018.
Nancy, Jean-Luc, „Die Stadt in der Ferne", in: Nancy, *Jenseits der Stadt,* Berlin 2011, 21–37.
Schaub, Mirjam, *Janet Cardiff. The walk book,* Köln 2005.
Schaub, Mirjam, „Die Kunst des Spurenlegens und -verfolgens", in: Sybille Krämer/Werner Knogge/Gernot Grube (Hg.), *Spur. Spurenlesen als Orientierungstechnik und Wissenskunst,* Frankfurt a. M. 2007, 121–141.
Woolf, Virginia, „Stadtbummel: Ein Londoner Abenteuer", in: Woolf, *Der Tod des Falters. Essays,* hg. v. Klaus Reichert, Frankfurt a. M. 1997, 23–36.